Otto Schneider

Isokrates ausgewählte Reden

Für den Schulgebrauch erklärt

Otto Schneider

Isokrates ausgewählte Reden
Für den Schulgebrauch erklärt

ISBN/EAN: 9783742896766

Hergestellt in Europa, USA, Kanada, Australien, Japan

Cover: Foto ©Thomas Meinert / pixelio.de

Manufactured and distributed by brebook publishing software
(www.brebook.com)

Otto Schneider

Isokrates ausgewählte Reden

ISOKRATES

AUSGEWÄHLTE REDEN.

FÜR DEN SCHULGEBRAUCH ERKLÄRT

VON

PROF. DR. OTTO SCHNEIDER.

ZWEITES BÄNDCHEN.

PANEGYRIKOS UND PHILIPPOS.

DRITTE AUFLAGE

BESORGT VON

DR. MAX SCHNEIDER,

GYMNASIALLEHRER IN GOTHA.

LEIPZIG,

DRUCK UND VERLAG VON B. G. TEUBNER.

1886.

Vorwort zur ersten Auflage.

Bei den in diesem zweiten Bändchen vereinigten Reden des Isokrates, von denen die zweite gewissermassen die Fortsetzung der ersten bildet und damit ihre Aufnahme rechtfertigen wird, ist der Verfasser den Grundsätzen treu geblieben, nach denen die drei Reden des ersten Bändchens bearbeitet wurden, wenn auch Herr Dr. Benseler in seiner Beurteilung des ersten Bändchens (s. Neue Jahrbücher der Philologie und Paedagogik, LXXXI und LXXXII Bandes drittes Heft, S. 121 und folgende) befürchtet, dafs diese Ausgabe an Brauchbarkeit verloren habe, da sie nicht selten mehr den strengen Forderungen eines philologischen Kommentars, als dem paedagogischen Erfordernis einer Erleichterung der Schullektüre durch teilweises vorheriges Wegräumen der Schwierigkeiten des Verständnisses entspreche. Es hätte dieser Vorwurf nur Sinn, wenn der Kommentar des Verfassers dem Leser weitläufige philologische Untersuchungen vormachte und ihn dadurch von der Lektüre des Isokrates selbst abzöge; indem er aber darauf sich beschränkt, die zum allseitigen Verständnis des Schriftstellers nötigen Resultate eigener oder fremder Untersuchungen in Kürze mitzuteilen und dadurch nicht blofs ein „teilweises", sondern ein vollständiges und gründliches Wegräumen der Schwierigkeiten des Verständnisses und die Beseitigung leicht möglicher Mifsverständnisse oder halbwahrer Auffassungen erstrebt, glaubt der Verfasser der Brauchbarkeit seines Buches ebenso wenig Eintrag gethan zu haben, wie dadurch, dafs er streng wissenschaftlicher Methode zu Liebe mehr als eine Beweisstelle zu geben pflegt und im Interesse philologischer Bücherkunde, in der selbst angehende Lehrer mitunter

a*

entsetzliche Unwissenheit verraten, gute philologische Bücher
so citiert, dafs auch ohne ihr Nachschlagen das Verständnis
der gerade vorliegenden Stelle erreicht wird.

Auch mit manchem andern, was Herr Benseler in jener
Recension vorträgt, kann der Verfasser sich nicht einver-
standen erklären. So gleich in betreff der Frage nach der
Echtheit der Rede an Demonikos. Dafs in dieser Rede viele
ἅπαξ εἰρημένα vorkommen, hatte der Unterzeichnete zuge-
geben. Es sind ihrer freilich nicht gerade so viele, als Herr
Benseler angiebt; denn wenn z. B. ἐξαλείφειν in der § 1 vor-
kommenden Bedeutung ein ἅπαξ εἰρημένον genannt wird, so
hat Herr Benseler dabei vergessen, dafs er selbst 5, 71 un-
bedenklich τιμὰς ἀνεξαλείπτους geschrieben hat; aber wären
ihrer auch noch mehr, warum sollte dieser Umstand nicht
seine Erklärung finden können durch die Annahme einer frühen
Abfassungszeit dieser Schrift, zumal — worauf Herr Benseler
gar nicht aufmerksam gemacht, der Herausgeber aber in diesem
Bändchen einige Male hingedeutet hat — Isokrates auch in
andern unzweifelhaft echten Reden solche ἅπαξ λεγόμενα
nicht selten schrieb, so dafs er auch in dieser Beziehung (wie
beim Hiatus) einem früheren Grundsatze in modificierter Ge-
stalt treu geblieben wäre. Die Möglichkeit einer früheren
Abfassung aber wird Herr Benseler zugeben, wenn er sich
von dem entschiedenen Irrtume wird frei gemacht haben,
dafs die Rede gegen die Sophisten überhaupt die erste Rede
des Isokrates gewesen, und sich daran erinnert, dafs er selbst
doch gewifs auch als junger Lehrer an seine Schüler ähn-
liche Paraenesen ergehen liefs. — Ein Irrtum ist es auch,
wenn der Imperativ ϑέλε den Attikern durchweg abgesprochen
wird, da er doch bei Euripides Fragm. Antigon. 14 steht; oder
wenn ich getadelt werde, dafs ich die Stellung des μᾶλλον
vor αἱρεῖσθαι und nicht vor ἤ die seltenere nenne; es kam
mir hier nur darauf an, ein Musterbeispiel, nicht wie Herr
Benseler auch bei andern Bemerkungen irrig voraussetzt,
darauf, alle Stellen der Art aus Isokrates oder gar allen
anderen Schriftstellern zu geben, obwohl ich wenigstens die
des Isokrates vor mir hatte, vollständiger zum Teil als
Herr Benseler, welcher bei jener Bemerkung 5, 91 ausläfst,

glaubte aber auf Grund des Verhältnisses von 9 zu 4 zu jenem Urteil mich berechtigt. Ich übergehe anderes der Art, mufs aber schliefslich noch energisch Protest dagegen einlegen, wenn Herr Benseler, meine Gewissenhaftigkeit verdächtigend, sagt, dafs ich mit höchst seltenen Ausnahmen meine Vorgänger nur zu nennen pflege, wenn ich sie widerlegen wolle, nicht wenn ich sie benutzt hätte. Es konnte nicht in meinem Plane liegen, für alles, was ich zur Erklärung beibrachte, den zu nennen, welcher es vielleicht zuerst ausgesprochen, am wenigsten da, wo (und das war am häufigsten der Fall) das Auffinden des Rechten nicht eben schwierig und ehrenvoll war, sei es im Sachlichen oder im Sprachlichen, im Letzteren zumal, für welches auch diese Vorrede dem Recensenten wohl zeigt — wenn es der Kommentar selbst nicht thut —, dafs der Verfasser selbständig gesammelt hat und in dieser Beziehung auf eigenen Füfsen stehen konnte. Im Kritischen — und darauf bezieht sich Herrn Benselers Bemerkung zunächst — war ein Nennen derer, welche zuerst Etwas in den Text gesetzt, am wenigsten angebracht und konnte eben darum nur in jenen „höchst seltenen“ Fällen geschehen.

Der Text ist auch für diese Reden der von Sauppe und Baiter, jedoch nicht ohne einzelne Abweichungen. Aufserdem nämlich, dafs der Verfasser in einzelnen orthographischen Dingen von ihnen abgehen zu müssen glaubte, hat er auch in einigen Stellen, zum Teil nach Benselers Vorgange, dem Urbinas sich angeschlossen, wo jene mit Unrecht ihm nicht zu folgen schienen, in anderen für eigene oder fremde Konjekturen sich entschieden; letzteres ist IV, 11, 19, 22, 57, 63. V, 21, 57, 92, 115 geschehen.

Gotha, Ostern 1860.

O. S.

Vorwort zur zweiten Auflage.

Auch in diesem zweiten Bändchen hat der Herausgeber
möglichst wenige Änderungen und Zusätze sich gestattet, zu
denen nicht sowohl die englische Ausgabe von Sandys, als
die holländische von Mehler Anlafs gab, so wie einige Be-
merkungen, die auch hier Prof. Dr. Pfuhl und unser unver-
gefslicher Rost spendeten, und der Herausgeber hofft auch
von diesem Bündchen, dafs es selbst so ferner sich bewähren
werde.

Gotha, Michaelis 1874.

O. S.

Vorwort zur dritten Auflage.

Der Herausgeber, der gern die Neubearbeitung der Aus-
gabe seines verstorbenen Vaters übernommen hat, ist bemüht
gewesen, in dieser neuen Auflage soviel als möglich unver-
ändert zu lassen, um den Charakter der O. Schneiderschen
Ausgabe nicht zu verwischen. Dadurch, dafs er alle kritischen
Angaben und Auseinandersetzungen, die bisher unter dem
Texte in den Anmerkungen sich verstreut fanden, in einen
kurzen Anhang verwiesen, sowie dadurch, dafs die Citate aus
den fünf herausgegebenen Reden ([I]. IX. VII. IV. V.) durch
den Druck hervorgehoben worden sind, glaubt er der *Über-
sichtlichkeit* wesentlich zu Hilfe gekommen zu sein. Eine Text-
revision machte sich nach den neuesten Kollationen des Urbinas,
für Rede IV durch Martin, für Rede V durch Buermann und
nach den Untersuchungen von Fuhr Animadversiones in oratores
Atticos diss. inaug. Bonn 1877 und im Rheinischen Museum
XXXIII (1878) und denen von Bruno Keil Analecta Isocratea
Prag, Leipz. 1885 nötig. Aufserdem wurden die Ausgabe von
Blass, die neueste Rauchensteinische Ausgabe (V.), besorgt
von K. Reinhardt, dankbar benutzt, sowie die wohlwollenden

Recensionen der 2. Auflage unseres Bändchens von G. Hartmann in Fleckeisen. Jahrb. CXVI (1877) S. 412 ff. und G. Jacob in Jahresber. des Philol. Vereins zu Berlin III (1877) S. 18 ff. (kurze Anzeigen in den Blättern für Bayr. Gymnasial- und Realschulwesen XI S. 237 und von Blass in Bursian. Jahresber. 1874·75 S. 480 f.)

Textänderungen gegen die zweite Auflage sind, abgesehen von der Einsetzung des v ephelkystikon vor Konsonanten mit dem Urbinas, worüber der kritische Anhang p. 158 f. Auskunft giebt, an folgenden Stellen vorgenommen:

In Rede IV: § 20. § 29, 130. § 48. § 49, 145, 146. § 102. § 126. (orthographisch) — § 149. § 156 (Hiatus) — § 14. § 17. § 22. § 23. § 42. § 49. § 64. § 65. § 78. § 83. § 87. § 96. § 97. § 105. § 108. § 122. § 125. § 142. § 144. § 154. § 160. § 182, und in'Rede V: § 5, 113. § 74. § 109. § 116. § 131. (orthographisch.) — § 7. § 12. § 14 (*bis*) § 32. § 37 (*bis*) § 38. § 55. § 57. § 69. § 71. § 80. § 82. § 92. § 98. § 105. § 115. § 117. § 120. § 128. § 134. § 136. § 138. § 139.

Die Citate sind sämtlich neu verglichen, nach neueren Ausgaben verändert und vereinfacht worden, namentlich ist öfters auf den trefflichen Index von Rehdantz zum Demosthenes verwiesen, in dem sich die bezüglichen Litteraturangaben in reicher Menge finden.

Der Herausgeber hofft, daſs das Buch in dieser seiner wenig veränderten Gestalt auch ferner Nutzen stiften werde.

Gotha, Michaelis 1886.

Max Schneider.

(IV) ΙΣΟΚΡΑΤΟΥΣ ΠΑΝΗΓΥΡΙΚΟΣ (4)

Der im Jahre 387 v. Chr. abgeschlossene Antalkidische Friede hatte nur den Persern Vorteile verschafft, dagegen den hellenischen Staaten weder Ruhe im Innern, noch auch nur die ihnen verheifsene Autonomie gebracht. Der Perserkönig war durch denselben Herr der kleinasiatischen Hellenen geworden und hatte als Garant des Friedens das Recht erhalten, sich in die inneren Verhältnisse der Hellenen zu mischen; Athen stand nicht mehr an der Spitze der Seestaaten und seine Flotten hatten somit nicht mehr den Beruf, die Meere zu befahren und Seepolizei zu üben, sodafs Seeräuber die Meere unsicher machten; die kleineren Staaten bluteten und verarmten unter den Kämpfen der politischen Parteien; Sparta endlich machte, den Friedensbestimmungen zum Trotz, diese inneren Kämpfe sich zu nutze, um seinen Einflufs und seine Macht zu vergröfsern, und hatte unlängst Mantinea (i. J. 385 v. Chr.) zerstört, der Burg von Theben sich bemächtigt (i. J. 382 v. Chr.) und belagerte eben Olynth und Phlius. Unter dem frischen Eindrucke dieser neuesten Attentate der Spartaner gegen die Autonomie hellenischer Staaten beschleunigte Isokrates die Herausgabe der vorliegenden Rede, deren Grundgedanke ihn lange beschäftigt hatte; es ist der, die Hellenen zur Eintracht unter einander und zum gemeinsamen Kriege gegen den Erbfeind, die Perser, zu bewegen, ein Gedanke, den schon andere Redner vor ihm behandelt hatten, den aber er praktischer zu machen hoffte durch den Versuch Athen und Sparta für jenen Zweck zu versöhnen und diese Staaten zu einer Teilung in die Hegemonie zu bestimmen, indem er den Spartanern nachwies, wie Athen wegen seiner grofsen Verdienste um Hellas Grund hätte, die vollständige, ungeteilte Hegemonie zu beanspruchen. Isokrates denkt sich — denn wirklich vorgetragen wurde auch diese Rede nicht (s. die Einl. zur 7. Rede[1]) — zu diesem Zwecke jenem

---

1. Falsch sind die Nachrichten der Alten, dafs er sie selbst vorgetragen hätte Philostr. vit. Sophist. 1, 17, 2, Menander περὶ ἐπιδείχτ. 4, p. 301 Sp., [Plut.] vit. Isokr 837 B.

zahlreichen Publikum gegenüber, wie es aus allen Gegenden
Griechenlands zu den πανηγύρεις, namentlich zur Olympischen
Festfeier, zusammenzuströmen pflegte. Welche πανήγυρις
unserer Rede den Namen gab, d. h. an welche πανήγυρις man
hier zu denken habe, wird aus der Rede selbst, die keine
darauf bezügliche Andeutung enthält, nicht klar. Preller
(„Demeter und Persephone" S. 71 not.) dachte an die Pan-
athenäen in Athen, eine Ansicht, der wenigstens Stellen wie
§ 62 εἰς τὴν χώραν ταύτην nicht zu Hülfe kommen, weil das
Demonstrativum dort nicht im lokalen Sinne steht. Mit
gröfserem Rechte wird man an die Olympische Festfeier
denken dürfen, nicht nur weil diese unter allen πανηγύρεις
das gröfste Publikum versammelte und weil auch der Leontiner
Gorgias ein ähnliches Thema wie Isokr. dort behandelt
hatte (cf. Philostr. Epist. 13 ἐν οἷς Ὀλυμπίασι διελέχθη κατὰ
τῶν βαρβάρων ἀπὸ τῆς τοῦ νεὼ βαλβῖδος und Gorgias
frag. 1 (Orat. Attic. ed. Tur. II, p. 129): πείθων ἆθλα ποι-
εῖσθαι τῶν ὅπλων μὴ τὰς ἀλλήλων πόλεις, ἀλλὰ τὴν τῶν
βαρβάρων χώραν. (= Philostr. vit. Sophist. 1, 9, 2), sondern
auch weil in das Jahr der Veröffentlichung der Rede gerade
eine Olympische πανήγυρις fällt. Das Jahr nämlich, in welchem
man die Rede gehalten denken mufs, ergiebt sich mit gröfster
Bestimmtheit aus der Erwähnung der Belagerung von Olynth
und Phlius (§ 126 νῦν Ὀλυνθίους καὶ Φλειασίους πολιορκοῦ-
σιν). Danach kann sie nicht nach 380 v. Chr. heraus-
gegeben sein, weil in dieses Jahr die Eroberung beider Städte
fällt (Clinton. fast. Hellen. p. 114 Krüg.), von der Isokr.
offenbar noch keine Kunde hatte, aber auch nicht vor 381,
in welchem Jahre die 20monatliche Belagerung von Phlius
begann; vielmehr wird, da die entscheidende Belagerung von
Olynth durch Polybiades nach Diodor. XV, 23 in Olymp. C,
1 fällt, das Jahr 380 das der Veröffentlichung der
Rede sein, d. h. das Jahr einer Olympischen πανήγυρις;
die nächstliegenden grofsen Panathenäen (denn an die
kleineren wird schwerlich gedacht werden können) würden,
da sie in dieser Zeit regelmäfsig im dritten Jahre der Olym-
piade gefeiert wurden (s. Boeckh Staatshaush.³ II S. 6), in die
Jahre 382 u. 378 fallen, an die hier nicht gedacht werden
kann. Sonach ist durchaus kein Grund vorhanden mit Preller
an der Nachricht des Philostr. vit. Sophist. 1, 17, 2 zu
zweifeln: — ὁ Πανηγυρικός, ὃν διῆλθεν (Ἰσοκράτης) Ὀλυμ-
πίασιν.²) Eher könnte man bezweifeln was Timaios bei Longin.

---

2) W. Engel (de tempore, quo divulgatus sit Isocratis Panegyricus,
Stargard, Progr. 1861) hat beweisen wollen, dafs der Panegyrikos schon
im Jahre 385 v. Chr., spätestens 384 vollendet und herausgegeben sei

περὶ ὑψ. 4, 2, Dionys. de compos. p. 208, Quintilian X, 4, [Plutarch.] vit. Isokr. p. 837 F., Photius biblioth. cod. 260 und andere melden, Isokr. habe an dieser Rede 10, ja 15 Jahre gearbeitet. In ihrer jetzigen Gestalt nämlich erscheint der Antalkidische Friede als ein sehr wesentliches Moment in den Deduktionen des Redners; jene 10 oder 15 Jahre würden also auf das bescheidenere Maſs von 7 Jahren (387—380) zurückzuführen sein, wenn man sich die Sache nicht so denken will, Isokr. habe ursprünglich einen anderen Plan für die Rede entworfen und nach diesem gearbeitet, diese Bearbeitung aber nach dem Jahre 387 wesentlich dadurch umgestaltet, daſs er den Antalkidischen Frieden mit in den Kreis seiner Betrachtung zog. Daſs er sich lange mit der Rede beschäftigt habe, sagt er selbst § 14 u. 5, 84.

Den gewünschten Erfolg hatte auch diese Rede des Isokr. nicht. Zwar brachte sie ihm Ruhm (vgl. 5, 11 u. 84. 12, 13. 15, 61), jedoch die von ihm beklagten Zustände dauerten fort. Aber nach wie vor beschäftigte ihn der darin vorgetragene Gedanke; er behandelte ihn, schon ein Neunziger, in etwas modifizierter Form noch einmal in seinem Φίλιππος.

---

mit Ausnahme der §§ 125—132, die Isokr. erst später eingefügt habe. Er begründet seine Ansicht 1) durch die §§ 134 f. 141. 164, in denen der Krieg des Euagoras auf Kypros noch als andauernd bezeichnet wird, während sich Euagoras nach Diod. XV, 8 schon im Jahre 385 dem Perserkönig unterwarf. 2) mit der in den §§ 125—132 zu Tage tretenden Bitterkeit gegen die Lakedaimonier, die mit der ganzen übrigen Rede kontrastiere. Gegen diese Ansicht Engels haben Blaſs Att. Beredsamkeit II, p. 230 ff. u. Reinhardt in d. Einl. z. Panegyr. p. 32 f. (vergl. auch Jacob: Jahresber. d. Phil. Ver. z. Berlin 1874 p. 19) mit Recht folgendes geltend gemacht: Diodor ist im Widerspruch mit sich selbst, da er XV, 8 den Kyprischen Krieg i. J. 385 als beendigt anführt, dagegen XIV, 98 unter d. J. 391 den Anfang desselben erzählt und XV, 9 (wie auch Isokr. 9, 64) ihm eine Dauer von 10 Jahren zuschreibt. Isokr. (4, 141) sagt ferner, daſs seit einer für Euagoras unglücklich verlaufenen Seeschlacht schon 6 Jahre vergangen seien, ohne daſs der Perserkönig zu Lande irgend etwas gegen Euag. hätte ausrichten können. Diese Seeschlacht erwähnt aber Diodor. XV, 3. 4 unter d. Jahre 386, und so finden wir denn auch bei Diodor — abgesehen von der Angabe XV, 8 — die Dauer des Kypr. Krieges von 390—380 v. Chr. Das Versehen bei Diodor liegt also in der Stelle XV, 8; Reinhardt denkt sich mit Berufung auf die Untersuchungen von Volquardsen dasselbe dadurch entstanden, daſs dem Diodor hier eine die Ereignisse verschiedener Jahre unter einem zusammenfassende Quelle vorgelegen habe. Zugestanden muſs Engel werden, daſs der in § 125—132 gegen die Lakedaimonier angeschlagene Ton von dem der übrigen Rede wesentlich abweicht, jedoch erklärt er sich dadurch, daſs dieses Stück eben erst im Jahre 381 od. 380 von Isokr. eingefügt ist. Blaſs hat dann seine Ansicht in den Nachträgen zu Isokr. (Att. Beredsamk. III p. 350 f.) insofern gemildert, als er dem § 141 eine frühere Abfassungszeit zuspricht.

1*

4
(IV) ΙΣΟΚΡΑΤΟΥΣ

Steph.

(ά.) Πολλάκις ἐθαύμασα τῶν τὰς πανηγύρεις συναγαγόν- 41
των καὶ τοὺς γυμνικοὺς ἀγῶνας καταστησάντων, ὅτι τὰς μὲν
τῶν σωμάτων εὐτυχίας οὕτω μεγάλων δωρεῶν ἠξίωσαν, τοῖς
δ᾽ ὑπὲρ τῶν κοινῶν ἰδίᾳ πονήσασι καὶ τὰς αὑτῶν ψυχὰς οὕ-
τω παρασκευάσασιν ὥστε καὶ τοὺς ἄλλους ὠφελεῖν δύνασθαι,
2 τούτοις δ᾽ οὐδεμίαν τιμὴν ἀπένειμαν· ὧν εἰκὸς ἦν αὐτοὺς b
μᾶλλον ποιήσασθαι πρόνοιαν· τῶν μὲν γὰρ ἀθλητῶν δὶς το-
σαύτην ῥώμην λαβόντων οὐδὲν ἂν πλέον γένοιτο τοῖς ἄλλοις,

Eingang (§ 1—14). Obwohl in diesen Festversammlungen nur denen, welche ihre Körperkräfte, nicht auch denen, die ihre Geisteskräfte ausbildeten, Ehren bestimmt sind (1) — freilich mit Unrecht (2) —, so trete ich dennoch hier mit einer Rede auf, welche die Hellenen zur Eintracht unter einander und zum Kriege gegen die Barbaren ermahnen soll, nicht zurückgeschreckt durch den Umstand, daſs schon andere dasselbe Thema behandelten (3, 4). Zudem ist dies Thema immer noch ein zeitgemäſses (5, 6) und läſst mehr als eine Art der Behandlung zu (7, 8), wodurch ein Wetteifer möglich wird (9), wie er auch für alle anderen Künste und Wissenschaften wünschenswert ist (10). Zuhörern, wie ich sie mir wünsche (11, 12), gegenüber spreche ich nicht die gewöhnlichen Entschuldigungen der Redner aus (13), sondern fordere zur strengsten Beurteilung meiner Rede auf (14).

1, 1. πολλάκις ἐθαύμασα. Ähnlicher Eingang bei Xenoph. in d. Memorab. u. Theophrast. in d. Charakter., sowie in der sklavischen Nachahmung bei Isidor. Pelus. IV, 67 (cf. Wyttenb. Epist. crit. p. 273 Lips.). θαυμάζειν mit dem Genetiv der durch ein Particip ausgedrückten Person ist dem Isokr. besonders dann geläufig, wenn die Sache daneben durch einen Satz mit ὅτι wie hier, oder mit ὅπου (12, 16. 15, 258), oder mit ὅπως (3, 3), oder mit εἰ (4, 170. 5, 42, 139. 8, 12. 19, 4, 14, 26. Ep. 9, 8) ausgesprochen ist; seltener steht das Particip ohne einen solchen Satz (6, 61, 93. 15, 18), noch seltener statt des Parti-

cips der Genetiv eines anderen Wortes (10, 2: ἐθαύμαζον αὐτῶν). — πανηγύρεις. s. d. Einleitung. — συναγαγόντων, ist von der ursprünglichen Stiftung zu verstehen, also nicht synonym mit συλλέγειν § 46, sondern mit καθιστάναι § 43. — 1, 3. εὐτυχίας, die zufälligen glücklichen Anlagen, wie § 44 u. 15, 292. [cf. Krit. Anh.] Der hier vorgetragene Gedanke wird von Isokr. Ep. 8, 5 wiederholt θαυμάζω δ᾽ ὅσαι τῶν πόλεων μειζόνων δωρεῶν ἀξιοῦσι τοὺς ἐν τοῖς γυμνικοῖς ἀγῶσι κατορθοῦντας μᾶλλον ἢ τοὺς τῇ φρονήσει καὶ τῇ φιλοπονίᾳ τι τῶν χρησίμων εὑρίσκοντας, καὶ μὴ συνορῶσιν, ὅτι πεφύκασιν αἱ μὲν περὶ τὴν ῥώμην καὶ τὸ τάχος δυνάμεις συναποθνήσκειν τοῖς σώμασιν, αἱ δ᾽ ἐπιστῆμαι περιμένειν ἅπαντα τὸν χρόνον ὠφελοῦσαι τοὺς χρωμένους αὐταῖς. Ähnlich 15, 250. — 1, 4. ἰδίᾳ, still für sich, privatim. — 1, 6. τούτοις δ᾽ οὐδ. Mit dem in einem Worte der Deutlichkeit wegen den Gegensatz wiederholenden τούτοις ist zugleich das Zeichen des Gegensatzes, δέ, repetiert wie 12, 135. 13, 16. 15, 305. Anderer Art ist der zu 7, 47 besprochene Fall, aber ähnlich μέν in § 60 und sonst. — οὐδ. τιμ. ἀπέν. wie § 178.

2, 3. ῥώμην λαβόντων s. zu 7, 6. Der Genetiv muſs wohl — wie nachher φρονήσαντος von ἀπολαύσειαν abhängt — von οὐδὲν ἂν πλέον γένοιτο (möchten keinen Gewinn davon haben, daſs...) unmittelbar abhängig gedacht werden, wie es entschieden 15, 28 ὧν οὐδέν μοι πλέον γέγονεν der Fall

ἑνὸς δ' ἀνδρὸς εὖ φρονήσαντος ἅπαντες ἂν ἀπολαύσειαν οἱ
3 βουλόμενοι κοινωνεῖν τῆς ἐκείνου διανοίας.   οὐ μὴν ἐπὶ τού-
τοις ἀθυμήσας εἱλόμην ῥᾳθυμεῖν, ἀλλ' ἱκανὸν νομίσας ἆθλον
ἔσεσθαί μοι τὴν δόξαν τὴν ἀπ' αὐτοῦ τοῦ λόγου γενησομένην
ἥκω συμβουλεύσων περί τε τοῦ πολέμου τοῦ πρὸς τοὺς βαρ-
βάρους καὶ τῆς ὁμονοίας τῆς πρὸς ἡμᾶς αὐτούς, οὐκ ἀγνοῶν, c
ὅτι πολλοὶ τῶν προσποιησαμένων εἶναι σοφιστῶν ἐπὶ τοῦτον

ist, ebenso bei Philem. Fragm. incert.
118 Kock. θεὸν νόμιζε καὶ σέβου, ζή-
τει δὲ μή. πλεῖον γὰρ οὐδὲν ἄλλο
τοῦ ζητεῖν ἔχεις. Gewöhnlicher wird
die Sache, von der man Vorteil
hat, durch ein auf den Dativ be-
zügliches Particip (Is. 21, 7 τῷ μὲν
οὐδὲν ἦν πλέον ἐγκαλοῦντι) oder
durch einen ganzen Satz (17, 21
οὐδὲν αὐτῷ πλέον ἔσται, εἰ τὰ χρή-
ματα ἀποδώσει) gegeben. Anderer
Art ist der Genetiv, der bei πλέον
φέρεσθαι 8, 33. Ep. 4, 6 und noch
häufiger bei πλέον ἔχειν (z. B. 2, 28
ἵνα μὴ πλέον οἱ πονηροὶ τῶν χρη-
στῶν ἔχωσιν) eintritt; dieser ist ein
das komparative ἤ vertretender, je-
ner nach Art des bei den Verbis
des Anteils und Genusses stehen-
den Genetivs gesetzt. — 2, 4. ἑνὸς
δ' ἀνδρός, von einem einzel-
nen Manne; εἷς im Gegensatze zu
dem folgenden ἅπαντες; vgl. 5, 140.
10, 38 εὖ φρονήσαντος, der
Einsicht besaß; Isokr. sagt
nicht: εὖ φρονοῦντος, denn er will
andeuten, daß selbst die Nachwelt
von einem solchen Manne Nutzen
habe. — 3, 2. ἀθυμήσας. Isokr. hatte
nicht wirklich darüber den Mut
verloren, die Negation gehört also
auch zum Particip, oder richtiger:
indem das Praedikat (εἱλόμην) ne-
giert wird, wird auch die mit diesem
in Eins verschmelzende Nebenbe-
stimmung zugleich mit negiert.
Ähnlich 11, 18 τὸ μηδενὸς τῶν ἀναγ-
καίων ἀπορούντας τῶν κοινῶν
προσταγμάτων ἀμελεῖν — ἐκεῖθεν
(aus Ägypten) εἰλήφασιν οἱ Λακε-
δαιμόνιοι. Hom. Il. 17, 207 (coll.
5, 157) οὔ τι μάχης ἐκ νοστήσαντι
δέξεται Ἀνδρομάχη κλυτὰ τεύχεα
Πηλείωνος. Thuk. 1, 12, 1 καὶ

μετὰ τὰ Τρωικὰ ἡ Ἑλλὰς ἔτι μετα-
νίστατο, ὥστε μὴ ἡσυχάσασα αὐξη-
θῆναι. Tacit. Agricol. 18, 8 nec
Agricola prosperitate rerum in va-
nitatem usus expeditionem aut victo-
riamvocabatvictoscontinuisse; vergl.
Haase Lucubrat. Thucyd. p. 11 seq.
Seltner scheint dabei die Stellung
des Particips hinter dem verb. finit.
zu sein wie bei Hom. Il. 18, 59.
441 τὸν δ' οὐχ ὑποδέξομαι αὖτις |
οἴκαδε νοστήσαντα. — ῥᾳθυμεῖν,
meinen Plan, die hier versammel-
ten Hellenen zur Eintracht und
zum Kriege gegen die Perser auf-
zumuntern, nicht auszuführen. —
3, 3. ἀπ' αὐτοῦ τοῦ λόγου, aus
meiner Rede an sich, nicht zu-
gleich daraus, daß ihr der Vorzug
vor der eines mit mir Wettkämpfen-
den zugesprochen würde. — 3, 5.
ἡμᾶς αὐτούς, das Reflexivum
ist im Sinne des Reciprokum zu
fassen, wie § 166 vergl. zu 9, 53. —
3, 6. τῶν προσπ. εἶναι σοφιστῶν,
die sich für Weise ausgaben;
vergl. 10, 9. 15, 215 οἱ φάσκοντες
εἶναι σοφισταί, was nachher (216)
οἱ προσποιησάμενοι παιδεύειν heißt;
ferner 15, 221 ὁμολογῶ πολλοὺς καὶ
τῶν προσποιουμένων εἶναι σοφιστῶν
ἐπὶ τὰς ἡδονὰς ὁρμᾶν· ἀλλ' ὅμως
οὐδὲ τῶν τοιούτων οὐδείς ἐστιν οὕ-
τως ἀκρατής, ὅστις ἂν δέξαιτο καὶ
τοὺς μαθητὰς εἶναι τοιούτους, und
ebenso heißt es in der (XIII) Rede
„κατὰ τῶν σοφιστῶν" von diesen:
οἱ παιδεύειν ἐπιχειροῦντες (§ 1) und
οἱ τὴν σοφίαν διδάσκοντες (§ 7.
vergl. Xenoph. Mem. 1, 6, 13 τὴν
σοφίαν τοὺς ἀργυρίου τῷ βουλομένῳ
πωλοῦντας σοφιστὰς ἀποκαλοῦσιν).
Es ist zwar zunächst an „Meister
und Lehrer der Redekunst, Rede-
künstler", speciell an Gorgias (s.

4 τὸν λόγον ὥρμησαν, ἀλλ' ἅμα μὲν ἐλπίζων τοσοῦτον διοίσειν, 42
ὥστε τοῖς ἄλλοις μηδὲν πώποτε δοκεῖν εἰρῆσθαι περὶ αὐτῶν,
ἅμα δὲ προκρίνας τούτους καλλίστους εἶναι τῶν λόγων, οἵτι-
νες περὶ μεγίστων τυγχάνουσιν ὄντες καὶ τούς τε λέγοντας
μάλιστ' ἐπιδεικνύουσιν καὶ τοὺς ἀκούοντας πλεῖστ' ὠφελοῦσιν,
5 ὧν εἷς οὗτός ἐστιν. ἔπειτ' οὐδ' οἱ καιροί πω παρεληλύθασιν
ὥστ' ἤδη μάτην εἶναι τὸ μεμνῆσθαι περὶ τούτων. τότε γὰρ b

die Einleitung) zu denken, in wel-
chem beschränkteren Sinne das
Wort oft steht (s. zu § 82); aber
hier kommt es (wegen προσποιησα-
μένων) darauf an, weshalb die So-
phisten selbst ursprünglich sich so
nannten. Das geschah doch wohl
aber nur, weil sie als ἐπιστήμονες
τῶν σοφῶν (wie σοφιστής bei Plat.
Gorg. p. 312 C erklärt wird) glaub-
ten den Namen, welchen die septem
sapientes führten (Isokr. 15, 235 und
Wesseling ad Herod. 1, 29) und den
nach Isokr. 15, 313 in Athen zu-
erst Solon erhielt, auf sich über-
tragen zu dürfen. Isokr. überträgt
ihn 15, 268 und 285 auch auf Em-
pedokles und ähnliche Philosophen.
— Über d. Genet. σοφιστῶν vergl.
zu 9, 75. — 3, 7. ἐπὶ τ. τ. λ.
ὥρμησαν, auf dies Thema sich
warfen, malt den Eifer und die
Hast; vergl. 15, 10 (coll. 12, 27)
ὁρμᾶν ἐπὶ τὰ μαθήματα. 5, 123
ἦν ἐπὶ ταῦθ' (Kleinasien zu be-
freien) ὁρμήσῃς. 4, 94 ὁρ. ἐπὶ τὰς
διαλλαγάς. 15, 221 (coll. 10, 42)
ἐπὶ τὰς ἡδονὰς ὁρμ., und öfter; ab-
solut 9, 60.
4, 2. τοῖς ἄλλοις, ist nicht von
δοκεῖν abhängig (wo es viel zu unbe-
stimmt für die Zuhörer oder Leser
gesetzt wäre), sondern von εἰρῆσθαι
und bedeutet allen anderen der
προσποιησαμένων εἶναι σοφιστῶν,
die sich auf das gleiche Thema
warfen; für diese Erklärung spricht
auch das unmittelbar folgende (§ 5)
gleichbedeutende τοῖς ἄλλοις. [cf.
Krit. Anh.] — 4, 3. προκρίνας
drückt entschiedener, als κρίνας es
thun würde, aus, daſs er dieser An-
sicht vor allen anderen den Vorzug
gebe. Ähnlich 5, 113 ἃς οἱ πρόγονοί

σου φαίνονται καλλίστας προκρίναν-
τες. Plat. de legg. X. p. 894 C τῶν
δέκα κινήσεων τίν' ἂν προκρίναι-
μεν ἐρρωμενεστάτην εἶναι; Xenoph.
Kyrop. 2, 3, 8 καὶ τοῦτο προκέκρι-
ται κάλλιστον εἶναι. id. Apol. Sokrat.
21 βέλτιστος εἶναι προκρίνομαι, —
und mit dem Komparativ im ab-
hängigen Satze Isokr. 15, 250 προ-
κρίνειαν ἂν τὴν ψυχὴν σπουδαιο-
τέραν εἶναι τοῦ σώματος, und 12,
114. — 4, 4. περὶ μεγίστων,
über Gegenstände von der
höchsten Wichtigkeit, wie § 85
περὶ καλλίστων ἐφιλονίκησαν, und
16, 24 ἡμῖν ὑπάρχει μέγιστα καὶ
κάλλιστα, ohne Artikel, weil nicht
an einzelne bestimmte Gegenstände,
auch nicht an die ganze Gattung
dessen, was überall als das Wich-
tigste u. s. w. gilt, gedacht wird.
Ähnlich 6, 83 πάντων ἂν δεινό-
τατον ποιήσαιμεν. 8, 35 πάντων
ἀλογώτατον πεπόνθασιν. 8, 114
πεπόνθατε πάντων αἴσχιστον καὶ
ῥαθυμότατον. Lys. 13, 94 οὕτως
ἂν δεινότατα πάντων πάθοιεν (mehr
dieser Art bei Baiter-Sauppe ad
Lykurg. p. 95), wo man nach deut-
scher Auffassungsweise gleichfalls
den Artikel erwartet, aber viel-
mehr ein δεινότατόν τι oder πάν-
των ἔργον σχετλιώτατον (Lys. l. l.
§ 93) u. s. w. zu denken hat.
5, 2. ὥστ' ἤδη κ. τ. λ. schliefst
sich dem Verbum finit. so eng an,
daſs dessen Negation auch für die-
sen abhängigen Satz mit gilt, „dafs
die Erwähnung ohne Nutzen ge-
schähe, nichts hülfe." — μάτην
εἶναι. Vergl. § 176. Wo εἶναι mit
einem Adverbium neben einem Sub-
jekte erscheint, ist εἶναι nicht lo-
gische Kopula, sondern selbstän-

χρὴ παύεσθαι λέγοντας, ὅταν ἢ τὰ πράγματα λάβῃ τέλος καὶ
μηκέτι δέῃ βουλεύεσθαι περὶ αὐτῶν, ἢ τὸν λόγον ἴδῃ τις ἔχον-
τα πέρας ὥστε μηδεμίαν λελεῖφθαι τοῖς ἄλλοις ὑπερβολήν.
6 ἕως δ' ἂν τὰ μὲν ὁμοίως ὥσπερ πρότερον φέρηται, τὰ δ' εἰρη-
μένα φαύλως ἔχοντα τυγχάνῃ, πῶς οὐ χρὴ σκοπεῖν καὶ φιλο-
σοφεῖν τοῦτον τὸν λόγον, ὃς ἢν κατορθωθῇ, καὶ τοῦ πολέ-
μου τοῦ πρὸς ἀλλήλους καὶ τῆς ταραχῆς τῆς παρούσης καὶ
7 τῶν μεγίστων κακῶν ἡμᾶς ἀπαλλάξει; Πρὸς δὲ τούτοις, εἰ μὲν c
μηδαμῶς ἄλλως οἷόν τ' ἢν δηλοῦν τὰς αὐτὰς πράξεις ἀλλ' ἢ

diges Verbum von realem, wenn
auch ganz allgemeinem Inhalt (leben,
sich befinden, bestehen, geschehen),
und das Adverbium daneben er-
scheint nicht als Praedikat, d. h.
definiert nicht das Subjekt nach sei-
ner bleibenden Eigenschaft, son-
dern bestimmt nur den allgemeinen
Zustand des Seins des Subjekts nach
den vorübergehenden Verhält-
nissen des Orts oder der Zeit oder
der Modalität in derselben Weise,
wie jedes Adverbium, das zu einem
Verbum von speciellem Begriff hin-
zutritt. So erklären sich auch ἐγ-
γὺς ὄντες § 12, πόρρω ἐστίν § 16,
ἐμποδὼν ὄντας § 20 u. s. w. — με-
μνῆσθαι περί, wie § 74, 5, 66.
S. zu 9, 12. — 5, 3. λάβῃ τέλος
wie Ep. 6, 8 ταῦτα λήψεται τέλος
(zu beurteilen nach Anmerk. zu 7,
6), ebenso τέλος ἔχειν 7, 25; aber
mit dem Artikel 6, 36 τοὺς πολέ-
μους τὸ τέλος ἅπαντας εἰληφότας
(jeder sein besonderes). Dagegen
steht nachher ἔχοντα πέρας nicht
von dem zeitlichen Abschlufs, son-
dern von dem höchsten Grade der
Tüchtigkeit, wie 5, 141 ἡγοῦμαι
ταῦτα πέρας ἕξειν· οὐδένα γὰρ ἄλλον
ποτὲ δυνήσεσθαι μείζω πρᾶξαι τού-
των, und Lys. 12, 88 πέρας ἔχουσι
τῆς παρὰ τῶν ἐχθρῶν τιμωρίας
(das äufserste Mafs der Rache),
Lykurg. Leokrat. 60. — 5, 5. λε-
λεῖφθαι - ὑπερβολήν, wie
§ 110 u. öft. S. zu 9, 1.
6, 1. φέρηται, damit steht,
wie 15, 312 ὁρῶν τὴν συκοφαντίαν
ἄμεινον τῆς φιλοσοφίας φερομένην,
und 15, 177, aber mit persönlichem

Subjekt 6, 22 ἄμεινον τῶν ἄλλων
ἐφέρεσθε (führt besser). 12, 15. Ep.
2, 22. — 6, 2. σκοπεῖν καὶ φι-
λοσοφεῖν τ. τ. λ., dies Thema
ins Auge fassen und studieren.
Von dem methodischen Betreiben
eines Gegenstandes, was für einer
er auch sei, steht φιλοσοφεῖν auch
15, 121 (ὁ Τιμόθεος) τοῦτ' ἐφιλοσό-
φει καὶ τοῦτ' ἔπραττεν, ὅπως μη-
δεμία τῶν πόλεων αὐτὸν φοβήσε-
ται. S. Meineke ad Menandr. p. 85.
Ähnlich φιλοσοφεῖν καὶ σκέπτεσθαι
8, 116, ζητεῖν καὶ φιλοσοφεῖν Ep.
7, 3, μελετᾶν καὶ φιλοσοφεῖν 8, 5,
πονεῖν καὶ φιλοσοφεῖν 4, 186 (S. zu
9, 78). Über den weiteren Ge-
brauch S. zu 1, 3. — 6, 3. κα-
τορθωθῇ, richtig behandelt
wird. S. zu 9, 52.
7, 2. δηλοῦν, darstellen. —
ἀλλ' ἢ, als (aufser), wie oft nach
negativen Ausdrücken oder Fragen
mit negativem Sinn, wobei ἀλλά
oder ἢ genügen würde. Hier geht
zugleich ein ἄλλως voraus, während
2, 32 (coll. 15, 91. 18, 41) ein ἄλ-
λους fehlt: τὴν οὐχ οἵόν τ' ἀλλ' ἢ
τοὺς διενεγκόντας κτήσασθαι, wie
Xenoph. Anab. 4, 6, 11 ἄνδρες οὐ-
δαμοῦ φυλάττοντες ἡμᾶς φανεροί
εἰσιν ἀλλ' ἢ κατ' αὐτὴν τὴν ὁδόν.
(id. ibi. 7, 7, 53 ἀργύριον μὲν οὐκ
ἔχω ἀλλ' ἢ μικρόν τι.) Danach
wird wohl auch 14, 16 (desgl. 15,
297. 18, 32) mit Ergänzung von
ἄλλος zu schreiben sein: ὁ λόγος
οὐδὲν ἀλλ' ἢ τοῦτο φανήσεται δυ-
νάμενος, nicht ἀλλ' ἢ mit den
Herausgebern, die 8, 36 richtig
schrieben ὑπ' ἀνθρώπων οὐδὲν ἀλλ'

8 (IV) ΙΣΟΚΡΑΤΟΥΣ

διὰ μιᾶς ἰδέας, εἶχεν ἄν τις ὑπολαβεῖν ὡς περίεργόν ἐστιν τὸν
αὐτὸν τρόπον ἐκείνοις λέγοντα πάλιν ἐνοχλεῖν τοῖς ἀκούουσιν·
8 ἐπειδὴ δ' οἱ λόγοι τοιαύτην ἔχουσιν τὴν φύσιν, ὥσθ' οἷόν τ'
εἶναι περὶ τῶν αὐτῶν πολλαχῶς ἐξηγήσασθαι, καὶ τά τε με-
γάλα ταπεινὰ ποιῆσαι καὶ τοῖς μικροῖς μέγεθος περιθεῖναι, καὶ d
τά τε παλαιὰ καινῶς διελθεῖν καὶ περὶ τῶν νεωστὶ γεγενημέ-
νων ἀρχαίως εἰπεῖν, οὐκέτι φευκτέον ταῦτ' ἐστίν, περὶ ὧν ἕτε-
ροι πρότερον εἰρήκασιν, ἀλλ' ἄμεινον ἐκείνων εἰπεῖν πειρατέον.
9 αἱ μὲν γὰρ πράξεις αἱ προγεγενημέναι κοιναὶ πᾶσιν ἡμῖν κατ-
ελείφθησαν, τὸ δ' ἐν καιρῷ ταύταις καταχρήσασθαι καὶ τὰ
προσήκοντα περὶ ἑκάστης ἐνθυμηθῆναι καὶ τοῖς ὀνόμασιν εὖ

ἢ φεναχίζειν δυναμένων. Vgl.
Voemel ad Demosth. Contion. p. 47
seqq. Kühner Ausf. Gr. § 535. 6.
Bäumlein Griech. Partikeln p. 1—7.
— 7, 3. μιᾶς ἰδέας, in einer
einzigen Form, wofür nachher
τρόπος eintritt, wie 15, 45 f. τρόποι
τῶν λόγων und ἰδέαι τῶν λόγων
wechseln. Vergl. 15, 183 οἱ περὶ
τὴν φιλοσοφίαν ὄντες (die Lehrer
der Beredsamkeit) τὰς ἰδέας ἁπάσας,
αἷς ὁ λόγος τυγχάνει χρώμενος,
διεξέρχονται τοῖς μαθηταῖς. — 7, 4.
ἐκείνοις ist mit τὸν αὐτόν zu-
sammen zu nehmen; S. zu 7, 28. —
ἐνοχλεῖν τοῖς ἀκούουσιν. Bei
Isokr. findet sich nur die Konstruk-
tion mit dem Dativ. Vergl. 5, 12.
53 (absolut gebr. Ep. 9, 6), wäh-
rend bei anderen auch vereinzelt
der Accus. vorkommt vergl. Kühner
ad Xenoph. Mem. 3, 8, 2. Held ad
Plut. Timol. p. 319.
8, 2. πολλαχῶς ἐξηγ. καί. Die
folgende Aufzählung ist keine er-
schöpfende, sondern Isokr. giebt nur
einzelne Darstellungsweisen an,
welche vor allen anderen zeigen, bis
zu welchem Grade dem Redner Ver-
schiedenartigkeit der Darstellung
möglich ist; καί nennt also auch
hier (S. zu 9, 51) mit Nachdruck
neben dem genus eine species (und
sogar). Zur Sache vergl. Plat.
Phaedr. p. 267 A: Τισίαν δὲ Γορ-
γίαν τε ἐάσομεν οἳ τὰ σμικρὰ με-
γάλα καὶ τὰ μεγάλα σμικρὰ φαί-
νεσθαι ποιοῦσι διὰ ῥώμην λόγου,

καινά τ' ἀρχαίως τά τ' ἐναντία
καινῶς, woraus erhellt, dafs diese
Ansicht dem Isokr. nicht eigentüm-
lich war, wenn es auch nach den
Angaben der Rhetoren (s. Sauppe
ad orat. Attic. fragment. p. 224 B)
scheint, als habe er sie zuerst in
seiner Anleitung zur Beredsamkeit
(τέχνη) aufgestellt. — 8, 4. και-
νῶς, in moderner Weise, da-
gegen ἀρχαίως in altertüm-
licher Weise, so dafs dem Zu-
hörer ist, als gehörten die παλαιά
der Gegenwart, τὰ νεωστὶ γεγεν.
dem Altertume an, nicht der ge-
brauchten Ausdrücke wegen, son-
dern infolge der Übertragung mo-
derner Anschauungsweise auf das
Altertum und umgekehrt. — 8, 5.
ἕτεροι. S. zu 1, 11.
9, 1. κοιναί, Gemeingut,
entgegengesetzt dem ἴδιον, aus-
schliefsliches Eigentum. —
9, 2. τὸ δ' ἐν καιρῷ κ. τ. λ. vergl.
13, 16 τῶν καιρῶν μὴ διαμαρτεῖν
ἀλλὰ καὶ τοῖς ἐνθυμήμασι πρεπόν-
τως ὅλον τὸν λόγον καταποικῖλαι,
καὶ τοῖς ὀνόμασιν εὐρύθμως καὶ
μουσικῶς εἰπεῖν, ταῦτα δὲ πολλῆς
ἐπιμελείας δεῖται καὶ ψυχῆς ἀνδρι-
κῆς καὶ δοξαστικῆς ἔργον ἐστίν. —
9, 3. ἐνθυμηθῆναι, die pas-
senden Gedanken zu haben;
wie hier, so werden auch 9, 10.
13, 16. 15, 47 ἐνθυμήματα und
ὀνόματα (λέξις) sich gegenüber ge-
stellt. — τοῖς ὀ. εὖ διαθέσθαι,
in Worten sich gut auszu-

10 διαθέσθαι τῶν εὖ φρονούντων ἴδιόν ἐστιν. ἡγοῦμαι δ᾽ οὕτως ἂν μεγίστην ἐπίδοσιν λαμβάνειν καὶ τὰς ἄλλας τέχνας καὶ τὴν περὶ τοὺς λόγους φιλοσοφίαν, εἴ τις θαυμάζοι καὶ τιμῴη μὴ e τοὺς πρώτους τῶν ἔργων ἀρχομένους ἀλλὰ τοὺς ἄρισθ᾽ ἕκαστον αὐτῶν ἐξεργαζομένους, μηδὲ τοὺς περὶ τούτων ζητοῦντας λέγειν, περὶ ὧν μηδεὶς πρότερον εἴρηκεν, ἀλλὰ τοὺς οὕτως 43 ἐπισταμένους εἰπεῖν, ὡς οὐδεὶς ἂν ἄλλος δύναιτο.

11 (β΄.) Καίτοι τινὲς ἐπιτιμῶσι τῶν λόγων τοῖς ὑπὲρ τοὺς ἰδιώτας ἔχουσι καὶ λίαν ἀπηκριβωμένοις, καὶ τοσοῦτον διημαρτήκασιν, ὥστε τοὺς πρὸς ὑπερβολὴν πεποιημένους πρὸς τοὺς

---

drücken, vergl. 15, 310 πολλῶν δ᾽ ἐφεστώτων μοι λόγων ἀπορῶ, πῶς αὐτοὺς διαθῶμαι. Sonst ist διατιθέναι u. διατίθεσθαι häufig vom Vortrage eigener oder fremder Werke; s. Lobeck Aglaopham. p. 332 not. c.

10, 2. ἐπίδοσιν λαμβάνειν S. zu 9, 7. — 10, 3. τὴν π. τ. λ. φιλοσοφίαν, die wissenschaftliche Behandlung der Beredsamkeit; vgl. zu 9, 8. — 10, 4. τῶν ἔργων, die nötigen Arbeiten, nämlich τέχνης τινός, wobei aber nicht bloß an die höhere Kunst, sondern auch an jedes Handwerk zu denken ist, im Gegensatz zu der φιλοσοφία τῶν λόγων; auf diese geht Isokr. erst nachher mit den Worten μηδὲ τοὺς περὶ τούτων κ. τ. λ. ein. — 10, 6. λέγειν — εἰπεῖν. Beide Worte wechseln ohne wesentlichen Unterschied in der Bedeutung wie hier, so auch § 11 u. 12, 262 ἀπλήστως διακείμενος πρὸς τὸ λέγειν καὶ πόλλ᾽ ἂν εἰπεῖν ἔχων. 15, 272 τὴν δύναμιν ἔχω μὲν εἰπεῖν, ὀκνῶ δὲ λέγειν. 21, 1 τυγχάνει ἀδύνατος εἰπεῖν, ὥστε ὑπὲρ αὐτοῦ λέγειν ἀναγκάζομαι. Vgl. noch 1, 41. 16, 140. 21, 6 und Lys. 12, 99 τὰ μέλλοντα βούλομαι λέγειν, τὰ πραχθέντα ὑπὸ τούτων οὐ δυνάμενος εἰπεῖν. Demosth. 6, 11 ἃ πάντες γλίχονται λέγειν, ἀξίως δ᾽ οὐδεὶς εἰπεῖν δεδύνηται. Vom Redner heißt es bald δεινὸς εἰπεῖν (16, 291, Funkhaenel ad Demosth. in Androt.

p. 79), bald δεινὸς λέγειν (15, 292, 296 cf. Baehr ad Plut. Pyrrh. p. 180 und Sintenis ad Plut. Them. p. 39) —, bald ἐπιστάμενος εἰπεῖν wie hier, bald ἐπ. λέγειν (4, 11 u. 186) —, bald δυνάμενος εἰπεῖν (4, 11, 74, 170), bald δυν. λέγειν (9, 77. 15, 246, 296). Sonst bestätigt sich der Unterschied, den Krüger Synt. § 65, 1, 4 zwischen λέγειν und εἰπεῖν (gegenüber dem subjektiven φάναι, „seine Meinung sagen") aufstellt, daß λέγειν (reden) mit Bezug auf den Inhalt, εἰπεῖν (sprechen) mit Bezug auf den Ausdruck gesagt werde. — περὶ ὧν μηδεὶς πρ. εἰρ. bezeichnet ein subjektives Urteil der ζητοῦντες λέγειν, aber ὡς οὐδεὶς ἂν δύν. ein objektives.

11, 1. ὑπὲρ τοὺς ἰδιώτας ἔχουσι, die Reden, welche über das Maß der Laien hinausgehen. ὑπέρ wie 15, 138 τοῖς ὑπὲρ αὐτοὺς πεφυκόσιν ἀχθόμενοι, und Ep. 4, 8 ἅπαντας ὁμοίους εἶναι νομίζων τοὺς ὑπὲρ αὐτὸν ὄντας (vergl. Thuk. 2, 35, 2 εἴ τι ὑπὲρ τὴν ἑαυτοῦ φύσιν ἀκούοι, Stallbaum ad Plat. de legg. VIII p. 839 D, Menke zu Lukian. Timon 6), und ἰδιώτης im Gegensatz zu dem kunstverständigen Redner wie 12, 16, 23. 16, 4 u. sonst. — 11, 3. πρὸς ὑπερβολήν, über das gewöhnliche Maß hinaus, in aufsorgewöhnlicher Weise (S. zu 9, 23), dem τοῖς ὑπὲρ τοὺς ἰδιώτας καὶ λίαν ἀπηκρ. synonym, wobei πρός zu fassen wie in πρὸς βίαν, πρὸς χά-

ἀγῶνας τοὺς περὶ τῶν ἰδίων συμβολαίων σκοποῦσιν, ὥσπερ
ὁμοίως δέον ἀμφοτέρους ἔχειν, ἀλλ' οὐ τοὺς μὲν ἀφελῶς, τοὺς
δ' ἐπιδεικτικῶς, ἢ σφᾶς μὲν διορῶντας τὰς μετριότητας, τὸν b
δ' ἀκριβῶς ἐπιστάμενον λέγειν ἁπλῶς οὐκ ἂν δυνάμενον εἰ-
12 πεῖν. οὗτοι μὲν οὖν οὐ λελήθασιν, ὅτι τούτους ἐπαινοῦσιν,
ὧν ἐγγὺς αὐτοὶ τυγχάνουσιν ὄντες· ἐμοὶ δ' οὐδὲν πρὸς τοὺς
τοιούτους ἀλλὰ πρὸς ἐκείνους ἐστὶ τοὺς οὐδὲν ἀποδεξομένους
τῶν εἰκῇ λεγομένων ἀλλὰ δυσχερανοῦντας καὶ ζητήσοντας ἰδεῖν
τι τοιοῦτον ἐν τοῖς ἐμοῖς, οἷον παρὰ τοῖς ἄλλοις οὐχ εὑρή-

ριν u. s. w. s. Schoemann ad Plut.
Kleom. p. 236. [cf. Krit. Anh.] —
11, 3. πρὸς τοὺς ἀγῶνας κ. τ. λ.,
nach Mafsgabe der Prozesse, d. h.
nach den Prozefsreden, mit
jener Kürze des Ausdrucks gesetzt,
die zu 9, 34 erläutert wurde. Über
σκοπεῖν τι πρὸς τι vergl. 19, 48 εἴ
τίς με σκοποῖτο μὴ πρὸς ταύτην
ἀλλὰ πρὸς τοὺς — ἀμφισβητήσαν-
τας (12, 41 ἤν τις ἡμᾶς τὸν τρό-
πον τοῦτον σκοπῆται καὶ παρα-
βάλλῃ μὴ πρὸς τὴν τυχοῦσαν πόλιν),
wie κρίνειν τι πρός τι § 76. 12,
4. 15, 157 (vergl. zu § 140). — 11, 4
τῶν ἰδίων συμβολαίων. S. zu § 78.
— ὥσπερ, als ob, auch zu διο-
ρῶντας (über den Accus. s. zu § 53)
zu denken, wie bei ähnlichem
Wechsel der Konstruktion die Par-
tikel wirklich doppelt steht 6, 86
τούτους εἴρηκα τοὺς λόγους, οὐχ
ὡς δέον ἡμᾶς ἤδη ταῦτα πράττειν,
οὐδ' ὡς οὐδεμιᾶς ἄλλης ἐνούσης
ἐν τοῖς πράγμασι σωτηρίας und 3,
11 (coll. 8, 9) πειράσομαι διελθεῖν
οὐχ ὡς ἐκεῖνον ὑπερβαλούμενος,
ἀλλ' ὡς προσῆκόν μοι περὶ τούτων
διαλεχθῆναι. Dagegen vergl. 15,
89 λέγων διατετέλεκεν, ὡς δεινόν
ἐστι διαφθείρεσθαι τοὺς τηλικούτους,
ὥσπερ ἀντιλέγοντός τινος περὶ
τούτων, ἢ τοῦτο δέον αὐτὸν ἀπο-
φαίνειν, ὃ πάντες ὁμολογοῦσιν.
Notwendig aber ist die Partikel,
weil die Veranlassungen zu jenen
Ansichten anderer nicht als that-
sächlich bestehend bezeichnet wer-
den sollen, sondern nur bei ihnen
vorausgesetzt werden. — 11, 5.
ἀφελῶς (schlicht) im Gegensatz

zu ἐπιδεικτικῶς (prunkvoll). Vergl.
Lukian. Alex. 4 ὡς εἴη ἁπλοϊ-
κώτατός τε καὶ ἀφελέστατος
und Plut. Lykurg. 21 ἡ λέξις ἦν
ἀφελὴς ἐπὶ πράγμασι σεμνοῖς. [cf.
Krit. Anh.] — 11, 6. τὰς μετριό-
τητας, das rechte Mafs, wie
15, 296 ἡ τῆς φωνῆς μετριότης.
Der Plural (auch 2, 33. Ep. 3, 4)
wie ἀλήθειαι 9, 5. S. auch zu
4, 77. — 11, 7. εἰπεῖν. S. zu § 10.
12, 1. οὐ λελήθασιν (scil. τοὺς
ἄλλους, s. zu 9, 57), es ist klar,
dafs diese. — 12, 2. ἐγγύς i. e.
ὅμοιοι. Doch s. zu § 16. — ἐμοὶ
δ' οὐδὲν πρὸς τ. τ. ich habe
mit solchen nichts zu schaf-
fen, wie Demosth. 21, 44 οὐδὲν
αὐτῷ πρὸς τὴν πόλιν ἐστίν, wofür
οὐδὲν ἐμοὶ καὶ τοῖς τοιούτοις πρᾶγ-
μα (wie Demosth. 18, 283 μηδὲν
εἶναί σοι καὶ Φιλίππῳ πρᾶγμα) oder
noch kürzer οὐδὲν ἐμοὶ καὶ τοῖς τ.
(i. e. κοινόν. cf. Mehlhorn ad Ana-
creont. p. 42 seq.) gewöhnlicher
gewesen wäre. — 12, 3. πρὸς
ἐκείνους — τοὺς — ἀποδ. S. zu
1, 45. — 12, 4. εἰκῇ, kunstlos.
— δυσχερανοῦντας, die ihr
Mifsfallen darüber äufsern
werden. Dafs aus dem negativen
οὐδὲν τῶν εἰ. λεγομένων der ent-
gegengesetzte positive Begriff zu
ergänzen sei, deutet das adversative
ἀλλά so klar an, dafs in solchen
Fällen diese Auslassung fast regel-
mäfsig ist; vergl. Plat. de republ.
VIII p. 561 B οὐδεμίαν (ἡδονὴν)
ἀτιμάζων, ἀλλ' ἐξ ἴσου τρέφων
(i. e. ἑκάστην). cf. Stallbaum ad
Plat. de republ. II p. 366 D und

σρυσιν. πρὸς οὓς ἔτι μικρὸν ὑπὲρ ἐμαυτοῦ θρασυνάμενος ἤδη c
13 περὶ τοῦ πράγματος ποιήσομαι τοὺς λόγους. τοὺς μὲν γὰρ ἄλ-
λους ἐν τοῖς προοιμίοις ὁρῶ καταπραΰνοντας τοὺς ἀκροατὰς
καὶ προφασιζομένους ὑπὲρ τῶν μελλόντων ῥηθήσεσθαι, καὶ
λέγοντας τοὺς μὲν ὡς ἐξ ὑπογυίου γέγονεν αὐτοῖς ἡ παρα-
σκευή, τοὺς δ᾽ ὡς χαλεπόν ἐστιν ἴσους τοὺς λόγους τῷ μεγέ-
14 θει τῶν ἔργων ἐξευρεῖν. ἐγὼ δ᾽ ἢν μὴ καὶ τοῦ πράγματος
ἀξίως εἴπω καὶ τῆς δόξης τῆς ἐμαυτοῦ καὶ τοῦ χρόνου, μὴ μό- d
νον τοῦ περὶ τὸν λόγον ἡμῖν διατριφθέντος ἀλλὰ καὶ σύμ-

Göller ad Thuk. 4, 10. — 12, 6.
μικρὸν — θρασυνάμενος, habe
ich erst noch — ein paar
Worte voll Selbstvertrauen
gesprochen; vergl. 15, 51 βού-
λομαι περὶ ἐμαυτοῦ — λόγον εἰπεῖν
θρασύτερον ἢ κατὰ τὴν ἐμὴν ἡλι-
κίαν· ἀξιῶ γὰρ — μηδεμιᾶς συγ-
γνώμης τυγχάνειν παρ᾽ ὑμῶν, ἀλλὰ
τὴν μεγίστην ὑποσχεῖν τιμωρίαν.
— θρασύνεσθαι von der Rede auch
5, 23 ᾐσχύνοντο μὲν ἐφ᾽ οἷς
ἐθρασύναντο, μετέμελεν δ᾽ αὐτοῖς
ἁπάντων τῶν εἰρημένων. — 12, 7.
ἤδη, sofort, wie § 102 und 15,
320 μικρῶν ἔτι πάνυ μνησθεὶς ἤδη
καταλύσω τὸν λόγον. Vergl. 5, 30.
6, 8, 38, 40, 86. 15, 177.
13, 4. ἐξ ὑπογυίου γέγ., erst
den Augenblick vorher ge-
schehen sei. Vergl. Plat. Menex.
p. 235 B ἐξ ὑπογυίου ἡ αἵρεσις γε-
γονεν, und zu 9, 81. ἐξ ὑπογ. wie
ἐξ ἴσου (6, 96. 8, 3. 18, 12), ἐξ
ἑτοίμου (5, 96), ἐκ τοῦ φανεροῦ 4,
147, ἐξ ἀπροσδοκήτου, ἐξ ἀέλπτου,
ex facili, ex integro, ex vero, ex
vano (cf. Kritz ad Sall. Catil. 8, 1)
für die einfachen Adverbia. — 13,
5. ἴσους τ. λόγους τ. μ. τ. ἔρ-
γων κ. τ λ. vergl. aufser § 83
noch 6, 100 (coll. 14, 4) τοὺς ἐπαί-
νους ἐξισῶσαι ταῖς ἐκείνων ἀρεταῖς,
und (Lys.) 2, 1 ὁ πᾶς χρόνος οὐχ
ἱκανὸς λόγον ἴσον παρασκευάσαι
τοῖς τούτων ἔργοις· (sonst ἐφικνεῖ-
σθαι λόγῳ τοῦ μεγέθους τῶν ἔρ-
γων. S. zu 9, 49). Das Gegenteil:
ἐλάττω τῶν ὑπαρχόντων εἰρηκέναι
§ 89 u. 6, 71 (vergl. Hypereid. Epi-
taph. 2); S. auch zu μεῖζω λέγειν
τῶν ἐκείνῃ προσόντων 9, 48.

14, 3. ἡμῖν, von mir. Der Plu-
ral ist neben ἐγώ, ἐμαυτοῦ, βεβίω-
κα, παρακελεύομαι auffällig, zumal
Isokr. von sich im Plural nur zu
reden pflegt, wenn der Singular
einen Hiatus bewirkt haben würde,
wie 1, 5 und in folgenden Stellen,
wo wie hier der Plural mit dem
Singular wechselt: 3, 60 seq. πα-
ρόντος μου — ἡμᾶς ἐν τοῖς ἔργοις.
5, 27 κεκοσμήκαμεν αὐτὸν — ἐχρώ-
μην. 5, 83 ἔφην — συμβουλεύσο-
μεν, ὡς — ἴδωμεν αὐτάς — ποιή-
σομαι. 5, 105 ἡμῖν, εἰ — τολμῴην.
11, 32 ἡμῶν ἀπέχεις — ἐγώ. 12,
15 ἐμοῦ — ἡμῶν ὑπειλήφασιν. 12,
17 ἡμῶν ἐλυμαίνοντο — ἐφρόντι-
ζον. 12, 19 ἐγὼ — τῆς ἐμῆς —
πρὸς ἡμᾶς. ὡς μὲν οὖν ἐλυπήθην
κ. τ. λ. 12, 34 ἐροῦμεν, ἢν μή με
—. 12, 37 δυνηθῶμεν, ἄλλως —
πολλάκι με. 15, 5 ἐμὴν — ἠνέγκα-
μεν ὥσπερ. 15, 56 ποιοίμην —
περὶ ἡμῶν — ὑμᾶς. 15, 158 ἐξισώ-
σητέ με — ἡμεῖς εὑρεθεῖμεν. 15,
164 ἡμῶν ἀναβέβηκεν, ἐγώ. 15,
178 οἶδ᾽ ὅτι — ἐροῦμεν· ὅμως.
Ep. 4, 13 γέγραφα — εἰρήκαμεν
ἐν αὐτῇ. Ep. 7, 10 συμβουλεύσομεν,
ἂν μὴ κωλύσῃ με. Seltener findet
sich eine konsequente Durchführung
des Plurals wie 1, 11 ἡμᾶς ὁ πᾶς
χρόνος — καταριθμησαίμεθα, und
15, 154 κεκτήμεθα — ἡμᾶς ἐμβάλῃ
— δυνηθεῖμεν. ὅλως —, oder we-
nigstens eine teilweise Durchfüh-
rung desselben wie Ep. 7, 13 ποιη-
σαίμην — ἡμᾶς — ἡμῖν Αὐτοκρά-
τορος. Aber ohne durch den Hiatus
geboten zu sein erscheint wie hier
der Plural mit dem Singular wech-
selnd auch 5, 11 seq. ἡμᾶς — ἐγώ.

παντος οὗ βεβίωκα, παρακελεύομαι μηδεμίαν μοι συγγνώμην
ἔχειν ἀλλὰ καταγελᾶν καὶ καταφρονεῖν· οὐδὲν γὰρ ὅ τι τῶν
τοιούτων οὐκ ἄξιός εἰμι πάσχειν, εἴπερ μηδὲν διαφέρων οὕτω
μεγάλας ποιοῦμαι τὰς ὑποσχέσεις.

15 · Περὶ μὲν οὖν τῶν ἰδίων ταῦτά μοι προειρήσθω. περὶ δὲ e
τῶν κοινῶν, ὅσοι μὲν εὐθὺς ἐπελθόντες διδάσκουσιν, ὡς χρὴ
διαλυσαμένους τὰς πρὸς ἡμᾶς αὐτοὺς ἔχθρας ἐπὶ τὸν βάρβα-
ρον τραπέσθαι, καὶ διεξέρχονται τάς τε συμφορὰς τὰς ἐκ τοῦ
πολέμου τοῦ πρὸς ἀλλήλους ἡμῖν γεγενημένας καὶ τὰς ὠφε-
λείας τὰς ἐκ τῆς στρατείας τῆς ἐπ᾽ ἐκεῖνον ἐσομένας, ἀληθῆ
μὲν λέγουσιν, οὐ μὴν ἐντεῦθεν ποιοῦνται τὴν ἀρχήν, ὅθεν 44
16 ἂν μάλιστα συστῆσαι ταῦτα δυνηθεῖεν. τῶν γὰρ Ἑλλήνων οἱ
μὲν ὑφ᾽ ἡμῖν, οἱ δ᾽ ὑπὸ Λακεδαιμονίοις εἰσίν· αἱ γὰρ πολι-

12, 21 τῶν πεπλησιακότων μοι καὶ
τεθεωρηκότων ἡμᾶς. 12, 42 ὕστε-
ρον ἐροῦμεν, νῦν δὲ ποιήσομαι περὶ
ἐκείνων τοὺς λόγους. Ep. 1, 3 ἔχω
— ἡμᾶς — ἡγοῦμαι. Ep. 3, 8, 10
βούλομαι — ἡμῶν. Hier könnte
Isokr. mit an seine Schüler ge-
dacht haben, deren Rat er bei
seinen Reden zu hören pflegte, wie
5, 4 und 17 seqq. und 12, 200 seqq.
lehren. — 14, 3. διατριφθέντος.
S. die Einleitung. — 14, 4. βε-
βίωκα. Isokr. war jetzt ein hoher
Fünfziger. — 14, 6. μηδὲν δια-
φέρων. Absolut gebraucht [cf.
Krit. Anh.] wie sehr häufig bei Isokr.
Vergl. z. B. § 4. 9, 23. 40. 10,
14. 12, 173 etc.

Übergang (§ 15—20). *Keiner von
denen, welche vorher mein Thema
behandelten, griff die Sache von
der rechten Seite an* (15, 16); *man
mufste vor allem Athen und Sparta
dafür gewinnen, sich in die Hege-
monie zu teilen* (17), *wofür Athen
leicht, Sparta schwerer zu bestimmen
sein wird, weil es Anspruch auf die
vollständige Hegemonie macht; letz-
terem mufste daher gezeigt werden,
dafs vielmehr Athen Anspruch auf
die vollständige Hegemonie hat* (18).
*Diesen Beweis mufs ich hier zu-
nächst führen* (19, 20).
15, 1. περὶ δὲ τῶν κοινῶν,
was aber den uns alle berüh-

renden Gegenstand betrifft, so
... Vgl. zu 5, 109 — μέν hat sein
Korrelat nicht in einem δέ, sondern
in ἀλλά § 17. — 15, 2. εὐθὺς ἐπελ-
θόντες, sofort nach ihrem Auf-
treten, wie 15, 12 χρὴ μὴ ζητεῖν
εὐθὺς ἐπελθόντας διελθεῖν. 15, 199
εὐθὺς προσελθόντας διαφέρειν. Auch
sonst tritt εὐθύς oft zum Particip
um die unmittelbare Folge der durch
das Particip und das Verb. finit. aus-
gedrückten Zustände zu bezeichnen.
Vergl. noch 10, 56 u. 16, 45. Vergl.
übrigens § 74. — 15, 3. τὰς πρὸς
ἡμ. αὐ. ἔχθρας, unsere gegen-
seitigen Feindseligkeiten;
vergl. zu 9, 53. — τὸν βάρβα-
ρον, den Barbarenkönig, Artaxerxes
II Mnemon von Persien. — 15, 5.
τοῦ πολέμου. Isokr. meint nur
allgemein das Sichbefehden der
Griechen untereinander und denkt
nicht speciell weder an den pelopon-
nesischen Krieg, wie Morus meinte,
noch an die jüngsten Kämpfe der
Spartaner mit Olynth und Theben,
wie Benseler will.—15,8. συστῆσαι,
in Ordnung bringen, wie es von
der nämlichen Sache 5, 67 heifst πῶς
οὐ σέ γε χρὴ προσδοκᾶν ῥαδίως τὰ
προειρημένα συστήσειν; vergl. auch
5, 41.

16, 2. ὑφ᾽ ἡμῖν, wie § 101,
nicht ἐφ᾽ ἡ. wie § 60 (cf. §§ 154.
163), denn ἐπί τινι εἶναι wird

τείαι, δι' ὧν οἰκοῦσι τὰς πόλεις, οὕτω τοὺς πλείστους αὐτῶν
διειλήφασιν. ὅστις οὖν οἴεται τοὺς ἄλλους κοινῇ τι πράξειν
ἀγαθόν, πρὶν ἂν τοὺς προεστῶτας αὐτῶν διαλλάξῃ, λίαν
17 ἁπλῶς ἔχει καὶ πόρρω τῶν πραγμάτων ἐστίν. ἀλλὰ δεῖ τὸν b
μὴ μόνον ἐπίδειξιν ποιούμενον ἀλλὰ καὶ διαπράξασθαί τι βου-
λόμενον ἐκείνους τοὺς λόγους ζητεῖν, οἵτινες τὼ πόλει τούτω
πείσουσιν ἰσομοιρῆσαι πρὸς ἀλλήλας καὶ τάς θ' ἡγεμονίας διε-
λέσθαι, καὶ τὰς πλεονεξίας, ἃς νῦν παρὰ τῶν Ἑλλήνων ἐπι-
θυμοῦσιν αὐταῖς γίγνεσθαι, ταύτας παρὰ τῶν βαρβάρων ποιή-
18 σασθαι. (γ'.) Τὴν μὲν οὖν ἡμετέραν πόλιν ῥᾴδιον ἐπὶ ταῦτα
προαγαγεῖν, Λακεδαιμόνιοι δὲ νῦν μὲν ἔτι δυσπείστως ἔχουσιν· c
παρειλήφασι γὰρ ψευδῆ λόγον, ὡς ἔστιν αὐτοῖς ἡγεῖσθαι πά-

von vorübergehender Abhängigkeit (Einfluſs), dagegen ὑπό τινι εἶναι von dauernder Unterwürfigkeit gebraucht (S. Krüger zu Xenoph. Anab. 1, 1, 4 Cobet. Var. lect. p. 214); letzteres ist hier das Passendere wegen der nachher ausgesprochenen Möglichkeit bloſs durch Gewinnung von Athen und Sparta auf die übrigen Staaten zu wirken. — 16, 2. πολιτεῖαι. Die Staaten mit aristokratischer Verfassung hielten zu Sparta, die mit demokratischer zu Athen. — 16, 3. τοὺς ἄλλους, die anderen Staaten im Gegensatz zu ihren Vorständen Athen und Sparta. — 16, 6. πόρρω τῶν πραγμάτων ἐστίν, steht den Dingen fern, sie liegen ihm fern und er weiſs also nichts von ihnen. Vergl. § 113 τίς οὕτω πόρρω τῶν πολιτικῶν ἦν πραγμάτων; (coll. 15, 40). Ähnlich πόρρω τῶν κινδύνων εἶναι 7, 2. Ep. 6, 13. πόρρω γίγνεσθαι τῆς ὑποθέσεως 12, 88 (coll. 7, 77.). 17,2.ἐπίδειξιν π.,einePrunkrede hält, s. zu 1, 3. — 17, 3. λόγους, Gründe. — τὼ πόλει τούτω. Die Maskulinform im Dual des Artikels und des Pronomens neben dem Femininum πόλις wie 8, 116. 12, 156, 157; vergl. τοῖν πολίοιν 4, 73, 75. 12, 48, 94, 108, 262, τοῖν πολέοιν ἀμφοτέροιν 4, 139. ἀμφοῖν τοῖν πολίοιν 12, 97, wie auch sonst sehr oft neben Fe-

mininen im Dual Praedikate und Attribute in der Maskulinform erscheinen; aber für den Artikel und οὗτος ist diese Inkongruenz so sehr das Regelmäfsige, daſs die femininischen Duale τά (s. Blomfield ad Aeschyl. Pers. v. 186, Meisterhans Gr. d. att. Inschr. p. 50 und ταῦτα (s. Schoemann ad Isae. p. 345) gar nicht nachweisbar sind — daher immer τὼ χεῖρε, τὼ θεώ i. e. Demeter und Kore —, und ταῖν sich nur einzeln findet. Vergl. Krüger Synt. § 58, 1, 3 und Bernhardy Paralip. synt. graec. p. 35. — Über die Form πόλει cf. Krit. Anh. — 17, 4. ἰσομοιρῆσαι,einander gleiche Rechte gestatten, den πλεονεξίαις(Übergewicht,Vorrechte) entgegengesetzt, wie 7, 60 πλεονεξίαι und ἰσότητες, 5, 39 τοὺς εἰθισμένους ἅπαντα τὸν χρόνον πλεονεκτεῖν οὐδέποτ' ἂν ἰσομοιρῆσαι πρὸς ἀλλήλους, während sonst ἴσον ἔχειν und πλεονεκτεῖν einander gegenüber stehen; s. zu 1, 38. Über πρὸς ἀλλήλ. vergl. zu § 179. — διελέσθαι, sodaſs die Athener die Hegemonie zur See, die Spartaner die zu Lande erhielten. 18, 3. παρειλήφασι, nicht „sie haben gefaſst," sondern: sie haben übernommen, nämlich παρὰ τῶν προγόνων, wie es 8, 102 heiſst: τοὺς νόμους, οὓς παρὰ τῶν προγόνων παρέλαβον, aber auch ohne solchen Beisatz 8, 117 Θετταλοὶ μεγίστους

τριον· ἦν δ' ἐπιδείξῃ τις αὐτοῖς ταύτην τὴν τιμὴν ἡμετέραν
οὖσαν μᾶλλον ἢ 'κείνων, τάχ' ἂν ἐάσαντες τὸ διακριβοῦσθαι
19 περὶ τούτων ἐπὶ τὸ συμφέρον ἔλθοιεν. Ἐχρῆν μὲν οὖν καὶ
τοὺς ἄλλους ἐντεῦθεν ἄρχεσθαι καὶ μὴ πρότερον περὶ τῶν
ὁμολογουμένων συμβουλεύειν, πρὶν περὶ τῶν ἀμφισβητουμέ-
νων ἡμᾶς ἐδίδαξαν· ἐμοὶ δ' οὖν ἀμφοτέρων ἕνεκα προσήκει
περὶ ταῦτα ποιήσασθαι τὴν πλείστην διατριβήν, μάλιστα μὲν d

πλούτους παραλαβόντες. Vergl. auch
9, 35 τὰς πατρικὰς βασιλείας παρα-
λαβεῖν, 8, 126 und sonst. Diese An-
sicht war also eine traditionelle in
Sparta. — ψευδῆ λόγον, eine
falsche Ansicht, die, da fs u.s.w."
— ἡγεῖσθαι i. e. τὴν ἡγεμονίαν
ἔχειν. — 18, 4. ταύτην τὴν τιμήν,
die ungeteilte Hegemonie. — 18, 5.
τάχ' ἄν, s. zu § 163. — διακρι-
βοῦσθαι περὶ τ., spitzfindige
Untersuchungen darüber an-
zustellen, hier im tadelnden Sinne,
anders wie 15, 173 διακριβοῦσθαι
περὶ ἑκάστου καὶ τὴν ἀλήθειαν ζη-
τεῖν, und 13, 6 διακριβοῦσθαι περὶ
τῶν διαφερόντων. — 18, 6. ἐπὶ τὸ
συμφέρον ἔλθ., sie werden auf
ihren wahren Vorteil zurück-
kommen, nämlich die Teilung der
Hegemonie sich gefallen zu lassen.
19, 1. ἐχρῆν, nicht: „es muſs-
ten," sondern: es müſsten (näm-
lich: sie würden die Notwendig-
keit erkennen, wenn sie den rechten
Gesichtspunkt träfen); denn Isokr.
sieht diesen Mifsgriff auch noch in
der Gegenwart gemacht, wie δι-
δάσκουσιν und διεξέρχονται § 15
lehren. — 19, 3. τῶν ὁμολογου-
μένων, über anerkannte Wahr-
heiten, nämlich die Notwendig-
keit der Vereinigung der Hellenen
gegen die Barbaren; dagegen περὶ
τῶν ἀμφισβ., über streitige
Punkte, über die Frage, wem
die Hegemonie gebühre. Derselbe
Gegensatz 2, 52. 6, 37. 24. — πρὶν
— ἐδίδαξαν, bevor sie uns
belehrten, was sie aber in Wirk-
lichkeit nicht thun. Der in dem
Imperfekt ἐχρῆν liegende Sinn, daſs
nicht geschehe, was eigentlich ge-
schehen sollte, liegt also auch in

dem Verbum des untergeordneten
Satzes, und darum ist auch hier
das Tempus der Vergangenheit ohne
ἄν gewählt, wie das überall ge-
schieht, wenn ein Nebensatz sich
anschliefst an einen Hauptsatz, in
welchem ein Tempus der Vergan-
genheit mit ἄν (oder bei ἐχρῆν, ἔδει
und ähnlichen ohne ἄν) steht zur
Bezeichnung dessen, was geschähe
oder geschehen sein würde, wenn
gewisse Bedingungen einträten oder
eingetreten wären, was aber nun
nicht geschieht oder geschehen ist.
Am häufigsten und regelmäſsigsten
ist dies im Finalsatze (S. zu 9, 5),
aber auch in anderen Nebensätzen,
wie 15, 53 οὐκ ἂν οἷός τ' ἦν ἰδεῖν
ὑμῖν τὰς πράξεις παρασχεῖν, ἀλλ'
ἀναγκαίως εἶχεν εἰκάζοντας ὑμᾶς ἐκ
τῶν εἰρημένων διαγιγνώσκειν, ὅπως
ἐτύχετε, περὶ τῶν πεπραγμένων.
Demosth. 8, 1 ἔδει μὲν τοὺς λέγον-
τας ἅπαντας μήτε πρὸς ἔχθραν ποι-
εῖσθαι λόγον μηδένα μήτε πρὸς χά-
ριν, ἀλλ' ὃ βέλτιστον ἕκαστος ἡγεῖτο.
Ebenso im Anschluſs an einen hy-
pothetischen Vordersatz, z. B.
Isokr. 13, 1 εἰ πάντες ἤθελον —
μὴ μείζους ποιεῖσθαι τὰς ὑποσχέσεις
ἂν ἤμελλον ἐπιτελεῖν. Vergl. Krüger
ad Thuk. 1, 37, 3. Nur in Objekts-
sätzen scheint in solchen Fällen das
Praesens oder Futurum regelmäſsig
zu sein, wie Isokr. 15, 105 ἑτέρῳ
μὲν οὖν ἀπέχρησεν ἂν τοῦτ' εἰπεῖν,
ὡς οὐ δίκαιός ἐστι μετέχειν. Xenoph.
Anab. 5, 1, 10 εἰ μὲν ἠπιστάμεθα
σαφῶς ὅτι ἥξει. Daher auch Isokr.
9, 5 ἐχρῆν ἐπαινεῖν, ἵνα — ἐχρῶντο
— εἰδότες, ὅτι — εὐλογήσονται.
Vergl. Madvig Synt. S. 117 und im
Philolog. II. Supplheft. p. 19 ff. —
19, 4. ἀμφοτέρων ἕνεκα, zu dem

ἵνα προὔργου τι γένηται καὶ παυσάμενοι τῆς πρὸς ἡμᾶς αὐ-
20 τοὺς φιλονικίας κοινῇ τοῖς βαρβάροις πολεμήσωμεν, εἰ δὲ
τοῦτ᾽ ἐστὶν ἀδύνατον, ἵνα δηλώσω τοὺς ἐμποδὼν ὄντας τῇ
τῶν Ἑλλήνων εὐδαιμονίᾳ, καὶ πᾶσι γένηται φανερόν, ὅτι καὶ
πρότερον ἡ πόλις ἡμῶν δικαίως τῆς θαλάττης ἦρξεν καὶ νῦν
οὐκ ἀδίκως ἀμφισβητεῖ τῆς ἡγεμονίας.

21   Τοῦτο μὲν γὰρ εἰ δεῖ τούτους ἐφ᾽ ἑκάστῳ τιμᾶσθαι τῶν
ἔργων τοὺς ἐμπειροτάτους ὄντας καὶ μεγίστην δύναμιν ἔχον- e
τας, ἀναμφισβητήτως ἡμῖν προσήκει τὴν ἡγεμονίαν ἀπολαβεῖν,
ἥνπερ πρότερον ἐτυγχάνομεν ἔχοντες· οὐδεὶς γὰρ ἂν ἑτέραν
πόλιν ἐπιδείξειε τοσοῦτον ἐν τῷ πολέμῳ τῷ κατὰ γῆν ὑπερ-
έχουσαν, ὅσον τὴν ἡμετέραν ἐν τοῖς κινδύνοις τοῖς κατὰ θά- 45
22 λατταν διαφέρουσαν. τοῦτο δ᾽ εἴ τινες ταύτην μὲν μὴ νομί-
ζουσιν δικαίαν εἶναι τὴν κρίσιν, ἀλλὰ πολλὰς τὰς μεταβολὰς
γίγνεσθαι (τὰς γὰρ δυναστείας οὐδέποτε τοῖς αὐτοῖς παραμέ-
νειν), ἀξιοῦσι δὲ τὴν ἡγεμονίαν ἔχειν ὥσπερ ἄλλο τι γέρας ἢ

doppelten Zweck. — 19, 6.
προὔργου τι etwas Zweckdien-
liches, wie 15, 83 τοῖς μὲν τοὺς νό-
μους τιθέναι προαιρουμένοις προὔργ-
ου γέγονε τὸ πλῆθος τῶν κειμέ-
νων, und προὔργου (προὐργιαίτερον)
τι ποιεῖν 5, 13. 6, 35. 15, 269, προὔρ-
γου oder προὐργιαίτερόν ἐστι 4,
134. 5, 17. — 19, 7. φιλονικίας.
cf. Krit. Anh. — 20, 5. ἀμφι-
σβητεῖ τῆς ἡγεμονίας. ἀμφ. mit
d. Genet. wie § 188 (S. z. d. St.)
6, 74. 12, 104 Ep. 2, 7. 15, 100.
19, 3 etc., mit περί §§ 23. 25. 68.
71. 136. 166 etc. ὑπέρ § 54.

(§ 21—27) Athen gebührt die He-
gemonie nicht nur wegen seiner Er-
fahrung und Befähigung (21), sondern
auch wegen seines Alters und seiner
Größe, wegen des Ruhmes seiner
Autochthonie und besonders wegen
seiner Verdienste um Hellas (22—27).
   21, 1. τοῦτο μέν, τοῦτο δέ
§ 22 einerseits — andererseits. S.
zu 9, 14. — τούτους — τοὺς
ἐμ. ὄντας. S. zu 1, 45. — τῶν
ἔργων ist mit ἑκάστῳ zu verbinden.
— 21, 2. δύναμιν, Befähigung.
— 21, 4. ἑτέραν. S. zu 1, 11. —
21, 6. ὅσον τὴν ἡ. — διαφέρου-

σαν. Man erwartet ὅσον ἡ ἡμετέρα
— διέφερεν, allein attraktionsmäßig
ist die Konstruktion von ἐπιδείξειε
auch auf den Nebensatz überge-
gangen in ähnlicher Weise wie Xe-
noph. Memorab. 1, 2, 19 ὁρῶ γὰρ
ὥσπερ τὰ τοῦ σώματος ἔργα τοὺς
μὴ τὰ σώματα ἀσκοῦντας οὐ δυνα-
μένους ποιεῖν, οὕτω καὶ τὰ τῆς
ψυχῆς ἔργα τοὺς μὴ τὴν ψυχὴν
ἀσκοῦντας οὐ δυναμένους, und wie
es bei einem vergleichsweise mit ὡς,
ὥσπερ u. s. w. angeführten Nomen
(ohne Verbum) fast regelmäßig ist,
z. B. Thuk. 1, 69, 4 τοὺς Ἀθη-
ναίους οὐχ ἑκὰς ὥσπερ ἐκεῖνον,
ἀλλ᾽ ἐγγὺς ὄντας περιορᾶτε, worüber
Lobeck ad Phryn. p. 755 not. und
Maetzner ad Antiph. p. 233.

   22, 2. τὰς μεταβολάς. Der Ar-
tikel, welcher fehlen könnte, stellt
den Wechsel als einen nach den
Lehren der Geschichte bekanntlich
eintretenden dar; ähnlich 4, 138
διεξιόντες ὡς πολλὰς τὰς μεταβολὰς
τοῖς Ἕλλησιν πεποίηκεν, und Ep. 4, 6
τὰς μοναρχίας, αἳ πολλοὺς τοὺς
ἀναγκαίους ἐφέλκονται κινδύνους.
Vergl. unten § 79 τὰς στάσεις. Das
πολλάς ist Praedikat zu τὰς μετ.,

τοὺς πρώτους τυχόντας ταύτης τῆς τιμῆς ἢ τοὺς πλείστων
ἀγαθῶν αἰτίους τοῖς Ἕλλησιν ὄντας, ἡγοῦμαι καὶ τούτους εἶ-
23 ναι μεθ' ἡμῶν· ὅσῳ γὰρ ἄν τις πορρωτέρωθεν σκοπῇ περὶ b
τούτων ἀμφοτέρων, τοσούτῳ πλέον ἀπολείψομεν τοὺς ἀμφισβη-
τοῦντας. (δ'.) Ὁμολογεῖται μὲν γὰρ τὴν πόλιν ἡμῶν ἀρχαιοτάτην
εἶναι καὶ μεγίστην καὶ παρὰ πᾶσιν ἀνθρώποις ὀνομαστοτάτην·
οὕτω δὲ καλῆς τῆς ὑποθέσεως οὔσης, ἐπὶ τοῖς ἐχομένοις τού-
24 των ἔτι μᾶλλον ἡμᾶς προσήκει τιμᾶσθαι. ταύτην γὰρ οἰκοῦ-

---

nicht Attribut, daher nicht τῶν
μεταβολῶν, wie im Deutschen:
dafs der Umwälzungen viele
vorkommen. Vergl. zu 7, 83. —
22, 5. ταύτης τῆς τιμῆς, nämlich
τῆς ἡγεμονίας. [cf. Krit. Anh.] —
22, 7. μεθ' ἡμῶν, auf unserer
Seite, wie 6, 62, 63, 65. (14, 15,
26, 43, 45) und sonst. Vergl. zu
§ 53 und § 140.
23, 1. πορρωτέρωθεν σκ., je
weiter man in der Betrach-
tung — zurückgeht. Der grie-
chische Ausdruck hier (anders wie
5, 122 πορρωτέρω τῶν ἄλλων καθο-
ρῶντος) zeigt im Vergleich mit dem
Deutschen eine auch sonst vorkom-
mende Vertauschung des terminus
ad quem und des term. a quo, welche
ihren Grund darin hat, dafs bei der
Betrachtung eines durch zwei ent-
gegengesetzte Punkte begrenzten
Raumes die Betrachtung zwar am
natürlichsten von dem uns zunächst
liegenden Punkte ausgeht, wobei
der entgegengesetzte Punkt als ter-
minus ad quem erscheint, aber doch
auch von diesem letzteren Punkte
ausgehen kann. Ähnlich § 32 ἀπὸ
τῆς ἀρχῆς σκοπῶμεν, und besonders
häufig bei Ortsangaben, wie schon
bei Homer Od. 13, 109 f. δύω δέ
τέ οἱ θύραι εἰσίν, | αἱ μὲν πρὸς
Βορέαο καταιβαταὶ ἀνθρώποισιν, |
αἱ δ' αὖ πρὸς Νότον εἰσί. Xenoph.
Hellen. 2, 3, 31 ἀποβλέπει ἀπ'
ἀμφοτέρων (nach beiden Seiten hin).
Arrian. Exp. Alex. 2, 20, 11 τὸν λιμένα
τὸν πρὸς Σιδῶνος (nach S. zu), und
ibid. § 14 τὸν (τῶν Τυρίων) λιμένα
τὸν ἐκ Σιδῶνος φέροντα. Das seltene
Adverb. πορρωτέρωθεν hat Isokr.
auch 6, 16. 12, 120. 16, 4. — 23, 2.

ἀπολείψομεν, brachylogisch für
φήσει ἡμᾶς ἀπολείπειν, wie über-
haupt sehr häufig da, wo Ansichten
und Aussagen einzelner als solche
durch ein verbum dicendi oder pu-
tandi bezeichnet werden sollten,
mit Umgehung dieser verba die
Ansichten und Aussagen als Fakta
behandelt werden, sodafs selbst
die dazu gebrauchten Verbalaus-
drücke in die Konstruktion der
eigentlich zu erwartenden verba
dicendi oder putandi eintreten (wie
hier ἀπολείψομεν). Vergl. zu § 45,
§ 114, zu 5, 75 und zu 7, 1, und
Isokr. 6, 89 εἰ δεῖ μηδὲν ὑποστει-
λάμενον εἰπεῖν, αἱρετώτερον ἡμῖν
ἐστιν (i. e. φημὶ αἱρ. εἶναι). Ebenso
im Lateinischen, z. B. Cic. de Fin.
1, 5, 14 adduci vix possum, ut ea
tibi non vera videantur (i. e. ut ea
tibi non vera videri credam), pro
Sull. § 40 ut tot res — dispexerim
(i. e. ut me dispexisse dicam) und
Schoemann zu Cic. de Nat. deor. 1,
9, 21. — 23, 3. ἀρχαιοτάτην. Vergl.
12, 124 (τοὺς Ἀθηναίους) πρώτους
καὶ πόλιν οἰκήσαντας καὶ νόμοις
χρησαμένους und Herod. 7, 161 extr.,
Lykurg. in Leokrat. 83. — 23, 4.
μεγίστην. Vgl. 10, 35 (Θησεὺς) τὴν
πόλιν σποράδην καὶ κατὰ κώμας οἰ-
κοῦσαν εἰς ταὐτὸν συναγαγὼν τη-
λικαύτην ἐποίησεν ὥστ' ἔτι καὶ νῦν
ἀπ' ἐκείνου τοῦ χρόνου μεγίστην
τῶν Ἑλληνίδων εἶναι, und 15, 299
φασὶν μόνην εἶναι ταύτην πόλιν,
τὰς δ' ἄλλας κώμας. — 23, 5.
ὑποθέσεως, Grundbedingung,
nämlich τοῦ τιμᾶσθαι. — τοῖς
ἐχομένοις, was sich daran knüpft,
damit zusammenhängt. S. zu
9, 33.

μεν οὐχ ἑτέρους ἐκβαλόντες οὐδ' ἐρήμην καταλαβόντες οὐδ' c
ἐκ πολλῶν ἐθνῶν μιγάδες συλλεγέντες, ἀλλ' οὕτω καλῶς καὶ
γνησίως γεγόναμεν, ὥστ' ἐξ ἧσπερ ἔφυμεν, ταύτην ἔχοντες
ἅπαντα τὸν χρόνον διατελοῦμεν, αὐτόχθονες ὄντες καὶ τῶν
ὀνομάτων τοῖς αὐτοῖς, οἷσπερ τοὺς οἰκειοτάτους, τὴν πόλιν
25 ἔχοντες προσειπεῖν· μόνοις γὰρ ἡμῖν τῶν Ἑλλήνων τὴν αὐτὴν
τροφὸν καὶ πατρίδα καὶ μητέρα καλέσαι προσήκει. καίτοι χρὴ
τοὺς εὐλόγως μέγα φρονοῦντας καὶ περὶ τῆς ἡγεμονίας δικαίως
ἀμφισβητοῦντας καὶ τῶν πατρίων πολλάκις μεμνημένους τοι- d
αύτην τὴν ἀρχὴν τοῦ γένους ἔχοντας φαίνεσθαι.
26 (ε'.) Τὰ μὲν οὖν ἐξ ἀρχῆς ὑπάρξαντα καὶ παρὰ τῆς τύχης
δωρηθέντα τηλικαῦθ' ἡμῖν τὸ μέγεθός ἐστιν· ὅσων δὲ τοῖς
ἄλλοις ἀγαθῶν αἴτιοι γεγόναμεν, οὕτως ἂν κάλλιστ' ἐξετάσαι-
μεν, εἰ τόν τε χρόνον ἀπ' ἀρχῆς καὶ τὰς πράξεις τὰς τῆς πό-
λεως ἐφεξῆς διέλθοιμεν· εὑρήσομεν γὰρ αὐτὴν οὐ μόνον τῶν e

24, 2. ἐκβαλόντες, wie die in den Peloponnes einwandernden Dorier es thaten. — 24,3. μιγάδες, wie die Ionier in Kleinasien und sonst Kolonisten. Vergl. 12, 124 ('Ἀθηναίους) ὄντας μήτε μιγάδας μήτ' ἐπήλυδας ἀλλὰ μόνους αὐτόχθονας τῶν Ἑλλήνων. Über die auch hier erwähnte Autochthonie, ein Lieblingsthema für attische Redner und Dichter S. 8, 49. 12, 124 und die Stellen bei Bergk Comm. de reliq. comoed. Attic. antiq. p. 243 seqq., Maetzner ad Lykurg. p. 155, und Hypereid. Epitaph. IV, 9 Bl. ('Ἀθηναίοις) ἡ κοινὴ γένεσις αὐτόχθοσιν οὖσιν ἀνυπέρβλητον τὴν εὐγένειαν ἔχει. — οὕτω καλῶς κ. τ. λ., wir sind von so edler und reiner Abkunft, die gewöhnliche Bezeichnungsweise der εὐγένεια. Vergl. 7, 37 (Lys.) 2, 20 φύντες καλῶς καὶ γνόντες ὅμοια und Schoemann ad Plut. Agin p. 89.

25, 2. τροφὸν καὶ πατρίδα καὶ μητέρα bildet eine κλίμαξ (gradatio): Manchem ist ein Land Ernährerin ohne ihm Vaterland zu sein, und nur dem Attiker war sein Land Erzeugerin; denn daß μήτηρ im wörtlichen Sinn zu fassen sei, lehrt der den nämlichen Gedanken behandelnde Menexenus des Plato p. 237 D

ἐν ἐκείνῳ τῷ χρόνῳ, ἐν ᾧ ἡ πᾶσα γῆ — ἔφυε ζῷα παντοδαπά, θηρία τε καὶ βοτά, ἐν τούτῳ ἡ ἡμετέρα θηρίων μὲν ἀγρίων ἄγονος καὶ καθαρὰ ἐφάνη — καὶ ἐγέννησεν ἄνθρωπον. Anders in der Nachahmung des Iulian Laudat. Constant. p. 5 B οὐκ οἶδα τίνα χρὴ πρῶτον ὑπολαβεῖν πατρίδα σήν. — ἡ μὲν βασιλεύουσα τῶν ἁπάντων πόλις μήτηρ οὖσα σὴ καὶ τροφὸς ἐξαίρετον αὐτῆς φησιν εἶναι τὸ γέρας, anders auch bei Isokr. 12, 125 ταύτην ἔχοντας τὴν χώραν τροφόν, ἐξ ἧσπερ ἔφυσαν, καὶ στέργοντας αὐτὴν ὁμοίως ὥσπερ οἱ βέλτιστοι τοὺς πατέρας καὶ τὰς μητέρας τὰς αὐτῶν. Dagegen wieder (Lys.) 2, 17 αὐτόχθονες ὄντες τὴν αὐτὴν ἐκέκτηντο καὶ μητέρα καὶ πατρίδα, und Cicero pro Flacc. 26 Atheniensium urbs vetustate ea est, ut ipsa ex sese suos cives genuisse dicatur, ut eorum eadem terra parens, altrix, patria dicatur. — 25, 4. μεμνημένους, wie die Spartaner thun; S. § 16.

26, 1. ἐξ ἀρχῆς ὑπ. S. zu 9, 19. — 26, 2. τηλικαῦθ' ἡ. τὸ μέγεθ. S. zu § 33. — 26, 5. τῶν πρὸς τ. π. κινδύνων, jener kühnen Kriegsthaten, durch welche wir Hellenen uns die Frei-

πρὸς τὸν πόλεμον κινδύνων ἀλλὰ καὶ τῆς ἄλλης κατασκευῆς,
27 ἐν ᾗ κατοικοῦμεν καὶ μεθ᾽ ἧς πολιτευόμεθα καὶ δι᾽ ἣν ζῆν
δυνάμεθα, σχεδὸν ἁπάσης αἰτίαν οὖσαν. ἀνάγκη δὲ προαιρεῖ-
σθαι τῶν εὐεργεσιῶν μὴ τὰς διὰ μικρότητα διαλαθούσας καὶ
κατασιωπηθείσας ἀλλὰ τὰς διὰ τὸ μέγεθος ὑπὸ πάντων ἀν- 46
θρώπων καὶ πάλαι καὶ νῦν πανταχοῦ καὶ λεγομένας καὶ μνη-
μονευομένας.

28   (ϛ′) Πρῶτον μὲν τοίνυν, οὗ πρῶτον ἡ φύσις ἡμῶν ἐδεή-

heit den Barbaren gegenüber sicher-
ten, angefeuert durch das Beispiel
Athens (wie § 97 gezeigt wird).
οἱ πρὸς τὸν πόλεμον κίνδυνοι hier
wie § 142 ist nach 12, 97 κινδυ-
νεῦσαι πρὸς τοὺς βαρβάρους, 4, 67
ἡ πόλις πρὸς ἅπαντας τούτους δια-
κινδυνεύσασα, 4, 68 πρὸς μίαν
πόλιν κινδυνεύσειν, 4, 65 τῶν πρὸς
Εὐρυσθέα κινδύνων (S. z. d. St.)
u. s. w. zu beurteilen, wo überall
an die kühn aufgesuchte Ge-
fahr gedacht wird. [cf. Krit. Anh.]
— 26, 6. καὶ τῆς ἄλλης κατα-
σκευῆς, auch aufserdem der
ganzen Gestaltung unserer
Verhältnisse. ἄλλης steht für
uns unlogisch, indem es sich hier
nicht zu einem Worte gesellt,
welches die Gattung bezeichnet,
zu der das vorher Genannte (οἱ
πρὸς τὸν πόλεμον κίνδυνοι) als
species gehört, sondern zu einem
Worte, das ebensogut wie das
Vorhergehende eine species bezeich-
net. Doch ist dieser Gebrauch,
hervorgegangen aus dem Streben
nach praegnanter Kürze (indem ἄλλος
die Stelle eines ganzen Satzes ver-
tritt: „um noch etwas dahin Ge-
höriges zu nennen,") seit Homer
(s. Ameis zu Od. 1, 132) den Grie-
chen sehr geläufig. Vergl. Isokr.
5, 148 ἐκείνων μᾶλλον ἄγανται τὴν
ἧτταν τὴν ἐν Θερμοπύλαις ἢ τὰς
ἄλλας νίκας. 6, 16 (Μεσσήνην)
ὑμεῖς οὐδὲν ἧττον ἢ τὴν ἄλλην
Λακεδαίμονα κέκτησθε δικαίως. 10,
66 ἀναθήμασι καὶ θυσίαις καὶ ταῖς
ἄλλαις προσόδοις ἱλάσκεσθαι καὶ
τιμᾶν αὐτὴν χρή, und die Nach-
weisungen bei Jacob ad Lukian.
Toxar. p. 48, Ellendt ad Arrian.

3, 20, 15. Über den ähnlichen
lateinischen Gebrauch s. Passow
ad Tacit. Germ. p. 90.
27, 1. ἐν ᾗ κατοικοῦμεν, bei
der wir Grund und Boden be-
sitzen, zu erklären aus § 35 seq. —
μεθ᾽ ἧς πολιτ., mit der wir
ein Staatsleben haben; die Be-
gründung § 39 seqq. Für den Aus-
druck vergl. 8, 64 καὶ τὴν δημο-
κρατίαν ἐκείνην καθαλύσασα, μεθ᾽
ἧς οἱ πρόγονοι ζῶντες εὐδαιμονέ-
στατοι ἦσαν. — δι᾽ ἣν ζῆν δυν.,
durch die wir unsere Existenz
ermöglichen, was für die niederen
Bedürfnisse des Lebens § 28 seqq.,
für die höheren § 38 seqq. bewiesen
wird.
§ 28—50. Diese Verdienste Athens
liegen zunächst in der Mitteilung
der Feldfrüchte und der Mysterien
an die übrigen Hellenen (28, 29),
ein Verdienst, das sich nicht ableug-
nen läfst und den Athenern Anspruch
auf die höchsten Ehren giebt (30—33);
sodann in der Erweiterung des Ge-
bietes von Hellas im Kampfe mit
den Barbaren und durch Koloni-
sation, wodurch sie spätere ähnliche
Versuche erleichterten (34—37); fer-
ner in der Einführung oder Förde-
rung alles dessen, was das Leben erst
wünschenswert macht (38), nämlich
geordneter Staatsverhältnisse (39),
der Gewerbe und Künste (40), der
Hospitalität (41), des Handels (42),
in der den Hellenen gebotenen Ge-
legenheit, viel Schönes zu sehen und
mit einander bekannt zu werden
(43—46), in der Einführung wissen-
schaftlicher Forschungen und be-
sonders der Beredsamkeit (47—50).
28, 1. πρῶτον, fürs erste,

θη, διὰ τῆς πόλεως τῆς ἡμετέρας ἐπορίσθη· καὶ γὰρ εἰ μυθώ-
δης ὁ λόγος γέγονεν, ὅμως αὐτῷ καὶ νῦν ῥηθῆναι προσήκει.
Δήμητρος γὰρ ἀφικομένης εἰς τὴν χώραν, ὅτ᾽ ἐπλανήθη τῆς
Κόρης ἁρπασθείσης, καὶ πρὸς τοὺς προγόνους ἡμῶν εὐμενῶς b
διατεθείσης ἐκ τῶν εὐεργεσιῶν, ἃς οὐχ οἷόν τ᾽ ἄλλοις ἢ τοῖς
μεμυημένοις ἀκούειν, καὶ δούσης δωρεὰς διττάς, αἵπερ μέγι-
σται τυγχάνουσιν οὖσαι, τούς τε καρπούς, οἳ τοῦ μὴ θηριω-
δῶς ζῆν ἡμᾶς αἴτιοι γεγόνασιν, καὶ τὴν τελετήν, ἧς οἱ μετα-
σχόντες περί τε τῆς τοῦ βίου τελευτῆς καὶ τοῦ σύμπαντος
29 αἰῶνος ἡδίους τὰς ἐλπίδας ἔχουσιν, οὕτως ἡ πόλις ἡμῶν οὐ

wie oft beim Beginne einer länge-
ren Beweisführung, also nicht
eigentlich zeitlich (obwohl dies Ver-
dienst § 34 τὸ πρῶτον γενόμενον
genannt wird), wie das folgende
πρῶτον. Die Grundbedeutung der
Partikel τοίνυν, die hier den Be-
weis einleitet, ist nach Rosenberg
Fleckeisens Jahrb. CIX (1874) p.118
die, daſs sie ein in gewisser Art
gleiches Beispiel dem vorher-
gehenden beifügt; sie ist also so-
wohl Übergangspartikel (— ferner),
als Folgerungs- und Schluſspartikel
(— sodenn — daher). Vergl. zu 9,
41. — 28, 3. αὐτῷ — προσή-
κει. Der Dativ bezeichnet, daſs der
Grund der Erwähnung in dem λό-
γος selbst liege (er verdient es),
während bei αὐτὸν ῥηθῆναι προσ-
ήκει der Grund auch in etwas
anderem liegen könnte. — 28, 6.
εὐεργεσιῶν, infolge der ihr
erwiesenen Gefälligkeiten,
nämlich der freundlichen Aufnahme
in Attika, welche mit allen Einzel-
heiten, unter Vorzeigung der dar-
auf bezüglichen Reliquien und
sonstigen ἱερά, von dem Hiero-
phanten den Eingeweihten vorge-
tragen wurde, gewiſs mit manchen
Abweichungen von der vulgären
Tradition. Vergl. C. F. Hermann,
Gottesdienstl. Altert. § 55, n. 28.
— 28, 8. μὴ θηριωδῶς ζῆν (wie
3, 6. 11, 25. 15, 254). Vergl.
Macrob. Saturn. 3, 12 ante inven-
tum frumentum a Cerere passim
homines sine lege vagabantur, quae
feritas interrupta est invento usu

frumentorum. — 28, 9. τελετήν,
die Mysterien, wofür Isokr.
§ 157 genauer τελετὴ τῶν μυστη-
ρίων sagt. — μετασχόντες, An-
teil bekamen, wie § 175 und
Ep. 8, 4. S. z. 9, 39. — 28, 11.
αἰῶνος, für die ganze Ewig-
keit; so zur Bezeichnung der un-
begrenzten Zukunft nach dem Tode
auch 1, 1 und 8, 34: ὁρῶ τοὺς
μετ᾽ εὐσεβείας καὶ δικαιοσύνης ζῶν-
τας ἔν τε τοῖς παροῦσι χρόνοις
ἀσφαλῶς διάγοντας καὶ περὶ τοῦ
σύμπαντος αἰῶνος ἡδίους τὰς ἐλπί-
δας ἔχοντας (vergl. auch Diodor.
1, 92 τὸν αἰῶνα διατρίβειν καθ᾽
Ἅιδου μετὰ τῶν εὐσεβῶν), während
4, 46 und 6, 109 αἰών von der Zeit
der Lebenden steht, freilich mit
vorausgehendem χρόνος; sonst ist
ὁ πᾶς χρόνος bei Isokr. herrschend
zur Bezeichnung der beschränkten
Zukunft, Gegenwart oder Vergangen-
heit. Vergl. Rehdantz zu Lykurg.
Leokrat. § 62 und Fuhr, Rhein.
Mus. XXXIII (1878) p. 573. Übri-
gens lehrt die ans 8, 34 angeführte
Parallelstelle das Unsichere der
Annahme, Isokr. habe das ἔχειν
ἡδίους τὰς ἐλπίδας (worüber zu 1, 39)
als eine Folge von reineren reli-
giösen Vorstellungen, die in den
Mysterien vorgetragen wären, be-
zeichnen wollen; vielmehr führte
wohl nach seiner Ansicht auch bei
den Mysterien nur die von den Ein-
geweihten verlangte Sittenreinheit
und die durch den Glauben an einen
näheren Verkehr mit den Göttern
bei den Mysterien geförderte Fröm-

2*

μόνον θεοφιλῶς ἀλλὰ καὶ φιλανθρώπως ἔσχεν, ὥστε κυρία c
γενομένη τοσούτων ἀγαθῶν οὐκ ἐφθόνησεν τοῖς ἄλλοις, ἀλλ᾽
ὧν ἔλαβεν ἅπασιν μετέδωκεν. καὶ τὰ μὲν ἔτι καὶ νῦν καθ᾽ ἕκα-
στον τὸν ἐνιαυτὸν δείκνυμεν, τῶν δὲ συλλήβδην τάς τε
χρείας καὶ τὰς ἐργασίας καὶ τὰς ὠφελίας τὰς ἀπ᾽ αὐτῶν γι-
30 γνομένας ἐδίδαξεν. καὶ τούτοις ἀπιστεῖν μικρῶν ἔτι προσ-
τεθέντων οὐδεὶς ἂν ἀξιώσειεν. (ζ.) Πρῶτον μὲν γάρ, ἐξ ὧν
ἄν τις καταφρονήσειεν τῶν λεγομένων ὡς ἀρχαίων ὄντων, ἐκ
τῶν αὐτῶν τούτων εἰκότως ἂν καὶ τὰς πράξεις γεγενῆσθαι d
νομίσειεν· διὰ γὰρ τὸ πολλοὺς εἰρηκέναι καὶ πάντας ἀκηκοέ-
ναι προσήκει μὴ καινὰ μέν, πιστὰ δὲ δοκεῖν εἶναι τὰ λεγόμενα
περὶ αὐτῶν. ἔπειτ᾽ οὐ μόνον ἐνταῦθα καταφυγεῖν ἔχομεν, ὅτι
τὸν λόγον καὶ τὴν φήμην ἐκ πολλοῦ παρειλήφαμεν, ἀλλὰ καὶ
σημείοις μείζοσιν ἢ τούτοις ἔστιν ἡμῖν χρήσασθαι περὶ αὐτῶν.
31 αἱ μὲν γὰρ πλεῖσται τῶν πόλεων ὑπόμνημα τῆς παλαιᾶς εὐερ- e
γεσίας ἀπαρχὰς τοῦ σίτου καθ᾽ ἕκαστον τὸν ἐνιαυτὸν ὡς ἡμᾶς
ἀποπέμπουσιν, ταῖς δ᾽ ἐκλειπούσαις πολλάκις ἡ Πυθία προσέ-

migkeit zu jenen trostreicheren An-
sichten über das Leben nach dem
Tode. cf. Lobeck, Aglaoph. p. 69
seqq.
29, 4. τὰ μέν, auf ἀγαθῶν, spe-
ciell auf die Mysterien zu beziehen.
— καθ᾽ ἕκ. τ. ἐν., zur Zeit der
alljährlich im Monat Boedromion
gefeierten Ἐλευσίνια. S. Hermann,
Gottesdienstl. Altert. § 55. — 29, 5.
δείκνυμεν, weihen darin ein,
wie Xenoph. Hellen. 6, 3, 6 λέγε-
ται Τριπτόλεμος τὰ Δήμητρος καὶ
Κόρης ἄρρητα ἱερὰ δεῖξαι Ἡρακλεῖ,
und sonst; cf. Lobeck, Aglaoph.
p. 51 not. h. Einweihen konnte sich
jeder Grieche lassen, sofern nicht
Blutschuld auf ihm lastete. S. § 157
und Lobeck l. l. p. 14 seq. —
συλλήβδην, ein für allemal.
S. zu 7, 19. — 26, 6. χρείας,
Anwendung. — ὠφελίας cf. Krit.
Anh. — 29, 7. ἐδίδαξεν. Über den
Singul. nach dem Plural δείκνυμεν
S. zu 1, 47. Daſs übrigens Athen
den anderen Hellenen die καρποί
gegeben, ist ein Lieblingsthema der
Lobredner Athens; s. die Stellen bei
Preller, Demeter und Persephone,
S. 295 n. 34 u. Diodor. 13, 26.

30, 2. ἐξ ὧν, aus dem Grunde,
aus welchem —, nämlich, weil
die Sage eine alte ist. Die καταφρο-
νοῦντες denken dabei nur an den
Ursprung der Sage in alter, unkri-
tischer Zeit, nicht aber an die lang-
jährige Tradition, auf die Isokr. hier
Gewicht legt. — 30, 6. μὴ καινὰ
μέν, π. δέ, wenn auch nicht
neu, so doch u. s. w. S. zu 1,
12. — 30, 7. ἐνταῦθα καταφ.,
dazu unsere Zuflucht nehmen,
tropisch wie 10, 10.
31, 3. ἀποπέμπουσιν. Die Sache
wird auch von Aristid. Panath. p. 167
seq. und Eleusin. p. 417 Dind. er-
wähnt, aber dort wohl nur aus
dieser Stelle des Isokr. Da andere
ältere Zeugnisse fehlen, so wird
wahrscheinlich, daſs Isokr. eine
verwandte Sitte panegyristisch un-
genau für seine Zwecke benutzte.
Das war entweder die von schol.
ad Aristoph. Plut. 1054 (u. anderen
cf. Preller l. l. p. 295 n. 36) be-
zeugte: οἱ μέν φασιν ὅτι λιμοῦ, οἱ
δὲ καὶ ὅτι λοιμοῦ πᾶσαν τὶν γὴν
κατασχόντος ὁ θεὸς εἶπε προηρο-
σίαν τῇ Δηοῖ ὑπὲρ ἁπάντων θῦσαι
θυσίαν Ἀθηναίους, οὖ ἕνεκα χαρι-

ταξεν ἀποφέρειν τὰ μέρη τῶν καρπῶν καὶ ποιεῖν πρὸς τὴν
πόλιν τὴν ἡμετέραν τὰ πάτρια. καίτοι περὶ τίνων χρὴ μᾶλλον 47
πιστεύειν ἢ περὶ ὧν ὅ τε θεὸς ἀναιρεῖ καὶ πολλοῖς τῶν Ἑλ-
λήνων συνδοκεῖ, καὶ τά τε πάλαι ῥηθέντα τοῖς παροῦσιν ἔρ-
γοις συμμαρτυρεῖ καὶ τὰ νῦν γιγνόμενα τοῖς ὑπ' ἐκείνων εἰ-
32 ρημένοις ὁμολογεῖ; (η'.) Χωρὶς δὲ τούτων, ἢν ἅπαντα ταῦτ'
ἐάσαντες ἀπὸ τῆς ἀρχῆς σκοπῶμεν, εὑρήσομεν, ὅτι τὸν βίον
οἱ πρῶτοι φανέντες ἐπὶ γῆς οὐκ εὐθὺς οὕτως ὥσπερ νῦν ἔχον-
τα κατέλαβον, ἀλλὰ κατὰ μικρὸν αὐτοὶ συνεπορίσαντο. τίνας b
οὖν χρὴ μᾶλλον νομίζειν ἢ δωρεὰν παρὰ τῶν θεῶν λαβεῖν ἢ
33 ζητοῦντας αὐτοὺς ἐντυχεῖν; οὐ τοὺς ὑπὸ πάντων ὁμολογουμέ-
νους καὶ πρώτους γενομένους καὶ πρός τε τὰς τέχνας εὐφυεστά-
τους ὄντας καὶ πρὸς τὰ τῶν θεῶν εὐσεβέστατα διακειμένους;
καὶ μὴν ὅσης προσήκει τιμῆς τυγχάνειν τοὺς τηλικούτων ἀγα-

στήρια πανταχόθεν ἐκπέμπουσιν
Ἀθήναζε τῶν καρπῶν τὰς ἀπαρχάς
—, oder die, dafs, wie andere Ko-
lonien an ihren Mutterstaat bei
dessen Festversammlungen ἀπαρ-
χαί zu senden gehalten waren
(vergl. C. F. Hermann, Staatsaltert.
§ 74 n. 4), so dies Athen gegen-
über auch die ionischen Kolonien
in Asien thaten, vielleicht auch
andere unter Athens Hegemonie
stehende Staaten. Vergl. Preller
l. l. p. 296 ff. Für die letzere An-
nahme spricht das πλεῖσται, das
nachher zu einem πολλοί ermäfsigt
wird. — 31, 5. καίτοι, in der
That. S. zu 9, 65. — 31, 6. ἀναι-
ρεῖ, seine Stimme erhebt,
wie 6, 17 und ἀνελόντος τοῦ θεοῦ
6, 24 und τὸ μαντεῖον ἀνεῖλεν 6,
31, und so überall vom Orakel,
gleich dem späteren ἀνειπεῖν. Vergl.
Maetzner ad Lykurg. p. 222. —
31, 8. ὑπ' ἐκείνων i. c. ὑπὸ
θεοῦ καὶ πολλῶν Ἑλλήνων.
32, 1. χωρὶς δὲ τούτων, ab-
geschen davon, wie § 46. 8, 11.
12, 150. 15, 230. 16, 34. 19, 45 und
sonst; ebenso ἄνευ δὲ τούτων, κ.
Wyttenb. ad Plut. Moral. p. 246.
— 32, 2. ἀπὸ τῆς ἀρχῆς σκ. mit
unserer Betrachtung auf den
Uranfang zurückgehen. S. zu
§ 23. – τὸν βίον, ihren Unter-
halt. — 32, 4. κατὰ μικρόν,

allmählich, wie 5, 1. Ep. 2, 13.
S. zu 9, 59. — συνεπορ. mit
einander sich verschafften.
— 32, 5. δωρεάν i. e. τὸν βίον
ὡς δωρεάν.
33, 1. ὑπὸ πάντων ὁμολογου-
μένους. Die Konstruktion von
ὁμολογεῖσθαι mit dem Participium
ist, wenn auch bei Isokr. nicht
nachweisbar, der sonst den Infinitiv
setzt (4, 23. 137. 5, 90. 6, 52. 9,
50. 15, 20. 17, 25), doch unbe-
denklich; vergl. Lys. 4, 7 ὁμολο-
γούμεθα πρὸς παῖδας καὶ αὐλητρί-
δας καὶ μετ' οἴνου ἐλθόντες.
Für den Gebrauch des Particips
nach ὁμολογεῖσθαι, wenn es selbst
im Participium steht, giebt es ein
sicheres Beispiel bei Isae. 6, 49
ὁμολογουμένη οὖσα δούλη. In den
anderen von Sauppe Jahns Jahrb.
VI (1832) S. 62 und Weber ad
Demosth. Aristokr. p. 278 citierten
Stellen variieren die Handschriften,
indem manche für das Particip. das
Adverbium ὁμολογουμένως bieten.
[cf. Krit. Anh.]. — 33, 2. πρός
τε τὰς τ. εὐφ. Dasselbe Lob 7,
74 ἡμετέραν χώραν ἄνδρας φέρειν
καὶ τρέφειν δυναμένην πρὸς τὰς
τέχνας εὐφυεστάτους. — Das Lob
der Frömmigkeit Athens wird oft
wiederholt; vergl. Hermann, Staats-
altert. § 113 n. 6. — 33, 4. καὶ
μήν, nun aber, ganz wie 18, 44

θῶν αἰτίους, περίεργον διδάσκειν. οὐδεὶς γὰρ ἂν δύναιτο δω-
ρεὰν τοσαύτην τὸ μέγεθος εὑρεῖν, ἥτις ἴση τοῖς πεπραγμένοις
ἐστίν.

34 (θ'.) Περὶ μὲν οὖν τοῦ μεγίστου τῶν εὐεργετημάτων καὶ c
πρώτου γενομένου καὶ πᾶσι κοινοτάτου ταῦτ' εἰπεῖν ἔχομεν.
περὶ δὲ τοὺς αὐτοὺς χρόνους ὁρῶσα τοὺς μὲν βαρβάρους τὴν
πλείστην τῆς χώρας κατέχοντας, τοὺς δ' Ἕλληνας εἰς μικρὸν
τόπον κατακεκλημένους καὶ διὰ σπανιότητα τῆς γῆς ἐπιβουλεύον-
τάς τε σφίσιν αὐτοῖς καὶ στρατείας ἐπ' ἀλλήλους ποιουμένους, καὶ
τοὺς μὲν δι' ἔνδειαν τῶν καθ' ἡμέραν, τοὺς δὲ διὰ τὸν πόλε- d
35 μον ἀπολλυμένους, οὐδὲ ταῦθ' οὕτως ἔχοντα περιεῖδεν ἀλλ
ἡγεμόνας εἰς τὰς πόλεις ἐξέπεμψεν, οἳ παραλαβόντες τοὺς μά-

ἆρ' οὐκ ἄξιον φοβεῖσθαι, μὴ συγ-
χυθέντων τῶν ὅρκων πάλιν εἰς ταῦτα
καταστῶμεν, ἐξ ὧνπερ ἠναγκάσθη-
μεν τὰς συνθήκας ποιήσασθαι; καὶ
μὴν οὐ δεῖ γ' ὑμᾶς παρ' ἑτέρων
μαθεῖν, ὅσον ἐστὶν ὁμόνοια ἀγαθὸν
ἢ στάσις κακόν, anders als in den
zu 9, 36 angeführten Stellen. Hier
ist in καὶ μήν (eigentlich: und
in der That) καὶ für uns so über-
flüssig wie in καὶ γάρ statt des ein-
fachen γάρ. καὶ μήν steht also hier
im Sinne von καίτοι. — 33, 6. το-
σαύτην τὸ μέγεθος. Die regel-
mäfsige Ausdrucksform ist auch
bei Isokr. τηλικοῦτος τὸ μέγεθος,
wie 3, 23. 4, 26, 102, 136. 5, 151.
9, 19, 29. 11, 5. 12, 68, 70, 117,
196. 14, 33. 15, 3, 115. 16, 27.
Ep. 2, 10. Ep. 8, 1, — oder το-
σοῦτοι τὸ πλῆθος 4, 136. 8, 47,
113. 9, 65. 12, 122, 167. Ebenso
15, 257 τοσούτων τὸ πλῆθος καὶ
τηλικούτων τὸ μέγεθος ἀγαθῶν
(dagegen 5, 98 τοσαῦτα καὶ τηλι-
καῦτα τὸ μέγεθος). Doch heifst
es auch 6, 7 περὶ τοσούτων τὸ μέ-
γεθος, und ebenso bei Herod. 7,
103, Plut. Timol. 20 u. sonst. Vergl.
J. Strange in Jahns Jahrb. Suppl. III
(1834) p. 604.
34, 2. πᾶσι κοινοτάτου, auf
alle in gröfster Allgemein-
heit sich erstreckend. Vergl.
12, 168 μεῖζον εὐεργέτημα καὶ κοι-
νότερον τοῖς Ἕλλησι γεγενημένον.
— 34, 3. ὁρῶσα, nämlich ἡ πόλις
ἡ ἡμετέρα, was jeder leicht hinzu-

denkt, da ja nur von ihren Ver-
diensten die Rede sein soll. — τὴν
πλείστην. S. zu 9, 41, u. Rehdantz
Demosth. Ind.² p. 193. — 34, 4.
τῆς χώρας, des jetzt von den
Hellenen bewohnten Landes. —
34, 5. κατακεκλημένους cf. Krit.
Anh. — τῆς γῆς, an dem nötigen
Lande, wie § 132. Der Artikel ist
nicht zu entbehren [cf. Krit. Anh.].
Vergl. Sophokl. Oed. tyr. 1460 ὥστε
μὴ | σπάνιν ποτ' ἂν σχεῖν, ἔνθ'
ἂν ὦσι, τοῦ βίου (neben Eurip.
Hekab. 12 τοῖς ζῶσιν εἴη παισὶ μὴ
σπάνις βίου, Isokr. 17, 57 u. Xenoph.
Anab. 6, 4, 8). — 34, 6. σφίσιν
αὐτοῖς = ἀλλήλοις, was nachher
steht; s. zu 9, 53. — 34, 7. τῶν
καθ' ἡμέραν wie § 168, an dem,
was zum täglichen Leben ge-
hört. S. zu 9, ′43.
35, 2. ἡγεμόνας κ. τ. λ. Isokr.
denkt hier und 12, 43 seq., 166
seq., 190 seq. an die 60 Jahre nach
dem Heraklidenzuge von Attika
aus unter den Söhnen des Kodros
begonnene Kolonisierung der Ky-
kladen und Kleinasiens durch die
Ionier. Zwar sind die aeolischen
Kolonien in Kleinasien und auf
Lesbos, Tenedos u. s. w. älter als
die ionischen; allein Isokr. konnte
jene ignorieren, weil die letzteren
ungleich gröfseren Umfang hatten
und sich an ihnen auch Scharen
nicht-ionischen Stammes beteilig-
ten, sodafs Isokr. sie als eine Ope-
ration im Interesse von ganz Hellas

λιστα βίου δεομένους, στρατηγοὶ καταστάντες αὐτῶν καὶ πολέμῳ κρατήσαντες τοὺς βαρβάρους, πολλὰς μὲν ἐφ' ἑκατέρας τῆς ἠπείρου πόλεις ἔκτισαν, ἁπάσας δὲ τὰς νήσους κατῴκισαν, ἀμφοτέρους δὲ καὶ τοὺς ἀκολουθήσαντας καὶ τοὺς ὑπομείναντας
36 ἔσωσαν· τοῖς μὲν γὰρ ἱκανὴν τὴν οἴκοι χώραν κατέλιπον, τοῖς δὲ πλείω τῆς ὑπαρχούσης ἐπόρισαν· ἅπαντα γὰρ περιεβάλοντο e τὸν τόπον, ὃν νῦν τυγχάνομεν κατέχοντες. ὥστε καὶ τοῖς ὕστερον βουληθεῖσιν ἀποικίσαι τινὰς καὶ μιμήσασθαι τὴν πόλιν τὴν ἡμετέραν πολλὴν ῥᾳστώνην ἐποίησαν· οὐ γὰρ αὐτοὺς ἔδει κτωμένους χώραν διακινδυνεύειν, ἀλλ' εἰς τὴν ὑφ' ἡμῶν ἀφο-
37 ρισθεῖσαν, εἰς ταύτην οἰκεῖν ἰόντας. καίτοι τίς ἂν ταύτης ἡγε-48 μονίαν ἐπιδείξειεν ἢ πατριωτέραν τῆς πρότερον γενομένης πρὶν τὰς πλείστας οἰκισθῆναι τῶν Ἑλληνίδων πόλεων, ἢ μᾶλ-

darstellen konnte. Vergl. Hermann, Staatsaltert. § 76 u. flgd. — 35, 4. ἐφ' ἑκατέρας τῆς ἠπείρου, auf beiden Kontinenten, wie 5, 112. 12, 44 u. 166. Denn Isokr. unterscheidet mit den meisten Älteren nur zwei Erdteile, Europa und Asien; s. § 179. Wenn übrigens Isokr. auch an athenische Kolonien in Europa gedacht wissen will, so hat er wohl die Kolonien des ionischen Milet in Europa am Pontos Euxeinos u. s. w. im Sinne, denn die von Attika selbst ausgegangenen europäischen Kolonien sind verhältnismäfsig weit jünger. — 35. 5. ἁπάσας, die Kykladen, wie es ohne Übertreibung 12, 43 heifst.
36, 2. ἅπ. γὰρ περιεβάλοντο τὸν τόπον, bemächtigten sich des ganzen Länderraumes. περιβάλλεσθαι hier wie 4, 184 u. 5, 65. (Vergl. Baehr ad Plut. Philop. p. 62) Dagegen ist es 2, 25 synonym mit ἐφίεσθαι, in welchem Sinne 5, 118 τῇ διανοίᾳ, bei anderen (cf. Wyttenbach ad Iulian. p. 176) τῇ γνώμῃ, ταῖς ἐλπίσι hinzutritt. Über τόπος in diesem weiteren Sinne s. 5, 20, 107, 120. 9, 67. 11, 12 und sonst; vergl. Sauppe ad Demosth. orat. sel. p. 31. — 36, 3. τοῖς ὕστερον βουλ. Isokr. denkt an die Gründung der dorischen Kolonien in Kleinasien. — 36, 5.

αὐτούς, auf τινάς bezogen. — 36, 6. κτωμένους, bei der Erwerbung, also nicht einen Absichtssatz vertretend, denn in dem Sinne steht das Particip. Praes. hier so wenig wie bei den Verbis der Bewegung, s. zu 9, 14. vergl. vielmehr 1, 23 ὅρκον προσδέχου σεαυτὸν αἰτίας αἰσχρᾶς ἀπολύων. — ἀφορισθεῖσαν, von Persien losgerissen und geschieden, wie 5, 120 χώραν ὅτι πλείστην ἀφορίσασθαι. [cf. Krit. Anh.] — 36, 7. εἰς ταύτην οἰκεῖν ἰόντας. Man erwartet ἰόντας οἰκεῖν. In gleicher Weise ist ein Particip von dem von ihm Abhängigen durch das verb. finit. getrennt 6, 82 μικρὸν στρατόπεδον εἰς τὴν Πελοπόννησον εἰσῆλθον ἔχοντες. Thuk. 6, 51 εἰσελθόντες ἡγόρασαν ἐς τὴν πόλιν, und sonst. cf. Krüger ad Dionys. Historiograph. p. 318 not. 46. Über ähnliche Hyperbata vergl. zu 1, 29.
37, 1. καίτοι, fürwahr. S. zu 9, 65. Für ταύτης ἡγεμονίαν erwartet man ταύτης τῆς ἡγεμονίας, da ταύτης (S. zu 1, 45) durch seine Stellung als der Hauptbegriff erscheint, dem sich ἡγεμονία anschliefsen sollte. Vergl. Aeschyl. Agam. 1182 τοῦδε πήματος πολὺ | μεῖζον. Doch s. Isokr. 4, 96 ἐκείνων ἄνδρες ἀμείνους. Über ähnliche Fälle s. Lobeck ad Sophokl. Aiac. v. 277. — 37, 2. πατριω-

λον συμφέρουσαν τῆς τοὺς μὲν βαρβάρους ἀναστάτους ποιη-
σάσης, τοὺς δ' Ἕλληνας εἰς τοσαύτην εὐπορίαν προαγαγούσης;
38 (ι΄.) Οὐ τοίνυν, ἐπειδὴ τὰ μέγιστα συνδιέπραξεν, τῶν ἄλ-
λων ὠλιγώρησεν, ἀλλ' ἀρχὴν μὲν ταύτην ἐποιήσατο τῶν εὐερ- b
γεσιῶν, τροφὴν τοῖς δεομένοις εὑρεῖν, ἥνπερ χρὴ τοὺς μέλλον-
τας καὶ περὶ τῶν ἄλλων καλῶν καλῶς διοικήσειν, ἡγουμένη δὲ
τὸν βίον τὸν ἐπὶ τούτοις μόνον οὔπω τοῦ ζῆν ἐπιθυμεῖν ἀξίως
ἔχειν οὕτως ἐπεμελήθη καὶ τῶν λοιπῶν, ὥστε τῶν παρόντων
τοῖς ἀνθρώποις ἀγαθῶν, ὅσα μὴ παρὰ θεῶν ἔχομεν, ἀλλὰ δι'
ἀλλήλους ἡμῖν γέγονεν, μηδὲν μὲν ἄνευ τῆς πόλεως τῆς ἡμε-
39 τέρας εἶναι, τὰ δὲ πλεῖστα διὰ ταύτην γεγενῆσθαι. παραλα-
βοῦσα γὰρ τοὺς Ἕλληνας ἀνόμως ζῶντας καὶ σποράδην οἱ- c

τέραν, mehr angestammt, wie
§ 18 u. 25. — 37, 4. ἀναστάτους
S. zu 7, 69.
38, 2. Zur Sache vergl. 11, 15
ἤρξατο μὲν οὖν ἐντεῦθεν, ὅθεν περ
χρὴ τοὺς εὖ φρονοῦντας, ἅμα τόν
τε τόπον ὡς κάλλιστον καταλαβεῖν
καὶ τὴν τροφὴν ἱκανὴν — ἐφευρεῖν.
— 38, 3. εὑρεῖν ist Apposition
zu ταύτην wie 9, 28 λαβὼν ταύτην
ἀφορμήν, ἀμύνεσθαι καὶ μὴ προ-
τέρους ὑπάρχειν. 10, 20 νομίζων
ὀφείλειν τοῦτον τὸν ἔρανον, μηδενὸς
ἀποστῆναι τῶν προσταχθέντων. Der
Artikel kann in diesem Falle zum
Infinitiv zwar hinzutreten (wie
Deinarch. 1, 76 μία αὕτη σωτηρία
καὶ πόλεως καὶ ἔθνους ἐστί, τὸ
προστατῶν ἀνδρῶν ἀγαθῶν καὶ
συμβούλων σπουδαίων τυχεῖν. Vergl.
Krüger, Synt. § 57, 10, 6), ist aber
ebensowenig hier nötig wie da,
wo sich ein Infinitiv anschliefst
an das substantivisch gebrauchte
Neutrum eines Pronom. demon-
strat. (z. B. Demosth. 8, 72 οὐδέ
γ' ἐμοὶ δοκεῖ δικαίον τοῦτ' εἶναι
πολίτου, τοιαῦτα πολιτεύμαθ' εὑ-
ρίσκειν. cf. Stallbaum ad Plat.
Phaedo. p. 64 C und Voemel ad
Demosth. Contion. p. 384) oder
eines Pronom. relativ. (z. B.
Isokr. 9, 8 ὃ μέλλω ποιεῖν, ἀνδρὸς
ἀρετὴν διὰ λόγων ἐγκωμιάζειν, und
9, 72, vergl. Maetzner ad Antiph.
p. 202.) Und selbst wo das Pro-
nom. im Genetiv oder Dativ steht,
folgt bisweilen der blofse Infinitiv.

S. Sauppe ad Demosth. orat. scl.
p. 119. Vergl. Rehdantz Demosth.
Ind.² pag. 203. — 38, 3. ἥνπερ
χρή, scil. εὑρεῖν. Vgl. zu 9, 28.
— 38, 4. καλῶν καλῶς, [cf. Krit.
Anh.] eine bei Dichtern und Pro-
saikern sehr beliebte Paronomasie;
vergl. Aristoph. Acharn. 253 τὸ
κανοῦν καλὴ καλῶς οἴσεις, Plut.
Moral. p. 754 F οἱ δὲ φίλοι καλὸν
καλῶς ἐν τῇ χλαμύδι συναρπάσαντες.
Ebenso κακὸς κακῶς, δεινὸς δει-
νῶς, στυγερὸς στυγερῶς u. s. w.
S. Elmsley ad Eurip. Med. v. 787 und
Rehdantz Demosth. Ind.¹ p. 177.
Vergl. zu 1, 19 u. 7, 74. — διοι-
κήσειν, Einrichtungen tref-
fen, absolut wie 2, 6 ἐξ ὧν ἄν
τις μάλιστα δύναιτο κατὰ τρόπον
διοικεῖν. — 38, 5. τὸν ἐπὶ τού-
τοις μόνον, das darauf allein
begründete. Über μόνον, wofür
μόνοις erwartet wird, s. zu 9, 55.
— τοῦ ist mit ἐπιθυμεῖν zu ver-
binden. In ähnlicher Weise wird
oft τοῦ von seinem Genetiv durch
einen anderen Genetiv getrennt,
wie Xenoph. Anab. 1, 8, 23 βασι-
λεὺς ἔξω ἐγένετο τοῦ Κύρου εὐω-
νύμου κέρατος. Vergl. Krüger zu
Xenoph. Anab. 1, 8, 13.
39, 1. παραλαβοῦσα, da er
— vorfand, ganz wie 9, 47 πα-
ραλαβὼν τὴν πόλιν ἐκβεβαρβαρω-
μένην, und Xenoph. Resp. Laced.
5, 2 Λυκοῦργος τοίνυν παραλαβὼν
τοὺς Σπαρτιάτας ὥσπερ τοὺς ἄλλους
Ἕλληνας οἴκοι σκηνοῦντας — εἰς

κοῦντας, καὶ τοὺς μὲν ὑπὸ δυναστειῶν ὑβριζομένους, τοὺς δὲ
δι' ἀναρχίαν ἀπολλυμένους, καὶ τούτων τῶν κακῶν αὐτοὺς
ἀπήλλαξεν, τῶν μὲν κυρία γενομένη, τοῖς δ' αὐτὴν παράδειγμα
ποιήσασα· πρώτη γὰρ καὶ νόμους ἔθετο καὶ πολιτείαν κατεστή-
40 σατο. δῆλον δ' ἐκεῖθεν· οἱ γὰρ ἐν ἀρχῇ περὶ τῶν φονικῶν
ἐγκαλέσαντες καὶ βουληθέντες μετὰ λόγου καὶ μὴ μετὰ βίας d
διαλύσασθαι τὰ πρὸς ἀλλήλους ἐν τοῖς νόμοις τοῖς ἡμετέροις
τὰς κρίσεις ἐποιήσαντο περὶ αὐτῶν. καὶ μὲν δὴ καὶ τῶν τεχνῶν
τάς τε πρὸς τἀναγκαῖα τοῦ βίου χρησίμας καὶ τὰς πρὸς ἡδο-
νὴν μεμηχανημένας, τὰς μὲν εὑροῦσα, τὰς δὲ δοκιμάσασα

τὸ φανερὸν ἐξήγαγε τὰ συσκήνια.
— 39, 2. τοὺς Ἕλληνας i. e. τοὺς
ἄλλους Ἕλληνας S. zu 9, 56. —
39, 3. ὑπὸ δυναστειῶν ὑβριζο-
μένους κ. τ. λ. Isokr. hat hier
wohl nur Verhältnisse einer späte-
ren Zeit vor Augen, der Zeit der
ersten attischen Hegemonie, welche
mit dem Jahre 476 v. Chr. begann.
Wenigstens heifst es von dieser
ähnlich wie hier § 105 seq. ταῖς
δυναστείαις (i. e. τοῖς δυνάσταις,
wie öfter; vergl. Stallbaum ad Plat.
de legg. IV p. 711 D.) πολεμοῦντες
— τὴν αὐτὴν πολιτείαν ἥνπερ παρ'
ἡμῖν αὐτοῖς καὶ παρὰ τοῖς ἄλλοις
κατεστήσαμεν. — 39, 5. κυρία,
Beschützer, wie es ein Vater
oder Vormund ist. — παράδειγμα
S. zu 1, 11. — 39, 6. ἔθετο,
hatte sich gegeben. Zur Sache
vergl. 12, 124 πρώτους καὶ πόλιν
οἰκήσαντας καὶ νόμοις χρησαμένους.
40, 1. δῆλον, nämlich dafs
Athen ein παράδειγμα für andere
war. — ἐκεῖθεν, aus folgen-
dem. S. zu 9, 11. — οἱ γὰρ ἐν
ἀ. π. τ. φ. ἐγκαλ., die bei Mord
und Totschlag einmal erst
klagbar wurden, also eine rich-
terliche Entscheidung suchten, nicht
sich selber μετὰ βίας Recht ver-
schafften. ἐν ἀρχῇ steht hier nicht
rein zeitlich (wie 6, 103), sondern
involviert auch den Gedanken, dafs
dies der Zeit nach Erste auch der
Wichtigkeit nach das Erste sei, wie
es oft bei ἀρχήν, τὴν ἀρχήν, ἐξ
ἀρχῆς der Fall ist (s. Maetzner ad
Lykurg. p. 289). — 40, 2. μετὰ
λόγου καὶ μὴ μ. βίας — ratione

adhibita, non vi. Über μετὰ λόγου
vergl. Plat. Protag. p. 324 B οὐδεὶς
κολάζει τοὺς ἀδικοῦντας τούτου
ἕνεκα, ὅτι ἠδίκησεν, ὅστις μὴ ὥσπερ
θηρίον ἀλογίστως τιμωρεῖται· ὁ δὲ
μετὰ λόγου ἐπιχειρῶν κολάζειν τι-
μωρεῖται τοῦ μέλλοντος ἀδικήματος
χάριν. Im Lateinischen würde die
Kopula zwischen μετὰ λόγου und
μετὰ βίας wegfallen, weil hier ein-
fach eine Gegenüberstellung (= non
— sed), nicht eine Correctio (= et
non potius), stattfindet; vergl.
Matthiae ad Cic. pro Rosc. Am.
§ 92. Im Griechischen dagegen
kann in diesem Falle die Kopula
stehen oder fehlen; s. Lobeck ad
Sophokl. Aiac. v. 1136, Voemel ad
Demosth. Contion. p. 421. — 40, 3.
τὰ πρὸς ἀλλήλους, die gegen-
seitigen Streitigkeiten. Vergl.
§ 131. 5, 9. — ἐν τ. ν., auf
Grund (gemäfs) vergl. Thuk. 1, 77,
1 ἐν τοῖς ὁμοίοις νόμοις ποιήσαντες
τὰς κρίσεις. id. 5, 49, 1 τὴν δίκην
ἐν τῷ Ὀλυμπιακῷ νόμῳ Ἠλεῖοι
κατεδικάσαντο. Plat. Kriti. p. 121 B
ἐν τοῖς νόμοις βασιλεύειν. (De-
mosth.) 47, 70 οὐ γὰρ ἐν τῷ νόμῳ
ἔστι σοι, Plat. de legg. IX p. 874 C.
und ebenso ἐν νόμῳ, gesetzlich,
Plat. ibid. p. 869 E, und ἐν νόμοις,
nach Gebrauch, Aeschyl. Choeph.
423, Pindar. Pyth. 1, 62, Isth. 2, 38.
Übrigens schwebte auch wohl hier
dem Isokr. die Zeit der ersten
Hegemonie Athens vor, wo die
Bundesgenossen zum Teil in Athen
prozessieren mufsten. — 40, 4. καὶ
μὲν δὴ καί, ferner aber auch.
S. zu 7, 66. — 40, 6. εὑροῦσα.

41 χρῆσθαι τοῖς ἄλλοις παρέδωκεν. (ια΄.) Τὴν τοίνυν ἄλλην διοί-
κησιν οὕτω φιλοξένως κατεσκευάσατο καὶ πρὸς ἅπαντας οἰ-
κείως, ὥστε καὶ τοῖς χρημάτων δεομένοις καὶ τοῖς ἀπολαῦσαι e
τῶν ὑπαρχόντων ἐπιθυμοῦσιν ἀμφοτέροις ἁρμόττειν, καὶ μήτε
τοῖς εὐδαιμονοῦσιν μήτε τοῖς δυστυχοῦσιν ἐν ταῖς αὐτῶν ἀχρή-
στως ἔχειν, ἀλλ᾽ ἑκατέροις αὐτῶν εἶναι παρ᾽ ἡμῖν, τοῖς μὲν
42 ἡδίστας διατριβάς, τοῖς δ᾽ ἀσφαλεστάτην καταφυγήν. ἔτι δὲ 49
τὴν χώραν οὐκ αὐτάρκη κεκτημένων ἑκάστων, ἀλλὰ τὰ μὲν
ἐλλείπουσαν, τὰ δὲ πλείω τῶν ἱκανῶν φέρουσαν, καὶ πολλῆς
ἀπορίας οὔσης τὰ μὲν ὅποι χρὴ διαθέσθαι, τὰ δ᾽ ὁπόθεν εἰσ-
αγαγέσθαι, καὶ ταύταις ταῖς συμφοραῖς ἐπήμυνεν· ἐμπόριον
γὰρ ἐν μέσῳ τῆς Ἑλλάδος τὸν Πειραιᾶ κατεσκευάσατο, τοσαύ-
την ἔχονθ᾽ ὑπερβολήν, ὥσθ᾽ ἃ παρὰ τῶν ἄλλων ἓν παρ᾽
ἑκάστων χαλεπόν ἐστιν λαβεῖν, ταῦθ᾽ ἅπαντα παρ᾽ αὐτῆς ῥᾳ- b
διον εἶναι πορίσασθαι.

Vergl. Plin. Nat. hist. VII, 194 seq.
laterarias ac domum constituerunt
primi Euryalus et Hyperbius fratres
Athenis, — argentum invenit Erich-
thonius Atheniensis, — figlinas Co-
roebus Atheniensis —, fabricam
materiariam Daedalus et in ea
serram, asciam, perpendiculum, tere-
bram, glutinum, ichthyocollam —,
culturam vitiuin et᾽ arborum Eu-
molpus Atheniensis —, oleum et
trapetas Aristaeus Atheniensis, idem
mella; bovem et aratrum Buzyges
Atheniensis, — quadrigas Erich-
thonius, — vela Icarus, malum
et antennam Daedalus, und im
allgemeinen Mamertin. Panegyr.
Iulian. 9 bonarum artium magistrae
et inventrices Athenae.

41, 1. τήν, seine. — τοίνυν,
ferner. Vergl. zu § 28. — 41, 2. φι-
λοξένως — οἰκείως, in so gast-
freundlichem — wohlwollen-
dem Sinne. Zu φιλοξένως vergl.
Strab. X, 3, 18 Ἀθηναῖοι φιλοξε-
νοῦντες διατελοῦσιν, und Thuk. 2,
39, 1 τὴν πόλιν κοινὴν παρέχομεν
καὶ οὐκ ἔστιν ὅτε ξενηλασίαις ἀπείρ-
γομέν τινα. Das οἰκείως, hier wie
in den Verbindungen οἰκείως ἔχειν
(διακεῖσθαι) τινί (πρός τινα) § 135.

12, 48. 14, 2. Ep. 7, 10 und sonst.
— 41, 4. ἀμφοτέροις pflegt sonst
der durch τὲ—καί oder καὶ—καί
eingeleiteten Dichotomie vorberei-
tend vorauszugehen, nicht wie hier
rekapitulierend ihr zu folgen; vergl.
§ 35, 73, 182 und 5, 71, 99, 140,
143. 6, 70. 7, 47. 8, 94, 139, 145.
9, 57. 12, 242. 15, 137, 162, 237.
Ep. 8, 10. Doch vergl. Theognis
608 ἐς δὲ τελευτὴν | αἰσχρὸν δὴ κέρ-
δος καὶ κακόν, ἀμφότερον, | γίγνεται.
— 41, 5. ἐν ταῖς αὐτῶν, scil.
πόλεσιν, was um so eher weg-
fallen konnte, da der Gegensatz
ἡ πόλις ἡ ἡμετέρα jedem noch vor-
schweben mufs; vergl. zu § 99. —
41, 7. διατριβάς, Unterhal-
tung, wie 2, 29. Vergl. Baehr ad
Plut. Flamin. p. 85.
42, 2. οὐκ αὐτάρκη, nicht
allen Bedürfnissen genügend.
— 42, 2. τὰ μέν ist adverbial u.
ἐλλείπουσαν steht absolut: hin-
ter dem erforderlichen Mafse
zurückbleibend, als Gegensatz
zu πλεονάζειν wie 2, 33. — 42,
4. ὅποι cf. Krit. Anh. — δια-
θέσθαι, verkaufen, wie διά-
θεσις, der Verkauf, 11, 14.
— 42, 5. συμφοραῖς, Übel-
ständen. — 42, 7. ὑπερβολήν,

43   (ιβ΄.) Τῶν τοίνυν τὰς πανηγύρεις καταστησάντων δικαίως
ἐπαινουμένων, ὅτι τοιοῦτον ἔθος ἡμῖν παρέδοσαν ὥστε σπει-
σαμένους καὶ τὰς ἔχθρας τὰς ἐνεστηκυίας διαλυσαμένους συν-
ελθεῖν εἰς ταὐτόν, καὶ μετὰ ταῦτ᾽ εὐχὰς καὶ θυσίας κοινὰς
ποιησαμένους ἀναμνησθῆναι μὲν τῆς συγγενείας τῆς πρὸς ἀλλή-
λους ὑπαρχούσης, εὐμενεστέρως δ᾽ εἰς τὸν λοιπὸν χρόνον δια-
τεθῆναι πρὸς ἡμᾶς αὐτούς, καὶ τάς τε παλαιὰς ξενίας ἀνα- c
44 νεώσασθαι, καὶ καινὰς ἑτέρας ποιήσασθαι, καὶ μήτε τοῖς
ἰδιώταις μήτε τοῖς διενεγκοῦσιν τὴν φύσιν ἀργὸν εἶναι τὴν
διατριβήν, ἀλλ᾽ ἀθροισθέντων τῶν Ἑλλήνων ἐγγενέσθαι τοῖς
μὲν ἐπιδείξασθαι τὰς αὐτῶν εὐτυχίας, τοῖς δὲ θεάσασθαι τού-
τους πρὸς ἀλλήλους ἀγωνιζομένους, καὶ μηδετέρους ἀθύμως
διάγειν, ἀλλ᾽ ἑκατέρους ἔχειν ἐφ᾽ οἷς φιλοτιμηθῶσιν, οἱ μὲν d
ὅταν ἴδωσι τοὺς ἀθλητὰς αὐτῶν ἕνεκα πονοῦντας, οἱ δ᾽ ὅταν

Überfluſs an allem. Vergl. 8, 90
οὔτ᾽ ἐν ἐνδείαις οὔτ᾽ ἐν ὑπερβο-
λαῖς ὄντες und zur Sache, Thuk. 2,
38, 2 ἐπεισέρχεται διὰ μέγεθος τῆς
πόλεως ἐκ πάσης γῆς τὰ πάντα καὶ
ξυμβαίνει ἡμῖν μηδὲν οἰκειοτέρᾳ
τῇ ἀπολαύσει τὰ αὐτοῦ ἀγαθὰ
γιγνόμενα καρποῦσθαι ἢ καὶ τὰ
τῶν ἄλλων ἀνθρώπων. — παρ᾽
ἑκάστων. [cf. Krit. Anh.] Das in
partitiver Apposition zu ἄλλων
hinzugesetzte ἑκάστων hat auch
deſsen Praeposition mitangenom-
men; vergl. 15, 238 ἐν αἷς τοῦτον
μὲν καὶ τοὺς τούτου φίλους εὕροιτ᾽
ἂν ἐν πολλαῖς ἐγγεγραμμένους, und
zu 7, 74.
43, 2. σπεισαμένους ist auf
die Verkündigung des Gottesfriedens
(ἱερομηνία oder ἐκεχειρία) durch
σπονδοφόροι zu beziehen, welches
nicht bloſs bei den vier groſsen
Nationalfesten geschah; s. Hermann,
Staatsaltert § 10, n. 9. — 43. 4.
θυσίας. Sie bildeten den Mittel-
punkt der πανήγυρις und es be-
teiligten sich fremde Staaten daran
durch Festgesandtschaften (θεωροί).
— 43, 6 εὐμενεστέρως. S. Lys.
33, 2 (vom Herakles, dem Stifter
der olympischen Panegyris) ἡγή-
σατο τὸν ἐνθάδε σύλλογον ἀρχὴν
γενήσεσθαι τοῖς Ἕλλησι τῆς πρὸς
ἀλλήλους φιλίας. — 43, 7. πρὸς

ἡμᾶς αὐτούς = dem vorher-
gehenden πρὸς ἀλλήλους. S. zu
9, 53.
44, 2. ἰδιώταις Laien, Nicht-
kämpfer im Gegensatz zu Leuten,
die sich bei den Wettkämpfen
durch hervorragende Natur-
anlagen auszeichnen (διενεγ-
κοῦσιν τὴν φύσιν) wie 4, 11. 12.
16. 23. 7, 14. 15, 4 und sonst ἰδιώ-
της im Gegensatz zu ῥήτωρ dem
kunstverständigen Redner steht,
oder wie es 13, 14 den φιλοσοφή-
σαντες entgegengesetzt ist. Vergl.
auch Rehdantz Demosth. Ind.²
p. 237. — ἀργόν, der Aufent-
halt dort ein resultatloser
(unnützer) ist. — 44, 5. ἀθύμως
διάγειν, wie § 116, ihre Zeit
in Unlust dort hinbringen;
denn bei διάγειν ist als Objekt
bald das allgemeine τὸν βίον, bald
das beschränktere τὸν χρόνον zu
denken. Vergl. Xenoph. Kyrop. 1,
4, 14 σιωπῇ διῆγεν und Thuk. 1,
90, 5 διῆγε καὶ προὐφασίζετο (neben
προφάσεις λέγων παρῆγε τὸν χρόνον
bei Plut. Agis 13, 4). — 44, 6.
ἐφ᾽ οἷς φιλοτ., worin sie eine
Ehre finden. Der Konjunkt. im
Relativsatz ist ohne ἄν sehr be-
fremdlich; doch vergl. Kühner
Gr. Gr. § 398 An. 2. [cf. Krit.
Anh.] οἱ μὲν — οἱ δέ. Man

28 (IV) ΙΣΟΚΡΑΤΟΥΣ

ἐνθυμηθῶσιν, ὅτι πάντες ἐπὶ τὴν σφετέραν θεωρίαν ἥκουσιν
— τοσούτων τοίνυν ἀγαθῶν διὰ τὰς συνόδους ἡμῖν γιγνομέ-
45 νων οὐδ' ἐν τούτοις ἡ πόλις ἡμῶν ἀπελείφθη. καὶ γὰρ θεά-
ματα πλεῖστα καὶ κάλλιστα κέκτηται, τὰ μὲν ταῖς δαπάναις
ὑπερβάλλοντα, τὰ δὲ κατὰ τὰς τέχνας εὐδοκιμοῦντα, τὰ δ'
ἀμφοτέροις τούτοις διαφέροντα, καὶ τὸ πλῆθος τῶν εἰσαφικνου-
μένων ὡς ἡμᾶς τοσοῦτόν ἐστιν, ὥστ' εἴ τι ἐν τῷ πλησιάζειν
ἀλλήλοις ἀγαθόν ἐστιν, καὶ τοῦθ' ὑπ' αὐτῆς περιειλῆφθαι.
πρὸς δὲ τούτοις καὶ φιλίας εὑρεῖν πιστοτάτας καὶ συνουσίαις
ἐντυχεῖν παντοδαπωτάταις μάλιστα παρ' ἡμῖν ἔστιν, ἔτι δ'

erwartet τοὺς μὲν — τοὺς δέ, im
Anschlufs an ἑκατέρους, doch ist
hier der näherstehende Relativsatz
mafsgebend gewesen, wie oft, schon
bei Homer z. B. Il. 2, 232 ᾗ ἔτι
καὶ χρυσοῦ ἐπιδεύεαι, ὅν κέ τις
οἴσει —, ἠὲ γυναῖκα νέην (cf.
Bekker. Hom. Blätt. I p. 314 und
Ameis zu Od. 2, 119). Vergl. Plat.
Hipp. mai. p. 281 C οἱ παλαιοὶ
ἐκεῖνοι, ὧν ὀνόματα μεγάλα λέγεται
ἐπὶ σοφίᾳ, Πιττακοῦ τε καὶ Βίαντος
und Hermann ad Lukian. de conscr.
hist. p. 149 und Lobeck ad Sophocl.
Aiac. v. 802 — 44, 7. αὐτῶν ist
natürlich auf das in ἴδωσι enthaltene
Subjekt zu beziehen, obwohl es von
πονοῦντας regiert wird, welches ein
anderes Subjekt hat. So wird aber
ganz gewöhnlich zu einem ab-
hängigen Verbum mit eigenem Sub-
jekte das davon abhängige, aber auf
das Subjekt des Hauptsatzes sich
beziehende Pronomen durch das
Reflexivum gegeben, wenn jenes
abhängige Verbum im Infinitiv (wie
7, 69 μὴ περιιδεῖν αὐτούς) oder
wie hier (und § 153 τοὺς δ' ὑπὲρ
αὐτῶν κινδυνεύοντας) im Particip
erscheint, nicht aber wenn es in
einem Satze steht, der mit einem
Relativ oder einer Konjunktion ein-
geführt wird (cf. Buttmann, ex-
curs. X ad Demosth. Midian.). —
44, 8. σφετέραν vertritt den ob-
jektiven Genetiv, vergl. Frohberger
zu Lys. 13, 20. — 44, 9. τοίνυν
ist wohl nur eine durch den langen
Zwischensatz gebotene Wiederauf-
nahme des τοίνυν in § 43 init.
Aus gleichem Grunde ist εἰ repe-

tiert 5, 9 u. 16, 50, σοί 12, 207,
αὐτόν 19, 11. — ἡμῖν, uns Helle-
nen, das Pronomen also in weiterem
Sinne als das gleich folgende ἡ
πόλις ἡμῶν. — 44, 10. ἐν τού-
τοις, scil. τοῖς ἀγαθοῖς.
45, 1. θεάματα, Sehens-
würdigkeiten, ist, wie κέκτηται
(nicht etwa παρέχει) lehrt, von den
bleibenden Sehenswürdigkeiten
Athens zu verstehen, welche die
eine πανήγυρις Besuchenden dort
sahen, nicht etwa von dem vor-
übergehenden Schaugepränge bei
der πανήγυρις. — 45, 4. καὶ τὸ
πλῆθος, und daher ist die
Menge u. s. w., wie oft das ein-
fache καί Grund und Folge mit
einander verbindet. Vergl. Xenoph.
Anab. 2, 3, 18 ἐγὼ γείτων οἰκῶ τῇ
Ἑλλάδι καὶ — εὕρημα ἐποιησάμην.
Plat. Phileb. p. 31 E πείνη μέν που
λύσις καὶ (ideoque) λύπη. (Lys.) 6,
24 ἔδοξε τἀληθῆ μηνῦσαι καὶ ἐλύθη.
— 45, 6. καὶ τοῦθ' ὑπ' αὐτ.
περι., man sagen mufs, er
habe auch dies sich angeeig-
net. S. zu § 23. Über περιλαμ-
βάνειν vergl. 3, 22 αἱ μοναρχίαι
καὶ τὰς ἐν τῷ πολέμῳ πλεονεξίας
ἁπάσας περιειλήφασιν, und das ähn-
lich gebrauchte περιβάλλεσθαι § 36.
— 45, 7. πρὸς δὲ τούτοις. Zu
diesen θεάματα, welche zur Zeit
einer πανήγυρις lebhaften Fremden-
verkehr in Athen bewirken, kom-
men noch andere. — φιλίας, cf.
Dikaearch. p. 99 ed. Müller. οἱ
Ἀθηναῖοι — φιλίας γνήσιοι φύλακες.
— 45, 8. παντοδαπωτάταις.
Dieser seltene Superlativ steht jetzt

ἀγῶνας ἰδεῖν μὴ μόνον τάχους καὶ ῥώμης ἀλλὰ καὶ λόγων 50
καὶ γνώμης καὶ τῶν ἄλλων ἔργων ἁπάντων, καὶ τούτων ἆθλα
46 μέγιστα. πρὸς γὰρ οἷς αὐτὴ τίθησιν, καὶ τοὺς ἄλλους διδόναι
συναναπείθει· τὰ γὰρ ὑφ᾽ ἡμῶν κριθέντα τοσαύτην λαμβάνει
δόξαν, ὥστε παρὰ πᾶσιν ἀνθρώποις ἀγαπᾶσθαι. χωρὶς δὲ τού-
των αἱ μὲν ἄλλαι πανηγύρεις διὰ πολλοῦ χρόνου συλλεγεῖσαι
ταχέως διελύθησαν, ἡ δ᾽ ἡμετέρα πόλις ἅπαντα τὸν αἰῶνα b
τοῖς ἀφικνουμένοις πανήγυρίς ἐστιν.

47   (ιγ΄.) Φιλοσοφίαν τοίνυν, ἣ πάντα ταῦτα συνεξεῦρε καὶ
συγκατεσκεύασε καὶ πρός τε τὰς πράξεις ἡμᾶς ἐπαίδευσεν καὶ
πρὸς ἀλλήλους ἐπράϋνεν καὶ τῶν συμφορῶν τάς τε δι᾽ ἀμα-
θίαν καὶ τὰς ἐξ ἀνάγκης γιγνομένας διεῖλεν καὶ τὰς μὲν φυ-
λάξασθαι, τὰς δὲ καλῶς ἐνεγκεῖν ἐδίδαξεν, ἡ πόλις ἡμῶν κατέ-
δειξεν, καὶ λόγους ἐτίμησεν, ὧν πάντες μὲν ἐπιθυμοῦσιν, τοῖς c

auch 11, 12 und 15, 295, ward
aber hier und 11, 12 von den Ab-
schreibern verwischt, wohl weil
ihnen der Superlativ eines mit πᾶς
zusammengesetzten Adjektivs an-
stößig war. Doch haben wenigstens
die Tragiker παγκάκιστος öfter. —
45, 9. λόγων καὶ γνώμης, also
auch einen nicht öffentlich ange-
ordneten geistigen Wetteifer in
der Rede (wissenschaftlichen
Unterhaltung)undIntelligenz,
vermöge der Neigung der Athener
zu geistreicher Unterhaltung und
des diese bedingenden scharfen
Auffassungsvermögens bei ihnen.
Vergl. außer Isokr. 15, 296, wo den
Athenern εὐτραπελία und φιλολογία
beigelegt wird, Plat. de legg. I
p. 641 E τὴν πόλιν ἅπαντες ἡμῶν
Ἕλληνες ὑπολαμβάνουσιν ὡς φιλό-
λογός τέ ἐστι καὶ πολύλογος (s.
Lobeck ad Phryn. p. 393), — und
Demosth. 3, 15 ὦ ἄνδρες Ἀθηναῖοι,
γνῶναι πάντων ὑμεῖς ὀξύτατοι τὰ
ῥηθέντα. Über der Athener εὐφυΐα
πρὸς τὰς τέχνας, woraus sich die
ἀγῶνες τῶν ἄλλων ἔργων erklären,
s. § 33. — ῥώμης — γνώμης. Über
die Paronomasie s. zu 1, 16. — 45,
10. ἆθλα μέγιστα, nämlich allge-
meine Anerkennung und Achtung.
Vergl. 15, 295 ἆθλα μέγιστα τιθεῖ-
σαν αὐτήν (i. e. τὴν πόλιν) ὁρῶσι

τοῖς τὴν δύναμιν ταύτην (i. e. τοῦ
λέγειν) ἔχουσιν.
46, 2. κριθέντα, das, wofür
wir uns entschieden haben.
— 46, 3. χωρὶς δὲ τούτων S. zu
§ 32. — 46, 4. διὰ πολλοῦ χρό-
νου, nach langem Zwischen-
raume, wie z. B. die Olympien
und Pythien nur alle vier Jahre
gefeiert wurden. — 46, 5. διελύ-
θησαν, lösten sich bisher immer
auf, d. h. pflegen sich aufzulösen;
vergl. zu 1, 6. — ἅπαντα τὸν
αἰῶνα. S. zu § 28. Der Grund
lag in der großen Anzahl der athe-
nischen Feste, von denen eins das
andere drängte. Vergl. Xenoph.
de Rep. Athen. 3, 8 (οἱ Ἀθηναῖοι)
ἄγουσιν ἑορτὰς διπλασίους ἢ οἱ
ἄλλοι, und Hermanns Gottesdienstl.
Altert. § 54 u. folgd.
47, 1. Φιλοσοφίαν, die Wis-
senschaft, aber auch hier (S. zu
9, 8) mit vorzugsweiser Beziehung
auf das Studium der Beredsamkeit,
über dessen Wirkungen Ähnliches
wie hier auch 3, 6 seqq. und 15,
253 seqq. vorgetragen wird. —
47, 5. κατέδειξεν, führte ein,
wie 2, 20 u. oft bei anderen von
denen, welche eine Sitte, Kunst,
Lehre zuerst aufbringen und ihnen
Geltung verschaffen; cf. Wyttenb.
ad Plut. Moral. p. 128 und Lobeck

48 δ' ἐπισταμένοις φθονοῦσιν, συνειδυῖα μέν, ὅτι τοῦτο μόνον ἐξ
ἀπάντων τῶν ζῴων ἴδιον ἔφυμεν ἔχοντες, καὶ διότι τούτῳ
πλεονεκτήσαντες καὶ τοῖς ἄλλοις ἅπασιν αὐτῶν διηνέγκαμεν,
ὁρῶσα δὲ περὶ μὲν τὰς ἄλλας πράξεις οὕτω ταραχώδεις οὔσας
τὰς τύχας, ὥστε πολλάκις ἐν αὐταῖς καὶ τοὺς φρονίμους ἀτυ-
χεῖν καὶ τοὺς ἀνοήτους κατορθοῦν, τῶν δὲ λόγων τῶν καλῶς
καὶ τεχνικῶς ἐχόντων οὐ μετὸν τοῖς φαύλοις, ἀλλὰ ψυχῆς εὖ
49 φρονούσης ἔργον ὄντας, καὶ τούς τε σοφοὺς καὶ τοὺς ἀμαθεῖς d
δοκοῦντας εἶναι ταύτῃ πλεῖστον ἀλλήλων διαφέροντας, ἔτι δὲ
τοὺς εὐθὺς ἐξ ἀρχῆς ἐλευθερίως τεθραμμένους ἐκ μὲν ἀνδρείας
καὶ πλούτου καὶ τῶν τοιούτων ἀγαθῶν οὐ γιγνωσκομένους,
ἐκ δὲ τῶν λεγομένων μάλιστα καταφανεῖς γιγνομένους, καὶ
τοῦτο σύμβολον τῆς παιδεύσεως ἡμῶν ἑκάστου πιστότατον
ἀποδεδειγμένον, καὶ τοὺς λόγῳ καλῶς χρωμένους οὐ μόνον ἐν

Aglaoph. p. 205. [cf. Krit. Anh.] —
47, 6. λόγους ἐτίμησεν. S. 15,
295. — ὧν ist Objekt auch zu
φθονοῦσιν (die alle sich wünschen
und — mißgönnen). Die nämliche
Konstruktion von φθονεῖν auch 18,
51 ἵν' αὐτῷ μὴ τῶν ἀπολωλότων
συνήχθεσθε ἀλλὰ τῶν ὑπολοίπων
ἐφθονεῖτε.
48, 2. ζῴων cf. Krit. Anh. —
διότι wechselt wie hier mit ὅτι
auch 20, 7 und Ep. 2, 22 um den
Hiatus zu vermeiden, und aus
gleichem Grunde ist διότι dem
gewöhnlicheren ὅτι auch 5, 1. 6,
16, 24. 14, 23. 15, 133, 263. 16,
43. 18, 1, 31 vorgezogen. Bei den
übrigen Rednern ist διότι als Kon-
junktion des Objektsatzes auch
ohne jenen Grund nicht eben selten.
Vergl. Schoemann, die Redeteile,
p. 182 und Voemel ad Demosth.
Contion. p. 746. — τούτῳ πλεονεκ-
τήσ. Zur Sache vergl. 3, 5 seq. (15,
253 seq.). — 48, 4. ταραχώδεις
(launenhaft), auch hier von der
Prinziplosigkeit und Anomalie;
vergl. zu 7, 9. — 48, 6. κατορ-
θοῦν, Erfolge haben; vergl.
zu 7, 72. — 48, 7. τεχνικῶς. S.
zu 9, 73. — μετόν, von ὁρῶσα
abhängig wie οὔσας, ὄντας, διαφέ-
ροντας u. s. w.; vergl. 18, 21 ἑώρα
μεταμέλον· τῇ πόλει τῶν πεπραγμέ-

νων. Thuk. 6, 23, 3 εἰδὼς πολλὰ
ἡμᾶς δέον εὖ βουλεύσασθαι. Xe-
noph. Mem. 2, 6, 29 ὁρῶ καὶ σοὶ
τούτων δεῆσον, und mit gleichem
Wechsel wie hier auch 5, 14 ἑώ-
ρων τοὺς ἐνδόξους τῶν ἀνδρῶν
ὑπὸ πόλεσι καὶ νόμοις οἰκοῦντας
καὶ οὐδὲν ἐξὸν αὐτοῖς ἄλλο πράτ-
τειν πλὴν τὸ προστατόμενον. —
48, 8. ἔργον ὄντας, nämlich τοὺς
λόγους.
49, 3. εὐθὺς ἐξ ἀρχῆς, gleich
von frühester Jugend an. — ἐλευθε-
ρίως τεθραμμένους wie 7, 43. Vergl.
Xenoph. Mem. 2, 7, 4 ἐλευθερίως
πεπαιδευμένους. Plut. Them. 2, 3
ὑπὸ τῶν ἐν τοῖς ἐλευθερίοις διατρι-
βαῖς πεπαιδεῦσθαι δοκούντων (coll.
Romul. 6 ext. Kimon. 13 ext.).
Lukian. Anach. 20 ὑπὸ παιδείας
ἐλευθερίοις ἄγειν τε καὶ τρέφειν
αὐτούς. [cf. Krit. Anh.]. — Über
ἀνδρείας cf. Krit. Anh. — 49, 4.
τῶν τοιούτων i. e. ἄλλων τοιού-
των. S. zu 7, 48. — 49, 6. τοῦτο
i. e. τὰ λεγόμενα. S. zu 1, 38 extr.
— 49, 7. ἀποδεδειγμένον, sich
erwiesen od. herausgestellt hat,
d. h. gilt, ein Perfekt, das wir
durch ein Praesens übersetzen, weil
wir eher an das Resultat der ab-
geschlossenen Handlung denken,
wie bei μέμνημαι, κέκλημαι u. s. w.
Ähnlich das Simplex δέδεικται

ταῖς αὐτῶν δυναμένους ἀλλὰ καὶ παρὰ τοῖς ἄλλοις ἐντίμους
50 ὄντας. τοσοῦτον δ᾽ ἀπολέλοιπεν ἡ πόλις ἡμῶν περὶ τὸ φρο- e
νεῖν καὶ λέγειν τοὺς ἄλλους ἀνθρώπους, ὥσθ᾽ οἱ ταύτης μα-
θηταὶ τῶν ἄλλων διδάσκαλοι γεγόνασιν, καὶ τὸ τῶν Ἑλλήνων
ὄνομα πεποίηκεν μηκέτι τοῦ γένους ἀλλὰ τῆς διανοίας δοκεῖν
εἶναι, καὶ μᾶλλον Ἕλληνας καλεῖσθαι τοὺς τῆς παιδεύσεως τῆς 51
ἡμετέρας ἢ τοὺς τῆς κοινῆς φύσεως μετέχοντας.

51   (ιδʹ.) Ἵνα δὲ μὴ δοκῶ περὶ τὰ μέρη διατρίβειν ὑπὲρ ὅλων

§ 165 und 2, 10, 49. 6, 4 und
sonst wie Plat. Phaedo p. 66 D
ἀλλὰ τῷ ὄντι ἡμῖν δέδεικται. —
49, 7. λόγῳ, ohne Artikel, weil
hier bei λόγος ohne Rücksicht auf
den Inhalt nur an die Befähigung
zum Reden gedacht wird; vergl.
1, 4. 3, 6 (15, 254). 6, 96. 8, 39,
und so überall λόγον τινὶ διδόναι,
λόγον αἰτεῖσθαι, λόγου τυχεῖν, „je-
mandem das Wort geben,“ „ums
Wort bitten,“ „das Wort erhalten“
(cf. Schoemann ad Plut. Agin
p. 161). Auch sonst stehen die
Benennungen der geistigen Kräfte
und Befähigungen gewöhnlich ohne
Artikel.

50, 3. διδάσκαλοι. Dasselbe
Lob 15, 295 seq. vergl. Diodor. 13,
27 (αἱ Ἀθῆναι) κοινὸν παιδευτήριον
πᾶσιν ἀνθρώποις. Thuk. 2, 41, 1
ξυνελών τε λέγω τήν τε πᾶσαν
πόλιν τῆς Ἑλλάδος παίδευσιν εἶναι,
und mehr bei Hermann, Privat-
altert. § 7 n. 12. — τὸ τῶν
Ἑλλήνων ὄνομα, der Name
Hellenen, sodafs im Deutschen
„Hellenen“ aufserhalb der Kon-
struktion steht, während es im
Griechischen konstruiert ist. Eben-
so 6, 110 τὸ τῆς Σπάρτης ὄνομα,
und regelrecht im Lateinischen
(wie Tacit. German. 2, 4 Germa-
niae vocabulum recens et nuper ad-
ditum), während im Griechischen
auch die andere Form eintreten
kann, wie bei l'lat. de republ. II.
p. 369 C ταύτῃ τῇ ξυνοικίᾳ ἐθέ-
μεθα πόλιν ὄνομα. Vergl. Krüger,
Synt. § 50, 7 not. 5. — 50, 4. τῆς
διανοίας — τοῦ φρονεῖν καὶ λέ-
γειν, wie es vorher hiefs, also etwa:

der Anschauungsweise. — 50,
6. φύσεως, s. zu 9, 12.

§ 51—65. Gleiche Ehre verdient
Athen aber auch wegen seiner Kriege,
die es nicht nur für sich, sondern
auch für andere unternahm, da es
stets bereit war den Bedrängten zu
helfen (51, 52), obwohl es wegen
dieser Politik getadelt zu werden
pflegt (53). So half es dem Adrastos
und besonders den Söhnen des He-
rakles (54, 55), welche, indem sie
gerade bei Athen Hülfe suchten,
dadurch es aussprachen, dafs Athen
damals der mächtigste, an der Spitze
von Hellas stehende Staat war (56,
57). Und Athen leistete in erfolg-
reichster Weise die erbetene Hülfe
(58—60), ohne welche die Nachkom-
men des Herakles nicht in den Pelo-
ponnes hätten einwandern und Spar-
ta gründen können (61), welches
darum ganz anders gegen uns hätte
verfahren müssen, als es gethan (62),
und Athens ältere Ansprüche auf
die Hegemonie anerkennen sollte (63),
Ansprüche, welche Athen schon wegen
seiner in jenen Hülfsgesuchen aus-
gesprochenen früheren Machtstellung
vor den übrigen Staaten von Hellas
hat (64, 65).

51, 1. π. τὰ μέρη διατρί-
βειν, mit den Einzelheiten
mich aufhalten, soweit sie mei-
nem Zwecke günstig sind, und da-
mit die Zeit hinbringen, sodafs
ich nicht dazu kommen kann, von
der Gesamtthätigkeit (ὅλα τὰ
πράγματα) Athens, wie ich es wollte,
zu zeigen, dafs sie für Hellas er-
spriefslich war. Fälschlich ver-
stand man τὰ μέρη von l'artikular-

τῶν πραγμάτων ὑποθέμενος, μηδ᾽ ἐκ τούτων ἐγκωμιάζειν τὴν
πόλιν ἀπορῶν τὰ πρὸς τὸν πόλεμον αὐτὴν ἐπαινεῖν, ταῦτα μὲν b
εἰρήσθω μοι πρὸς τοὺς ἐπὶ τοῖς τοιούτοις φιλοτιμουμένους,
ἡγοῦμαι δὲ τοῖς προγόνοις ἡμῶν οὐχ ἧττον ἐκ τῶν κινδύνων
52 τιμᾶσθαι προσήκειν ἢ τῶν ἄλλων εὐεργεσιῶν. οὐ γὰρ μικροὺς
οὐδ᾽ ὀλίγους οὐδ᾽ ἀφανεῖς ἀγῶνας ὑπέμειναν, ἀλλὰ πολλοὺς
καὶ δεινοὺς καὶ μεγάλους, τοὺς μὲν ὑπὲρ τῆς αὐτῶν χώρας,
τοὺς δ᾽ ὑπὲρ τῆς τῶν ἄλλων ἐλευθερίας· ἅπαντα γὰρ τὸν c
χρόνον διετέλεσαν κοινὴν τὴν πόλιν παρέχοντες καὶ τοῖς ἀδι-
53 κουμένοις ἀεὶ τῶν Ἑλλήνων ἐπαμύνουσαν. διὸ δὴ καὶ κατη-
γοροῦσίν τινες ἡμῶν ὡς οὐκ ὀρθῶς βουλευομένων, ὅτι τοὺς
ἀσθενεστέρους εἰθίσμεθα θεραπεύειν, ὥσπερ οὐ μετὰ τῶν

interessen, τὰ ὅλα vom Gesamt-
interesse der hellenischen Staaten;
als ob die Verbreitung des Getreides
und andere vorher behandelte μέρη
nicht das Gesamtinteresse von Hellas
berührt hätten! denn die μέρη erst
mit § 43 beginnen zu lassen, nicht
schon mit § 28, ist doch zu will-
kürlich. Vergl. überdies 7, 28
ἀνάγκη γὰρ τοῖς περὶ ὅλων τῶν
πραγμάτων καλὰς τὰς ὑποθέσεις
πεποιημένοις καὶ τὰ μέρη τὸν αὐ-
τὸν τρόπον ἔχειν ἐκείνοις. — 51, 2.
ὑποθέμενος ohne verbum dicendi
[cf. Krit. Anh.] wie 3, 14. 5, 85.
10, 29. 12, 112, 119, 266. — ἐκ
τούτων, wegen der Verdienste,
welche ich bisher aufzählte. —
51, 3. τὰ π. τ. π. αὐτὴν ἐπ. Der
doppelte Accus. bei ἐπαινεῖν ist
wie bei den übrigen Verbis des
Lobens und Tadelns auch sonst
häufig, aber nur wenn die Sache
durch ein substantiviertes Adjektiv
oder Pronomen bezeichnet ist; vgl.
Stallbaum ad Plat. Symp. p. 221 C
und Lobeck ad Sophocl. Aiac.
v. 1107. — 51, 5. Von ἡγοῦμαι
δὲ τ. πρ. bis § 99 ἀναγκασθεῖμεν
citiert Isokr. 15, 59. — κινδύ-
νων i. e. πολέμων. vergl. zu 1, 43.
— 51, 6. προσήκειν vergl. zu 5,
127. — ἢ τῶν ἄλλων εὐ. i. e. ἢ
ἐκ τῶν ἀ. εὐ. vergl. zu 9, 3.
52, 3. δεινοὺς erklärt sich aus
dem korrespondierenden ἀφανεῖς.
— τοὺς μέν, einige zwar auch.

Denn auch hier führt der Satz mit
μέν das Untergeordnete ein (vergl.
zu 1, 12); nur die für die Freiheit
anderer unternommenen Kriege
können ja als εὐεργεσίαι eigentlich
hier Erwähnung finden. — 52, 4.
ἅπαντα τ. χ. διετέλεσαν (immer)
— παρέχ., wie § 60. 5, 130. 12,
183, 220, ist kein Pleonasmus. —
52, 5. κοινήν, allen gehörend,
ähnlich wie 1, 10 τοῖς φίλοις κοι-
νός. — 52, 6. ἀεί i. e. ἑκάστοτε,
in welchem Sinne das Wort einem
substantivierten Particip oft nach-
gestellt erscheint (vergl. Krüger ad
Dionys. Historiograph. p. 252 not.
30), aber auch vor dem Artikel
auftritt. (cf. Xenoph. Hellen. 2, 1,
4 ἐρρίπτουν πάντες ὅσοι εἶχον
τοὺς καλάμους, ἀεὶ ὁ ἀκούων δε-
διὼς μὴ ὀφθείη ἔχων, und Kühner
ad Xenoph. Anab. 4, 1, 7).
53, 1. κατηγοροῦσιν. Vergl.
Andokid. 3, 28 δέδοικα μάλιστα, ὦ
Ἀθηναῖοι, τὸ εἰθισμένον κακόν,
ὅτι τοὺς κρείττους φίλους ἀφιέντες
ἀεὶ τοὺς ἥττους αἱρούμεθα, und
andere Stellen bei Sauppe ad De-
mosth. orat. select. p. 101. — 53,
3. ὥσπερ vertritt die Stelle eines
δοκοῦντές μοι νομίζειν, und daraus
ist wohl der Accusativ τοὺς λόγους
ὄντας zu erklären, der sich in
gleicher Weise auch 4, 11. 12, 99.
16, 23. 19, 30. Ep. 9, 15 findet,
während sonst der Genetiv. abso-
lut. neben ὥσπερ oder ὡς erscheint,

ἐπαινεῖν βουλομένων ἡμᾶς τοὺς λόγους ὄντας τοὺς τοιούτους. οὐ γὰρ ἀγνοοῦντες, ὅσον διαφέρουσιν αἱ μείζους τῶν συμμαχιῶν πρὸς τὴν ἀσφάλειαν, οὕτως ἐβουλευόμεθα περὶ αὐτῶν, ἀλλὰ πολὺ τῶν ἄλλων ἀκριβέστερον εἰδότες τὰ συμβαίνοντ' ἐκ τῶν τοιούτων ὅμως ἡρούμεθα τοῖς ἀσθενεστέροις καὶ παρὰ d τὸ συμφέρον βοηθεῖν μᾶλλον ἢ τοῖς κρείττοσιν τοῦ λυσιτελοῦντος ἕνεκα συναδικεῖν.

54   (ιε'.) Γνοίη δ' ἄν τις καὶ τὸν τρόπον καὶ τὴν ῥώμην τὴν τῆς πόλεως ἐκ τῶν ἱκετειῶν, ἃς ἤδη τινὲς ἡμῖν ἐποιήσαντο. τὰς μὲν οὖν ἢ νεωστὶ γεγενημένας ἢ περὶ μικρῶν ἐλθούσας παραλείψω· πολὺ δὲ πρὸ τῶν Τρωϊκῶν (ἐκεῖθεν γὰρ δί- e καιον τὰς πίστεις λαμβάνειν τοὺς ὑπὲρ τῶν πατρίων ἀμφισβητοῦντας) ἦλθον οἵ θ' Ἡρακλέους παῖδες καὶ μικρὸν πρὸ
55 τούτων Ἄδραστος ὁ Ταλαοῦ, βασιλεὺς ὢν Ἄργους, οὗτος μὲν ἐκ τῆς στρατείας τῆς ἐπὶ Θήβας δεδυστυχηκώς, καὶ τοὺς ὑπὸ 52 τῇ Καδμείᾳ τελευτήσαντας αὐτὸς μὲν οὐ δυνάμενος ἀνελέσθαι, τὴν δὲ πόλιν ἀξιῶν βοηθεῖν ταῖς κοιναῖς τύχαις καὶ μὴ περιο-

das eine, wie das andere, wenn die Veranlassung zu einer Ansicht anderer nicht als thatsächlich bei ihnen bestehend bezeichnet, sondern bei ihnen nur vorausgesetzt wird. — 53, 3. μετὰ τῶν im Sinne derer, wie 12, 240 λόγους — μηδὲν μᾶλλον μετὰ τῶν ἐπαινούντων ἢ τῶν ψεγόντων ὄντας. Vergl. zu § 22. — 53, 5. οὐ γάρ, sie sind es aber doch, denn . . . .; also γάρ wie oft auf einen zu supplierenden Gedanken bezogen. — 53, 7. ἀκριβ. εἰδότες, trotzdem wir — wissen, z. B. aus dem peloponnesischen Kriege, dessen entferntere Veranlassung die von Athen den Korkyräern gegen Korinth gewährte Unterstützung war. — 53, 8. ἡρούμεθα — μᾶλλον. S. zu 7, 57.

54, 2. τῆς πόλεως ist durch τήν grammatisch zwar nur auf ῥώμην bezogen, gehört aber auch zu τὸν τρόπον. S. zu 9, 51. — ἅς — ἡμῖν ἐποιήσ. (Gesuche um Beistand, die — an uns richteten) ist anders konstruiert wie Thuk. 8, 67, 3 ὑμῶν ἱκετείαν ποιοῦνται, oder wie Plat. de legg. VII

p. 796 C ἱκετείας ποιουμένους πρὸς θεούς. Der Grund, weshalb Isokr. ἡμῖν statt des regelmäßigen ἡμῶν schrieb [cf. Krit. Anh.], ist wohl der, daß bei der unmittelbaren Nähe von τινές die Rede undeutlich geworden wäre, weil τινὲς ἡμῶν hätte verbunden werden können. — 54, 3. ἐλθούσας, die an uns gelangten, wie ἀγγελία, βάξις ἔρχεται und ähnliches oft gesagt wird. — 54, 4. παραλείψω. Eine gleiche praeteritio 5, 22. 8, 81. 12, 192. Vergl. Gebauer de praeterit. form. apud Orat. Attic. Lips. 1874, p. 37.

55, 2. ἐκ τῆς στρατείας, welchen er zu dem Zweck unternahm seinen Schwiegersohn Polyneikes nach Theben und auf den Thron zurückzuführen; s. Apollod. 3, 6 folg. Die Worte gehören gleichmäßig zu ἦλθον wie zu δεδυστυχηκώς, unmittelbar nach d. F., in dem er eben eine Niederlage erlitten. — ὑπὸ τ. Κ., am Fuß der ἀκρόπολις von Theben, wie 10, 31. 14, 53 und sonst oft. — 55, 4. ταῖς κοιναῖς τύχαις dies Unglück, das alle treffen

ρᾶν τοὺς ἐν τοῖς πολέμοις ἀποθνήσκοντας ἀτάφους γιγνομέ-
νους μηδὲ παλαιὸν ἔθος καὶ πάτριον νόμον καταλυόμενον,
56 οἱ δ' Ἡρακλέους παῖδες φεύγοντες τὴν Εὐρυσθέως ἔχθραν,
καὶ τὰς μὲν ἄλλας πόλεις ὑπερορῶντες ὡς οὐκ ἂν δυναμένας
βοηθῆσαι ταῖς αὑτῶν συμφοραῖς, τὴν δ' ἡμετέραν ἱκανὴν b
νομίζοντες εἶναι μόνην ἀποδοῦναι χάριν ὑπὲρ ὧν ὁ πατὴρ
57 αὐτῶν ἅπαντας ἀνθρώπους εὐεργέτησεν. ἐκ δὴ τούτων ῥᾴ-
διον κατιδεῖν, ὅτι καὶ κατ' ἐκεῖνον τὸν χρόνον ἡ πόλις ἡμῶν
ἡγεμονικῶς εἶχεν· τίς γὰρ ἂν ἱκετεύειν τολμήσειεν ἢ τοὺς
ἥττους [ἄλλων] ἢ τοὺς ὑφ' ἑτέροις ὄντας, παραλιπὼν τοὺς μείζω
δύναμιν ἔχοντας, ἄλλως τε καὶ περὶ πραγμάτων οὐκ ἰδίων c
ἀλλὰ κοινῶν καὶ περὶ ὧν οὐδένας ἄλλους εἰκὸς ἦν ἐπιμε-
ληθῆναι πλὴν τοὺς προεστάναι τῶν Ἑλλήνων ἀξιοῦντας;
58 ἔπειτ' οὐδὲ ψευσθέντες φαίνονται τῶν ἐλπίδων, δι' ἃς κατέ-

---

könne. Über κοινὴ τύχη s. zu
1, 29 und Krüger zu Thuk. 5, 102.
— 55, 6. πάτριον νόμον, dafs
eben die im Kampfe Gefallenen
nicht unbestattet liegen bleiben
dürften, sondern vom Feinde aus-
zuliefern seien, eine Sitte, die 12,
169 οὐχ ὑπ' ἀνθρωπίνης κείμενον
φύσεως, ἀλλ' ὑπὸ δαιμονίας προστε-
ταγμένον δυνάμεως (vom Herakles;
s. Plut. Thes. 29 extr. und Aelian.
Var. histor. 12, 27) genannt wird.
56, 1. Εὐρυσθέως, der ihre
Auslieferung von Keyx, König von
Trachis, unter Androhung eines
Krieges verlangte und sie so zwang
in Hellas umher zu irren (Isokr. 6,
17), bis sie in Athen Schutz und
Hülfe fanden, — ein von den Pane-
gyrikern Athens gern behandelter
Gegenstand; vgl. (Lys.) 2, 11 seqq.,
Aristeid.Panathen. p.175 Dind., und
Isokr. 5, 34. 10, 31. 12, 194. —
56, 5. εὐεργέτησεν. Vergl. 5, 76
(Ἡρακλῆς) ἁπάσης κατέστη τῆς Ἑλ-
λάδος εὐεργέτης, da seine Arbeiten
und Kämpfe die Menschen von
allerlei Not und Übel befreiten,
weshalb er als Σωτήρ und Ἀλεξί-
κακος verehrt wurde; vergl. Preller,
Gr. Mythol. II. p. 184 ff.
57, 3. ἡγεμονικῶς εἶχεν, wie
ein Vorstand (von Hellas) war,
d. h. die Eigenschaften und die

Geltung eines ἡγεμών hatte, ohne
es in der That zu sein, wie denn
die Adjektiva auf -κός sehr gewöhn-
lich den bezeichnen, welcher im
Besitz der Eigenschaften dessen ist,
der durch das Grundwort bezeich-
net wird, ohne dessen Namen zu
führen; vergl. βασιλεύς und ἀνὴρ
βασιλικός Xenoph. Anab. 1, 9, 1,
ἀρχικὸν γένος Isokr. 4, 67 und
Thuk. 2, 80, 5 u. s. w. — τολμή-
σειεν, wer würde (in ihrer Lage)
es über sich gewonnen haben,
d. h. Trotz bietend nicht einer
äufseren Gefahr (in welchem Sinne
das Wort gewöhnlich steht), son-
dern den eigenen widerstrebenden
Neigungen und Empfindungen und
der richtigeren Einsicht, wie τολμᾶν
auch sonst oft vorkommt; s. § 88,
96. 7, 83 und Stallbaum ad Plat.
Phileb. p. 13 D und ad Plat. de
republ. II p. 360 B. Jacobs addidam.
in Athenae. p. 309. — τοὺς ἥττους
[ἄλλων]. cf. Krit. Anh. — 57, 5.
ἄλλως τε καί. S. zu § 66. —
57, 6. κοινῶν, insofern es sich
in dem Falle des Adrastos um ein
für alle Hellenen gleich wichtiges
ἔθος, in dem Falle der Herakliden
um Dankbarkeit für die allen Hel-
lenen zu gute gekommenen Wohl-
thaten des Herakles handelte.
περὶ ὧν = περὶ τούτων, ὧν.

φυγον ἐπὶ τοὺς προγόνους ἡμῶν. ἀνελόμενοι γὰρ πόλεμον
ὑπὲρ μὲν τῶν τελευτησάντων πρὸς Θηβαίους, ὑπὲρ δὲ τῶν
παίδων τῶν Ἡρακλέους πρὸς τὴν Εὐρυσθέως δύναμιν, τοὺς d
μὲν ἐπιστρατεύσαντες ἠνάγκασαν ἀποδοῦναι θάψαι τοὺς
νεκροὺς τοῖς προσήκουσιν, Πελοποννησίων δὲ τοὺς μετ' Εὐρυ-
σθέως εἰς τὴν χώραν ἡμῶν εἰσβαλόντας ἐπεξελθόντες ἐνί-
59 κησαν μαχόμενοι κἀκεῖνον τῆς ὕβρεως ἔπαυσαν. θαυμαζό-
μενοι δὲ καὶ διὰ τὰς ἄλλας πράξεις ἐκ τούτων τῶν ἔργων ἔτι
μᾶλλον εὐδοκίμησαν. οὐ γὰρ παρὰ μικρὸν ἐποίησαν, ἀλλὰ
τοσοῦτον τὰς τύχας ἑκατέρων μετήλλαξαν, ὥσθ' ὁ μὲν ἱκε- c
τεύειν ἡμᾶς ἀξιώσας βίᾳ τῶν ἐχθρῶν ἅπανθ' ὅσων ἐδεήθη
διαπραξάμενος ἀπῆλθεν, Εὐρυσθεὺς δὲ βιάσεσθαι προσδο-
κήσας αὐτὸς αἰχμάλωτος γενόμενος ἱκέτης ἠναγκάσθη κατα-
60 στῆναι, καὶ τῷ μὲν ὑπερενεγκόντι τὴν ἀνθρωπίνην φύσιν,

58, 5. ἐπιστρατεύσαντες.
Nach 12, 170 gewann Theseus die
Thebaner vielmehr durch Unter-
handlung zur Herausgabe der Ge-
fallenen, eine Differenz, die auch
sonst in diesem Punkte sich zeigt
(cf. Preller, Gr. Mythol. II p. 254
not.) und ausdrücklich von Isokr.
12, 172 anerkannt wird. Die Er-
wähnung des Krieges lag hier
ganz im Interesse des Redners. —
58, 7. ἐνίκησαν μαχόμενοι
bildet einen Begriff; vergl. 5, 90.
6, 53. 7, 75. 8, 43, ebenso bei ande-
ren, s. Baiter-Sauppe ad Lycurg.
p. 117 und Stallbaum ad Plat. de
legg. I. p. 638 D.
59, 3. οὐ γὰρ παρὰ μικρὸν
ἐποίησαν κ. τ. λ. Denn nicht
unbedeutend gestalteten sie
— um, sondern in dem Grade
thaten sie es u. s. w. παρά hier
im Sinne der Gleichstellung und
Ähnlichkeit, wie 5, 79 in der Wen-
dung παρὰ μικρὸν ἡγεῖσθαί τι (ähn-
lich dem stärkeren παρ' οὐδὲν ποιεῖ-
σθαι, τίθεσθαι, ἡγεῖσθαί τι. cf.
Blomfield ad Aeschyl. Agam. v. 221),
aber auch sonst: Plut. Kleom. 27,
4 τὸ παρὰ μικρόν (Kleinigkeit),
Diogen. Laert. 2, 32 τὸ εὖ ἄρχεσθαι
μικρὸν μὲν μὴ εἶναι, παρὰ μικρὸν
δὲ (cf. Wyttenbach ad Plut. Moral.
p. 607) und besonders Aristeid.

Panath. p. 284 Dind. οὐ παρὰ μικρὸν
ἐνίκησαν οὐδ' ὡς φοβῆσαι μόνον
Λακεδαιμονίους, ἀλλ' ἐκβαλόντες —
ἀνήγαγον εἰς τὴν ἐξ ἀρχῆς τάξιν
τὴν πόλιν. Anders Isokr. 8, 95
(τὴν πολιτείαν) σαλεῦσαι καὶ λυθῆ-
ναι παρὰ μικρὸν (beinahe) ἐποίησεν,
und in der Wendung παρὰ μικρὸν
ἦλθον ἀποθανεῖν (s. zu 7, 6), wo
παρά den Differenzpunkt bezeichnet
(„so dafs wenig fehlt"). ποιεῖν ver-
tritt wie oft ein Verbum von spe-
ciellem Begriff, hier jedoch so, dafs
dieses nicht wie gewöhnlich vorher
genannt war, sondern erst nachher
genannt wird, wie 1, 31 ὅπερ πά-
σχουσιν οἱ πολλοί, ποιοῦντες μέν,
ἀηδῶς δὲ τοῖς φίλοις ὑπουργοῦντες.
— 59, 5. βίᾳ τῶν ἐχθρῶν, den
Feinden zum Trotz, wie 10, 31
βίᾳ Θηβαίων, und 10, 32 βίᾳ τῶν
πολιτῶν. Vergl. Blomfield ad Aeschyl.
Sept. v. 608 und Krüger ad Xenoph.
Anab. 7, 8, 17. — 59, 7. αἰχμά-
λωτος — ἱκέτης. Ebenso erzählt
Isokr. 12, 194; nach anderen fiel
Eurysth. in der Schlacht; cf. Heyno
Observat. ad Apollod. p. 202 seq.
60, 1. τὴν — φύσιν. ὑπερφέ-
ρειν, im Sinne des dem Isokr. ge-
läufigeren ὑπερβάλλειν (S. zu 9, 6)
und mit dem Akkus. (statt Genet.)
des Übertroffenen konstruiert, steht
nur hier bei ihm und vorzugsweise

3*

ὃς ἐκ Διὸς μὲν γεγονώς, ἔτι δὲ θνητὸς ὢν θεοῦ ῥώμην ἔσχεν,
τούτῳ μὲν ἐπιτάττων καὶ λυμαινόμενος ἅπαντα τὸν χρόνον
διετέλεσεν, ἐπειδὴ δ᾽ εἰς ἡμᾶς ἐξήμαρτεν, εἰς τοσαύτην κατέ- 53
στη μεταβολήν, ὥστ᾽ ἐπὶ τοῖς παισὶ τοῖς ἐκείνου γενόμενος
ἐπονειδίστως τὸν βίον ἐτελεύτησεν.

61   (ιϛ´.) Πολλῶν δ᾽ ὑπαρχουσῶν ἡμῖν εὐεργεσιῶν εἰς τὴν
πόλιν τὴν Λακεδαιμονίων, περὶ ταύτης μόνης μοι συμβέβηκεν
εἰπεῖν· ἀφορμὴν γὰρ λαβόντες τὴν δι᾽ ἡμῶν αὐτοῖς γενομένην
σωτηρίαν οἱ πρόγονοι μὲν τῶν νῦν ἐν Λακεδαίμονι βασιλευόν-
των, ἔκγονοι δ᾽ Ἡρακλέους, κατῆλθον μὲν εἰς Πελοπόννησον,
κατέσχον δ᾽ Ἄργος καὶ Λακεδαίμονα καὶ Μεσσήνην, οἰκισταὶ b
δὲ Σπάρτης ἐγένοντο, καὶ τῶν παρόντων ἀγαθῶν αὐτοῖς
62 ἁπάντων ἀρχηγοὶ κατέστησαν. ὧν ἐχρῆν ἐκείνους μεμνημέ-
νους μηδέποτ᾽ εἰς τὴν χώραν ταύτην εἰσβαλεῖν, ἐξ ἧς ὁρμη-

nur bei Späteren, wie Plut. Moral.
p. 360 E (δαίμονας) λέγουσι πολλῇ
τῇ δυνάμει τὴν φύσιν ὑπερφέροντας
ἡμῶν. — 60, 2. θεοῦ ῥώμην
ἔσχεν vergl. Eurip. Orest. 1169
Ἀγαμέμνονος παῖς — οὐ τύραννος,
ἀλλ᾽ ὅμως | ῥώμην θεοῦ τιν᾽ ἔσχεν.
— 60, 3. τούτῳ μέν nimmt τῷ
μὲνὑπερενεγκόντι wieder auf. Vergl.
zu 1, 45, und über das repetierte
μέν zu § 1. — 60, 5. ἐπὶ τοῖς
παισί. S. zu § 16. — 60, 6. ἐπο-
νειδίστως — ἐτελ., denn Alkmene,
die Mutter des Herakles, stach ihm
die Augen aus; Apollod. 2, 8, 4.
61, 1. πολλῶν, indem sie ihnen
z. B. im zweiten messenischen Kriege
den Tyrtaios, im dritten den Kimon
zur Unterstützung sendeten. — εἰς
τ. π. cf. Krit. Anh. — 61, 2. συμ-
βέβηκεν, es hat sich (in dieser
Rede) so gefügt, wie 12, 199 οὐ
μὴν συμβαίνει μοι ταὐτὸν ποιεῖν
ἐκείνοις, und Ep. 3, 2 νῦν δὲ συμ-
βέβηκε μηκέτι δεῖν πείθειν. —
61, 3. ἀφορμὴν — λαβ., nach-
dem sie mit dieser Rettung
die Möglichkeit dazu gewon-
nen, indem ohne die Hülfe der
Athener die Söhne des Herakles
dem Eurystheus erlegen wären.
Vergl. 5, 34. Von äußerer Veran-
lassung steht ἀφορμὴν λαμβάνειν
9, 23. 19, 6. Ep. 9, 2. — 61, 5. ἔκγο-
νοι δέ, und Nachkommen. S.

zu 9, 14. — 61, 6. κατέσχον,
nahmen mit ein, denn nicht die
πρόγονοι der späteren spartanischen
Könige allein thaten das, sondern
alle damaligen ἔκγονοι des He-
rakles. So wird aber oft einem
Subjekte eine Handlung beigelegt,
die es nicht ausschließlich und
allein, sondern im Vereine mit an-
deren, wenn auch gewöhnlich unter
ihnen in hervorragender Weise,
ausführte (d. h. es steht das Sim-
plex statt des Kompositum mit
σύν). Ähnlich schon Homer Od. 1,
2 von Odysseus: Τροίης ἱερὸν πτο-
λίεθρον ἔπερσεν, und Il. 18, 327
von Patroklos: Ἴλιον ἐκπέρσαντα.
Plut. Agis 6, 4 ἡ ἀναπείσασα τὸν
Ἀγησίλαον αἰτία τῶν πραττομένων
μετασχεῖν ὀφλημάτων πλῆθος ἦν,
ὧν ἤλπιζεν ἀπαλλαγήσεσθαι μετα-
βάλλων τὴν πολιτείαν, was eigent-
lich συμμεταβάλλων heißen müßte.
— 61, 7. αὐτοῖς [cf. Krit. Anh.]
gehört zu παρόντων, nicht zu κατέ-
στησαν wie die Stellung zwischen
ἀγαθῶν und ἁπάντων lehrt. Vergl.
über das Hyperbaton zu 1, 29.

62, 2. εἰσβαλεῖν, wie es wie-
derholt im peloponnesischen Kriege
geschah. Der Inf. Aorist. neben
καθιστάναι, διδόναι, ἀξιοῦν hat
hier so wenig etwas Befremdliches
wie 3, 17 αἱ μοναρχίαι πρὸς τὸ

θέντες τοσαύτην εὐδαιμονίαν κατεκτήσαντο, μηδ' εἰς κινδύνους
καθιστάναι τὴν πόλιν τὴν ὑπὲρ τῶν παίδων τῶν Ἡρακλέους
προκινδυνεύσασαν, μηδὲ τοῖς μὲν ἀπ' ἐκείνου γεγονόσιν διδό- c
ναι τὴν βασιλείαν, τὴν δὲ τῷ γένει τῆς σωτηρίας αἰτίαν οὖσαν
63 δουλεύειν αὐτοῖς ἀξιοῦν. εἰ δὲ δεῖ τὰς χάριτας καὶ τὰς
ἐπιεικείας ἀνελόντας ἐπὶ τὴν ὑπόθεσιν πάλιν ἐπανελθεῖν καὶ
τὸν ἀκριβέστατον τῶν λόγων εἰπεῖν, οὐ δή που πάτριόν ἐστιν
ἡγεῖσθαι τοὺς ἐπήλυδας τῶν αὐτοχθόνων, οὐδὲ τοὺς εὖ παθόν-
τας τῶν εὖ ποιησάντων, οὐδὲ τοὺς ἱκέτας γενομένους τῶν ὑποδεξα- d
64 μένων. (ιζ.) Ἔτι δὲ συντομώτερον ἔχω δηλῶσαι περὶ αὐτῶν.
τῶν μὲν γὰρ Ἑλληνίδων πόλεων χωρὶς τῆς ἡμετέρας Ἄργος
καὶ Θῆβαι καὶ Λακεδαίμων καὶ τότ' ἦσαν μέγισται καὶ νῦν
ἔτι διατελοῦσιν. φαίνονται δ' ἡμῶν οἱ πρόγονοι τοσοῦτον
ἁπάντων διενεγκόντες, ὥσθ' ὑπὲρ μὲν Ἀργείων δυστυχησάντων

βουλεύεσθαι καὶ πρᾶξαί τι τῶν
δεόντων διαφέρουσιν und sonst; der
Inf. Aorist. bezeichnet die Hand-
lung als dauerlos, der Inf. Praes.
nach ihrem Verlauf und ihrer Dauer.
— 62, 5. ἀπ' ἐκείνου γεγονόσιν,
dem Prokles und Eurysthenes, Söh-
nen des Aristodemos, der im vierten
Grade ein Nachkomme des Herakles
war (Herod. 6, 52, 1); daher ἀπ'
ἐκείνου, nicht ἐξ ἐκείνου, was die
unmittelbare Abstammung von He-
rakles bezeichnen würde; vergl. 12,
81 τοὺς μὲν ἀπὸ θεῶν, τοὺς δ' ἐξ
αὐτῶν τῶν θεῶν γεγονότας. 11, 35
τὸν ἐκ Ποσειδῶνος μὲν γεγονότα,
πρὸς δὲ μητρὸς ἀπὸ Διὸς ὄντα.
Doch wird dieser Unterschied nicht
überall beobachtet, denn neben τοῖς
ἐκ τῶν θεῶν γεγονόσιν ἡμιθέοις
4, 84 heifst es 9, 13 τοὺς ἀπὸ Διὸς
εὐγενεστάτους τῶν ἡμιθέων εἶναι,
und neben τῶν ἐξ αὐτοῦ γεγονότων
9, 72 sagt Isokr. 9, 76 gleichfalls
von den Kindern des Euagoras καὶ
σοὶ καὶ τοῖς σοῖς παισὶ καὶ τοῖς
ἄλλοις ἀπ' Εὐαγόρου γεγονόσι,
und von Euagoras heifst es 9, 81
γεγονὼς ἐκ Διός. Vergl. auch unten
§ 71 und 5, 76, 77. — 62, 7. δου-
λεύειν, nach der Eroberung Athens
durch Lysander zu Ende des pelo-
ponnesischen Krieges.
63, 2. ἀνελόντας, omittentes

(abgesehen von . . .). [cf. Krit
Anh.]. — τὴν ὑπόθεσιν, auf die
Hauptsache, nämlich den Be-
weis, dafs Athen wegen seiner
Machtstellung Ansprüche auf die
Hegemonie habe. Wenn nachher
dennoch von Wohlthätern und Emp-
fängern von Wohlthaten die Rede
ist, so will Isokr. dabei nur an die
darin sich aussprechende Macht
des einen und Hülflosigkeit des
andern gedacht wissen. — Über das
pleonastische πάλιν ἐπανελθεῖν s.
zu 9, 56 und Rehdantz Demosth.
Index² p. 179. — 63, 3. τὸν ἀκριβ.,
den Grund, der sich streng an die
Sache selbst hält und Nebenrück-
sichten, wie Dankbarkeit und Billig-
keit, ganz bei Seite läfst.
64, 4. διατελοῦσιν, nämlich:
μέγισται οὖσαι, [cf. Krit. Anh.] wie
2, 4 ἀνουθέτητοι διατελοῦσιν, Isae.
8, 44 ἀναμφισβήτητοι διετελέσαμεν,
Xenoph. Hellen. 2, 3, 25 οἱ βέλτι-
στοι ἀεὶ ἂν πιστοὶ διατελοῖεν und
sonst; vergl. Lobeck ad Phryn.
p. 277. — 64, 5. ὥσθ' ὑπὲρ
κ. τ. λ. ὥστε darf mit ἐπιτάττοντες,
κρατήσαντες, διασώσαντες nicht so
verbunden werden, dafs es wie
οἷον, οἷα, ἅτε einen in der Natur
der Sache liegenden Grund be-
zeichnet, wo dann ὥστε – δυνη-
θείη § 65 den Nachsatz zu τοσού-

38 (IV) ΙΣΟΚΡΑΤΟΥΣ

65 Θηβαίοις, ὅτε μέγιστον ἐφρόνησαν, ἐπιτάττοντες, ὑπὲρ δὲ τῶν
παίδων τῶν Ἡρακλέους Ἀργείους καὶ τοὺς ἄλλους Πελοποννη- e
σίους μάχῃ κρατήσαντες, ἐκ δὲ τῶν πρὸς Εὐρυσθέα κινδύνων
τοὺς οἰκιστὰς καὶ τοὺς ἡγεμόνας τοὺς Λακεδαιμονίων διασώ-
σαντες· ὥστε περὶ μὲν τῆς ἐν τοῖς Ἕλλησι δυναστείας οὐκ οἶδ'
ὅπως ἄν τις σαφέστερον ἐπιδεῖξαι δυνηθείη.

66 (ιη'.) Δοκεῖ δέ μοι καὶ περὶ τῶν πρὸς τοὺς βαρβάρους 54
τῇ πόλει πεπραγμένων προσήκειν εἰπεῖν, ἄλλως τ' ἐπειδὴ

τον διενεγκόντες bilden würde;
denn dieser Gebrauch des ὥστε ist
unattisch (S. Krüger zu Herodot. 1,
8, 1) und die dafür von Lobeck
ad Phryn. p. 427 beigebrachten
Stellen sind jetzt berichtigt. Viel-
mehr ist ὥστε hier Folgerungs-
partikel, welche das Particip statt
des Verb. finit. (ἐπέταττον u. s. w.)
infolge einer Attraktion neben sich
hat, weil auch im Hauptsatze das
Particip steht, ein Gebrauch, den
zuerst Baiter zu d. St. bemerkte
und Klotz, Quaest. critic. I, p. 1
seq. mit Beispielen belegte wie
Demosth. 10, 40 οὐδὲ γὰρ ἐν ταῖς
ἰδίαις οἰκίαις ὁρῶ τὸν ἐν ἡλικίᾳ
πρὸς τοὺς πρεσβυτέρους οὕτω δια-
κείμενον — ὥστε — οὐ φάσκοντα
ποιήσειν οὐδὲν οὐδ' αὑτόν. Vergl.
auch Voemel ad Demosth. Contion.
p. 376 und Madvig Synt. § 166 A.
[cf. Krit. Anh.].
  65, 3. πρὸς Εὐρυσθέα, gegen-
über dem E., wie Lykurg. Leokrat.
130 ὁ παρὰ τῶν πολιτῶν φόβος ἰσχυ-
ρὸς ὢν ἀναγκάσει τοὺς πρὸς τοὺς
πολεμίους κινδύνους ὑπομένειν. Lys.
14, 15 τὸν πρὸς τοὺς πολεμίους κίν-
δυνον. coll. (Lys.) 2, 25. Vergl. zu
§ 26. [cf. Krit. Anh.] — 65, 4. οἰ-
κιστάς hat mit dem folgenden
τοὺς ἡγεμόνας das Λακεδαιμονίων
gemeinschaftlich, denn nicht bloß
οἰκιστὴς πόλεως, sondern auch οἰ-
κιστὴς ἔθνους wurde gesagt; vergl.
Thuk. 1, 25, 2 τὸν οἰκιστὴν ἀπο-
δεικνύντες σφῶν ἐκ Κορίνθου ὄντα,
und unten § 70. — 65, 5. ὥστε,
ergo, parataktisch wie oft z. B.
§ 160; ebenso ὡς u. ἐπεί (S. zu 7,
54). — περὶ τῆς — δυναστ., über
das Machtverhältnis unter

d. H., welche Staaten geringere,
welcher die größte Macht be-
sessen habe. ἐπιδεικνύναι περί
τινος (einen Nachweis geben
über etwas) auch bei Plat. Ion.
p. 542 A περὶ Ὁμήρου ὑποσχόμενος
ἐπιδείξειν ἐξαπατᾷς με. Vgl. Isae.
6, 65. Demosth. 43, 18 und den-
selben 27, 12 τοῦθ' ὑμῖν ἐπιδείξω,
μετὰ δὲ ταῦτα καὶ περὶ τῶν ἄλλων.
Vergl. zu 9, 12.
  § 66—74. Athens Machtstellung
zeigt sich aber auch in den Kriegen
mit den Barbaren, die bei ihren
Absichten auf Hellas vorzugsweise
Athen ins Auge faßten (66, 67);
so die Thraker, ebenso die Skythen
und Amazonen (68, 70). Und wie
in diesen Kämpfen, so zeichneten
sich die Athener auch in den Perser-
kriegen aus (71, 72), was um so
rühmlicher für sie ist, weil sie an
den Lakedaimoniern würdige Neben-
buhler ihres Ruhmes fanden. Über
diese Kriege ist hier ausführlicher
zu reden (73), so schwierig es bei
der vielfachen Behandlung derselben
auch ist, etwas Neues darüber zu
sagen (74).
  66, 2. ἄλλως τ' ἐπειδὴ καί
ist in etwas anderem Sinne gesagt
als 2, 51 ἄλλως τ' ἐπειδὴ περὶ
τῶν γυμνασίων τῶν τῆς ψυχῆς ἀμ-
φισβητοῦσιν, dagegen in ähnlichem,
wie Thuk. 2, 3 ἄλλως τε καὶ
ἐπειδὴ ἐς οὐδένα οὐδὲν ἐνεωτέ-
ριζον. Nämlich bei ἄλλως τε καί
(wie bei ἄλλοι τε καί) wird durch
die Andeutung, daß es noch etwas
anderes gebe, was man aber neben
dem wirklich Genannten anzu-
führen verschmäht, dies letztere als
etwas besonders Wichtiges hervor-

καὶ τὸν λόγον κατεστησάμην περὶ τῆς ἡγεμονίας τῆς ἐπ᾽ ἐκείνους. ἅπαντας μὲν οὖν ἐξαριθμῶν τοὺς κινδύνους λίαν ἂν μακρολογοίην· ἐπὶ δὲ τῶν μεγίστων τὸν αὐτὸν τρόπον ὅνπερ
67 ὀλίγῳ πρότερον πειράσομαι καὶ περὶ τούτων διελθεῖν. Ἔστι γὰρ ἀρχικώτατα μὲν τῶν γενῶν καὶ μεγίστας δυναστείας b ἔχοντα Σκύθαι καὶ Θρᾷκες καὶ Πέρσαι, τυγχάνουσι δ᾽ οὗτοι μὲν ἅπαντες ἡμῖν ἐπιβουλεύσαντες, ἡ δὲ πόλις πρὸς ἅπαντας τούτους διακινδυνεύσασα. καίτοι τί λοιπὸν ἔσται τοῖς ἀντιλέγουσιν, ἢν ἐπιδειχθῶσι τῶν μὲν Ἑλλήνων οἱ μὴ δυνάμενοι τυγχάνειν τῶν δικαίων ἡμᾶς ἱκετεύειν ἀξιοῦντες, τῶν δὲ βαρ-

gehoben (= sowohl sonst als besonders, daher zu übersetzen: vor anderm, vorzüglich, besonders), wie in ἄλλως τε καὶ νῦν 15, 74 u. 81; ἄλλως τε καὶ περὶ 4, 57; ferner wo darauf ein konstruiertes oder ein absolutes Particip folgt wie 3, 35. 4. 106. 8, 69. 14, 52. 15, 86, 312. 18, 47; 5, 45. 6, 3, 37. 7, 8, 73. 12, 37. 17, 36, 52, oder ein hypothetischer Satz wie 5, 11, 56. 12, 23. Ep. 2, 1). Dagegen fügt ἄλλως τε (eigentlich praetereaque) zu einem vorher schon Genannten oder, weil selbstverständlich, zu Ergänzenden etwas anderes noch hinzu, ohne ihm an und für sich eine vorzügliche Wichtigkeit beizulegen (daher ἄλλως τ᾽ ἐπειδή = auch weil, ἀ. τ᾽ ἦν = auch wenn, ἀ. ϑ᾽ ὅταν = auch wann). Es können jedoch die noch hinzugefügten anderen Gründe, Bedingungen, Umstände wirklich etwas besonders Wichtiges sein und diese Wichtigkeit kann durch ein dem kausalen, hypothetischen, temporalen Satze selbst beigegebenes steigerndes καί bezeichnet werden, wie in ἄλλως τ᾽ ἐπειδή καί hier und 9, 7, in ἄλλως τ᾽ ἦν καὶ τύχῃ τις 15, 104 (ἄλλως τε εἰ καί Lukian. Nigrin. 6. cf. Stallbaum ad Plat. Phaedo. p. 87 D), in ἄλλως ϑ᾽ ὅταν καί 5, 79, in welchem Falle wir im Deutschen die Bezeichnung der Wichtigkeit des zu Nennenden auf ἄλλως τε übertragen und dies wie ἄλλως τε καί übersetzen können. In diesem

Sinne hat Schäfer Apparat. ad Demosth. V p. 56 (dem Schoemann ad Isae. 3, 69 zu folgen scheint) Recht, wenn er sagt, ἄλλως τ᾽ εἰ καί sei Umstellung für ἄλλως τε καὶ εἰ. — 66, 3. τὸν λόγον κατεστησάμην (orationem institui) [cf. Krit. Anh.] vergl. 7, 77. Plat. Hipp. mai. p. 304 A. Aristeid. Panath. p. 154 Dind. — 66, 5. ἐπὶ δὲ τῶν μ., auf Grund der w.; vergl. zu 1, 50. Daran schliefst sich περὶ τούτων (über diesen Punkt) διελθεῖν ähnlich wie bei Plato de republ. V p. 475 A εἰ βούλει ἐπ᾽ ἐμοῦ λέγειν περὶ τῶν ἐρωτικῶν. Das τὸν αὐτὸν τρόπον geht auf die streng logische Schlufsfolge, wie sie § 64 seq. gemacht wurde und § 67 wirklich wieder gemacht wird. [cf. Krit. Anh.]
    67, 2. ἀρχικώτατα, am meisten zur Weltherrschaft befähigt. S. zu § 57. — 67, 3. τυγχάνουσι (es trifft sich), nicht ἔτυχον, denn Isokr. will hier nicht erzählen, sondern ein für alle Zeiten gültiges Urteil aufstellen. Vergl. § 103 ἄριστα τυγχάνουσι πράξαντες. In οὗτοι μὲν ἅπαντες liegt der Nachdruck offenbar auf οὗτοι, weshalb es voran steht; umgekehrt ist es bei dem folgenden ἅπαντας τούτους. In gleicher Weise wird bald ταῦτα πάντα, bald πάντα ταῦτα gesagt. Vergl. Weber ad Demosth. Aristocrat. p. 181 und die Stellen des Isokr. bei Strange in Jahns Jahrb. Suppl. IV. (1836) p. 347.

βάρων οἱ βουλόμενοι καταδουλώσασθαι τοὺς Ἕλληνας ἐφ'
ἡμᾶς πρώτους ἰόντες;   c

68   (ιθ'.) Ἐπιφανέστατος μὲν οὖν τῶν πολέμων ὁ Περσικὸς
γέγονεν, οὐ μὴν ἐλάττω τεκμήρια τὰ παλαιὰ τῶν ἔργων ἐστὶν
τοῖς περὶ τῶν πατρίων ἀμφισβητοῦσιν. ἔτι γὰρ ταπεινῆς
οὔσης τῆς Ἑλλάδος ἦλθον εἰς τὴν χώραν ἡμῶν Θρᾷκες μὲν
μετ' Εὐμόλπου τοῦ Ποσειδῶνος, Σκύθαι δὲ μετ' Ἀμαζόνων
τῶν Ἄρεως θυγατέρων, οὐ κατὰ τὸν αὐτὸν χρόνον, ἀλλὰ
καθ' ὃν ἑκάτεροι τῆς Εὐρώπης ἐπῆρχον μισοῦντες μὲν ἅπαν
τὸ τῶν Ἑλλήνων γένος, ἰδίᾳ δὲ πρὸς ἡμᾶς ἐγκλήματα ποιη- d
σάμενοι, νομίζοντες ἐκ τούτου τοῦ τρόπου πρὸς μίαν μὲν
69 πόλιν κινδυνεύσειν, ἁπασῶν δ' ἅμα κρατήσειν. οὐ μὴν κατώρ-
θωσαν, ἀλλὰ πρὸς μόνους τοὺς προγόνους τοὺς ἡμετέρους

68, 3. περὶ τῶν πατρίων,
für die angestammten Rechte,
d. h. für die Hegemonie, woran
sie alte Ansprüche zu haben ver-
meinen. Der Ausdruck besagt also
mehr als περὶ ἡγεμονίας ἀμφισβ.
§ 25, 71, 166 (coll. 20 und 57)
oder περὶ τῶν πρωτείων ἀμφ., (cf.
Krit. Anh.]. Der Ausdruck wie
§ 54 (vergl. § 63) und hier wie
dort absichtlich von Isokr. ge-
wählt, weil nach § 18 die Lake-
daimonier wirklich behaupteten,
ὡς ἔστιν αὐτοῖς ἡγεῖσθαι πάτριον.
— ταπεινῆς, machtlos. S. zu
7, 4. — 68, 4. Θρᾷκες, nicht die
barbarischen Thraker, die in histo-
rischer Zeit nördlich von Make-
donien bis zum Haemos und Ister
wohnten, sondern wohl ein grie-
chisches Urvolk (s. zu § 70), dem
Orpheus, Musaios, Thamyris an-
gehörten und die den Kult des
Dionysos und der Musen hatten
(cf. Schoemann, Antiq. publ. p. 38 sq.).
Über ihren in Verbindung mit
Eumolpos, König von Eleusis, gegen
Erechtheus, König von Athen, unter-
nommenen Krieg spricht Isokr. auch
6, 42. 7, 75. 12, 193, wie er auch
sonst ein Lieblingsthema atheni-
scher Panegyriker ist; s. d. Stellen
bei Maetzner ad Lycurg. p. 243.
— 68, 5. Ἀμαζόνων. Den Krieg
der Amazonen erwähnt Isokr. auch
an den angeführten Stellen in Ver-

bindung mit dem Thrakerkriege,
aufserdem s. (Lys.) 2, 4 seqq. (De-
mosth.) 60, 7 f. Plat. Menex. p. 239 B.
Plut. Thes. 27. Pausan. 1, 41, 7.
— 68, 7. ἐπῆρχον, ist de conatu
zu verstehen, wie 5, 20 Θεττα-
λοὺς τοὺς πρότερον ἐπάρχοντας
Μακεδονίας, wo ἐπάρχειν wie hier
und § 140 = „seine Herrschaft
ausbreiten" (ἐπί = dazu), während
es 4, 123 u. 144 heifst „Herrschaft
ausüben" (ἐπὶ wie in ἐπιβουκόλος
u. s. w., vergl. Lehrs de Aristarch.²
p. 108). — 68, 8. ἐγκλήματα.
Vergl. 12, 193 Θρᾷκες μὲν γὰρ
μετ' Εὐμόλπου τοῖ Ποσειδῶνος
εἰσέβαλον εἰς τὴν χώραν ἡμῶν, ὃς
ἠμφισβήτησεν Ἐρεχθεῖ τῆς πόλεως
φάσκων Ποσειδῶ πρότερον Ἀθηνᾶς
καταλαβεῖν αὐτήν· Σκύθαι δὲ μετ'
Ἀμαζόνων τῶν ἐξ Ἄρεως γενομένων,
αἳ τὴν στρατείαν ἐφ' Ἱππολύτην
ἐποιήσαντο τὴν τούς τε νόμους
παραβᾶσαν τοὺς παρ' αὐταῖς κει-
μένους. ἐρασθεῖσάν τε Θησέως καὶ
συνακολουθήσασαν ἐκεῖθεν καὶ συν-
οικήσασαν αὐτῷ. — 68, 10. ἁπα-
σῶν δ' ἅμα, alle zusammen
mit einem Male wie 2, 37 μὴ
περιίδῃς τὴν σαυτοῦ φύσιν ἅπασαν
ἅμα διαλυθεῖσαν, und sonst; vgl.
Strange in Jahns Jahrb. Suppl. III,
(1835) p. 452.

69, 1. οὐ κατώρθωσαν, hat-
ten kein Glück. S. zu 9, 52.

συμβαλόντες ὁμοίως διεφθάρησαν, ὥσπερ ἂν εἰ πρὸς ἅπαντας
ἀνθρώπους ἐπολέμησαν. δῆλον δὲ τὸ μέγεθος τῶν κακῶν τῶν
γενομένων ἐκείνοις· οὐ γὰρ ἄν ποθ᾽ οἱ λόγοι περὶ αὐτῶν
τοσοῦτον χρόνον διέμειναν, εἰ μὴ καὶ τὰ πραχθέντα πολὺ
70 τῶν ἄλλων διήνεγκεν. λέγεται δ᾽ οὖν περὶ μὲν Ἀμαζόνων, ὡς e
τῶν μὲν ἐλθουσῶν οὐδεμία πάλιν ἀπῆλθεν, αἱ δ᾽ ὑπολειφθεῖ-
σαι διὰ τὴν ἐνθάδε συμφορὰν ἐκ τῆς ἀρχῆς ἐξεβλήθησαν,
περὶ δὲ Θρᾳκῶν, ὅτι τὸν ἄλλον χρόνον ὅμοροι προσοικοῦντες
ἡμῖν τοσοῦτον διὰ τὴν τότε στρατείαν διέλιπον, ὥστ᾽ ἐν τῷ 55
μεταξὺ τῆς χώρας ἔθνη πολλὰ καὶ γένη παντοδαπὰ καὶ πόλεις
μεγάλας κατοικισθῆναι.

71   (κ᾽.) Καλὰ μὲν οὖν καὶ ταῦτα καὶ πρέποντα τοῖς περὶ
τῆς ἡγεμονίας ἀμφισβητοῦσιν, ἀδελφὰ δὲ τῶν εἰρημένων καὶ
τοιαῦθ᾽ οἷά περ εἰκὸς τοὺς ἐκ τοιούτων γεγονότας, οἱ πρὸς
Δαρεῖον καὶ Ξέρξην πολεμήσαντες ἔπραξαν. μεγίστου γὰρ

— 69, 3. ὥσπερ ἄν, scil. διεφθά-
ρησαν. S. zu 4, 148.
   70, 2. ὑπολειφθεῖσαι, die zu
Hause geblieben und nicht mitge-
zogen waren. — 70, 3. ἐκ τῆς
ἀρχῆς ἐξεβλ., ihre Herrschaft
verloren, denn vordem waren sie
ἄρχουσαι πολλῶν ἐθνῶν, nach (Lys.)
2, 5. — 70, 4. ὅμοροι. Die
Thraker safsen ehedem in Eleusis
und in Teilen von Boeotien und
Phokis. S. Schoemann l. l. p. 38.
Sie verschmolzen dort im Laufe
der Zeit mit anderen dort sefs-
haften Stämmen, während sie Isokr.,
der sie offenbar mit den Thrakern
der historischen Zeit identifiziert,
nach Thrakien sich zurückziehend
denkt. — 70, 5. διέλιπον, liefsen
einen solchen Zwischenraum zwi-
schen sich und uns, d. h. zogen sich
so weit zurück. [cf. Krit. Anh.]
— ἐν τῷ μεταξὺ τῆς χώρας ist
nicht einfach — „in dem Zwischen-
raume", was ἐν τῇ μ. χώρᾳ heifsen
müfste, sondern in dem Zwi-
schenraume zwischen ihrem
Lande und uns, nicht als ob,
wie Benseler will, der Singular
τῆς χώρας von Thrakien und Attika
zugleich verstanden werden könnte,
sondern nach einem selteneren

Sprachgebrauche ist von einem
Zwischenraume nur der eine ihn
begrenzende Raum (hier τῆς χώρας
i. e. Θρᾴκης) angegeben, der andere
aber weggelassen, weil er den
Standpunkt des redenden Subjektes
bildet und insofern sich von selbst
versteht. Ganz ähnlich Aristoph.
Av. v. 187 ἐν μέσῳ δήπουθεν ἀήρ
ἐστι γῆς, d. h. zwischen der Erde
und der in den Wolken zu grün-
denden Vogelstadt (Νεφελοκοκκυ-
γία). Plut. Them. 13, 1 Ξέρξης
ἄνω καθῆστο τὸν στόλον ἐποπτεύων
— ἐν μεθορίῳ τῆς Μεγαρίδος. —
— 70, 6. γένη sind die einzelnen
Stämme innerhalb eines ein Land
bewohnenden ἔθνος. γένος also ein
engerer Begriff, von dem Isokr. zu
dem engsten, πόλις (Stadtgemeinde),
herabsteigt.
   71, 2. ἀδελφά, gemina, im
Sinne von παραπλήσια, wie 10, 23
ἐξ ἀδελφῶν γεγονότες ἀδελφὰς καὶ
τὰς ἐπιθυμίας ἔσχον, und sonst;
vergl. Schoemann ad Plut. Agin. 2,
10 ἀδελφοὶ μὲν οὖν οὐκ ἦσαν,
συγγενοῦς δὲ καὶ ἀδελφῆς ἥψαντο
πολιτείας. — 71, 3. οἷά περ εἰ-
κός, scil. πράττειν. — ἐκ τοιού-
των kann hier nicht von der un-
mittelbaren Abstammung ver-

πολέμου συστάντος ἐκείνου καὶ πλείστων κινδύνων εἰς τὸν b
αὐτὸν χρόνον συμπεσόντων, καὶ τῶν μὲν πολεμίων ἀνυπο-
στάτων οἰομένων εἶναι διὰ τὸ πλῆθος, τῶν δὲ συμμάχων
72 ἀνυπέρβλητον ἡγουμένων ἔχειν τὴν ἀρετήν, ἀμφοτέρων κρα-
τήσαντες ὡς ἑκατέρων προσῆκεν, καὶ πρὸς ἅπαντας τοὺς
κινδύνους διενεγκόντες, εὐθὺς μὲν τῶν ἀριστείων ἠξιώθησαν,
οὐ πολλῷ δ᾽ ὕστερον τὴν ἀρχὴν τῆς θαλάττης ἔλαβον, δόν-
των μὲν τῶν ἄλλων Ἑλλήνων, οὐκ ἀμφισβητούντων δὲ τῶν
νῦν ἡμᾶς ἀφαιρεῖσθαι ζητούντων. c
73 (κα΄.) Καὶ μηδεὶς οἰέσθω μ᾽ ἀγνοεῖν ὅτι καὶ Λακεδαι-
μόνιοι περὶ τοὺς καιροὺς τούτους πολλῶν ἀγαθῶν αἴτιοι τοῖς
Ἕλλησιν κατέστησαν· ἀλλὰ διὰ τοῦτο καὶ μᾶλλον ἐπαινεῖν ἔχω
τὴν πόλιν, ὅτι τοιούτων ἀνταγωνιστῶν τυχοῦσα τοσοῦτον
αὐτῶν διήνεγκεν. βούλομαι δ᾽ ὀλίγῳ μακρότερα περὶ τοῖν
πολέοιν εἰπεῖν καὶ μὴ ταχὺ λίαν παραδραμεῖν, ἵν᾽ ἀμφοτέρων

standen werden; s. zu § 62. — 71, 5. πολέμου συστάντος vgl. Hom. Il. 14, 96 πολέμοιο συνεσταότος Plut. Timol. 37, 5 συνεστῶτος πολέμου. Thuk. 1, 15, 2, Polyb. 3, 2, 1 πόλεμος ξυνέστη wie Plut. Kim. 13 μάχη συνέστη. Isokr. 10, 49 συνεστήσαντο πόλεμον. 72, 2. ὡς ἑκατέρων προσῆ-κεν, scil. κρατεῖν; die Feinde schlugen sie, die Bundesgenossen überboten sie durch noch gröfsere Tapferkeit. Nachgeahmt hat diese Stelle Lykurg. Leokr. 70 μόνοι δὲ ἀμφοτέρων περιγεγόνασι, καὶ τῶν πολεμίων καὶ τῶν συμμάχων, ὡς ἑκατέρων προσῆκε, τοὺς μὲν εὐεργετοῦντες, τοὺς δὲ μαχόμενοι νικῶντες, und (Demosth.) 61, 28. Vergl. auch Aristeid. Panath. p. 217 Dind. τοὺς ἐχθροὺς τοῖς ὅπλοις, τῇ δ᾽ ἐπιεικείᾳ τοὺς φίλους ἐνίκησαν. — 72, 3. τῶν ἀ. ἠξιώθησαν, ihnen wurde der Preis zuer-kannt, nicht von wirklicher Preis-verteilung zu verstehen, wie sie bei einzelnen Sitte war, sondern von blofser Anerkennung, in wel-chem Sinne Herod. 8, 93 sagt ἐν τῇ ναυμαχίῃ ταύτῃ (bei Salamis) ἤκουσαν Ἑλλήνων ἄριστα Αἰγινῆται, ἐπὶ δὲ Ἀθηναῖοι. Der Isokratische

Ausdruck kehrt für dieselbe Sache wieder § 99. 7, 75. 8, 76, wo je-doch ἀριστείων ohne Artikel er-scheint, welcher die ἀριστεῖα als in solchen Fällen regelmäfsig ein-tretende bezeichnet, etwa wie es 8, 50 heifst θανάτου τῆς ζημίας ἐπικειμένης, ἤν τις ἀλῷ δεκάζων. Vergl. Herod. 8, 11, 1 τὸ ἀριστήιον ἔλαβε. — 72, 4. οὐ πολλῷ δ᾽ ὕ., im Jahre 477, nachdem Pausanias durch seinen Hochmut die Bundes-genossen bestimmt hatte von Sparta abzufallen. Vgl. Thuk. 1, 130 und Krüger, Historisch-philol. Studien, S. 38. 73, 1. καὶ μηδεὶς οἰέσθω wie 7, 50, 76. 12, 172. 13, 21. 15, 193, 279. 18, 33. — 73, 5. τοῖν πο-λέοιν. S. zu § 17. — 73,6. ταχὺ λίαν i. e. λίαν ταχύ. S. zu § 160. — παραδραμεῖν, an dem Gegenstande vorübereilen, etwas anders als Ep. 9, 6 γιγνώ-σκων, ὅτι ῥᾷόν ἐστι περὶ τῶν γεγε-νημένων εὐπόρως ἐπιδραμεῖν ἢ περὶ τῶν μελλόντων νοῦν ἐχόντως εἰπεῖν. Über jenes vergl. Polyb. 10, 43 init. χρήσιμον εἶναί μοι δοκεῖ τὸ μὴ παραδραμεῖν ἀλλὰ ποιήσασθαι περὶ αὐτοῦ τὴν ἁρμό-ζουσαν μνήμην.

ἡμῖν ὑπομνήματα γένηται, τῆς τε τῶν προγόνων ἀρετῆς καὶ d
74 τῆς πρὸς τοὺς βαρβάρους ἔχθρας. καίτοι μ' οὐ λέληθεν, ὅτι
χαλεπόν ἐστιν ὕστατον ἐπελθόντα λέγειν περὶ πραγμάτων
πάλαι προκατειλημμένων καὶ περὶ ὧν οἱ μάλιστα δυνηθέντες
τῶν πολιτῶν εἰπεῖν ἐπὶ τοῖς δημοσίᾳ θαπτομένοις πολλάκις
εἰρήκασιν· ἀνάγκη γὰρ τὰ μὲν μέγιστ' αὐτῶν ἤδη κατα-
κεχρῆσθαι, μικρὰ δ' ἔτι παραλελεῖφθαι. ὅμως δ' ἐκ τῶν ὑπο- e
λοίπων, ἐπειδὴ συμφέρει τοῖς πράγμασιν, οὐκ ὀκνητέον μνη-
σθῆναι περὶ αὐτῶν.
75 (κβ'.) Πλείστων μὲν οὖν ἀγαθῶν αἰτίους καὶ μεγίστων
ἐπαίνων ἀξίους ἡγοῦμαι γεγενῆσθαι τοὺς τοῖς σώμασιν ὑπὲρ

74,2. ἐπελθόντα λέγειν, auf-
zutreten und zu reden; über
ἐπελθεῖν vergl. § 15. ὕστατον ge-
hört nicht zu ἐπελθόντα allein,
sondern auch zu λέγειν. — 74, 4.
ἐπὶ τοῖς δ. θαπτομένοις, an-
gesichts der ....., verschieden
von ἐπὶ τῶν μεγίστων περὶ τούτων
διελθεῖν in § 66. — πολλάκις
εἰρήκασιν. Es war Sitte in Athen,
in Kriegsjahren zur Winterszeit für
die im Laufe des Jahres Gefallenen
eine öffentliche Totenfeier zu ver-
anstalten, wobei die Gebeine der-
selben ausgestellt und eine Lobrede
(ἐπιτάφιος λόγος) auf sie von einem
öffentlich dazu bestellten Manne
gehalten wurde. S. Diodor. 13, 33.
Thuk. 2, 34. Zu den uns erhal-
tenen, teils fingierten, teils wirk-
lich vorgetragenen ἐπιταφίοις λό-
γοις, bei Thuk. 1, 35 ff. (Lys.) 2,
Plato Menex. p. 236 D seqq., (De-
mosthenes) 60, kommt der des
Hypericdes auf die im lamischen
Kriege (323 v. Chr.) Gefallenen,
dessen § 29 neben (Lys.) 2, 27 seq.
und Plato Menex. p. 239 D seq.
lehrt, dafs die Perserkriege ein
Lieblingsthema solcher Redner
waren. — 74, 5. κατακεχρῆσθαι
steht wohl passivisch und nicht
mit Ergänzung von τοὺς εἰρηκότας.
— 74, 6. δ' ἔτι cf. Krit. Anh. —
ἐκ τῶν ὑπολοίπων, ausgehend
von dem, was andere unerwähnt
liefsen. Isokr. meint nicht sowohl
den Umstand, dafs die Vorfahren

durch ihr Privat- und politisches
Leben die Zeitgenossen des Xerxes
und Dareios zu erfolgreichem Wider-
stande befähigten (§ 75 seq.), son-
dern den Wetteifer zwischen Athen
und Sparta; denn davon ging Isokr.
ja hier aus (§ 73) und damit be-
ginnt er die eigentliche Darstel-
lung der Perserkriege (§ 85). —
74, 6. παραλελεῖφθαι. ὅμως.
Den sonst von Isokr. sorgfältig
gemiedenen Hiatus entschuldigt die
Interpunktion. Vergl. auch § 112
ἐφίκοντο; ἤ. — 74, 7. τοῖς πράγ-
μασιν, unserem Vorhaben,
nämlich dafs Athen und Sparta
sich aussöhnen und sich in die
Hegemonie teilen. Wegen des Aus-
drucks vergl. Demosth. 23, 128
ἄνευ τοῦ τοῖς πράγμασι μὴ συμφέ-
ρειν τὸ ψήφισμα οὐδὲ πρὸς δό-
ξαν συμφέρει τῇ πόλει. Übrigens
schliefst sich der Satz mit ἐπειδὴ
eng an οὐκ ὀκνητέον an. — 74, 8.
αὐτῶν, die Perserkriege.

§ 75—99. Tüchtig durch die
Vorfahren vorgebildet (75—81), be-
standen Athen und Sparta die Per-
serkriege in so rühmlicher Weise,
dafs niemand sie genug preisen
kann (82—84). Sie zeigten dabei
den edelsten Wetteifer (85), wie in
dem Kriege mit Dareios (86, 87),
so in dem mit Xerxes (88—98);
und doch mufs Athen der Preis
zuerkannt werden, weshalb ihm auch
jetzt bei einem Feldzuge gegen die
Perser die Hegemonie gebührt (99).

τῆς Ἑλλάδος προκινδυνεύσαντας· οὐ μὴν οὐδὲ τῶν πρὸ τοῦ
πολέμου τούτου γενομένων καὶ δυναστευσάντων ἐν ἑκατέρᾳ 56
τοῖν πολέοιν δίκαιον ἀμνημονεῖν· ἐκεῖνοι γὰρ ἦσαν οἱ προα-
σκήσαντες τοὺς ἐπιγιγνομένους καὶ τὰ πλήθη προτρέψαντες ἐπ᾽
ἀρετὴν καὶ χαλεποὺς ἀνταγωνιστὰς τοῖς βαρβάροις ποιήσαντες.

76 οὐ γὰρ ὠλιγώρουν τῶν κοινῶν, οὐδ᾽ ἀπέλαυον μὲν ὡς ἰδίων,
ἠμέλουν δ᾽ ὡς ἀλλοτρίων, ἀλλ᾽ ἐκήδοντο μὲν ὡς οἰκείων,
ἀπείχοντο δ᾽ ὥσπερ χρὴ τῶν μηδὲν προσηκόντων· οὐδὲ πρὸς b
ἀργύριοντὴν εὐδαιμονίαν ἔκρινον, ἀλλ᾽ οὗτος ἐδόκει πλοῦτον ἀσφα-
λέστατον κεκτῆσθαι καὶ κάλλιστον, ὅστις τοιαῦτα τυγχάνοι πράτ-
των, ἐξ ὧν αὐτός τε μέλλοι μάλιστ᾽ εὐδοκιμήσειν καὶ τοῖς παισὶν

75, 3. οὐ μὴν οὐδέ. Über die
doppelte Negation s. zu 9, 43. —
75, 4. δυναστευσάντων, nicht
δυναστευόντων, also: die Regie-
rung übernommen hatten, in-
dem auch hier δυναστεύειν von der
Besitzergreifung verstanden wird,
s. zu 9, 39. — 75, 5. ἦσαν οἱ
προασκήσαντες. Auch hier er-
wartet man statt der aoristischen
Participia die praesentischen (im
Sinne des Imperfekts), indem das
προασκεῖν u. s. w. sich durch ihr
Leben hin erstreckte, nicht diesem
vorausging. Doch scheint das Par-
ticip des Aorists in Umschreibungen
dieser Art (ἦσαν οἱ προασκήσαντες
= προήσκησαν) das Regelmäfsige
zu sein; vergl. 7, 51 ἐκεῖνοι ἦσαν
οἱ προτρέψαντες. Herod. 1, 18, 1
οὗτος ὁ τὸν πόλεμον ἦν συνάψας.
ibid. 1, 74, 2 οἱ συμβιβάσαντες αὐ-
τοὺς ἦσαν οἶδε —, οὗτοί σφι καὶ
τὸ ὅρκιον οἱ σπεύσαντες. Demosth.
18, 88 τίς ἦν ὁ βοηθήσας τοῖς Βυ-
ζαντίοις καὶ σώσας αὐτούς; τίς ὁ
κωλύσας τὸν Ἑλλήσποντον ἀλλο-
τριωθῆναι κατ᾽ ἐκείνους τοὺς χρό-
νους; Thuk. 8, 68, 1 ἦν δὲ ὁ τὴν
γνώμην ταύτην εἰπὼν Πείσανδρος.
Plut. Kleom. 24, 4 οὗτος ἦν Φιλοποί-
μην ὁ πρωτεύσας ὕστερον Ἀχαιῶν
καὶ μεγίστην κτησάμενος δόξαν.
Auch wo das verb. fin. ein gewisser-
mafsen historisches Praesens (s.
zu 9, 21) ist: Plut. Timol. 33, 2
Ἱκέτης ἐστὶν Ἀρέτην καὶ τὴν γυναῖ-
κα καὶ τὸν υἱὸν καταποντίσας. cf.
Held. Vergl. auch zu § 98. — 75,

6. τὰ πλήθη. Der Plural steht,
weil an die Bürger zweier Städte
gedacht wird, ähnlich wie Plat.
Gorg. p. 452 E δυναμένῳ λέγειν καὶ
πείθειν τὰ πλήθη. Vergl. Franke
ad Demosth. 6, 24. Anders steht
der Plural Isokr. 7, 40 τὰ πλήθη
καὶ τὰς ἀκριβείας τῶν νόμων σημεῖον
εἶναι τοῦ κακῶς οἰκεῖσθαι τὴν πόλιν
ταύτην, womit zu vergleichen
μεγέθη, wie μεγέθεσι κάλλεσί τε
ἔγρων Plat. Kriti. p. 115 D, und
sonst (cf. Krüger zu Thuk. 7, 55,
2), und μήκη (cf. Krüger zu Xenoph.
Anab. 1, 5, 9).
76, 2. ἠμέλουν δ᾽ ὡς ἀλλο-
τρίων schliefst sich eng an ἀπέ-
λαυον μὲν ὡς ἰδίων an und teilt
mit ihm die Negation (wie 7, 29).
Sie benutzten nicht das Staatsver-
mögen, als sei es Privatgut, wel-
ches zu ihrer Disposition stände
(ἰδίων) und das sie verschwenden
könnten, da dies ihnen keinen
Verlust brächte, da es von anderen
erworben (ἀλλοτρίων) und nicht
das ihrige (οἰκείων) sei, das sie
sich bewahren müfsten für die not-
wendigsten Bedürfnisse des Lebens.
Über den Gegensatz zwischen ἴδια
oder ἀλλότρια und οἰκεῖα, s. zu 7,
24; über ἀλλότριος besonders vergl.
§ 86. — 76, 3. ὥσπερ χρή,
scil. ἀπέχειν. S. zu 9, 28. —
πρὸς ἀργύριον — ἔκρινον, wie
12, 4 ἵνα πρὸς ὑπόθεσιν τὸν
λόγον κρίνωσι. S. zu § 11. — 76,
5. τοιαῦτα, in jener Weise, wie
zu Anfang dieses § geschildert ist;

77 μεγίστην δόξαν καταλείψειν. οὐδὲ τὰς θρασύτητας τὰς ἀλλήλων
ἐξήλουν, οὐδὲ τὰς τόλμας τὰς αὑτῶν ἤσκουν, ἀλλὰ δεινότερον
μὲν ἐνόμιζον εἶναι κακῶς ὑπὸ τῶν πολιτῶν ἀκούειν ἢ καλῶς
ὑπὲρ τῆς πόλεως ἀποθνήσκειν, μᾶλλον δ᾽ ᾐσχύνοντ᾽ ἐπὶ τοῖς c
κοινοῖς ἁμαρτήμασιν ἢ νῦν ἐπὶ τοῖς ἰδίοις τοῖς σφετέροις αὐτῶν.
78 τούτων δ᾽ ἦν αἴτιον, ὅτι τοὺς νόμους ἐσκόπουν, ὅπως ἀκριβῶς
καὶ καλῶς ἕξουσιν, οὐχ οὕτω τοὺς περὶ τῶν ἰδίων συμβολαίων
ὡς τοὺς περὶ τῶν καθ᾽ ἑκάστην τὴν ἡμέραν ἐπιτηδευμάτων·
ἠπίσταντο γάρ, ὅτι τοῖς καλοῖς κἀγαθοῖς τῶν ἀνθρώπων οὐδὲν
δεήσει πολλῶν γραμμάτων, ἀλλ᾽ ἀπ᾽ ὀλίγων συνθημάτων d
ῥᾳδίως καὶ περὶ τῶν ἰδίων καὶ περὶ τῶν κοινῶν ὁμονοήσουσιν.
79 οὕτω δὲ πολιτικῶς εἶχον, ὥστε καὶ τὰς στάσεις ἐποιοῦντο πρὸς

denn mit ἐξ ὧν κ. τ. λ. wird auch
hier (S. zu 7, 48) nicht der Inhalt
der τοιαῦτα, sondern die Folge da-
von angegeben.

77, 2. τὰς τόλμας τὰς αὑ-
τῶν ἤσ., übten nicht die eigene
(angeborne, von vornherein in
ihnen vorhandene) Unverschämt-
heit, im Gegensatz zu denen, wel-
che die θρασύτης von andern erst
annehmen. Zu den Pluralen θρα-
σύτητες und τόλμαι vergl. αἰσχύναι
4, 114. 6, 10 ἀκρίβειαι 5, 155,
χαλεπότητες 5, 116, αὐθάδειαι und
σεμνότητες 6, 98, ῥαθυμίαι und
καρτερίαι 9, 42, πραότητες 15, 214
etc., und zu 4, 11. 7, 4. 9, 5 und
Bremi Exc. VII. — 77, 3. κακῶς
— ἀκούειν ist das regelmäfsige
Passiv zu κακῶς λέγειν, daher auch
mit ὑπό verbunden, wie hier und
6, 59 und sonst: cf. Cobet. Var.
lect. p. 55. — 77, 5. κοινοῖς,
der Gesamtheit dem τοῖς ἰδίοις
entgegengesetzt wie § 78. 5, 73. —
ἢ νῦν, scil. αἰσχύνεταί τις, wie
§ 81. S. zn 7, 49.

78, 1. ἐσκόπουν, ὅπως —
ἕξουσιν. Über das Futur. nach
dem Imperf. s. zu 9, 25. — 78, 2
οὐχ οὕτω — ὡς S. zu 1, 47. —
τῶν ἰδίων συμβ., die Rechts-
verbindlichkeiten zwischen
Privaten, wie § 11. 12, 11. 15, 3,
42, 228, 276. (anders 7, 33.) Im
Gegensatz dazu ist τὰ κ. ἑ. τ. ἡ.
ἐπιτηδεύματα das Verhalten im

täglichen Leben, die öffentliche
Zucht (ἀγωγή). Vgl. 12, 144 ἑώ-
ρων — μᾶλλον ἐσπουδασμένους τοὺς
περὶ τῶν κοινῶν ἐπιτηδευμάτων ἢ
τοὺς περὶ τῶν ἰδίων συμβολαίων
(νόμους). — 78, 5. γραμμάτων,
geschriebener Gesetze, wie 7,
39 und 41, wo derselbe Gedanke
wie hier behandelt wird. — ἀπ᾽
ὀλίγων συνθημάτων, mit Hülfe
weniger vereinbarter Sätze,
ἀπό wie 15, 111 Σάμον Περικλῆς
ἀπὸ διακοσίων (νεῶν) καὶ χιλίων τα-
λάντων κατεπολέμησεν, und sonst.
Vgl. Baehr ad Plut. Philop. p. 39.

79, 1. οὕτω δὲ πολιτικῶς
εἶχον, so sehr waren sie Staats-
bürger, d. h. so sehr hatten sie
immer nur den Staat im Auge,
also: so patriotisch waren sie.
Vergl. 15, 77 τίς ἂν (λόγος) πολιτι-
κώτερος καὶ μᾶλλον πρέπων τῇ πό-
λει τοῦ τὴν ἡγεμονίαν ἀποφαίνον-
τος ἡμετέραν οὖσαν, und unten
§ 151. — τὰς στάσεις ἐποι-
οῦντο, — οὐχ ὁπότεροι, jene (aus
der Geschichte bekannten; s. zu
§ 22) Parteikämpfe unter ein-
ander führten nicht um die
Frage u. s. w. Denn στάσιν ποι-
εῖσθαι involviert den Begriff, dafs
etwas (streitig und) fraglich sei,
wie oft die Verba der Furcht, der
Verwunderung und selbst der Wahr-
nehmung (s. Krüger Synt. § 65, 1,
7—10). Ähnlich wie hier auch
§ 65 und Hom. Il. 5, 32 οὐκ ἂν

ἀλλήλους, οὐχ ὁπότεροι τοὺς ἑτέρους ἀπολέσαντες τῶν λοιπῶν
ἄρξουσιν, ἀλλ' ὁπότεροι φθήσονται τὴν πόλιν ἀγαθόν τι
ποιήσαντες· καὶ τὰς ἑταιρείας συνῆγον οὐχ ὑπὲρ τῶν ἰδίᾳ
80 συμφερόντων ἀλλ' ἐπὶ τῇ τοῦ πλήθους ὠφελείᾳ. τὸν αὐτὸν
δὲ τρόπον καὶ τὰ τῶν ἄλλων διῴκουν, θεραπεύοντες ἀλλ'
οὐχ ὑβρίζοντες τοὺς Ἕλληνας, καὶ στρατηγεῖν οἰόμενοι δεῖν e
ἀλλὰ μὴ τυραννεῖν αὐτῶν, καὶ μᾶλλον ἐπιθυμοῦντες ἡγεμόνες
ἢ δεσπόται προσαγορεύεσθαι καὶ σωτῆρες ἀλλὰ μὴ λυμεῶνες
ἀποκαλεῖσθαι, τῷ ποιεῖν εὖ προσαγόμενοι τὰς πόλεις, ἀλλ' οὐ
81 βίᾳ καταστρεφόμενοι, πιστοτέροις μὲν τοῖς λόγοις ἢ νῦν τοῖς 57
ὅρκοις χρώμενοι, ταῖς δὲ συνθήκαις ὥσπερ ἀνάγκαις ἐμμένειν
ἀξιοῦντες, οὐχ οὕτως ἐπὶ ταῖς δυναστείαις μέγα φρονοῦντες,
ὡς ἐπὶ τῷ σωφρόνως ζῆν φιλοτιμούμενοι, τὴν αὐτὴν ἀξιοῦντες
γνώμην ἔχειν πρὸς τοὺς ἥττους ἥνπερ τοὺς κρείττους πρὸς σφᾶς

δὴ Τρῶας μὲν ἐάσαιμεν καὶ Ἀχαιοὺς |
μάρνασθ', ὁπποτέροισι πατὴρ Ζεὺς
κῦδος ὀρέξῃ; Lys. 12, 51 τὰς
πρὸς ἀλλήλους διαφορὰς γιγνομένας,
ὁπότεροι ταῦτα πράξουσι καὶ τῆς
πόλεως ἄρξουσι. Doch vergl. auch
Isokr. 16, 46 ἀγωνίζομαι (vor Ge-
richt) δ'εἰ χρὴ μετεῖναί μοι τῆς πό-
λεως. — 79, 3. ἄρξουσιν, statt
des Optativs, indem sich Isokr. auf
den Standpunkt derer stellt, von
denen er erzählt (S. zu 9, 25).
Statt des Futurs hätte auch der
Konjunktiv der zweifelnden Frage
eintreten können, mit dem aber
das Futur auch sonst in der ab-
hängigen wie in der unabhängigen
Frage wechselt, wie bei Eurip. Ion.
758 εἴπωμεν ἢ σιγῶμεν ἢ τί δρά-
σομεν; — 79, 4. ἑταιρείας, po-
litische Verbindungen. Die
ἑταιρεῖαι, ursprünglich geschlossen
um sich bei Wahlen und Anklagen
gegenseitig zu unterstützen, ver-
folgten bald politische Zwecke und
richteten ihre Absicht auf den Um-
sturz der bestehenden Verfassung;
s. 16, 6 λέγοντες, ὡς ὁ πατὴρ μὲν
(Alkibiades) συνάγοι τὴν ἑταιρείαν
ἐπὶ νεωτέροις πράγμασιν. Vergl.
Hermann, Staatsaltert. § 70, n.
2 ff.
80, 2. τὰ τῶν ἄλλων διῴκουν,
behandelten sie ihr Verhält-

nis zu andern Völkern, wie
§ 101 und διοικεῖν τὰ πρὸς σφᾶς
αὐτούς 7, 31. 12, 124. 15, 158, 238.
vergl. zu 9, 53. — θεραπεύον-
τες, durch Dienstleistungen
sich gewinnend. Vergl. zu 1,
36 und Schoemann ad. Plut. Agin
p. 141. — 80, 5. λυμεῶνες. Vergl.
8, 141 καλόν ἐστι σωτῆρας ἀλλὰ μὴ
λυμεῶνας κληθῆναι, und Baehr ad
Plut. Pyrrh. p. 241. ἀποκαλεῖν
pflegt bei älteren Schriftstellern
von schmähenden und verächtlichen
Benennungen gebraucht zu werden,
wie 10, 57 λοιδοροῦμεν καὶ κόλα-
κας ἀποκαλοῦμεν (vergl. Lennep
ad Phalar. p. 218 Lips. und Stall-
baum ad Plat. Theaet. p. 168 D),
und wohl nur Spätere setzen es
von rühmlichen Benennungen wie
Plut. Sull. 34, 1 σωτῆρα καὶ πατέρα
τὸν Σύλλαν ἀποκαλοῦντες (mehr bei
Strange in Jahns Jahrb. Suppl. III
(1835) p. 585). Danach ist es hier
mit σωτῆρες nur zeugmatisch ver-
bunden.
81, 1. ἢ νῦν, scil. χρῶνται. S.
zu § 77. — 81, 2. ὥσπερ ἀνάγ-
καις, wie an Naturnotwen-
digkeiten sich gebunden er-
achtend, von denen man sich
nicht frei machen kann, wie etwa
vom Schlaf, Essen u. s. w. — 81,
5. ἥνπερ τοὺς κρείττους, scil.

αὐτούς, ἴδια μὲν ἄστη τὰς αὐτῶν πόλεις ἡγούμενοι, κοινὴν δὲ πατρίδα τὴν Ἑλλάδα νομίζοντες εἶναι.

82　(κγ´.) Τοιαύταις διανοίαις χρώμενοι καὶ τοὺς νεωτέρους b ἐν τοῖς τοιούτοις ἤθεσιν παιδεύοντες οὕτως ἄνδρας ἀγαθοὺς ἀπέδειξαν τοὺς πολεμήσαντας πρὸς τοὺς ἐκ τῆς Ἀσίας, ὥστε μηδένα πώποτε δυνηθῆναι περὶ αὐτῶν μήτε τῶν ποιητῶν μήτε τῶν σοφιστῶν ἀξίως τῶν ἐκείνοις πεπραγμένων εἰπεῖν. καὶ πολλὴν αὐτοῖς ἔχω συγγνώμην. ὁμοίως γάρ ἐστιν χαλεπὸν ἐπαινεῖν τοὺς ὑπερβεβληκότας τὰς τῶν ἄλλων ἀρετὰς ὥσπερ τοὺς μηδὲν ἀγαθὸν πεποιηκότας· τοῖς μὲν γὰρ οὐχ ὕπεισι πράξεις, πρὸς
83　δὲ τοὺς οὐκ εἰσὶν ἁρμόττοντες λόγοι. πῶς γὰρ ἂν γέ- c νοιντο σύμμετροι τοιούτοις ἀνδράσιν, οἳ τοσοῦτον μὲν τῶν ἐπὶ Τροίαν στρατευσαμένων διήνεγκαν, ὅσον οἱ μὲν περὶ μίαν πόλιν ἔτη δέκα διέτριψαν, οἱ δὲ τὴν ἐξ ἁπάσης τῆς Ἀσίας δύναμιν ἐν ὀλίγῳ χρόνῳ κατεπολέμησαν, οὐ μόνον δὲ

ἔχειν ἠξίουν. — 81,6. ἴδια — ἄστη, nur als ihre besonderen Wohnsitze, nicht als in sich geschlossene gröfsere politische Ganze, welches letztere das Wort πόλις involviert. Als dies politische Ganze sahen sie nicht ihre einzelnen πόλεις, sondern das ganze Hellas an, das ihnen gleichsam πόλις wurde oder, wie Isokr. es hier nennt, κοινὴ πατρίς, wobei κοινὴ den in πόλις liegenden Begriff noch schärfer hervortreten läfst.

82, 1. τοιαύταις διανοίαις, Ansichten der Art, dagegen τοῖς τοιούτοις ἤθεσιν, in den entsprechenden Grundsätzen. Im ersteren Falle fehlt der Artikel, [cf. Krit. Anh.] weil Isokr. nur einzelne Ansichten, nicht eine vollständige Aufzählung gegeben hat; im zweiten steht er, weil durch die Angabe jener διάνοιαι die ἤθη schon bestimmt sind, indem diese aus jenen mit Notwendigkeit folgen. So ist überall τοιοῦτος = aliquis, qui talis est qualem descripsi, dagegen ὁ τοιοῦτος = hic, qui talis est, qualem descripsi. (Vergl. Sintenis ad Plut. Themist. p. 34.) Doch kann beim Plural οἱ τοιοῦτοι der Artikel auch auf die ganze Gattung sich beziehen (= omnes

qui tales sunt); s. zu § 139 und Kühner ad Xenoph. Mem. 1, 5, 2. — 82, 3. ἀπέδειξαν, machten, wie 15, 205 und Xenoph. Kyrop. 1, 2, 5 ἐπὶ τοῖς παισὶν ἐκ τῶν γεραιτέρων ᾑρημένοι εἰσίν, οἳ ἂν δοκῶσι τοὺς παῖδας βελτίστους ἀποδεικνύναι, und sonst oft. — τοὺς πολεμήσαντας, s. zu § 98. — 82, 5. σοφιστῶν, Redekünstler (cf. Held ad Plut. Aem. Paul. p. 162), die neben den ποιηταί auch 2, 13 und bei Xenoph. Mem. 4, 2, 1 und Aristot. Rhet. 3, 2 genannt werden. S. auch zu 1, 51 und zu § 4. — 82, 6. πολλὴν — συγγ. S. zu 9, 6. — 82, 7. ὑπερβ. τὰς τῶν ἄλλων ἀρετάς, wie 9, 6 (S. z. d. St.) μηδ᾽ ἂν ὑπερβάλλῃ τὰς ἐκείνων ἀρετάς [cf. Krit. Anh.]. — 82, 8. πρὸς δὲ τοὺς ist von ἁρμόττοντες abhängig zu machen. S. zu § 36.

83, 2. τοσοῦτον — ὅσον, insofern — als. S. zu 1, 4. Denselben Vergleich mit den Eroberern von Troja hat aufser (Demosth.) 60, 10 auch Hypereid. Epitaph. XII, 20 Bl. (τῶν ἐπὶ Τροίαν στρατευσάντων) οὗτος — τοσοῦτον διήνεγκεν, ὥστε οἱ μὲν μετὰ πάσης τῆς Ἑλλάδος μίαν πόλιν εἷλον, ὁ δὲ μετὰ τῆς ἑαυτοῦ πατρίδος μόνης πᾶσαν τὴν τῆς

τὰς αὑτῶν πατρίδας διέσωσαν, ἀλλὰ καὶ τὴν σύμπασαν Ἑλλάδα
ἠλευθέρωσαν; ποίων δ᾽ ἂν ἔργων ἢ πόνων ἢ κινδύνων ἀπέ- d
στησαν ὥστε ζῶντες εὐδοκιμεῖν, οἵτινες ὑπὲρ τῆς δόξης ἧς
ἤμελλον τελευτήσαντες ἕξειν οὕτως ἑτοίμως ἤθελον ἀποθνή-
84 σκειν; οἶμαι δὲ καὶ τὸν πόλεμον θεῶν τινα συναγαγεῖν ἀγα-
σθέντα τὴν ἀρετὴν αὐτῶν, ἵνα μὴ τοιοῦτοι γενόμενοι τὴν
φύσιν διαλάθοιεν μηδ᾽ ἀκλεῶς τὸν βίον τελευτήσειαν, ἀλλὰ
τῶν αὐτῶν τοῖς ἐκ τῶν θεῶν γεγονόσιν καὶ καλουμένοις ἡμι-
θέοις ἀξιωθεῖεν· καὶ γὰρ ἐκείνων τὰ μὲν σώματα ταῖς τῆς
φύσεως ἀνάγκαις ἀπέδοσαν, τῆς δ᾽ ἀρετῆς ἀθάνατον τὴν
μνήμην ἐποίησαν.   e
85   (κδ΄.) Ἀεὶ μὲν οὖν οἵ θ᾽ ἡμέτεροι πρόγονοι καὶ Λακεδαι-
μόνιοι φιλοτίμως πρὸς ἀλλήλους εἶχον, οὐ μὴν ἀλλὰ περὶ
καλλίστων ἐν ἐκείνοις [τοῖς χρόνοις ἐφιλονίκησαν, οὐκ ἐχ- 58
θροὺς ἀλλ᾽ ἀνταγωνιστὰς σφᾶς αὐτοὺς εἶναι νομίζοντες, οὐδ᾽
ἐπὶ δουλείᾳ τῇ τῶν Ἑλλήνων τὸν βάρβαρον θεραπεύον-
τες, ἀλλὰ περὶ μὲν τῆς κοινῆς σωτηρίας ὁμονοοῦντες, ὁπό-
τεροι δὲ ταύτης αἴτιοι γενήσονται, περὶ τούτου ποιούμενοι
τὴν ἅμιλλαν. ἐπεδείξαντο δὲ τὰς αὑτῶν ἀρετὰς πρῶτον μὲν
86 ἐν τοῖς ὑπὸ Δαρείου πεμφθεῖσιν. ἀποβάντων γὰρ αὐτῶν εἰς

Εὐρώπης καὶ τῆς Ἀσίας ἄρχουσαν
δύναμιν ἐταπείνωσεν. κ. τ. λ. — 83,
8. ὥστε — εὐδοκιμεῖν, um —
Ruhm zu haben, ein Konsekutiv-
satz im Sinne eines Finalsatzes,
wie § 96. 111. 10, 50 und sonst.
— οἵτινες, quum ex eorum genere
essent, qui, also nicht = οἵ. S. zu
7, 9.
   84, 1. καί gehört nicht zu τὸν
πόλεμον allein, sondern zu dem
ganzen folgenden Gedanken: wie
ich glaube, liefsen die Götter
jenen Krieg nicht blofs einfach zu,
sondern führten ihn sogar eigens
ihretwegen herbei. Zum Folgen-
den vergl. Plut. Lukull. 10, 1
ἔοικε δὲ καὶ τὸ θεῖον ἐπιθαρρῦναι
τοὺς Κυζικηνοὺς ἀγασθὲν αὐτῶν
τὴν ἀνδραγαθίαν. — 84, 5. καὶ
γάρ = καὶ γὰρ καί. S. zu 1, 16.
— ἐκείνων, i. e. τῶν ἡμιθέων.
— 84, 6. ἀπέδοσαν, nämlich οἱ
θεοί, was sich aus θεῶν τινα von
selbst ergiebt. Ganz ähnlich 8,

139 τίς ἀνθρώπων οὐκ ἐπιθυμήσει
μετασχεῖν τῆς φιλίας, ὅταν ὁρῶσι
κ. τ. λ., und ἑώρων nach οὐδείς
7, 35.
   85, 2. οὐ μὴν ἀλλά. S. zu 1,
9. — 85, 3. ἐφιλονίκησαν. S.
Krit. Anh. zu § 19. — 85, 4. σφᾶς
αὑτούς, einander, um die Wie-
derholung des vorangehenden ἀλλή-
λους zu vermeiden. S. zu 9, 53.
— 85, 5. τὸν βάρβ. θεραπ., ein
Seitenblick auf die spätere Zeit,
wo Athen und Sparta um die Gunst
des Perserkönigs buhlten zu dem
Zwecke, das übrige Griechenland
von sich abhängig zu machen. —
85, 9. ἐν τοῖς κ. τ. λ. an den
Persern; vgl. 6, 102 ἐν αἷς ἡμῖν
ἐπιδεικτέον ἐστίν. Plat. Men. p.82 A
προσκάλεσον τῶν ἀκολούθων ἕνα,
ἵνα ἐν τούτῳ σοι ἐπιδείξωμαι, und
Stallbaum ad Plat. de republ. III
p. 392 D (S. zu Isokr. 1, 50.). [cf.
Krit. Anh.].
   86, 1. εἰς τὴν Ἀ., bei Marathon.

τὴν Ἀττικὴν οἱ μὲν οὐ περιέμειναν τοὺς συμμάχους, ἀλλὰ
τὸν κοινὸν πόλεμον ἴδιον ποιησάμενοι πρὸς τοὺς ἁπάσης τῆς b
Ἑλλάδος καταφρονήσαντας ἀπήντων τὴν οἰκείαν δύναμιν
ἔχοντες, ὀλίγοι πρὸς πολλὰς μυριάδας, ὥσπερ ἐν ἀλλοτρίαις
ψυχαῖς μέλλοντες κινδυνεύειν, οἱ δ᾽ οὐκ ἔφθασαν πυθόμενοι
τὸν περὶ τὴν Ἀττικὴν πόλεμον, καὶ πάντων τῶν ἄλλων ἀμε-
λήσαντες ἧκον ἡμῖν ἀμυνοῦντες, τοσαύτην ποιησάμενοι σπου-
δήν, ὅσην περ ἂν τῆς αὑτῶν χώρας πορθουμένης. σημεῖον c
87 δὲ τοῦ τάχους καὶ τῆς ἁμίλλης· τοὺς μὲν γὰρ ἡμετέρους προ-
γόνους φασὶν τῆς αὐτῆς ἡμέρας πυθέσθαι τε τὴν ἀπόβασιν
τὴν τῶν βαρβάρων καὶ βοηθήσαντας ἐπὶ τοὺς ὅρους τῆς χώ-
ρας μάχῃ νικήσαντας τρόπαιον στῆσαι τῶν πολεμίων, τοὺς
δ᾽ ἐν τρισὶν ἡμέραις καὶ τοσαύταις νυξὶ διακόσια καὶ χίλια

— 86, 2. οὐ περιέμειναν. Vergl.
(Lys.) 2, 23 αἰσχυνόμενοι ὅτι ἦσαν
οἱ βάρβαροι αὐτῶν ἐν τῇ χώρᾳ,
οὐκ ἀνέμειναν πυθέσθαι οὐδὲ βοη-
θῆσαι τοὺς συμμάχους. Daſs die
Plataeer ihnen πανθημεί zu Hülfe
kamen (Herod. 6, 108, 1 vergl.
Isokr. 14, 57) konnte Isokr. hier
um so eher verschweigen, weil hier
nur der Wetteifer zwischen Athen
und Sparta behandelt werden soll;
aufserdem: ἐδεδώκεσαν σφέας αὐ-
τοὺς τοῖσι Ἀθηναίοισι οἱ Πλαταιέες
(Herod. l. l.); sie konnten also als
zu Athen gehörig betrachtet werden.
— 86, 3. ἴδιον ποιησάμενοι.
Vergl. 10, 36 τοὺς μὲν κινδύνους
ἰδίους ἐποιεῖτο, τὰς δ᾽ ὠφελείας
ἅπασιν εἰς τὸ κοινὸν ἀπεδίδου. —
86, 5. ὀλίγοι πρὸς π. μ., 10000
Mann gegen 110000 Mann nach
Nepos Milt. 5. Nach andern be-
trug die Zahl der Perser 50 My-
riaden, ja 60, wogegen erhebliche
Bedenken erhoben sind von Leake,
die Demen von Attika, S. 100 und
folgd. — ἐν ἀλλοτρίαις ψυχαῖς,
die sie nicht zu schonen brauchten;
vergl. § 70 und 8, 12 ὥσπερ ἐν
ἀλλοτρίᾳ τῇ πόλει κινδυνεύοντες.
(Lys.) 2, 24 ἐνόμιζον — τὰς μὲν
ψυχὰς ἀλλοτρίας διὰ τὸν θάνατον
κεκτῆσθαι und Thuk. 1, 70, 8 τοῖς
μὲν σώμασιν ἀλλοτριωτάτοις ὑπὲρ
τῆς πόλεως χρῶνται. Über κινδυ-
νεύειν ἐν τινι etwas aufs Spiel

setzen vergl. 18, 3 u. 12. 19, 21.
Plat. de legg. I p. 650 A. Thuk. 2, 35,
1. Demosth. 57, 53, dagegen περί
τινος 8, 7. 18, 9. 19, 2. 18. 21, 14,
19 u. Plat. Protag. p. 313 extr.,
und τινί (Krüger zu Thuk. 2, 65,
4). — 86, 6. οὐκ ἔφθασαν —
καί, hatten kaum erfahren,
— so. S. zu 9, 53. [cf. Krit. Anh.]
Übrigens ist es nicht genau histo-
risch, denn die Laked. warteten
erst den Vollmond ab. (Herod. 6,
106. 106. 120.) — 86, 9. ὅσην
περ ἄν, scil. ἐποιήσαντο. S. zu
1, 27.
87, 2. τῆς αὐτῆς ἡμέρας. Der
Kampf wenigstens fand nicht an
demselben Tage statt, vielmehr
standen sich beide Heere neun
Tage lang gegenüber ohne hand-
gemein zu werden; s. Leake l. l.
S. 99. — 87, 3. βοηθήσαντας
ist dem νικήσαντας untergeordnet,
daher ohne καί mit ihm verbun-
den; vergl. Baiter-Sauppe ad Ly-
curg. p. 117. [cf. Krit. Anh.]. —
87, 6. τοσαύταις, ebensovielen,
eigentlich elliptisch „in so vielen
Nächten als Tagen." In gleicher
Weise schon Hom. Il. 2, 328: ὡς
οὗτος κατὰ τέκν᾽ ἔφαγε στρουθοῖο
καὶ αὐτήν, | ὀκτώ, ἀτὰρ μήτηρ
ἐνάτη ἦν, ἣ τέκε τέκνα, | ὡς ἡμεῖς
τοσσαῦτ᾽ ἔτεα πτολεμίξομεν αὖθι,
desgleichen Od. 13, 258, ebenso
τόσσα (ebensoviele) Od. 22, 144

50 (IV) ΙΣΟΚΡΑΤΟΥΣ

στάδια διελθεῖν στρατοπέδῳ πορευομένους· οὕτω σφόδρ' d
ἠπείχθησαν οἱ μὲν μετασχεῖν τῶν κινδύνων, οἱ δὲ φθῆναι
88 συμβαλόντες πρὶν ἐλθεῖν τοὺς βοηθήσοντας. (κε΄.) Μετὰ δὲ
ταῦτα γενομένης τῆς ὕστερον στρατείας, ἣν αὐτὸς Ξέρξης
ἤγαγεν, ἐκλιπὼν μὲν τὰ βασίλεια, στρατηγὸς δὲ καταστῆναι
τολμήσας, ἅπαντας δὲ τοὺς ἐκ τῆς Ἀσίας συναγείρας — περὶ
οὗ τίς οὐχ ὑπερβολὰς προθυμηθεὶς εἰπεῖν ἐλάττω τῶν ὑπαρ-
89 χόντων εἴρηκεν; ὃς εἰς τοσοῦτον ἦλθεν ὑπερηφανίας, ὥστε
μικρὸν μὲν ἡγησάμενος ἔργον εἶναι τὴν Ἑλλάδα χειρώσασθαι,
βουληθεὶς δὲ τοιοῦτον μνημεῖον καταλιπεῖν, ὃ μὴ τῆς ἀνθρω- e
πίνης φύσεώς ἐστιν, οὐ πρότερον ἐπαύσατο, πρὶν ἐξεῦρε καὶ

δώδεκα μὲν σάκε᾽ ἔξελε, τόσσα δὲ
δοῦρα | καὶ τόσσας κυνέας, ferner
τοῖον (ebenso) Il. 5, 450, ὧδε
(ebenso) Il. 19, 153, οὕτως (ebenso)
Il. 7, 407, wie dies auch in Prosa
oft für ὡσαύτως steht vergl. Her-
mann var. lect. ad Lukian. de
conscrib. histor. p. 52. — 87, 6.
στρατοπέδῳ ist mit Absicht hin-
zugesetzt. Der bei jener Gelegen-
heit von Athen nach Sparta ge-
sandte Eilbote machte den Weg
in zwei Tagen (Plin. Hist. nat. 7,
84). Das wußte wohl jeder, und
konnte darum einen für die Sparta-
ner ungünstigen Vergleich machen;
deshalb die Bemerkung, daß die
Spartaner mit einem immer schwer
beweglichen Heere kamen. — 87,
8. φθῆναι συμβαλόντες, nicht
συμβάλλοντες, denn bei φθάνω und
λανθάνω ist das Particip. Aoristi
zur Bezeichnung des der Haupt-
handlung Gleichzeitigen das Ge-
wöhnliche (S. Madvig Philol. II.
Suppl.-Heft p. 45 seq.), wenn auch
nicht das Ausschließliche (S. Stall-
baum ad Plat. Phaedo. p. 76 D und
ad Phileb. p. 30 E); vgl. zu § 165.
88, 2. στρατείας, ἣν — ἤγ.,
wie Plut. Kleom. 6, 2 ἐξαγαγὼν
δὲ τὴν στρατείαν καταλαμβάνει
χωρίον, und Thuk. 1, 9 δοκεῖ μοι
Ἀγαμέμνων τὴν στρατείαν οὐ χά-
ριτι τὸ πλεῖον ἢ φόβῳ ξυναγαγὼν
ποιήσασθαι, wo nicht στρατεία mit
στρατιά (jenes immer „Kriegszug,"
dieses „Kriegsheer;" vergl. Stall-
baum ad Plat. Phaedr. p. 260 B)

verwechselt ist, sondern das Ver-
bum auf den in στρατεία notwendig
mitliegenden Begriff von στρατιά
bezogen ist. [cf. Krit. Anh.]. —
αὐτός, in eigener Person,
während Dareios nur ein Heer
geschickt hatte. Diese Bemer-
kung soll zeigen, welches Gewicht
Xerxes auf diesen Krieg legte und
wie sehr sich dadurch die Gefahr
für Hellas steigerte. — 88, 4.
τολμήσας, der es über sich
gewann (S. zu § 57), gegen die
Art der verweichlichten Perser-
könige. — ἅπαντας, alle mög-
lichen Menschen, wie § 146
und πάντα ποιεῖν 9, 3 (cf. Herbst
ad Xenoph. Mem. 2, 9, 6 und Koch
ad Antonin. Liberal. p. 239); so
schon bei Homer Il. 1, 4 ἑλώρια
τεῦχε κύνεσσιν | οἰωνοῖσί τε πᾶσι,
ähnlich oft bei den Rednern. —
τοὺς ἐκ τῆς Ἀ. συναγ. s. zu
§ 174. — 88, 5. ἐλάττω τῶν ὑπ.,
hinter der Wahrheit zurück-
geblieben; s. zu § 13.
89, 1. ὅς. S. zu 9, 49. — 89, 3.
τοιοῦτον μν. κ., ὃ μή, ein so
kolossalesDenkmal,einDenk-
mal, welches schwerlich.....
τοιοῦτον, nämlich οἷον ἴστε, s. zu
7, 48; über μή vergl. 3, 16 τοιαύ-
της πολιτείας μετέχειν, ἐν ᾗ μὴ
διαλήσει χρηστὸς ὤν. 4, 10 λέγειν,
περὶ ὧν μηδεὶς πρότερον εἴρηκεν.
(Vergl. z. d. St.) 4, 189 ἐξ ὧν ὁ
βίος μηδεὶς ἐπιδώσει. 8, 110 περὶ
ἧς μηδεὶς πώποτ᾽ αὐτοῖς λογισμὸς
εἰσῆλθεν. 15, 128 ὃ μηδενὶ τῶν

συνηνάγκασεν, ὃ πάντες θρυλοῦσιν, ὥστε τῷ στρατοπέδῳ
πλεῦσαι μὲν διὰ τῆς ἠπείρου, πεζεῦσαι δὲ διὰ τῆς θαλάττης,
τὸν μὲν Ἑλλήσποντον ζεύξας, τὸν δ' Ἄθω διορύξας —, πρὸς 59
δὴ τὸν οὕτω μέγα φρονήσαντα καὶ τηλικαῦτα διαπραξάμενον
καὶ τοσούτων δεσπότην γενόμενον ἀπήντων διελόμενοι τὸν
κίνδυνον, Λακεδαιμόνιοι μὲν εἰς Θερμοπύλας πρὸς τὸ πεζόν,
χιλίους αὐτῶν ἐπιλέξαντες καὶ τῶν συμμάχων ὀλίγους παρα-
λαβόντες, ὡς ἐν τοῖς στενοῖς κωλύσοντες αὐτοὺς περαιτέρω
προελθεῖν, οἱ δ' ἡμέτεροι πατέρες ἐπ' Ἀρτεμίσιον, ἑξήκοντα b

ἄλλων διαπράξασθαι συμβέβηκεν,
und sonst oft. — 89, 5. συνηνάγ-
κασεν, mit anderer Hülfe
erzwungen hatte; das εὑρεῖν
war seine Sache allein, das Aus-
führen konnte nicht ohne anderer
Hülfe geschehen. — ὃ πάντες
θρυλοῦσιν, zum Teil in der-
selben Form eines Oxymorons
wie hier Isokr.; vgl. (Lys.) 2, 29
ὁδὸν μὲν διὰ τῆς θαλάσσης ἐποιή-
σατο, πλοῦν δὲ διὰ τῆς γῆς ἠνάγκασε
γενέσθαι, ζεύξας μὲν τὸν Ἑ., διο-
ρύξας δὲ τὸν Ἄθω. Cicero de
Finib. 2, 34, 112 Xerxes cum —
Hellesponto iuncto, Athone perfosso
maria ambulavisset, terram navi-
gasset, und Liban. IV p. 242 ἡ
πάντα κινήσασα τοῦ βαρβάρου στρα-
τιὰ καὶ πλεύσασα μὲν διὰ γῆς, πε-
ζεύσασα δὲ διὰ θαλάσσης. Die
Sache ward förmlich sprichwört-
lich, s. Wyttenbach ad Iulian. p.
191 Lips. — ὥστε. Vergl. Aristoph.
Nub. v. 379 ὁ δ' ἀναγκάζων ἐστὶ τίς
αὐτὰς — ὥστε φέρεσθαι: und so
wird oft ein Konsekutivsatz statt
eines Objektssatzes (oder eines die
Stelle des Objektssatzes vertreten-
den Infinitivs oder Particips) ge-
setzt, wenn nicht einfach das Ob-
jekt einer Handlung genannt, son-
dern dasselbe ausdrücklich als die
Folge derselben bezeichnet werden
soll. Ähnlich 2, 4 πεποιήκασιν
ὥστε πολλοὺς ἀμφισβητεῖν (cf. 13,
1 u. Krüger ad Xenoph. Anab. 1,
6, 2). 6, 4 ἦν δεδειγμένον ὥστε
τοὺς πρεσβυτέρους περὶ ἁπάντων
εἰδέναι τὸ βέλτιστον. 6, 40 γέγο-
νεν ὥστε καὶ τοὺς μείζω δύναμιν
ἔχοντας ὑπὸ τῶν ἀσθενεστέρων

κρατηθῆναι (cf. Krüger zu Xenoph.
Anab. 5, 6, 30), und so nach δύ-
νασθαι (Stallbaum ad Plat. Phaedr.
p. 269 D), πείθειν (Maetzner ad An-
tiph. p. 246) und ähnlichen. —
89, 7. Ἄθω διορύξας. So oder
Ἀ. διασκάψας heifst es überall
(cf. Boeckh ad Plat. Min. p. 193;
Aeschin. 3, 132) von diesem Er-
eignis, obwohl nur die 12 Stadien
breite flache Landenge zwischen
der Halbinsel Akte und dem Fest-
lande durchgraben wurde. S. He-
rod. 7, 22.
    90, 1. πρὸς δή. Das δή nimmt
den mit μετὰ δὲ ταῦτα γενομένης
begonnenen und durch die aus-
führliche Schilderung des Charak-
ters des Xerxes unterbrochenen
Gedanken wieder auf, wie 12, 110
τοὺς φαυλοτέρους — τοὺς δὴ τοιού-
τους. S. Stallbaum ad Plat. Menex.
p. 240 D. — 90, 3. ἀπήντων —
εἰς, wie 6, 99 εἰς Θερμοπύλας
ἀπαντησάντων, ebenso (Lys.) 2, 30
Λακεδαιμόνιοι δὲ καὶ τῶν συμμά-
χων ἔνιοι εἰς Θερμοπύλας ἀπήντη-
σαν, u. 17, 15 ἀπηντήσαμεν εἰς τὸ
Ἡφαιστεῖον, 19, 31 εἰς τοῦτον τὸν
καιρὸν ἀπήντησεν. — 90, 5. χι-
λίους. Genauer Diodor. 11, 4 τῶν
Λακεδαιμονίων ἦσαν χίλιοι καὶ σὺν
αὐτοῖς Σπαρτιᾶται τριακόσιοι. —
ὀλίγους. Diodor l. l. τῶν δ'
ἄλλων Ἑλλήνων τῶν ἅμ' αὐτοῖς
συνεκπεμφθέντων ἐπὶ τὰς Θερμο-
πύλας τρισχίλιοι. — 90, 7. ἑξή-
κοντα. Nach Herod. 8, 1 (über
die Angaben anderer cf. Wesseling
ad Diodor. 11, 12) stellten die
Athener 127 Schiffe, die zum Teil
mit Plataeern bemannt waren; doch
4*

τριήρεις πληρώσαντες, πρὸς ἅπαν τὸ τῶν πολεμίων ναυτικόν.
91 ταῦτα δὲ ποιεῖν ἐτόλμων οὐχ οὕτω τῶν πολεμίων καταφρο-
νοῦντες ὡς πρὸς ἀλλήλους ἀγωνιῶντες, Λακεδαιμόνιοι μὲν
ζηλοῦντες τὴν πόλιν τῆς Μαραθῶνι μάχης καὶ ζητοῦντες
αὐτοὺς ἐξισῶσαι καὶ δεδιότες, μὴ δὶς ἐφεξῆς ἡ πόλις ἡμῶν
αἰτία γένηται τοῖς Ἕλλησι τῆς σωτηρίας, οἱ δ᾽ ἡμέτεροι μά-
λιστα μὲν βουλόμενοι διαφυλάξαι τὴν παροῦσαν δόξαν καὶ
πᾶσι ποιῆσαι φανερόν, ὅτι καὶ τὸ πρότερον δι᾽ ἀρετὴν ἀλλ᾽ c
οὐ διὰ τύχην ἐνίκησαν, ἔπειτα καὶ προαγαγέσθαι τοὺς Ἕλλη-
νας ἐπὶ τὸ διαναυμαχεῖν, ἐπιδείξαντες αὐτοῖς ὁμοίως ἐν τοῖς
ναυτικοῖς κινδύνοις ὥσπερ ἐν τοῖς πεζοῖς τὴν ἀρετὴν τοῦ
92 πλήθους περιγιγνομένην. (κϛ΄.) Ἴσας δὲ τὰς τόλμας πα-
ρασχόντες οὐχ ὁμοίαις ἐχρήσαντο ταῖς τύχαις, ἀλλ᾽ οἱ μὲν
διεφθάρησαν καὶ ταῖς ψυχαῖς νικῶντες τοῖς σώμασιν ἀπεῖπον
(οὐ γὰρ δὴ τοῦτό γε θέμις εἰπεῖν, ὡς ἡττήθησαν· οὐδεὶς
γὰρ αὐτῶν φυγεῖν ἠξίωσεν), οἱ δ᾽ ἡμέτεροι τὰς μὲν πρό- d

rechnet er wohl in diese Zahl die-
jenigen 53 attischen Schiffe mit
hinein, welche erst nach dem
ersten Tage der Schlacht kamen
(Herod. 8, 14); danach wären zu-
erst nur 74 attische Schiffe nach
Artemision gesegelt, und rechnete
Isokr. davon die mit Plataeern be-
mannten ab, so konnte er immer-
hin 60 attische Schiffe nennen.
Indes bleibt Isokr. auch so von
dem Vorwurf der Übertreibung
nicht frei, da er hier die bei den
Lakedaemoniern doch erwähnten
σύμμαχοι verschweigt (153 Schiffe.
S. Herod. 8, 1), sodafs es scheinen
mufs, als hätten die Athener bei
Artemision alles allein gethan. —
90, 8. πρὸς ἅπαν ist nicht mit
πληρώσαντες zu verbinden, sondern
von ἀπήντων abhängig zu denken,
wie der Gegensatz εἰς Θερμοπύλας
πρὸς τὸ πεζόν lehrt.

91, 2. ἀγωνιῶντες, im Wett-
eifer, kein Desiderativum, wie
Rauchenstein meint, sondern ein
Paronymon wie αἰτιᾶσθαι, von
ἀγωνία (Isokr. 9, 4. 15, 183, 302)
abgeleitet. — 91, 3. Μαραθῶνι
ohne ἐν wie bei Isokr. noch 5, 147.

8, 38. 15, 306, und bei anderen; vergl.
Wannowsky Syntax. anomal. p. 109
seq. und Lobeck Pathol. elem. II
p. 254. Doch findet sich auch ἐν
M. vergl. Wecklein Cur. epigr.
p. 40. Franke Philol. Suppl. I
p. 464 ff. Über die Paromoiosis in
ζηλοῦντες — ζητοῦντες wie § 89
πλεῦσαι — πεζεῦσαι, ζεύξας — διο-
ρύξας s. zu 1, 16. — 91, 8. ἔπειτα,
ohne δέ nach μάλιστα μέν. S. zu
9, 42.

92, 2. οἱ μέν, die Spartaner in
den Thermopylen. — 92, 3. τοῖς
σώμασιν ἀπεῖπον. Iustin. 2, 11,
18 sagt von ihnen: non victi, sed
vincendo fatigati. Über ἀπειπεῖν
(ermüden, erliegen) s. § 171. 6, 47
und Schoemann ad Plut. Kleom.
p. 261. — 92, 4. οὐ γὰρ δὴ
τοῦτο θέμις. Ähnlich Hypereid.
Epitaph. IX, 41 Bl. τεύξονται παῖδες
ἐφόδιον εἰς τὴν πρὸς τὸν δῆμον
εὔνοιαν τὴν τῶν οὐκ ἀπολωλότων
ἀρετήν, οὐ γὰρ θεμιτὸν τούτου τοῦ
ὀνόματος τυχεῖν τοὺς οὕτως ὑπὲρ
καλῶν τὸν βίον ἐκλιπόντας. — 92,
5. πρόπλους, (νῆας = Schiffe,
welche zum Rekognoscieren der
Flotte voransegeln) hat man ver-
standen von jenen 200 (Herod. 8, 7)

πλοῦς ἐνίκησαν, ἐπειδὴ δ' ἤκουσαν τῆς παρόδου τοὺς πολε-
μίους κρατοῦντας, οἴκαδε καταπλεύσαντες οὕτως ἐβουλεύσαντο
περὶ τῶν λοιπῶν, ὥστε πολλῶν καὶ καλῶν αὐτοῖς προειρ-
γασμένων ἐν τοῖς τελευταίοις τῶν κινδύνων ἔτι πλέον διή-
93 νεγκαν. ἀθύμως γὰρ ἁπάντων τῶν συμμάχων διακειμένων,
καὶ Πελοποννησίων μὲν διατειχιζόντων τὸν Ἰσθμὸν καὶ
ζητούντων ἰδίαν αὐτοῖς σωτηρίαν, τῶν δ' ἄλλων πόλεων e
ὑπὸ τοῖς βαρβάροις γεγενημένων καὶ συστρατευομένων ἐκεί-
νοις, πλὴν εἴ τις διὰ μικρότητα παρημελήθη, προσπλεουσῶν
δὲ τριήρων διακοσίων καὶ χιλίων καὶ πεζῆς στρατιᾶς ἀνα-
ριθμήτου μελλούσης εἰς τὴν Ἀττικὴν εἰσβάλλειν, οὐδεμιᾶς 60
σωτηρίας αὐτοῖς ὑποφαινομένης, ἀλλ' ἔρημοι συμμάχων
γεγενημένοι καὶ τῶν ἐλπίδων ἁπασῶν διημαρτηκότες, ἐξὸν

od. 300 (Diod. 11, 12) Schiffen,
welche die bei Aphetae an der Süd-
westspitze der Halbinsel Magnesia
ankernde persische Flotte absendete,
um durch rasche Besetzung des süd-
lichen Ausganges des euboeischen
Meeres der hellenischen Flotte die
Rückkehr durch dieses abzuschnei-
den. Diese sind aber, wie Rein-
hardt bemerkt, mit den Griechen
überhaupt nicht zum Kampfe ge-
kommen, sondern durch Sturm an
der Küste von Euboea zu Grunde
gegangen (Herod. 8, 13. 14). Es
sind daher unter πρόπλοι wohl die
Schiffe zu verstehen, die von den
Griechen unter Themistokles im
Beginne des Gefechtes bei Artemi-
sion teils versenkt, teils verfolgt
wurden vergl. Diod. 11, 12 τῶν
δὲ βαρβάρων ἐκ πολλῶν λιμένων
ἀναγομένων, τὸ μὲν πρῶτον οἱ περὶ
τὸν Θεμιστοκλέα διεσπαρμένοις τοῖς
Πέρσαις συμπλεκόμενοι πολλὰς μὲν
ναῦς κατέδυσαν, οὐχ ὀλίγας δὲ
φυγεῖν ἀναγκάσαντες μέχρι τῆς γῆς
κατεδίωξαν (coll. Herod. 8, 11)
[Reinhardt], vielleicht aber auch
jene kilikischen, die Herod. 8, 14
erwähnt: φυλάξαντες δὲ τὴν αὐτὴν
ὥρην πλέοντες ἐπέπεσον νηυσὶ Κι-
λίσσῃσι· ταύτας δὲ διαφθείραντες,
ὡς εὐφρόνη ἐγίνετο, ἀπέπλωον
ὀπίσω ἐπὶ τὸ Ἀρτεμίσιον. [Albrecht
in Jahrsb. d. Phil. Ver. XI (1885)
p. 59]. — 92, 6. τῆς παρόδου der

Thermopylen. — 92, 7. καταπλεύ-
σαντες cf. Krit. Anh. — 92, 8.
περὶ τῶν λοιπῶν, über das
Weitere, was nun zu thun sei.

93, 2. διατειχιζόντων, durch
eine Mauer absperrten, vergl.
Herodot. 8, 40. — 93, 3. τῶν δ'
ἄλλων. Herod. 8, 66, 2 nimmt nur
die Thespier und Plataeer und fünf
Inseln aus; diese sind es also, von
denen Isokr. mit Übertreibung sagt,
sie seien wegen ihrer geringen Be-
deutung übersehen worden. — 93,
5. παρημελήθη. Über den Ge-
brauch dieses persönlichen Passivs
s. zu 1, 30. — 93, 6. διακ. καὶ χ.
Die Zahl ist durch § 97 und 118
und (Lys.) 2, 27 und andere (vergl.
Leake l. l. p. 189) geschützt, und
wenn Isokr. 12, 49 vielmehr 1300
nennt, so hat er die Zeit des
Aufbruchs von Asien aus im
Auge, wo die Schlacht bei Arte-
mision und Stürme der persischen
Flotte noch keine Verluste gebracht
hatten. — ἀναριθμήτου, 5 Mil-
lionen beim Aufbruch aus Asien,
nach 12, 49; nach Herod. 7, 185
nur 2,640000, eine Zahl, die nach
den Verlusten bei Thermopylae
durch den Zutritt hellenischer
Staaten nach Herod. (8, 66) ziem-
lich wieder erreicht wurde. — 93,
9. διημαρτηκότες, betrogen;
s. zu 1, 32.

94 αὐτοῖς μὴ μόνον τοὺς παρόντας κινδύνους διαφυγεῖν ἀλλὰ
καὶ τιμὰς ἐξαιρέτους λαβεῖν, ἃς αὐτοῖς ἐδίδου βασιλεὺς
ἡγούμενος, εἰ τὸ τῆς πόλεως προσλάβοι ναυτικόν, παραχρῆ-
μα καὶ Πελοποννήσου κρατήσειν, οὐχ ὑπέμειναν τὰς παρ'
ἐκείνου δωρεάς, οὐδ' ὀργισθέντες τοῖς Ἕλλησιν, ὅτι προὐδό- b
θησαν, ἀσμένως ἐπὶ τὰς διαλλαγὰς τὰς πρὸς τοὺς βαρβάρους
95 ὥρμησαν, ἀλλ' αὐτοὶ μὲν ὑπὲρ τῆς ἐλευθερίας πολεμεῖν παρε-
σκευάζοντο, τοῖς δ' ἄλλοις τὴν δουλείαν αἱρουμένοις συγ-
γνώμην εἶχον· ἡγοῦντο γὰρ ταῖς μὲν ταπειναῖς τῶν πόλεων
προσήκειν ἐκ παντὸς τρόπου ζητεῖν τὴν σωτηρίαν, ταῖς δὲ
προεστάναι τῆς Ἑλλάδος ἀξιούσαις οὐχ οἷόν τ' εἶναι διαφεύ-
γειν τοὺς κινδύνους, ἀλλ' ὥσπερ τῶν ἀνδρῶν τοῖς καλοῖς c
κἀγαθοῖς αἱρετώτερόν ἐστιν καλῶς ἀποθανεῖν ἢ ζῆν αἰσχρῶς,
οὕτω καὶ τῶν πόλεων ταῖς ὑπερεχούσαις λυσιτελεῖν ἐξ ἀνθρώ-
πων ἀφανισθῆναι μᾶλλον ἢ δούλαις ὀφθῆναι γενομέναις.
96 δῆλον δ' ὅτι ταῦτα διενοήθησαν· ἐπειδὴ γὰρ οὐχ οἷοί τ' ἦσαν
πρὸς ἀμφοτέρας ἅμα παρατάξασθαι τὰς δυνάμεις, παραλα-

94, 2. ἐδίδου, anbot, durch
Alexander von Makedonien. Vergl.
Herod. 8, 136 und 140, und Plut.
Aristeid. 10, 1 πρὸς δὲ Ἀθηναίους
ἔπεμψεν ἰδίᾳ γράμματα καὶ λόγους
παρὰ βασιλέως τήν τε πόλιν αὐτοῖς
ἀναστήσειν ἐπαγγελλομένου καὶ χρή-
ματα πολλὰ δώσειν καὶ τῶν Ἑλλή-
νων κυρίους καταστήσειν. An den
ersten dieser drei Punkte kann
Isokr. hier nicht denken, da er
ungenau dies Anerbieten vor der
Zerstörung der Stadt und vor der
Schlacht bei Salamis machen läfst,
nicht nach derselben. — 94, 3.
ἡγούμενος. Herod. 8, 136, 2
(τῶν Ἀθηναίων) προσγενομένων
κατήλπιξε εὐπετέως τῆς θαλάσσης
κρατήσειν, πεζῇ τε ἐδόκεε πολλὸν
εἶναι κρέσσων. — 94, 4. οὐχ ὑπέ-
μειναν, verstanden sich nicht
zur Annahme, wie Demosth. 21,
93 ἐπιστάμεθα Μειδίαν — διδόντα
(ἡμῖν) δραχμὰς πεντήκοντα, καὶ
ἐπειδὴ οὐχ ὑπεμείναμεν, προσαπει-
λήσαντα. — 94, 5. προὐδόθησαν,
indem die nördlichen Staaten mit
den Persern sich vereinigten, die
Peloponnesier sich absperrten; s.

§ 93. — 94, 7. ὥρμησαν, griffen
zu; s. zu § 3.
95, 4. ἐκ παντὸς τρόπου. S.
zu 9, 39. — 95, 5. ἀξιούσαις.
Athen hatte die Hegemonie wirk-
lich schon vor der Schlacht bei
Artemision in Anspruch genommen.
cf. Herod. 8, 3. — 95, 7. καλῶς ἀπο-
θανεῖν ἢ ζῆν αἰσχρῶς Chias-
mus S. z. 1, 7. — 95, 8. ἐξ ἀνθ.
ἀφ., von der Erde verschwun-
den zu sein, wie 8, 113 συνίσασι
— τὸ γένος αὐτῶν ἐξ ἀνθρώπων
ἠφανισμένον, und 5, 108. 6, 18.
10, 26. — 95, 9. μᾶλλον. Über
die Trennung dieses Wortes von
λυσιτελεῖν s. zu 7, 57 αἱρήσεσθαι
διὰ τὴν συνήθειαν — κακοπαθεῖν
μᾶλλον ἢ κ. τ. λ. — δούλαις.
Über den Dativ s. zu 9, 75.
96, 2. πρὸς ἀμφοτέρας. Ge-
wöhnlicher wäre der Dativ, wie
12, 92 παραταξάμενοι τοῖς πολε-
μίοις. Doch vergl. Polyb. 2, 1
πρὸς τοὺς ἀνδρωδεστάτους καὶ
μεγίστην δύναμιν ἔχοντας παρα-
ταττόμενος. id. 2, 20 παρετάξαντο
πρὸς Ῥωμαίους nach unmittelbar
vorausgehendem παρετάξαντο τοῖς

βόντες ἅπαντα τὸν ὄχλον τὸν ἐκ τῆς πόλεως εἰς τὴν ἐχο-
μένην νῆσον ἐξέπλευσαν, ἵν' ἐν μέρει πρὸς ἑκατέραν κινδυ- d
νεύσωσιν. (κζ'.) Καίτοι πῶς ἂν ἐκείνων ἄνδρες ἀμείνους
ἢ μᾶλλον φιλέλληνες ὄντες ἐπιδειχθεῖεν, οἵτινες ἔτλησαν
ἐπιδεῖν ὥστε μὴ τοῖς λοιποῖς αἴτιοι γενέσθαι τῆς δουλείας,
ἐρήμην μὲν τὴν πόλιν γενομένην, τὴν δὲ χώραν πορθουμέ-
νην, ἱερὰ δὲ συλώμενα καὶ νεὼς ἐμπιμπραμένους, ἅπαντα δὲ
97 τὸν πόλεμον περὶ τὴν πατρίδα τὴν αὐτῶν γιγνόμενον; καὶ e
οὐδὲ ταῦτ' ἀπέχρησεν αὐτοῖς, ἀλλὰ πρὸς διακοσίας καὶ χιλίας.
τριήρεις μόνοι διαναυμαχεῖν ἐμέλλησαν. οὐ μὴν εἰάθησαν·
καταισχυνθέντες γὰρ Πελοποννήσιοι τὴν ἀρετὴν αὐτῶν, καὶ
νομίσαντες προδιαφθαρέντων μὲν τῶν ἡμετέρων οὐδ' αὐτοὶ
σωθήσεσθαι, κατορθωσάντων δ' εἰς ἀτιμίαν τὰς αὐτῶν πό-

Ῥωμαίοις. — 96, 3. τὸν ἐκ τῆς π. s. zu § 174. — τὴν ἐχομένην, scil. τῆς πόλεως, nach der benachbarten Insel (Salamis). Vergl. Herod. 1, 134, 2 οὗτοι (ἦρχον) τῶν ὁμούρων, οἳ δὲ μάλα τῶν ἐχομένων. (coll. 5, 49, 5). Skymnos bei Herodian. de Dict. solitar. p. 61 Lehrs, ἔχεται Κελένδερις, πόλις Σαμίων, καὶ ἱερὸν παρὰ τῇ πόλει. Xenoph. Anab. 1, 8, 4 (coll. 1, 8, 9) καθίσταντο Κλέαρχος μὲν — πρὸς τῷ Εὐφράτῃ ποταμῷ, Πρόξενος δὲ ἐχόμενος. Im nicht-lokalen Sinne ist dieser absolute Gebrauch des Wortes häufiger; s. zu 9, 33. — 96, 4. ἐξέπλευσαν. cf. Krit. Anh. — ἐν μέρει πρὸς ἑκ., mit einer nach der andern. Über ἐν μέρει, wofür auch ἀνὰ oder κατὰ oder παρὰ μέρος gesagt wird, s. § 164 und Schoemann ad Plut. Agin p. 85. Zur Sache vergl. (Lys.) 2, 33 ἐξέλιπον ὑπὲρ τῆς Ἑλλάδος τὴν πόλιν, ἵν' ἐν μέρει πρὸς ἑκατέραν ἀλλὰ μὴ πρὸς ἀμφοτέρας ἅμα τὰς δυνάμεις κινδυνεύσωσιν. Der Konjunkt. steht, weil Isokr. sich auf den Standpunkt der Athener stellt. [cf. Krit. Anh.] 96, 5. ἐκείνων ἄνδρες. S. zu § 37. — 96, 6. οἵτινες. S. zu 7, 9 und zu 9, 49. — ἔτλησαν [cf. Krit. Anh.] in Prosa selten vergl. Xenoph. Kyrop. 3, 1, 2 οὐκέτι ἔτλη εἰς χεῖρας ἐλθεῖν (citiert von Fuhr

Rhein. Mus. XXXIII S. 345) und Plut. Koriol. 34 οὐκ ἔτλη καθεζομένῳ προσελθεῖν. — 96, 7. ἐπιδεῖν. S. zu § 142. — ὥστε. S. zu § 83. — 96, 8. ἐρήμην κ. τ. λ. nachgeahmt von (Lys.) 2, 37 τὴν μὲν πόλιν ἠρημωμένην, τὴν δὲ χώραν πορθουμένην καὶ μεστὴν τῶν βαρβάρων, ἱερῶν δὲ καιομένων, ἁπάντων δ' ἐγγὺς ὄντων τῶν δεινῶν. — 96, 9. ἐμπιμπραμένους cf. Krit. Anh.
97, 1. καὶ οὐδέ. [cf. Krit. Anh.] Den Hiatus zwischen καί und οὐ oder οὐδὲ findet man öfter bei dem den Hiatus sonst so sorgsam meidenden Isokr., z. B. 5, 14. 8, 84. 12, 107, 184. 15, 70, 101. Er ist aber nur ein scheinbarer, indem Isokr. ohne Zweifel in solchen Fällen mit Krasis sprach, vielleicht auch die Krasis schrieb (vergl. Cobet. Nov. lection. p. 602 seq.). — 97, 3. οὐ μὴν εἰάθησαν, scil. μόνοι διαναυμαχεῖν, eine nicht seltene Ellipse; vergl. Thuk. 1, 70, 9 εἴ τις αὐτοὺς ξυνελὼν φαίη πεφυκέναι ἐπὶ τῷ μήτε αὐτοὺς ἔχειν ἡσυχίαν μήτε τοὺς ἄλλους ἀνθρώπους ἐᾶν, ὀρθῶς ἂν εἴποι. Seltener ist die passive Struktur; doch s. Demosth. 2, 16 οὔτ' ἐπὶ τοῖς ἔργοις οὔτ' ἐπὶ τοῖς αὐτῶν ἰδίοις ἐώμενοι διατρίβειν, u. Krüger zu Thuk. 1, 112, 3. — 97, 6. κατορθωσάντων cf. Krit. Anh.

λεις καταστήσειν, ἠναγκάσθησαν μετασχεῖν τῶν κινδύνων. 61 καὶ τοὺς μὲν θορύβους τοὺς ἐν τῷ πράγματι γενομένους καὶ τὰς κραυγὰς καὶ τὰς παρακελεύσεις, ἃ κοινὰ πάντων ἐστὶ 98 τῶν ναυμαχούντων, οὐκ οἶδ᾽ ὅ τι δεῖ λέγοντα διατρίβειν· ἃ δ᾽ ἐστὶν ἴδια καὶ τῆς ἡγεμονίας ἄξια καὶ τοῖς προειρημένοις ὁμολογούμενα, ταῦτα δ᾽ ἐμὸν ἔργον ἐστὶν εἰπεῖν. τοσοῦτον γὰρ ἡ πόλις ἡμῶν διέφερεν, ὅτ᾽ ἦν ἀκέραιος, ὥστ᾽ ἀνάστατος γενομένη πλείους μὲν συνεβάλετο τριήρεις εἰς τὸν κίνδυνον b · τὸν ὑπὲρ τῆς Ἑλλάδος ἢ σύμπαντες οἱ ναυμαχήσαντες, οὐδεὶς δὲ πρὸς ἡμᾶς οὕτως ἔχει δυσμενῶς, ὅστις οὐκ ἂν ὁμολογή- σειεν διὰ μὲν τὴν ναυμαχίαν ἡμᾶς τῷ πολέμῳ κρατῆσαι, 99 ταύτης δὲ τὴν πόλιν αἰτίαν γενέσθαι. (κη΄.) Καίτοι μελ- λούσης στρατείας ἐπὶ τοὺς βαρβάρους ἔσεσθαι τίνας χρὴ τὴν ἡγεμονίαν ἔχειν; οὐ τοὺς ἐν τῷ προτέρῳ πολέμῳ μάλιστ᾽ εὐδοκιμήσαντας, καὶ πολλάκις μὲν ἰδίᾳ προκινδυνεύσαντας, ἐν δὲ τοῖς κοινοῖς τῶν ἀγώνων ἀριστείων ἀξιωθέντας; οὐ c

---

— 97, 8. καὶ τοὺς μὲν θορύ- βους κ. τ. λ. Dieselbe Wendung gebraucht Isokr. 9, 31. S. auch zu 4, 106.

98, 2. ἴδια κ. τ. λ., das Eigen- tümliche was dieser Kampf hat und was ein Anrecht auf die Hege- monie giebt. — 98, 3. ταῦτα δέ. S. zu 7, 47. — 98, 4. ἀκέραιος, vom Unglück nicht berührt, wie 6, 66 ebenfalls mit d. Gegens. ἀνάστατος. — 98, 5. πλείους μέν. Isokr. beginnt so, als ob der Gegen- satz in dieser Form folgen sollte: μάλιστα δ᾽ αἰτία ἐγένετο τῆς νίκης, giebt aber dann dem Gegensatze eine etwas andere Form. Zur Sache vergl. 12, 50 οἱ πατέρες ἡμῶν ἀνά- στατοι γεγενημένοι καὶ τὴν πόλιν ἐκλελοιπότες διὰ τὸ μὴ τετειχίσθαι κατ᾽ ἐκεῖνον τὸν χρόνον πλείους ναῦς παρέσχοντο καὶ μείζω δύνα- μιν ἐχούσας ἢ σύμπαντες οἱ συγ- κινδυνεύσαντες, und ebenso urteilt (Lys.) 2, 42; vergl. auch Thuk. 1, 74 und Demosth. 18, 238. Nach Herod. 8, 48 betrug die Gesamt- zahl der Kriegsschiffe 378, worunter 180 attische waren (Herod. 8, 44). — 98, 6. σύμπ. οἱ ναυμαχή- σαντες. [cf. Krit. Anh.] σύμπαντες

ist = σύμπαντες οἱ ἄλλοι, wie § 108, vergl. 5, 74. Statt des Particip. Aorist. könnte übrigens auch das des Praesens stehen oder das des Futurs wie § 87. § 112. 19, 29. Sophokl. Antig. v. 261 οὐδ᾽ ὁ κωλύσων παρῆν. In beiden Fällen aber wäre die Zeit der durch das Particip bezeichneten Handlung be- messen nach der Zeit der Haupt- handlung; wo aber das Particip des Aorists neben einem Indikativ im Aorist eine diesem gleichzeitige oder zukünftige Handlung zu be- zeichnen scheint, ist ihre Zeit viel- mehr bemessen nach der Gegen- wart des Redenden, dem sie als vergangen erscheint; vergl. § 82 ἄνδρας ἀγαθοὺς ἀπέδειξαν τοὺς πολεμήσαντας, und 12, 50 πλείους ναῦς παρέσχοντο — ἢ σύμπαντες οἱ συγκινδυνεύσαντες. Dasselbe was vom wirklichen Particip. Aoristi gilt (cf. Madvig im Philolog. II Suppl.-Heft p. 45 f.), gilt also auch von dem substantivierten Particip des Aorists. S. auch zu § 75.

99, 1. Καίτοι, demnach, eigentlich nur Bekräftigungspar- tikel, aber wie das synonyme οὖν auch da gebraucht, wo eine Folge-

τοὺς τὴν αὑτῶν ἐκλιπόντας ὑπὲρ τῆς τῶν ἄλλων σωτηρίας,
καὶ τό τε παλαιὸν οἰκιστὰς τῶν πλείστων πόλεων γενομένους,
καὶ πάλιν αὐτὰς ἐκ τῶν μεγίστων συμφορῶν διασώσαντας;
πῶς δ᾽ οὐκ ἂν δεινὰ πάθοιμεν, εἰ τῶν κακῶν πλεῖστον μέρος
μετασχόντες ἐν ταῖς τιμαῖς ἔλαττον ἔχειν ἀξιωθεῖμεν καὶ
τότε προταχθέντες ὑπὲρ ἁπάντων νῦν ἑτέροις ἀκολουθεῖν
ἀναγκασθεῖμεν;   d

100   (κϑ΄.) Μέχρι μὲν οὖν τούτων οἶδ᾽ ὅτι πάντες ἂν ὁμολογή-
σειαν πλείστων ἀγαθῶν τὴν πόλιν τὴν ἡμετέραν αἰτίαν γεγενῆσθαι
καὶ δικαίως ἂν αὐτῆς τὴν ἡγεμονίαν εἶναι, μετὰ δὲ ταῦτ᾽ ἤδη
τινὲς ἡμῶν κατηγοροῦσιν, ὡς ἐπειδὴ τὴν ἀρχὴν τῆς θαλάττης
παρελάβομεν, πολλῶν κακῶν αἴτιοι τοῖς Ἕλλησιν κατέστημεν,
καὶ τόν τε Μηλίων ἀνδραποδισμὸν καὶ τὸν Σκιωναίων

rung als zweifellos und sicher aus-
gesprochen werden soll. Vergl.
Beispiele zu 9, 65. — 99, 6. τὴν
αὑτῶν, scil. γῆν oder πόλιν.
Vergl. § 41 τοῖς δυστυχοῦσιν ἐν
ταῖς αὑτῶν. § 49 τοὺς ἐν ταῖς
αὑτῶν δυναμένους. § 146 und 168
ἐν ταῖς αὑτῶν. 5, 147 τὴν αὑτῶν
ἐξέλιπον. 14, 25 πολλοὶ δὴ τῆς
ἀλλοτρίας ἀδίκως ἐπιθυμήσαντες
περὶ τῆς αὑτῶν δικαίως εἰς τοὺς
μεγίστους κινδύνους κατέστησαν.
14, 29 (coll. 9, 36) κατελθόντες
εἰς τὴν αὑτῶν, und öfter (cf. Ben-
seler ad Areopag. p. 160). Thuk.
6, 92, 2 τῇ ἐμαυτοῦ φιλόπολίς ποτε
δοκῶν εἶναι. (Lys.) 2, 25 ἔστησαν
τρόπαια — ἐν τῇ αὑτῶν. Mit Un-
recht behauptet also Bernhardy
Synt. p. 183 seq., daſs τὴν ἡμετέ-
ραν (S. Isokr. 14, 25 Θηβαίους
ἔχειν τὴν ἡμετέραν. cf. 4, 108.
6, 13. 8, 23. 14, 54 etc.), τὴν ἐμαυ-
τοῦ, τὴν ἑαυτῶν in diesem Sinne
von echten Attikern nicht ange-
wandt sei. — 99, 7. οἰκιστάς.
S. zu § 35. — 99, 9. πλεῖστον
μέρος μετασχ. Derselbe Pleo-
nasmus 6, 3, und ähnlich Ep. 9, 8
ὧν πλεῖστον μέρος μετειλήφασιν.
2, 30 ἧς οὐδὲν μέρος τοῖς πονηροῖς
μέτεστιν. 6, 92 τῶν ἐκεῖ γιγνομέ-
νων τὸ πλεῖστον μέρος τῇ τύχῃ
μέτεστι, und sonst. — 99, 10
ἔλαττον ἔχειν, s. zu 7, 67. —
99, 11. ὑπέρ zum Heile.

§ 100—128. Gegen diese unsere
Ansprüche auf die Hegemonie will
man die Härte geltend machen,
welche wir während unserer frühe-
ren Seehegemonie geübt hätten (100),
obwohl diese Härte durch die Feind-
seligkeit derer, die sie betraf, ge-
rechtfertigt ist (101), und obwohl
für unser Verhalten gegen unsere
Bundesgenossen die lange Dauer
unserer Hegemonie (102) und ihre
glücklichen Zustände während der-
selben sprechen (103—106), und wir
auch die Kleruchien nicht aus Ver-
größerungssucht aussendeten, von
der wir uns frei gezeigt haben (107
—109). — Solche Vorwürfe treffen
vielmehr diejenigen, unter deren
Herrschaft die Verhältnisse in den
einzelnen Staaten auf das ärgste
zerrüttet worden sind (110—114)
und eine traurige Zeit des Friedens
aufgekommen ist (115—119), die
gewaltig absticht von der Zeit unse-
rer Hegemonie (120, 121); sie fällt
den Lakedaimoniern zur Last, welche
seitdem ihre Macht zum Unheil
Griechenlands gemiſsbraucht haben
(122—128).

100, 6. Μηλίων — Σκιω-
ναίων. Die Sache wird auch 12,
63 berührt und ist aus Thuk. 4,
120 seq. 5, 32 und 5, 84 — 116
bekannt. Die Bewohner der Insel
Melos waren in den ersten Jahren
des peloponnesischen Krieges neu-

101 ὄλεθρον ἐν τούτοις τοῖς λόγοις ἡμῖν προφέρουσιν. ἐγὼ δ' ε
ἡγοῦμαι πρῶτον μὲν οὐδὲν εἶναι τοῦτο σημεῖον, ὡς κακῶς
ἤρχομεν, εἴ τινες τῶν πολεμησάντων ἡμῖν σφόδρα φαίνονται
κολασθέντες, ἀλλὰ πολὺ τόδε μεῖζον τεκμήριον, ὡς καλῶς
διωκοῦμεν τὰ τῶν συμμάχων, ὅτι τῶν πόλεων τῶν ὑφ' ἡμῖν 62
102 οὐσῶν οὐδεμία ταύταις ταῖς συμφοραῖς περιέπεσεν. ἔπειτ' εἰ
μὲν ἄλλοι τινὲς τῶν αὐτῶν πραγμάτων πρᾳότερον ἐπεμελή-
θησαν, εἰκότως ἂν ἡμῖν ἐπιτιμῷεν· εἰ δὲ μήτε τοῦτο γέγονεν
μήθ' οἷόν τ' ἐστὶν τοσούτων πόλεων τὸ πλῆθος κρατεῖν, ἢν
μή τις κολάζῃ τοὺς ἐξαμαρτάνοντας, πῶς οὐκ ἤδη δίκαιόν
ἐστιν ἡμᾶς ἐπαινεῖν, οἵτινες ἐλαχίστοις χαλεπήναντες πλεῖστον

tral geblieben, hielten es aber seit dem Angriff des Nikias (i. J. 426) auf ihre Insel mit den ihnen stammverwandten Spartanern und wollten sich nicht wie die übrigen Inselbewohner der Oberherrschaft der Athener fügen, welche die Insel eroberten, alle Waffenfähigen töteten und Weiber und Kinder als Sklaven verkauften (i. J. 416). Gleiches Schicksal traf die Bewohner von Skione auf der Halbinsel Pallene, als sie von dem Bündnis mit Athen abfielen und sich dem Brasidas anschlossen (i. J. 421).

101, 3. πολεμησάντων. Der Ausdruck pafst im strengsten Sinne nur auf die Skionaeer, denn die Melier hegten höchstens feindselige Gesinnung gegen Athen, ohne jedoch einen Krieg mit ihm zu wollen; Isokr. übertreibt also nach Panegyristenart. — 101, 4. πολύ gehört zu μεῖζον, ähnlich wie in den zu 9, 60 angeführten Beispielen; noch ähnlicher Demosth. 18, 276 πολὺ τούτῳ μᾶλλον ἢ ἐμοὶ νομίζετε ταῦτα προσεῖναι, und bei demselben 19, 276 πολὺ ταύτης ἐλάττω κακὰ τὴν πόλιν εἴργασται. Vergl. Kühner ad Xenoph. Mem. 2, 10, 2. — 101, 5. διωκοῦμεν. S. zu § 80. — 101, 6. οὐδεμία, die Skionaeer freilich ausgenommen, welche sich jedoch der Oberhoheit Athens entzogen, und insofern hier ausgeschlossen werden konnten. 102, 2. τῶν αὐτῶν π. — ἐπε-

μελήθησαν, dieselben Verhältnisse mit gröfserer Milde behandelten, nicht „behandelt hätten," denn Isokr. betrachtet die Bedingung nicht als eine unstatthafte (in welchem Falle er ἐπετίμων ἄν gesagt haben würde), sondern einstweilen als eine immerhin zulässige, bis er mit εἰ δὲ μήτε τοῦτο γέγονε κ. τ. λ. die Unstatthaftigkeit ausdrücklich ausspricht. So schon Hom. Od. 1, 236 ἐπεὶ οὔ κε θανόντι περ ὧδ' ἀκαχοίμην, | εἰ μετὰ οἷς ἑτάροισι δάμη Τρώων ἐνὶ δήμῳ. Vergl. Isokr. 12, 149 εἰ μὲν γὰρ μόνος ἐπίστευον τοῖς λεγομένοις, εἰκότως ἂν ἐπιτιμῴμην. Andokid. 1, 57 εἰ μὲν γὰρ ἦν δυοῖν τὸ ἕτερον ἑλέσθαι — ἔχοι ἄν τις εἰπεῖν. Thuk. 3, 40, 4 εἰ γὰρ οὗτοι ὀρθῶς ἀπέστησαν, ὑμεῖς ἂν οὐ χρεὼν ἄρχοιτε. Vergl. Naegelsbach ad Hom. Il. 2, 82. — 102, 4. τὸ πλῆθος, mit τοσούτων zu verbinden (S. z. § 33), von dem es getrennt ist wie τηλικοῦτος von τὸ μέγεθος 9, 29 ἐπὶ τηλικαύτην πρᾶξιν τὸ μέγεθος. Vergl. auch 12, 68 τηλικούτοις κακοῖς τὸ μέγεθος und Lys. 12, 1 τοιαῦτα αὐτοῖς τὸ μέγεθος. — 102, 5. ἤδη δ. ἐστιν, wie sollte es nicht sofort billig erscheinen; über ἤδη s. zu § 12. — 102, 6. οἵτινες S. zu 7, 9. — πλεῖστον χρόνον. Isokr. bestimmt diese Zeit § 106 rund auf 70 Jahre, indem er von 477 bis zum Ende des peloponnesischen Krieges rechnet,

103 χρόνον τὴν ἀρχὴν κατασχεῖν ἠδυνήθημεν; (λ'.) Οἶμαι δὲ πᾶσιν
δοκεῖν τούτους κρατίστους προστάτας γενήσεσθαι τῶν Ἑλλήνων, b
ἐφ' ὧν οἱ πειθαρχήσαντες ἄριστα τυγχάνουσι πράξαντες. ἐπὶ
τοίνυν τῆς ἡμετέρας ἡγεμονίας εὑρήσομεν καὶ τοὺς οἴκους
τοὺς ἰδίους πρὸς εὐδαιμονίαν πλεῖστον ἐπιδόντας καὶ τὰς
104 πόλεις μεγίστας γενομένας. οὐ γὰρ ἐφθονοῦμεν ταῖς αὐξα-
νομέναις αὐτῶν, οὐδὲ ταραχὰς ἐνεποιοῦμεν πολιτείας ἐναντίας
παρακαθιστάντες, ἵν' ἀλλήλοις μὲν στασιάζοιεν, ἡμᾶς δ' ἀμφότεροι
θεραπεύοιεν, ἀλλὰ τὴν τῶν συμμάχων ὁμόνοιαν κοινὴν ὠφέ- c
λειαν νομίζοντες τοῖς αὐτοῖς νόμοις ἁπάσας τὰς πόλεις
διῳκοῦμεν, συμμαχικῶς ἀλλ' οὐ δεσποτικῶς βουλευόμενοι
περὶ αὐτῶν, ὅλων μὲν τῶν πραγμάτων ἐπιστατοῦντες, ἰδίᾳ
105 δ' ἑκάστους ἐλευθέρους ἐῶντες εἶναι, καὶ τῷ μὲν πλήθει βοη-
θοῦντες, ταῖς δὲ δυναστείαις πολεμοῦντες, δεινὸν ἡγούμενοι
τοὺς πολλοὺς ὑπὸ τοῖς ὀλίγοις εἶναι, καὶ τοὺς ταῖς οὐσίαις

dagegen 12, 56, wo er dasselbe
Argument zu gleichem Zwecke be-
nutzt, auf 65 Jahre, indem er von
477 bis zur Zeit gleich nach der
sicilischen Expedition rechnet, wo
zuerst in Menge Bundesgenossen
von Athen abfielen (cf. Schoemann
Antiquit. p. 433 n. 3); über die
Angaben anderer cf. Clinton Fast.
Hellen. p. 262 seq. ed. Krüger.
    103, 3. ἐφ' ὧν, zu deren Zeit,
unter denen, wie gleich nachher
ἐπὶ τῆς ἡμετέρας ἡγεμονίας. Vergl.
zu 9, 5. — ἄριστα — πράξαντες,
am besten daran waren; vergl.
zu 7, 3. — 103, 4. τοὺς οἴκους
τοὺς ἰδίους, die einzelnen
Familien für sich (vergl. zu 7,
32), ἴδιος auch hier im Gegensatz
zu der Gesamtheit des Staates. —
103, 5. πρὸς εὐ. π. ἐπιδόντας,
zunahmen an Wohlstand. S.
zu 9, 68.
    104, 2. πολιτείας ἐν. παρακ.,
indem wir entgegengesetzte
Regierungsformen neben ein-
ander einführten, d. h. neben
der bestehenden teilweise die ent-
gegengesetzte einführten, wie es
etwa die Spartaner thaten, indem
sie in demokratischen Staaten dem
aristokratischen Elemente Geltung
zu verschaffen suchten. — 104, 3.

ἀλλήλοις στασιάζοιεν. Subjekt
ist πολῖται, was in πόλεις mit ge-
geben ist. Vergl. 7, 51 οὐ πολέ-
μων ἡ πόλις ἔγεμεν, ἀλλὰ πρὸς
ἀλλήλους ἡσυχίαν εἶχον. Herod. 2,
90 κατ' ἥν ἂν πόλιν ἐξενειχθῇ,
τούτους πᾶσα ἀνάγκη ἐστὶ αὐτὸν
θάψαι. Thuk. 3, 79, 3 ἐπὶ τὴν
πόλιν ἐπέπλεον, καίπερ ἐν πολλῇ
ταραχῇ καὶ φόβῳ ὄντας, und sonst
oft, s. Rehdantz zu Lykurg. Leokrat.
Anh.² § 87. — 104, 4. θερα-
πεύοιεν, um unsere Gunst
buhlten. — 104, 5. νόμοις, po-
litischen Grundsätzen. — 104,
7. ὅλων — ἐπιστατοῦντες,
indem wir an der Spitze des
Ganzen standen, d. h. die die
Gesamtheit des Bundes berühren-
den Geschäfte besorgten; so τῶν
πραγμάτων ἐπιστατεῖν 5, 97 (coll.
12, 132) und ἐπιστατεῖν ἅπασι τοῖς
πράγμασι 12, 154.
    105, 2. δυναστείαις, s. zu
§ 39. Dasselbe wird nachher § 106
durch ὀλιγαρχίαι gegeben. — 105,
3. τοὺς πολλοὺς — τοῖς ὀλί-
γοις, die Mehrzahl von der
Minderzahl. — ταῖς οὐσίαις.
Man könnte ταῖς μὲν οὐσίαις
erwarten; allein Isokr. beabsichtigt
hier an untergeordneter Stelle
keinen Gegensatz und fügt τα

ἐνδεεστέρους, τὰ δ' ἄλλα μηδὲν χείρους ὄντας, ἀπελαύνεσθαι d
τῶν ἀρχῶν, ἔτι δὲ κοινῆς τῆς πατρίδος οὔσης τοὺς μὲν
τυραννεῖν, τοὺς δὲ μετοικεῖν, καὶ φύσει πολίτας ὄντας νόμῳ
106 τῆς πολιτείας ἀποστερεῖσθαι. τοιαῦτ' ἔχοντες ταῖς ὀλιγαρχίαις
ἐπιτιμᾶν καὶ πλείω τούτων, τὴν αὐτὴν πολιτείαν ἥνπερ παρ'
ἡμῖν αὐτοῖς καὶ παρὰ τοῖς ἄλλοις κατεστήσαμεν, ἣν οὐκ οἶδ'
ὅ τι δεῖ διὰ μακροτέρων ἐπαινεῖν, ἄλλως τε καὶ συντόμως
ἔχοντα δηλῶσαι περὶ αὐτῆς. μετὰ γὰρ ταύτης οἰκοῦντες ἑβδο-
μήκοντ' ἔτη διετέλεσαν ἄπειροι μὲν τυραννίδων, ἐλεύθεροι δὲ e
πρὸς τοὺς βαρβάρους, ἀστασίαστοι δὲ πρὸς σφᾶς αὐτούς,
107 εἰρήνην δ' ἄγοντες πρὸς πάντας ἀνθρώπους. (λα'.) Ὑπὲρ 63
ὧν προσήκει τοὺς εὖ φρονοῦντας μεγάλην χάριν ἔχειν πολὺ
μᾶλλον ἢ τὰς κληρουχίας ἡμῖν ὀνειδίζειν, ἃς ἡμεῖς εἰς τὰς
ἐρημουμένας τῶν πόλεων φυλακῆς ἕνεκα τῶν χωρίων ἀλλ' οὐ

δ' ἄλλα nicht im streng adver-
sativen Sinne bei, sondern giebt
damit einfach nur ein neues Merk-
mal, das auch copulativ hätte an-
geknüpft werden können. Vergl.
12, 185 μεγάλαι δυνάμεις, πονηραὶ
δέ. 5, 10 u. s. w. Zur richtigen
Beurteilung von Stellen dieser Art
dienen solche wie Antiphon 6, 8
ἡγοῦμαι γάρ μοι τιμήν καὶ ὠφέ-
λειαν αὐτὰ οἴσειν, τοῖς δὲ κατηγό-
ροις — αἰσχύνην, wo das enkli-
tische μοι klar zeigt, dafs an einen
Gegensatz nicht gedacht werde.
— 105, 6. τυραννεῖν, die Herren
spielen, dagegen μετοικεῖν,
blofse Schutzverwandte sein,
wie in Athen die μέτοικοι, welche
aus der Fremde nach Attika über-
gesiedelt und dort für immer
wohnend, doch nicht das Bürger-
recht und darum auch nicht Teil-
nahme an der Verwaltung des
Staates hatten. — 105, 7. ἀπο-
στερεῖσθαι, beraubt sind, also
mit Perfektbedeutung, wie 6, 25.
14, 17. 17, 2 (vergl. Krüger zu
Xenoph. Anab. 1, 9, 13, in welchem
Sinne sonst στέρεσθαι gesagt wird.
106, 3. κατεστήσαμεν. Isokr.
rühmt dasselbe auch 12, 54. —
106, 4. ὅ τι δεῖ δ. μ. ἐπαινεῖν.
Vergl. 3, 35 τί δεῖ καθ' ἓν ἕκαστον
λέγοντα διατρίβειν; 6, 21. 12, 105.

14, 7, und ähnlich gefafste Über-
gänge bei Gebauer de Praeterit.
form. ap. orat. Attic. (Lips. 1874)
p. 38. — 106, 5. μετὰ γὰρ ταύ-
της οἰκοῦντες, so lange sie
unter ihr lebten, wie 12, 132
ἐν ἀπάσαις ταῖς πολιτείαις καλῶς
οἰκήσειν. — 106, 6. διετέλεσαν,
nämlich: unsere Bundesgenossen.
Isokr. hat schon hier die entgegen-
gesetzten Zustände im Auge, wie
sie unter der Hegemonie der Spar-
taner stattfanden und § 115 seqq.
geschildert werden; dorther ist
also die Erklärung für unsere Stelle
zu entnehmen, für ἄπειροι μὲν
τυραννίδων aus § 117 αἱ μὲν ὑπὸ
τυράννοις εἰσίν, für ἐλεύθεροι πρὸς
τοὺς βαρβάρους aus § 117 τῶν δ'
οἱ βάρβαροι δεσπόται καθεστήκασιν,
für ἀστασίαστοι aus § 116 ἐντὸς
τείχους οἱ πολῖται πρὸς ἀλλήλους
μάχονται, für εἰρήνην ἄγοντες πρὸς
π. ἀνθ. endlich aus § 115 κατα-
ποντισταὶ μὲν τὴν θάλατταν κατέ-
χουσιν, πελτασταὶ δὲ τὰς πόλεις
καταλαμβάνουσιν. [cf. Krit. Anh.]

107, 3. κληρουχίας, Bürger-
kolonien, wobei die Kolonisten
zwar Bürger eines neuen Gemein-
wesens wurden, aber zugleich
Bürger Athens blieben. Vergl.
Boeckh Staatsh.[3] I, S. 499 ff. Gilbert

διὰ πλεονεξίαν ἐξεπέμπομεν. σημεῖον δὲ τούτων· ἔχοντες γὰρ
χώραν μὲν ὡς πρὸς τὸ πλῆθος τῶν πολιτῶν ἐλαχίστην, ἀρχὴν
δὲ μεγίστην, καὶ κεκτημένοι τριήρεις διπλασίας μὲν ἢ σύμπαν-
108 τες, δυναμένας δὲ πρὸς δὶς τοσαύτας κινδυνεύειν, ὑποκει- b
μένης τῆς Εὐβοίας ὑπὸ τὴν Ἀττικήν, ἣ καὶ πρὸς τὴν ἀρχὴν
τὴν τῆς θαλάττης εὐφυῶς εἶχεν καὶ τὴν ἄλλην ἀρετὴν ἁπασῶν

Staatsaltert. I, p. 419 ff. — 107, 5.
τούτων, dafür, daſs wir nicht
durch Habsucht geleitet wurden. —
ἔχοντες. Isokr. beginnt, als wollte
er als Endverbum οὐκ ἐπήρθημεν
folgen lassen, läſst aber dann ana-
koluthisch die aktive Konstruktion
eintreten, sodaſs die Nominative
als absolute erscheinen. Ganz ähn-
lich 12, 118 αἱ μὲν οὖν αἰτίαι, δι'
ἃς μετέλαβον τὴν πολιτείαν τὴν
ὑπό τινων ψεγομένην ἀντὶ τῆς ὑπὸ
πάντων ἐπαινουμένης, διὰ μακρο-
τέρων μὲν αὐτὰς διῆλθον. Plat.
de legg. V p. 739 D ἢ μὲν δὴ τοι-
αύτη πόλις, εἴτε που θεοὶ ἢ παῖδές
θεῶν αὐτὴν οἰκοῦσι πλείους ἑνός,
οὕτω διαζῶντες εὐφραινόμενοι κα-
τοικοῦσι, wo man κατοικεῖται er-
wartet. Vergl. Stallbaum z. d. St.
— 107, 6. ὡς πρὸς τὸ πλῆθος,
wenigstens im Vergleich mit
der Menge, wie Thuk. 3, 113, 6
ἄπιστον τὸ πλῆθος λέγεται ἀπολέ-
σθαι ὡς πρὸς τὸ μέγεθος τῆς
πόλεως. Lukian. Tim. 15, 42,
Char. 7 und sonst, wo angedeutet
werden soll, daſs eine Behauptung
nicht absolut gültig sei, sondern
nur relativ inbezug auf die -ob-
waltenden Verhältnisse; hier: „das
kleinste, wie man sagen kann in-
bezug auf das Verhältnis, das
zwischen der Gröſse des Landes u.
der Einwohnerzahl stattfindet."
Ebenso Thuk. 4, 84, 2 ἦν δὲ οὐδὲ
ἀδύνατος, ὡς Λακεδαιμόνιος (we-
nigstens als L.), εἰπεῖν, und in
ähnlicher Weise öfter (S. Schäfer
ad Longi Pastor. p. 428), wie ut,
z. B. Cic. Cat. mai. 4, 12 (erant in
Fabio) multae etiam ut in homine
Romano literae (cf. Kritz ad Sal-
lust. Catil. 59, 2). — πολιτῶν.
Eigentliche Bürger (mit Weibern
und Kindern) gab es in jener Zeit

etwa 90,000; Isokr. denkt aber wohl
hier an die Gesamtbevölkerung,
welche auf 500,000 Seelen ange-
schlagen werden kann (Boeckh l.
l. I, S. 49), was bei beinahe
40 Quadratmeilen, der Gröſse
Attikas, 12,500 Seelen auf eine
Quadratmeile geben würde. — 107,
7. τριήρεις. Noch im Jahre 356
betrug die Zahl der gröſseren
Schiffe Athens 383; s. Boeckhs
Seeurk. S. 79. Gilbert Staatsaltert.
I, p. 309.
108, 2. ὑπὸ τὴν Ἀ., im Bereich
von A., wie ὑπό mit dem Accusat.
(auch bei Verbis der Ruhe) oft von
unmittelbarer, beherrschender Nähe
gebraucht wird. Vergl. Plut. C.
Gracch. 12 μετῴκησεν εἰς τὸν ὑπὸ
τὴν ἀγορὰν τόπον. S. Held ad
Plut. Aemil. p. 198. — 108, 3.
εἶχεν, nicht ἔχει, obwohl die Be-
merkung auch noch für die Gegen-
wart des Redenden gilt; aber das
ist hier gleichgültig und es kommt
die Sache hier nur insofern inbe-
tracht, als sie in der Vergangen-
heit stattfand. Ähnlich steht das
Imperfectum oft bei Lokalangaben,
wie Xenoph. Hellen. 2, 1, 21
ἐκεῖθεν ἔπλευσαν εἰς Αἰγὸς ποτα-
μοὺς ἀντίον τῆς Λαμψάκου· διεῖχε
δὲ ὁ Ἑλλήσποντος ταύτῃ σταδίους
ὡς πεντεκαίδεκα. Anab. 4, 8, 1
ἀφίκοντο ἐπὶ τὸν ποταμόν, ὃς
ὥριζε τὴν χώραν (vergl. Krüger
zu Anab. 1, 4, 9). Caes. b. G. 1, 6,
1 mons autem altissimus impen-
debat. — ἀρετήν, Güte, von
der Fruchtbarkeit (die für Euboea
Herod. 5, 31, 2 anerkennt Εὐβοίῃ,
νήσῳ μεγάλῃ τε καὶ εὐδαίμονι)
eines Landes 11, 14 τῇ μὲν ἀρετῇ
καὶ τῇ φύσει τῆς χώρας, auch Herod.
7, 5, 2 Εὐρώπη ἀρετὴν ἄκρη,
Thuk. 1, 2, 2, Plat. Kriti. 117 B

τῶν νήσων διέφερεν, κρατοῦντες αὐτῆς μᾶλλον ἢ τῆς ἡμετέ-
ρας αὐτῶν, καὶ πρὸς τούτοις εἰδότες καὶ τῶν Ἑλλήνων καὶ
τῶν βαρβάρων τούτους μάλιστ᾽ εὐδοκιμοῦντας, οἳ τοὺς
ὁμόρους ἀναστάτους ποιήσαντες ἄφθονον καὶ ῥᾴθυμον αὑ-
τοῖς κατεστήσαντο τὸν βίον, ὅμως οὐδὲν τούτων ἡμᾶς ἐπῆρεν
109 περὶ τοὺς ἔχοντας τὴν νῆσον ἐξαμαρτεῖν, ἀλλὰ μόνοι δὴ τῶν c
μεγάλην δύναμιν λαβόντων περιείδομεν ἡμᾶς αὐτοὺς ἀπορω-
τέρως ζῶντας τῶν δουλεύειν αἰτίαν ἐχόντων. καίτοι βουλό-
μενοι πλεονεκτεῖν οὐκ ἂν δή που τῆς μὲν Σκιωναίων γῆς
ἐπεθυμήσαμεν, ἣν Πλαταιέων τοῖς ὡς ἡμᾶς καταφυγοῦσι φαι-
νόμεθα παραδόντες, τοσαύτην δὲ χώραν παρελίπομεν, ἢ πάντας
ἂν ἡμᾶς εὐπορωτέρους ἐποίησεν.   d
110   (λβ΄.) Τοιούτων τοίνυν ἡμῶν γεγενημένων καὶ τοσαύ-
την πίστιν δεδωκότων ὑπὲρ τοῦ μὴ τῶν ἀλλοτρίων ἐπιθυμεῖν
τολμῶσι κατηγορεῖν οἱ τῶν δεκαρχιῶν κοινωνήσαντες καὶ

---

u. sonst. — 108, 4. κρατοῦντες,
obwohl wir es in unserer Ge-
walt hatten, sodafs wir es jeden
Augenblick hätten in Besitz nehmen
und behaupten können. — αὐτῆς
ist der Deutlichkeit wegen hinzu-
gesetzt, obwohl es fehlen sollte,
da ὑποκειμένης τῆς Εὐβοίας vor-
ausgeht; ähnlich ist nach dem
Gen. abs. das Pronomen gesetzt
§ 148 und 12, 166 πολλῶν δὲ
γιγνομένων τῶν ταῦτα βουλομένων,
στρατόπεδα συνιστάντες, ἐξ αὐτῶν
— τοὺς Ἕλληνας κατῴκιζον, 9, 55
τῶν στρατηγῶν — ἀπορούντων —
ἐδίδασκον — αὐτούς. — μᾶλλον.
Athen war durch seine Flotte, den
Hauptbestandteil seiner Kriegs-
macht, mehr geeignet eine Insel
vor feindlichen Angriffen zu schützen
als das eigene im Norden offen
liegende Land. — τῆς ἡμετέρας.
S. zu § 99. — 108, 6. τούτους
μ. εὐ., οἳ cf. Krit. Anh.
109, 2. ἀπορωτέρως, statt des
regulären ἀπορώτερον, wie Isokr.
εὐμενεστέρως § 43, ἀθυμοτέρως
§ 116, ἐρρωμενεστέρως § 163 und
172, φιλοτιμωτέρως 9, 5 und ähn-
liches sonst sagt (cf. Dindorf u.
Baiter ad h. l., worunter μειζόνως
9, 21. 11, 24. 15, 39). Vergl.
Frohwein in Curtius Stud. I, 1

(1868) p. 88—99. Über die Dürf-
tigkeit, in der die Mehrzahl der
Bürger in Athen lebte, vergl. 7,
54 u. 8, 46. — 109, 3. δουλεύειν
αἰτίαν ἐχόντων, als die, denen
man nachsagte, dafs sie
Sklaven seien, nämlich die Be-
wohner der Gebiete, welche wir
durch Kleruchien in Besitz nahmen,
wie wir es mit ganz Euboea hätten
thun können. Über αἰτίαν ἔχειν,
perhiberi, vergl. Plat. Phaedr.
p. 249 E αἰτίαν ἔχει ὡς μανικῶς
διακείμενος, und sonst, wo der
Begriff der Schuld ganz verschwin-
det. cf. Stallbaum ad Plato. de
republ. IV p. 435 E. Anders 5, 7
(S. zu 7, 58). Dafs übrigens der
Ausdruck δουλεία oder καταδού-
λωσις von den Bundesgenossen,
welche ihre Selbständigkeit ver-
loren und besonders welche Kleru-
chien erhielten, gebräuchlich war,
lehrt Boeckh, Staatsh.³ I p. 485. —
109, 5. Πλαταιέων, nämlich den
212 von diesen, welche noch vor
der Zerstörung von Plataeae durch
die Peloponnesier und Boeotier
(i. J. 427) nach Attika entkamen.
cf. Thuk. 5, 32 und Diodor. 12, 76.
110, 3. δεκαρχιῶν, jener aus
je 10 der entschiedensten Aristo-
kraten bestehenden Regierungs-

τὰς αὑτῶν πατρίδας διαλυμηνάμενοι, καὶ μικρὰς μὲν ποιή-
σαντες δοκεῖν εἶναι τὰς τῶν προγεγενημένων ἀδικίας, οὐδε-
μίαν δὲ λιπόντες ὑπερβολὴν τοῖς αὖθις βουλομένοις γενέ-
σθαι πονηροῖς, ἀλλὰ φάσκοντες μὲν λακωνίζειν, τἀναντία e
δ' ἐκείνοις ἐπιτηδεύοντες, καὶ τὰς μὲν Μηλίων ὀδυρόμενοι
συμφοράς, περὶ δὲ τοὺς αὑτῶν πολίτας ἀνήκεστα τολμήσαν-
111 τες ἐξαμαρτεῖν. ποῖον γὰρ αὐτοὺς ἀδίκημα διέφυγεν; ἢ τί
τῶν αἰσχρῶν ἢ δεινῶν οὐ διεξῆλθον; οἳ τοὺς μὲν ἀνομωτά- 64
τους πιστοτάτους ἐνόμιζον, τοὺς δὲ προδότας ὥσπερ εὐεργέ-
τας ἐθεράπευον, ᾑροῦντο δὲ τῶν Εἱλώτων ἑνὶ δουλεύειν ὥστ'
εἰς τὰς αὑτῶν πατρίδας ὑβρίζειν, μᾶλλον δ' ἐτίμων τοὺς
αὐτόχειρας καὶ φονέας τῶν πολιτῶν ἢ τοὺς γονέας τοὺς
112 αὑτῶν, εἰς τοῦτο δ' ὠμότητος ἅπαντας ἡμᾶς κατέστησαν,
ὥστε πρὸ τοῦ μὲν διὰ τὴν παροῦσαν εὐδαιμονίαν καὶ ταῖς

---

kommissionen, welche Lysander zu
Ende des peloponnesischen Krieges
überall einsetzte und unter der
Aufsicht eines spartanischen Har-
mosten und dem Schutze einer
spartanischen Besatzung ihre Vater-
städte regieren ließ; vergl. Schoe-
mann Antiquit. p. 433 n. 7. Gilbert
Staatsaltert. I, p. 92. Ihrer Grau-
samkeit gedenkt Isokr. auch 5, 95
und 12, 54, 68. — 110, 4. μικρὰς
κ. τ. λ. Vergl. 16, 34 τὰς τῶν
προτέρων εὐτυχίας μικρὰς πρὸς
τὰς αὑτοῦ δόξας ποιήσας. — 110,
6. λιπόντες ὑπερβ., s. zu 9, 1.
— 110, 7. πονηροῖς, über den
Dativ s. zu 9, 75. — λακωνίζειν,
nicht: „in politischer Beziehung
mit den L. es halten," wie 8, 108.
12, 155, 14, 30. 15, 318, sondern:
„den L. in ihrer alten strengen
Zucht nachahmen," besonders in
Beziehung auf ihre σωφροσύνη und
πειθαρχία (S. 12, 111). — 110, 8.
ἐκείνοις i. e. τοῖς Λάκωσι. Vergl.
21, 12 δεινότερον ἦν πλουτεῖν ἢ
ἀδικεῖν· οἱ μὲν γὰρ τὰ ἀλλότρια
ἐλάμβανον, οἱ δὲ τὰ σφέτερ' αὑ-
τῶν ἀπώλλυον, und mehr zu 1, 21.
— Μηλίων. S. zu § 100.
    111, 1. διέφυγεν, ließen sie
sich entgehen, wie § 187 und
15, 140, in welchem Sinne ἐκφεύ-
γειν häufiger ist, wie in dem De-

mosthenischen ἐκφεύγει με τὰ
πράγματα, worüber Franke ad
Demosth. 3, 3. — 111, 2. οὐ διεξ-
ῆλθον, haben sie nicht voll-
führt; vergl. Plat. de republ. III,
p. 409 A πάντα ἀδικήματα διεξελη-
λυθέναι. — οἵ. S. zu 9, 49. —
111, 4. Εἱλώτων ἑνί, dem Ly-
sander, welcher die Dekarchien
eingesetzt hatte, s. zu § 110; vergl.
Nepos Lys. 2 decemvirali potestate
in omnibus urbibus constituta ipsius
nutu omnia gerebantur. Lysander,
der Sohn des Herakliden Aristo-
kleitos (Plut. Lys. 2, 1) wird ein
μόθαξ oder μόθων genannt (Phy-
larch. ap. Athen. VI p. 271 F),
muß also von mütterlicher Seite
her dem Helotenstande angehört
haben, aus dem er durch seine
Erziehung mit freien Kindern zum
Bürgerrecht gelangte; s. Schoemann
Antiquit. p. 112. — ὥστε. S. zu
§ 83. — 111, 6. αὐτόχειρας καὶ
φονέας, die Mörder und Tot-
schläger. [cf. Krit. Anh.] Über
die Verbindung von Synonymen
zur Verstärkung des Begriffs s.
zu 7, 12; über die Paronoiosis in
φονέας — γονέας, s. zu 1, 16.
    112, 2. ὥστε πρὸ τοῦ μέν,
daß, während vordem.....,
wie in gleicher Verbindung 8, 85
τοσοῦτον δὲ διήνεγκαν ἀνοίᾳ πάν-

μικραῖς ἀτυχίαις πολλοὺς ἕκαστον ἡμῶν ἔχειν τοὺς συμπεν-
θήσοντας, ἐπὶ δὲ τῆς τούτων ἀρχῆς διὰ τὸ πλῆθος τῶν οἰ- b
κείων κακῶν ἐπαυσάμεθ᾽ ἀλλήλους ἐλεοῦντες. οὐδενὶ γὰρ
τοσαύτην σχολὴν παρέλιπον, ὥσθ᾽ ἑτέρῳ συναχθεσθῆναι.
113 τίνος γὰρ οὐκ ἐφίκοντο; ἢ τίς οὕτω πόρρω τῶν πολιτικῶν
ἦν πραγμάτων, ὅστις οὐκ ἐγγὺς ἠναγκάσθη γενέσθαι τῶν
συμφορῶν, εἰς ἃς αἱ τοιαῦται φύσεις ἡμᾶς κατέστησαν; εἶτ᾽
οὐκ αἰσχύνονται τὰς αὐτῶν πόλεις οὕτως ἀνόμως διαθέντες, c
καὶ τῆς ἡμετέρας ἀδίκως κατηγοροῦντες, ἀλλὰ πρὸς τοῖς
ἄλλοις καὶ περὶ τῶν δικῶν καὶ τῶν γραφῶν τῶν ποτε παρ᾽

των ἀνθρώπων, ὥστε τοὺς μὲν
ἄλλους αἱ συμφοραὶ συστέλλουσι
καὶ ποιοῦσιν ἐμφρονεστέρους, ἐκεῖ-
νοι δ᾽ οὐδ᾽ ὑπὸ τούτων ἐπαιδεύ-
θησαν (S, zu 1, 12). Hier wechselt
zugleich die Konstruktion von
ὥστε, indem auf den Infin. der
Indik. ἐπανσάμεθα folgt. Ähnlich
(Lys.) 2, 36 οἷς τοσοῦτον πανταχό-
θεν περιειστήκει πλῆθος πολεμίων,
ὥστε ἐλάχιστον μὲν αὐτοῖς εἶναι
τῶν παρόντων κακῶν τὸν θάνατον
τὸν αὐτῶν προειδέναι, μεγίστην δὲ
συμφορὰν ὑπὸ τῶν βαρβάρων εὐ-
τυχησάντων τοὺς ὑπεκτεθέντας ἤλ-
πιζον πείσεσθαι (cf. Klotz Quaest.
crit. p. 15). Anderer Art ist Isokr.
19, 27 τοιαῦτα δ᾽ ἔπασχεν ὥσθ᾽
ἡμᾶς μηδεμίαν ἡμέραν ἀδακρύτους
διαγαγεῖν, ἀλλὰ θρηνοῦντες διετε-
λοῦμεν τοὺς πόνους, wo aus der
abhängigen Rede in die unab-
hängige übergegangen wird; über
solche Fälle s. Poppo ad Thuk.
5, 14. — 112, 3. τοὺς συμπ.
Über das Part. Fut. s. zu § 98.
113, 1. τίνος ist Masculin.; vergl.
12, 227 Τριβαλλοὺς ἅπαντές φασιν
ἀπολλύναι οὐ μόνον τοὺς ὁμόρους
ἀλλὰ καὶ τοὺς ἄλλους, ὅσων ἂν
ἐφικέσθαι δυνηθῶσιν. — οὕτω
πόρρω κ. τ. λ. stand dem öf-
fentlichen Leben so fern; s.
zu § 16. — 113, 2. ὅστις = ὥστε.
S. zu 9, 35. — 113, 3. φύσεις,
Kreaturen; vergl. 20, 11 αὗται
γὰρ αἱ φύσεις εἰσὶν αἱ παραδοῦσαι
τὴν δύναμιν τὴν ἡμετέραν τοῖς
πολεμίοις. Aeschin. 1, 191 ἐξαι-
ρεῖτ᾽ οὖν ὦ Ἀθηναῖοι τὰς τοιαύτας

φύσεις. — εἶτ᾽ οὐκ αἰσχύν.,
und doch schämen sie sich
nicht; εἶτα steht oft, wo man Un-
willen und Verwunderung äußert
über ein Verhalten, statt dessen
man nach den obwaltenden Ver-
hältnissen gerade das Entgegen-
gesetzte hätte erwarten sollen.
Vergl. 19, 30 τετόλμηκεν ἀμφισβη-
τεῖν τῶν χρημάτων ἢ μηδ᾽ ἐπισκέ-
ψασθαι πώποτ᾽ αὐτὸν ἀξιώσασα —,
εἶτα νῦν αὐτὸν ἀδελφίζειν ἐπιχειρή-
σουσιν. Häufiger steht in diesem
Sinne εἶτα oder ἔπειτα (κᾆτα, κᾆ-
πειτα) in der Frage wie 16, 43;
vergl. Rehdantz zu Demosth. Ind.²
p. 218. — 113, 4. διαθέντες,
nachdem sie in solche ge-
setzlose Zustände gebracht;
denn dies Particip ist Apposition
zum Subjekte, während κατηγο-
ροῦντες das Objekt zu αἰσχύνονται
bildet; καί ist also: sogar. —
113, 6. περὶ τῶν δικῶν καὶ
τῶν γραφῶν, über die Privat-
und die öffentlichen Klagen;
jene, auch δίκαι ἴδιαι genannt,
haben zum Gegenstande die Ver-
letzung eines bloß individuellen
Interesses, diese, die auch δίκαι
δημόσιαι heißen, eine Verletzung,
die den Einzelnen und den Staat zu-
gleich traf, also Staats- und Krimi-
nalverbrechen. S. Meier und Schoe-
mann, attischer Prozeß, S. 162 f.
(= 196 f. Lips.) — ποτέ, nämlich
zur Zeit der attischen Hegemonie,
wo die Bundesgenossen gehalten
waren in Athen sich Recht sprechen
zu lassen; vergl. 12, 63 und 66,

ἡμῖν γενομένων λέγειν τολμῶσιν, αὐτοὶ πλείους ἐν τρισὶ
μησὶν ἀκρίτους ἀποκτείναντες ὧν ἡ πόλις ἐπὶ τῆς ἀρχῆς
114 ἁπάσης ἔκρινεν. φυγὰς δὲ καὶ στάσεις καὶ νόμων συγχύσεις
καὶ πολιτειῶν μεταβολάς, ἔτι δὲ παίδων ὕβρεις καὶ γυναικῶν
αἰσχύνας καὶ χρημάτων ἁρπαγὰς τίς ἂν δύναιτο διεξελ- d
θεῖν; πλὴν τοσοῦτον εἰπεῖν ἔχω καθ᾽ ἁπάντων, ὅτι τὰ μὲν
ἐφ᾽ ἡμῶν δεινὰ ῥᾳδίως ἄν τις ἑνὶ ψηφίσματι διέλυσεν, τὰς δὲ
σφαγὰς καὶ τὰς ἀνομίας τὰς ἐπὶ τούτων γενομένας οὐδεὶς ἂν
ἰάσασθαι δύναιτο.

115   (λγ´.) Καὶ μὴν οὐδὲ τὴν παροῦσαν εἰρήνην, οὐδὲ τὴν
αὐτονομίαν τὴν ἐν ταῖς πολιτείαις μὲν οὐκ ἐνοῦσαν, ἐν δὲ

wo in gleicher Weise wie hier argumentiert wird, und das Genauere bei Boeckh, Staatshaushaltung der Athener³, I S. 475 folgd. — 113, 7. ἐν τρισὶ μησίν. Isokr. meint, schon für 3 Monate von der Herrschaft der Dekarchen kämen mehr von ihnen Gemordete heraus, als die Athener während der 70 Jahre ihrer Hegemonie verurteilt hätten; um wieviel ungünstiger müsse sich also das Verhältnis für die ganze Zeit der Dekarchien stellen. Mit Unrecht erklärte man: „in ganz kurzer Zeit" (wo es δυσὶν ἢ τρισίν heifsen müfste; s. Schoemann ad Plut. Kleom. p. 196) oder dachte an die ganze Zeit der Dekarchien, welche aber doch wohl in den einzelnen Städten nicht die nämliche war und wenigstens in Athen 8 Monate dauerte. 114, 1. φυγὰς κ. τ. λ. vergl. 12, 259 οὐδεὶς ἂν ἐπιδείξειεν οὔτε στάσιν οὔτε σφαγὰς οὔτε φυγὰς ἀνόμους γεγενημένας, οὐδ᾽ ἁρπαγὰς χρημάτων οὐδ᾽ αἰσχύνας γυναικῶν καὶ παίδων, ἀλλ᾽ οὐδὲ πολιτείας μεταβολήν κ. τ. λ. — συγχύσεις, Verletzungen, wie Antiph. 4, α, 2 συγχεῖ τὰ νόμιμα τῶν ἀνθρώπων, u. öfter; vergl. Weber ad Demosth. Aristokrat. p. 216. — 114, 4. πλήν, nisi quod, also für πλὴν ὅτι, wobei gewöhnlich das Verbum des Hauptsatzes oder ein ihm synonymes folgt, wie hier und Herod. 7, 32 ἀπέπεμπε

κήρυκας ἐς τὴν Ἑλλάδα — πλὴν οὔτε ἐς Ἀθήνας οὔτε ἐς Λακεδαίμονα ἀπέπεμπε, Hypereid. Epitaph. I, 21 Bl. φοβοῦμαι μή μοι συμβῇ τὸν λόγον ἐλάττω φαίνεσθαι τῶν ἔργων τῶν γεγενημένων· πλὴν κατ᾽ ἐκεῖνό γε πάλιν θαρρῶ, ὅτι κ. τ. λ.; seltener tritt mit Überspringung eines verbum dicendi (s. zu § 23) ein neues Verbum ein wie 5, 23 und 8, 87 τοὺς ἀποθνήσκοντας τίς ἂν ἐξαριθμήσειεν; πλὴν ἓν ἦν τοῦτο τῶν ἐγκυκλίαν, ταφὰς ποιεῖν. Sophokl. Trachin. 41 κεῖνος δ᾽ ὅπου | βέβηκεν, οὐδεὶς οἶδε. πλὴν ἐμοὶ πικρὰς | ὠδῖνας αὐτοῦ προσβαλὼν ἀποίχεται. — τοσοῦτον, nur soviel, wie 5, 28. 6, 111. 18, 45 (entsprechend dem tantum dico), aber auch τοσοῦτον μόνον 11, 5. 15, 98. S. Rehdantz zu Demosth. Ind.² p. 288. — καθ᾽ ἁπάντων, im allgemeinen, wie 12, 55 ὀλίγα καθ᾽ ἁπάντων εἰπεῖν, wo der Gegensatz καθ᾽ ἕκαστον διεξιέναι. S. noch 2, 47. 8, 35. 10, 1. 15, 107. — 114, 5. δεινά, in der Lage unserer Bundesgenossen. — διέλυσεν. Ein einziger Beschlufs in der Volksversammlung, ler das Bundesverhältnis aufgehoben hätte, hätte damit auch mit einem Male alle δεινά beseitigt, weil eben diese ohne nachhaltige Folgen waren.

115, 2. πολιτείαις, in dem Staatsleben, in den politischen Aktionen. S. zu 9, 46 und 2, 8. — Über die Stellung von μέν u. δέ

ταῖς συνθήκαις ἀναγεγραμμένην, ἄξιον ἑλέσθαι μᾶλλον ἢ e
τὴν ἀρχὴν τὴν ἡμετέραν. τίς γὰρ ἂν τοιαύτης καταστάσεως
ἐπιθυμήσειεν, ἐν ᾗ καταποντισταὶ μὲν τὴν θάλατταν κατέ-
116 χουσιν, πελτασταὶ δὲ τὰς πόλεις καταλαμβάνουσιν, ἀντὶ δὲ τοῦ
πρὸς ἑτέρους περὶ τῆς χώρας πολεμεῖν ἐντὸς τείχους οἱ.πολῖ-
ται πρὸς ἀλλήλους μάχονται, πλείους δὲ πόλεις αἰχμάλωτοι 65
γεγόνασιν ἢ πρὶν τὴν εἰρήνην ἡμᾶς ποιήσασθαι, διὰ δὲ τὴν
πυκνότητα τῶν μεταβολῶν ἀθυμοτέρως διάγουσιν οἱ τὰς πό-
λεις οἰκοῦντες τῶν ταῖς φυγαῖς ἐζημιωμένων· οἱ μὲν γὰρ τὸ
117 μέλλον δεδίασιν, οἱ δ' ἀεὶ κατιέναι προσδοκῶσιν. τοσοῦτον
δ' ἀπέχουσιν τῆς ἐλευθερίας καὶ τῆς αὐτονομίας, ὥσθ' αἱ
μὲν ὑπὸ τυράννοις εἰσίν, τὰς δ' ἁρμοσταὶ κατέχουσιν, ἔνιαι
δ' ἀνάστατοι γεγόνασιν, τῶν δ' οἱ βάρβαροι δεσπόται καθε- b
στήκασιν· οὓς ἡμεῖς διαβῆναι τολμήσαντας εἰς τὴν Εὐρώ-
πην καὶ μεῖζον ἢ προσῆκεν αὐτοῖς φρονήσαντας οὕτω διέθε-
118 μεν, ὥστε μὴ μόνον παύσασθαι στρατείας ἐφ' ἡμᾶς ποιουμέ-
νους ἀλλὰ καὶ τὴν αὐτῶν χώραν ἀνέχεσθαι πορθουμένην,
καὶ διακοσίαις καὶ χιλίαις ναυσὶν περιπλέοντας εἰς τοσαύτην
ταπεινότητα κατεστήσαμεν, ὥστε μακρὸν πλοῖον ἐπὶ τάδε

---

s. zu 7, 44. — 115, 3. ἀναγε-
γραμμένην. Die Hauptbestim-
mung des antalkidischen Friedens
war: τὰς Ἑλληνίδας πόλεις, καὶ
μικρὰς καὶ μεγάλας, αὐτονόμους
ἀφεῖναι, Xenoph. Hellen. 5, 1, 31.
— 115, 5. καταποντισταί, See-
räuber, mit λῃσταί 12, 226, De-
mosth. 23, 166, Lukian. de merc.
cond. 24 verbunden. Solche mach-
ten die Meere unsicher, seitdem
die Flotten der Athener nicht mehr
beständig die Meere befuhren im
Verkehr mit συμμάχοις. — 115, 6.
πελτασταί, Söldner, welche
nicht blofs wenn sie entlassen
waren, sondern auch wo sie noch
unter den Waffen standen, eine
Plage für Griechenland waren:
vergl. Ep. 9, 9 τὰς πόλεις τὰς Ἑλ-
ληνίδας, εἰς ἣν ἂν εἰσέλθωσιν, ἀνα-
στάτους ποιοῦσι, τοὺς μὲν ἀποκτεί-
νοντες, τοὺς δὲ φυγαδεύοντες, τῶν
δὲ τὰς οὐσίας διαρπάζοντες, ἔτι δὲ
παῖδας καὶ γυναῖκας ὑβρίζοντες,
und die Stellen bei Weber ad

Demosth. Aristokrat. p. 407. Als
Söldner dienten vorzugsweise πελ-
τασταί; dafs man auch zu Hopliten
Fremde nahm, tadelt Isokr. 8, 48
bitter. Hier wird wohl zunächst
an die Besetzung der Kadmea ge-
dacht.
116, 3. αἰχμάλωτοι, nicht blofs
von Menschen, sondern wie hier
von Städten (vergl. 15, 125 τὰς
δοριαλώτους τῶν πόλεων), so 6, 19
neben δοριάλωτος von einem Lande.
— 116, 4. τὴν εἰρήνην, der doch
den Staaten Freiheit hatte geben
sollen. — 116, 5. ἀθυμοτέρως.
S. zu § 109.
117, 1. τοσοῦτον ἀπέχουσιν,
tantum abest, ut. S. zu 7, 31. —
117, 3. ὑπὸ τυράννοις. S. § 125
extr. — ἁρμοσταί. S. zu § 110.
— 117, 4. ἀνάστατοι. S. § 126,
und über den Ausdruck zu 7, 69.
— δεσπόται. S. § 122.
118, 3. διακοσίαις καὶ χ. S.
zu § 93. — 118, 4. ὥστε κ. τ. λ.
Was Isokr. hier und 7, 80 einfach

Φασήλιδος μὴ καθέλκειν, ἀλλ᾽ ἡσυχίαν ἄγειν, καὶ τοὺς και- c ροὺς περιμένειν, ἀλλὰ μὴ τῇ παρούσῃ δυνάμει πιστεύειν.
119 *καὶ ταῦθ᾽ ὅτι διὰ τὴν τῶν προγόνων τῶν ἡμετέρων ἀρετὴν οὕτως εἶχεν, αἱ τῆς πόλεως συμφοραὶ σαφῶς ἐπέδειξαν· ἅμα γὰρ ἡμεῖς τε τῆς ἀρχῆς ἀπεστερούμεθα καὶ τοῖς Ἕλλησιν ἀρχὴ τῶν κακῶν ἐγίγνετο. μετὰ γὰρ τὴν ἐν Ἑλλησπόντῳ γενομένην ἀτυχίαν ἑτέρων ἡγεμόνων καταστάντων ἐνίκησαν*

als ein stillschweigendes Zugeständnis der Perser erscheinen läfst, wird § 120 und 12, 59 seq. und ebenso bei Demosth. 19, 273 und Lykurg. Leokrat. 73 betrachtet als Folge eines wirklich abgeschlossenen Friedens, des sogenannten Kimonischen, der, an sich unwahrscheinlich, von Herod. Thuk. Xenoph. nicht erwähnt, von Theopompos bei Harpokrat. p. 39, 22, Bekk. u. Kallisthenes bei Plut. Kim. 13 als eine historische Fiktion bezeichnet, von attischen Panegyristen nach dem antalkidischen Frieden erdichtet wurde, um ein für Athen rühmliches Gegenstück zu dem Sparta schändenden antalkidischen Frieden zu haben, indem man die thatsächlichen Folgen von Kimons Sieg am Eurymedon (465 v. Chr.) als Folgen eines Friedensschlusses nahm; s. Krüger, historisch-philol. Studien, S. 74 ff. und Rehdantz zu Lykurg. Anh. 3 S. 174 ff. A. Schmidt, Das Perikleische Zeitalter I. Anh. II. Der neueste Versuch, ihm historische Existenz zu sichern (s. E. Müller Rhein. Museum XIV (1859) S. 151 u. flgd. über die neuere Litteratur cf. Sybels Zeitschrift XI p. 189 seqq. und Rehdantz l. c.), ist nicht überzeugend; s. zu § 120. — 118, 4. *ἐπὶ τάδε Φ.*, diesseits Ph., wie 7, 80. 12, 59 s. zu 9, 6. Phaselis war Grenzstadt zwischen Lykien und Pamphylien. — 118, 5. *τοὺς καιροὺς*, mit dem Artikel: den dazu geeigneten, passenden Augenblick.

119, 2. *ἅμα — τε — καί*, sobald — da, wie § 157 u. sonst oft. Vergl. Fuhr Rhein. Mus. XXXIII (1878) S. 357. 598. — 119, 8. *τῆς*

ἀρχῆς, die Seehegemonie. In anderem Sinne folgt unmittelbar *ἡ ἀρχή*, wie 5, 61 *τότε τὴν ἀρχὴν αὐτοῖς γίγνεσθαι τῶν παρόντων κακῶν, ὅτε τὴν ἀρχὴν τῆς θαλάττης ἐλάμβανον,* und 8, 101 *τότε τὴν ἀρχὴν αὐτοῖς γεγενῆσθαι τῶν συμφορῶν, ὅτε τὴν ἀρχὴν τῆς θαλάττης παρελάμβανον,* eine Paronomasie, welche hier der Sucht nach Antithesen ihren Ursprung verdankt, aber auch sonst sich findet und nicht befremdlich ist bei so vieldeutigen Wörtern wie *ἀρχή* (daher auch 3, 28 und Lukian. Dial. mort. 12, 2 *μηδὲν ἐξ ἀρχῆς ὄντες — δύναμίν τε περιβαλόμενοι καὶ ἄξιοι δόξαντες ἀρχῆς), λόγος* (Isokr. 12, 22 *πολλοὺς λόγους ποιούμενος περὶ ἀνθρώπων, οὓς μηδεὶς ὑπείληφεν ἀξίους εἶναι λόγου.* Vergl. Herod. 2, 115, 2 und Lobeck ad Sophocl. Aiac. v. 277 extr.), *χάρις* (Isokr. Ep. 4, 6), *αἰτία* (Isokr. Ep. 6, 3), *τιμή* (Isokr. 4, 178), *πρᾶγμα* (Isokr. 9, 41 u. 42), *βίος* (Herod. 1, 30, 3) *ποιεῖν* (Isokr. 9, 36), *λέγεσθαι* (Hom. Od. 4, 451 sqq.. u. ll. 13, 275 sq.), *ἐλαύνειν* (Hom. Il. 20, 269 seqq.), *ἡγεῖσθαι* (Xenoph. Anab. 3, 1, 25 u. 5, 4, 20), vgl. Rehdantz zu Demosth. Ind.[1] p. 189 u. über die nämliche Freiheit im Lateinischen Klotz zu Ciceros sämtlichen Reden II p. 751 und 863. — 119, 5. *ἀτυχίαν,* Die Schlacht bei Aigospotamoi; s. zu 7, 64. — *ἑτέρων*, der Lakedaimonier. — *ἐνίκησαν,* bei Knidos, 394 v. Chr. cf. § 142. Im folgenden Jahre segelten Pharnabazos und Konon nach Lakonien, verwüsteten Pherae und andere Küstenorte, besetzten Kythera und segelten an der Küste

5*

68 (IV) ΙΣΟΚΡΑΤΟΥΣ

μὲν οἱ βάρβαροι ναυμαχοῦντες, ἦρξαν δὲ τῆς θαλάττης, κατέ- d
σχον δὲ τὰς πλείστας τῶν νήσων, ἀπέβησαν δ' εἰς τὴν Λα-
κωνικήν, Κύθηρα δὲ κατὰ κράτος εἷλον, ἅπασαν δὲ τὴν Πε-
120 λοπόννησον κακῶς ποιοῦντες περιέπλευσαν. (λδ'.) Μάλιστα
δ' ἄν τις συνίδοι τὸ μέγεθος τῆς μεταβολῆς, εἰ παραναγνοίη
τὰς συνθήκας τάς τ' ἐφ' ἡμῶν γενομένας καὶ τὰς νῦν ἀναγε-
γραμμένας. τότε μὲν γὰρ ἡμεῖς φανησόμεθα τὴν ἀρχὴν τὴν
βασιλέως ὁρίζοντες καὶ τῶν φόρων ἐνίους τάττοντες καὶ κω- e
λύοντες αὐτὸν τῇ θαλάττῃ χρῆσθαι· νῦν δ' ἐκεῖνός ἐστιν
ὁ διοικῶν τὰ τῶν Ἑλλήνων, καὶ προστάττων ἃ χρὴ ποιεῖν
ἑκάστους, καὶ μόνον οὐκ ἐπιστάθμους ἐν ταῖς πόλεσιν καθι-

hin bis zum Isthmos von Korinth. S. Xenoph. Hellen. 4, 8, 7 seq.

120, 3. ἐφ' ἡμῶν, zu unserer Zeit, während unserer Hegemonie, im Gegensatz zu τὰς νῦν γ., dem antalkidischen Frieden. Vergl. 14, 40 τὰ ἐφ' ἡμῶν γενόμενα. S. zu 9, 5. [cf. Krit. Anh.] Übrigens zeigt der Ausdruck συνθήκας hier und 12, 60 deutlich, daſs Isokr. an einen kimonischen Friedensschluſs glaubte; er hielt also auch die Säule, auf der die Bestimmungen dieses Friedens standen, für alt und echt, welche Theopomp für untergeschoben erklärte, weil sie in dem erst im Jahre 403 v. Chr. unter dem Archon Eukleides eingeführten ionischen Alphabete geschrieben war; s. Harpokrat. l. l. — 120, 5. ὁρίζοντες. Ähnlich von derselben Sache Lykurg. Leokrat. 73 ὅρους τοῖς βαρβάροις πήξαντες καὶ τούτους κωλύσαντες ὑπερβαίνειν. Die Grenze ist nach § 118 Phaselis, wozu 7, 80 und 12, 59 noch der Halysfluſs kommt. — τῶν φόρων ἐνίους τάττοντες kann mit Benseler von einzelnen durch die Athener persischen Städten auferlegten und an Athen zu bezahlenden Kontributionen verstanden werden; denn das müſste doch wohl φόρους ἐνίοις τάττοντες heiſsen; vielmehr sagt Isokr.: „wir bestimmten die Höhe einiger Tribute, welche dem Perserkönige unterworfene Städte an diesen zu bezahlen haben

sollten," wie E. Müller im Rhein. Museum l. l. richtig erklärt; er irrt jedoch, wenn er hiermit die Existenz des kimonischen Friedensschlusses erwiesen glaubt; denn wie aus dem Umstande, daſs die Perser über Phaselis nicht hinaussegelten, eine Friedensbestimmung dieser Art erdichtet wurde, so konnte auch das Verfahren der Perser, wonach sie von den ihnen unterworfenen kleinasiatischen Städten nur den alten, einst von Artaphernes festgesetzten Tribut forderten, ohne ihn bei dem steigenden Wohlstande der Städte zu erhöhen (s. Boeckhs Staatsh[3]. II. S. 417), als Folge eines desfallsigen Friedensartikels betrachtet werden. [cf. Krit. Anh.] — 120, 6. τῇ θαλάττῃ χρ., das Meer zu befahren (S. § 118), wie Thuk. 1, 3, 5; Plnt. Perikl. 26, 2 und mari uti Caes. b. G. 3, 8. — 120, 7. διοικῶν τ. τ. Ἑ. καὶ προστ. Der antalkidische Frieden, in welchem der Perserkönig groſsen wie kleinen Städten Autonomie garantierte, muſste ihm bei dem bald von neuem hervortretenden Bestreben der gröſseren Staaten, die kleineren zu unterjochen, Gelegenheit geben sich in die inneren Angelegenheiten Griechenlands zu mischen. — 120, 8. μόνον οὐκ, tantum non, beinahe schon, wie 15, 38 τοὺς ἀπὸ τῶν συμβολαίων ζῶντας ἴδοιτ' ἂν μόνον οὐκ ἐν τοῖς δικαστηρίοις οἰκοῦντας, und

121 στάς. πλὴν γὰρ τούτου τί τῶν ἄλλων ὑπόλοιπόν ἐστιν; οὐ 66 καὶ τοῦ πολέμου κύριος ἐγένετο καὶ τὴν εἰρήνην ἐπρυτάνευσεν καὶ τῶν παρόντων πραγμάτων ἐπιστάτης καθέστηκεν; οὐχ ὡς ἐκεῖνον πλέομεν ὥσπερ πρὸς δεσπότην ἀλλήλων κατηγορήσοντες; οὐ βασιλέα τὸν μέγαν αὐτὸν προσαγορεύομεν ὥσπερ αἰχμάλωτοι γεγονότες; οὐκ ἐν τοῖς πολέμοις τοῖς πρὸς ἀλλήλους ἐν ἐκείνῳ τὰς ἐλπίδας ἔχομεν τῆς σωτηρίας, ὃς ἀμφοτέρους ἡμᾶς ἡδέως ἂν ἀπολέσειεν;

122 Ὧν ἄξιον ἐνθυμηθέντας ἀγανακτῆσαι μὲν ἐπὶ τοῖς πα- b ροῦσιν, ποθέσαι δὲ τὴν ἡγεμονίαν τὴν ἡμετέραν, μέμψασθαι δὲ Λακεδαιμονίους, ὅτι τὴν μὲν ἀρχὴν εἰς τὸν πόλεμον κατέστησαν ὡς ἐλευθερώσοντες τοὺς Ἕλληνας, ἐπὶ δὲ τελευτῆς οὕτω πολλοὺς αὐτῶν ἐκδότους ἐποίησαν, καὶ τῆς μὲν ἡμετέρας πόλεως τοὺς Ἴωνας ἀπέστησαν, ἐξ ἧς ἀπῴκησαν καὶ δι' ἣν πολλάκις ἐσώθησαν, τοῖς δὲ βαρβάροις αὐτοὺς ἐξέδοσαν, c ὧν ἀκόντων τὴν χώραν ἔχουσιν καὶ πρὸς οὓς οὐδὲ πώποτ'

---

sonst oft. — ἐπιστάθμους, Statthalter, wie § 162 Ἑκατόμνως ὁ Καρίας ἐπίσταθμος, dem spartanischen ἁρμοστής entsprechend; s. Bekkeri Anecdot. I p. 253.

121, 1. ὑπόλοιπον, unterblieben, von ihm nicht gethan. — 121, 2. ἐπρυτάνευσεν, führte den Vorsitz bei den Friedensunterhandlungen, wie Dionys. Hal. art. rhet. 1, 7 ὁ τὴν εἰρήνην πρυτανεύων und sonst (cf. Jacob ad Lukian. Toxar. p. 147), gleichwie in Athen die πρυτάνεις den Vorsitz bei den Verhandlungen in der βουλή hatten, jeden Tag ein aus ihrer Mitte durchs Los erwählter ἐπιστάτης (cf. 5, 71); vergl. Hermann, Staatsaltert. § 127, Schoemann Antiquit. p. 216 seq.

122, 2. μέμψασθαι, mit dem Akkusativ [cf. Krit. Anh.] wie 7, 72. 12, 8. 15, 87, 251, (coll. Schoemann ad Plut. Kleom. p. 233) mit d. Dat. nur 3, 11. — 122, 3. ἀρχήν, ursprünglich, wie 3, 28. 10, 29. 11, 25. 18, 14, (vergl. Rehdantz zu Lykurg. p. 157) auch ἐν ἀρχῇ wie 6, 103 und κατ' ἀρχάς 6, 17. 9, 10. — εἰς τὸν πόλεμον, den

peloponnesischen. Über κατέστησαν s. zu 9, 30. — 122, 5. ἐκδότους, an Persien durch den antalkidischen Frieden. — 122, 6. Ἴωνας, in den kleinasiatischen Kolonien. — ἀπῴκησαν. S. § 34 seq. — 122, 7. πολλάκις, mehr als einmal, nämlich durch die Ansiedelung in Kleinasien (S. § 35 extr.) und durch die Perserkriege. In diesem beschränkteren Sinne steht πολλάκις oft (vergl. 9, 78), besonders in hypothetischen Sätzen, wie bei Aristoph. Ekkles. 791 σεισμὸς εἰ γένοιτο πολλάκις, — παύσαιντ' ἂν εἰσφέροντες, und oft bei Plato (cf. Stallbaum ad Phaedo. p. 60 E), wo πολλάκις = „das eine und andere Mal," „einmal" (mit unbetonter Anfangssilbe), aber nicht = ἅπαξ, wie es spätere nahmen (S. Lobeck. Act. societ. Graec. II p. 305 not.). — ἐξέδοσαν. Der erste Artikel des antalkidischen Friedens lautete: Ἀρταξέρξης βασιλεὺς νομίζει δίκαιον τὰς μὲν ἐν τῇ Ἀσίᾳ πόλεις ἑαυτοῦ εἶναι καὶ τῶν νήσων Κλαζομενὰς καὶ Κύπρον. S. Xenoph. Hellen. 5, 1, 31. — 122, 8. ἔχουσιν — ἐπαύσαντο, nämlich οἱ Ἴωνες.

123 ἐπαύσαντο πολεμοῦντες. καὶ τότε μὲν ἠγανάκτουν, ὅθ' ἡμεῖς
νομίμως ἐπάρχειν τινῶν ἠξιοῦμεν· νῦν δ' εἰς τοιαύτην δου-
λείαν καθεστώτων οὐδὲν φροντίζουσιν αὐτῶν, οἷς οὐκ ἐξαρ-
κεῖ δασμολογεῖσθαι καὶ τὰς ἀκροπόλεις ὁρᾶν ὑπὸ τῶν ἐχθρῶν
κατεχομένας, ἀλλὰ πρὸς ταῖς κοιναῖς συμφοραῖς καὶ τοῖς σώ-
μασιν δεινότερα πάσχουσιν τῶν παρ' ἡμῖν ἀργυρωνήτων· οὐ-
δεὶς γὰρ ἡμῶν οὕτως αἰκίζεται τοὺς οἰκέτας, ὡς ἐκεῖνοι τοὺς d
124 ἐλευθέρους κολάζουσιν. μέγιστον δὲ τῶν κακῶν, ὅταν ὑπὲρ
αὐτῆς τῆς δουλείας ἀναγκάζωνται συστρατεύεσθαι, καὶ πολε-
μεῖν τοῖς ἐλευθέροις ἀξιοῦσιν εἶναι, καὶ τοιούτους κινδύνους
ὑπομένειν, ἐν οἷς ἡττηθέντες μὲν παραχρῆμα διαφθαρήσονται,
κατορθώσαντες δὲ μᾶλλον εἰς τὸν λοιπὸν χρόνον δουλεύσου-
125 σιν. (λέ.) Ὧν τίνας ἄλλους αἰτίους χρὴ νομίζειν ἢ Λακε-
δαιμονίους; οἳ τοσαύτην ἰσχὺν ἔχοντες περιορῶσι τοὺς μὲν e
αὐτῶν συμμάχους γενομένους οὕτω δεινὰ πάσχοντας, τὸν δὲ
βάρβαρον τῇ τῶν Ἑλλήνων ῥώμῃ τὴν ἀρχὴν τὴν αὑτοῦ κα-

123, 2. ἐπάρχειν, S. zu § 68.
— 123, 3. οἷς οὐκ ἐξαρκεῖ, für
die es (des Unglücks) nicht
genug ist, nämlich in den Augen
der Lakedaimonier. Ähnlich 19, 47
ἡ μήτηρ πασῶν ἂν εἴη δυστυχεστά-
τη γυναικῶν, εἰ μὴ μόνον ἐξαρκέ-
σειεν αὐτῇ στέρεσθαι τῶν παίδων,
ἀλλὰ καὶ τοῦτ' αὐτῇ προσγένοιτο.
Anders 8, 99 οὐκ ἐξήρκεσεν αὐτοῖς
ταῦτ' ἐξαμαρτεῖν, ἀλλὰ — ἐπόρ-
θουν τὴν ἤπειρον, und sonst ge-
wöhnlich. — 123, 4. δασμολογεῖ-
σθαι, durch die Perser. — 123,
6. δεινότερα, nämlich Schläge
und Verstümmelung des Körpers,
Strafen, welche bei den Persern
sehr gewöhnlich waren; vergl.
Xenoph. Anab. 1, 9, 13. — ἀργυ-
ρωνήτων, (venales) bei denen
Härte und Grausamkeit ihrer Herrn
weniger auffällig gewesen wäre als
bei den im Hause gebornen (οἰκό-
τριβες, vernae), die mit der Familie
gewissermaßen verwachsen waren.
— 123, 7. ἡμῶν. In Athen hatte
der Herr nicht das Recht über
Leben und Tod des Sklaven, und
wurde dieser von seinem Herrn
grausam behandelt, so konnte er
in den Theseustempel oder in ein
anderes Asyl fliehen und auf Ver-
kauf an einen anderen Herrn an-
tragen. S. Schoemann Antiquit.
p. 188, Hermann, Staatsaltert.
§ 114.
124, 1. μέγιστον — ὅταν. S.
zu 7, 69. — 124, 2. συστρατεύε-
σθαι, mit den Persern gegen die,
welche sich von der Knechtschaft
der Perser frei machen wollen, wie
etwa Kypern (S. § 134). — 124, 3.
ἐλευθέροις. Über den Dativ s.
zu 9, 75. — τοιούτους — ἐν οἷς.
S. zu § 76. — 124, 4. διαφθαρή-
σονται, denn es würde ein bellum
internecivum werden. Ähnlich 5,
48 κίνδυνον, ὃν μὴ κατορθώσαντες
μὲν εὐθὺς ἀπώλλυντο, νικήσαντες
δ' οὐδὲν μᾶλλον ἀπηλλαγμένοι τῶν
κακῶν εἰσιν. — 124, 5. μᾶλλον,
weil die Perser durch ihren Sieg
übermütig und rücksichtslos wer-
den mußten.
125, 4. κατασκευαζόμενον,
begründet, natürlich nicht seine
Herrschaft in Asien, sondern seine
einflußreiche Stellung Hellas gegen-
über, welche ihm im antalkidischen
Frieden sanktioniert wurde; ἀρχή
ist also „Oberherrschaft," wie von
der „Hegemonie" der Spartaner 9,

τασκευαζόμενον. καὶ πρότερον μὲν τοὺς μὲν τυράννους ἐξέβαλ-
λον, τῷ δὲ πλήθει τὰς βοηθείας ἐποιοῦντο, νῦν δὲ τοσοῦτον με- 67
ταβεβλήκασιν, ὥστε ταῖς μὲν πολιτείαις πολεμοῦσιν, τὰς δὲ
126 μοναρχίας συγκαθιστᾶσιν. τὴν μέν γε Μαντινέων πόλιν
εἰρήνης ἤδη γεγενημένης ἀνάστατον ἐποίησαν, καὶ τὴν Θη-
βαίων Καδμείαν κατέλαβον, καὶ νῦν Ὀλυνθίους καὶ Φλει-
ασίους πολιορκοῦσιν, Ἀμύντᾳ δὲ τῷ Μακεδόνων βασιλεῖ καὶ
Διονυσίῳ τῷ Σικελίας τυράννῳ καὶ τῷ βαρβάρῳ τῷ τῆς b
Ἀσίας κρατοῦντι συμπράττουσιν, ὅπως ὡς μεγίστην ἀρχὴν

56 τῆς ἀρχῆς ἀπεστερήθησαν, und
sonst. — 125, 5. τοὺς μὲν τυράν-
νους ἐξέβαλλον, vergl. Plut.
De malignit. Herod. p. 859 C καί-
τοι πόλιν ἐν τοῖς τότε χρόνοις οὔτε
φιλότιμον οὕτως, οὔτε μισοτύραννον
ἴσμεν, ὡς τὴν Λακεδαιμονίων γενο-
μένην, — Κυψελίδας μὲν ἐξέβαλον
ἐκ Κορίνθου καὶ Ἀμπρακίας, ἐκ δὲ
Νάξου Λύγδαμιν, ἐξ Ἀθηνῶν δὲ
τοὺς Πεισιστράτου παῖδας, ἐκ δὲ
Σικυῶνος Αἰσχίνην, ἐκ Θάσου δὲ
Σύμμαχον κ. τ. λ. — 125, 6. τὰς
βοηθείας, die nötige Hülfe.
— 125, 7. πολιτείας, den Frei-
staaten, wie der Gegensatz μο-
ναρχίας lehrt. Vergl. Ep. 6, 11
τὰς τιμὰς ἡδίους ἡγοῦμαι τὰς ἐν
ταῖς πολιτείαις ἢ τὰς ἐν ταῖς
μοναρχίαις, und in gleichem Ge-
gensatze 9, 51 und Ep. 4, 6. Aber
auch ohne diesen Gegensatz ist
πολιτεία oft die Demokratie, wie
5, 127 und sonst. Vgl. Harpokrat.
πολιτεία· ἰδίως εἰώθασι τῷ ὀνόματι
χρῆσθαι οἱ ῥήτορες ἐπὶ τῆς δημο-
κρατίας. Zur Sache vergl. Diodor.
14, 10 ταῖς δημοκρατίαις προσκό-
πτοντες οἱ Λακεδαιμόνιοι δι᾽ ὀλι-
γαρχίας ἐβούλοντο τὰς πόλεις διοι-
κεῖσθαι.
126, 1. μέν γε, wenigstens,
s. zu 9, 49. — Μαντινέων. Man-
tinea wurde 385 v. Chr. von den
Lakedaimoniern unter Agesipolis
genommen und die Bewohner ge-
zwungen die Stadt zu verlassen
und mit aristokratischer Verfassung
in den vier Dörfern zu leben, die
sie früher bewohnt hatten; daher
hier ἀνάστατον ἐποίησαν (S. zu 7,

69) und 8, 100 Μαντινέας διῴκισαν.
Vergl. Xenoph. Hellen. 5, 2, 1 seqq.
und Stallbaum ad Plat. Symp.
p. 193 A. — 126, 3. Καδμείαν,
die Burg von Theben, welche
Phoebidas, auf dem Zuge nach
Thrakien begriffen, auf Anlaſs des
der Adelspartei in Theben ange-
hörenden Leontiades 382 v. Chr.
besetzte, cf. Xenoph. Hellen. 5, 2,
25 seqq. — Ὀλυνθίους. Nach
Diodor. 15, 19 rief Amyntas,
König von Makedonien, die Lake-
daimonier gegen die Übergriffe der
Olynthier zu Hülfe, welche make-
donische Städte von seiner Herr-
schaft zu befreien strebten (Xenoph.
Hellen. 5, 2, 12); vergl. auch Isokr.
6, 46 und zu 5, 20. Olynths Er-
oberung durch die Lakedaimonier
erfolgte aber erst nach Veröffent-
lichung des Panegyrikos; s. die
Einleitung. — Φλειασίους. [cf.
Krit. Anh.] Veranlassung zur Be-
lagerung von Phlius durch die
Lakedaimonier (von 381 — 379)
gaben Streitigkeiten der sparta-
nischen Partei in Phlius mit dem
Demos; s. Xenoph. Hellen. 5, 3,
10 seqq. — 126, 5. Διονυσίῳ,
dem Älteren; über die Hülfe,
welche ihm Sparta zur Zeit der
Abfassung dieser Rede leistete, ist
nichts bekannt; denn was Diodor.
14, 10 erzählt, ἀπέστειλαν (οἱ Λα-
κεδαιμόνιοι) Ἄριστον — εἰς Συρα-
κούσας, τῷ μὲν λόγῳ προσποιού-
μενοι καταλύειν τὴν δυναστείαν,
τῇ δὲ ἀληθείᾳ σπεύδοντες αὐξῆσαι
τὴν τυραννίδα, — fällt früher. —
τῷ βαρβάρῳ — συμπρ. s. § 134

127 ἕξουσιν. καίτοι πῶς οὐκ ἄτοπον τοὺς προεστῶτας τῶν Ἑλλή-
νων ἕνα μὲν ἄνδρα τοσούτων ἀνθρώπων καθιστάναι δεσπό-
την, ὧν οὐδὲ τὸν ἀριθμὸν ἐξευρεῖν ῥᾴδιόν ἐστιν, τὰς δὲ με-
γίστας τῶν πόλεων μηδ' αὐτὰς αὐτῶν ἐᾶν εἶναι κυρίας, ἀλλ'
ἀναγκάζειν δουλεύειν ἢ ταῖς μεγίσταις συμφοραῖς περιβάλ-
128 λειν; ὃ δὲ πάντων δεινότατον, ὅταν τις ἴδῃ τοὺς τὴν ἡγε-
μονίαν ἔχειν ἀξιοῦντας ἐπὶ μὲν τοὺς Ἕλληνας καθ' ἑκάστην c
τὴν ἡμέραν στρατευομένους, πρὸς δὲ τοὺς βαρβάρους εἰς
ἅπαντα τὸν χρόνον συμμαχίαν πεποιημένους.

129   (λϛ'.) Καὶ μηδεὶς ὑπολάβῃ με δυσκόλως ἔχειν, ὅτι τραχύ-
τερον τούτων ἐμνήσθην, προειπών, ὡς περὶ διαλλαγῶν ποιή-
σομαι τοὺς λόγους· οὐ γὰρ ἵνα πρὸς τοὺς ἄλλους διαβάλω
τὴν πόλιν τὴν Λακεδαιμονίων οὕτως εἴρηκα περὶ αὐτῶν, ἀλλ'

---

extr. — 126, 7. ἕξουσιν, näm-
lich Amyntas, Dionys und der
Perserkönig; nur von dem letzten
wird nachher ausführlicher ge-
sprochen.

127, 3. ὧν i. e. ὥστε αὐτῶν. —
127, 4. αὐτὰς αὐτῶν. Vergl. 10,
25 ὁ δ' αὐτὸς αὐτοῦ κύριος ὤν.
11, 13 ἕκαστος αὐτὸς αὐτῶν κύριος
καθέστηκεν. Auch sonst fügt Isokr.
mit anderen gern αὐτός zum Re-
flexivum hinzu um das Praedikat
nachdrücklicher auf das Subjekt zu
beschränken. Vergl. αὐτὸς καθ'
αὐτοῦ 7, 4. 10, 31. αὐτοὶ παρ'
αὐτοῖς 2, 30. 10, 34. αὐτὸς ὑπὲρ
αὐτοῦ 4, 140, und 3, 13, 51. 12,
224. 15, 263. 17, 49. Doch ver-
meidet er dabei freiere Stellungen,
wie sie Aeschin. 3, 233 καταλέλυκε
τὴν αὐτὸς αὐτοῦ δυναστείαν,Aeschyl.
Prometh. 921 ἐπ' αὐτὸς αὐτῷ und
andere haben (Lobeck ad Sophokl.
Aiac. v. 906). — 127, 5. περι-
βάλλειν. Vergl. 5, 50 (coll. 6, 5.
12, 91. 15, 294. 16, 45) δεδιότες
μὴ Θηβαῖοι μείζοσιν αὐτοὺς συμ-
φοραῖς περιβάλωσιν. 6, 10 (coll.
6, 38, 109) αἰσχύναις τὴν πόλιν
περιβαλεῖν. Baehr ad Plut. Flam.
p. 124. Häufiger ist das intransi-
tive συμφοραῖς περιπίπτειν 4, 101.
6, 78. 7, 17, 64. 8, 12, 91, 104.
9, 27, 70 etc.

128, 1. ὃ δὲ π. δ., ὅταν. S. zu

7, 68 u. Rehdantz zu Lykurg. Leo-
krat. § 56 Anh.[2]

§ 129 — 159. *Diese Vorwürfe
mache ich den Lakedaimoniern nur
um sie eines besseren zu belehren
und sie zu veranlassen, anstatt ihre
Macht auf Kosten ihrer nächsten
Nachbarn und Bundesgenossen zu
erhöhen, eine Erweiterung der Ge-
samtmacht von Hellas durch einen
Krieg mit Persien zu erstreben
(129—132), von dem uns bisher
gegenseitige Eifersucht abhielt (133),
infolge deren die Macht des Per-
serkönigs wächst (134—137). Doch
ist diese Macht in Wahrheit nicht
so grofs, dafs sie uns den Krieg
gegen ihn widerraten könnte (138),
denn noch überall zeigten die Per-
ser im Kampfe mit Hellenen ihre
Schwäche (139—149), welche eine
natürliche Folge ihrer Gewohnheiten
ist (150—154), Gewohnheiten, welche
Freundschaft zwischen Persern und
Hellenen nicht zulassen (155), viel-
mehr den Hafs zwischen beiden ver-
ewigen, der wie anderwärts, so in
Athen stets lebendig erhalten wird
(156—159).*

129, 1. δυσκόλως ἔχειν, mifs-
gestimmt bin, wie 3, 1 δυσκό-
λως ἔχουσι πρὸς τοὺς λόγους, 7, 50
δυσκόλως διακεῖσθαι, 9, 6 δυσκό-
λως πεφύκασιν. — 129, 2. προει-
πών, § 19. — διαλλαγῶν, Aus-
söhnung zwischen Athen und

ἵν᾽ αὐτοὺς ἐκείνους παύσω, καθ᾽ ὅσον ὁ λόγος δύναται, τοιαύ-
130 την ἔχοντας τὴν γνώμην. ἔστιν δ᾽ οὐχ οἷόν τ᾽ ἀποτρέπειν d
τῶν ἁμαρτημάτων, οὐδ᾽ ἑτέρων πράξεων πείθειν ἐπιθυμεῖν,
ἢν μή τις ἐρρωμένως ἐπιτιμήσῃ τοῖς παροῦσιν· χρὴ δὲ κα-
τηγορεῖν μὲν ἡγεῖσθαι τοὺς ἐπὶ βλάβῃ τοιαῦτα λέγοντας,
νουθετεῖν δὲ τοὺς ἐπ᾽ ὠφελίᾳ λοιδοροῦντας. τὸν γὰρ αὐτὸν
λόγον οὐχ ὁμοίως ὑπολαμβάνειν δεῖ, μὴ μετὰ τῆς αὐτῆς δια-
131 νοίας λεγόμενον. ἐπεὶ καὶ τοῦτ᾽ ἔχομεν αὐτοῖς ἐπιτιμᾶν, ὅτι
τῇ μὲν αὐτῶν πόλει τοὺς ὁμόρους εἱλωτεύειν ἀναγκάζουσιν,
τῷ δὲ κοινῷ τῷ τῶν συμμάχων οὐδὲν τοιοῦτον κατασκευά- e
ζουσιν, ἐξὸν αὐτοῖς τὰ πρὸς ἡμᾶς διαλυσαμένοις ἅπαντας

Sparta. — 129, 6. γνώμην, Grundsätze.

130, 3. τοῖς παροῦσιν, die gegenwärtige Handlungsweise, im Gegensatz zu den ἑτέρας πράξεις, zu denen jemandem für die Zukunft Eifer beigebracht werden soll. — κατηγορεῖν, (von ἡγεῖσθαι abhängig) nimmt das διαβάλω aus § 129 wieder auf, vergl. 8. ?ι νῦν δὲ πρὸς ὑμᾶς ποιοῦμαι τοὺς λόγους, οὐ διαβάλλειν ἑτέροις ἐπιθυμῶν, ἀλλ᾽ αὐτοὺς βουλόμενος παῦσαι τῶν τοιούτων ἔργων· .... ἀνάγκη δὲ τοὺς νουθετοῦντας καὶ τοὺς κατηγοροῦντας τοῖς μὲν λόγοις χρῆσθαι παραπλησίοις, τὰς δὲ διανοίας ἔχειν ἀλλήλαις ὡς οἷόν τ᾽ ἐναντιωτάτας. — 130, 4. τοιαῦτα λέγοντας, dem folgenden λοιδοροῦντας synonym. Anders 8, 72 προσήκει τοὺς μὲν ἐπὶ βλάβῃ λοιδοροῦντας μισεῖν ὡς κακόνους ὄντας τῇ πόλει, τοὺς δ᾽ ἐπ᾽ ὠφελίᾳ νουθετοῦντας ἐπαινεῖν, wo ein Gegensatz zwischen λοιδορεῖν und νουθετεῖν stattfindet. [cf. Krit. Anh.]

131, 1. ἐπεὶ καὶ τ. ἑ. α. ἑ., so habe ich denn auch dies noch ihnen vorzuwerfen; denn ἐπεὶ καί giebt oft die Bestätigung eines allgemeinen Gedankens durch einen neuen einzelnen Fall, wobei der allgemeine Gedanke oft nicht klar ausgesprochen wird, sondern von dem Leser selbst aus der vorher-

gehenden Auseinandersetzung zu entnehmen ist, wie hier: „ich bin berechtigt den Lakedaimoniern gegenüber von ἁμαρτήματα zu reden." Vergl. § 139. 2, 42. 6, 47. 7, 62. Plat. Apol. p. 20 A. Protag. p. 334 B. Plut. Them. 2. Lukian Char. 22. Tim. 9 etc. Über den Plural ἔχομεν nach den Singularen ἐμνήσθην, ποιήσομαι, διαβάλω, εἴρηκα, παύσω in § 129 s. zu § 14. — 131, 2. εἱλωτεύειν ist wohl nicht in dem strengen Sinne zu nehmen, in welchem das Wort bei den Spartanern gebräuchlich war, dafs es nämlich den Zustand derjenigen unter den früheren Bewohnern Lakedaimons bezeichnete, welche bei der dorischen Einwanderung die Freiheit verloren und Sklaven wurden, während die περίοικοι ihre persönliche Freiheit und das Eigentumsrecht an Grund und Boden behielten, aber Tribut bezahlen mufsten und keines der staatsbürgerlichen Rechte hatten; hier sind εἱλωτεύοντες und περίοικοι Synonyma, deren gemeinsamer Begriff die politische Abhängigkeit von andern ist. Daher auch Ep. 3, 5 vom Philipp ἡγοῦ τόθ᾽ ἕξειν ἀνυπέρβλητον δόξαν, ὅταν τοὺς βαρβάρους ἀναγκάσῃς εἱλωτεύειν τοῖς Ἕλλησι. — 131, 4. τὰ πρὸς ἡμᾶς, d. h. τὰς πρὸς ἡμᾶς ἔχθρας, wie es § 15 heifst. Ähnlich wie hier 5, 9 διαλυσαμέναις τὰ πρὸς σφᾶς αὐτάς, und 5, 50.

τοὺς βαρβάρους περιοίκους ὅλης τῆς Ἑλλάδος καταστῆσαι.
132 καίτοι χρὴ τοὺς φύσει καὶ μὴ διὰ τύχην μέγα φρονοῦντας
τοιούτοις ἔργοις ἐπιχειρεῖν πολὺ μᾶλλον ἢ τοὺς νησιώτας 68
δασμολογεῖν, οὓς ἄξιόν ἐστιν ἐλεεῖν, ὁρῶντας τούτους μὲν διὰ
σπανιότητα τῆς γῆς ὄρη γεωργεῖν ἀναγκαζομένους, τοὺς δ᾽
ἠπειρώτας δι᾽ ἀφθονίαν τῆς χώρας τὴν μὲν πλείστην αὐτῆς
ἀργὸν περιορῶντας, ἐξ ἧς δὲ καρποῦνται τοσοῦτον πλοῦτον
κεκτημένους.
133 (λζ᾽.) Ἡγοῦμαι δ᾽, εἴ τινες ἄλλοθεν ἐπελθόντες θεαταὶ
γένοιντο τῶν παρόντων πραγμάτων, πολλὴν ἂν αὐτοὺς κα-
ταγνῶναι μανίαν ἀμφοτέρων ἡμῶν, οἵτινες οὕτω περὶ μικρῶν b
κινδυνεύομεν, ἐξὸν ἀδεῶς πολλὰ κεκτῆσθαι, καὶ τὴν ἡμετέ-
ραν αὐτῶν χώραν διαφθείρομεν, ἀμελήσαντες τὴν Ἀσίαν
134 καρποῦσθαι. καὶ τῷ μὲν οὐδὲν προυργιαίτερόν ἐστιν ἢ σκο-
πεῖν ἐξ ὧν μηδέποτε παυσόμεθα πρὸς ἀλλήλους πολεμοῦντες.

132, 1. φύσει κ. τ. λ., deren stolzes Selbstgefühl ein angebornes ist, nicht auf einen einzelnen glücklichen Erfolg sich gründet. Über καὶ zwischen φύσει und διὰ τύχην s. zu § 40. — 132, 2. νησιώτας wird von Benseler wohl zu eng nur auf die seit lange in Spartas Besitz befindlichen Inseln Kythera, Sphakteria u. a. bezogen; gewiß sind auch die Kykladen gemeint, welche zwar durch den Antalkidischen Frieden selbständig geworden waren, allein bei der steigenden Übermacht Spartas zu diesem zum Teil in ein ähnliches Verhältnis getreten waren wie früher zu Athen, was für dieses eine Veranlassung zu Reklamationen war, wie § 136 lehrt. Und daß die Lakedaimonier wie früher die Athener von ihren Bundesgenossen Tribut zur Führung des Krieges sich zahlen ließen, lehrt Xenoph. Hellen. 5, 2, 21. — 132, 3. ὁρῶντας ist auf das in ἐλεεῖν liegende Subjekt zu beziehen, von ihm selbst aber hängt ἀναγκαζομένους, so wie τοὺς ἠπειρώτας περιορῶντας ab. — 132, 4. τῆς γῆς. S. zu § 34. — ὄρη γεωργεῖν. Vergl. 8, 117 Μεγαρεῖς γῆν μὲν οὐκ ἔχοντες,

πέτρας δὲ γεωργοῦντες. Die Kykladen waren alle gebirgig und besaßen für ihre Bevölkerung meist zu wenig Ebenen. — 132, 5. ἠπειρώτας, die Perser als Besitzer des Küstenlandes von Kleinasien; s. zu 9, 55. — τὴν μὲν πλείστην αὐτῆς. S. zu 9, 41 u. oben § 34. — 132, 6. ἐξ ἧς δὲ = ἐκ ταύτης δέ, ἥν. Vergl. § 133. 166 τὴν Ἀσίαν καρποῦσθαι und 6, 13 τὴν σφετέραν αὐτῶν καρποῦσθαι.
133, 2. καταγνῶναι κ. τ. λ. sie würden über uns das Urteil aussprechen, wir litten an starkem Wahnsinn, wie καταγιγνώσκειν τινὸς ἄνοιαν καὶ μανίαν 17, μανίαν καὶ ἀμαθίαν 17, 47, 8, μωρίαν 5, 21, aber auch δυστυχίαν 2, 12, κακίαν 3, 40, ἀνανδρίαν 6, 13, ἀνανδρίαν καὶ μικροψυχίαν Ep. 9, 15, ἀτυχίαν 15, 212, πονηρίαν 17, 56 und 18, 65, immer „ἐπὶ διαβολῇ καὶ πονηρίᾳ" (Suidas); cf. Hermann ad Lucian. de conscrib. histor. p. 167. — 133, 3. οἵτινες. S. zu 7, 9.
134, 1. τῷ μὲν, dessen Könige, indem mit Ἀσία der Begriff βασιλεύς sich von selbst verbindet; vergl. auch Krüger zu Thuk. 1, 140, 6. — προυργιαίτερον. S.

ἡμεῖς δὲ τοσούτου δέομεν συγκρούειν τι τῶν ἐκείνου πραγμά-
των ἢ ποιεῖν στασιάζειν, ὥστε καὶ τὰς διὰ τύχην αὐτῷ γεγε-
νημένας ταραχὰς συνδιαλύειν ἐπιχειροῦμεν, οἵτινες καὶ τοῖν c
στρατοπέδοιν τοῖν περὶ Κύπρον ἐῶμεν αὐτὸν τῷ μὲν χρῆσθαι,
τὸ δὲ πολιορκεῖν, ἀμφοτέροιν αὐτοῖν τῆς Ἑλλάδος ὄντοιν.

135 οἵ τε γὰρ ἀφεστῶτες πρὸς ἡμᾶς τ᾽ οἰκείως ἔχουσιν καὶ Λα-
κεδαιμονίοις σφᾶς αὐτοὺς ἐνδιδόασιν, τῶν τε μετὰ Τειριβάζου
στρατευομένων καὶ τοῦ πεζοῦ τὸ χρησιμώτατον ἐκ τῶνδε τῶν
τόπων ἤθροισται, καὶ τοῦ ναυτικοῦ τὸ πλεῖστον ἀπ᾽ Ἰωνίας
συμπέπλευκεν, οἳ πολὺ ἂν ἥδιον κοινῇ τὴν Ἀσίαν ἐπόρθουν d
136 ἢ πρὸς ἀλλήλους ἕνεκα μικρῶν ἐκινδύνευον. ὧν ἡμεῖς οὐδε-
μίαν ποιούμεθα πρόνοιαν, ἀλλὰ περὶ μὲν τῶν Κυκλάδων
νήσων ἀμφισβητοῦμεν, τοσαύτας δὲ τὸ πλῆθος πόλεις καὶ

---

zu § 19. — 134, 3. τοσούτου
δέομεν. S. zu 7, 31. — συγ-
κρούειν, stören, eine ungewöhn-
liche Bedeutung und nicht zu ver-
gleichen mit Demosth. 18, 19 πάν-
τας συνέκρουεν, oder Lukian. Ikaro-
menipp. 20 πρὸς τοῦτόν με συγκροῦ-
σαι καὶ στασιάσαι προαιρούμενοι
(„in Kollision bringen," cf. Schoe-
mann ad. Plut. Kleom. p. 183). Auch
zu στασιάζειν ist τὶ τῶν ἐκείνου
πραγμάτων als Objekt zu denken,
vergl. Demosth. 11, 18 ἡμεῖς τῶν
ἐκείνου πραγμάτων οὐδὲν στασιά-
ζειν παρασκευάζομεν, also: in Ver-
wirrung bringen, in welchem
Sinne auch 12, 226 στασιάζειν ποιῶ
steht, während στασιάζειν sonst
auch für sich allein diese transitive
Bedeutung hat. — 134, 6. περὶ
Κύπρον, dessen König Euagoras
beim Erscheinen dieser Rede schon
sechs Jahre vergeblich bekriegt
war; vergl. § 134. § 141. § 161 und
9, 60 seqq. und Einleitung.
135, 1. ἀφεστῶτες, Euagoras
und die Seinen. — οἰκείως ἔχου-
σιν, sind uns befreundet, wie
12, 48. 14, 2. Ep. 7, 10 und sonst
vergl. Baehr ad Plut. Philop. p. 4.
Die Athener hatten dem Euagoras
das Bürgerrecht verliehen (S. Isokr.
9, 54 und Demosth. 12, 10), und
dadurch gehörte er Griechenland
an; nicht minder wäre es der Fall
gewesen, wenn des Euagoras An-

erbieten, sich unter die Hoheit der
Lakedaimonier zu stellen, von die-
sen angenommen worden wäre;
wie das Praesens ἐνδιδόασιν lehrt,
war die Sache eben im Werke,
und Isokr. kannte den Erfolg jenes
Anerbietens noch nicht, durfte
aber wohl voraussetzen, es werde
angenommen werden, und darum
sagen, Euagoras gehöre auch in
dieser Beziehung Hellas an, ein
Ausdruck, welcher freilich bei Eua-
goras eine andere Bedeutung hat
als bei dem Heere des Teiribazos.
— 135, 3. ἐκ τῶνδε τῶν τ. i. e.
ἐξ Ἑλληνικῶν τ., denn es soll ja
gezeigt werden, daß diese Truppen
τῆς Ἑλλάδος sind. Isokr. dachte
also an Söldner aus dem eigentlichen
Hellas, womit die Nachricht des
Diodor. 15, 2 (Ὀρόντης καὶ Τιρί-
βαζος) παραλαβόντες τὰς δυνάμεις
ἐν Φωκαίᾳ καὶ Κύμῃ κατήντησαν
εἰς Κιλικίαν sich recht gut ver-
einigen läßt. — 135, 5. οἵ, die
beiden feindlichen Heere. — πολὺ
ἄν, Hiatus zwischen diesen beiden
Wörtern öfter z. B. 8, 101. 14, 27.
16, 21. 19, 18. Ep. 1, 9.
136, 3. ἀμφισβητοῦμεν, wahr-
scheinlich durch Gesandte, welche
die Athener an den Perserkönig
sendeten (S. § 121 und 8, 68), um
Einspruch zu erheben gegen das
δασμολογεῖν (§ 132) der Lakedai-
monier, worin die Athener um so

76 (IV) ΙΣΟΚΡΑΤΟΥΣ

τηλικαύτας τὸ μέγεθος δυνάμεις οὕτως εἰκῇ τῷ βαρβάρῳ
παραδεδώκαμεν. τοιγαροῦν τὰ μὲν ἔχει, τὰ δὲ μέλλει, τοῖς
δ' ἐπιβουλεύει, δικαίως ἁπάντων ἡμῶν καταπεφρονηκώς.
137 διαπέπρακται γάρ, ὃ τῶν ἐκείνου προγόνων οὐδεὶς πώποτε· e
τήν τε γὰρ Ἀσίαν διωμολόγηται καὶ παρ' ἡμῶν, καὶ παρὰ
Λακεδαιμονίων βασιλέως εἶναι, τάς τε πόλεις τὰς Ἑλληνίδας
οὕτω κυρίως παρείληφεν, ὥστε τὰς μὲν αὐτῶν κατασκάπτειν,
ἐν δὲ ταῖς ἀκροπόλεις ἐντειχίζειν. καὶ ταῦτα πάντα γέγονεν
διὰ τὴν ἡμετέραν ἄνοιαν ἀλλ' οὐ διὰ τὴν ἐκείνου δύναμιν.
138 (λη'.) Καίτοι τινὲς θαυμάζουσιν τὸ μέγεθος τῶν βασιλέως 69
πραγμάτων καὶ φασὶν αὐτὸν εἶναι δυσπολέμητον, διεξιόντες,
ὡς πολλὰς τὰς μεταβολὰς τοῖς Ἕλλησιν πεποίηκεν. ἐγὼ δ'
ἡγοῦμαι μὲν τοὺς ταῦτα λέγοντας οὐκ ἀποτρέπειν ἀλλ' ἐπι-
σπεύδειν τὴν στρατείαν· εἰ γὰρ ἡμῶν ὁμονοησάντων αὐτὸς
ἐν ταραχαῖς ὢν χαλεπὸς ἔσται προσπολεμεῖν, ἦ που σφόδρα

mehr eine Beeinträchtigung der Freiheit dieser Inseln und damit einen Bruch des Antalkidischen Friedens sehen mufsten, als gewifs auch nach jenem Frieden noch viele Inseln freiwillig zu Athen hielten; vergl. Schäfer, Demosth. und seine Zeit, I, S. 23. — τοσαύτας δὲ τὸ πλῆθος κ.τ.λ. s. zu § 33, — 136, 5. τοιγαροῦν. S. zu 7, 48. — μέλλει, scil. ἔχειν, eine sehr häufige Ellipse; vergl. 10, 26 τὰς μὲν ἐπόρθουν, τὰς δ' ἤμελλον, ταῖς δ' ἠπείλουν τῶν πόλεων. 12, 103 οὔτε πάσχοντες κακὸν οὐδὲν οὔτε μέλλοντες οὔτε δεδιότες. Vergl. Stallbaum ad Plat. Theaet. p. 148 E. Krüger ad Dionys. Historiograph. p. 117 seq. Maetzner ad Dinarch. p. 119.

137, 2. διωμολόγηται, im Antalkidischen Frieden. — 137, 3. τὰς Ἑλληνίδας, in Klein-Asien, wo es auch barbarische, nicht von Griechen besetzte gab. — 137, 4. οὕτω κυρίως παρείληφεν, bei der Übernahme — hat er so sehr den unumschränkten Gebieter gespielt. — 137, 5. ταῦτα πάντα. S. zu § 67.

138, 2. πραγμάτων, Macht,

soweit sie sich in den Staatsaktionen zeigt. Vergl. Herod. 3, 137, 1 καταρρωδέοντες τὰ Περσικὰ πρήγματα (coll. 7, 50, 2). Aeschyl. Pers. 711 διαπεπόρθηται τὰ Περσῶν πράγματα. Xenoph. Hellen. 3, 5, 1 καταφρονοῦντα τῶν βασιλέως πραγμάτων und sonst; vergl. auch § 139, 5, 92 u. 103. — διεξιόντες, ὡς, wie 8, 67. διεξιόντες ὡς δίκαιόν ἐστιν αὐτονόμους εἶναι τοὺς Ἕλληνας. 10, 1. 15, 90. — 138, 3. πολλὰς τὰς μεταβολάς. S. zu § 22. — 138, 6. προσπολεμεῖν, nicht προσπολεμεῖσθαι, indem der zu Adjektiven hinzutretende, die Beziehung, in welcher dem Subjekt das Attribut zukomme, bezeichnende Infinitiv regelrecht in aktiver Bedeutung erscheint, sodafs das Subjekt des Adjektivs zum Infinitiv als Objekt, nicht als Subjekt, zu denken ist. Vergl. Hom. Il. 24, 243 ῥηίτεροι γὰρ μᾶλλον Ἀχαιοῖσιν δὴ ἔσεσθε | κείνου τεθνηῶτος ἐναρέμεν, und besonders Demosth. 2, 22 φοβερὸν προσπολεμῆσαι und Thuk. 7, 51, 1 χαλεπωτέρους εἶναι προσπολεμεῖν. id. 7, 14, 2 χαλεπαὶ αἱ ὑμέτεραι φύσεις ἄρξαι. Plat. de republ. III p. 412 B. χαλεπὰ εὑρεῖν. Vergl. Rehdantz Demosth. Ind. ² p. 192. Weit seltener ist hier ein

χρὴ δεδιέναι τὸν καιρὸν ἐκεῖνον, ὅταν τὰ μὲν τῶν βαρβάρων
καταστῇ καὶ διὰ μιᾶς γένηται γνώμης, ἡμεῖς δὲ πρὸς ἀλλή- b
139 λους ὥσπερ νῦν πολεμικῶς ἔχωμεν. οὐ μὴν οὐδ' εἰ συν-
αγορεύουσιν τοῖς ὑπ' ἐμοῦ λεγομένοις, οὐδ' ὡς ὀρθῶς περὶ
τῆς ἐκείνου δυνάμεως γιγνώσκουσιν. εἰ μὲν γὰρ ἀπέφαινον
αὐτὸν ἅμα τοῖν πολέοιν ἀμφοτέροιν πρότερόν ποτε περιγε-
γενημένον, εἰκότως ἂν ἡμᾶς καὶ νῦν ἐκφοβεῖν ἐπεχείρουν·
εἰ δὲ τοῦτο μὲν μὴ γέγονεν, ἀντιπάλων δ' ὄντων ἡμῶν καὶ
Λακεδαιμονίων προσθέμενος τοῖς ἑτέροις ἐπικυδέστερα τὰ c
πράγματα θάτερ' ἐποίησεν, οὐδέν ἐστι τοῦτο σημεῖον τῆς
ἐκείνου ῥώμης. ἐν γὰρ τοῖς τοιούτοις καιροῖς πολλάκις μι-
κραὶ δυνάμεις μεγάλας τὰς ῥοπὰς ἐποίησαν, ἐπεὶ καὶ περὶ

Infinitiv mit passiver Bedeutung, wie ein solcher mit einem aktiven wechselt bei Isokr. 12, 156 ποιήσομεν δὲ τὴν ἀρχὴν τῶν λεχθησομένων ἀκοῦσαι μὲν ἴσως τισὶν ἀηδῆ, ῥηθῆναι δ' οὐκ ἀσύμφορον. — ἤ που S. zu 1, 49. — 138, 8. καταστῇ, Gegensatz von ἐν ταραχαῖς εἶναι, also: wenn die Verhältnisse geordnet sind. Vergl. Lys. 13, 25 ἔφασαν συνεκπλευσεῖσθαι, ἕως τὰ πράγματα κατασταίη. — διὰ μιᾶς γένηται γνώμης, zu innerer Übereinstimmung gelangt sind, — ὁμονοήσωσιν, ὁμολογήσωσιν, wie γίγνεσθαι (εἶναι, ἰέναι, ἔρχεσθαι) mit διά und dem Genetiv eines abstrakten Substantivs oft nur Umschreibung eines einfachen Verbalbegriffes ist, z. B. δι' ὄχλου γίγνεσθαί τινι, jemandem beschwerlich fallen (Stallbaum ad Plat. Alkib. I p. 103 A) u. s. w. — 138, 9. πολεμικῶς [cf. Krit. Anh.]. Der Sinn ist nicht: „so wie jetzt, nämlich feindselig," wo πολεμικῶς ein matter und unnützer Beisatz wäre, sondern vielmehr: so feindselig wie jetzt. 139, 1. συναγορεύουσιν, wenn sie auch damit meine Behauptung bestätigen, nämlich indirekt und ohne es zu wollen. Denn wenn nach ihrer Meinung der König jetzt schwer zu bekämpfen ist, so muß er sofort bekämpft werden, weil jetzt seine Macht noch nicht den Punkt erreicht hat, wo eine Bekämpfung ohne Aussicht auf Erfolg sein würde. — 139, 2. λεγομένοις, daß man Krieg mit Persien beginnen müsse. — οὐδ' ὡς faßt den Inhalt des Bedingungssatzes noch einmal kurz zusammen, wie schon bei Hom. Il. 9, 386 οὐδ' εἴ μοι τόσα δοίη —, οὐδέ κεν ὡς ἔτι θυμὸν ἐμὸν πείσειε, und v. 391, vergl. auch Xenoph. Oekon. 2, 4 οὐδ' εἰ τρὶς ὅσα νῦν κέκτησαι προσγένοιτό σοι, οὐδ' ὡς ἂν ἱκανά μοι δοκεῖ εἶναί σοι. Ähnlich Antiph. 5, 48 οὐδὲ οἱ τοὺς δεσπότας ἀποκτείνοντες, ἐὰν —, οὐδὲ οὗτοι. Demosth. 18, 312 οὐδ' ὅθ' ἅπαντες — ἐπεδίδοσαν — οὐδὲ τότε παρῆλθες. — 139, 4. τοῖν πολέοιν ist Genetiv, von περιγεγενημένον abhängig, denn ἅμα ist hier nicht Praeposition. Über τοῖν s. zu 17. — 139, 9. ἐν τοῖς τοιούτοις καιροῖς, in allen Zeiten der Art. Der Artikel (S. zu § 82) steht in dieser Verbindung auch 3, 31. 4, 169. 6, 34. 101. 9, 31 und ἐν τοῖς καιροῖς τοῖς τοιούτοις 15, 248. Dagegen 6, 29 ἐν τοιούτοις καιροῖς, „in Zeiten solcher Art." — 139, 10. μεγάλας τὰς ῥοπὰς ἐποίησαν, warfen ein großes Gewicht in die Wagschale, wie ῥοπὴν ἔσεσθαι 14, 33 und ῥοπὴν ἔχειν 15, 279. Vergl. Baehr ad Plut. Philop. p. 13. Rehdantz Demosth. Ind.² p. 280 f. — ἐπεὶ καί. S.

Χίων ἔχοιμ' ἂν τοῦτον τὸν λόγον εἰπεῖν, ὡς ὁποτέροις ἐκεῖ-
νοι προσθέσθαι βουληθεῖεν, οὗτοι κατὰ θάλατταν κρείττους
140 ἦσαν. (λθ'.) Ἀλλὰ γὰρ οὐκ ἐκ τούτων δίκαιόν ἐστι σκοπεῖν
τὴν βασιλέως δύναμιν, ἐξ ὧν μεθ' ἑκατέρων γέγονεν, ἀλλ' ἐξ d
ὧν αὐτὸς ὑπὲρ αὑτοῦ πεπολέμηκεν. καὶ πρῶτον μὲν ἀποστά-
σης Αἰγύπτου τί διαπέπρακται πρὸς τοὺς ἔχοντας αὐτήν; οὐκ
ἐκεῖνος μὲν ἐπὶ τὸν πόλεμον τοῦτον κατέπεμψεν τοὺς εὐδοκι-
μωτάτους Περσῶν, Ἀβροκόμαν καὶ Τιθραύστην καὶ Φαρνά-
βαζον, οὗτοι δὲ τρί' ἔτη μείναντες καὶ πλείω κακὰ παθόντες
ἢ ποιήσαντες, τελευτῶντες οὕτως αἰσχρῶς ἀπηλλάγησαν ὥστε
τοὺς ἀφεστῶτας μηκέτι τὴν ἐλευθερίαν ἀγαπᾶν ἀλλ' ἤδη καὶ e

zu § 131. — 139, 11. Χίων. Die
Chier fielen nach der Niederlage
in Sicilien von Athen ab (Thuk.
8, 14) und ergriffen die Partei der
Spartaner, welche sie fortan mit
ihrer Flotte unterstützten; s. Isokr.
8, 97. Thuk. 8, 106. Xenoph. Hel-
len. 1, 6, 3. Nach Konons Sieg bei
Knidos gehörten sie zu den ersten,
welche sich wieder an Athen an-
schlossen (Diodor. 14, 84) und ihm
ihre Flotte zu Gebote stellten (Dio-
dor. 14, 94).
140, 1. ἀλλὰ γὰρ. S. zu 7, 40
und Fuhr Rhein. Mus. XXXIII (1878)
p. 334. — ἐκ τούτων, wie 17, 25
πρῶτον ἐκ τούτου σκοπεῖσθε, wo
wie oft (cf. Schoemann ad Isae. p.
426) das Objekt fehlt. Anders
σκοπεῖν τι πρός τι, worüber zu § 11.
— 140, 2. ἐξ ὧν — γέγονεν ist
epexegetisch zu ἐκ τούτων hinzu-
gefügt, aus seiner Verbindung
mit einer von beiden Par-
teien geschehen ist; denn ἐξ
ὧν ist = ἐκ τούτων ὅτι, wie 10, 47
χρὴ δοκιμάζειν αὐτὸν οὐκ ἐκ τῆς
ὀργῆς τῆς τῶν ἀποτυχουσῶν, ἀλλ'
ἐξ ὧν ἅπασαι βουλευσάμεναι προ-
είλοντο τὴν ἐκείνου διάνοιαν. Xe-
noph. Anab. 5, 5, 14 ἀνθ' ὧν
ἐτίμησαν ἡμᾶς, ἀντετιμῶμεν αὐτούς.
Plut. Timol. 2, 1 βοήθειαν αἰτεῖν,
οὐ μόνον διὰ τὴν συγγένειαν οὐδ'
ἀφ' ὧν ἤδη πολλάκις εὐεργέτηντο.
Lukian. Dial. Mort. 22, 1 ἀπόδος
ἀνθ' ὧν σε διεπορθμεύσαμεν, und
öfter beim bloßen Relativ, cf.
Maetzner ad Antiph. p. 191. Über

μετά τινος γίγνεσθαι, „sich mit
einem verbinden," s. 14, 26, 38 u.
zu § 22. — ἐξ ὧν αὐτός κ. τ. λ.,
= ἐκ τῶν πολέμων, οὓς πεπολέμηκεν.
Vergl. 10, 55 γνοίη ἄν τις, ὅσον
διαφέρει τῶν ὄντων, ἐξ ὧν αὐτοὶ
διατιθέμεθα πρὸς ἕκαστον αὐτῶν
(i. e. ἐκ τῶν διαθέσεων, ἃς διατ.),
6, 104 τὰς πόλεις εὕροιμεν ἂν οὐκ
ἐκ τῆς εἰρήνης μεγάλην ἐπίδοσιν
λαβούσας, ἀλλ' ἐξ ὧν ἐν τῷ πολέμῳ
προδυστυχήσασαι πάλιν αὐτὰς ἀνέ-
λαβον (i. e. ἐκ τῶν ἀναλήψεων, ἃς
ἀνέλαβον αὐτάς), eine Ausdrucks-
weise, welche in der That auch
jenem ersten ἐξ ὧν zu Grunde liegt.
— 140, 3. ἀποστάσης Αἰγύπτου.
Von diesem Abfalle ist weiter
nichts Sicheres bekannt, als was
Isokr. hier mitteilt. Doch schließt
Benseler aus dem Umstande, daß
der Agypter Akoris den Euagoras
unterstützte (Diodor. 15, 3), mit
Recht, daß dem Kriege gegen
Euagoras ein fruchtloser Krieg gegen
Agypten vorangegangen sei. Vgl.
auch Rehdantz, Vitae Iphicratis,
Chabriae etc. p. 241 seq. — 140, 9.
ἀγαπᾶν, sich begnügen, mit
dem Akkusat. nur noch Ep. 2, 10
μὴ ἀγαπᾶν λίαν τὰς τοιαύτας ἀρε-
τάς, sonst mit dem Particip (12, 8),
oder mit dem Infinit. (18, 50), oder
einem Bedingungssatze (5, 22 und
zu 9, 81). Über andere Redner vergl.
Benseler ad Areopag. p. 300 seq.
Rehdantz Demosth. Ind. ² p. 193.
— ἀλλ' ἤδη nach μηκέτι wie
Aeschin. 3, 134 οὐκέτι περὶ τῆς

141 τῶν ὁμόρων ζητεῖν ἐπάρχειν; μετὰ δὲ ταῦτ' ἐπ' Εὐαγόραν
στρατεύσας, ὃς ἄρχει μὲν μιᾶς πόλεως, ἐν δὲ ταῖς συνθήκαις
ἔκδοτός ἐστιν, οἰκῶν δὲ νῆσον κατὰ μὲν θάλατταν προδε-
δυστύχηκεν, ὑπὲρ δὲ τῆς χώρας τρισχιλίους ἔχει μόνον πελ-
ταστάς, ἀλλ' ὅμως οὕτω ταπεινῆς δυνάμεως οὐ δύναται περι- 70
γενέσθαι βασιλεὺς πολεμῶν, ἀλλ' ἤδη μὲν ἓξ ἔτη διατέτριφεν,
εἰ δὲ δεῖ τὰ μέλλοντα τοῖς γεγενημένοις τεκμαίρεσθαι, πολὺ
πλείων ἐλπίς ἐστιν ἕτερον ἀποστῆναι πρὶν ἐκεῖνον ἐκπολιορκη-
θῆναι· τοιαῦται βραδυτῆτες ἐν ταῖς πράξεσι ταῖς βασιλέως
142 ἔνεισιν. ἐν δὲ τῷ πολέμῳ τῷ περὶ Ῥόδον ἔχων μὲν τοὺς
Λακεδαιμονίων συμμάχους εὔνους διὰ τὴν χαλεπότητα τῶν
πολιτειῶν, χρώμενος δὲ ταῖς ὑπηρεσίαις ταῖς παρ' ἡμῶν, στρα- b

τῶν Ἑλλήνων ἡγεμονίας ἀγωνίζεται,
ἀλλ' ἤδη περὶ τοῦ τῆς πατρίδος
ἐδάφους und sonst; vergl. Maetzner
ad Lykurg. p. 311.

141, 2. μιᾶς πόλεως, Salamis
auf Kypern. Doch sagt Isokr. 9, 47
von Euagoras πολλὴν χώραν προσ-
εκτήσατο. — συνθήκαις, dem
Antalkidischen Frieden, in welchem
Kypern ausdrücklich als Besitztum
des Königs anerkannt wurde; s.
Xenoph. Hellen. 5, 1, 31. Indem
die Hellenen den Euagoras damals
opferten, hatten sie jetzt keinen
Rechtsgrund ihn zu unterstützen. —
141, 3. οἰκῶν δὲ νῆσον, obwohl
er ein Inselbewohner war, der einer
starken Flotte zur Abwehr eines
Angriffes und zur Sicherung des
Zufuhren, und eines starken Heeres
bedurfte um eine an vielen Punk-
ten mögliche feindliche Landung
abzuweisen, so besaß er doch nur
eine durch eine Niederlage ge-
schwächte Flotte (vergl. Einleitung
Anm. 2) und ein geringes Landheer.
— 141, 4. τρισχιλίους κ. τ. λ.
S. zu 9, 61. — 141, 5 ἀλλ' ὅμως
ist infolge der Zwischensätze ana-
koluthisch, als ob nicht στρατεύσας,
sondern ἐστράτευσε vorausginge;
ähnlich Xenoph. Anab. 1, 8, 13
δρῶν δὲ ὁ Κλέαρχος — ἀλλ' ὅμως
ὁ Κλέαρχος οὐκ ἤθελεν. — 141, 6
ἓξ ἔτη von der verlorenen See-
schlacht an gerechnet (S. Einleit.

Anm. 2). — 141, 7. εἰ δὲ δεῖ κ.
τ. λ. wie 6, 59 εἴπερ χρὴ περὶ τῶν
μελλόντων τεκμαίρεσθαι τοῖς ἤδη
γεγενημένοις, und Andokid. 3, 2
χρὴ — τεκμηρίοις χρῆσθαι τοῖς
πρότερον γενομένοις περὶ τῶν μελ-
λόντων ἔσεσθαι. — 141, 8. ἕτερον
ἀποστῆναι. Isokr. denkt wohl
an den Herrscher von Kilikien,
welcher nach 9, 62 durch Euagoras
wirklich vom Perserkönige abtrün-
nig gemacht wurde (vergl. § 161).
Über den Verlauf und Ausgang des
zehnjährigen Krieges siehe eben
dort und Diodor. 15, 8 und 9. —
141, 9. βραδυτῆτες, Lahmheit.
Derselbe Plural auch bei Plat. de
legg. X p. 893 D (neben τάχη) und
bei Demosth. 18, 246 (neben ὄκνοι);
vgl. zu § 77.

142, 1. τῷ περὶ Ῥόδον (wie 5,
63), der in der Umgegend von
Rhodos geführt wurde. Es ist
der Seekrieg gemeint, den die
Perser, während Agesilaos sie in
Kleinasien angriff, mit den lake-
daimonischen Nauarchen Pharax
und Pisander führten und der mit
Konons Sieg bei Knidos 394 v. Chr.
schloß; vergl. Diodor. 14, 79 und
83. — 142, 2. τῶν πολιτειῶν,
der durch die Lakedaimonier ein-
geführten Dekarchien; s. § 110. —
142, 3. ὑπηρεσίαις, wohl von
den φυγάδες und ἐθελονταί zu ver-
stehen, denen nach Plat. Menex.
p. 245 A Athen gestattete den Per-

τηγοῦντος δ' αὐτῷ Κόνωνος, ὃς ἦν ἐπιμελέστατος μὲν τῶν
στρατηγῶν, πιστότατος δὲ τοῖς Ἕλλησιν, ἐμπειρότατος δὲ τῶν
πρὸς τὸν πόλεμον κινδύνων, τοιοῦτον λαβὼν συναγωνιστὴν
τρία μὲν ἔτη περιεῖδε τὸ ναυτικὸν τὸ προκινδυνεῦον ὑπὲρ τῆς
Ἀσίας ὑπὸ τριήρων ἑκατὸν μόνων πολιορκούμενον, πεντεκαί-
δεκα δὲ μηνῶν τοὺς στρατιώτας τὸν μισθὸν ἀπεστέρησεν,
ὥστε τὸ μὲν ἐπ' ἐκείνῳ πολλάκις ἂν διελύθησαν, διὰ δὲ τὸν c
ἐφεστῶτα καὶ τὴν συμμαχίαν τὴν περὶ Κόρινθον συστᾶσαν
143 μόλις ναυμαχοῦντες ἐνίκησαν. καὶ ταῦτ' ἐστὶ τὰ βασιλικώτατα
καὶ σεμνότατα τῶν ἐκείνῳ πεπραγμένων, καὶ περὶ ὧν οὐδέποτε
παύονται λέγοντες οἱ βουλόμενοι τὰ τῶν βαρβάρων μεγάλα
ποιεῖν. (μ'.) Ὥστ' οὐδεὶς ἂν ἔχοι τοῦτ' εἰπεῖν, ὡς οὐ δικαίως
χρῶμαι τοῖς παραδείγμασιν, οὐδ' ὡς ἐπὶ μικροῖς διατρίβω τὰς
144 μεγίστας τῶν πράξεων παραλείπων· φεύγων γὰρ ταύτην τὴν d
αἰτίαν τὰ κάλλιστα τῶν ἔργων διῆλθον, οὐκ ἀμνημονῶν οὐδ'
ἐκείνων, ὅτι Δερκυλίδας μὲν χιλίους ἔχων ὁπλίτας τῆς Αἰολίδος

sern beizustehen. — 142, 4. Κό-
νονως. S. 9, 52 seqq. — 142, 5.
πιστότατος τοῖς Ἕλλησιν, (wie
7, 51) in den Augen der Hellenen,
also: in den die Hellenen das
höchste Vertrauen setzten,
wodurch manche für die Partei
des Königs gewonnen wurden, wie
Euagoras (Isokr. 9, 54 seq.) und
die Rhodier (Diodor. 14, 79 extr.)
— 142, 7. περιεῖδε, sah er es
ruhig mit an, nicht: „mußte er
es ruhig mit ansehen," was ἐπεῖδε
heißen müßte. Denn περιορᾶν ist
überall „etwas ruhig mit ansehen,
ohne helfen zu wollen," dagegen
ἐφορᾶν „etwas ruhig mit ansehen
müssen, ohne helfen zu können."
Vergl. über jenes §§ 35, 55, 109,
125, 181, und 2, 16, 37. 5, 51. 6,
2, 8, 43, 87, 108. 7, 69. 12, 140,
203. 14, 1, 45, 55. 16, 48. 17, 52.
18, 3. 19, 29. Ep. 2, 6. 8, 4. 9, 9,
— über dieses §§ 96. 168. 5, 48. 8,
92. 15, 319. 19, 47. 20, 10. — 142, 8.
πολιορκούμενον ist wohl nicht
mit Benseler auf die Blokade von
Kaunos durch Pharax (Diodor. 14,
79) zu beziehen, die ja nicht drei
Jahre dauerte, sondern darauf, daß
die Perser aus Furcht vor der Flotte

der Lakedaimonier sich auf hoher
See nicht blicken ließen. Ähn-
lich Thuk. 6, 34, 5 ἀπορεῖν ἂν
κατὰ χωρία ἐρῆμα, καὶ ἢ μένοντες
πολιορκοῖντο ἂν ἢ πειρώμενοι παρα-
πλεῖν τήν τε ἄλλην παρασκευὴν ἀπο-
λίποιεν ἄν. — 142, 10. τὸ μὲν ἐπ'
ἐκείνῳ, so viel an ihm lag,
wie Xenoph. Kyrop. 5, 4, 11 τὸ
μὲν ἐπ' ἐμοί, Arrian. Exp. Alex. 4,
11, 6 τό γε ἐπὶ σφίσιν, u. s. w.,
wofür auch τὸ ἐπ' ἐμοὶ εἶναι
(Krüger zu Xenoph. Anab. 6, 4, 23)
und ὅσον ἐπ' ἐμοί (Fritzsche ad Lu-
kian. Dial. deor. 7) oder καθ' ὅσον
ἐστὶν ἐπ' ἐμοί Isokr. 6, 8 gesagt
wurde. — τὸν ἐφεστῶτα [cf. Krit.
Anh.] i. e. Konon, der den Pisan-
der endlich aufsuchte, um ihm
eine Schlacht zu liefern, nach
Diodor. 14, 83. — 142, 11. περὶ
Κόρινθον, wo die Boeoter, Athe-
ner, Korinther, Argiver gegen
Sparta einen Bund schlossen, dessen
Vorort Korinth war, wo auch ihr
Heer stand. S. Diodor. 14, 82. In-
folge dessen ward Agesilaos aus
Asien zurückberufen, und das gab
nach Isokr. den Persern den Mut,
eine Seeschlacht zu wagen.
144, 3. Δερκυλίδας κ. τ. λ.,

ἐπῆρχεν, Δράκων δ' Ἀταρνέα καταλαβὼν καὶ τρισχιλίους
πελταστὰς συλλέξας τὸ Μύσιον πεδίον ἀνάστατον ἐποίησεν,
Θίβρων δ' ὀλίγῳ πλείους τούτων διαβιβάσας τὴν Λυδίαν
ἅπασαν ἐπόρθησεν, Ἀγησίλαος δὲ τῷ Κυρείῳ στρατεύματι
145 χρώμενος μικροῦ δεῖν τῆς ἐντὸς Ἅλυος χώρας ἐκράτησεν. καὶ e
μὴν οὐδὲ τὴν στρατιὰν τὴν μετὰ τοῦ βασιλέως περιπολοῦσαν,
οὐδὲ τὴν Περσῶν ἀνδρείαν ἄξιον φοβηθῆναι· καὶ γὰρ ἐκεῖνοι
φανερῶς ἐπεδείχθησαν ὑπὸ τῶν Κύρῳ συναναβάντων οὐδὲν
βελτίους ὄντες τῶν ἐπὶ θαλάττῃ. τὰς μὲν γὰρ ἄλλας μάχας 71
ὅσας ἡττήθησαν ἐῶ, καὶ τίθημι στασιάζειν αὐτοὺς ·καὶ μὴ
βούλεσθαι προθύμως πρὸς τὸν ἀδελφὸν τὸν βασιλέως διακιν-

im Jahre 399, als Nachfolger des
Thibron. S. Xenoph. Hellen. 3, 1,
8 seqq. Er eroberte in acht Tagen
9 Städte (Xenoph. Hellen. 3, 2, 1).
— 144, 4. *Δράκων* κ. τ. λ., welchen
Derkylidas als Harmosten in Atar-
neus in Mysien eingesetzt hatte, das
von ihm erobert worden war. S. Xe-
noph. Hellen. 3, 2, 11. — 144, 6.
Θίβρων, im Jahre 400, als Arta-
xerxes die ionischen Städte angriff
für die Unterstützung, welche sie
seinem Bruder Kyros geleistet hatten,
und diese die Lakedaimonier um
Hülfe baten; s. Xenoph. Hellen. 3,
1, 3 seqq. — 144, 7. *Ἀγησίλαος*,
seit 396. — *Κυρείῳ*, dem Rest
derer, welche mit Kyros gegen
Artaxerxes gezogen waren. Mit ihrer
Hülfe errang Agesilaos vorzugs-
weise günstige Erfolge (s. Xenoph.
Hellen. 4,1,21 seqq.), weshalb Isokr.
hier nur diesen Bestandteil des
Heeres des Agesilaos nennt, obwohl
dieser ein bedeutendes Heer aus
Sparta mitbrachte (Xenoph. Hellen.
3, 4, 2 seq). — 144, 8. *μικροῦ
δεῖν*. S. zu 9, 58.
145, 2. *τὴν μετὰ τοῦ β. π.*,
welches den König überall hin be-
gleitet, also seine Garde oder Haus-
truppen. *βασιλεύς* ohne Artikel,
gleichsam zum nomen proprium
geworden, bezeichnet sonst den
Perserkönig, wie §§ 94, 120, 137,
138, 140, 141, 160, 166, 175 etc.
Doch ist die Regel naturgemäß
keine durchgehende und der Artikel
oft durch den Sinn empfohlen (cf.

Benseler ad Areopag. p. 125) wie
hier (— mit ihrem Könige) und
§ 147 und sonst [cf. Krit. Anh.].
Den Perserkönig *ὁ μέγας βασιλεύς*
oder *βασιλεὺς ὁ μέγας* (§ 121) zu
nennen, kam in der Zeit des Isokr.
auf s. Ep. 3, 5 *τὸν δὲ βασιλέα τὸν
νῦν μέγαν προσαγορευόμενον*. —
145, 3. *Περσῶν*, der eigentlichen
Perser, im Gegensatz zu den in
Phrygien, Lydien u. s. w. ausge-
hobenen Truppen, den *ἐπὶ θαλάττῃ
ὄντες*. — *καὶ γάρ*, namque
etiam: s. zu 1, 16. — 145, 5. *τὰς
μέν*. Mit *μέν* korrespondiert *ἀλλά*
§ 146. Vergl. Demosth. 21, 182
*καὶ τούτους μὲν ἐάσω. ἀλλὰ Πύρρον
— θανάτῳ ζημιῶσαί τινες ὑμῶν
ᾤοντο χρῆναι*. S. Franke ad De-
mosth. 3, 27. — *ἄλλας μάχας*,
nicht bloß die Kyros ihnen lieferte,
bei Kunaxa, welche Schlacht im fol-
genden Satze angedeutet ist, son-
dern auch andere frühere Schlachten.
— 145, 6. Über die mit *ἐάν* gebilde-
te praeteritio vergl. auch noch 12,
127 u. 262. — *τίθημι*, nehme an.
Vergl. 15, 94 *πρὸς οὓς ὅπως βούλεσθε
θήτε με διακεῖσθαι*. Demosth. 20, 20
*θήσω τοίνυν ἐγὼ μὴ τοιοῦτον εἶναι
τοῦτο*. und auch im medium wie De-
mosth. 25, 44 *μόνον εἶναι τοιοῦτον
τίθεμαι* Plat. Phil. 13 B *Θέμενος
ἡδονὴν εἶναι τ' ἀγαθόν*. — *στα-
σιάζειν*, nämlich *πρὸς τὸν Ἀρταξέρ-
ξην*, aber nicht vom wirklichen
Aufstande, sondern nur von ent-
gegengesetzten Neigungen und An-
sichten zu verstehen.

146 δυνεύειν. ἀλλ' ἐπειδὴ Κύρου τελευτήσαντος συνῆλθον ἅπαντες
οἱ τὴν Ἀσίαν κατοικοῦντες, ἐν τούτοις τοῖς καιροῖς οὕτως
αἰσχρῶς ἐπολέμησαν, ὥστε μηδένα λόγον ὑπολιπεῖν τοῖς
εἰθισμένοις τὴν Περσῶν ἀνδρείαν ἐπαινεῖν. λαβόντες γὰρ
ἑξακισχιλίους τῶν Ἑλλήνων οὐκ ἀριστίνδην ἐπειλεγμένους, b
ἀλλ' οἳ διὰ φαυλότητας ἐν ταῖς αὑτῶν οὐχ οἷοί τ' ἦσαν ζῆν,
ἀπείρους μὲν τῆς χώρας ὄντας, ἐρήμους δὲ συμμάχων γεγενη-
μένους, προδεδομένους δ' ὑπὸ τῶν συναναβάντων, ἀπεστερη-
147 μένους δὲ τοῦ στρατηγοῦ, μεθ' οὗ συνηκολούθησαν, τοσοῦτον
αὐτῶν ἥττους ἦσαν, ὥσθ' ὁ βασιλεὺς ἀπορήσας τοῖς παροῦσι
πράγμασι καὶ καταφρονήσας τῆς περὶ αὐτὸν δυνάμεως τοὺς
ἄρχοντας τοὺς τῶν ἐπικούρων ὑποσπόνδους συλλαβεῖν ἐτόλμησεν,
ὡς εἰ τοῦτο παρανομήσειεν συνταράξων τὸ στρατόπεδον, καὶ c
μᾶλλον εἵλετο περὶ τοὺς θεοὺς ἐξαμαρτεῖν ἢ πρὸς ἐκείνους
148 ἐκ τοὐφανεροῦ διαγωνίσασθαι. διαμαρτὼν δὲ τῆς ἐπιβουλῆς
καὶ τῶν στρατιωτῶν συμμεινάντων καὶ καλῶς ἐνεγκόντων τὴν

146, 1. τελευτήσαντος, bei
Kunaxa 401 v. Chr. S. Xenoph.
Anab. 1, 8, 24 seqq. — ἅπαντες.
S. zu § 88. — 146, 2. τούτοις,
für die Perser günstigen. — 146, 3.
μηδένα λόγον ὑπολιπεῖν, kei-
nen vernünftigen Grund mehr
dazu (scil. ὥστε ἐπαινεῖν) lassen.
Beispiele dieser Phrase aus Red-
nern giebt Krüger zu Thuk. 8, 2,
2, erklärt aber nicht recht: „die
Möglichkeit der Behauptung ein-
räumen." Vergl. vielmehr Aristeid.
I p. 726 Dind. ἢ κἀκεῖνα δεῖ ψεύ-
δεσθαι δοκεῖν, ἢ τούτοις λόγος οὐ
λείπεται („hat keinen vernünftigen
Grund mehr"), ebenso ibid. p. 590
und p. 603 (οὐδὲ λόγος καταλείπε-
ται). In ähnlichem Sinne § 67 τί
λοιπὸν ἔσται τοῖς ἀντιλέγουσιν; —
146, 5. ἑξακισχιλίους. Nach Xe-
noph. Anab. 5, 3, 3 waren die Helle-
nen, als sie schon bis nach Ke-
rasos gelangt waren, doch noch
8600 Mann stark. — ἀριστίνδην,
mit Rücksicht auf besondere
Tüchtigkeit. — 146, 6. φαυλό-
τητας, dürftige Lage; vergl. zu
1, 1; der Plural wie bei dem syno-
nymen ἔνδειαι 8, 90, 128. 15, 120
u. πενίαι 8, 128 und 15, 120. S.

zu § 77. — 146, 8. ὑπὸ τῶν συ-
νάναβ., vom Ariaios. cf. Xenoph.
Anab. 2, 4, 2, und im Allgemeinen
ibid. 3, 1, 2. — 146, 9. στρατηγοῦ,
des Kyros. — μεθ' οὗ συνηκ. S.
zu 7, 13.
147, 2. ἀπορήσας τοῖς π. π.
Isokr. sagt sonst ἀπορῶν ὅ, τι
χρήσαιτο τοῖς πράγμασιν, wie 9, 55.
12, 234. 16, 9. Doch vergl. auch
Xenoph. Anab. 1, 5, 13 ἀποροῦντες
τῷ πράγματι. (Lys.) 2, 32 ἀποροῦν-
τες τοῖς περιεστηκόσι πράγμασιν.
Plut. Moral. p. 772 A, p. 773 D. —
174, 3. καταφρονήσας, zu ge-
ring denkend von ..., wie 5, 91.
— 147, 4 ἐπικούρων, die blofse
Hülfstruppen waren, nicht die
Hauptmasse des Heeres bildeten,
also verhältnifsmäfsig wenig zahl-
reich waren (vergl. über die Stärke
beider Teile des Heeres des Kyros
Xenoph. Anab. 1, 7, 10). Der Aus-
druck steht im Gegensatz zu τῆς
περὶ αὐτὸν δυνάμεως. — συλ-
λαβεῖν. Die Sache wird auch 5, 91
erwähnt; das Genauere s. bei Xe-
noph. Anab. 2, 5 seq. — 147, 7.
ἐκ τοῦ φανεροῦ. S. zu § 13.
148, 2. καὶ τῶν στ. σ. Über die
Verbindung des konstruierten Parti-

συμφοράν, ἀπιοῦσιν αὐτοῖς Τισσαφέρνην καὶ τοὺς ἱππέας
συνέπεμψεν, ὑφ᾽ ὧν ἐκεῖνοι παρὰ πᾶσαν ἐπιβουλευόμενοι τὴν
ὁδὸν ὁμοίως διεπορεύθησαν ὡσπερανεὶ προπεμπόμενοι, μάλιστα
μὲν φοβούμενοι τὴν ἀοίκητον τῆς χώρας, μέγιστον δὲ τῶν   d
ἀγαθῶν νομίζοντες, εἰ τῶν πολεμίων ὡς πλείστοις ἐντύχοιεν.
149 κεφάλαιον δὲ τῶν εἰρημένων· ἐκεῖνοι γὰρ οὐκ ἐπὶ λείαν
ἐλθόντες, οὐδὲ κώμην καταλαβόντες, ἀλλ᾽ ἐπ᾽ αὐτὸν τὸν
βασιλέα στρατεύσαντες ἀσφαλέστερον κατέβησαν τῶν περὶ
φιλίας ὡς αὐτὸν πρεσβευόντων. Ὥστε μοι δοκοῦσιν ἐν ἅπασι
τοῖς τόποις σαφῶς ἐπιδεδεῖχθαι τὴν αὐτῶν μαλακίαν· καὶ γὰρ
ἐν τῇ παραλίᾳ τῆς Ἀσίας πολλὰς μάχας ἥττηνται, καὶ διαβάντες   e
εἰς τὴν Εὐρώπην δίκην ἔδοσαν (οἱ μὲν γὰρ αὐτῶν κακῶς
ἀπώλονθ᾽, οἱ δ᾽ αἰσχρῶς ἐσώθησαν) καὶ τελευτῶντες ὑπ᾽ αὐτοῖς
τοῖς βασιλείοις καταγέλαστοι γεγόνασιν.

cips mit dem absoluten durch καίς. zu
9, 55. — 148, 3. αὐτοῖς. S. zu § 108.
— 148, 4. παρὰ πᾶσαν — τὴν
ὁδόν, während des ganzen
Marsches. S. zu 1, 31. — ἐπι-
βουλευόμενοι, bedroht, ein
persönliches Passiv, trotz des aktiven
ἐπιβουλεύειν τινί. S. zu 1, 30. —
148, 5. ὡσπεραν εί steht hier an-
ders als § 69 ὥσπερ ἂν εἰ πρὸς
ἅπαντας ἀνθρώπους ἐπολέμησαν
:i. e. ὥσπερ ἂν διεφθάρησαν εἰ —
ἐπολέμησαν) und 1, 27. 10, 10. 15,
2, 14, 298. 18, 57, insofern hier
nicht blofs für den hypothetischen
Nachsatz, sondern auch für den
Vordersatz das Verbum des voran-
gehenden Satzes zu ergänzen ist
(ὥσπερ ἂν διεπορεύθησαν εἰ διεπο-
ρεύθησαν προπεμπόμενοι), welches
Xenoph. Kyrop. 1, 3, 2 (ἠσπάζετο
αὐτὸν ὥσπερ ἂν εἴ τις πάλαι συν-
τεθραμμένος καὶ πάλαι φιλῶν ἀσπά-
ζοιτο wenigstens für den hypothe-
tischen Vordersatz wirklich setzt.
Aber wie hier, so Plat. Gorg. p. 479 A
φοβούμενος ὡσπερανεὶ παῖς τὸ
κάεσθαι καὶ τὸ τέμνεσθαι ὅτι ἀλ-
γεινόν, und Demosth. 18, 214 ὑμᾶς
δὲ δέδοικα, μὴ παρεληλυθότων τῶν
καιρῶν ὡσπερανεὶ κατακλυσμὸν γε-
γενῆσθαι τῶν πραγμάτων ἡγούμενοι,
μάταιον ὄχλον τοὺς περὶ τούτων
λόγους νομίσητε, wo ὡσπερανεί zur

einfachen Vergleichungspartikel ge-
worden ist (wie das Homerische ὡς
εἰ; s. Ameis zu Odyss. 7, 36), für
welchen Fall sich die Schreibung
ὑφ᾽ ἕν empfiehlt. Ebenso ὡσπερεί,
z. B. Plat. Protag. p. 328 D μόγις
πως ἐμαυτὸν ὡσπερεὶ συναγείρας
εἶπον und οἱονανεί, οἱονεί. — 148,
6. τὴν ἀοίκητον τῆς χ. S. zu
§ 34 τὴν πλείστην τῆς χώρας.
149, 1. κεφάλαιον, um das
Gesagte kurz zusammen-
zufassen, in Summa, wie 3, 62
und 15, 127. Über das folgende
γάρ s. zu 7, 69. — ἐπὶ λείαν,
zu einem blofsen Plünde-
rungszuge. — 149, 4. δοκοῦσιν,
nämlich οἱ Πέρσαι. — 149, 6. τῇ
παραλίᾳ τῆς Ἀ., was Isokr. sonst
ἤπειρος nennt. — 149, 8. τε-
λευτῶντες bezeichnet hier nicht
das, was zeitlich das Letzte ist
(denn die Kämpfe des Derkylidas,
Agesilaos etc. sind ja später als
der Zug des Kyros), sondern das,
was graduell das Aufserste, kaum
zu Erwartende ist; ähnlich Thuk.
8, 81, 3 μὴ ἀπορήσειν αὐτοὺς
τροφῆς, οὐδ᾽ ἢν δέῃ τελευτῶντα
τὴν ἑαυτοῦ στρωμνὴν ἐξαργυρίσαι.
Vergl. πέρας ἔχειν § 5. — ὑπ᾽
αὐτοῖς τ. β., unmittelbar unter
(den Mauern) der Königsburg.
Vergl. 9, 58 Κῦρος ἔλαθεν αὐτὸν

6*

84 (IV) ΙΣΟΚΡΑΤΟΥΣ

150 (μα'.) Καὶ τούτων οὐδὲν ἀλόγως γέγονεν, ἀλλὰ πάντ᾽ εἰ- 72
κότως ἀποβέβηκεν· οὐ γὰρ οἷόν τε τοὺς οὕτω τρεφομένους
καὶ πολιτευομένους οὔτε τῆς ἄλλης ἀρετῆς μετέχειν οὔτ᾽ ἐν
ταῖς μάχαις τρόπαιον ἱστάναι τῶν πολεμίων. πῶς γὰρ ἐν
τοῖς ἐκείνων ἐπιτηδεύμασιν ἐγγενέσθαι δύναιτ᾽ ἄν ἢ στρατη-
γὸς δεινὸς ἢ στρατιώτης ἀγαθός, ὧν τὸ μὲν πλεῖστόν ἐστιν
ὄχλος ἄτακτος καὶ κινδύνων ἄπειρος, πρὸς μὲν τὸν πόλεμον
ἐκλελυμένος, πρὸς δὲ τὴν δουλείαν ἄμεινον τῶν παρ᾽ ἡμῖν b
151 οἰκετῶν πεπαιδευμένος, οἱ δ᾽ ἐν ταῖς μεγίσταις δόξαις ὄντες
αὐτῶν ὁμαλῶς μὲν οὐδὲ κοινῶς οὐδὲ πολιτικῶς οὐδεπώποτ᾽
ἐβίωσαν, ἅπαντα δὲ τὸν χρόνον διάγουσιν εἰς μὲν τοὺς ὑβρί-

ἐπὶ τὸ βασίλειον ἐπιστάς, und Xe-
noph. Anab. 2, 4, 4 ἡμεῖς τοσοίδε
ὄντες ἐνικῶμεν τὴν βασιλέως δύναμιν
ἐπὶ ταῖς θύραις αὐτοῦ καὶ κατα-
γελάσαντες ἀπήλθομεν. Kunaxa
war nur 500 (Plut. Artax. 8) oder
gar nur 360 (Xenoph. Anab. 2, 2,
6) Stadien von Babylon entfernt.
[cf. Krit. Anh.].

150, 4. τρόπαιον — τῶν πο-
λεμίων, Denkmal für einen
Sieg über die F. Der bloſse Ge-
netiv auch § 87. 5, 112. 6, 99, 111.
10, 67. 16, 21; dagegen τρόπαιον
κατά τινος 4, 180. 5, 148 u. 6, 10.
Anders ὑπέρ τινος 4, 180 und 14,
59 ἐκεῖνα (τὰ τρόπαια) ὑπὲρ ἁπά-
σης τῆς Ἑλλάδος πρὸς ὅλην τὴν ἐκ
τῆς Ἀσίας δύναμιν ἔστηκεν. — 150,
7. ἄτακτος, d. h. ohne Ordnung
und Disciplin, wie es ein aus
στρατιῶται ἀγαθοί bestehendes Heer
nicht ist. — 150, 8. ἐκλελυμένος,
kraftlos. Vergl. 15, 59 ἵνα μὴ
παντάπασιν ἐκλυθῶ, Plut. Arat. 47
ἐκλελυμένος πρὸς τὸν πόλεμον und
Schoemann ad Plut. Kleom. p. 181.

151, 2. αὐτῶν könnte fehlen,
weil ὤν in § 150 auch für diesen
Satz noch passend wäre; allein Isokr.
geht mit Anderen (cf. Maetzner ad
Lykurg. p. 101) gern aus der rela-
tiven Ausdrucksweise in die de-
monstrative über, was freilich da
selten ist, wo wie hier die näm-
liche Form des Demonstrativs für

beide Sätze passend sein würde (S.
Maetzner 1. l.), aber sehr gewöhn-
lich da sich findet, wo das Relativ
für den zweiten Satz in einem an-
deren Kasus stehen müſste als im
ersten, wie 12, 152 τοὺς νόμους,
οὓς Λυκοῦργος μὲν ἔθηκεν, Σπαρτιᾶ-
ται δ᾽ αὐτοῖς χρώμενοι τυγχάνουσιν,
und 12, 26, 41, 217 (Weber ad De-
mosth. Aristokrat. p. 355 seq.), — und
ohne Demonstrativ im zweiten Satze
3, 43 ὧν οὐδὲν τοῖς πονηροῖς μέτ-
εστιν, ἀλλὰ γνησιώταται τυγχά-
νουσιν οὖσαι, 5, 78. 12, 231. —
151, 2. ὁμαλῶς (gleichmäſsig) —
οὐδεπώποτ᾽ ἐβίωσαν erweitert
durch οὐδὲ κοινῶς (ohne Gemein-
sinn) und οὐδὲ πολιτικῶς (ohne Pa-
triotismus. S. zu § 78) erhält seine
Erklärung durch den Gegensatz
ἅπαντα δὲ χρόνον und durch die
Ausführung in diesem und folg. §.
οὐδεπώποτε hätte übrigens schon
bei ὁμαλῶς, das es ja verneint,
stehen müssen, doch vergl. auſser
Demosth. 22, 4 (von Rauchenstein
angeführt) οἶδα σαφῶς ὅτι οὗτος
ἁπλοῦν ἢν οὐδὲ δίκαιον οὐδὲν
ἂν εἰπεῖν ἔχοι, noch Thuk. 6, 55,
1 στήλη, ἐν ᾗ Θεσσαλοῦ μὲν οὐδ᾽
Ἱππάρχου οὐδεὶς παῖς γέγραπται.
Herod. 1, 215 σιδήρῳ δὲ οὐδ᾽
ἀργύρῳ χρέωνται οὐδέν. id. 2, 52,
1 ἐπωνυμίην δ᾽ οὐδὲ οὔνομα ἐποι-
εῦντο οὐδενὶ αὐτέων. Lukian. Jup.
trag. 47 ἀλυσιτελὲς δὲ οὐδὲ ἄλογον
οὐδὲν εἶχεν ἡ ναῦς. id. Asin. 22
χρυσίον μὲν οὐδὲ ἀργύριον οὐδὲ

ζοντες, τοῖς δὲ δουλεύοντες, ὡς ἂν ἄνθρωποι μάλιστα τὰς
φύσεις διαφθαρεῖεν, καὶ τὰ μὲν σώματα διὰ τοὺς πλούτους
τρυφῶντες, τὰς δὲ ψυχὰς διὰ τὰς μοναρχίας ταπεινὰς καὶ
περιδεεῖς ἔχοντες, ἐξεταζόμενοι πρὸς αὐτοῖς τοῖς βασιλείοις c
καὶ προκαλινδούμενοι καὶ πάντα τρόπον μικρὸν φρονεῖν με-
λετῶντες, θνητὸν μὲν ἄνδρα προσκυνοῦντες καὶ δαίμονα προσ-
αγορεύοντες, τῶν δὲ θεῶν μᾶλλον ἢ τῶν ἀνθρώπων ὀλιγω-
152 ροῦντες. τοιγαροῦν οἱ καταβαίνοντες αὐτῶν ἐπὶ θάλατταν,
οὓς καλοῦσιν σατράπας, οὐ καταισχύνουσιν τὴν ἐκεῖ παίδευσιν,
ἀλλ᾽ ἐν τοῖς ἤθεσι τοῖς αὐτοῖς διαμένουσιν, πρὸς μὲν τοὺς
φίλους ἀπίστως, πρὸς δὲ τοὺς ἐχθροὺς ἀνάνδρως ἔχοντες, καὶ d
τὰ μὲν ταπεινῶς, τὰ δ᾽ ὑπερηφάνως ζῶντες, τῶν μὲν συμ-
μάχων καταφρονοῦντες, τοὺς δὲ πολεμίους θεραπεύοντες.
153 τὴν μέν γε μετ᾽ Ἀγησιλάου στρατιὰν ὀκτὼ μῆνας ταῖς αὐτῶν
δαπάναις διέθρεψαν, τοὺς δ᾽ ὑπὲρ αὐτῶν κινδυνεύοντας ἑτέ-
ρου τοσούτου χρόνου τὸν μισθὸν ἀπεστέρησαν· καὶ τοῖς μὲν

ἄλλο οὐδὲν κομίζοντες. — 151, 4.
ὡς ἄν — διαφθαρεῖεν — „qua
ratione vivendi natura hominum
maxime corrumpitur", wie Blass
erklärt [cf. Krit. Anh.]. — 151, 5.
τὰ μὲν σώματα — τρυφ. κ. τ. λ.,
in körperlichen Genüssen
schwelgend, aber geistig —
gemein und feig. — 151, 7.
ἐξεταζόμενοι, sich mustern
lassend. ἐξετάζειν hängt mit
ἐτεός (wahr) zusammen, vergl. Cur-
tius Etymol. ⁵ S. 207 und heifst
also zunächst die Wahrheit er-
forschen, prüfen. s. Rehdantz De-
mosth. Ind. ² p. 219. Schoemann
ad Plut. Agin 157. Wyttenbach
ad Plut. Mor. p. 547. Zur Sache
vergl. Xenoph. Anab. 1, 9, 3. 4.
πάντες γὰρ οἱ τῶν ἀρίστων Περσῶν
παῖδες ἐπὶ ταῖς βασιλέως
θύραις παιδεύονται — θεῶνται δ᾽
οἱ παῖδες καὶ τοὺς τιμωμένους
ὑπὸ βασιλέως καὶ ἀκούουσι καὶ
ἄλλους ἀτιμαζομένους. — 151,
8. προκαλινδούμενοι, auch ohne
dafs der König anwesend ist (denn
davon wird erst nachher geredet),
aus Respekt vor dem Ort, an dem
sie sich befinden. — 151, 9. προσ-
κυνοῦντες. Vergl. Nepos Con.

3, 3 necesse est, si in conspectum
veneris, venerari te regem (quod
προσκυνεῖν [προσκύνησιν Halm] illi
vocant). Vergl. Arrian. Anab. 4,
11, 3 ff.
    152, 1. τοιγαροῦν. S. zu 7, 48.
— οἱ καταβαίνοντες — ἐπὶ θ.
S. zu 7, 38. — 152, 2. οὐ καται-
σχύνουσιν, machen keine
Schande, ironisch. — ἐκεῖ, die
sie am Hofe genossen haben. —
152, 6. θεραπεύοντες. S. zu 1, 36.
    153, 1. μέν γε. S. zu 9, 49.
— μετ᾽ Ἀγησιλάου. cf. Xenoph.
Hellen. 3, 4, 26 Τιθραύστης δί-
δωσι (dem Agesilaos, um ihn aus
der Nähe von Sardes zu entfernen)
τριάκοντα τάλαντα, ὁ δὲ λαβὼν ᾔει
ἐπὶ τὴν Φαρναβάζου Φρυγίαν.
Ebenso Plut. Agesil. 10, und
ähnlich Diodor. 14, 80 extr. —
153, 2. κινδυνεύοντας, ἐν τῷ
περὶ Ῥόδον πολέμῳ, § 142. —
ἑτέρου τοσούτου χρόνου. 15
Monate, nach § 142; demnach ist
ἕτερος τοσοῦτος hier: doppelt so
viel, noch einmal soviel, nicht:
„ebenso viel." Über beide Bedeu-
tungen vergl. Boeckh, Staatsh. der
Ath.³ I p. 264 n. a. und Rehdantz
Demosth. Ind. ³ p. 231. Vergl.

Κισθήνην καταλαβοῦσιν ἑκατὸν τάλαντα διένειμαν, τοὺς δὲ
μεθ᾽ αὑτῶν εἰς Κύπρον στρατευσαμένους μᾶλλον ἢ τοὺς e
154 *αἰχμαλώτους ὕβριζον. ὡς δ᾽ ἁπλῶς εἰπεῖν καὶ μὴ καθ᾽ ἓν*
ἕκαστον ἀλλ᾽ ὡς ἐπὶ τὸ πολύ, τίς ἢ τῶν πολεμησάντων αὐ-
τοῖς οὐκ εὐδαιμονήσας ἀπῆλθεν, ἢ τῶν ἐπ᾽ ἐκείνοις γενομέ-
νων οὐκ αἰκισθεὶς τὸν βίον ἐτελεύτησεν; οὐ Κόνωνα μέν, ὃς 73
ὑπὲρ τῆς Ἀσίας στρατηγήσας τὴν ἀρχὴν τὴν Λακεδαιμονίων
κατέλυσεν, ἐπὶ θανάτῳ συλλαβεῖν ἐτόλμησαν, Θεμιστοκλέα δ᾽,
ὃς ὑπὲρ τῆς Ἑλλάδος αὐτοὺς κατεναυμάχησε, τῶν μεγίστων

Livius 10, 46 *militibus ex praeda
centenos binos asses et alterum
tantum centurionibus atque equiti-
bus divisit.* Nepos Eum. 8, 5 *illa
autem, qua omnes commeabant
altero tanto longiorem habebat
aufractum.* — 153, 4. Κισθήνην.
cf. Harpokrat. s. v. p. 112 Bekk.:
Κισθήνη· Ἰσοκράτης Πανηγυρικῷ·
ὄρος τῆς Θρᾴκης. Κρατῖνος, κάν-
θένθ᾽ ἐπὶ τέρματα γῆς ἥξεις καὶ
Κισθήνης ὄρος ὄψει. Dafs der
Grammatiker bei Isokr. das Thra-
kische Gebirge Κισθήνη verstanden
habe, wie Benseler will, ist bei der
Stellung der Worte und wegen der
Sache selbst unglaublich, und Ben-
selers Vorschlag, an ein Gebirge
im Bithynischen Thrakien zu den-
ken, wo Derkylidas einen Feldzug
führte und Winterquartiere bezog,
vielleicht auf Wunsch und gegen
eine Gratifikation des Pharnabazos
—, ist darum unzuläfsig, weil
Kratinos dies Gebirge ja an die
Grenzen der Erde rückt, ebenso
wie Aeschyl. Prometh. v. 794. Es
wird also wohl an die Stadt Κισθήνη
in Aeolis gedacht werden müssen
(cf. Strabo XIII p. 606 C., Plin.
Nat. hist. 5, 122, Stephan. Byzant.
p. 509, 13 Mein.), obwohl der Vor-
fall sonst unbekannt ist; jedenfalls
aber war er dem obenerwähnten
zwischen Agesilaos und Tithraustes
ähnlich. — 153, 5. εἰς Κύπρον.
S. § 134 seq.

154, 1. ὡς δ᾽ ἁπλῶς εἰπεῖν,
um es kurz zu sagen, wie 7, 26
ὡς δὲ συντόμως εἰπεῖν, oder wie
15, 113 εἰ δὲ δεῖ μὴ καθ᾽ ἕκα-

στον, ἀλλὰ διὰ βραχέων εἰπεῖν. —
καθ᾽ ἓν ἕκαστον, Alles ein-
zeln wie 2, 45 (3, 35) τί δεῖ καθ᾽
ἓν ἕκαστον λέγοντα·διατρίβειν; 12,
84 καθ᾽ ἓν ἕκαστον σκοπεῖν. 15,
184 καθ᾽ ἓν ἕκαστον συνείρειν. 12,
46 οὐδὲν ἐπαύοντο κατὰ μίαν ἑκά-
στην τῶν πόλεων πολιορκοῦντες.
Vergl. Franke ad Demosth. 2, 24.
Anders 12, 55 καθ᾽ ἕκαστον διε-
ξιέναι περί τινος. 15, 113. 16, 21.
— 154, 2. ὡς ἐπὶ τὸ πολύ, im
Ganzen und Grofsen, im Allge-
meinen. S. zu 7, 5. — 154, 3.
ἐπ᾽ ἐκείνοις. S. zu § 16. — 154, 4.
Κόνωνα. cf. Nepos Con. 5, 3 *Tiri-
bazus Cononem evocavit simulans
ad regem eum se mittere velle magna
de re. huius nuntio parens cum ve-
nisset, in vincula coniectus est, in
quibus aliquamdiu fuit. inde non-
nulli eum ad regem abductum ibi-
que eum periisse scriptum relique-
runt. contra ea Dinon historicus,
cui nos plurimum de Persicis rebus
credidimus, effugisse scripsit: illud
addubitat, utrum Tiribazo sciente
an imprudente sit factum.* Isokr.
spricht sich nicht deutlich darüber
aus, ob er wirklich getötet sei, er-
wähnt aber auch 9, 57, dafs der
König den Konon trotz seiner Ver-
dienste um ihn gefürchtet habe.
Die Nachrichten über den Tod des
Konon sucht Rauchenstein zu Lys.
19, 39 zu vereinigen. — 154, 6. ἐπὶ
θανάτῳ, um ihn hinrichten
zu lassen. — 154, 8. δωρεᾶν,
der Städte Magnesia, Lampsakos
und Myus (cf. Thuk. 1, 138, 5),
wozu Plut. Them. 29, 4 noch
fügt Perkote und Palaiskepsis.

155 δωρεῶν ἠξίωσαν; καίτοι πῶς χρὴ τὴν τούτων φιλίαν ἀγαπᾶν,
οἳ τοὺς μὲν εὐεργέτας τιμωροῦνται, τοὺς δὲ κακῶς ποιοῦντας
οὕτως ἐπιφανῶς κολακεύουσιν; περὶ τίνας δ' ἡμῶν οὐκ ἐξη-
μαρτήκασιν; ποῖον δὲ χρόνον διαλελοίπασιν ἐπιβουλεύοντες b
τοῖς Ἕλλησιν; τί δ' οὐκ ἐχθρὸν αὐτοῖς ἐστιν τῶν παρ' ἡμῖν,
οἳ καὶ τὰ τῶν θεῶν ἕδη καὶ τοὺς νεὼς συλᾶν ἐν τῷ προτέρῳ
156 πολέμῳ καὶ κατακάειν ἐτόλμησαν; διὸ καὶ τοὺς Ἴωνας ἄξιον
ἐπαινεῖν, ὅτι τῶν ἐμπρησθέντων ἱερῶν ἐπηράσαντ' εἴ τινες
κινήσειαν ἢ πάλιν εἰς τἀρχαῖα καταστῆσαι βουληθεῖεν, οὐκ
ἀποροῦντες, πόθεν ἐπισκευάσωσιν, ἀλλ' ἵν' ὑπόμνημα τοῖς
ἐπιγιγνομένοις ᾖ τῆς τῶν βαρβάρων ἀσεβείας, καὶ μηδεὶς c
πιστεύῃ τοῖς τοιαῦτ' εἰς τὰ τῶν θεῶν ἐξαμαρτεῖν τολμῶσιν,

155, 1. καίτοι πῶς. S. zu 9, 65. — 155, 6. οἳ καί. S. zu 9, 49. — ἕδη, sonst „Tempel," hier Götter-bilder, wie die Zusammenstellung mit νεώς lehrt, wie bei Lykurg. Leokrat. 1 τοὺς νεὼς καὶ τὰ ἕδη καὶ τὰ τεμένη, und Plut. Koriol. 37 δημοσίαις δαπάναις ἐποιήσατο τὸν νεὼν καὶ τὸ ἕδος. Aber auch ohne diese Zusammenstellung Isokr. 15, 2 εἴ τις Φειδίαν τὸν τὸ τῆς Ἀθηνᾶς ἕδος ἐργασάμενον τολμῴη καλεῖν κοροπλάθον (vergl. mehr bei Ruhnken ad Timae. p. 93 = p. 79 Lips. u. Maetzner ad Dinarch. p. 166), obgleich wohl überall an eine sitzende Statue zu denken ist: s. Boeckh. ad Corp. Inscript. 1 p. 248. — 155, 7 κατακάειν [cf. Krit. Anh.]. Die Ruinen solcher von den Persern zerstörter Tempel sah noch im zweiten Jahrhundert n. Chr. Pausanias (10, 35, 2).

156, 1. Ἴωνας. Von den Joniern ist die Sache nicht weiter bekannt, wohl aber berichten Lykurg. Leo-krat 80 seq und Diodor 11, 29, daß die Hellenen vor der Schlacht bei Platää neben der eidlichen Ver-sicherung mutiger Ausdauer im Kampfe sich auch durch einen Schwur verpflichtet hätten, τῶν ἱερῶν τῶν ἐμπρησθέντων καὶ κατα-βλιθέντων ὑπὸ τῶν βαρβάρων οὐδὲν ἀνοικοδομήσειν (vergl. auch Pausan. 10, 35, 2), eine Nachricht, welche

schon Theopomp. bezweifelte (cf. Wesseling ad Diodor. 1. 1.) und welche von den Joniern auf die europäischen Griechen mag über-tragen sein. — 156, 2. ἱερῶν ist (als ein partitiver Genetiv) von κινή-σειαν abhängig, allerdings gegen den sonstigen Isokrateischen Sprach-gebrauch; vergl. 9, 7 ἀεί τι κινεῖν τῶν μὴ καλῶς ἐχόντων. 9, 63 οὐ-δὲν κινήσαντες τῆς τυραννίδος. 7, 30 μηδὲν κινεῖν ὧν αὐτοῖς οἱ πρό-γονοι παρέδοσαν. 14, 29 μηδὲν κινεῖν τῶν ὡμολογημένων. 16, 5 οὐδὲν οἷοί τε εἶναι κινεῖν τῶν καθ-εστώτων. Aber ähnlich Thuk. 1, 143, 1 κινήσαντες τῶν Ὀλυμπίασιν ἢ Δελφοῖς χρημάτων und 6, 70, 4 δείσαντες μὴ οἱ Ἀθηναῖοι τῶν χρη-μάτων ἅ ἦν αὐτόθι κινήσωσιν (ne-ben κινεῖν τὰ χρήματα 2, 24, 1) ebenso (von Sauppe angeführt) Plat. de republ. IV extr. οὐ — κινήσειεν ἂν τῶν ἀξίων λόγου νόμων, wo je-doch die Handschriften variieren. — 156, 4. πόθεν ἐπισκευάσω-σιν. Statt der indirekten Frage ist die direkte gesetzt [cf. Krit. Anh.]. Der Konjunktiv hier und in dem folgenden Absichtssatze, weil Isokr. sich auf den Standpunkt der Jonier stellt, für welche die Sache der Gegenwart oder Zukunft angehört. — 156, 6. εἰς τὰ τῶν θεῶν ἐξ, wie 3, 9 τοὺς τολμῶντας βλασφη-μεῖν — ὁμοίως ἄξιον μισεῖν ὥσπερ τοὺς εἰς τὰ τῶν θεῶν ἐξαμαρτά-

ἀλλὰ καὶ φυλάττωνται καὶ δεδίωσιν, ὁρῶντες αὐτοὺς οὐ μό-
νον τοῖς σώμασιν ἡμῶν ἀλλὰ καὶ τοῖς ἀναθήμασιν πολεμή-
157 σαντας. (μβ΄.) Ἔχω δὲ καὶ περὶ τῶν πολιτῶν τῶν ἡμετέρων
τοιαῦτα διελθεῖν. καὶ γὰρ οὗτοι πρὸς μὲν τοὺς ἄλλους, ὅσοις
πεπολεμήκασιν, ἅμα διαλλάττονται καὶ τῆς ἔχθρας τῆς γεγενη-
μένης ἐπιλανθάνονται, τοῖς δ᾽ ἠπειρώταις οὐδ᾽ ὅταν εὖ πά- d
σχωσιν χάριν ἴσασιν· οὕτως ἀείμνηστον τὴν ὀργὴν πρὸς αὐ-
τοὺς ἔχουσιν. καὶ πολλῶν μὲν οἱ πατέρες ἡμῶν μηδισμοῦ
θάνατον κατέγνωσαν, ἐν δὲ τοῖς συλλόγοις ἔτι καὶ νῦν ἀρὰς
ποιοῦνται, πρὶν ἄλλο τι χρηματίζειν, εἴ τις ἐπικηρυκεύεται
Πέρσαις τῶν πολιτῶν· Εὐμολπίδαι δὲ καὶ Κήρυκες ἐν τῇ
τελετῇ τῶν μυστηρίων διὰ τὸ τούτων μῖσος καὶ τοῖς ἄλλοις
βαρβάροις εἴργεσθαι τῶν ἱερῶν ὥσπερ τοῖς ἀνδροφόνοις προα- e
158 γορεύουσιν. οὕτω δὲ φύσει πολεμικῶς πρὸς αὐτοὺς ἔχομεν,
ὥστε καὶ τῶν μύθων ἥδιστα συνδιατρίβομεν τοῖς Τρωϊκοῖς

νοντας. S. zu 1, 13. — 156, 8.
ἀναθήμασιν hier im weitesten
Sinne auch von den Bildsäulen
und Tempeln.
157, 2. τοιαῦτα, solche Be-
weise tiefen Hasses. — 157, 3.
ἅμα — καί. S. zu § 86.· — 157,
4. ἠπειρώταις. S. zu § 132. —
εὖ πάσχωσιν, wie das durch die
Vernichtung des Übergewichts der
Lakedaimonier infolge der See-
schlacht bei Knidos geschehen war.
— 157, 6. πολλῶν. So wurde
Lykidas, als er den Athenern in
Salamis riet die von Mardonios
angebotenen Friedensbedingungen
anzunehmen, gesteinigt (Herod. 9,
5), was ein infolgedessen gefaßtes
ψήφισμα gut hieß (Lykurg. Leokrat.
122). — μηδισμοῦ hängt unmittel-
bar von κατέγνωσαν ab, welches mit
dem Genetiv der Person und des
Verbrechens konstruiert ist wie bei
Lys. 13, 65 συκοφαντίας αὐτοῦ κα-
τέγνωτε u. Demosth. 25, 67 παρα-
νόμων αὐτοῦ κατέγνωτε, und wie
κατηγορεῖν bei Demosth. 21, 5 εἰ
παρανόμων ἢ παραπρεσβείας ἤμελ-
λον αὐτοῦ κατηγορεῖν. — 157, 7.
συλλόγοις, in den öffentlichen
Versammlungen, z. B. in der ἐκ-
κλησία, in welcher vor dem Beginn
der Verhandlungen (dem χρηματίζειν,

s. Schoemann ad Plut. Kleom. p.196)
ein Herold jenen Fluch aussprach,
wahrscheinlich infolge eines Ge-
setzvorschlages des Aristeides; s.
Schoemann de Comitiis Atheniens.
p. 92 B. — 157, 9. Εὐμολπίδαι
δὲ καὶ Κήρυκες, zwei Priester-
geschlechter, welche den Dienst
bei den Mysterien hatten, die Letz-
teren Nachkommen des Κήρυξ
(eines Sohnes des Götterheroldes
Hermes, Pollux 7, 103) und nach
diesem in ähnlicher Weise benannt,
wie die Athener Κέκροπες und
Κόδροι genannt wurden (s. Lobeck.
Paralip. p. 303). Vergl. Hermann
Gottesdienstl. Altert. § 55 n. 25.
— 157, 10. τελετῇ. S. zu § 28.
— τούτων, gegen die Perser. —
157, 11. βαρβάροις. Über die
Ausschließung dieser und aller
derer, οἵτινες μὴ καθαροὶ τὰς
χεῖρας, s. Lobeck, Aglaoph. p.
14 seqq.
158, 2. συνδιατρίβομεν, lesend
und hörend [cf. Krit. Anh.]; vergl.
zu 9, 76, εἴ τις ἀθροίσας τὰς
ἀρετὰς τὰς ἐκείνου καὶ τῷ λόγῳ
κοσμήσας παραδοίη θεωρεῖν ὑμῖν
καὶ συνδιατρίβειν αὐταῖς. 2, 43
αἱροῦνται συνδιατρίβειν ταῖς ἀλ-
λήλων ἀνοίαις μᾶλλον ἢ ταῖς ἐκεί-
νων (des Hesiod, Theognis, Phoky-

καὶ Περσικοῖς, δι' ὧν ἔστι πυνθάνεσθαι τὰς ἐκείνων συμφο-
ράς. εὕροι δ' ἄν τις ἐκ μὲν τοῦ πολέμου τοῦ πρὸς τοὺς 74
βαρβάρους ὕμνους πεποιημένους, ἐκ δὲ τοῦ πρὸς τοὺς Ἕλλη-
νας θρήνους ἡμῖν γεγενημένους, καὶ τοὺς μὲν ἐν ταῖς ἑορ-
ταῖς ἀδομένους, τοὺς δ' ἐπὶ ταῖς συμφοραῖς ἡμᾶς μεμνημέ-
159 νους. οἶμαι δὲ καὶ τὴν Ὁμήρου ποίησιν μείζω λαβεῖν δόξαν,
ὅτι καλῶς τοὺς πολεμήσαντας τοῖς βαρβάροις ἐνεκωμίασεν, καὶ
διὰ τοῦτο βουληθῆναι τοὺς προγόνους ἡμῶν ἔντιμον αὐτοῦ
ποιῆσαι τὴν τέχνην ἔν τε τοῖς τῆς μουσικῆς ἄθλοις καὶ τῇ b
παιδεύσει τῶν νεωτέρων, ἵνα πολλάκις ἀκούοντες τῶν ἐπῶν
ἐκμανθάνωμεν τὴν ἔχθραν τὴν ὑπάρχουσαν πρὸς αὐτοὺς καὶ .
ζηλοῦντες τὰς ἀρετὰς τῶν στρατευσαμένων τῶν αὐτῶν ἔργων
ἐκείνοις ἐπιθυμῶμεν.

lides) ὑποθήκαις. — τοῖς Τρωϊ-
κοῖς. Da die Perser ganz Asien
als ihr uranfängliches Besitztum
ansahen (s. Krüger, Historisch-phi-
lologische Studien, I S. 96 n. 1),
so werden auch die Troer als zu
ihnen gehörig betrachtet, und unter
den Veranlassungen zu den Perser-
kriegen nannten die Perser selbst
den Krieg gegen Troia (s. Herod.
1, 5), wie auch Isokr. 12, 42 die
ἔχθρα der Hellenen gegen die Bar-
baren vom Troischen Kriege her-
leitet. — 158, 5. ὕμνους — θρή-
νους. Der Urheber dieser Sentenz
ist, wie schon Morus bemerkte,
Gorgias, welcher nach Philostrat.
Vit. Sophist. p. 493 (= frag. 4)
zeigte, ὅτι τὰ μὲν κατὰ τῶν βαρ-
βάρων τρόπαια ὕμνους ἀπαιτεῖ,
τὰ δὲ κατὰ Ἑλλήνων θρήνους.
Weder bei ὕμνοι noch bei θρῆνοι
denkt Isokr. an bestimmte Dich-
tungen; der Sinn ist allgemein nur:
die Kämpfe mit den Barbaren hin-
terließen stets nur frohe Erinne-
rungen, welche wir bei unsern
Festen gern wieder auffrischen,
während die Kämpfe mit unsern
Stammgenossen nur traurige Er-
innerungen hinterließen, welche
sich uns immer wieder aufdrängen,
wenn wir wieder einmal nach einer
Schlacht gegen Hellenen die öffent-
liche Totenfeier der Gefallenen
begehen (s. zu § 74). — ἐκ δὲ

τοῦ, während u. s. w. s. zu 1,
12. — 158, 6. τοὺς μέν, jene.
Über diese Beziehung des οἱ μὲν
— οἱ δέ s. zu 1, 15.
159, 2. τοῖς βαρβάροις, die
Troer; s. zu 9, 17. — 159, 4. ἐν
τοῖς τῆς μ. ἄθλοις. Vergl. Ly-
kurg. Leokrat. 102 ὑμῶν οἱ πα-
τέρες — νόμον ἔθεντο καθ' ἑκά-
στην πενταετηρίδα τῶν Παναθη-
ναίων (Ὁμήρου) μόνου τῶν ἄλλων
ποιητῶν ῥαψῳδεῖσθαι τὰ ἔπη, und
Plat. Hipparch. p. 228 B, Ion. p.
530 B. — 159, 5. παιδεύσει.
Über Homer als Schulbuch s. die
Belege bei Bernhardy, Grundriß
der Griechisch. Litteratur² I, S. 86f.
II, 1 S. 76 f. — 159, 6. ἐκμαν-
θάνωμεν. Der Konjunktiv, weil
die Absicht für die Gegenwart noch
fortdauert.

§ 160—186. Vieles also fordert
uns zum Kriege gegen Persien auf,
besonders aber die gegenwärtige
Lage desselben (160—163), deren
sofortige Benutzung unsere Pflicht
ist, wenn wir nicht Gefahr laufen
wollen (164—166); sodann unsere
eigene beklagenswerte Lage (167—
169), zu deren Beseitigung die gegen-
wärtigen Machthaber in den ein-
zelnen Staaten nichts thun (170,
171) und die nur beseitigt werden
kann durch die Vereinigung aller
Hellenen zum Kriege gegen Persien
(172—174). Die zwischen Hellas

160 (μγ´.) Ὥστε μοι δοκεῖ πολλὰ λίαν εἶναι τὰ παρακελευόμενα
πολεμεῖν αὐτοῖς, μάλιστα δ᾽ ὁ παρὼν καιρός, [οὐ σαφέστερον c
οὐδέν] ὃν οὐκ ἀφετέον· καὶ γὰρ αἰσχρὸν παρόντι μὲν μὴ χρῆσθαι,
παρελθόντος δ᾽ αὐτοῦ μεμνῆσθαι. τί γὰρ ἂν καὶ βουληθεῖμεν
ἡμῖν προσγενέσθαι, μέλλοντες βασιλεῖ πολεμεῖν, ἔξω τῶν νῦν
161 ὑπαρχόντων; οὐκ Αἴγυπτος μὲν αὐτοῦ καὶ Κύπρος ἀφέστηκεν,
Φοινίκη δὲ καὶ Συρία διὰ τὸν πόλεμον ἀνάστατοι γεγόνασιν,
Τύρος δ᾽, ἐφ᾽ ᾗ μέγ᾽ ἐφρόνησεν, ὑπὸ τῶν ἐχθρῶν τῶν ἐκεί-
νου κατείληπται; τῶν δ᾽ ἐν Κιλικίᾳ πόλεων τὰς μὲν πλείστας
οἱ μεθ᾽ ἡμῶν ὄντες ἔχουσιν, τὰς δ᾽ οὐ χαλεπόν ἐστιν κτήσασθαι. d
162 Λυκίας δ᾽ οὐδεὶς πώποτε Περσῶν ἐκράτησεν. Ἑκατόμνως δ᾽
ὁ Καρίας ἐπίσταθμος τῇ μὲν ἀληθείᾳ πολὺν ἤδη χρόνον
ἀφέστηκεν, ὁμολογήσει δ᾽ ὅταν ἡμεῖς βουληθῶμεν. ἀπὸ δὲ
Κνίδου μέχρι Σινώπης Ἕλληνες τὴν Ἀσίαν παροικοῦσιν, οὓς

---

und Persien bestehenden Verträge
dürfen uns von diesem Kriege nicht
abhalten, da sie für uns nicht
rühmlich sind (175), nicht mehr in
allen Punkten anerkannt werden
(176) und unbillig sind (177—180),
so daſs unsere Ehrliebe (181, 182),
daſs Recht und Billigkeit (183,
184) den Krieg verlangen, an dem
sich gewiſs jeder Hellene gern be-
teiligen wird (185, 186).

160, 1. πολλὰ λίαν i. e. λίαν
πολλά. S. § 73 und zu 9, 48. —
τά, dessen, was. S. zu 7, 83.
[οὐ σαφέστερον οὐδέν cf. Krit.
Anh.]. — 160, 4. καί, auch nur,
wodurch angedeutet wird, daſs dies
die äuſserste, wohl schwerlich sich
verwirklichende Annahme sei. So
oft nach den Fragewörtern τίς,
πῶς, ποῖος, ποῦ. Vergl. Stallbaum
ad Plat. Gorg. p. 455 A und Maetz-
ner ad Antiph. p. 266. Rehdantz
Demosth. Ind. ² p. 244.

161, 1. Αἴγυπτος — καὶ Κ.
ἀφέστηκεν. Über den Abfall
Ägyptens s. § 140, über Kypern
§ 134 und 141. Nach Isokr. 9, 62
eroberte Euagoras Tyros, verwüstete
Phoenikien und brachte Kilikien zur
Empörung gegen den Perserkönig.
Über Syriens Verwüstung ist sonst-
her nichts bekannt, doch mögen
des Euagoras Plünderungszüge ihn

über die Grenzen von Phoenike und
Kilikien hinausgeführt haben. —
161, 2. ἀνάστατοι, S. zu 7, 69. —
161, 3. μέγ᾽ ἐφρόνησεν. Tyros
und überhaupt Phoenikien lieferte
ihm den gröſsten Teil seiner
Flotte; s. 5, 102. — 161, 5. οἱ
μεθ᾽ ἡμῶν ὄντες, Euagoras und
die Seinen. — 161, 6. ἐκράτησεν,
war Herr (wie § 108). Lykien
war zwar von den Persern erobert
(Herod. 1, 176) worden und muſste
an Persien Tribut zahlen (Herod.
3, 90) und ihm Heeresfolge leisten
(Herod. 7, 92), war aber sonst un-
abhängig, etwa wie Euagoras auf
Kypern.

162, 1. Ἑκατόμνως. Vergl.
Diodor. 15, 2: Εὐαγόρας παρ᾽ Ἑκα-
τόμνου τοῦ Καρίας δυνάστου λάθρᾳ
συμπράττοντος αὐτῷ χρημάτων
ἔλαβε πλῆθος εἰς διατροφὴν ξενι-
κῶν δυνάμεων. — 162, 2. ἐπί-
σταθμος. S. zu § 120. — 162, 3.
ὁμολογήσει, wird es offen ein-
gestehen. — 162, 4. τὴν Ἀσίαν
παροικοῦσιν, scil. τῷ βασιλεῖ
oder τῷ βαρβάρῳ, sind seine
Nachbaren in Asien. Daſs die
Küste, nicht das Innere, verstanden
sei, bedurfte für den Griechischen
Leser keiner Erinnerung; um so
weniger durfte gegen den Sprach-
gebrauch παροικ. τὴν Ἀσίαν er-

οὐ δεῖ πείθειν ἀλλὰ μὴ κωλύειν πολεμεῖν. Καίτοι τοιούτων ὁρμητηρίων ὑπαρξάντων καὶ τοσούτου πολέμου τὴν Ἀσίαν περιστάντος τί δεῖ τὰ συμβησόμενα λίαν ἀκριβῶς ἐξετάζειν; e ὅπου γὰρ μικρῶν μερῶν ἥττους εἰσίν, οὐκ ἄδηλον, ὡς ἂν δια-
163 τεθεῖεν, εἰ πᾶσιν ἡμῖν πολεμεῖν ἀναγκασθεῖεν. ἔχει δ᾽ οὕτως. ἐὰν μὲν ὁ βάρβαρος ἐρρωμενεστέρως κατάσχῃ τὰς πόλεις τὰς ἐπὶ θαλάττῃ φρουρὰς μείζους ἐν αὐταῖς ἢ νῦν ἐγκαταστήσας, 75 τάχ᾽ ἂν καὶ τῶν νήσων αἱ περὶ τὴν ἤπειρον, οἷον Ῥόδος καὶ Σάμος καὶ Χίος, ἐπὶ τὰς ἐκείνου τύχας ἀποκλίνειαν· ἢν δ᾽ ἡμεῖς αὐτὰς πρότεροι καταλάβωμεν, εἰκὸς τοὺς τὴν Λυδίαν καὶ Φρυγίαν καὶ τὴν ἄλλην τὴν ὑπερκειμένην χώραν οἰκοῦν-
164 τας ἐπὶ τοῖς ἐντεῦθεν ὁρμωμένοις εἶναι. Διὸ δεῖ σπεύδειν καὶ μηδεμίαν ποιεῖσθαι διατριβήν, ἵνα μὴ πάθωμεν ὅπερ οἱ πατέρες ἡμῶν. ἐκεῖνοι γὰρ ὑστερίσαντες τῶν βαρβάρων καὶ b προέμενοί τινας τῶν συμμάχων ἠναγκάσθησαν ὀλίγοι πρὸς

---

klärt werden: „bewohnen die Küste von Asien." Übrigens sind die Grenzpunkte in sofern willkürlich gewählt, als besonders im Süden griechische Kolonien noch über Knidos hinausgingen; allein dort waren sie nur vereinzelt. Anders gemeint ist 5, 120 διαλαβεῖν τὴν Ἀσίαν ἀπὸ Κιλικίας μέχρι Σινώπης. — 162, 5. ἀλλά, sondern nur, wie oft nach einer Negation; s. Kühner ad Xenoph. Mem. 3, 13, 6. — 162, 6. ὁρμητηρίων, Rück-halt, ein militärischer Ausdruck, der den Punkt bezeichnet, von dem aus man seine Angriffe gegen den Feind unternimmt, wo man seine Hülfsquellen hat und wohin man sich im Notfalle zurückzieht; vergl. Weber ad Demosth. Aristo-krat. p. 483; ähnlich ὁρμᾶσθαι § 163 und in den Beispielen bei Schormann ad Plut. Kleom. p. 252. — 162. 7. περιστάντος, von allen Seiten bedroht, wie oft; s. Krüger zu Thuk. 3, 51, 3. — 162, 8. ὅπου, kausal. S. zu 1, 49. — μερῶν, Gebietsteile, wie Ägypten und Kypern. 163, 1. ἔχει δ᾽ οὕτως, die Sache ist diese, wie 6, 86. 8, 28. 15, 130. Ep. 7, 7. 8, 7, nie mit folgendem γάρ, welches in

ähnlichen Verbindungen das Regel-mäßige ist. (S. zu 7, 69). — 163, 4. τάχ᾽ ἄν nicht = ταχέως ἄν, so wenig wie § 18, denn bei den At-tikern ist τάχα regelrecht viel-leicht (wobei auch ein pleona-stisches τάχ᾽ ἄν ἴσως nicht ver-mieden wurde; s. Ast ad Plat. de legg. p. 24), und die Homerische Bedeutung „bald" findet sich bei ihnen nur vereinzelt und meist nur in bestimmten Wendungen, wie τάχ᾽ εἴσομαι (Fritzsche Quaest. Lu-cian. p. 70 seq.), τάχα μᾶλλον φή-σεις (Stallbaum ad Plat. Kratyl. p. 410 E). — 163, 5. ἐπὶ — τύ-χας ἀποκλ., sein Geschick teilen wollen. — 163, 7. ὑπερ-κειμένην, scil. Λυδίας καὶ Φρυ-γίας, darüber hinausliegend. — 163, 8. ἐπὶ τοῖς. S. zu § 16. — ὁρμωμένοις, die von den Küsten-städten aus ihre Operationen be-ginnen, von dorther vorgehen. S. zu § 162. 164, 3. ὑστερίσαντες, lies-sen einen Vorsprung gewin-nen. — 164, 4. προέμενοί τι-νας. Aristagoras von Milet suchte für die aufständischen Jonier ver-gebens Hülfe in Sparta; Athen schickte zwar Hülfstruppen, diese jedoch kehrten, nach einem ver-

πολλοὺς κινδυνεύειν, ἐξὸν αὐτοῖς προτέροις διαβᾶσιν εἰς τὴν
ἤπειρον μετὰ πάσης τῆς τῶν Ἑλλήνων δυνάμεως ἐν μέρει
165 τῶν ἐθνῶν ἕκαστον χειροῦσθαι. δέδεικται γάρ, ὅταν τις
πολεμῇ πρὸς ἀνθρώπους ἐκ πολλῶν τόπων συλλεγομένους,
ὅτι δεῖ μὴ περιμένειν, ἕως ἂν ἐπιστῶσιν, ἀλλ᾽ ἔτι διεσπαρ- c
μένοις αὐτοῖς ἐπιχειρεῖν. ἐκεῖνοι μὲν οὖν προεξαμαρτόντες
ἅπαντα ταῦτ᾽ ἐπηνωρθώσαντο, καταστάντες εἰς τοὺς μεγίστους
ἀγῶνας· ἡμεῖς δ᾽ ἂν σωφρονῶμεν, ἐξ ἀρχῆς φυλαξόμεθα καὶ
πειρασόμεθα φθῆναι περὶ τὴν Λυδίαν καὶ τὴν Ἰωνίαν στρα-
166 τόπεδον ἐγκαταστήσαντες, εἰδότες, ὅτι καὶ βασιλεὺς οὐχ ἑκόν-
των ἄρχει τῶν ἠπειρωτῶν ἀλλὰ μείζω δύναμιν περὶ αὑτὸν
ἑκάστων αὐτῶν ποιησάμενος· ἧς ἡμεῖς ὅταν κρείττω διαβι- d
βάσωμεν, ὃ βουληθέντες ῥᾳδίως ἂν ποιήσαιμεν, ἀσφαλῶς
ἅπασαν τὴν Ἀσίαν καρπωσόμεθα. πολὺ δὲ κάλλιον ἐκείνῳ
περὶ τῆς βασιλείας πολεμεῖν ἢ πρὸς ἡμᾶς αὐτοὺς περὶ τῆς
ἡγεμονίας ἀμφισβητεῖν.
167 (μδ´.) Ἄξιον δ᾽ ἐπὶ τῆς νῦν ἡλικίας ποιήσασθαι τὴν

geblichen Angriff auf Sardes bei
Ephesos geschlagen, nach Hause
zurück, die Kleinasiaten ihrem
Schicksale überlassend (Herod. 5,
49 seq. und 97—103), welche nun
von den Persern allmählich unter-
worfen wurden, so daſs Mardonios
493 v. Chr. nach Griechenland
hinübersetzen konnte. — ὀλίγοι,
ohne die Hülfe der kleinasiatischen
Hellenen, welche das Heer der
Perser verstärkten. — 164, 6. ἐν
μέρει. S. zu § 96.
165, 1. δέδεικται. S. zu § 49.
— ὅταν κ. τ. λ. ist dem von δέ-
δεικται abhängigen Objektssatze
vorangestellt wie 5, 74 λέγουσιν —
ἦν ταῦτα πράξῃς, ὡς καὶ τῶν ἄλ-
λων Ἑλλήνων ῥᾳδίως κρατήσεις.
Xenoph. Anab. 1, 6, 2 εἶπεν, εἰ
αὐτῷ δοίη ἱππέας, κατακάνοι ἄν
Mem. 2, 8, 2 ὅταν γε πρεσβύτερος
γένῃ, δῆλον, ὅτι κ. τ. λ. und sonst
oft; s. Maetzner ad Antiph. p. 188.
— 165, 3. ἐπιστῶσιν, vor
Einem stehen, zum Angriff be-
reit. — 165, 7. περὶ τὴν Λυδίαν,
in der Gegend von Lydien. —
165, 8. ἐγκαταστήσαντες. Das
Particip Aoristi ist durch den Aorist

φθῆναι geboten (S. zu § 87), trotz-
dem daſs dieser nicht als wahrer
Aorist steht.
166, 2. ἠπειρωτῶν. S. zu 9,
55. — περὶ αὑτὸν — ποιησ.,
um sich versammelt. — 166,
3. κρείττω könnte zwar auch
von der inneren Tüchtigkeit ver-
standen werden, denn nach § 150
ist ja kein Perser ein tüchtiger
Soldat; aber hier lehrt der Zu-
sammenhang, daſs es bloſs das
durch die Zahl bewirkte Überge-
wicht über die gerade in Kleinasien
versammelten persischen Truppen
bezeichne, deren Verstärkung die
Hellenen durch rasches Einschreiten
unmöglich machen sollen; ein rei-
ner Zahlbegriff aber ist κρείττων
nie, auch nicht 5, 92. — 166, 6.
πρὸς ἡμᾶς αὐτούς, mit ein-
ander. S. zu § 3 und 9, 53.
167, 1. ἐπὶ τῆς νῦν ἡλικίας,
noch unter der jetzigen Ge-
neration; ἡλικία vom Zeitalter,
wie ἡ Σόλωνος ἡλικία 12, 148, und
τὰ ἐπὶ τῆς ἡλικίας τῆς αὐτῶν πρα-
χθέντα 12, 209. — 167, 2. τῶν
συμφορῶν κοινωνή., das Un-
glück (welches § 115 seqq. ge-

στρατείαν, ἵν᾽ οἱ τῶν συμφορῶν κοινωνήσαντες, οὗτοι καὶ
τῶν ἀγαθῶν ἀπολαύσωσιν καὶ μὴ πάντα τὸν χρόνον δυστυ-
χοῦντες διαγάγωσιν. ἱκανὸς γὰρ ὁ παρεληλυθώς, ἐν ᾧ τί e
τῶν δεινῶν οὐ γέγονεν; πολλῶν γὰρ κακῶν τῇ φύσει τῇ τῶν
ἀνθρώπων ὑπαρχόντων αὐτοὶ πλείω τῶν ἀναγκαίων προσεξ-
168 ευρήκαμεν, πολέμους καὶ στάσεις ἡμῖν αὐτοῖς ἐμποιήσαντες,
ὥστε τοὺς μὲν ἐν ταῖς αὐτῶν ἀνόμως ἀπόλλυσθαι, τοὺς δ᾽ 76
ἐπὶ ξένης μετὰ παίδων καὶ γυναικῶν ἀλᾶσθαι, πολλοὺς δὲ
δι᾽ ἔνδειαν τῶν καθ᾽ ἡμέραν ἐπικουρεῖν ἀναγκαζομένους
ὑπὲρ τῶν ἐχθρῶν τοῖς φίλοις μαχομένους ἀποθνήσκειν.
ὑπὲρ ὧν οὐδεὶς πώποτ᾽ ἠγανάκτησεν, ἀλλ᾽ ἐπὶ μὲν ταῖς συμ-
φοραῖς ταῖς ὑπὸ τῶν ποιητῶν συγκειμέναις δακρύειν ἀξιοῦ-
σιν, ἀληθινὰ δὲ πάθη πολλὰ καὶ δεινὰ γιγνόμενα διὰ τὸν
πόλεμον ἐφορῶντες τοσούτου δέουσιν ἐλεεῖν, ὥστε καὶ μᾶλ- b
λον χαίρουσιν ἐπὶ τοῖς ἀλλήλων κακοῖς ἢ τοῖς αὐτῶν ἰδίοις

schildert ist) haben mit durch-
machen müssen. — 167, 4 ἱκα-
νός, wir haben gerade genug
an.... — ἐν ᾧ τί κ. τ. λ., wie
8, 111 αἷς τί τῶν δεινῶν καὶ χα-
λεπῶν οὐ πρόσεστιν; 15, 233 ὃ τίς
ἂν οἷός τ᾽ ἐγένετο πεῖσαι; doch
beschränkt sich diese Verbindung
des Aussagesatzes mit dem Frage-
satze nicht auf solche Fälle, wo
wie hier die Frage nur eine rhe-
torische ist und die Stelle einer
Aussage vertritt, sondern findet
sich auch da, wo wirklich durch
die Frage etwas ermittelt werden
soll, indem der Redende in der
Form des Aussagesatzes bis zu
einem Begriff fortschreitet, über
den er durch eine Frage sich erst
orientieren muß oder sich orien-
tieren zu müssen fingiert, wie 15,
222 τοὺς πῶς διακειμένους λάβοιεν
ἂν μαθητάς; Xenoph. Anab. 1, 8,
14 ἐγὼ οὖν τὸν ἐκ ποίας πόλεως
στρατηγὸν προσδοκῶ ταῦτα πρά-
ξειν; Andokid. 3, 26 ἵνα ἡμῖν τί
γένηται; Demosth. 4, 10 ἐπειδὰν
τί γένηται; Aristoph. Nub. 755
ὅτιη τί δή; vgl. Fritzsche Quaest.
Lucian. p. 134 seq.

168, 1. στάσεις, wie § 116 ge-
schildert wurde. — 168, 2. ἐν ταῖς

αὐτῶν. S. zu § 99. — 168, 3.
ἐπὶ ξένης, in der Fremde
(scil. γῆς) wie 19, 23 oder ἐπὶ τῆς
ἀλλοτρίας 10, 50 und sonst oft;
vergl. Maetzner ad Lykurg. p. 128.
— 168, 4. δι᾽ ἔνδειαν τῶν καθ᾽
ἡμ., wie § 34 und 5, 120. S. zu
9, 43. — ἐπικουρεῖν, absolut,
Söldnerdienste thun, wie Plat.
de republ. IX, p. 575 B, und oft
ἐπίκουρος. — 168, 7. συγκειμέ-
ναις, erdichtet, wie der Gegen-
satz ἀληθινὰ πάθη und der Sprach-
gebrauch lehrt; vergl. Schoemann
ad Plut. Agin p. 71. Aktivisch 9,
36 (οἱ ποιηταὶ) παρ᾽ αὑτῶν καινὰς
συντιθέασιν, von welchem Ver-
bum συγκεῖσθαι das Passiv bildet,
daher ὑπὸ τῶν ποιητῶν. S. zu 1,
36. — 168, 9. ἐφορῶντες, vor
sich sehen, nicht vom gleich-
gültigen Zuschauen, welches, inso-
fern damit ein Nichthelfenwollen
verbunden wäre, durch περιορῶντες
hätte ausgedrückt werden müssen;
s. zu § 142. — καί gehört nicht
bloß zu μᾶλλον, sondern zum gan-
zen folgenden Satze, wie auch sonst
καί (4, 134. 7, 48. 9, 21. 12, 26)
oder οὐδέ (5, 100. 12, 16) hinter
τοσούτου δέω ποιεῖν, ὥστε folgt.
— 168, 10. τοῖς ἀλλήλων, was
Einer dem Andern bereitet.

169 ἀγαθοῖς. ἴσως δ' ἂν καὶ τῆς ἐμῆς εὐηθείας πολλοὶ καταγε-
λάσειαν, εἰ δυστυχίας ἀνδρῶν ὀδυροίμην ἐν τοῖς τοιούτοις
καιροῖς, ἐν οἷς Ἰταλία μὲν ἀνάστατος γέγονεν, Σικελία δὲ
καταδεδούλωται, τοσαῦται δὲ πόλεις τοῖς βαρβάροις ἐκδέδον-
ται, τὰ δὲ λοιπὰ μέρη τῶν Ἑλλήνων ἐν τοῖς μεγίστοις κινδύ-
170 νοις ἐστίν. (με΄.) Θαυμάζω δὲ τῶν δυναστευόντων ἐν ταῖς
πόλεσιν, εἰ προσήκειν αὐτοῖς ἡγοῦνται μέγα φρονεῖν, μηδὲν c
πώποθ' ὑπὲρ τηλικούτων πραγμάτων μήτ' εἰπεῖν μήτ' ἐνθυ-
μηθῆναι δυνηθέντες. ἐχρῆν γὰρ αὐτούς, εἴπερ ἦσαν ἄξιοι
τῆς παρούσης δόξης, ἁπάντων ἀφεμένους τῶν ἄλλων περὶ
τοῦ πολέμου τοῦ πρὸς βαρβάρους εἰσηγεῖσθαι καὶ συμβου-
171 λεύειν. τυχὸν μὲν γὰρ ἄν τι συνεπέραναν· εἰ δὲ καὶ προαπ-
εῖπον, ἀλλ' οὖν τούς γε λόγους ὥσπερ χρησμοὺς εἰς τὸν
ἐπιόντα χρόνον ἂν κατέλιπον. νῦν δ' οἱ μὲν ἐν ταῖς μεγί- d
σταις δόξαις ὄντες ἐπὶ μικροῖς σπουδάζουσιν, ἡμῖν δὲ τοῖς

169, 2. ἀνδρῶν, Einzelner, im Gegensatz zu ganzen Staaten und Ländern; s. zu 7, 11. — ἐν τοῖς τοιούτοις κ., in diesen so unglücklichen Zeiten. S. zu § 139. — 169, 3. Ἰταλία, wo Dionys von Syrakus damals Kriege führte; s. Diodor 14, 106—108, 111 seq. — 169, 4. καταδεδούλωται, teils durch die Karthager teils durch Dionys; vergl. Diodor 13, 114. 14, 14 seqq. und 78. — ἐκδέδονται. S. § 122. — 169, 5. κινδύνοις. Nämlich ganz abhängig von Persien zu werden; vergl. § 120 seq.

170, 1. δυναστευόντων, der Machthaber, = τῶν προεστώτων § 172. Über den Genetiv s. zu § 1. — 170, 2. μέγα φρονεῖν, wegen ihrer Verwaltung des Staates, und zwar der Wahrnehmung untergeordneter Interessen desselben. — 170, 4. δυνηθέντες, infolge ihrer μικροψυχία; s. § 172. — 170, 5. ἀφεμένους, sich losmachend, wie 15, 29, 42 und sonst; s. zu 9, 78. — 170, 6. εἰσηγεῖσθαι, Vorschläge machen; s. zu 7, 59.

171, 1. τυχόν, vielleicht, wie 3, 47. 5, 94. 8, 60, 120. 11, 27. 12, 150. 15, 192. Ep. 9, 16, ein

Nominativ. absolut. wie ἐξόν, δέον, προσῆκον u. s. w. von dem unpersönlich gebrauchten τυγχάνειν, wofür das persönliche (εἰ ἔτυχον) weit häufiger ist; s. zu 7, 29. — προαπεῖπον, nämlich συμβουλεύοντες πρὶν συμπερᾶναί τι. Für die Bedeutung vergl. zu § 92. — 171, 2. ἀλλ' οὖν — γε, at-certe, doch wenigstens, wie oft nach einem hypothetischen (1, 39. 3, 18. 5, 85. 11, 6, 28. 12, 27, 202. 18, 23), seltener nach einem kausalen Satze (20, 14) oder einem hypothetischen Particip (5, 68). — ὥσπερ χρησμούς, wie eine unumstößliche, von der Gottheit selbst vertretene Wahrheit. Vergl. Lykurg. Leokrat. 92 καί μοι δοκοῦσι τῶν ἀρχαίων τινὲς ποιητῶν ὥσπερ χρησμοὺς γράψαντες τοῖς ἐπιγενομένοις — ἰαμβεῖα καταλιπεῖν. Plut. Moral. p. 57 F (ὁ κόλαξ) ἀκούσας, ὅτι ἂν εἴπῃ, χρησμὸν εἰληφέναι φήσας, οὐ γνώμην, ἄπεισιν. id: p. 338 A τὰς ἀποκρίσεις (Demetrii) χρησμοὺς προσηγόρευον. Ebenso oraculum; s. Cicero de nat. deor. 1, 24 haec ego nunc physicorum oracula fundo, vera an falsa, nescio. — 171, 4. ἐπὶ μικροῖς, wie ἐφ' αἷς μάλιστ' ἐσπούδασαν 2, 44 (S. Kühner ad Xenoph. Mem. 1, 3, 11), da-

τῶν πολιτικῶν ἐξεστηκόσιν περὶ τηλικούτων πραγμάτων συμ-
172 βουλεύειν παραλελοίπασιν. Οὐ μὴν ἀλλ' ὅσῳ μικροψυχότεροι
τυγχάνουσιν ὄντες οἱ προεστῶτες ἡμῶν, τοσούτῳ τοὺς ἄλλους
ἐρρωμενεστέρως δεῖ σκοπεῖν, ὅπως ἀπαλλαγησόμεθα τῆς παρ-
ούσης ἔχθρας. νῦν μὲν γὰρ μάτην ποιούμεθα τὰς περὶ τῆς
εἰρήνης συνθήκας· οὐ γὰρ διαλυόμεθα τοὺς πολέμους ἀλλ' e
ἀναβαλλόμεθα καὶ περιμένομεν τοὺς καιρούς, ἐν οἷς ἀνή-
173 κεστόν τι κακὸν ἀλλήλους ἐργάσασθαι δυνησόμεθα. (μϛ'.) Δεῖ
δὲ ταύτας τὰς ἐπιβουλὰς ἐκποδὼν ποιησαμένους ἐκείνοις τοῖς
ἔργοις ἐπιχειρεῖν, ἐξ ὧν τάς τε πόλεις ἀσφαλέστερον οἰκήσο-
μεν καὶ πιστότερον διακεισόμεθα πρὸς ἡμᾶς αὐτούς. ἔστι δ'
ἁπλοῦς καὶ ῥᾴδιος ὁ λόγος ὁ περὶ τούτων· οὔτε γὰρ εἰρήνην
οἵόν τε βεβαίαν ἀγαγεῖν, ἢν μὴ κοινῇ τοῖς βαρβάροις πολε-
μήσωμεν, οὔθ' ὁμονοῆσαι τοὺς Ἕλληνας, πρὶν ἂν καὶ τὰς 77
ὠφελίας ἐκ τῶν αὐτῶν καὶ τοὺς κινδύνους πρὸς τοὺς αὐτοὺς
174 ποιησώμεθα. τούτων δὲ γενομένων καὶ τῆς ἀπορίας τῆς περὶ
τὸν βίον ἡμῶν ἀφαιρεθείσης, ἣ καὶ τὰς ἑταιρίας διαλύει καὶ

---

gegen ὑπέρ τινος σπουδάζειν 5,
127. 8, 13, περί τινος 6, 35 πρός
τι Ep. 6, 5 und τὰ περὶ τὰς θυ-
σίας ἐσπούδασεν 11, 28. — 171, 5.
τῶν πολιτικῶν ἐξεστηκόσιν
= τοῖς πόρρω οὖσι τῶν πολιτικῶν,
wie es § 113 hiefs. Isokr. nennt
sich selbst 5, 81 (coll. 12, 9 seqq.
Ep. 1, 9) πρὸς τὸ πολιτεύεσθαι
πάντων ἀφυέστατον, weshalb er
sich von der Verwaltung des
Staates fern gehalten habe.
172, 1. μικροψυχότεροι, in-
dem sie nicht für die höchsten
Interessen von Hellas thätig sind,
sondern ihre Ehre nur in Dingen
von untergeordneter Wichtigkeit
finden (vergl. § 170 seq.), also
kleinlich gesinnt. — 172, 4.
ἔχθρας, wie sie unter uns Helle-
nen besteht. — νῦν μὲν γὰρ —
οὐ γάρ. Zwei auf einander fol-
gende Sätze mit γάρ sind auch bei
Isokr. sehr gewöhnlich, teils so,
dafs der zweite Satz den ersten
begründet (wie § 92, 145, 165, 186.
5, 34. 8, 33, 101. 9, 9 etc.), teils,
aber seltener (S. Krüger zu Xenoph.
Anab. 5, 6, 4), so, dafs beide

gleichmäfsig einen vorangehenden
dritten Satz begründen, wie 12, 59
τὰ τοίνυν πρὸς τοὺς βαρβάρους δη-
λωτέον· ἔτι γὰρ τοῦτο λοιπόν ἐστιν.
ἐπὶ μὲν γὰρ τῆς ἡμετέρας δυνα-
στείας οὐκ ἐξῆν αὐτοῖς κ. τ. λ. Hom.
Il. 21, 439 ἄρχε· σὺ γὰρ γενεῆφι
νεώτερος· οὐ γάρ ἔμοιγε | καλόν.
Drei Sätze hinter einander mit γάρ
bei Hom. Il. 9, 401 seqq. (cf.
Bekker Hom. Blätter II p. 12).
Lys. 13, 13. Isokr. 5, 141. Herod.
1, 199, 3, fünf bei Plato Apol.
p. 40 A.
173, 2. ἐκποδὼν ποιη., s. zu
9, 26. — ἐκείνοις, auf das fol-
gende bezüglich; s. zu 9, 39. —
173, 7. τὰς ὠφελίας, κ. τ. λ.,
bei den nämlichen Gegnern
unsere Vorteile und mit den
nämlichen Gegnern unsere
Kriege suchen. ποιεῖσθαι τοὺς
κινδύνους auch 9, 36 und 10, 24
wonach hier auch ὠφελίας π. =
ὠφελεῖσθαι gesagt wurde; für ἐκ
τῶν αὐτῶν vergl. 10, 24 ἐξ ὧν
ἤμελλεν οὐ τοὺς ἄλλους ὠφελήσειν
ἀλλ' αὐτὸς κινδυνεύσειν.
174, 2. ἑταιρίας, hier nicht

τὰς συγγενείας εἰς ἔχθραν προάγει καὶ πάντας ἀνθρώπους εἰς
πολέμους καὶ στάσεις καθίστησιν, οὐκ ἔστιν ὅπως οὐχ ὁμο-
νοήσομεν καὶ τὰς εὐνοίας ἀληθινὰς πρὸς ἡμᾶς αὐτοὺς ἕξομεν.
ὧν ἕνεκα περὶ παντὸς ποιητέον, ὅπως ὡς τάχιστα τὸν ἐνθένδε b
πόλεμον εἰς τὴν ἤπειρον διοριοῦμεν, ὡς μόνον ἂν τοῦτ᾽ ἀγα-
θὸν ἀπολαύσαιμεν τῶν κινδύνων τῶν πρὸς ἡμᾶς αὐτούς, εἰ
ταῖς ἐμπειρίαις ταῖς ἐκ τούτων γεγενημέναις πρὸς τὸν βάρβα-
ρον καταχρήσασθαι δόξειεν ἡμῖν.

175   (μζ'.) Ἀλλὰ γὰρ ἴσως διὰ τὰς συνθήκας ἄξιον ἐπισχεῖν,
ἀλλ᾽ οὐκ ἐπειχθῆναι καὶ θᾶττον ποιήσασθαι τὴν στρατείαν; c
δι᾽ ἃς αἱ μὲν ἠλευθερωμέναι τῶν πόλεων βασιλεῖ χάριν ἴσα-
σιν, ὡς δι᾽ ἐκεῖνον τυχοῦσαι τῆς αὐτονομίας ταύτης, αἱ δ᾽
ἐκδεδομέναι τοῖς βαρβάροις μάλιστα μὲν Λακεδαιμονίοις ἐπι-
καλοῦσιν, ἔπειτα δὲ καὶ τοῖς ἄλλοις τοῖς μετασχοῦσιν τῆς εἰ-
ρήνης, ὡς ὑπὸ τούτων δουλεύειν ἠναγκασμέναι. καίτοι πῶς

im politischen Sinne wie § 79. —
174, 5. ἀληθινάς, steht, wie das
Fehlen des Artikels vor ihm lehrt,
nicht attributivisch, sondern als
Praedikat: das Wohlwollen, welches
wir — haben, wird einaufrichtiges
sein. — ἡμᾶς αὐτούς = ἀλλή-
λους. S. zu § 3. — 174, 6. περὶ
παντὸς ποιητέον, wir müssen
es als unsere allerwichtigste
Aufgabe ansehen; s. zu 5, 14.
— ἐνθένδε ist in gleicher Weise
gesetzt wie § 187 τὴν εὐδαιμονίαν
τὴν ἐκ τῆς Ἀσίας εἰς τὴν Εὐρώ-
πην διακομίσαιμεν (vgl. auch
§ 88, 96 u. s. w.), indem, wenn
neben attributivischen Nebenbe-
stimmungen, welche das Verweilen
an einem Orte bezeichnen, ein ver-
bum finitum eintritt, welches das
Sichentfernen von dem Orte aus-
drückt, das lokale Attribut sich
dem verbum finitum accomodiert;
daher auch 11, 17 Λακεδαιμονίους
μέρος τι τῶν ἐκεῖθεν μιμουμένους
(dagegen auch 8, 79 τοὺς βελτίστους
τῶν ἐν ταῖς ἄλλαις πόλεσιν ἐξέ-
βαλλον, und Lys. 12, 10 τὰ ἐν
τῇ κιβωτῷ λαβεῖν ἐκέλευσεν), und
so öfter bei Lokaladverbien; vergl.
Stallbaum ad Plat. Phaedo. p. 76 D,
Schäfer App. ad Demosth. IV p. 119,
Engelhardt ad Plat. Lach. p. 23.

— 174, 7. διοριοῦμεν, über
unsere Grenzen nach — ver-
setzen, wie Plat. de legg. IX
p. 873 E τὸ ὄφλον ἔξω τῶν ὅρων
τῆς χώρας ἀποκτείναντας διορίσαι.
— ὡς, denn. S. zu 9, 80.
175, 1. ἀλλὰ γάρ. S. zu § 140.
— συνθήκας, des antalkidischen
Friedens. — 175, 3. δι᾽ ἅς. Der
Relativsatz giebt das Material zur
Verneinung der aufgestellten Frage,
indem er die doppelte Schmach,
welche für die Hellenen in dem
Friedensschlusse lag, schildert,
worauf dann mit καίτοι πῶς jene
Frage wirklich verneint wird. —
175, 5. ἐκδεδομέναι — Λακε-
δαιμονίοις. S. § 122. — 175, 8.
τοιαύτη δόξα γ. ὡς, eine so
schmachvolle Ansicht gang-
bar geworden ist, die, dafs.
Wegen ὡς nach τοιαύτη, was auch
hier (S. zu 7, 48) einen in sich ab-
geschlossenen Begriff bildet, wel-
cher der Ergänzung durch einen
Relativsatz nicht erst bedarf, vergl.
8, 66 μὴ καταγνῶναί μου τοιαύτην
μανίαν, ὡς ἄρ᾽ ἐγὼ προειλόμην
ἂν διαλεχθῆναι. 15, 273 δέομαι
δ᾽ ὑμῶν μὴ προκαταγνῶναί μου
τοιαύτην μανίαν, ὡς ἄρ᾽ ἐγὼ κιν-
δυνεύων προειλόμην ἂν λόγους εἰ-
πεῖν. Ep. 6, 4 μηδὲν ὑπολάβητε

οὐ χρὴ διαλύειν ταύτας τὰς ὁμολογίας, ἐξ ὧν τοιαύτη δόξα
γέγονεν, ὡς ὁ μὲν βάρβαρος κήδεται τῆς Ἑλλάδος καὶ φύλαξ d
τῆς εἰρήνης ἐστίν, ἡμῶν δέ τινές εἰσιν οἱ λυμαινόμενοι καὶ
176 κακῶς ποιοῦντες αὐτήν; ὃ δὲ πάντων καταγελαστότατον, ὅτι
τῶν γεγραμμένων ἐν ταῖς ὁμολογίαις τὰ χείριστα τυγχάνομεν
διαφυλάττοντες. ἃ μὲν γὰρ αὐτονόμους ἀφίησιν τάς τε νήσους
καὶ τὰς πόλεις τὰς ἐπὶ τῆς Εὐρώπης, πάλαι λέλυνται καὶ μά-
την ἐν ταῖς στήλαις ἐστίν· ἃ δ' αἰσχύνην ἡμῖν φέρει καὶ
πολλοὺς τῶν συμμάχων ἐκδέδωκεν, ταῦτα δὲ κατὰ χώραν μέ- e
νει καὶ πάντες αὐτὰ κύρια ποιοῦμεν, ἃ χρῆν ἀναιρεῖν καὶ
μηδὲ μίαν ἐᾶν ἡμέραν νομίζοντας προστάγματα καὶ μὴ συν-
θήκας εἶναι. τίς γὰρ οὐκ οἶδεν, ὅτι συνθῆκαι· μέν εἰσιν,
αἵτινες ἂν ἴσως καὶ κοινῶς ἀμφοτέροις ἔχωσιν, προστάγματα 78
177 δὲ τὰ τοὺς ἑτέρους ἐλαττοῦντα παρὰ τὸ δίκαιον; διὸ καὶ τῶν
πρεσβευσάντων ταύτην τὴν εἰρήνην δικαίως ἂν κατηγοροῖμεν,
ὅτι πεμφθέντες ὑπὸ τῶν Ἑλλήνων ὑπὲρ τῶν βαρβάρων
ἐποιήσαντο τὰς συνθήκας. ἐχρῆν γὰρ αὐτούς, εἴτ' ἐδόκει
τὴν αὐτῶν ἔχειν ἑκάστους, εἴτε καὶ τῶν δοριαλώτων ἐπάρ-
χειν, εἴτε τούτων κρατεῖν ὧν ὑπὸ τὴν εἰρήνην ἐτυγχάνομεν

τοιοῦτον, ὡς ἄρ' ἐγὼ ταύτην ἔγρα-
ψα τὴν ἐπιστολήν. — 175, 9. κή-
δεται — φύλαξ, den Frieden,
welcher die Staaten frei machte,
gab und ihn aufrecht erhält. —
175, 10. λυμαινόμενοι, durch
Preisgeben der kleinasiatischen
Hellenen.
176, 1. ὃ δὲ — ὅτι. S. zu 7, 68.
— 176, 2. τὰ χείριστα, die für
uns ungünstigsten Bestimmungen.
— 176, 4. ἐπὶ τῆς Εὐρώπης
(= ἐν τῇ Εὐρ., wie 5, 152 und
οἱ ἐπὶ τῆς Ἀσίας κατοικοῦντες 12,
103, und oft bei den Rednern (auch
Isokr. 7, 9) und Historikern αἱ ἐπὶ
Θρᾴκης πόλεις, aber auch ἐπὶ ξέ-
νης ἀλᾶσθαι § 168, ἐπὶ τῶν ἐργα-
στηρίων καθίζοντες 7, 15 u. s. w.)
gehört nicht auch zu νήσους, denn
unter diesen versteht Isokr. ja auch
die περὶ τὴν ἤπειρον, Rhodos, Sa-
mos, Chios (s. § 163). — λέλυνται,
von den Spartanern; s. zu § 132
und § 125 seq. - μάτην. S. zu
§ 5. — 176, 5. ἐν ταῖς στήλαις.
S zu § 180. — 176, 6. ταῦτα δέ.

Über die Wiederholung des δέ s.
zu 7, 47. — κατὰ χώραν μένει,
hat noch Bestand, ist unver-
ändert; vgl. über die Phrase Schoe-
mann ad Plut. Agin p. 158. —
176, 8. μηδὲ μίαν, [cf. Krit. Anh.]
ist stärker als μηδεμίαν. S. zu 9,
47. — προστάγματα, Macht-
sprüche, wie προστάττων § 120.
— 176, 10. ἴσως καὶ κοινῶς,
gerecht und unparteiisch.
177, 2. πρεσβευσάντων τ. τ.
εἰρήνην, wie Andokid. 3, 23
ποίαν τιν' οὖν χρὴ εἰρήνην πρε-
σβεύοντας ἥκειν, und Demosth.
19, 134 und 273, Aeschin. 3, 80,
indem πρεσβεύειν prägnant den
Begriff ποιεῖν mit einschließt, ähn-
lich wie in δίκην εἰσελθεῖν 18, 24,
38, 51. — 177, 5. τὴν αὐτῶν,
nur ihr Land, wie das folgende
καί lehrt. — δοριαλώτων, was
sie irgend einmal erobert hätten,
was ihnen aber im Laufe der
Kriege entrissen worden wäre. —
177, 6. ὑπὸ τὴν εἰρήνην, zur
Zeit des Friedensschlusses,

ἔχοντες, ἕν τι τούτων ὁρισαμένους καὶ κοινὸν τὸ δίκαιον
178 ποιησαμένους, οὕτω συγγράφεσθαι περὶ αὐτῶν. νῦν δὲ τῇ b
μὲν ἡμετέρᾳ πόλει καὶ τῇ Λακεδαιμονίων οὐδεμίαν τιμὴν
ἀπένειμαν, τὸν δὲ βάρβαρον ἁπάσης τῆς Ἀσίας δεσπότην
κατέστησαν, ὥσπερ ὑπὲρ ἐκείνου πολεμησάντων ἡμῶν, ἢ τῆς
μὲν Περσῶν ἀρχῆς πάλαι καθεστηκυίας, ἡμῶν δ᾽ ἄρτι τὰς
πόλεις κατοικούντων, ἀλλ᾽ οὐκ ἐκείνων μὲν νεωστὶ ταύτην τὴν
τιμὴν ἐχόντων, ἡμῶν δὲ τὸν ἅπαντα χρόνον ἐν τοῖς Ἕλλησιν
179 δυναστευόντων. (μθ᾽.) Οἶμαι δ᾽ ἐκείνως εἰπὼν μᾶλλον δη- c
λώσειν τήν τε περὶ ἡμᾶς ἀτιμίαν γεγενημένην καὶ τὴν τοῦ
βασιλέως πλεονεξίαν. τῆς γὰρ γῆς ἁπάσης τῆς ὑπὸ τῷ κόσμῳ
κειμένης δίχα τετμημένης, καὶ τῆς μὲν Ἀσίας, τῆς δ᾽ Εὐρώ-
πης καλουμένης, τὴν ἡμίσειαν ἐκ τῶν συνθηκῶν εἴληφεν
ὥσπερ πρὸς τὸν Δία τὴν χώραν νεμόμενος ἀλλ᾽ οὐ πρὸς ἀν-

wie oft ὑπὸ νύκτα (sub noctem)
„beim Beginne der Nacht." —
177, 7. κοινὸν τὸ δίκ. π., allen
gerecht werden. — 177, 8.
οὕτω faſst den Inhalt der voran-
gegangenen Participien noch ein-
mal nachdrücklich zusammen, wie
oft; vgl. Ellendt ad Arrian Anab.
1, p. 4. — συγγράφεσθαι, nicht
= συγγράφειν, sondern: „durch
eine Urkunde sich verbindlich
machen." Vgl. 12, 158 εἰρήνην
συνεγράψαντο.
178, 2. οὐδ. τιμὴν ἀπ., nah-
men keine Rücksicht, wie Plat.
de legg. VIII p. 837 C τιμὴν οὐδε-
μίαν ἀπονέμων τῷ τῆς ψυχῆς ἤθει.
Aeschyl. Eumen. 624 τὸν πατρὸς
φόνον | πράξαντα μητρὸς μηδαμοῦ
τιμὰς νέμειν; und sonst. — 178, 4.
πολεμησάντων, als hätten wir
alle unsere Kriege unter einander
nur zu dem Zwecke geführt, ihn
mächtiger zu machen. — 178, 6.
ἀλλ᾽ οὐκ, und nicht vielmehr,
wie § 11 und 179, ebenso 7, 1. 15,
89, überall nach ὥσπερ, aber auch
in Gegenfragen, deren erste ver-
neint werden soll, wie 18, 20 ἆρα
μικρῷ τῷ δικαίῳ πιστεύων τὴν πα-
ραγραφὴν ἐποιησάμην, ἀλλ᾽ οὐ τῶν
μὲν συνθηκῶν διαρρήδην ἀφιεισῶν
τοὺς ἐνδείξαντας κ. τ. λ. 15, 60,
229, 251. — νεωστί. Vergl. 6,

27 ὁ βάρβαρος οὔπω διακόσι᾽ ἔτη
κατέσχηκε τὴν ἀρχήν. — ταύτην
τὴν τιμήν, i. e. τὴν ἀρχήν, jene
ehrenvolle Stellung einnäh-
men. Ähnlich 8, 144 ἄξιον οὖν
ὀρέγεσθαι τῆς τοιαύτης ἡγεμονίας.
ἔνεστι δ᾽ ἐν τοῖς πράγμασιν ἡμῶν
τυχεῖν τῆς τιμῆς ταύτης, und 2, 37.
5, 107. 9, 34. 12, 257. Vergl. auch
zu § 119.
179, 1. ἐκείνως i. e. ἐκ τῶν
ἐχομένων, wie es 9, 33 heiſst.
Vergl. zu 9, 39. — 179, 2. ἀτι-
μίαν, Mangel an Rücksicht,
auf das οὐδεμίαν τιμὴν ἀπονέμειν
zurückdeutend. γεγενημένην sollte
neben περὶ ἡμᾶς stehen; doch vgl.
zu 1, 29. — 179, 3. τῷ κόσμῳ,
unter dem gestirnten Himmel,
unter der Sonne; vergl. Hom.
Il. 4, 44 ὑπ᾽ ἠελίῳ τε καὶ οὐρανῷ
ἀστερόεντι. Über diese Bedeutung
von κόσμος, nämlich = οὐρανός,
die von Pythagoras zuerst ge-
braucht sein soll, vergl. Ast ad
Plat. Epinom. p. 606, Stallbaum
ad Plat. Timae. p. 27 A. — 179, 4.
δίχα. S. zu § 35. — καί = et
quidem. Vergl. zu 7, 21. — 179,
6. πρὸς τὸν Δία, mit d. Z. πρός
ist bei den Ausdrücken „sich worin
teilen mit einem" (teilend abgeben
an . . .) nicht ungewöhnlich. So
νέμεσθαι πρός τινα Lys. 16, 10.

180 θρώπους τὰς συνθήκας ποιούμενος. καὶ ταύτας ἡμᾶς ἠνάγ- d
κασεν ἐν στήλαις λιθίναις ἀναγράψαντας ἐν τοῖς κοινοῖς τῶν
ἱερῶν καταθεῖναι, πολὺ κάλλιον τρόπαιον τῶν ἐν ταῖς μάχαις
γιγνομένων· τὰ μὲν γὰρ ὑπὲρ μικρῶν ἔργων καὶ μιᾶς τύχης
ἐστίν, αὗται δ᾽ ὑπὲρ ἅπαντος τοῦ πολέμου καὶ καθ᾽ ὅλης τῆς
Ἑλλάδος ἑστήκασιν.

181　Ὑπὲρ ὧν ἄξιον ὀργίζεσθαι καὶ σκοπεῖν, ὅπως τῶν τε
γεγενημένων δίκην ληψόμεθα καὶ τὰ μέλλοντα διορθωσόμεθα.
καὶ γὰρ αἰσχρὸν ἰδίᾳ μὲν τοῖς βαρβάροις οἰκέταις ἀξιοῦν e
χρῆσθαι, δημοσίᾳ δὲ τοσούτους τῶν συμμάχων περιορᾶν αὐ-
τοῖς δουλεύοντας, καὶ τοὺς μὲν περὶ τὰ Τρωϊκὰ γενομένους
μιᾶς γυναικὸς ἁρπασθείσης οὕτως ἅπαντας συνοργισθῆναι
τοῖς ἀδικηθεῖσιν, ὥστε μὴ πρότερον παύσασθαι πολεμοῦντας,
πρὶν τὴν πόλιν ἀνάστατον ἐποίησαν τοῦ τολμήσαντος ἐξαμαρ- 79
182 τεῖν, ἡμᾶς δ᾽ ὅλης τῆς Ἑλλάδος ὑβριζομένης μηδεμίαν ποιή-
σασθαι κοινὴν τιμωρίαν, ἐξὸν ἡμῖν εὐχῆς ἄξια διαπράξασθαι.

Isae. 7, 5. Plut. Cicer. 46, Anton.
21, 55. διανέμεσθαι πρός τινα
Timol. 9. ἰσομοιρῆσαι πρὸς ἀλλήλας
Isokr. 4, 17. 5, 39. διαιρεῖσθαι
πρός τινα 12, 42, 255. μερίζεσθαι
πρός τινα (Demosth.) 47, 34 u. s. w.
Übrigens wird mit jenem Ver-
gleiche nicht auf die ungewöhn-
liche, über menschliche Verhält-
nisse hinausgehende Größe der
Besitzungen des Perserkönigs hin-
gedeutet, sondern es soll damit
das anspruchsvolle, übermütige
Wesen desselben gekennzeichnet
werden; er thut, als habe er mit
Zeus geteilt, so daß Menschen
nicht mitzureden hätten in einer
Sache, die nur ihn und den Zeus
anginge.
　180, 2. κοινοῖς τῶν ἱερῶν,
in den allen (Hellenen) gemein-
samen Heiligtümern, etwa in
Olympia; daß dort Säulen mit
Friedensverträgen errichtet zu wer-
den pflegten, lehren Thuk. 5, 18,
10 Pausan. 5, 23, 3. Livius 26, 24.
Wenn dagegen geltend gemacht
worden ist, daß von dem näm-
lichen antalkidischen Frieden Isokr.
12, 107 sagt τὰς συνθήκας αὐτοί
τε (Λακεδαιμόνιοι) ἐν τοῖς ἱεροῖς

τοῖς σφετέροις αὐτῶν ἀνέγρα-
ψαν καὶ τοὺς συμμάχους ἠνάγκα-
σαν, so vergafs man, dafs das Eine
das Andere nicht ausschließt und
dafs hier eine Lokalität zu nennen
war, welche, indem sie in Wahr-
heit allen Hellenen angehörte, das
Aufstellen der Friedenssäule dort
wirklich als ein Siegesdenkmal
über alle Hellenen erscheinen liefs.
— 180, 3. ἐν ταῖς μάχαις, auf
den Schlachtfeldern; vergl.
über diese Bedeutung Krüger zu
Thuk. 5, 50, 3, dens. zu Xenoph.
Anab. 2, 2, 6 u. Held ad Plut.
Timol. p. 460. — 180, 4. μιᾶς
τύχης (noch von ὑπὲρ abhängig,
über welches zu § 150, wo auch
über κατά) zu Ehren eines ein-
zelnen glücklichen Ereig-
nisses. Vergl. 15, 128 εἴ τις μιᾷ
τύχῃ τηλικοῦτόν τι κατώρθωσεν
ὥσπερ Λύσανδρος.
　181, 3. ἰδίᾳ μέν, dafs, wäh-
rend wir im Privatleben u. s. w.
S. zu 1, 12. — 181, 4. περιορᾶν.
S. zu § 142.
　182, 2. εὐχῆς ἄξια, Erfolge,
welche eines Gelübdes an die
Götter für den Fall ihres Ein-
tretens wohl wert sind. Ähnlich

7*

μόνος γὰρ οὗτος ὁ πόλεμος εἰρήνης κρείττων ἐστίν, θεωρίᾳ
μὲν μᾶλλον ἢ στρατείᾳ προσεοικώς, ἀμφοτέροις δὲ συμφέρων,
καὶ τοῖς ἡσυχίαν ἄγειν καὶ τοῖς πολεμεῖν ἐπιθυμοῦσιν. ἐξείη b
γὰρ ἂν τοῖς μὲν ἀδεῶς τὰ σφέτερ' αὐτῶν καρποῦσθαι, τοῖς
δ' ἐκ τῶν ἀλλοτρίων μεγάλους πλούτους κατακτήσασθαι.
183 (μθ'.) Πολλαχῇ δ' ἄν τις λογιζόμενος εὕροι ταύτας τὰς πρά-
ξεις μάλιστα λυσιτελούσας ἡμῖν. φέρε γάρ, πρὸς τίνας χρὴ
πολεμεῖν τοὺς μηδεμιᾶς πλεονεξίας ἐπιθυμοῦντας ἀλλ' αὐτὸ
τὸ δίκαιον σκοποῦντας; οὐ πρὸς τοὺς καὶ πρότερον κακῶς
τὴν Ἑλλάδα ποιήσαντας καὶ νῦν ἐπιβουλεύοντας καὶ πάντα
184 τὸν χρόνον οὕτω πρὸς ἡμᾶς διακειμένους; τίσιν δὲ φθονεῖν c
εἰκός ἐστιν τοὺς μὴ παντάπασιν ἀνάνδρως διακειμένους ἀλλὰ
μετρίως τούτῳ τῷ πράγματι χρωμένους; οὐ τοῖς μείζους μὲν

5, 19 ἐκεῖνος οὐκ ἐλάττω τὴν βασι-
λείαν πεποίηκεν ἀλλ' εὐχῆς ἄξια
διαπέπρακται. — 182, 3. θεωρίᾳ
κ. τ. λ. der mehr einem Zuge
zu einem Feste als einem
Feldzuge gleicht. θεωρίαι sind
die Festgesandtschaften, die von
jedem hellenischen Staate nach
Olympia etc. gesendet wurden, um
dort bei der Feier der grofsen
Nationalfeste ihren Staat zu ver-
treten. Vergl. Hermann Gottes-
dienstl. Altert. § 31. Eine andere
Bedeutung hat θεωρία 17, 4 γεμί-
σας ὁ πατήρ μου δύο ναῦς σίτου
καὶ χρήματα δοὺς ἐξέπεμψεν ἅμα
καὶ κατ' ἐμπορίαν καὶ κατὰ θεω-
ρίαν („um Handel zu treiben und
mich umzusehen").
183, 1. πολλαχῇ ist mit λυσι-
τελούσας zu verbinden. — ταύ-
τας τὰς πράξεις μ. λ. ἡμῖν,
nicht: „dafs diese Unterneh-
mungen uns vor allem frommen,"
wie allgemein erklärt wird, denn
im folgenden werden ja nicht Vor-
teile, welche aus dem Kriege her-
vorgehen werden, sondern Gründe,
welche zu ihm bestimmen müssen,
erwähnt. Vielmehr wird gesagt:
von welcher Seite man diese
Lage der Dinge auch betrachtet,
sie ist uns (näml. den Hellenen)
günstig. Bei ἡμῖν ist nicht an
Isokrates und die Redner, welche
nach § 3 mit ihm dasselbe Thema

behandelten, sondern an alle
Hellenen zu denken. — 183, 2.
φέρε γάρ, denn sagt (eigentlich:
„heraus damit!" oder „vorge-
bracht!" oder „lafs sehen!") so bei
Isokr. nur noch 15, 251 φέρε γάρ,
εἴ τινες πολλὰ χρήματα παραλα-
βόντες τῇ πόλει μηδὲν εἶεν χρή-
σιμοι, — ἔστιν ὅστις ἂν τοὺς αἰ-
τίους τοῦ πλούτου μέμψασθαι τολ-
μήσειεν; — wie hier in der An-
rede an Mehrere, aber sonst häufig,
besonders bei Demosthenes, vergl.
Franke ad 8, 34 und Weber ad
Aristokrateam p. 235. — 183, 3.
μηδεμιᾶς, nicht οὐδεμιᾶς, weil
hier wie bei τοὺς μὴ — διακειμέ-
νους § 184 nicht an alle Hellenen
(die ja nach § 182 extr. wirklich
des Vorteils wegen den Krieg
unternehmen sollen) gedacht wer-
den soll, sondern nur an die unter
ihnen, welche vielleicht die hier
erwähnten Eigenschaften besitzen.
— αὐτό i. e. μόνον. S. zu 7, 67.
— 183, 5. καὶ πάντα τὸν χρ.,
und überhaupt die ganze
Zeit her so gegen uns ge-
sinnt waren. Auch hier ver-
bindet καί die ganze Gattung (die
feindselige Gesinnung überhaupt)
mit Einzelheiten aus derselben
(einzelnen Beweisen jener Gesin-
nung); s. zu 9, 51.
184, 3. μετρίως τ. τ. π. χρω-
μένους, etwa: ein ziemliches

τὰς δυναστείας ἢ κατ᾽ ἀνθρώπους περιβεβλημένοις, ἐλάττονος
δ᾽ ἀξίοις τῶν παρ᾽ ἡμῖν δυστυχούντων; ἐπὶ τίνας δὲ στρα-
τεύειν προσήκει τοὺς ἅμα μὲν εὐσεβεῖν βουλομένους, ἅμα δὲ
τοῦ συμφέροντος ἐνθυμουμένους; οὐκ ἐπὶ τοὺς καὶ φύσει πο-
λεμίους καὶ πατρικοὺς ἐχθρούς, καὶ πλεῖστα μὲν ἀγαθὰ κεκτη-
μένους, ἥκιστα δ᾽ ὑπὲρ αὐτῶν ἀμύνεσθαι δυναμένους; οὐκοῦν d
185 ἐκεῖνοι πᾶσι τούτοις ἔνοχοι τυγχάνουσιν ὄντες; (ν΄.) Καὶ μὴν
οὐδὲ τὰς πόλεις λυπήσομεν στρατιώτας ἐξ αὐτῶν καταλέγοντες,
ὃ νῦν ἐν τῷ πολέμῳ τῷ πρὸς ἀλλήλους ὀχληρότατόν ἐστιν
αὐταῖς· πολὺ γὰρ οἶμαι σπανιωτέρους ἔσεσθαι τοὺς μένειν
ἐθελήσοντας τῶν συνακολουθεῖν ἐπιθυμησόντων. τίς γὰρ οὕ-
τως ἢ νέος ἢ παλαιὸς ῥάθυμός ἐστιν, ὅστις οὐ μετασχεῖν

Mafs jener Eigenschaft haben. πράγματι geht auf das in ἀνάνδρως liegende ἀνδρεία, wie oft πράγμα als allgemeiner Ausdruck für einen vorher schon ausgesprochenen speciellen Begriff eintritt (Ding, Sache, res). Benseler, der πράγμα auf πλεονεξία in § 183 beziehen wollte, bedachte nicht, dafs πλεον. dort „Vorteil,“ nicht, was für diese Stelle nötig wäre, „das Streben nach Vorteilen“ bedeutet; sein Bedenken wegen μετρίως erledigt sich durch die Bemerkung, dafs dies hier nicht im beschränkenden, sondern im steigernden Sinne steht, wie oft das deutsche „ziemlich;“ vergl. darüber Schoemann ad Plut. Kleom. p. 272 und Plut. Tit. Flamin. 6 οὐ πάνυ μὲν ἡδομένοις, ὀκνοῦσι δὲ κωλύειν, ἐπεὶ στρατιῶται γε μέτριοι τὸ πλῆθος εἵποντο. Anders 6, 7 (was Koraes hier verglich) οὐ μόνον ἡμῖν, ἀλλὰ καὶ τοῖς ἄλλοις τοῖς μὴ λίαν ἀνάνδρως διακειμένοις ἀλλὰ κατὰ μικρὸν ἀρετῆς ἀντιποιουμένοις. — 184, 4. ἢ κατ᾽ ἀνθρώπους. S. zu 9, 21 μειζόνως ἂν φανείη γεγονὼς ἢ κατ᾽ ἄνθρωπον. — περιβεβλημένοις. S. zu § 36. — 184, 5. δυστυχούντων, in ungünstiger Lage, nämlich in Armut, leben. Zur Sache vergl. § 174, für die Bedeutung des oft im Sinne von „reich“ vorkommende εὐδαίμων, und vor allem § 41. —

— 184, 6. εὐσεβεῖν i. e. δικαίους εἶναι, wie es § 183 hiefs; denn Isokr. fafst hier die beiden vorher einzeln erwähnten Gattungen von Menschen zusammen. — 184, 7. φύσει πολεμίους. vergl. 12, 163 τῶν πολέμων ὑπελάμβανον ἀναγκαιότατον μὲν εἶναι — τὸν μετὰ τῶν Ἑλλήνων πρὸς τοὺς βαρβάρους τοὺς καὶ φύσει πολεμίους ὄντας καὶ πάντα τὸν χρόνον ἐπιβουλεύοντας ἡμῖν. — 184, 9. οὐκοῦν κ. τ. λ. gilt denn nun nicht gerade von ihnen dies alles? οὐκοῦν hier wie 15, 253 und 18, 21. Dagegen 15, 313 οὔκουν ἐπί γε τῶν προγόνων οὕτως εἶχεν, ἀλλὰ τοὺς μὲν καλουμένους σοφιστὰς ἐθαύμαζον (vergl. 17, 32) ist οὔκουν = neutiquam. Vergl. Kübner Excurs. ad Xenoph. Mem. p. 521 und Voemel ad Demosth. Contion. p. 49 seq. — 184, 10. ἔνοχοι. Vergl. 2, 47 λέγω δ᾽ οὐ καθ᾽ ἁπάντων ἀλλὰ κατὰ τῶν ἐνόχων τοῖς εἰρημένοις ὄντων, und die nämliche Wendung 8, 56, 57. 15, 131. 185, 4. τοὺς μ. ἐθελήσοντας. S. zu 7, 83. — 185, 5. οὕτως gehört zu ῥάθυμος. S. zu 9, 39. — 185, 6. ἢ νέος ἢ παλαιός, sei er jung oder alt. Diese Verbindung ist aus der Poesie (S. Hom. Il. 14, 108. Od. 1, 395. 2, 293. 4, 720. Tyrtaios 12, 37 Bergk.⁴ Aeschyl. Sept. 327) auch in die Prosa übergegangen; vergl.

βουλήσεται ταύτης τῆς στρατιᾶς, τῆς ὑπ' Ἀθηναίων μὲν καὶ e
Λακεδαιμονίων στρατηγουμένης, ὑπὲρ δὲ τῆς τῶν συμμάχων
ἐλευθερίας ἀθροιζομένης, ὑπὸ δὲ τῆς Ἑλλάδος ἁπάσης ἐκπεμ-
πομένης, ἐπὶ δὲ τὴν τῶν βαρβάρων τιμωρίαν πορευομένης;
186 φήμην δὲ καὶ μνήμην καὶ δόξαν πόσην τινὰ χρὴ νομίζειν ἢ
ζῶντας ἕξειν ἢ τελευτήσαντας καταλείψειν τοὺς ἐν τοῖς τοιού- 80
τοις ἔργοις ἀριστεύσαντας; ὅπου γὰρ οἱ πρὸς Ἀλέξανδρον
πολεμήσαντες καὶ μίαν πόλιν ἑλόντες τοιούτων ἐπαίνων ἠξιώ-
θησαν, ποίων τινῶν χρὴ προσδοκᾶν ἐγκωμίων τεύξεσθαι τοὺς
ὅλης τῆς Ἀσίας κρατήσαντας; τίς γὰρ ἢ τῶν ποιεῖν δυναμέ-
νων ἢ τῶν λέγειν ἐπισταμένων οὐ πονήσει καὶ φιλοσοφήσει
βουλόμενος ἅμα τῆς θ' αὑτοῦ διανοίας καὶ τῆς ἐκείνων ἀρε- b
τῆς μνημεῖον εἰς ἅπαντα τὸν χρόνον καταλιπεῖν;
187   (να΄.) Οὐ τὴν αὐτὴν δὲ τυγχάνω γνώμην ἔχων ἔν τε

Plat. Symp. p. 182 B οὐκ ἄν τις
εἴποι οὔτε νέος οὔτε παλαιός.
[cf. Krit. Anh.] — οὕτως ist von
seinem Worte getrennt wie Xenoph.
Hell. 2, 4, 17 μνημείου οὐδεὶς
οὕτω πλούσιος ὢν καλοῦ τεύξεται.
Vergl. Krüger ad Dionys Historiogr.
p. 253. S. auch zu 9, 39. —
ῥάθυμος, gleichgültig gegen
den Ruhm, ganz wie 9, 35 οὐδεὶς
γάρ ἐστιν οὕτω ῥάθυμος, ὅστις ἂν
δέξαιτο παρὰ τῶν προγόνων τὴν
ἀρχὴν ταύτην παραλαβεῖν μᾶλλον
ἢ κτησάμενος ὥσπερ ἐκεῖνος τοῖς
παισὶ τοῖς αὑτοῦ καταλιπεῖν. —
185, 7. ταύτης τῆς. S. zu 1, 45.
— 185, 8. συμμάχων, in Asien.
    186, 1. φήμην δὲ καὶ μνή-
μην. Dieselbe Paronomasie oder
Parechese auch 5, 134 und bei
(Lys.) 2, 3 μνήμην παρὰ τῆς φή-
μης λαβών; schon bei Gorgias
Helen. 2 ἧτε τοῦ ὀνόματος φήμη
[γέγονεν ἧτε] τῶν συμφορῶν μνήμη.
Über ähnliche Fälle aus Isokr. s.
zu 1, 16. Manche Paronomasien
dieser Art scheinen ihrem häufigen
Vorkommen nach zu urteilen, der
Sprache des gewöhnlichen Lebens
anzugehören, wie μέλη καὶ μέρη
(Stallbaum ad Plat. Phileb. p. 14 E),
ὥρα καὶ χώρα (Lobeck Paralip.
p. 54 seq.), χρήματα καὶ κτήματα,
ἤθη καὶ ἔθη (Lobeck l. l. p. 58),

res — spes (Corte ad Cicer. Epist.
4, 5, 5) u. s. w. — 186, 3. ὅπου,
kausal, s. zu 1, 49. Den troischen
Krieg mit dem daraus gewonnenen
Ruhme gebraucht Isokr. auch sonst
gern als Mafsstab für kriegerische
Tüchtigkeit; vergl. zu § 83 und
5, 144. 9, 65. — 186, 6. ποιεῖν,
dichten, wie 10, 65 Ὁμήρῳ προσ-
έταξε (Ἑλένη) ποιεῖν περὶ τῶν
στρατευσαμένων ἐπὶ Τροίαν und
sonst. In ähnlicher Verbindung
wie hier bei (Lys.) 2, 2 τοσαύτην
ἀφθονίαν παρεσκεύασεν ἢ τούτων
ἀρετὴ καὶ τοῖς ποιεῖν δυναμένοις
καὶ τοῖς εἰπεῖν βουληθεῖσιν. —
186, 7. πονήσει καὶ φιλοσο-
φήσει. S. zu 9, 78.
    Der Schlufs (§ 187—189) enthält
das Geständnis des Redners, dafs
er sich in der Einleitung doch zu
viel zugetraut, und die Aufforderung
an jeden einzelnen, den Gegenstand
zu durchdenken, an die Einflufs-
reichen, für die Sache zu wirken,
an die Sophisten, darin ein ihrer
würdiges Thema zu erblicken.
    187, 1. οὐ τὴν αὐτὴν δέ. Das
δέ in der vierten Stelle wie 3, 42
οὐ τὴν αὐτὴν δὲ γνώμην ἔσχον,
und in der nämlichen Wendung
auch 12, 260; ebenso 15, 69 διὰ
τὴν αὐτὴν δὲ ταύτην πρόφασιν u.
Xenoph. Mem. 4, 1, 3 οὐ τὸν

τῷ παρόντι καὶ περὶ τὰς ἀρχὰς τοῦ λόγου. τότε μὲν γὰρ ᾤμην ἀξίως δυνήσεσθαι τῶν πραγμάτων εἰπεῖν· νῦν δ' οὐκ ἐφικνοῦμαι τοῦ μεγέθους αὐτῶν, ἀλλὰ πολλά με διαπέφευγεν ὧν διενοήθην. αὐτοὺς οὖν χρὴ συνδιορᾶν, ὅσης ἂν εὐδαιμονίας τύχοιμεν, εἰ τὸν μὲν πόλεμον τὸν νῦν ὄντα περὶ ἡμᾶς πρὸς c τοὺς ἠπειρώτας ποιησαίμεθα, τὴν δ' εὐδαιμονίαν τὴν ἐκ τῆς

188 Ἀσίας εἰς τὴν Εὐρώπην διακομίσαιμεν, καὶ μὴ μόνον ἀκροατὰς γενομένους ἀπελθεῖν, ἀλλὰ τοὺς μὲν πράττειν δυναμένους παρακαλοῦντας ἀλλήλους πειρᾶσθαι διαλλάττειν τήν τε πόλιν τὴν ἡμετέραν καὶ τὴν Λακεδαιμονίων, τοὺς δὲ τῶν λόγων ἀμφισβητοῦντας πρὸς μὲν τὴν παρακαταθήκην καὶ

αὐτὸν δὲ τρόπον, aber auch ὅ τι ἂν τύχῃ δὲ γεννησόμενον 8, 8. Überall steht dort der dem δέ vorangehende Begriff im Gegensatze zu einem andern und jene Stellung des δέ dient dazu, ihn als einen gegensätzlichen stärker hervorzuheben. — 187, 2. τῷ παρόντι, ohne καιρῷ, was bei Isokr. das Gewöhnliche ist; s. zu 7, 78. — 187, 4. ἐφικνοῦμαι, wie 10, 13 τὰ μὲν μικρὰ ῥᾴδιον τοῖς λόγοις ὑπερβαλέσθαι, τῶν δὲ χαλεπὸν τοῦ μεγέθους ἐφικέσθαι. S. zu 9, 49. — διαπέφευγεν. S. zu § 111. — 187, 5. αὐτούς, nämlich die Zuhörer, welche Isokr. jedoch nicht direkt anredet, wie φλυαροῦσιν und ἐροῦσιν § 188 lehrt. — 187, 7. τὴν ἐκ τῆς Ἀ. S. zu § 174.

188, 2. ἀλλά. Es könnte auch ἀλλὰ καί stehen; indem aber καί bei dem zweiten Gliede wegfällt, erscheint dies gegen das erste von so überwiegender Bedeutsamkeit, daß das erste dagegen ganz in Vergessenheit gerät; καί würde, indem es neben dem zweiten Gliede den Gedanken an das erste wieder auffrischte, dadurch dem ersten Gliede gleiche Wichtigkeit mit dem zweiten beilegen. Überall tritt beim Wegfall des καί nach dem ersten Gliede eine stärkere Pause ein, weshalb dann auch oft die Konstruktion geändert wird, wie 5, 153 τοὺς μὴ μόνον κεχαρισμένως διειλεγμένους, ἀλλ' οἵτινες ἂν τοὺς

ἐπιγιγνομένους οὕτω ποιήσωσι τὰς σὰς πράξεις θαυμάζειν. Vergl. Bremi Excurs. IX zu Isokr. und Maetzner ad Lykurg. p. 260. — πράττειν δυναμένους, die Einflußreichen, die etwas durchzusetzen vermögen. Vergl. 5, 13 δεῖ ποιήσασθαί τινα προστάτην τῶν καὶ λέγειν καὶ πράττειν δυναμένων, und Sauppe zu Plat. Protag. p. 317 A. — 188, 4. τῶν λόγων ἀμφισβ., den Ruhm beanspruchen, Beredsamkeit zu besitzen, wie 6, 91 (coll. 12, 120) τοῖς ἀρετῆς ἀμφισβητοῦσιν ὑπὲρ οὐδενὸς οὕτω σπουδαστέον κ. τ. λ. 10, 9 (coll. 5, 82) ἀμφισβητεῖν τοῦ φρονεῖν. Ep. 9, 7 ἀμφ. περὶ ἐπιεικείας καὶ φρονήσεως. Und so wird auch sonst oft der Name einer Eigenschaft für den mit ihr verbundenen Ruhm oder Tadel gesetzt, wie Thuk. 1, 33, 2 δύναμις φέρουσα ἐς τοὺς πολλοὺς ἀρετὴν (i. e. virtutis gloriam). id. 1, 68, 1 σωφροσύνην ἔχετε (moderationis laudem). Tacit. Annal. 1, 58 ut me perfidia exsolvam (vom Verdacht der P.) u. s. w. — 188, 5. τὴν παρακ., gegen meine Rede über das (von Nikias bei Euthynus) deponierte Geld. Schon Hieron. Wolf bemerkte, daß Isokr. an seine XXI. Rede denke, gegen welche nach Diogenes Laert. 6, 1, 15 der Sophist Antisthenes schrieb. Der Ausdruck ἡ παρ. für ὁ λόγος περὶ τῆς π. hat nichts Befremdliches, wenn man παρακαταθήκη

περὶ τῶν ἄλλων ὧν νῦν φλυαροῦσιν παύεσθαι γράφοντας, d
πρὸς δὲ τοῦτον τὸν λόγον ποιεῖσθαι τὴν ἅμιλλαν καὶ σκοπεῖν,
189 ὅπως ἄμεινον ἐμοῦ περὶ τῶν αὐτῶν πραγμάτων ἐροῦσιν, ἐν-
θυμουμένους, ὅτι τοῖς μεγάλ᾽ ὑπισχνουμένοις οὐ πρέπει περὶ
μικρὰ διατρίβειν, οὐδὲ τοιαῦτα λέγειν, ἐξ ὧν ὁ βίος μηδὲν
ἐπιδώσει τῶν πεισθέντων, ἀλλ᾽ ὧν ἐπιτελεσθέντων αὐτοί τ᾽
ἀπαλλαγήσονται τῆς παρούσης ἀπορίας καὶ τοῖς ἄλλοις μεγά- e
λων ἀγαθῶν αἴτιοι δόξουσιν εἶναι.

als Titel der Rede faſst (wie des Isokr. III. Rede auch Κύπριοι, d. h. „Rede an die Kyprier" heiſst). — 188, 6. ὧν i. e. περὶ ὧν. Vergl. 12, 105 εἰς ταραχὰς τοσαύτας κατέστησαν, ὅσας εἰκὸς τοὺς — ἐξημαρτηκότας. 14, 48. 15, 8. S. Strange in Jahns Jahrb. Suppl. III (1835) p. 444, und über ähnliche Fälle der Auslassung einer Praeposition zu 9, 3. — φλυαροῦσιν. Die Sophisten, an die hier gedacht wird, pflegten τοὺς βομβυλιοὺς καὶ

τοὺς ἅλας καὶ τὰ τοιαῦτα ἐπαινεῖν, nach 10, 12. — 188, 7. λόγον, Thema, wie § 3. 12, 111. Ep. 9, 1.

189, 2. μεγάλ᾽ ὑπ. Über die Verheiſsung der ' Sophisten, ihre Schüler zu gewaltigen Rednern zu bilden, s. 13, 1 und 9 seq. — 189, 3. τοιαῦτα — ἐξ ὧν. S. zu § 76. — 189, 4. ἐπιδώσει. S. zu 9, 68. — 189, 5. ἀπορίας. Die Armut der Sophisten wird auch 11, 1 und 13, 7 erwähnt.

Philipp von Makedonien hatte im Jahre 357 v. Chr.
Amphipolis am Strymon, eine alte Pflanzstadt Athens, erobert
und, obwohl er vorher Athens Anrecht auf die Stadt an-
erkannt und versprochen hatte sie an Athen zurückzugeben,
sie doch behalten. Damit begann der Krieg zwischen Philipp
und Athen, welcher von Seiten des Ersteren mit Eifer und
Erfolg, wenn auch mit vielen Unterbrechungen, von Seiten der
Athener sehr lau geführt und endlich im Jahre 346 durch
den sogenannten Frieden des Philokrates beendigt wurde.
Schon während des Krieges hatte sich Isokr. mit einer Rede
(„περὶ Ἀμφιπόλεως“ nennt er sie § 1) beschäftigt, welche
Philipp und die Athener über ihr wahres Interesse aufklären
sollte; sie wurde nicht vollendet, weil der Friedensschluss
eintrat, ein Ereignis, welches Isokr. mit Freuden begrüsste,
weil er jetzt den Zeitpunkt gekommen wähnte, wo der von
ihm im Panegyrikos behandelte Gedanke endlich verwirklicht
werden könnte. Er hatte sich längst überzeugt, daſs jener
Gedanke, die hellenischen Staaten sollten sich versöhnen und
ihre Einigung besiegeln und fruchtbar machen durch einen
Feldzug gegen Persien, in der früher von ihm angestrebten
Weise unausführbar sei; jetzt, wo, wie es schien, Philipp in
ein freundliches Verhältnis zu Athen getreten war, glaubte
Isokr. den Mann in ihm gefunden zu haben, welcher im stande
wäre, jenen Gedanken zu verwirklichen, nämlich die Hellenen
sich zu gewinnen, zu einigen und an ihrer Spitze für Hellas
in Asien Eroberungen zu machen und für so manche Unbill
Rache zu nehmen. Den Philipp für diese Aufgabe zu ge-
winnen ist der Zweck der vorliegenden Rede, welche bald
nach jenem Friedensschluss (S. § 8 seq. und § 56) wohl mit
Hülfe des für die Rede περὶ Ἀμφιπόλεως bereits gesammelten
Materials rasch zum Abschluss gebracht wurde; denn der
Krieg der Phokier mit Theben, den Philipp im Bunde mit
den Thebanern im Sommer des nämlichen Jahres (346) be-
endete, erscheint in unserer Rede (S. § 54 seq. und § 74)

noch in vollem Gauge. Damit ist der Zeitpunkt ihrer Ab-
fassung fixiert: sie fällt in den Frühling des Jahres 346, in
das 91. Lebensjahr ihres Verfassers.

Isokrates hatte den Charakter des Philipp ganz verkannt,
wenn er hoffte, dieser werde in der von ihm vorgeschlagenen
uneigennützigen Weise die hellenischen Staaten mit sich und
unter einander versöhnen und gegen Asien führen. Philipp
ging seinen eigenen Weg; er nahm den Hellenen seit der
Schlacht bei Chaironeia (im Spätsommer des Jahres 338) ihre
Selbständigkeit und zwang sie fortan zur Ruhe, und nun
liefs er sich zum Oberfeldherrn der Hellenen gegen die Perser
ernennen. Isokr. erlebte es nicht mehr, dafs wenigstens auf
diesem Wege sein Gedanke der Verwirklichung nahe trat;
aber so hätte er das nicht gewünscht, und der Schmerz über
den Verlust der Selbständigkeit der Hellenen liefs ihn, wie
erzählt wird, den Tod suchen, welchen er durch Abweisung
jeder Nahrung wenige Tage nach der Schlacht bei Chaironeia
fand.

———————

Steph.

(α'.) Μὴ θαυμάσῃς, ὦ Φίλιππε, διότι τοῦ λόγου ποιή- 82
σομαι τὴν ἀρχὴν οὐ τοῦ πρὸς σὲ ῥηθησομένου καὶ νῦν δει-
χθήσεσθαι μέλλοντος, ἀλλὰ τοῦ περὶ Ἀμφιπόλεως γραφέντος.

Einleitung. § 1—29. *Nicht einem
plötzlichen Einfalle des schwachen
Greises verdankt diese Rede ihren
Ursprung (1), sondern in der Aus-
arbeitung meiner Rede über den
Amphipolitanischen Krieg, welche
Dich und die Athener über Eure
wahren Vorteile aufklären sollte,
überrascht durch Euern Friedens-
schlufs (2—7), dachte ich weiter
darüber nach, wie ich meiner Vater-
stadt den Frieden auch erhalten
könnte, und fand, dies sei nur so
möglich, wenn ich das Thema mei-
nes Panegyrikos wieder aufnähme
(8, 9)* und — *das Bedenken, welches
mir die wiederholte Bearbeitung des-
selben Themas erregte, mit triftigen
Gründen beschwichtigend (10—13)
— Dir als der dazu geeignetsten
Persönlichkeit riete, an der Spitze
des versöhnten Hellas die Perser zu
bekriegen (14—16). Dafs gerade
ich Dir diesen Rat gebe, fanden
meine Freunde nur kurze Zeit be-*
*denklich (17—23), und wirst auch
Du nicht auffällig finden, sondern
Dich von mir überzeugen lassen
(24), obwohl ich weifs, wie sehr in
dieser Beziehung eine gelesene Rede
hinter der von ihrem Verfasser vor-
getragenen zurückbleibt und wie
sehr diese meine Rede die Spuren
meines Alters an sich trägt (25—
28). Doch Du wirst mehr die Sache
selbst ins Auge fassen (29).*

1, 1. διότι S. zu 4, 48. — τοῦ
λόγου. Hier sollte gleich folgen:
τοῦ περὶ Ἀ. γραφέντος, aber Isokr.
schiebt gern so die negative Be-
hauptung zwischen die Glieder der
affirmativen ein. Vergl. 18, 62
χρὴ τούτους δημοτικοὺς νομίζειν,
οὐχ ὅσοι κρατοῦντος τοῦ δήμου
μετασχεῖν τῶν πραγμάτων ἐπεθύ-
μησαν, ἀλλ' οἳ — προκινδυνεύειν
ὑμῶν ἠθέλησαν. 19, 43 δίκαιον
— γενέσθαι διαδόχους τῆς κληρο-
νομίας μὴ ταύτην, ἀλλ' οἷς ἐκεῖνος

περὶ οὗ μικρὰ βούλομαι προειπεῖν, ἵνα δηλώσω καὶ σοὶ καὶ
τοῖς ἄλλοις, ὡς οὐ δι' ἄγνοιαν οὐδὲ διαψευσθεὶς τῆς ἀρρω-
στίας τῆς νῦν μοι παρούσης ἐπεθέμην γράφειν τὸν πρὸς σὲ b
λόγον, ἀλλ' εἰκότως καὶ κατὰ μικρὸν ὑπαχθείς.

2   (β'.) Ὁρῶν γὰρ τὸν πόλεμον τὸν ἐνστάντα σοὶ καὶ τῇ
πόλει περὶ Ἀμφιπόλεως πολλῶν κακῶν αἴτιον γιγνόμενον ἐπε-
χείρησα λέγειν περί τε τῆς πόλεως ταύτης καὶ τῆς χώρας
οὐδὲν τῶν αὐτῶν οὔτε τοῖς ὑπὸ τῶν σῶν ἑταίρων λεγομένοις
οὔτε τοῖς ὑπὸ τῶν ῥητόρων τῶν παρ' ἡμῖν ἀλλ' ὡς οἷόν τε
3 πλεῖστον ἀφεστῶτα τῆς τούτων διανοίας. οὗτοι μὲν γὰρ παρ-
ώξυνον ἐπὶ τὸν πόλεμον, συναγορεύοντες ταῖς ἐπιθυμίαις c
ὑμῶν· ἐγὼ δὲ περὶ μὲν τῶν ἀμφισβητουμένων οὐδὲν ἀπε-
φαινόμην, ὃν δ' ὑπελάμβανον τῶν λόγων εἰρηνικώτατον
εἶναι, περὶ τοῦτον διέτριβον, λέγων, ὡς ἀμφότεροί διαμαρ-
τάνετε τῶν πραγμάτων, καὶ σὺ μὲν πολεμεῖς ὑπὲρ τῶν ἡμῖν 83

διέθετο. 8, 16 χρῆσθαι ταῖς συν-
θήκαις μὴ ταύταις αἷς νῦν τινες
γεγράφασιν, ἀλλὰ ταῖς γενομέναις
πρὸς βασιλέα καὶ Λακεδαιμονίους.
Caes. b. G. 8, 7, 2 *paucos in aedi-
ficiis esse inventos, atque hos, non
qui agrorum colendorum causa re-
mansissent, sed qui speculandi gratia
essent remissi.* — 1, 2. δειχθή-
σεσθαι, dir vorgelegt wer-
den, wie § 22 und 23. 12, 4, 270.
15, 57 und 67. — 1, 5. δι' ἄγνοιαν,
aus Mangel an Einsicht, aus
Unkenntnis der hier in Betracht
kommenden Verhältnisse. ἄγνοια
steht absolut wie ἀγνοεῖν, worüber
zu 7, 39. — διαψευσθεὶς τῆς
ἀρρωστίας, mich täuschend
über meine Schwäche. S. zu
§ 3. — 1, 6. ἐπεθέμην γράφειν.
Der Inf. nach ἐπιτίθ. wie Plat.
Soph. 242 B τὴν γὰρ δὴ χάριν
ἐλέγχειν τὸν λόγον ἐπιθησόμεθα.
Alexis in Meinek. Frag. com. graec.
III p. 400 (= fr. 36 Kock) καὶ φιλο-
σοφεῖν ἐπίθετο und bei Späteren
vergl. Strange in Jahns Jahrb.
Suppl. III (1835) p. 567 not. — 1,
7. εἰκότως wie Demosth. 8, 41,
das dort § 42 οὐ κακῶς ταῦτα
λογιζόμενος heißt. — κατὰ μικρόν,
allmählich. S. zu 9, 59.

2, 2. περὶ Ἀμφ. s. d. Einleitung.
— 2, 4. οὐδὲν τῶν αὐτῶν =
οὐ ταὐτά. S. 12, 177 οὐδὲν τῶν
αὐτῶν βουλεύσασθαι — τοῖς τοι-
αῦτα διαπεπραγμένοις. 12, 224 τὸ
δὲ μηδὲν τῶν αὐτῶν συμβαίνειν
τοῖς ὀρθῶς πράττουσιν. 15, 215 ἐπὶ
τοὺς οὐδὲν τῶν αὐτῶν ἐκείνοις
ἐπιτηδεύοντας.

3, 3. ἀμφισβητουμένων, über
die eigentliche Streitfrage,
wer Anrecht auf Amphipolis habe.
— 3, 4. εἰρηνικώτατον, am
ersten zum Frieden führen
würde. — 3, 5. διαμαρτάνετε
τῶν πρ., es in der Sache ver-
seht, wie § 23 und Ep. 9, 11 κἀ-
κεῖνος ἑνὸς πράγματος διήμαρτεν.
So wird oft διαμαρτάνειν (wie δια-
ψεύδεσθαι § 1 und § 21) von dem
gebraucht, der in seinem Ur-
teil das Rechte verfehlt. — 3, 6.
τῶν ἡ. συμφερόντων findet seine
Begründung in dem letzten Teile
des mit λυσιτελεῖν γάρ eingeleiteten
Kausalsatzes, dagegen die Worte
ἡ δὲ πόλις κ. τ. λ. in dem ersten
Teile desselben; die beiden Glie-
der des Kausalsatzes entsprechen
also den beiden Gliedern des zu
erklärenden Satzes *per chiasmum.*

συμφερόντων, ἡ δὲ πόλις ὑπὲρ τῆς σῆς δυναστείας· λυσιτε-
λεῖν γὰρ σοὶ μὲν ἡμᾶς ἔχειν τὴν χώραν ταύτην, τῇ δὲ πόλει
4 μηδ' ἐξ ἑνὸς τρόπου λαβεῖν αὐτήν. καὶ περὶ τούτων οὕτως
ἐδόκουν διεξιέναι τοῖς ἀκούουσιν ὥστε μηδένα τὸν λόγον
αὐτῶν μηδὲ τὴν λέξιν ἐπαινεῖν ὡς ἀκριβῶς καὶ καθαρῶς ἔχου-
σαν, ὅπερ εἰώθασί τινες ποιεῖν, ἀλλὰ τὴν ἀλήθειαν τῶν
πραγμάτων θαυμάζειν καὶ νομίζειν οὐδαμῶς ἂν ἄλλως παύ- b
5 σασθαι τῆς φιλονικίας ὑμᾶς, πλὴν εἰ σὺ μὲν πεισθείης
πλείονος ἀξίαν ἔσεσθαί σοι τὴν τῆς πόλεως φιλίαν ἢ τὰς
προσόδους τὰς ἐξ Ἀμφιπόλεως γιγνομένας, ἡ δὲ πόλις δυνη-
θείη καταμαθεῖν, ὡς χρὴ τὰς μὲν τοιαύτας φεύγειν ἀποικίας,
αἵτινες τετράκις ἢ πεντάκις ἀπολωλέκασιν τοὺς ἐμπολιτευθέν-
τας, ζητεῖν δ' ἐκείνους τοὺς τόπους, τοὺς πόρρω μὲν κειμέ-
νους τῶν ἄρχειν δυναμένων, ἐγγὺς δὲ τῶν δουλεύειν εἰθισμέ-
νων, εἰς οἷόν περ Λακεδαιμόνιοι Κυρηναίους ἀπώκισαν· c
6 πρὸς δὲ τούτοις, εἰ σὺ μὲν γνοίης, ὅτι λόγῳ παραδοὺς τὴν
χώραν ἡμῖν ταύτην αὐτὸς ἔργῳ κρατήσεις αὐτῆς, καὶ προσέτι
τὴν εὔνοιαν τὴν ἡμετέραν κτήσει (τοσούτους γὰρ ὁμήρους

— 3, 7. **δυναστείας**. Denn wenn
Amphipolis uns gehört, sind wir
im Hinblick auf Dich, ihren mäch-
tigen Nachbar, gezwungen, Dir
anderwärts, wo Du Deine Macht
erweitern willst, nicht entgegen zu
treten; vergl. § 6 extr. — 3, 9.
μηδ' ἐξ ἑνὸς τρόπου. Vergl.
ἐκ παντὸς τρόπου, worüber zu
9, 39.

4, 2. **ἀκούουσιν**, Schülern und
Freunden, denen er sie vorlas.
Vergl. § 17 und 23. — 4, 3. **αὐ-
τῶν** gehört zu **μηδένα**, das von
ihm des Hiatus wegen getrennt
ist wie oft **τίς** von seinem Genet.
partitiv. S. zu 7, 54. Vergl. auch
§ 89 und § 22 **αὐτοῖς** — **τῶν ἐν
τῇ πόλει**. — 4, 6. **φιλονικίας**.
S. Krit. Anh. zu 4, 19.
5, 3. **προσόδους**, deren Wich-
tigkeit für Athen Thuk. 4, 108
bezeugt; vergl. auch Weber ad
Demosth. Aristokrat. p. 355. — 5,
5. **ἀπολωλέκασιν**, den Unter-
gang bereitet haben. Genauer
bekannt sind zwei Fälle. Im J. 475

zogen attische Kolonisten unter Ly-
sistratos, Lykurgos und Kratinos
nach Amphipolis (damals noch
Ἐννέα ὁδοί genannt) um es zu er-
obern, wurden aber von den Thra-
kern geschlagen und größtenteils
vernichtet; im J. 465 bemächtigten
sich 10,000 Kolonisten der Stadt,
sind aber, als sie weiter vor-
drangen, zwischen Daton und Dra-
beskos den Thrakern erlegen; s.
Weißenborn, Hellen., S. 141 folgd.
Doch mögen von den neun un-
glücklichen Unternehmungen der
Athener gegen Amphipolis, welche
der Scholiast zu Aeschin. 2, 31
(p. 29 ed. Tur.) kennt, außer jenen
beiden noch zwei oder drei hier-
her gehören, wenn, wie es wahr-
scheinlich ist, mit den attischen
Heeren auch attische Kolonisten
dorthin zogen. — 5, 8. **Κυρη-
ναίους ἀπ.**, die Kolonie Ky-
rene gründeten. S. Herod. 4,
147 seqq. und Gilbert Staatsaltert.
II, p. 229.
6, 1. **πρὸς δὲ τούτοις**, scil.
παύσει τῆς φιλονικίας ὑμᾶς. —

λήψει παρ' ἡμῶν τῆς φιλίας, ὅσους περ ἂν ἐποίκους εἰς τὴν
σὴν δυναστείαν ἀποστείλωμεν), τὸ δὲ πλῆθος ἡμῶν εἴ τις
διδάξειεν, ὡς ἂν λάβωμεν Ἀμφίπολιν, ἀναγκασθησόμεθα τὴν d
αὐτὴν εὔνοιαν ἔχειν τοῖς σοῖς πράγμασιν διὰ τοὺς ἐνταῦθα
κατοικοῦντας, οἵαν περ εἴχομεν Ἀμαδόκῳ τῷ παλαιῷ διὰ τοὺς
7 ἐν Χερρονήσῳ γεωργοῦντας. Τοιούτων δὲ πολλῶν λεγομένων
ἤλπισαν ὅσοι περ ἤκουσαν, διαδοθέντος τοῦ λόγου διαλύ-
σεσθαι τὸν πόλεμον ὑμᾶς καὶ γνωσιμαχήσαντας βουλεύσεσθαί
τι κοινὸν ἀγαθὸν περὶ ὑμῶν αὐτῶν. εἰ μὲν οὖν ἀφρόνως e
ἢ νοῦν ἐχόντως ταῦτ' ἐδόξαζον, δικαίως ἂν ἐκεῖνοι τὴν
αἰτίαν ἔχοιεν· ὄντος δ' οὖν ἐμοῦ περὶ τὴν πραγματείαν ταύ-
την ἔφθητε ποιησάμενοι τὴν εἰρήνην πρὶν ἐξεργασθῆναι τὸν
λόγον, σωφρονοῦντες· ὅπως γὰρ οὖν πεπρᾶχθαι κρεῖττον ἦν 84

6, 4. ἐποίκους, Kolonisten,
mit Rücksicht auf das neue Vater-
land gesagt (Einwanderer), wäh-
rend das synonyme ἄποικοι mit
Rücksicht auf das alte Vaterland
gebraucht wird (Auswanderer); vgl.
Krüger ad Dionys. Historiograph.
p. 101. Jenes ist hier das Wesent-
lichere, umgekehrt oben bei ἀποι-
κίαι. — 6, 8. Ἀμαδόκῳ i. e. τοῖς
Ἀμαδόκου πράγμασιν. Vergl. zu
9, 34. παλαιῷ, zum Unterschiede
von seinem gleichnamigen Sohne
(über den Weber Proleg. in De-
mosth. Aristokrat. p. 70 seqq.).
Der ältere Amadokos, auch Μη-
δοκος genannt (s. Wesseling ad
Diodor. 13, 105) mit einer auch
sonst vorkommenden Aphaeresis
des α (s. Lobeck. Element. Pathol.
I p. 25 seq.), Fürst der thrakischen
Odrysen, ward i. J. 390 von den
Athenern mit seinem Gegner Seu-
thes ausgesöhnt, wie Xenoph. Hel-
len. 4, 8, 26 sagt, damit die hel-
lenischen Städte in Thrakien Athen
treu blieben. Isokr. hat wohl das
nämliche Faktum im Auge, wenn
er auch zu meinen scheint, die
Freundschaft der Athener für Ama-
dokos habe ihren Grund darin ge-
habt, ihn von der Besitzergreifung
athenischer Kolonien in der thra-
kischen Chersones abzuhalten. —
6, 9. γεωργοῦντας, die attischen
Kolonisten, deren schon zu Peisi-

stratos Zeit Miltiades, der Sohn
des Kypselos, dahingeführt hatte
(Herod. 6, 34 seqq.); γεωργοῦντες
statt ἔποικοι heißen sie hier wohl
deshalb, weil Athen von dort wie
überhaupt aus den Gegenden am
Hellespont viel Getreide bezog; s.
Böckh, Staatsh.³ I S. 99.
　7, 2. διαδοθέντος, verschieden
von ἐκδοθείς § 11. S. zu 9, 74.
— 7, 5. νοῦν ἐχόντως. S. zu
7, 53. — τὴν αἰτίαν ἔχοιεν,
haben sie zu verantworten; s.
zu 7, 58 und Maetzner ad Lykurg.
p. 175. Frohberger zu Lys. 13,
62. — 7, 8. σωφρονοῦντες,
und ihr zeigtet damit gesun-
den Verstand. Im Griechischen
ist, wo wie hier ein kurzes Urteil
über eine Handlungsweise oder
eine Ansicht gegeben werden soll,
das Particip statt eines ganzen
Satzes häufig. Vergl. 9, 54 προσή-
κοντα ποιοῦντες, und besonders
das Häufige ὀρθῶς γε (καλῶς γε)
λέγων oder ποιῶν, worüber Stall-
baum ad Plat. Symp. p. 174 E.
Madvig Synt. § 176 c. — ὅπως
γὰρ οὖν, scil. ἐπράχθη. Vergl. 2,
5 πάλιν ὁπωσοῦν ζῆν ἡγοῦνται
λυσιτελεῖν μᾶλλον ἢ μετὰ τοιούτων
συμφορῶν ἁπάσης τῆς Ἀσίας βασι-
λεύειν, und οὐδ' ὁπωσοῦν (nulla
ex parte) 12, 2, wofür die Attiker
lieber οὐδ' ὁπωστιοῦν sagten. S.
Stallbaum ad Plat. Apolog. p. 17 B.

αὐτὴν ἢ συνέχεσθαι τοῖς κακοῖς τοῖς διὰ τὸν πόλεμον γιγνο-
8 μένοις. (δ'.) Συνησθεὶς δὲ τοῖς περὶ τῆς εἰρήνης ψηφισθεῖσιν
καὶ νομίσας οὐ μόνον ἡμῖν ἀλλὰ καὶ σοὶ καὶ τοῖς ἄλλοις
Ἕλλησιν ἅπασι συνοίσειν, ἀποστῆσαι μὲν τὴν ἐμαυτοῦ διά-
νοιαν τῶν ἐχομένων οὐχ οἷός τ᾽ ἦν, ἀλλ᾽ οὕτω διεκείμην
ὥστ᾽ εὐθὺς σκοπεῖσθαι, πῶς ἂν τὰ πεπραγμένα παραμείνειεν
ἡμῖν καὶ μὴ χρόνον ὀλίγον ἡ πόλις ἡμῶν διαλιποῦσα πάλιν b
9 ἑτέρων πολέμων ἐπιθυμήσειεν· διεξιὼν δὲ περὶ τούτων πρὸς
ἐμαυτὸν εὕρισκον οὐδαμῶς ἂν ἄλλως αὐτὴν ἡσυχίαν ἄγουσαν,
πλὴν εἰ δόξειεν ταῖς πόλεσιν ταῖς μεγίσταις διαλυσαμέναις τὰ
πρὸς σφᾶς αὐτὰς εἰς τὴν Ἀσίαν τὸν πόλεμον ἐξενεγκεῖν, καὶ
τὰς πλεονεξίας, ἃς νῦν παρὰ τῶν Ἑλλήνων ἀξιοῦσιν αὐταῖς
γίγνεσθαι, ταύτας εἰ παρὰ τῶν βαρβάρων ποιήσασθαι βουλη-
θεῖεν· ἅπερ ἐν τῷ πανηγυρικῷ λόγῳ τυγχάνω συμβεβουλευκώς. c
10 (ε'.) Ταῦτα δὲ διανοηθεὶς καὶ νομίσας οὐδέποτ᾽ ἂν εὑ-
ρεθῆναι καλλίω ταύτης ὑπόθεσιν οὐδὲ κοινοτέραν οὐδὲ μᾶλ-
λον ἅπασιν ἡμῖν συμφέρουσαν, ἐπήρθην πάλιν γράψαι περὶ
αὐτῆς, οὐκ ἀγνοῶν οὐδὲν τῶν περὶ ἐμαυτόν, ἀλλ᾽ εἰδὼς τὸν
λόγον τοῦτον οὐ τῆς ἡλικίας τῆς ἐμῆς δεόμενον, ἀλλ᾽ ἀνδρὸς
ἀνθοῦσαν τὴν ἀκμὴν ἔχοντος καὶ τὴν φύσιν πολὺ τῶν ἄλλων

Demosth. 19, 150 (vergl. 19, 336)
nennt den Frieden αἰσχρὰ καὶ
ἀναξία τῆς πόλεως, weil die Athe-
ner Amphipolis dem Philipp lassen
mußten und weil die Phokier und
Halier, Bundesgenossen der Athener,
von dem Frieden ausdrücklich aus-
geschlossen wurden; vergl. Schäfer,
Demosthenes und seine Zeit, II
S. 210 seqq.
8, 3. ἀποστῆσαι τὴν διά-
νοιαν. Das Gegenteil ἐπιστήσω
τὴν διάνοιαν 9, 69 (S. zu d. St.)
— 8,4. τῶν ἐχομένων, von dem,
was nun infolge dessen geschehen
würde. S. zu 9, 33. — οὕτω
διεκείμην, fühlte mich ge-
drungen.
9, 1. διεξιὼν — περὶ τού-
των. Vergl. 8, 119 (coll. 8, 128)
ἦν γὰρ ταῦτα καὶ τὰ τοιαῦτα διε-
ξίητε πρὸς ὑμᾶς αὐτούς. Denn
wie bei διελθεῖν (s. zu 9, 2), so
wird auch bei διεξιέναι das Objekt
bald durch den bloßen Akkusativ
gegeben wie 6, 42. 7, 56. 12, 63

u. s. w., bald, wenn auch seltener
durch περί, § 4. 8, 71. 12, 55,
259. Ep. 6, 4. Vergl. zu 9, 12.
Zu πρὸς ἐμαυτόν vergl. noch § 149
und 11, 47 (coll. 20, 9) δίελθε πρὸς
αὑτόν. 6, 52 (coll. 16, 16) ἀνα-
μνήσθητε πρὸς ὑμᾶς αὐτούς. 15,
60 ἐνθυμήθητε πρὸς ὑμᾶς αὑτούς.
— 9, 3. τὰ πρὸς σφᾶς αὐτάς,
ihre Streitigkeiten unter ein-
ander, wie § 50 und 4, 131. —
9, 5. τὰς πλεονεξίας κ. τ. λ.
vergl. 4, 17.
10, 2. κοινοτέραν, von all-
gemeinerem Interesse, wie 15,
258 λόγοι κοινοὶ καὶ χρήσιμοι. —
10, 4. εἰδώς, ohne μέν. [cf. Krit.
Anh.] S. zu 4, 105. — 10, 6. ἀν-
θοῦσαν τὴν ἀκμήν, in der
Blüte der Kraft steht, ein
fast poetischer Ausdruck, denn
ἀκμή steht hier nicht wie 7, 37.
9, 73. 15, 289. Ep. 6, 4 von den
blühendsten Alter (in welchem
Falle ἀνθοῦσαν nicht daneben
treten könnte), sondern etwa wie

11 διαφέροντος, ὁρῶν δ' ὅτι χαλεπόν ἐστιν περὶ τὴν αὐτὴν ὑπό- d
θεσιν δύο λόγους ἀνεκτῶς εἰπεῖν, ἄλλως τε κἂν ὁ πρότερον
ἐκδοθεὶς οὕτως ᾖ γεγραμμένος, ὥστε καὶ τοὺς βασκαίνοντας
ἡμᾶς μιμεῖσθαι καὶ θαυμάζειν αὐτὸν μᾶλλον τῶν καθ' ὑπερ-
12 βολὴν ἐπαινούντων. ἀλλ' ὅμως ἁπάσας ἐγὼ ταύτας τὰς δυσχερείας
ὑπεριδὼν οὕτως ἐπὶ γήρως γέγονα φιλότιμος, ὥστ' ἠβουλή-
θην ἅμα τοῖς πρὸς σὲ λεγομένοις καὶ τοῖς μετ' ἐμοῦ διατρί- e
ψασιν ὑποδεῖξαι καὶ ποιῆσαι φανερόν, ὅτι τὸ μὲν ταῖς πανη-
γύρεσιν ἐνοχλεῖν καὶ πρὸς ἅπαντας λέγειν τοὺς συντρέχοντας
ἐν αὐταῖς πρὸς οὐδένα λέγειν ἐστίν, ἀλλ' ὁμοίως οἱ τοιοῦτοι
τῶν λόγων ἄκυροι τυγχάνουσιν ὄντες τοῖς νόμοις καὶ ταῖς
13 πολιτείαις ταῖς ὑπὸ τῶν σοφιστῶν γεγραμμέναις, δεῖ δὲ τοὺς
βουλομένους μὴ μάτην φλυαρεῖν ἀλλὰ προὔργου τι ποιεῖν, καὶ 85
τοὺς οἰομένους ἀγαθόν τι κοινὸν εὑρηκέναι τοὺς μὲν ἄλλους
ἐᾶν πανηγυρίζειν, αὐτοὺς δ' ὧν εἰσηγοῦνται ποιήσασθαί τινα
προστάτην τῶν καὶ λέγειν καὶ πράττειν δυναμένων καὶ δόξαν
μεγάλην ἐχόντων, εἴπερ μέλλουσί τινες προσέξειν αὐτῷ τὸν
14 νοῦν. (ς'.) Ἅπερ ἐγὼ γνοὺς διαλεχθῆναι σοὶ προειλόμην,
οὐ πρὸς χάριν ἐκλεξάμενος· καίτοι πρὸ πολλοῦ ποιησαίμην

χερὸς ἀκμή bei Pindar. Ol. 2, 63,
ποδὸς ἀκμή bei Aeschyl. Eum. 370
und Sophokl. Oed. tyr. 1034.
11, 2. ἄλλως τε κἂν. S. zu 4,
66. — 11, 4. ἡμᾶς könnte von den
Schülern des Isokr. mitverstanden
werden, so dafs der Übergang
zu ἐγώ § 12 nichts Befremdliches
hätte; doch s. zu 4, 14.
12, 3. ἅμα τοῖς πρὸς σὲ λεγ.,
dadurch, dafs ich diese Rede
an Dich richtete, zugleich
auch u. s. w. — 12, 6. ἐστίν,
so viel ist als, wie Plato Kratyl.
p. 398 D τὸ γὰρ εἴρειν λέγειν ἐστίν,
und sonst oft. — 12, 8. ὑπὸ τῶν
σοφιστῶν. Isokr. scheint hier
einen Seitenhieb auf Plato und
dessen Bücher über den Staat und
die Gesetze zu führen, worauf es
schon Speusippos (Epist. Socrat. 30,
2 οὔτε Πλάτωνος ἐν τοῖς πρὸς σὲ
πεμφθεῖσι ἀπέσχεται) bezog. Vergl.
Blass Att. Beredsamk. II, p. 37. III,
p. 345. Bergk Litteraturgesch. I,
p. 222. Man könnte aber auch an
Antisthenes denken, der nach Dio-

genes Laert. 6, 1, 16 περὶ νόμου ἢ
περὶ πολιτείας schrieb und den
Isokr. angegriffen hatte (s. zu 4, 188).
Indessen war die Litteratur περὶ
νόμων und περὶ πολιτείας im Alter-
tume grofs; vergl. Boeckh in Plat.
Mino. p. 78 seq.
13, 5. προστάτην, einen Ver-
treter, wie den Metocken ein προ-
στάτης vor Gericht vertrat. Mit
ähnlicher Übertragung steht ἐπι-
στάτης 4, 121. 5, 45, 50. Wie
hier, so § 16 προστῆναι τῆς τῶν
Ἑλλήνων ὁμονοίας, und 8, 141
προστῆναι τῆς τ. Ἑ. ἐλευθερίας.
14, 2. ἐκλεξάμενος näml. σέ. [cf.
Krit. Anh.] — πρὸ πολλοῦ. Der ge-
wöhnlichere Ausdruck ist περὶ πολ-
λοῦ ποιεῖσθαι (ἡγεῖσθαι), wie 2,
53. 19, 46, 48 steht; vergl. auch
περὶ πλείονος 2, 32. 8, 135, περὶ
πλείστου 2, 22. 17, 57, περὶ ὀλίγου
17, 58, περὶ ἐλάττονος 18, 63 περὶ
παντός 2, 15. 4, 174, περὶ μηδε-
νός 18, 63. Doch steht πρὸ πολ-
λοῦ ποιεῖσθαι auch § 138 und 12,
126. 15, 15, 176. Ep. 2, 12. 7, 13.

ἄν σοι κεχαρισμένως εἰπεῖν, ἀλλ᾽ οὐκ ἐπὶ τούτῳ τὴν διά- b
νοιαν ἔσχον, ἀλλὰ τοὺς μὲν ἄλλους ἑώρων τοὺς ἐνδόξους τῶν
ἀνδρῶν ὑπὸ πόλεσι καὶ νόμοις οἰκοῦντας, καὶ οὐδὲν ἐξὸν
αὐτοῖς ἄλλο πράττειν πλὴν τὸ προσταττόμενον, ἔτι δὲ πολὺ
15 καταδεεστέρους ὄντας [τῶν πραγμάτων] τῶν ῥηθησομένων, σοὶ
δὲ μόνῳ πολλὴν ἐξουσίαν ὑπὸ τῆς τύχης δεδομένην καὶ
πρέσβεις πέμπειν πρὸς οὕστινας ἂν βουληθῇς, καὶ δέχεσθαι
παρ᾽ ὧν ἄν σοι δοκῇ, καὶ λέγειν ὅ τι ἂν ἡγῇ συμφέρειν, πρὸς c
δὲ τούτοις καὶ πλοῦτον καὶ δύναμιν κεκτημένον, ὅσην οὐδεὶς
τῶν Ἑλλήνων, ἃ μόνα τῶν ὄντων καὶ πείθειν καὶ βιάζεσθαι
16 πέφυκεν· ὧν οἶμαι καὶ τὰ ῥηθησόμενα προσδεήσεσθαι. μέλ-
λω γάρ σοι συμβουλεύειν προστῆναι· τῆς τε τῶν Ἑλλήνων
ὁμονοίας καὶ τῆς ἐπὶ τοὺς βαρβάρους στρατείας·´ ἔστι δὲ τὸ
μὲν πείθειν πρὸς τοὺς Ἕλληνας συμφέρον, τὸ δὲ βιάζεσθαι
πρὸς τοὺς βαρβάρους χρήσιμον. ἡ μὲν οὖν περιβολὴ παντὸς d
τοῦ λόγου τοιαύτη τίς ἐστιν.

17   (ζ.) Οὐκ ὀκνήσω δὲ πρὸς σὲ κατειπεῖν, ἐφ᾽ οἷς ἐλύπησάν
τινές με τῶν πλησιασάντων· οἶμαι γὰρ ἔσεσθαί τι προὔργου.
δηλώσαντος γάρ μου πρὸς αὐτούς, ὅτι μέλλω σοι λόγον πέμ-
πειν οὐκ ἐπίδειξιν ποιησόμενον οὐδ᾽ ἐγκωμιασόμενον τοὺς
πολέμους τοὺς διὰ σοῦ γεγενημένους (ἕτεροι γὰρ τοῦτο ποιή-
σουσιν), ἀλλὰ πειρασόμενόν σε προτρέπειν ἐπὶ πράξεις οἰ- e
κειοτέρας καὶ καλλίους καὶ μᾶλλον συμφερούσας ὧν νῦν τυγ-
18 χάνεις προῃρημένος, οὕτως ἐξεπλάγησαν, μὴ διὰ τὸ γῆρας
ἐξεστηκὼς ὦ τοῦ φρονεῖν, ὥστ᾽ ἐτόλμησαν ἐπιπλῆξαί μοι

— 14, 5. ὑπὸ πόλεσι, in Ab-
hängigkeit von ihren Staaten;
in demselben Sinne heißt es § 127
τοῖς ἐν πολιτείᾳ καὶ νόμοις ἐνδε-
δεμένοις. — οἰκοῦντας — ἐξόν.
S. zu 4, 48. — καὶ οὐδέν S. zu 4,
97. — 14, 6. πολὺ καταδ., weit
weniger gewachsen sind, wie
12, 137 μὴ πολὺ καταδεέστερον
εἴπω τῶν πραγμάτων, und sonst.
— 14, 7. [τῶν πραγμάτων] cf.
Krit. Anh.
16, 5. περιβολή, der kurz zu-
sammengefaßte Inhalt, die ei-
gentliche Tendenz. Vergl. 12,
244 τὴν μὲν οὖν περιβολὴν τοῦ
λόγου δοκεῖς μοι ποιήσασθαι μετὰ
τοιαύτης διανοίας.

17, 2. τι προὔργου, S. zu 4,
19. Zur Sache vergl. § 24. — 17,
3. δηλώσαντος — πρὸς αὐ-
τούς. Die gleiche Konstruktion
auch 3, 6. 15, 254 und 270. —
17, 6. οἰκειοτέρας, die Du mehr
für Dich allein hast, während un-
zählig viel andere auch Kriege
geführt haben, wie Du sie bisher
führtest. Ähnlich 12, 73 οὐδένα
γὰρ εὑρήσομεν ἰδιωτέρας πράξεις
μεταχειρισάμενον.
18, 2. ἐξεστηκὼς ὦ τοῦ φρο-
νεῖν, von Sinnen gekommen
sei. Ebenso Plut. Alex. 42 κακῶς
ἀκούων ἐξίστατο τοῦ φρονεῖν und
id. Mar. 12, und aktivisch Xenoph.
Mem. 1, 3, 12 τὰ φαλάγγια τοὺς

πρότερον οὐκ εἰωθότες τοῦτο ποιεῖν, λέγοντες, ὡς ἀτόποις 86
καὶ λίαν ἀνοήτοις ἐπιχειρῶ πράγμασιν, „ὅστις Φιλίππῳ
συμβουλεύσοντα λόγον μέλλεις πέμπειν, ὅς, εἰ καὶ πρότερον
ἐνόμιζεν αὐτὸν εἶναί τινος πρὸς τὸ φρονεῖν καταδεέστερον,
νῦν διὰ τὸ μέγεθος τῶν συμβεβηκότων οὐκ ἔστιν ὅπως οὐκ
19 οἴεται βέλτιον δύνασθαι βουλεύεσθαι τῶν ἄλλων. ἔπειτα καὶ
Μακεδόνων ἔχει περὶ αὐτὸν τοὺς σπουδαιοτάτους, οὓς εἰκός,
εἰ καὶ περὶ τῶν ἄλλων ἀπείρως ἔχουσιν, τό γε συμφέρον ἐκεί- b
νῳ μᾶλλον ἢ σὲ γιγνώσκειν. ἔτι δὲ καὶ τῶν Ἑλλήνων πολ-
λοὺς ἂν ἴδοις ἐκεῖ κατοικοῦντας, οὐκ ἀδόξους ἄνδρας οὐδ᾽
ἀνοήτους, ἀλλ᾽ οἷς ἐκεῖνος ἀνακοινούμενος οὐκ ἐλάττω τὴν
20 βασιλείαν πεποίηκεν ἀλλ᾽ εὐχῆς ἄξια διαπέπρακται. τί γὰρ
ἐλλέλοιπεν; οὐ Θετταλοὺς μὲν τοὺς πρότερον ἐπάρχοντας
Μακεδονίας οὕτως οἰκείως πρὸς αὐτὸν διακεῖσθαι πεποίηκεν,
ὥσθ᾽ ἑκάστους αὐτῶν μᾶλλον ἐκείνῳ πιστεύειν ἢ τοῖς
συμπολιτευομένοις; τῶν δὲ πόλεων τῶν περὶ τὸν τόπον c
ἐκεῖνον τὰς μὲν ταῖς εὐεργεσίαις πρὸς τὴν αὐτοῦ συμ-
μαχίαν προσῆκται, τὰς δὲ σφόδρα λυπούσας αὐτὸν ἀναστά-

ἀνθρώπους τοῦ φρονεῖν ἐξίστησιν.
Vergl. auch 12, 32 ἐξιστάμενοι
ἑαυτῶν und 12, 196 ἐξέστησαν
αὐτῶν. — 18, 4. ἐπιχειρῶ
μέλλεις. [cf. Krit. Anh.] Der
Übergang von der indirekten Rede
zur direkten ist im Griechischen
sehr gewöhnlich; vergl. 12, 203
seq. So plötzlich wie hier, d. h. in
einem Relativsatze, geschieht der
Übergang auch bei Xenoph. Anab.
1, 3, 14 (εἶπε) πέμψαι προκαταλη-
ψομένους τὰ ἄκρα, ὅπως μὴ φθά-
σωσιν οἱ Κίλικες, ὧν πολλοὺς ἔχο-
μεν ἡρπακότες. — ὅστις. S. zu
7, 9.
19, 7. εὐχῆς ἄξια. S. zu 4,
182.
20, 1. τί γὰρ ἐλλέλοιπεν;
was fehlt ihm noch? vergl. 12,
76 vom Herakles: τί γὰρ ἐκεῖνος
ἐνέλιπεν, ὃς τηλικαύτην ἔσχε τιμὴν
κ. τ. λ. — 20, 2. ἐπάρχοντας M.
geht wohl auf das von Demosth.
23, 111 und vom Scholiasten zu
Aeschin. 2, 26 (p. 28 ed. Tur.) er-
wähnte, sonst nicht weiter be-
kannte Faktum: Θετταλοὶ τὸν πα-

τέρα αὐτοῦ (Φιλίππου) ποτ᾽ ἐξέ-
βαλον. — 20, 5. συμπολιτευο-
μένοις. Die thessalischen Aleua-
den riefen Philipp gegen Lyko-
phron, den Tyrannen des thessa-
lischen Pherae, zu Hülfe. Vergl.
Diod. 16, 35 und Schäfer Demo-
sthenes u. s. Zeit. I, S. 458. —
20, 6. τὰς μέν, z. B. Pherae,
dem er die Freiheit wiedergab.
Diodor. 16, 38. — 20, 7. τὰς δέ.
Über thessalische Städte, welche
bis zur Zeit unserer Rede von
Philipp zerstört wurden, ist nichts
bekannt, doch ist die Sache nicht
unwahrscheinlich, da Philipp, bei
seinem ersten Feldzuge (353 v. Chr.)
gegen Thessalien zweimal ge-
schlagen, in dem zweiten (352 v.
Chr.) siegreichen bei seiner Rach-
gier nicht unterlassen haben wird,
den früheren Widerstand einzelner
Städte hart zu bestrafen. Mit Un-
recht denkt Benseler an Methone
und Olynth (er hätte ebenso gut
auch an Potidaia und die 32 Städte
des chalkidischen Bundes denken
können), da diese Städte nicht

21 τοὺς πεποίηκεν; Μάγνητας δὲ καὶ Περραιβοὺς καὶ Παίονας
κατέστραπται καὶ πάντας ὑπηκόους αὑτοῖς εἴληφεν; τοῦ δ'
Ἰλλυριῶν πλήθους πλὴν τῶν παρὰ τὸν Ἀδρίαν οἰκούντων
ἐγκρατὴς καὶ κύριος γέγονεν; ἁπάσης δὲ τῆς Θρᾴκης οὓς
ἠβουλήθη δεσπότας κατέστησεν; τὸν δὴ τοσαῦτα καὶ τηλι- d
καῦτα διαπεπραγμένον οὐκ οἴει πολλὴν μωρίαν καταγνώσε-
σθαι τοῦ πέμψαντος τὸ βιβλίον καὶ πολὺ διεψεῦσθαι νομιεῖν
22 τῆς τε τῶν λόγων δυνάμεως καὶ τῆς αὑτοῦ διανοίας;" Ταῦτ'
ἀκούσας ὡς μὲν τὸ πρῶτον ἐξεπλάγην, καὶ πάλιν ὡς ἀναλα-
βὼν ἐμαυτὸν ἀντεῖπον πρὸς ἕκαστον τῶν ῥηθέντων, παραλείψω,
μὴ καὶ δόξω τισὶν λίαν ἀγαπᾶν, εἰ χαριέντως αὐτοὺς ἠμυνά-
μην· λυπήσας δ' οὖν μετρίως, ὡς ἐμαυτὸν ἔπειθον, τοὺς e
ἐπιπλῆξαί μοι τολμήσαντας, τελευτῶν ὑπεσχόμην μόνοις
αὐτοῖς τὸν λόγον τῶν ἐν τῇ πόλει δείξειν καὶ ποιήσειν οὐδὲν
23 ἄλλο περὶ αὐτοῦ, πλὴν ὅ τι ἂν ἐκείνοις δόξῃ. τούτων ἀκού- 87

περὶ τὸν τόπον ἐκεῖνον, d. h. in
Thessalien, lagen und es dem
Patriotismus des Isokr. wenig
angestanden haben würde anzu-
deuten, jene Städte seien mit Recht
bestraft worden, weil nämlich die
Athener sich bei ihrem Wider-
stande gegen Philipp beteiligten.
21, 1. Μάγνητας. Ihr Land, die
Halbinsel Magnesia an der Ost-
küste von Thessalien, ward in jenem
zweiten thessalischen Kriege von
Philipp in Besitz genommen und
nicht wieder herausgegeben (s.
Schäfer l. l. I S. 461); die Zeit der
Unterwerfung der Perrhäber im
Nordwesten von Thessalien steht
nicht fest, die Paeoner und Illyrier
aber wurden 358 und 355 von Phi-
lipp besiegt (s. Schäfer II S. 19
und 26). — 21, 2. αὐτοῖς (als
seine und seines Volkes Un-
terthanen) [cf. Krit. Anh.] ist
nach dem von Krüger Synt. § 58,
4. 3 mit Beispielen wie Xenoph.
Kyrop. 5, 2, 22 (Κῦρος ἐπεσκοπεῖτο
εἴ τι δυνατὸν εἴη τοὺς πολεμίους
ἀσθενεστέρους ποιεῖν ἢ αὐτοὺς
ἰσχυροτέρους), Hellen. 4, 6, 4 (Ἀγη-
σίλαος εἶπεν, ὡς, εἰ μὴ ἑαυτοὺς
αἱρήσονται, δηώσοι πᾶσαν τὴν γῆν
αὐτῶν), Thuk. 6, 101, 5 Λάμαχος
παρεβοήθει ἀπὸ τοῦ εὐωνύμου τοῦ

ἑαυτῶν) erwiesenen Sprachge-
brauch zu beurteilen. vergl. auch
Xenoph. Anab. 4, 5, 28 ὅταν ἄρ-
ξωνται αὐτοὶ (sie selbst und ihre
Truppen) διαβαίνειν. Lys. 12, 58
Φείδων τοὺς κρείττους αὐτῶν (als
er und seine Partei) κακῶς ποιεῖν
ἕτοιμος ἦν. Auch ohne das Refle-
xivum: Plut. Timol. 9 Καρχηδο-
νίους φροντίζειν ἐκέλευεν ὅπως οὐκ
ἐπιβήσοιτο Τιμολέων Σικελίας ἀλλ'
ἀπωσθέντων ἐκείνων (Timoleon mit
den Korinthern) αὐτοὶ διανεμοῦν-
ται τὴν νῆσον. — 21, 4. Θρᾴκης.
Von den drei Zügen Philipps gegen
Thrakien ist hier wohl der zweite
(352 v. Chr.) zu verstehen, von dem
auch Demosth. 1, 13 sagt ᾤχετ'
εἰς Θρᾴκην· εἶτ' ἐκεῖ τοὺς μὲν
ἐκβαλών, τοὺς δὲ καταστήσας τῶν
βασιλέων ἠσθένησε. — 21, 5. το-
σαῦτα cf. Krit. Anh. — 21, 8.
αὐτοῦ, nicht αὑτοῦ [cf. Krit. Anh.]
verlangt die Stellung. S. zu 7, 55.

22, 3. παραλείψω S. zu 4, 54.
— 22, 4. ἀγαπᾶν, εἰ s. zu 9, 81.
— 22, 5. λυπήσας — μετρίως,
sie einigermaßen beschämt
hatte. — ἐμαυτὸν ἔπειθον,
mir einbildete, wie Ep. 3, 1 und
öfter bei Rednern und anderen;
vergl. Krüger ad Thuk. 6, 33, 1.

σαντες ἀπῆλθον, οὐκ οἶδ᾽ ὅπως τὴν διάνοιαν ἔχοντες. πλὴν
οὐ πολλαῖς ἡμέραις ὕστερον ἐπιτελεσθέντος τοῦ λόγου καὶ
δειχθέντος αὐτοῖς τοσοῦτον μετέπεσον, ὥστ᾽ ἠσχύνοντο μὲν
ἐφ᾽ οἷς ἐθρασύναντο, μετέμελεν δ᾽ αὐτοῖς ἁπάντων τῶν εἰρη-
μένων, ὡμολόγουν δὲ μηδενὸς πώποτε τοσοῦτον πράγματος
διαμαρτεῖν, ἔσπευδον δὲ μᾶλλον ἠγὼ πεμφθῆναί σοι τὸν λό-
γον τοῦτον, ἔλεγον δ᾽ ὡς ἐλπίζουσιν οὐ μόνον σὲ καὶ τὴν
πόλιν ἕξειν μοι χάριν ὑπὲρ τῶν εἰρημένων ἀλλὰ καὶ τοὺς b
Ἕλληνας ἅπαντας.

24 (θ᾽.) Τούτου δ᾽ ἕνεκά σοι ταῦτα διῆλθον, ἵν᾽ ἄν τί
σοι φανῇ τῶν ἐν ἀρχῇ λεγομένων ἢ μὴ πιστὸν ἢ μὴ δυνα-
τὸν ἢ μὴ πρέπον σοι πράττειν, μὴ δυσχεράνας ἀποστῇς τῶν
λοιπῶν, μηδὲ πάθῃς ταὐτὸ τοῖς ἐπιτηδείοις τοῖς ἐμοῖς ἀλλ᾽
ἐπιμείνῃς ἡσυχάζουσαν ἔχων τὴν διάνοιαν, ἕως ἂν διὰ τέ-
λους ἀκούσῃς ἁπάντων τῶν λεγομένων. οἶμαι γὰρ ἐρεῖν τι
25 τῶν δεόντων καὶ τῶν σοὶ συμφερόντων. (ι᾽.) Καίτοι μ᾽ οὐ c
λέληθεν, ὅσον διαφέρουσιν τῶν λόγων εἰς τὸ πείθειν οἱ λεγό-
μενοι τῶν ἀναγιγνωσκομένων, οὐδ᾽ ὅτι πάντες ὑπειλήφασιν
τοὺς μὲν περὶ σπουδαίων πραγμάτων καὶ κατεπειγόντων
ῥητορεύεσθαι, τοὺς δὲ πρὸς ἐπίδειξιν καὶ πρὸς ἐργολαβίαν
26 γεγράφθαι. καὶ ταῦτ᾽ οὐκ ἀλόγως ἐγνώκασιν· ἐπειδὰν γὰρ
ὁ λόγος ἀποστερηθῇ τῆς τε δόξης τῆς τοῦ λέγοντος καὶ τῆς
φωνῆς καὶ τῶν μεταβολῶν τῶν ἐν ταῖς ῥητορείαις γιγνομέ- d

23, 2. πλήν. S. zu 4, 114. —
23, 5. ἐθρασύναντο. S. zu 4, 12.

24, 6. ἀκούσῃς, hier vom Le-
sen, (cf. Wyttenbach ad Plut.
Moral. p. 159) im Sinne von ἀνα-
γιγνώσκειν, mit dem es hier (§ 25)
und § 26 seq., ebenso 12, 246
wechselt; s. auch § 83 verglichen
mit § 110, und § 151. In gleicher
Bedeutung erscheint ἀκούειν neben
γεγράφθαι § 155. 11, 47. 12, 238.
15, 10. Ebenso τῶν ποιητῶν ἀκροα-
τής. 2, 13. λόγου γεγραμμένου
ἀκρόασις 15, 12 (coll. Ep. 1, 2).
συγγράμματος ἀκροατής Ep. 1, 5.
οἱ ἀκροώμενοι 15, 11. Vergl. Held
ad Plut. Timol. p. 406. Der deutsche
Sprachgebrauch geht nur soweit,
den Schriftsteller, dessen Produkt
wir lesen, als einen zu uns Reden-

den zu bezeichnen, während die
griechische konsequenter Weise
auch den Leser als einen Hörenden
betrachtet.

25, 4. τοὺς μὲν = τοὺς λεγο-
μένους, also: jene. S. zu 1, 15.

26, 3. φωνῆς κ. τ. μεταβ.,
wenn der Rede abgeht, zu ihr
nicht hinzukommt das lebendige
Wort und der Wechsel der
Empfindungen, wie er sich
ausspricht in der Höhe oder Tiefe
der Stimme und den Gestikula-
tionen. — ῥητορείαις, den
kunstgemäfs gearbeiteten
und kunstgemäfs vorgetra-
genen Reden. Vergl. ῥητορεύε-
σθαι § 25 und Ep. 8, 7 ἐγὼ (Isokr.)
τοῦ μὲν πολιτεύεσθαι καὶ ῥητορεύ-
ειν ἀπέστην· οὔτε γὰρ φωνὴν εἶχον

8*

νων, ἔτι δὲ τῶν καιρῶν καὶ τῆς σπουδῆς τῆς περὶ τὴν πρᾶ-
ξιν, καὶ μηδὲν ᾖ τὸ συναγωνιζόμενον καὶ συμπεῖθον, ἀλλὰ
τῶν μὲν προειρημένων ἀπάντων ἔρημος γένηται καὶ γυμνός,
ἀναγιγνώσκῃ δέ τις αὐτὸν ἀπιθάνως καὶ μηδὲν ἦθος ἐνση-
27 μαινόμενος ἀλλ᾿ ὥσπερ ἀπαριθμῶν, εἰκότως, οἶμαι, φαῦλος
εἶναι δοκεῖ τοῖς ἀκούουσιν. ἅπερ καὶ τὸν νῦν ἐπιδεικνύμε-
νον μάλιστ᾿ ἂν βλάψειεν καὶ φαυλότερον φαίνεσθαι ποιήσειεν· e
οὐδὲ γὰρ ταῖς περὶ τὴν λέξιν εὐρυθμίαις καὶ ποικιλίαις κε-
κοσμήκαμεν αὐτόν, αἷς αὐτός τε νεώτερος ὢν ἐχρώμην καὶ
τοῖς ἄλλοις ὑπέδειξα, δι᾿ ὧν τοὺς λόγους ἡδίους ἂν ἅμα καὶ
28 πιστοτέρους ποιοῖεν. ὧν οὐδὲν ἔτι δύναμαι διὰ τὴν ἡλικίαν, 88
ἀλλ᾿ ἀπόχρη μοι τοσοῦτον, ἢν αὐτὰς τὰς πράξεις ἁπλῶς δυ-
νηθῶ διελθεῖν. ἡγοῦμαι δὲ καὶ σοὶ προσήκειν ἀπάντων τῶν
ἄλλων ἀμελήσαντι ταύταις μόναις προσέχειν τὸν νοῦν. οὕτω
δ᾿ ἂν ἀκριβέστατα καὶ κάλλιστα θεωρήσειας, εἴ τι τυγχάνο-
29 μεν λέγοντες, ἢν τὰς μὲν δυσχερείας τὰς περὶ τοὺς σοφιστὰς
καὶ τοὺς ἀναγιγνωσκομένους τῶν λόγων ἀφέλῃς, ἀναλαμβά- b
νων δ᾿ ἕκαστον αὐτῶν εἰς τὴν διάνοιαν ἐξετάζῃς, μὴ πάρερ-
γον ποιούμενος μηδὲ μετὰ ῥᾳθυμίας, ἀλλὰ μετὰ λογισμοῦ

ἱκανὴν οὔτε τόλμαν. — 26, 4. τῶν
καιρῶν καὶ τῆς σπουδῆς, das
zeitgemäfse und das allge-
meine Interesse an der Sache.
— 26, 5. συναγωνιζόμενον s. zu
1, 3. — 26, 7. ἀπιθάνως, ohne ein
Eingehen in die Gedanken des
Verfassers, dessen Stimmung der
Leser völlig treu in sich reprodu-
zieren soll. So wird πιθανός vom
getreuen Nachahmen eines Gegen-
standes von seiten eines Künstlers
gebraucht. — μηδὲν ἦθος ἐν.
ohne einen Ausdruck von Ge-
fühl. — 26, 8. ἀπαριθμῶν,
Silben zählend. Strange in Jahns
Jahrb. Suppl. III (1835) S. 594 ver-
gleicht Themist. Orat. 26 p. 392
Dind. τοῖς λόγοις, οὓς ἂν — ἕτεροι
λαμβάνοντες ἐν ταῖς χερσὶν ἀπα-
ριθμοῖεν, οὐκ ἐνιέντες τὸν νοῦν τοῖς
ὀνόμασιν οὐδὲ ἐνσημαινόμενοι τὴν
φροντίδα, μεθ᾿ ἧς ὁ πατὴρ αὐτοὺς
ἐτεκνώσατο.
27, 2. ἀκούουσιν = ἀναγιγνώ-
σκουσιν. Über den Plural nach
εἴ τις s. § 37 und zu 7, 63. —

ἐπιδεικνύμενον = δεικνύμενον,
s. zu § 1, nicht im Sinne des ἐπί-
δειξιν ποιεῖσθαι § 25. Denn der
Begriff der Prunkrede, die keinen
praktischen Zweck verfolgt, liegt
nur in dem Medium ἐπιδείκνυσθαι
λόγον, nicht auch im Aktiv oder
Passiv. Vergl. Plat. Hipp. maior.
286 B τοῦτον (τὸν λόγον) καὶ ἐκεῖ
ἐπεδειξάμην καὶ ἐνθάδε μέλλω
ἐπιδεικνύναι. — 27, 4. κεκο-
σμήκαμεν — ἐχρώμην. S. zu 4, 14.
Zum Gedanken vergl. 12, 1 seqq.
28, 2. τοσοῦτον s. zu 4, 114.
29, 1. τὰς δυσχερείας, den
Übelständen, welche mit dem
Auftreten als Sophist mit einer
ἐπίδειξις (s. § 25) nach der ge-
wöhnlichen Meinung nun einmal
verbunden sind. Über δυσχέρεια
vergl. die ähnliche Stelle Ep. 1, 3
ἡγοῦμαι γὰρ ἁπάσας ἀφέντα σε
τὰς δυσχερείας τὰς προειρημένας
αὐταῖς ταῖς πράξεσι προσέξειν τὸν
νοῦν. — 29, 2. ἀφέλῃς, in Ge-
danken wegnimmst, d. h. davon
absiehst. Vergl. Aristoph. Lysist.

καὶ φιλοσοφίας, ἧς καὶ σὲ μετεσχηκέναι φασίν. μετὰ γὰρ
τούτων σκοπούμενος μᾶλλον ἢ μετὰ τῆς τῶν πολλῶν δόξης
ἄμεινον ἂν βουλεύσαιο περὶ αὐτῶν.

Ἃ μὲν οὖν ἠβουλόμην μοι προειρῆσθαι, ταῦτ' ἐστίν,
30 (ια′) περὶ δ' αὐτῶν τῶν πραγμάτων ἤδη ποιήσομαι τοὺς λό-
γους. φημὶ γὰρ χρῆναί σε τῶν μὲν ἰδίων μηδενὸς ἀμελῆσαι, c
πειραθῆναι δὲ διαλλάξαι τήν τε πόλιν τὴν Ἀργείων καὶ τὴν
Λακεδαιμονίων καὶ τὴν Θηβαίων καὶ τὴν ἡμετέραν. ἢν γὰρ
ταύτας συστῆσαι δυνηθῇς, οὐ χαλεπῶς καὶ τὰς ἄλλας ὁμο-
31 νοεῖν ποιήσεις· ἅπασαι γάρ εἰσιν ὑπὸ ταῖς εἰρημέναις καὶ
καταφεύγουσιν, ὅταν φοβηθῶσιν, ἐφ' ἣν ἂν τύχωσιν τούτων,
καὶ τὰς βοηθείας ἐντεῦθεν λαμβάνουσιν. ὥστ' ἂν τέτταρας d
μόνον πόλεις εὖ φρονεῖν πείσῃς, καὶ τὰς ἄλλας πολλῶν κακῶν
ἀπαλλάξεις.

32   (ιβ′.) Γνοίης δ' ἂν ὡς οὐδεμιᾶς σοι προσήκει τούτων
ὀλιγωρεῖν, ἢν ἀνενέγκῃς αὐτῶν τὰς πράξεις ἐπὶ τοὺς σαυτοῦ
προγόνους· εὑρήσεις γὰρ ἑκάστῃ πολλὴν φιλίαν πρὸς ὑμᾶς
καὶ μεγάλας εὐεργεσίας ὑπαρχούσας. Ἄργος μὲν γάρ ἐστίν σοι
πατρίς, ἧς δίκαιον τοσαύτην σε ποιεῖσθαι πρόνοιαν, ὅσην
περ τῶν γονέων τῶν σαυτοῦ· Θηβαῖοι δὲ τὸν ἀρχηγὸν τοῦ e

---

36 ἀλλ' ἄφελε τὰς ἐγχέλεις. Plut.
Tit. Flamin. 11, 3 εἰ τὸ Μαραθώ-
νιόν τις ἔργον ἀφέλοι, und Moral.
p. 41 B τοὺς ἐν φιλοσοφίᾳ λόγους
ἀφαιροῦντα χρὴ τὴν τοῦ λέγοντος
δόξαν αὐτοὺς ἐφ' ἑαυτῶν ἐξετάζειν.
— 29, 5. φιλοσοφίας, wissen-
schaftlichem Sinne; vergl. 15,
292 φιλοσοφίᾳ καὶ λογισμῷ τὴν
δύναμιν λαβόντες, und zu 1, 3. —
29, 6. δόξης, welche § 25 mitge-
teilt wurde. — 29, 8. μοι — ὑπ'
ἐμοῦ.

§ 30—38. Zunächst muß es Deine
Aufgabe sein, die Argiver, Lakedai-
monier, Thebaner und Athener, und
damit alle übrigen hellenischen
Staaten mit einander auszusöhnen
(30, 31). Die Dankbarkeit, welche Du
ihren Vorfahren schuldest, schreibt
Ihr vor so zu handeln (32—34), und
die Rücksicht auf Deinen Ruhm
und Deinen wahren Vorteil ver-
langt nicht feindselig gegen sie zu
verfahren, sondern sie durch jene

Versöhnung Dir zu verpflichten, ehe
es zu spät ist (35—38).
     30, 5. συστῆσαι, zusammen-
bringen (d. h. versöhnen und zu
gemeinsamem Handeln vereinigen),
wie § 57.
     31, 2. τύχωσιν (scil. καταφεύ-
γοντες. S. zu 7, 29), bei welchen
es sich gerade trifft.
     32, 2. ἀνενέγκῃς, in Be-
ziehung setzest, nicht wie Beu-
scler übersetzt: ihr Betragen gegen
deine Vorfahren ins Gedächtnis zu-
rückrufst, denn dann müßte es
τὰς ἐπὶ τοὺς σ. προγ. πράξεις
heißen. — 32, 5. πατρίς hier in
ungewöhnlicher Bedeutung: das
Land deiner Väter. Anders
Iulian. Epist. 35 init. Φιλίππου
καὶ Ἀλεξάνδρου τῶν προγόνων πα-
τρὶς ἦν (Ἄργος). Vergl. auch Livius
27, 30, 9 Macedonum reges ex ea
civitate (Argis) oriundos se referunt,
und id. 32, 22, 11. — 32, 6. ἀρ-
χηγόν, den Herakles. Vergl. Vel-

γένους ὑμῶν τιμῶσιν καὶ ταῖς προσόδοις καὶ ταῖς θυσίαις
33 μᾶλλον ἢ τοὺς θεοὺς τοὺς ἄλλους· Λακεδαιμόνιοι δὲ τοῖς
ἀπ' ἐκείνου γεγονόσιν καὶ τὴν βασιλείαν καὶ τὴν ἡγεμονίαν
εἰς ἅπαντα τὸν χρόνον δεδώκασιν· τὴν δὲ πόλιν τὴν ἡμετέραν 89
φασίν, οἷς περὶ τῶν παλαιῶν πιστεύομεν, Ἡρακλεῖ μὲν συν-
αιτίαν γενέσθαι τῆς ἀθανασίας (ὃν δὲ τρόπον, σοὶ μὲν αὖθις
πυθέσθαι ῥᾴδιον, ἐμοὶ δὲ νῦν εἰπεῖν οὐ καιρός), τοῖς δὲ
34 παισὶ τοῖς ἐκείνου τῆς σωτηρίας. μόνη γὰρ ὑποστᾶσα τοὺς
μεγίστους κινδύνους πρὸς τὴν Εὐρυσθέως δύναμιν ἐκεῖνόν τε
τῆς μεγίστης ὕβρεως ἔπαυσεν καὶ τοὺς παῖδας τῶν φόβων τῶν
ἀεὶ παραγιγνομένων αὐτοῖς ἀπήλλαξεν. ὑπὲρ ὧν οὐ μόνον b
τοὺς τότε σωθέντας δίκαιον ἦν ἡμῖν χάριν ἔχειν ἀλλὰ καὶ
τοὺς νῦν ὄντας· διὰ γὰρ ἡμᾶς καὶ ζῶσι καὶ τῶν ὑπαρχόντων
ἀγαθῶν ἀπολαύουσι· μὴ γὰρ σωθέντων ἐκείνων οὐδὲ γενέσθαι
τὸ παράπαν ὑπῆρχεν αὐτοῖς.

35 (ιγ'.) Τοιούτων οὖν ἁπασῶν τῶν πόλεων γεγενημένων
ἔδει μὲν μηδέποτέ σοι μηδὲ πρὸς μίαν αὐτῶν γενέσθαι δια-
φοράν. ἀλλὰ γὰρ ἅπαντες πλείω πεφύκαμεν ἐξαμαρτάνειν
ἢ κατορθοῦν. ὥστε τὰ μὲν πρότερον γεγενημένα κοινὰ θεῖ- c
ναι δίκαιόν ἐστιν, εἰς δὲ τὸν ἐπίλοιπον χρόνον φυλακτέον,
ὅπως μηδὲν συμβήσεταί σοι τοιοῦτον, καὶ σκεπτέον, τί ἂν

leius 1, 6, 5 *Caranus, sextus
decimus ab Heracle, profectus
Argis regnum Macedoniae occu-
pavit.* — 32, 7. τιμῶσιν, be-
sonders bei dem Feste der Hera-
kleen. S. Schoemann Altertüm.³ II,
p. 535. — 32, 8. τοὺς θεοὺς
τοὺς ἄλλους. Dieselbe ungewöhn-
liche Stellung des ἄλλος auch 6,
73 und 17, 49. Vergl. Strange in
Jahns Jahrb. Suppl. III (1835)
p. 599.
33, 2. τὴν ἡγεμονίαν, den
Oberbefehl im Kriege, welcher
nach der Verfassung des Lykurg
ein Vorrecht der Könige war.
cf. Xenoph. Resp. Laced. 15,
1. Im Gegensatz dazu bezeichnet
βασιλεία die Stellung des Königs
daheim; über diese s. Schoemann
Antiq. iur. publ. Graecor. p. 125.
— 33, 4. συναιτίαν. Vergl.
Diodor. 4, 39 Ἀθηναῖοι (die Mara-
thonier, nach Pausan. 1, 15, 3)

πρῶτοι τῶν ἄλλων ὡς θεὸν ἐτίμη-
σαν θυσίαις τὸν Ἡρακλέα καὶ τοῖς
ἄλλοις ἀνθρώποις παράδειγμα τὴν
ἑαυτῶν εἰς τὸν θεὸν εὐσέβειαν
ἀποδείξαντες προετρέψαντο ἅπαν-
τας Ἕλληνας — ὡς θεὸν τιμᾶν
τὸν Ἡρακλέα. — 33, 5. αὖθις,
ein ander Mal, wie Isokr. 4, 110.
12, 34. Xenoph. Anab. 5, 4, 20
und sonst; cf. Stallbaum ad Plat.
de republ. VI, p. 510 B. oft im
Gegensatz zu νῦν, wie auch hier
und Demosth. 21, 218 Lys. 30, 27
oder entgegengesetzt einem ἐν δὲ
τῷ παρόντι Ep. 7, 10. — 33, 7.
σωτηρίας. Vergl. 4, 61 seq.
34, 2. Εὐρυσθέως vergl. zu
4, 56.
35, 3. πλείω πε. ἐξαμ. ἢ κατορ.
S. zu 7, 72 (9, 52). — 35, 4. κοινὰ
θεῖναι, als gemeinsame Irr-
tümer anzusehen, woran Du
so gut wie Deine Gegner Schuld
bist. — 35, 6. τί ἐργασά-

ἀγαθὸν αὐτὰς ἐργασάμενος φανείης ἄξια καὶ σαυτοῦ καὶ τῶν
36 ἐκείναις πεπραγμένων πεποιηκώς. ἔχεις δὲ καιρόν· ἀποδιδόντα
γάρ σε χάριν ὧν ὤφειλες, ὑπολήψονται διὰ τὸ πλῆθος τοῦ
χρόνου τοῦ μεταξὺ προϋπάρχειν τῶν εὐεργεσιῶν. καλὸν δ᾽
ἐστὶν δοκεῖν μὲν τὰς μεγίστας τῶν πόλεων εὖ ποιεῖν, μηδὲν δ᾽ d
37 ἧττον αὐτὸν ἢ ᾽κείνας ὠφελεῖν. χωρὶς δὲ τούτων, εἰ πρός
τινας αὐτῶν ἀηδές τί σοι συμβέβηκεν, ἄπαντα ταῦτα διαλύ-
σεις· αἱ γὰρ ἐν τοῖς παροῦσι καιροῖς εὐεργεσίαι λήθην
ἐμποιοῦσι τῶν πρότερον [ὑμῖν] εἰς ἀλλήλους πεπλημμελημένων.
ἀλλὰ μὴν κἀκεῖνο φανερόν, ὅτι πάντες ἄνθρωποι τούτων
πλείστην μνείαν ἔχουσιν, ὑφ᾽ ὧν ἂν ἐν ταῖς συμφοραῖς εὖ
38 πάθωσιν. ὁρᾷς δ᾽ ὡς τεταλαιπώρηνται διὰ τὸν πόλεμον καὶ
ὡς παραπλησίως ἔχουσιν τοῖς ἰδίᾳ μαχομένοις. καὶ γὰρ ἐκείνους e
αὐξανομένης μὲν τῆς ὀργῆς οὐδεὶς ἂν διαλλάξειεν· ἐπὴν δὲ
κακῶς ἀλλήλους διαθῶσιν, οὐδενὸς διαλύοντος αὐτοὶ διέστη-
σαν. ὅπερ οἶμαι καὶ ταύτας ποιήσειν, ἢν μὴ σὺ πρότερον 90
αὐτῶν ἐπιμεληθῇς.
39   (ιδ᾽.) Τάχ᾽ οὖν ἄν τις ἐνστῆναι τοῖς εἰρημένοις τολμή-
σειεν λέγων, ὡς ἐπιχειρῶ σε πείθειν ἀδυνάτοις ἐπιτίθεσθαι
πράγμασιν· οὔτε γὰρ Ἀργείους φίλους ἄν ποτε γενέσθαι Λα-

μενος, was Du thun mufst
um . . . s. zu 7, 1.
36, 1. ἔχεις δὲ καιρόν, Du
hast ein Interesse dabei. —
36, 3. χρόνου τοῦ μεταξύ, die
seit der Zeit der εὐεργεσία jener
Städte gegen Deine Vorfahren ver-
strichen ist.
38, 1. καὶ ὡς Hiatus wie 16,
15. 17, 38. — 38, 2. ἰδίᾳ, im
Privatleben. — ἐκείνους geht
auf die unmittelbar vorher er-
wähnten ἰδίᾳ μαχόμενοι. Vergl. zu
§ 51. — 38, 3. αὐξανομένης
cf. Krit. Anh. — ἐπήν. Diese
epische Form [cf. Krit. Anh.] haben
hier und da auch Thukydides, Xe-
nophon, Lysias, Euripides und
Aristophanes, vergl. Krüger Synt.
§ 69, 26 Anm.; auf attischen In-
schriften findet es sich nicht. cf.
Meisterhans Gr. der Att. Inschr.
p. 108. Über den Koniunkt. δια-
θῶσιν nach dem (gnomischen)
Aorist διέστησαν vergl. zu 7, 11.

— 38, 4. αὐτοὶ διέστησαν,
kommen von selbst aus einan-
der, hier von der Beendigung des
Kampfes (wie Herod. 8, 18 und
sonst), häufiger von dem Zerfallen
mit einander; s. Krüger zu Thuk.
6, 77, 2.
§ 39—67. Ich bin nicht der An-
sicht, dafs diese Versöhnung durch
Dich unmöglich sei, weder beim Hin-
blick auf jene Staaten, noch beim
Hinblick auf Dich (39—41); beim
Hinblick auf jene nicht, weil unsere
Geschichte die Möglichkeit lehrt
(42—45) und weil die unglückliche
Lage der Lakedaimonier, Argiver
und Thebaner sie bereitwillig auf
Deine Ratschläge hören lassen wird
(46—55), wie auch Athen es gewifs
thut (56); beim Hinblick auf Dich
nicht, weil Du doch wohl nicht we-
niger ausrichten wirst, als es einem
Alkibiades, Konon, Dionys und Ky-
ros möglich war (57—67).
39, 1. τάχ᾽ S. zu 4, 163. —

κεδαιμονίοις οὔτε Λακεδαιμονίους Θηβαίοις οὔθ' ὅλως τοὺς
εἰθισμένους ἅπαντα τὸν χρόνον πλεονεκτεῖν οὐδέποτ' ἂν
40 ἰσομοιρῆσαι πρὸς ἀλλήλους. (ιε΄.) Ἐγὼ δ', ὅτε μὲν ἡ πόλις
ἡμῶν ἐν τοῖς Ἕλλησιν ἐδυνάστευεν 'καὶ πάλιν ἡ Λακεδαιμο-
νίων, οὐδὲν ἂν ἡγοῦμαι περανθῆναι τούτων· ῥᾳδίως γὰρ b
ἂν ἑκατέραν ἐμποδὼν γενέσθαι τοῖς πραττομένοις· νῦν δ' οὐχ
ὁμοίως ἔγνωκα περὶ αὐτῶν. οἶδα γὰρ ἁπάσας ὡμαλισμένας
ὑπὸ τῶν συμφορῶν, ὥσθ' ἡγοῦμαι πολὺ μᾶλλον αὐτὰς αἱρήσεσθαι
τὰς ἐκ τῆς ὁμονοίας ὠφελείας ἢ τὰς ἐκ τῶν τότε πραττομένων
41 πλεονεξίας. (ιϛ΄.) Ἔπειτα τῶν μὲν ἄλλων ὁμολογῶ μηδέν' ἂν
δυνηθῆναι διαλλάξαι τὰς πόλεις ταύτας, σοὶ δ' οὐδὲν τῶν c
τοιούτων ἐστὶν χαλεπόν. ὁρῶ γάρ σε τῶν τοῖς ἄλλοις ἀνελπί-
στων δοκούντων εἶναι καὶ παραδόξων πολλὰ διαπεπραγμένον,
ὥστ' οὐδὲν ἄτοπον, εἰ καὶ ταῦτα μόνος συστῆσαι δυνηθείης.
χρὴ δὲ τοὺς μέγα φρονοῦντας καὶ τοὺς διαφέροντας μὴ τοῖς
τοιούτοις ἐπιχειρεῖν, ἃ καὶ τῶν τυχόντων ἄν τις καταπράξειεν,
ἀλλ' ἐκείνοις οἷς μηδεὶς ἂν ἄλλος ἐπιχειρήσειεν πλὴν τῶν
ὁμοίαν σοὶ καὶ τὴν φύσιν καὶ τὴν δύναμιν ἐχόντων. d
42 (ιζ΄). Θαυμάζω δὲ τῶν ἡγουμένων ἀδύνατον εἶναι πρα-
χθῆναί τι τούτων, εἰ μήτ' αὐτοὶ τυγχάνουσιν εἰδότες μήθ'
ἑτέρων ἀκηκόασιν, ὅτι πολλοὶ δὴ πόλεμοι καὶ δεινοὶ γεγόνασιν,
οὓς οἱ διαλυσάμενοι μεγάλων ἀγαθῶν ἀλλήλοις αἴτιοι κατέ-
στησαν. τίς γὰρ ἂν ὑπερβολὴ γένοιτο τῆς ἔχθρας τῆς πρὸς
Ξέρξην τοῖς Ἕλλησι γενομένης; οὗ τὴν φιλίαν ἅπαντες ἴσα-
σιν ἡμᾶς τε καὶ Λακεδαιμονίους μᾶλλον ἀγαπήσαντας ἢ τῶν e

39, 5. πλεονεκτεῖν — ἰσομοιρῆ-
σαι. S. zu 4, 17.

40, 5. ὡμαλισμένας. Vergl.
6, 65 οὕτω δ' ὡμαλισμένοι ταῖς συμ-
φοραῖς εἰσιν ὥστε μηδένα διαγνῶ-
ναι δύνασθαι τοὺς κάκιστα πράτ-
τοντας αὐτῶν.

41, 7. τῶν τυχόντων — τις,
der Erste Beste. S. zu 1, 48.
42, 1. θαυμάζω, εἰ s. zu 4, 1.
— 42, 2. εἰδότες — ἀκηκόα-
σιν. Vergl. 12, 168 τίς γὰρ οὐκ
οἶδεν ἢ τίς οὐκ ἀκήκοεν —; 12,
267 ὥστε τοὺς εἰδότας καὶ τοὺς
παρὰ τούτων πυνθανομένους μᾶλλόν
με θαυμάζειν. 7, 19 συλλήβδην
μόνον ἀκηκοότες ἀλλ' ἀκριβῶς εἰ-

δότες. cf. Sauppe ad Demosth.
orat. select. p. 3. — 42, 6.
Ξέρξην. Im folgenden kann
schwerlich von etwas anderem die
Rede sein als von dem antalki-
dischen Frieden, den die Lakedai-
monier schlossen um Persien sich
zu gewinnen, und die Athener sich
gefallen liefsen. Statt Xerxes er-
wartet man darum Artaxerxes;
„aber der Name Xerxes steht zu-
weilen nur als Bezeichnung für
Perserkönig; Xerxes nämlich ist
„König;" bedenklich also ist es,
überall wo Xerxes statt Artaxerxes
steht, ändern zu wollen." Krüger,
Historisch - philologische Studien
p. 55 not. 1. [cf. Krit. Anh.]

43 συγκατασκευασάντων ἑκατέροις ἡμῶν τὴν ἀρχήν. καὶ τί δεῖ λέγειν
τὰ παλαιὰ καὶ τὰ πρὸς τοὺς βαρβάρους; ἀλλ᾽ εἴ τις ἀθρήσειε
καὶ σκέψαιτο τὰς τῶν Ἑλλήνων συμφοράς, οὐδὲν ἂν μέρος
οὖσαι φανεῖεν τῶν διὰ Θηβαίους καὶ Λακεδαιμονίους ἡμῖν
γεγενημένων. ἀλλ᾽ οὐδὲν ἧττον Λακεδαιμονίων τε στρατευ-91
σάντων ἐπὶ Θηβαίους καὶ βουλομένων λυμήνασθαι τὴν Βοιω-
τίαν καὶ διοικίσαι τὰς πόλεις, βοηθήσαντες ἡμεῖς ἐμποδὼν
44 ἐγενόμεθα ταῖς ἐκείνων ἐπιθυμίαις· καὶ πάλιν μεταπεσού-
σης τῆς τύχης καὶ Θηβαίων καὶ Πελοποννησίων ἁπάντων
ἐπιχειρησάντων ἀνάστατον ποιῆσαι τὴν Σπάρτην, ἡμεῖς καὶ
πρὸς ἐκείνους μόνοι τῶν Ἑλλήνων ποιησάμενοι συμμαχίαν
45 συναίτιοι τῆς σωτηρίας αὐτοῖς κατέστημεν. πολλῆς οὖν ἀνοίας b
ἂν εἴη μεστός, εἴ τις ὁρῶν τηλικαύτας μεταβολὰς γιγνομένας
καὶ τὰς πόλεις μήτ᾽ ἔχθρας μήθ᾽ ὅρκων μήτ᾽ ἄλλου μηδενὸς
φροντιζούσας, πλὴν ὅ τι ἂν ὑπολάβωσιν ὠφέλιμον αὐταῖς
εἶναι, τοῦτο δὲ στεργούσας μόνον καὶ πᾶσαν τὴν σπουδὴν
περὶ τούτου ποιουμένας, μὴ καὶ νῦν νομίζοι τὴν αὐτὴν γνώ-
μην ἕξειν αὐτάς, ἄλλως τε καὶ σοῦ μὲν ἐπιστατοῦντος ταῖς

43, 1. τί δεῖ λέγειν τὰ πα-
λαιά; In dieser formelhaften Wen-
dung (s. Beispiele bei Wyttenbach
ad Iulian. p. 141 Lips.) ist παλαιά
nicht zu sehr zu urgieren; wie es
hier die Zeit vor 41 Jahren be-
zeichnet, so bei Demosth. 22, 15
die Zeit des peloponnesischen Krie-
ges. — 43, 2. ἀλλά, nach einer
Frage mit negativem Sinn auch 6,
104. 10, 59. 17, 26. — 43, 3. οὐ-
δὲν — μέρος (etwa: nur als der
tausendste Teil) ist ein ver-
stärkter Ausdruck für μικρὸν μέρος.
Ebenso 12, 16 φράξειν οὐδὲν μέ-
ρος ἔχοντες τῶν εἰρημένων ὑπ᾽
ἐμοῦ. 12, 54 οὐδὲν ἂν μέρος εἰρη-
κέναι δόξειε τῶν ἐκείνοις ἡμαρτη-
μένων. Jetzt auch 2, 11 αἱ πανη-
γύρεις οὐδὲν μέρος τιθέασι τού-
των τῶν ἄθλων, wo Benseler οὐδ᾽
ἐν las. Plut. Lysand. 12 λίθος
ἄλλως μὲν μέγας, οὐδὲν δὲ μέρος,
ὡς εἰπεῖν, ἐκείνης τῆς πυροειδοῦς
περιοχῆς ἔχων. id. Sull. 31 ἦσαν δὲ
οἱ δι᾽ ὀργὴν ἀπολλύμενοι καὶ δι᾽
ἐχθραν οὐδὲν μέρος τῶν διὰ χρή-
ματα σφαττομένων. id. ibid. 36

ὥστε — μηδὲν εἶναι μέρος τοῦ
ἐπιγινομένου τὸ ἀποκρινόμενον. —
43, 4. τῶν διὰ Θηβαίους, welche
14, 31 angedeutet werden. — 43,
5. Λακεδαιμονίων τε στρ.,
378 v. Chr. unter Agesilaos, den
jedoch ein athenisches Hülfsheer
unter Chabrias zum Rückzug nö-
tigte. cf. Diodor. 15, 32 seq. Das
τέ korrespondiert mit καί § 44
init. — 43, 7. διοικίσαι, die
boeotischen Städte vom Bunde mit
Theben trennen, also anders wie
8, 100 Μαντινέας διῴκισαν (s. zu
4, 126).

44, 3. ἐπιχειρησάντων, nach
der Schlacht bei Leuktra (371
v. Chr.), bis ein athenisches Heer
unter Iphikrates den Epameinondas
zum Rückzug aus dem Peloponnes
zwang. Isokr. berührt die Sache
auch 8, 105 und 107; das Genauere
bei Xenoph. Hellen. 6, 5, 23—52,
Diodor. 15, 63—65.

45, 3. ὅρκων, welche sie bei
Friedensschlüssen einander leisteten.
— 45, 7. ἄλλως τε καί S. zu

122 (V) ΙΣΟΚΡΑΤΟΥΣ

διαλλαγαῖς, τοῦ δὲ συμφέροντος πείθοντος, τῶν δὲ παρόντων c
κακῶν ἀναγκαζόντων. ἐγὼ μὲν γὰρ οἶμαι τούτων σοι συναγω-
νιζομένων ἅπαντα γενήσεσθαι κατὰ τρόπον.

46 (ιη´.) Ἡγοῦμαι δ᾽ οὕτως ἄν σε μάλιστα καταμαθεῖν,
εἴτ᾽ εἰρηνικῶς εἴτε πολεμικῶς αἱ πόλεις αὗται πρὸς ἀλλήλας
ἔχουσιν, εἰ διεξέλθοιμεν μήτε παντάπασιν ἁπλῶς μήτε λίαν
ἀκριβῶς τὰ μέγιστα τῶν παρόντων αὐταῖς. Καὶ πρῶτον μὲν
σκεψαίμεθα τὰ Λακεδαιμονίων.

47 (ιθ´.) Οὗτοι γὰρ ἄρχοντες τῶν Ἑλλήνων οὐ πολὺς d
χρόνος ἐξ οὗ καὶ κατὰ γῆν καὶ κατὰ θάλατταν εἰς τοσαύτην
μεταβολὴν ἦλθον, ἐπειδὴ τὴν μάχην ἡττήθησαν τὴν ἐν Λεύ-
κτροις, ὥστ᾽ ἀπεστερήθησαν μὲν τῆς ἐν τοῖς Ἕλλησι δυναστείας,
τοιούτους δ᾽ ἄνδρας ἀπώλεσαν σφῶν αὐτῶν, οἳ προηροῦντο
τεθνάναι μᾶλλον ἢ ζῆν ἡττηθέντες ὧν πρότερον ἐδέσποζον.

48 πρὸς δὲ τούτοις ἐπεῖδον Πελοποννησίους ἅπαντας τοὺς πρό-
τερον μεθ᾽ αὐτῶν ἐπὶ τοὺς ἄλλους ἀκολουθοῦντας, τούτους e
μετὰ Θηβαίων εἰς τὴν αὐτῶν εἰσβάλοντας, πρὸς οὓς ἠναγ-
κάσθησαν διακινδυνεύειν οὐκ ἐν τῇ χώρᾳ περὶ τῶν καρπῶν
ἀλλ᾽ ἐν μέσῃ τῇ πόλει πρὸς αὐτοῖς τοῖς ἀρχείοις περὶ παίδων

4, 66. — 45, 10. κατὰ τρόπον,
nach Wunsch. S. zu 7, 11.
47, 1. οὐ πολὺς χρόνος ἐξ
οὗ ist wie ein einfacher adver-
bialer Ausdruck („seit Kurzem,"
nämlich seit dem antalkidischen
Frieden) in die Rede eingeschoben,
in welchem nicht seltenen Falle
(cf. Lobeck ad Sophokl. Aiac.
v. 600) ἐστί regelmäßig fehlt;
vergl. noch Xenoph. Anab. 3, 2,
14 οὐ μὲν δὴ τοῦτό γε ἐρῶ, ὡς
ὑμεῖς καταισχύνετε αὐτούς, ἀλλ᾽
οὔπω πολλαὶ ἡμέραι ἀφ᾽ οὗ —
πολλαπλασίους ὑμῶν αὐτῶν ἐνικᾶτε.
Plat. de republ. V p. 452 C ὑπο-
μνήσασιν, ὅτι οὐ πολὺς χρόνος ἐξ
οὗ — ἐδόκει. Anders 18, 29 ὑπό-
γνιον γάρ ἐστιν, ἐξ οὗ — κατεφύ-
γομεν. — 47, 5. τοιούτους — οἵ,
so tüchtige Männer, Männer,
welche; ähnlich § 48; s. zu 7,
48. — προηροῦντο — μᾶλλον.
Derselbe Pleonasmus auch 8, 93,
Ep. 7, 1. Lykurg. Leokrat. 86
προηροῦντο ἀποθνήσκειν ὑπὲρ τῆς
τῶν ἀρχομένων σωτηρίας μᾶλλον ἢ

ζῶντες μεταλλάξαι τὴν χώραν. Vergl.
im Latein. Cic. in Caecil. 6, 21
Siculi se ab omnibus desertos
potius, quam abste defensos esse
malunt. Liv. 22, 34, 11 qui magis
vere vincere quam diu imperare
mallet. Und so steht μᾶλλον häufig
pleonastisch bei einem Komparativ:
2, 22 πιστοτέρους εἶναι τοὺς σοὺς
λόγους μᾶλλον ἢ τοὺς ὅρκους. 6,
89. 10, 27. 53. 19, 46. Vergl.
Schoemann ad Isae. p. 194.
48, 1. ἅπαντας, die Argiver,
Messenier und die meisten Arka-
dischen Städte. Xenoph. Hellen.
7, 5, 5. — 48, 5. ἐν μέσῃ τῇ πό-
λει. Kurz vor der Schlacht bei
Mantineia (362 v. Chr.) unternahm
Epameinondas einen Handstreich
gegen das von Truppen entblößte
Sparta und drang bis zum Markte
vor, wo sich die wenigen zurück-
gebliebenen Spartaner hielten, bis
Hülfe kam und Epameinondas ge-
raten fand sich zurückzuziehen.
Vergl. besonders Polyb. 9, 8. —
παίδων καὶ γυναικῶν. Die

καὶ γυναικῶν τοιοῦτον κίνδυνον, ὃν μὴ κατορθώσαντες μὲν 92
49 εὐθὺς ἀπώλλυντο, νικήσαντες δ' οὐδὲν μᾶλλον ἀπηλλαγμέ-
νοι τῶν κακῶν εἰσιν, ἀλλὰ πολεμοῦνται μὲν ὑπὸ τῶν τὴν
χώραν αὐτῶν περιοικούντων, ἀπιστοῦνται δ' ὑφ' ἁπάντων
Πελοποννησίων, μισοῦνται δ' ὑπὸ τοῦ πλήθους τῶν Ἑλλή-
νων, ἄγονται δὲ καὶ φέρονται καὶ τῆς νυκτὸς καὶ τῆς ἡμέρας
ὑπὸ τῶν οἰκετῶν τῶν σφετέρων αὐτῶν, οὐδεμίαν δ' ἡμέραν
διαλείπουσιν ἢ στρατεύοντες ἐπί τινας ἢ μαχόμενοι πρός τινας b
50 ἢ βοηθοῦντες τοῖς ἀπολλυμένοις αὐτῶν. τὸ δὲ μέγιστον τῶν
κακῶν· δεδιότες γὰρ διατελοῦσιν, μὴ Θηβαῖοι διαλυσάμενοι τὰ
πρὸς Φωκέας πάλιν ἐπανελθόντες μείζοσιν αὐτοὺς συμφοραῖς
περιβάλωσιν τῶν πρότερον γεγενημένων. καίτοι πῶς οὐ χρὴ
νομίζειν τοὺς οὕτω διακειμένους ἀσμένους ἂν ἰδεῖν ἐπιστα-
τοῦντα τῆς εἰρήνης ἀξιόχρεων ἄνδρα καὶ δυνάμενον διαλῦσαι
τοὺς ἐνεστῶτας πολέμους αὐτοῖς;					c
51	(κ'.) Ἀργείους τοίνυν ἴδοις ἂν τὰ μὲν παραπλησίως τοῖς
εἰρημένοις πράττοντας, τὰ δὲ χεῖρον τούτων ἔχοντας· πολε-
μοῦσιν μὲν γάρ, ἐξ οὖπερ τὴν πόλιν οἰκοῦσιν, πρὸς τοὺς ὁμό-
ρους, ὥσπερ Λακεδαιμόνιοι, τοσοῦτον δὲ διαφέρουσιν, ὅσον
ἐκεῖνοι μὲν πρὸς ἥττους αὐτῶν, οὗτοι δὲ πρὸς κρείττους·

Auslassung des Artikels ist in dieser Verbindung regelmäfsig; vergl. Krüger ad Dionys. Historiograph. p. 99. — 48, 7. ἀπώλλυντο, ohne ἄν, weil die Sicherheit des Eintretens dieser Folge bezeichnet werden soll, sie waren so gut wie verloren. Vergl. Maetzner ad Antiph. p. 175.

49, 3. περιοικούντων, wohl den Argivern und Messeniern, welche bald darauf Philipp gegen Sparta unterstützte. cf. Demosth. 6, 9 und 15. — 49, 5. ἄγονται καὶ φέρονται. Ähnlich mit dem Akkusativ der Person 6, 74 ἄγειν καὶ φέρειν τοὺς πολεμίους καὶ κατὰ γῆν καὶ κατὰ θάλατταν (Krüger zu Xenoph. Anab. 2, 6, 5). Häufiger steht neben ἄγειν καὶ φέρειν (selten φέρειν καὶ ἄγειν, cf. Lobeck. Paralip. p. 62) der Akkusativ der Sache oder des Landes; vergl. Sauppe ad Demosth. orat. select. p. 84. Schoemann ad Plut. Kleom.

p. 250. — 49, 6. οἰκετῶν, den Heloten.

50, 3. Φωκέας, von denen im heiligen Kriege (356—346 v. Chr.) die Thebaner eben (347) bei Koroneia geschlagen waren; Diodor. 16, 56. — πάλιν, wie zur Zeit der Schlacht bei Mantineia. — 50, 4. περιβάλωσιν S. zu 4, 127. — 50, 5. ἐπιστατοῦντα, vermitteln. S. zu § 13. Über die Konstruktion von ἐπιστατεῖν vergl. § 45 und zu 4, 104.

51, 1. τοίνυν, ferner. S. zu 9, 41. — 51, 3. ὁμόρους, die Spartaner, welche (351 v. Chr.) in Argos einfielen und Orneae eroberten. Vergl. Diodor. 16, 34 und 39; s. auch zu § 49. — 51, 4. τοσοῦτον — ὅσον, insofern —, als. S. zu 1, 4. — 51, 5. ἐκεῖνοι, die Lakedaimonier, οὗτοι, die Argiver, so dafs ἐκεῖνοι auf das zuletzt Erwähnte, οὗτοι auf das früher Genannte, aber dem Geiste

124 (V) ΙΣΟΚΡΑΤΟΥΣ

ὃ πάντες ἂν ὁμολογήσειαν μέγιστον εἶναι τῶν κακῶν. οὕτω
δὲ τὰ περὶ τὸν πόλεμον ἀτυχοῦσιν, ὥστ᾽ ὀλίγου δεῖν καθ᾽
ἕκαστον τὸν ἐνιαυτὸν τεμνομένην καὶ πορθνυμένην τὴν αὐτῶν d
52 χώραν περιορῶσιν. ὃ δὲ πάντων δεινότατον· ὅταν γὰρ οἱ
πολέμιοι διαλίπωσιν κακῶς αὐτοὺς ποιοῦντες, αὐτοὶ τοὺς ἐν-
δοξοτάτους καὶ πλουσιωτάτους τῶν πολιτῶν ἀπολλύουσιν, καὶ
ταῦτα δρῶντες οὕτω χαίρουσιν, ὡς οὐδένες ἄλλοι τοὺς πο-
λεμίους ἀποκτείνοντες. αἴτιον δ᾽ ἐστὶ τοῦ ταραχωδῶς αὐτοὺς
ζῆν οὕτως οὐδὲν ἄλλο πλὴν ὁ πόλεμος· ὃν ἢν διαλύσῃς, οὐ
μόνον αὐτοὺς τούτων ἀπαλλάξεις ἀλλὰ καὶ περὶ τῶν ἄλλων e
ἄμεινον βουλεύεσθαι ποιήσεις.

53 (κα΄.) Ἀλλὰ μὴν τὰ περὶ Θηβαίους οὐδὲ σὲ λέληθεν.
καλλίστην γὰρ μάχην νικήσαντες καὶ δόξαν ἐξ αὐτῆς μεγίστην
λαβόντες διὰ τὸ μὴ καλῶς χρῆσθαι ταῖς εὐτυχίαις οὐδὲν
βέλτιον πράττουσιν τῶν ἡττηθέντων καὶ δυστυχησάντων. οὐ 93
γὰρ ἔφθασαν τῶν ἐχθρῶν κρατήσαντες, καὶ πάντων ἀμελήσαν-
τες ἠνώχλουν μὲν ταῖς πόλεσι ταῖς ἐν Πελοποννήσῳ, Θεττα-
λίαν δ᾽ ἐτόλμων καταδουλοῦσθαι, Μεγαρεῦσιν δ᾽ ὁμόροις οὖσιν
ἠπείλουν, τὴν δ᾽ ἡμετέραν πόλιν μέρος τι τῆς χώρας ἀπε-
στέρουν, Εὔβοιαν δ᾽ ἐπόρθουν, εἰς Βυζάντιον δὲ τριήρεις

des Redenden näher Liegende sich
bezieht; ebenso oben § 38 und 6,
11, 24, ferner ἐκεῖ — ἐνθάδε 6, 92.
Vergl. Schoemann ad Plut. Agin
p. 72 seq. — 51, 8. τεμνομένην
(vom Umhauen der Bäume) neben
πορθεῖν auch 8, 84 τὴν πατρίδα
τεμνομένην καὶ πορθουμένην πε-
ριορῶντες. 12, 102 τῆς χώρας πορ-
θουμένης καὶ τεμνομένης. Dagegen
6, 66 τετμῆσθαι μὲν τὰς χώρας,
πεπορθῆσθαι δὲ τὰς πόλεις, und
16, 13 τὸν σῖτον τὸν ἐν τῇ χώρᾳ
διεφθείρετε καὶ τὴν γῆν ἐτέμνετε
καὶ τὰ προάστεια ἐνεπρήσατε.
52, 1. ὃ δὲ πάντων δειν.
ὅταν γάρ s. zu 7, 68. — 52, 3.
ἀπολλύουσιν, in den Kämpfen
zwischen der aristokratischen und
demokratischen Partei, in denen
z. B. 370 v. Chr. 1200 der Ange-
sehensten hingerichtet wurden; s.
Diodor. 15, 58. — 52, 6. οὕτως
nachgestellt s. zu 9, 39.
53, 2. νικήσαντες, bei Leuktra,

371 v. Chr. — 53, 5. ἔφθασαν cf.
Krit. Anh. zu 4, 86. — 53, 6. ἠνώχ-
λουν, indem sie die Argiver, Arka-
der, Eleer und andere in ihre
Kämpfe mit Sparta hereinzogen, auf
dessen Seite wieder die Korinther,
Epidaurier, Troizenier u. s. w. (Xe-
noph. Hellen. 7, 2, 2) standen. —
53, 7. καταδουλοῦσθαι, indem
sie die Sicherung der thessalischen
Städte gegen die Pläne des Ty-
rannen Alexander von Pherae zum
Vorwand nahmen; die Thebaner
verloren zwar dabei den Pelopidas
(364 v. Chr.), erhielten aber von
Alexander von Pherae die Magneten
und Phthioten. Diodor. 15, 80. —
53, 8. ἠπείλουν. Die Sache ist
weiter nicht bekannt; denn das
von Plut. Phokion 15 erzählte
Faktum fällt später; s. Schäfer l.
l. II, S. 343. — μέρος, die Stadt
Oropos, 366 v. Chr. S. Xenoph.
Hellen. 7, 4, 1. — 53, 9. ἐπόρθουν,
wohl bei Gelegenheit der inneren

54 ἐξέπεμπον ὡς καὶ γῆς καὶ θαλάττης ἄρξοντες. τελευτῶντες δὲ
πρὸς Φωκέας πόλεμον ἐξήνεγκαν ὡς τῶν τε πόλεων ἐν ὀλίγῳ
χρόνῳ κρατήσοντες, τόν τε τόπον ἅπαντα τὸν περιέχοντα κα-
τασχήσοντες, τῶν τε χρημάτων τῶν ἐν Δελφοῖς περιγενησό-
μενοι ταῖς ἐκ τῶν ἰδίων δαπάναις. ὧν οὐδὲν αὐτοῖς ἀποβέ- b
βηκεν, ἀλλ᾽ ἀντὶ μὲν τοῦ λαβεῖν τὰς Φωκέων πόλεις τὰς
αὑτῶν ἀπολωλέκασιν, εἰσβάλλοντες δ᾽ εἰς τὴν τῶν πολεμίων
ἐλάττω κακὰ ποιοῦσιν ἐκείνους ἢ πάσχουσιν ἀπιόντες εἰς τὴν
55 αὑτῶν. ἐν μὲν γὰρ τῇ Φωκίδι τῶν μισθοφόρων τινὰς ἀποκτεί-
νουσιν, οἷς λυσιτελεῖ τεθνάναι μᾶλλον ἢ ζῆν, ἀναχωροῦντες
δὲ τοὺς ἐνδοξοτάτους αὑτῶν καὶ μάλιστα τολμῶντας ὑπὲρ τῆς
πατρίδος ἀποθνήσκειν ἀπολλύουσιν. εἰς τοῦτο δ᾽ αὐτῶν τὰ c
πράγματα περιέστηκεν, ὥστ᾽ ἐλπίσαντες ἅπαντας τοὺς Ἕλληνας
ὑφ᾽ αὑτοῖς ἔσεσθαι νῦν ἐν σοὶ τὰς ἐλπίδας ἔχουσι τῆς αὑτῶν
σωτηρίας. ὥστ᾽ οἶμαι καὶ τούτους ταχέως ποιήσειν, ὅ τι ἂν
σὺ κελεύῃς καὶ συμβουλεύῃς.

56   (κβ΄.) Λοιπὸν δ᾽ ἂν ἦν ἡμῖν ἔτι περὶ τῆς πόλεως δια-
λεχθῆναι τῆς ἡμετέρας, εἰ μὴ προτέρα τῶν ἄλλων εὖ φρονή-
σασα τὴν εἰρήνην ἐπεποίητο. νῦν δ᾽ αὐτὴν οἶμαι καὶ συνα- d
γωνιεῖσθαι τοῖς ὑπὸ σοῦ πραττομένοις, ἄλλως τε κἂν δυνη-
θῇ συνιδεῖν, ὅτι ταῦτα διοικεῖς πρὸ τῆς ἐπὶ τὸν βάρβαρον
στρατείας.

57   (κγ΄.) Ὡς μὲν οὖν οὐκ ἀδύνατόν ἐστί σοι συστῆσαι τὰς

Streitigkeiten auf Euboea (358 v.
Chr.), von denen Diodor 16, 7 er-
zählt. — 53, 10. ἐξέπεμπον, unter
Anführung des Epameinondas, 364
v. Chr., s. Diodor. 15, 78 seq.
54, 2. Φωκέας. S. zu § 50. —
54, 4. Δελφοῖς, welches 355 v.
Chr. von den Phokiern besetzt
wurde, die nun bald der dort auf-
gehäuften Tempelschätze sich zur
Führung des Krieges bedienten.
S. Diodor. 16, 30. — 54, 6. τὰς
αὑτῶν, Orchomenos (Diodor. 16,
83), Koroneia (id. 16, 35), u. Korsiae
(id. 16, 58), welche bis zu Ende
des Krieges in den Händen der
Phokier blieben.
55, 1. μισθοφόρων, aus denen
größtenteils das Heer der Phokier
bestand und die von ihnen das
Doppelte des gewöhnlichen Soldes

erhielten; s. Diodor. 15, 36. —
55, 2. ἀναχωροῦντες κ. τ. λ.
Die Phokier griffen die Thebaner
gewöhnlich an, wenn diese nach
ihren Einfällen in Phokis sich zu-
rückzogen; so bei Naryx, (Diodor.
16, 38) und bei dem Berge Hedy-
leion (Demosth. 19, 148). — 55, 5.
τὰ πράγματα περιέστηκεν wie
6, 47. 8, 59. 15, 120 und τὰ πράγ.
μετέστησεν 12, 190 [cf. Krit. Anh.]
— 55, 6. ἐν σοί. Die Thebaner
suchten und fanden endlich Hülfe
gegen die Phokier bei Philipp;
s. Diodor. 16, 58 und 59.
56, 4. πραττομένοις, die Mafs-
regeln, welche Du zum Zwecke
der Pacificierung von Hellas er-
greifen wirst; über das particip.
Praes. statt des Part. Fut. s. zu
1, 44. — 56, 5. πρό, im Interesse.

πόλεις ταύτας, ἐκ τῶν εἰρημένων ἡγοῦμαί σοι γεγενῆσθαι
φανερόν· ἔτι τοίνυν ὡς καὶ ῥᾳδίως ταῦτα πράξεις, ἐκ πολ-
λῶν παραδειγμάτων οἶμαί σε γνῶναι ποιήσειν. ἢν γὰρ φα- e
νῶσιν ἕτεροί τινες τῶν προγεγενημένων μὴ καλλίοσι μὲν
μηδ᾽ ὁσιωτέροις ὧν ἡμεῖς συμβεβουλεύκαμεν ἐπιχειρήσαντες,
μείζω δὲ καὶ δυσκολώτερα τούτων ἐπιτελέσαντες, τί λοιπὸν
ἔσται τοῖς ἀντιλέγουσιν, ὡς οὐ θᾶττον σὺ τὰ ῥᾴω πράξεις
ἢ 'κεῖνοι τὰ χαλεπώτερα;
58   (κδ᾽.) Σκέψαι δὲ πρῶτον τὰ περὶ Ἀλκιβιάδην. ἐκεῖνος 94
γὰρ φυγὼν παρ᾽ ἡμῶν καὶ τοὺς ἄλλους ὁρῶν τοὺς πρὸ αὐτοῦ
ταύτῃ τῇ συμφορᾷ κεχρημένους ἐπτηχότας διὰ τὸ μέγεθος τὸ
τῆς πόλεως, οὐ τὴν αὐτὴν γνώμην ἔσχεν ἐκείνοις, ἀλλ᾽ οἰη-
θεὶς πειρατέον εἶναι βίᾳ κατελθεῖν προείλετο πολεμεῖν πρὸς
59 αὐτήν. καθ᾽ ἕκαστον μὲν οὖν τῶν τότε γενομένων εἴ τις λέ-
γειν ἐπιχειρήσειεν, οὔτ᾽ ἂν διελθεῖν ἀκριβῶς δύναιτο, πρός
τε τὸ παρὸν ἴσως ἂν ἐνοχλήσειεν· εἰς τοσαύτην δὲ ταραχὴν b
κατέστησεν οὐ μόνον τὴν πόλιν ἀλλὰ καὶ Λακεδαιμονίους καὶ
τοὺς ἄλλους Ἕλληνας, ὥσθ᾽ ἡμᾶς μὲν παθεῖν ἃ πάντες ἴσασιν,
60 τοὺς δ᾽ ἄλλους τηλικούτοις κακοῖς περιπεσεῖν, ὥστε μηδέπω
νῦν ἐξιτήλους εἶναι τὰς συμφορὰς τὰς δι᾽ ἐκεῖνον τὸν πόλε-
μον ἐν ταῖς πόλεσιν ἐγγεγενημένας, Λακεδαιμονίους δὲ τοὺς τότε

57, 8. ἀντιλέγουσιν, ὡς οὐ.
Der Satz mit ὡς οὐ enthält nicht
das, was sie der anderen Meinung
widersprechend entgegnen, sondern
das, dem sie widersprechen. Sauppe
Jahrb. VI (1832) S. 70. vergleicht
außer Isokr. 8, 48 περὶ ὧν οὐδεὶς ἂν
τολμήσειεν ἀντειπεῖν, ὡς οὐ τὴν
μὲν ἐμπειρίαν — ἔχομεν πολιτείαν
δ᾽ οἵαν εἶναι χρή, παρὰ μόνοις
ἡμῖν ἐστιν (wo ὡς οὐ nicht das
ist, was sie entgegnen, sondern
was sie leugnen möchten) noch
Thuk. 1, 77, 3, Plat. Symp. p. 216 B.
Phileb. p. 19 D. [cf. Krit. Anh.]
58, 2. φυγών, infolge der Pro-
fanierung der Mysterien. S. Thuk.
6, 61 und Isokr. 16, 6 seqq.
59, 1. τῶν τότε γενομένων.
Man erwartet den Akkusativ; in-
dessen ist bei καθ᾽ ἕκαστον der
Genetiv partitivus sehr gewöhnlich,
indem es die Griechen als einen

Substantivbegriff faßten; vergl.
Thuk. 7, 8, 1 ἀγγέλλων καθ᾽ ἕκαστα
τῶν γιγνομένων. cf. Sauppe ad
Demosth. orat. select. p. 18. Ähn-
lich Thuk. 4, 30, 2 ἐμπρήσαν-
τός τινος κατὰ μικρὸν τῆς ὕλης.
id. 1, 50, 2 (coll. 4, 3, 2. 7, 39, 2. 7,
65, 2) νεῶν ἐπὶ πολὺ τῆς θαλάσσης
ἐπεχουσῶν. id. 2, 76, 4 (coll. 4,
100, 2) τοῦ οἰκοδομήματος — ἐπὶ
μέγα κατέσεισε. id. 7, 37, 2 προσ-
ῆγε τῷ τείχει, καθ᾽ ὅσον πρὸς
τὴν πόλιν αὐτοῦ ἑώρα. Lys. 13, 8
(coll. 13, 14) εἰ κατασκαφείη τῶν
τειχῶν τῶν μακρῶν ἐπὶ δέκα στάδια
ἑκατέρου. Xenoph. Hellen. 2, 2, 15
τῶν μακρῶν τειχῶν ἐπὶ δέκα στα-
δίους καθελεῖν ἑκατέρου. — 59, 5.
παθεῖν, die Schlacht bei Aigos-
potamoi und die Eroberung Athens
durch Lysander mit ihren Folgen.
60, 2. συμφοράς, welche 4,
111 seqq. angedeutet werden.

δόξαντας εὐτυχεῖν εἰς τὰς νῦν ἀτυχίας δι' Ἀλκιβιάδην καθε-
στάναι· πεισθέντες γὰρ ὑπ' αὐτοῦ τῆς κατὰ θάλατταν δυνά- c
μεως ἐπιθυμῆσαι καὶ τὴν κατὰ γῆν ἡγεμονίαν ἀπώλεσαν, ὥστ',
61 εἴ τις φαίη τότε τὴν ἀρχὴν αὐτοῖς γίγνεσθαι τῶν παρόν-
των κακῶν, ὅτε τὴν ἀρχὴν τῆς θαλάττης ἐλάμβανον, οὐκ ἂν
ἐξελεγχθείη ψευδόμενος. ἐκεῖνος μὲν οὖν τηλικούτων κακῶν
αἴτιος γενόμενος κατῆλθεν εἰς τὴν πόλιν, μεγάλης μὲν δόξης
τυχών, οὐ μὴν ἐπαινούμενος ὑφ' ἁπάντων. (κε'.) Κόνων
δ' οὐ πολλοῖς ἔτεσιν ὕστερον ἀντίστροφα τούτων ἔπραξεν. d
62 ἀτυχήσας γὰρ ἐν τῇ ναυμαχίᾳ τῇ περὶ Ἑλλήσποντον οὐ δι' αὐ-
τὸν ἀλλὰ διὰ τοὺς συνάρχοντας οἴκαδε μὲν ἀφικέσθαι κατη-
σχύνθη, πλεύσας δ' εἰς Κύπρον χρόνον μέν τινα περὶ τὴν
τῶν ἰδίων ἐπιμέλειαν διέτριβεν, αἰσθόμενος δ' Ἀγησίλαον
μετὰ πολλῆς δυνάμεως εἰς τὴν Ἀσίαν διαβεβηκότα καὶ πορ-
63 θοῦντα τὴν χώραν οὕτω μέγ' ἐφρόνησεν, ὥστ' ἀφορμὴν οὐ-
δεμίαν ἄλλην ἔχων πλὴν τὸ σῶμα καὶ τὴν διάνοιαν ἤλπισεν e
Λακεδαιμονίους καταπολεμήσειν ἄρχοντας τῶν Ἑλλήνων καὶ
κατὰ γῆν καὶ κατὰ θάλατταν, καὶ ταῦτα πέμπων ὡς τοὺς
βασιλέως στρατηγοὺς ὑπισχνεῖτο ποιήσειν. καὶ τί δεῖ τὰ
πλείω λέγειν; συστάντος γὰρ αὐτῷ ναυτικοῦ περὶ Ῥόδον καὶ
νικήσας τῇ ναυμαχίᾳ Λακεδαιμονίους μὲν ἐξέβαλεν ἐκ τῆς 95

61, 1. ἀρχήν. Über die wech-
selnde Bedeutung dieses Wortes s.
zu 4, 119. — γίγνεσθαι. Man er-
wartet γενέσθαι, oder γεγενῆσθαι
wie es auch in der dieser Stelle
sehr ähnlichen 8, 101 heifst: εἰ
φαίη τότε τὴν ἀρχὴν αὐτοῖς γεγε-
νῆσθαι τῶν συμφορῶν, ὅτε τὴν
ἀρχὴν τῆς θαλάττης παρελάμβανον.
[cf. Krit. Anh.]; aber γίγνεσθαι
ist Infinitiv Imperf. (= ὅτι ἐγί-
γνετο —, ὅτε ἐλάμβανον), in wel-
chem Sinne der Infin. Praes. nach
den Verbis dicendi und putandi
sehr häufig von einer vergangenen
Handlung steht; s. Xenoph. Anab.
1, 6, 5 ἔφη δὲ Κῦρον ἄρχειν τοῦ
λόγου ὧδε, und Stallbaum ad Plat.
Symp. p. 172 B., Maetzner ad
Dinarch. p. 147. Vergl. auch Isokr.
6, 98 δόξομεν τὸν παρελθόντα
χρόνον ἀλαζονεύεσθαι καὶ τὴν φύσιν
ὁμοίοι τοῖς ἄλλοις εἶναι. — 61, 6.

ἀντίστροφα κ. τ. λ. lieferte das
Gegenstück dazu. Vergl. 15,
182 διττὰς ἐπιμελείας κατέλιπον
ἡμῖν — ἀντιστρόφους καὶ σύζυγας
καὶ σφίσιν αὐταῖς ὁμολογουμένας,
und Stallbaum ad Plat. Timae.
p. 87 C. — Über Konons Thaten
vergl. auch Isokr. 9, 52 seqq.

63, 5. τὰ πλείω ist anders ge-
dacht als 17, 34 (und Lys. 16, 9)
οὐκ οἶδ' ὅ τι δεῖ πλείω λέγειν.
Jenes ist: „das Weitere, dessen
noch viel mehr ist," in welchem
Sinne τί δεῖ τὰ πολλὰ λέγειν
häufiger ist; vergl. 17, 23 und
Wyttenb. ad Iulian. p. 142 Lips.
— 63, 6. περὶ Ῥόδον. S. zu 4,
142. — καὶ [cf. Krit. Anh.] ver-
bindet ein construiertes und ein
absolutes Particip. S. zu 9, 55.
— 63, 7. νικήσας, bei Knidos,
394 v. Chr.

64 ἀρχῆς, τοὺς δ᾽ Ἕλληνας ἠλευθέρωσεν, οὐ μόνον δὲ τὰ τείχη
τῆς πατρίδος ἀνώρθωσεν ἀλλὰ καὶ τὴν πόλιν εἰς τὴν αὐτὴν
δόξαν προήγαγεν, ἐξ ἧσπερ ἐξέπεσεν. καίτοι τίς ἂν προσε-
δόκησεν ὑπ᾽ ἀνδρὸς οὕτω ταπεινῶς πράξαντος ἀναστραφή-
σεσθαι τὰ τῆς Ἑλλάδος πράγματα, καὶ τὰς μὲν ἀτιμωθήσε-
σθαι, τὰς δ᾽ ἐπιπολάσειν τῶν Ἑλληνίδων πόλεων;

65 (κϛ΄.) Διονύσιος τοίνυν (βούλομαι γὰρ ἐκ πολλῶν σε
πεισθῆναι ῥᾳδίαν εἶναι τὴν πρᾶξιν, ἐφ᾽ ἥν σε τυγχάνω πα- b
ρακαλῶν) πολλοστὸς ὢν Συρακοσίων καὶ τῷ γένει καὶ τῇ
δόξῃ καὶ τοῖς ἄλλοις ἅπασιν, ἐπιθυμήσας μοναρχίας ἀλόγως
καὶ μανικῶς, καὶ τολμήσας ἅπαντα πράττειν τὰ φέροντα
πρὸς τὴν δύναμιν ταύτην, κατέσχε μὲν Συρακούσας, ἁπάσας
δὲ τὰς ἐν Σικελίᾳ πόλεις, ὅσαι περ ἦσαν Ἑλληνίδες, κατε-
στρέψατο, τηλικαύτην δὲ δύναμιν περιεβάλετο καὶ πεζὴν καὶ
ναυτικήν, ὅσην οὐδεὶς ἀνὴρ τῶν πρὸ ἐκείνου γενομένων. c

66 (κζ΄.) Ἔτι τοίνυν Κῦρος (ἵνα μνησθῶμεν καὶ περὶ τῶν βαρ-
βάρων) ἐκτεθεὶς μὲν ὑπὸ τῆς μητρὸς εἰς τὴν ὁδόν, ἀναιρε-
θεὶς δ᾽ ὑπὸ Περσίδος γυναικός, εἰς τοσαύτην ἦλθεν μεταβολὴν
ὥσθ᾽ ἁπάσης τῆς Ἀσίας γενέσθαι δεσπότης.

64, 2. ἀνώρθωσεν. S. Xenoph.
Hellen. 4, 8, 9 u. 12. — 64, 5.
ἀτιμωθήσεσθαι. [cf. Krit. Anh.]
Da Isokr. nicht selten (cf. zu
4, 178) die hier verstandene Hege-
monie der Lakedaimonier τιμή
nennt, so wird auch ἀτιμοῦν von
der Entreißung dieser Hegemonie
gesagt werden können. Als Gegen-
satz dazu gebraucht Isokr. von dem
Gewinnen der Hegemonie ἐπιπο-
λάζειν auch 8, 107. Daſs aber
Isokr. in Gegensätzen nicht immer
bei einem Bilde bleibe, das lehrt
auſser vielen anderen Stellen gleich
§ 68 κατορθώσας — διαμαρτών,
oder § 82 θείην ἂν ἐμαυτὸν οὐκ
ἐν τοῖς ἀπολελειμμένοις ἀλλ᾽ ἐν
τοῖς προέχουσι τῶν ἄλλων, und es
ist natürlich, da man bei vielen
gangbar gewordenen bildlichen
Ausdrücken der ursprünglichen
Bedeutung sich nicht mehr jedes-
mal klar bewuſst ist.
65, 1. Διονύσιος, der Ältere,
welcher von 406—367 herrschte. —
65, 3. πολλοστός, ganz unbe-

deutend (= ἔσχατος), ist von Per-
sonen in diesem Sinne gebraucht
erst aus ganz später Gräcität wie-
der nachweisbar, häufig dagegen
ist πολλοστὸν μέρος (Isokr. 13, 4).
Dionys war der Sohn eines Esel-
treibers und bekleidete zuerst einen
Schreiberposten; s. Wesseling ad
Diodor. 13, 96. — 65, 5. φέροντα,
wie 8, 28 οὐκ εἰδέναι τὰς πράξεις
τὰς ἐπὶ ταῦτα φερούσας, und 15,
269 τῶν πράξεων τὰς μηδὲν πρὸς
τὸν βίον φερούσας ἀναιρεῖν— 65,
8. δύναμιν. Er hatte seine Flotte
einmal bis auf 310 Schiffe (Diodor.
14, 42) gebracht, und die Stärke
seines Heeres schwankt bei seinen
einzelnen Unternehmungen zwi-
schen 20,000 und 80,000 Fuſs-
soldaten (Diodor. 13, 109. 14, 47,
100, 103. 15, 73).
66, 1. περί. S. zu 9, 12. — 66,
2. μητρός. Vergl. § 132. Anders
erzählt Herod. 1, 108 seqq., von
dessen Darstellung der Geschichte
des Kyros Isokr. auch sonst ab-
weicht; vergl. zu 9, 38.

67   (κη΄.) Ὅπου δ᾽ Ἀλκιβιάδης μὲν φυγὰς ὤν, Κόνων δὲ
δεδυστυχηκώς, Διονύσιος δ᾽ οὐκ ἔνδοξος ὤν, Κῦρος δ᾽ οὕ-
τως οἰκτρᾶς αὐτῷ τῆς ἐξ ἀρχῆς γενέσεως ὑπαρξάσης, εἰς d
τοσοῦτον προῆλθον καὶ τηλικαῦτα διεπράξαντο, πῶς οὐ σέ γε
χρὴ προσδοκᾶν, τὸν ἐκ τοιούτων μὲν γεγονότα, Μακεδονίας
δὲ βασιλεύοντα, τοσούτων δὲ κύριον ὄντα, ῥᾳδίως τὰ προει-
ρημένα συστήσειν;

68   (κθ΄.) Σκέψαι δ᾽ ὡς ἄξιόν ἐστιν τοῖς τοιούτοις τῶν ἔργων
μάλιστ᾽ ἐπιχειρεῖν, ἐν οἷς κατορθώσας μὲν ἐνάμιλλον τὴν
σαυτοῦ δόξαν καταστήσεις τοῖς πρωτεύσασιν, διαμαρτὼν δὲ
τῆς προσδοκίας ἀλλ᾽ οὖν τήν γ᾽ εὔνοιαν κτήσει τὴν παρὰ τῶν
Ἑλλήνων, ἣν πολὺ κάλλιόν ἐστιν λαβεῖν ἢ πολλὰς πόλεις τῶν
Ἑλληνίδων κατὰ κράτος ἑλεῖν· τὰ μὲν γὰρ τοιαῦτα τῶν ἔρ- e
γων φθόνον ἔχει καὶ δυσμένειαν καὶ πολλὰς βλασφημίας,
οἷς δ᾽ ἡμεῖς συμβεβουλεύκαμεν οὐδὲν πρόσεστι τούτων. ἀλλ᾽
εἴ τις θεῶν αἵρεσίν σοι δοίη, μετὰ ποίας ἂν ἐπιμελείας καὶ
διατριβῆς εὔξαιο τὸν βίον διαγαγεῖν, οὐδεμίαν ἕλοι᾽ ἄν, 96

69 εἴπερ ἐμοὶ συμβούλῳ χρῷο, μᾶλλον ἢ ταύτην. οὐ γὰρ μόνον
ὑπὸ τῶν ἄλλων ἔσει ζηλωτός, ἀλλὰ καὶ σαυτὸν μακαριεῖς.
τίς γὰρ ἂν ὑπερβολὴ γένοιτο τῆς τοιαύτης εὐδαιμονίας, ὅταν
πρέσβεις μὲν ἥκωσιν ἐκ τῶν μεγίστων πόλεων οἱ μάλιστ᾽ εὐ-
δοκιμοῦντες εἰς τὴν σὴν δυναστείαν, μετὰ δὲ τούτων βου-
λεύῃ περὶ τῆς κοινῆς σωτηρίας, περὶ ἧς οὐδεὶς ἄλλος φανή-

70 σεται τοιαύτην πρόνοιαν πεποιημένος, αἰσθάνῃ δὲ τὴν Ἑλ- b
λάδα πᾶσαν ὀρθὴν οὖσαν ἐφ᾽ οἷς σὺ τυγχάνεις εἰσηγούμενος,

67, 1. ὅπου — πῶς. S. zu 1,
49. — 67, 3. τῆς ἐξ ἀρχῆς γενέ-
σεως, der Beginn seines Da-
seins. Der stark pleonastische
Ausdruck kehrt wieder bei Aristo-
teles, der ἡ ἐξ ἀρχῆς γένεσις vom
Meere und von den Winden ge-
braucht (s. Vater, Iter. Andocid. I
p. 34). Vergl. auch Phot. Bibl. 261
p. 488 Bekk. ἀρχὴν αὐτῷ τῆς γενέ-
σεως γενέσθαι ἡ καὶ ὁ Ὀλυμπιάδα,
und Philostrat. Ep. 4 Kays. λέγεται
τῷ ῥόδῳ τὴν πρώτην γένεσιν ἐκ
λυπηροτάτης ἄρξασθαι προφάσεως.
§ 68—82. Du wirst aber auch,
gelingt Dir die Versöhnung, die
Liebe der Hellenen und eine benei-
denswerte Stellung unter ihnen er-

ringen (68—71), und die Beschul-
digung widerlegen, als schmiedetest
Du Pläne gegen Hellas; diese Be-
schuldigung darf Dir nicht gleich-
gültig sein (72—80), und darum
habe ich darüber zu Dir mit jenem
Freimut gesprochen, mit dem Rat-
schläge zu erteilen ich mich be-
rufen fühle (81, 82).
68, 2. κατορθώσας — δια-
μαρτών. S. zu 7, 72. — ἐνά-
μιλλον τὴν σαυτοῦ δόξαν
καταστήσεις wie 10, 23. — 68,
4. ἀλλ᾽ οὖν — γε. S. zu 4, 171.
69, 5. δυναστείαν, Reich,
eine seltene Bedeutung, in welcher
ἀρχή bei den Attikern so häufig ist.
70, 2. ὀρθήν, gespannt, wie

μηδεὶς δ᾽ ὀλιγώρως ἔχῃ τῶν παρὰ σοὶ βραβευομένων, ἀλλ᾽ οἱ
μὲν πυνθάνωνται περὶ αὐτῶν ἐν οἷς ἐστίν, οἱ δ᾽ εὔχωνταί σε
μὴ διαμαρτεῖν ὧν ἐπεθύμησας, οἱ δὲ δεδίωσιν, μὴ πρό-
τερόν τι πάθῃς, πρὶν τέλος ἐπιθεῖναι τοῖς πραττομένοις;
71 ὧν γιγνομένων πῶς οὐκ ἂν εἰκότως μέγα φρονοίης; πῶς
δ᾽ οὐκ ἂν περιχαρὴς ὢν τὸν βίον διατελοίης, τηλικούτων εἰ- c
δὼς σαυτὸν πραγμάτων ἐπιστάτην γεγενημένον; τίς δ᾽ οὐκ
ἂν τῶν καὶ μετρίως λογιζομένων ταύτας ἄν σοι παραινέσειεν
μάλιστα προαιρεῖσθαι τῶν πράξεων τὰς ἀμφότερα φέρειν ἅμα
δυναμένας ὥσπερ καρπούς, ἡδονάς θ᾽ ὑπερβαλλούσας καὶ
τιμὰς μεγίστας;
72   (λ´.) Ἀπέχρη δ᾽ ἂν ἤδη μοι τὰ προειρημένα περὶ τούτων, d
εἰ μὴ παραλελοιπὼς ἦν τινα λόγον, οὐκ ἀμνημονήσας ἀλλ᾽
ὀκνήσας εἰπεῖν, ὃν ἤδη μοι δοκῶ δηλώσειν· οἶμαι γὰρ σοί
τε συμφέρειν ἀκοῦσαι περὶ αὐτῶν, ἐμοί τε προσήκειν μετὰ
παρρησίας, ὥσπερ εἴθισμαι, ποιεῖσθαι τοὺς λόγους.
73   (λα´.) Αἰσθάνομαι γάρ σε διαβαλλόμενον ὑπὸ τῶν σοὶ
μὲν φθονούντων, τὰς δὲ πόλεις τὰς αὐτῶν εἰθισμένων εἰς
ταραχὰς καθιστάναι, καὶ τὴν εἰρήνην τὴν τοῖς ἄλλοις κοινὴν

Polyb. 28, 15 ὀρθοὶ καὶ μετέωροι
ταῖς διανοίαις ἐγενήθησαν οἱ Ῥό-
διοι πάντες, häufiger von ängst-
licher Erwartung, wie Isokr. 16, 7
ὀρθῆς τῆς πόλεως γενομένης διὰ
τὸ μέγεθος τῶν αἰτιῶν. Vergl.
Maetzner ad Lykurg. p. 149. — 70,
3. παρὰ σοὶ βραβ., bei Dir ent-
schieden wird. S. zu 7, 23. —
70, 4. ἐν οἷς ἐστίν, nach dem
Stadium, in welchem es sich
befindet. Vergl. Sophokl. Antig.
39 τί δ᾽, ὦ ταλαῖφρον, εἰ τάδ᾽ ἐν
τούτοις, ἐγὼ — προσθείμην πλέον;
— 70, 5. μὴ πρότερόν τι πάθῃς
euphemistisch für „daß du fr.
stürbest" wie 17, 6 εἴ τι πάθοι
ἐκεῖνος und Isae. 1, 4. Demosth.
4, 12. 23, 12 S. Rehdantz Demosth.
Ind.¹ p. 170. Bei Cic. Tusc. 1, 43,
5 „si quid accidisset."
    71, 7. μεγίστας cf. Krit. Anh.
    72, 2. λόγον, Punkt. S. zu 7,
74. — 72, 3. μοὶ δοκῶ, ich ge-
denke, mit dem Infinit. Futuri
wie Plat. Theaet. p. 183 D ἀλλά
μοι δοκῶ — οὐ πείσεσθαι αὐτῷ,

aber auch mit dem Inf. Praes.
Vgl. Ast ad Plat. Phaedr. p. 235.
Anders Isokr. 12, 232 οὐ μετρίως
ἐδόκουν μοι διειλέχθαι. 19, 43 οὐ
μέντ᾽ ἄν μοι δοκῶ φυγεῖν. — 72,
4. περὶ αὐτῶν, auf λόγος be-
zogen. Ganz ähnlich 12, 231 ὑπέ-
βαλον τὸν λόγον . . . . τριῶν γὰρ
ἡμερῶν διαλειφθεισῶν ἀναγιγνω-
σκων αὐτά κ. τ. λ. Vergl. auch
15, 271 προσήκει τὴν δικαίως ἂν
νομιζομένην (φιλοσοφίαν) ὁρίσαι καὶ
δηλῶσαι πρὸς ὑμᾶς. ἁπλῶς δέ πως
τυγχάνω γιγνώσκων περὶ αὐτῶν.
S. auch zu 1, 38.
    73, 2. φθονούντων. Isokr.
denkt wohl vorzugsweise an Demo-
sthenes, dessen Politik der des
Isokr. geradezu entgegengesetzt
war. — 73, 3. κοινήν, der im
Interesse aller ist; τοῖς ἀ.
ἰδίοις, ihren Sonderinter-
essen; vergl. (Demost.) 12, 19
φασὶ — τὴν μὲν εἰρήνην πόλε-
μον αὐτοῖς εἶναι, τὸν δὲ πόλεμον
εἰρήνην, ἢ γὰρ συναγωνιζομένους
τοῖς στρατηγοῖς ἢ συκοφαντοῦντας

πόλεμον τοῖς αὐτῶν ἰδίοις εἶναι νομιζόντων, οἳ πάντων τῶν e
ἄλλων ἀμελήσαντες περὶ τῆς σῆς δυνάμεως λέγουσιν, ὡς οὐχ
ὑπὲρ τῆς Ἑλλάδος ἀλλ᾽ ἐπὶ ταύτην αὐξάνεται, καὶ σὺ πολὺν
74 χρόνον ἤδη πᾶσιν ἡμῖν ἐπιβουλεύεις, καί λόγῳ μὲν μέλλεις
Μεσσηνίοις βοηθεῖν, ἐὰν τὰ περὶ Φωκέας διοικήσῃς, ἔργῳ δ᾽
ὑπὸ σαυτῷ ποιεῖσθαι Πελοπόννησον· ὑπάρχουσι δέ σοι Θετ- 97
ταλοὶ μὲν καὶ Θηβαῖοι καὶ πάντες οἱ τῆς Ἀμφικτυονίας μετέ-
χοντες ἕτοιμοι συνακολουθεῖν, Ἀργεῖοι δὲ καὶ Μεσσήνιοι καὶ
Μεγαλοπολῖται καὶ τῶν ἄλλων πολλοὶ συμπολεμεῖν καὶ
ποιεῖν ἀναστάτους Λακεδαιμονίους· ἢν δὲ ταῦτα πράξῃς, ὡς
75 καὶ τῶν ἄλλων Ἑλλήνων ῥᾳδίως κρατήσεις. ταῦτα φλυαροῦν-
τες καὶ φάσκοντες ἀκριβῶς εἰδέναι καὶ ταχέως ἅπαντα τῷ b
λόγῳ καταστρεφόμενοι πολλοὺς πείθουσιν, καὶ μάλιστα μὲν
τοὺς τῶν αὐτῶν κακῶν ἐπιθυμοῦντας ὧνπερ οἱ λογοποιοῦντες,
ἔπειτα καὶ τοὺς οὐδενὶ λογισμῷ χρωμένους ὑπὲρ τῶν κοινῶν,
ἀλλὰ παντάπασιν ἀναισθήτως διακειμένους καὶ πολλὴν χάριν
ἔχοντας τοῖς ὑπὲρ αὐτῶν φοβεῖσθαι καὶ δεδιέναι προσποιου-

ἀεί τι λαμβάνειν παρ᾽ αὐτῶν, ἔτι
δὲ τῶν πολιτῶν τοῖς γνωριμωτάτοις
καὶ τῶν ἔξωθεν τοῖς ἐνδοξοτάτοις
λοιδορουμένους ἐπὶ τοῦ βήματος,
περιποιεῖσθαι παρὰ τοῦ πλήθους
δόξαν ὡς εἰσὶ δημοτικοί. — 73, 6.
πολὺν χρόνον ἤδη. Isokr. sagt
sonst πολὺν ἤδη χρόνον 4, 162. 8,
30, 36. 10, 4. 15, 285. Ep. 9, 11.
74, 2. Μεσσηνίοις. Vergl. De-
mosth. 6, 13 (Φίλιππος) Μεσσήνην
Λακεδαιμονίους ἀφιέναι κελεύων.
Die Aussicht darauf hatte Philipp
den Messeniern wahrscheinlich er-
öffnet, als nach seinem Thrakischen
Feldzuge 346 v. Chr. Gesandte fast
aller griechischen Staaten an seinem
Hofe sich einfanden. — 74, 3. Θετ-
ταλοί. S. § 20. — 74, 4. Θηβαῖοι.
S. zu § 55. — Ἀμφικτυονίας.
Zu den zwölf zum Amphiktyonen-
bunde vereinigten Staaten (cf. Her-
manns Staatsaltert. § 12, Schoe-
mann Antiquit. publ. p. 387 Gilbert
Staatsaltert. II, p. 408) gehörten
auch die Thessalier und Thebaner,
πάντες steht also auch hier (s. zu
4, 98) für οἱ ἄλλοι πάντες. Die
Mitglieder des Bundes standen auf

Philipps Seite, weil er ihre Gegner,
die tempelräuberischen Phokier, be-
kriegte; s. Diodor. 16, 35 seqq. —
74, 5. Ἀργεῖοι κ. τ. λ. s. zu § 49.

75, 3. καταστρεφόμενοι,
(Dich) alles niederwerfen
lassen, ist nach jenem Sprach-
gebrauche gesagt, wonach das, was
ein Schriftsteller erzählt, als von
ihm selbst ausgeführt dargestellt
wird. Vergl. Horat. Sat. 1, 10
36 Turgidus Alpinus jugulat dum
Memnona (i. e. Memnona iugula-
tum narrat). Thuk. 1, 5, 2 οἱ πα-
λαιοὶ τῶν ποιητῶν τὰς πύστεις
τῶν καταπλεόντων πανταχοῦ ὁμοίως
ἐρωτῶντες εἰ λῃσταί εἰσιν. Vergl.
Bernhardy ad Dionys. Perieg. p. 844.
Auch hier erwartet man eigentlich
noch ein verb. dicendi; s. zu 4, 23.
— 75, 4. λογοποιοῦντες, hier
wie überall mit dem Nebenbegriff
des unbegründeten Geredes; vergl.
11, 38 und 15, 136. — 75, 5. ἔπειτα
καὶ ohne δέ S. zu 9, 42. — 75, 6.
ἀναισθήτως, stumpfsinnig,
wie 12, 85, 112. 13, 9. — 75, 7.
φοβεῖσθαι καὶ δεδιέναι ver

9*

μένοις, ἔτι δὲ τοὺς οὐκ ἀποδοκιμάζοντας τὸ δοκεῖν ἐπιβου-
λεύειν σε τοῖς Ἕλλησιν ἀλλὰ τὴν αἰτίαν ταύτην ἀξίαν ἐπιθυ- c
76 μίας εἶναι νομίζοντας· οἳ τοσοῦτον ἀφεστᾶσι τοῦ νοῦν ἔχειν,
ὥστ' οὐκ ἴσασιν, ὅτι τοῖς αὐτοῖς ἄν τις λόγοις χρώμενος
τοὺς μὲν βλάψειεν, τοὺς δ' ὠφελήσειεν. οἷον καὶ νῦν, εἰ μέν
τις φαίη τὸν τῆς Ἀσίας βασιλέα τοῖς Ἕλλησιν ἐπιβουλεύειν
καὶ παρεσκευάσθαι στρατεύειν ἐφ' ἡμᾶς, οὐδὲν ἂν λέγοι περὶ
αὐτοῦ φλαῦρον ἀλλ' ἀνδρωδέστερον αὐτὸν καὶ πλείονος ἄξιον
δοκεῖν εἶναι ποιήσειεν· εἰ δὲ τῶν ἀφ' Ἡρακλέους τινὶ πεφυ-
κότων, ὃς ἁπάσης κατέστη τῆς Ἑλλάδος εὐεργέτης, ἐπιφέροι
τὴν αἰτίαν ταύτην, εἰς τὴν μεγίστην αἰσχύνην ἂν αὐτὸν d
77 καταστήσειεν. τίς γὰρ οὐκ ἂν ἀγανακτήσειε καὶ μισήσειεν, εἰ
φαίνοιτο τούτοις ἐπιβουλεύων, ὑπὲρ ὧν ὁ πρόγονος αὐτοῦ
προείλετο κινδυνεύειν, καὶ τὴν μὲν εὔνοιαν, ἣν ἐκεῖνος κατέ-
λιπεν τοῖς ἐξ αὐτοῦ γεγενημένοις, μὴ πειρῷτο διαφυλάττειν,
ἀμελήσας δὲ τούτων ἐπονειδίστων ἐπιθυμοίη καὶ πονηρῶν
πραγμάτων;
78   (λβ'.) Ὧν ἐνθυμούμενον χρὴ μὴ περιορᾶν τοιαύτην φή- e
μην σαυτῷ περιφυομένην, ἣν οἱ μὲν ἐχθροὶ περιθεῖναί σοι
ζητοῦσιν, τῶν δὲ φίλων οὐδεὶς ὅστις οὐκ ἂν ἀντειπεῖν ὑπὲρ
σοῦ τολμήσειεν. καίτοι περὶ τῶν σοὶ συμφερόντων ἐν ταῖς
τούτων ἀμφοτέρων γνώμαις μάλιστ' ἂν κατίδοις τὴν ἀλή-
θειαν.
79   (λγ'.) Ἴσως οὖν ὑπολαμβάνεις μικροψυχίαν εἶναι τὸ τῶν

bunden auch 12, 48. — 75, 8. οὐκ ἀποδ., nicht leugnen, dafs es scheine. — 75, 9. τὴν αἰτίαν ταύτην, das, was man Dir damit Schuld giebt.
76, 1. ἀφεστᾶσι, statt des gewöhnlicheren ἀπέχουσι. S. zu 7, 31. — 76, 2. λόγοις, welche eine Anschuldigung jemandes enthalten, also im Sinne von ψόγοις. — 76, 7. τῶν — τινὶ πεφυκότων. Diese Herodoteische Stellung des Indefinitums zwischen Artikel und Substantiv seines Genetiv. part. findet sich bei den Attikern nicht leicht anders als so, dafs zum Artikel noch ein Attribut hinzutritt; vergl. Kühner zu Xenoph. Anab. 2, 5, 32. Über andere cf. Rehdantz Demosth. Ind.² p. 287. Schäfer ad

Longi Pastor. p. 363. Ellendt ad Arrian Anab. 7, 3, 6.
77, 4. ἐξ αὐτοῦ γεγ., neben ἀφ' Ἡρακλέους πεφυκότων s. zu 4, 62.
78, 1. χρή, nämlich σέ, wie § 79 und 92. Vergl. zu 9, 81. — 78, 3. τῶν δὲ φίλων, welchem dagegen jeder — zu Deinen Gunsten zu widersprechen wünscht. Über das fehlende Relativ ἥ vergl. zu 4, 151. — 78, 5. ἀμφοτέρων. Hierauf ruht der Nachdruck; denn der Sinn ist: willst Du Deinen wahren Vorteil erkennen, so mufst Du nicht blofs auf das Urteil Deiner Freunde, sondern auch auf das Deiner Feinde hören.

βλασφημούντων καὶ φλυαρούντων καὶ τῶν πειθομένων τού-98
τοις φροντίζειν, ἄλλως θ᾽ ὅταν καὶ μηδὲν σαυτῷ συνειδῇς
ἐξαμαρτάνων. χρὴ δὲ μὴ καταφρονεῖν τοῦ πλήθους, μηδὲ
παρὰ μικρὸν ἡγεῖσθαι τὸ παρὰ πᾶσιν εὐδοκιμεῖν, ἀλλὰ τότε
νομίζειν καλὴν ἔχειν καὶ μεγάλην τὴν δόξαν καὶ πρέπουσαν
80 σοὶ καὶ τοῖς σοῖς προγόνοις καὶ τοῖς ὑφ᾽ ὑμῶν πεπραγμένοις, ὅταν
οὕτω διαθῇς τοὺς Ἕλληνας, ὥσπερ ὁρᾷς Λακεδαιμονίους τε b
πρὸς τοὺς αὑτῶν βασιλέας ἔχοντας τούς θ᾽ ἑταίρους τοὺς
σοὺς πρὸς σὲ διακειμένους. ἔστιν δ᾽ οὐ χαλεπὸν τυχεῖν τού-
των, ἢν ἐθελήσῃς κοινὸς ἅπασιν γενέσθαι, καὶ παύσῃ ταῖς
μὲν τῶν πόλεων οἰκείως ἔχων, πρὸς δὲ τὰς ἀλλοτρίως δια-
κείμενος, ἔτι δ᾽ ἢν τὰ τοιαῦτα προαιρῇ πράττειν, ἐξ ὧν τοῖς
μὲν Ἕλλησιν ἔσει πιστός, τοῖς δὲ βαρβάροις φοβερός.

81   (λδ΄.) Καὶ μὴ θαυμάσῃς (ἅπερ ἐπέστειλα καὶ πρὸς Διο- c
νύσιον τὸν τὴν τυραννίδα κτησάμενον), εἰ μήτε στρατηγὸς
ὢν μήτε ῥήτωρ μήτ᾽ ἄλλως δυνάστης θρασύτερόν σοι διεί-
λεγμαι τῶν ἄλλων. ἐγὼ γὰρ πρὸς μὲν τὸ πολιτεύεσθαι πάν-
των ἀφυέστατος ἐγενόμην τῶν πολιτῶν (οὔτε γὰρ φωνὴν
ἔσχον ἱκανὴν οὔτε τόλμαν δυναμένην ὄχλῳ χρῆσθαι καὶ μο-
λύνεσθαι καὶ λοιδορεῖσθαι τοῖς ἐπὶ τοῦ βήματος καλινδουμέ-

79, 3. ἄλλως θ᾽ ὅταν καί. S.
zu 4, 66. — 79, 5. παρὰ μικρόν.
S. zu 4, 59.
80, 2. Λακεδαιμονίους. Vgl.
Ep. 2, 6 ἰδίοις ἂν Λακεδαιμονίους
περὶ τῆς τῶν βασιλέων σωτηρίας
πολλὴν ἐπιμέλειαν ποιουμένους καὶ
τοὺς ἐνδοξοτάτους τῶν πολιτῶν φύ-
λακας αὐτῶν καθιστάντας, οἷς αἴ-
σχιόν ἐστιν ἐκείνους τελευτήσαντας
περιιδεῖν ἢ τὰς ἀσπίδας ἀποβαλεῖν,
und 8, 142 seq. — 80, 5. κοινός,
allen gehören, indem Du Deine
Sorgfalt auf alle gleichmäßig er-
streckst. Ähnlich 1, 10 ἦν τοῖς
φίλοις κοινός. — 80, 8. πιστός —
φοβερός. Vergl. 7, 51 παρεῖχον
σφᾶς αὐτοὺς τοῖς μὲν Ἕλλησι πι-
στούς, τοῖς δὲ βαρβάροις φοβερούς.
S. zu 4, 142.
81, 1. ἐπέστειλα. Vergl. Ep. 1,
9 μὴ θαυμάσῃς, εἰ μήτε δημηγο-
ρῶν μήτε στρατηγῶν μήτ᾽ ἄλλως
δυνάστης ὢν οὕτως ἐμβριθῶς αἴρο-
μαι πρᾶγμα καὶ δυοῖν ἐπιχειρῶ

τοῖν μεγίστοιν, ὑπέρ τε τῆς Ἑλλά-
δος λέγειν καὶ σοὶ συμβουλεύειν.
— 81, 2. κτησάμενον hat den
Nachdruck, weil an den älteren
Dionys gedacht werden soll, im
Gegensatz zu dem jüngeren jetzt
regierenden. — 81, 3. δυνάστης,
was sonst πράττειν δυνάμενος. S.
zu 4, 188. — 81, 5. ἀφυέστατος.
Vergl. 12, 10 ἐνδεὴς ἀμφοτέρων
ἐγενόμην τῶν μεγίστην δύναμιν
ἐχόντων παρ᾽ ἡμῖν, φωνῆς ἱκανῆς
καὶ τόλμης. S. auch Ep. 8, 7 und
Dionys. Halic. iudic. de Isocr. ὡς
δὲ ἡ φύσις ἠναντιοῦτο, τὰ πρῶτα
καὶ κυριώτατα τοῦ ῥήτορος ἀφελο-
μένη, τόλμαν καὶ φωνῆς μέγε-
θος κ. τ. λ. Plin. Ep. 6, 29, 6
Isocrati ... quod infirmitate vocis,
mollitia frontis, ne in publico di-
ceret, impediebatur. — 81, 6. χρῆ-
σθαι, zu verkehren. S. zu 1,
20. — 81, 7. καλινδουμένοις
wie 13, 20 περὶ τὰς ἔριδας καλιν-
δούμενοι (neben περὶ τὰς ἔ. δια-

82 νοις), τοῦ δὲ φρονεῖν εὖ καὶ πεπαιδεῦσθαι καλῶς, εἰ καί τις d
ἀγροικότερον εἶναι φήσει τὸ ῥηθέν, ἀμφισβητῶ, καὶ θείην
ἂν ἐμαυτὸν οὐκ ἐν τοῖς ἀπολελειμμένοις ἀλλ᾽ ἐν τοῖς προέ-
χουσι τῶν ἄλλων. διόπερ ἐπιχειρῶ συμβουλεύειν τὸν τρόπον
τοῦτον, ὃν ἐγὼ πέφυκα καὶ δύναμαι, καὶ τῇ πόλει καὶ τοῖς
Ἕλλησιν καὶ τῶν ἀνδρῶν τοῖς ἐνδοξοτάτοις.

83 (λε΄.) Περὶ μὲν οὖν τῶν ἐμῶν καὶ ὧν σοὶ πρακτέον ἐστὶν
πρὸς τοὺς Ἕλληνας σχεδόν ἀκήκοας, περὶ δὲ τῆς στρατείας
τῆς εἰς τὴν Ἀσίαν ταῖς μὲν πόλεσιν, ἃς ἔφην χρῆναί σε διαλ- e
λάττειν, τότε συμβουλεύσομεν, ὡς χρὴ πολεμεῖν πρὸς τοὺς
βαρβάρους, ὅταν ἴδωμεν αὐτὰς ὁμονοούσας, πρὸς σὲ δὲ νῦν
ποιήσομαι τοὺς λόγους, οὐ τὴν αὐτὴν ἔχων διάνοιαν καὶ
κατ᾽ ἐκείνην τὴν ἡλικίαν, ὅτ᾽ ἔγραφον περὶ τὴν αὐτὴν ὑπό- 99

τρίβοντες 13, 1), und 15, 30 περὶ
τὰ δικαστήρια καλινδούμενοι, und
so oft im übertragenen Sinne und
mit tadelnder Färbung, wie die
verwandten κυλινδεῖσθαι (Stall-
baum ad Plat. Phaedo. p. 82 E),
ἁλινδεῖσθαι und εἰλινδεῖσθαι. S.
Schoemann ad Plut. Agin p. 100.
82, 2. ἀγροικότερον, zu we-
nig höflich, oft so im Kompara-
tiv mit εἰπεῖν verbunden; vergl.
Stallbaum ad Plat. Gorg. p. 462 E
und ad Kriti. p. 107 A. — ἀμφισ-
βητῶ. S. zu 4, 188.

§ 83—105 med. Zweitens rate
ich Dir, wenn auch nicht mit dem
Selbstgefühl, mit dem ich im Pane-
gyrikos redete (83—85), Persien an-
zugreifen, aber nicht eher als bis
Du alle Hellenen versöhnt und da-
für gewonnen hast; denn dafs ohne
diese Bedingung der Krieg erfolg-
los sein würde, lehrt das Beispiel
des Agesilaos (86—88). Im ent-
gegengesetzten Falle aber darfst Du
auf einen günstigen Erfolg hoffen
nach dem Vorgange des Kyros und
Klearch (89—92), wie ich das schon
im Panegyrikos gezeigt habe (93,
94), und Du wirst um so eher
glücklich sein als sie, weil Deine
Lage eine günstigere ist als die
ihrige (95—98) und weil die Lage
des Perserkönigs jetzt noch weniger

günstig erscheint als zu den Zeiten
des Kyros und Klearch (99—104).
Ratschläge über die beste Art der
Kriegführung Dir zu geben enthalte
ich mich billigerweise (105).
83, 1. ὧν i. e. περὶ τούτων ἅ.
Strange in Jahns Jahrb. Suppl. IV
(1836) S. 364 citiert Demosth. 9, 31
ὑπὲρ Φιλίππου καὶ ὧν ἐκεῖνος
πράττει νῦν, und Thuk. 5, 87
ἐκ τῶν παρόντων καὶ ὧν ὁρᾶτε.
[cf. Krit. Anh.]. — 83, 2. σχεδὸν,
nicht = paene, sondern = fere, so
ziemlich. Vergl. Isokr. 19, 42
σχεδὸν ἀκηκόατε. Demosth. 3, 36
σχεδὸν εἴρηκα ἃ νομίζω συμφέρειν.
S. Haase ad Xenoph. Resp. Lac.
p. 118 Stallbaum ad Plat. Alkib. I
p. 103 B. Rehdantz Demosth. Ind.²
p. 283. — 83, 6. τὴν αὐτὴν ἑ.
δ. καί. Man erwartet νῦν καί,
doch νῦν ergiebt sich aus dem
Zusammenhange von selbst. Ähn-
lich schon Homer Il. 14, 132 ἄλ-
λους δ᾽ ὀτρύνοντες ἐνήσομεν, οἳ τὸ
πάρος περ | θυμῷ ἦρα φέροντες
ἀφεστᾶσ᾽ οὐδὲ μαχονται, und 22,
373 μαλακώτερος ἀμφιφάασθαι |
Ἕκτωρ ἢ ὅτε νῆας ἐνέπρησεν. Thuk.
7, 28, 4 αἱ δαπάναι οὐχ ὁμοίως
καὶ πρίν, ἀλλὰ πολλῷ μείζους καθέ-
στασαν. Lys. 12, 2 τοὐναντίον δέ
μοι δοκοῦμεν πείσεσθαι ἢ ἐν τῷ
πρὸ τοῦ χρόνῳ. — 83, 7. ἔγρα-
φον, im Panegyrikos.

84 θεσιν ταύτην. τότε μὲν γὰρ παρεκελευόμην τοῖς ἀκουσομέ-
νοις καταγελᾶν μου καὶ καταφρονεῖν, ἢν μὴ καὶ τῶν πρα-
γμάτων καὶ τῆς δόξης τῆς ἐμαυτοῦ καὶ τοῦ χρόνου τοῦ περὶ
τον λόγον διατριφθέντος ἀξίως φαίνωμαι διεξιών, νῦν δὲ
φοβοῦμαι, μὴ πάντων τῶν προειρημένων πολὺ καταδεέστε-
ρον τύχω διαλεχθείς. καὶ γὰρ πρὸς τοῖς ἄλλοις ὁ λόγος ὁ
πανηγυρικός, ὁ τοὺς ἄλλους τοὺς περὶ τὴν φιλοσοφίαν δια- b
τρίβοντας εὐπορωτέρους ποιήσας, ἐμοὶ πολλὴν ἀπορίαν παρέ-
σχηκεν· οὔτε γὰρ ταῦτὰ βούλομαι λέγειν τοῖς ἐν ἐκείνῳ γε-
85 γραμμένοις οὔτ' ἔτι καινὰ δύναμαι ζητεῖν. οὐ μὴν ἀποστα-
τέον ἐστὶν ἀλλὰ λεκτέον, περὶ ὧν ὑπεθέμην, ὅ τι ἂν ὑποπέσῃ
καὶ συμφέρῃ πρὸς τὸ πεῖσαί σε ταῦτα πράττειν. καὶ γὰρ ἢν
ἐλλίπω τι καὶ μὴ δυνηθῶ τὸν αὐτὸν τρόπον γράψαι τοῖς
πρότερον ἐκδεδομένοις, ἀλλ' οὖν ὑπογράψειν γ' οἶμαι χαριέν- c
τως τοῖς ἐξεργάζεσθαι καὶ διαπονεῖν δυναμένοις.

86   (λϛ'.) Τὴν μὲν οὖν ἀρχὴν τοῦ λόγου τοῦ σύμπαντος οἶ-
μαι πεποιῆσθαι ταύτην, ἥνπερ προσήκει τοὺς ἐπὶ τὴν Ἀσίαν
πείθοντας στρατεύειν. δεῖ γὰρ μηδὲν πρότερον πράττειν,
πρὶν ἂν λάβῃ τις τοὺς Ἕλληνας δυοῖν θάτερον, ἢ συναγωνι-
ζομένους ἢ πολλὴν εὔνοιαν ἔχοντας τοῖς πραττομένοις. ὧν
Ἀγησίλαος ὁ δόξας εἶναι Λακεδαιμονίων φρονιμώτατος ὠλι- d
87 γώρησεν οὐ διὰ κακίαν ἀλλὰ διὰ φιλοτιμίαν. ἔσχεν γὰρ διτ-
τὰς ἐπιθυμίας, καλὰς μὲν ἀμφοτέρας, οὐ συμφωνούσας δ'
ἀλλήλαις οὐδ' ἅμα πράττεσθαι δυναμένας. προῃρεῖτο γὰρ
βασιλεῖ τε πολεμεῖν καὶ τοὺς ἑταίρους εἰς τὰς πόλεις τὰς αὐ-

84, 1. παρεκελευόμην. S. Pa-
negyr. § 14. — 84, 6. πρὸς τοῖς
ἄλλοις, praeter reliqua, wie 6, 88.
Isokr. denkt hier wohl an sein
hohes Alter; vergl. § 149. — 84,
7. περὶ τὴν φ. διατρίβοντας.
S. zu 9, 8. — 84, 8. εὐπορωτέ-
ρους, an Gedanken über dies
Thema, welche sie von mir ent-
lehnten; s. § 94.
85, 2. ὑποπέσῃ, mir einfällt,
eine seltene Bedeutung; vergl. Dio-
genes Laert. 7, 180 Χρύσιππος
ἐπλήθυνε τὰ συγγράμματα πᾶν τὸ
ὑποπεσὸν γράφων. — 85, 5. ἀλλ'
οὖν — γε S. zu 4, 171. — ὑπο-
γράψειν — χαριέντως, ich
werde einen hübschen Ent-

wurf geben, der vollständigen
Ausarbeitung (ἐξεργάζεσθαι, ἀπερ-
γάζεσθαι) auch sonst entgegenge-
setzt; s. Stallbaum ad Plat. de
republ. VI p. 504 D.
86, 2. προσήκει. S. die Be-
gründung im Panegyr. § 15 seq.
— 86, 4. δυοῖν θάτερον. S. zu
7, 33. Auch der Plural θάτερα
findet sich in der Phrase; s. Schoe-
mann ad Isac. p. 191. — 86, 7.
κακίαν, Untauglichkeit.
87, 4. ἑταίρους, wohl ver-
bannte Aristokraten der kleinasia-
tischen Städte. Dafs politische
Parteien sich dort befehdeten,
lehrt Xenoph. Hellen. 3, 4, 7, dafs
Agesilaos sie δίχα φόνου καὶ φυ-

τῶν καταγαγεῖν καὶ κυρίους ποιῆσαι τῶν πραγμάτων. συνέ-
βαινεν οὖν ἐκ μὲν τῆς πραγματείας τῆς ὑπὲρ τῶν ἑταίρων ἐν
κακοῖς καὶ κινδύνοις εἶναι τοὺς Ἕλληνας, διὰ δὲ τὴν ταραχὴν e
τὴν ἐνθάδε γιγνομένην μὴ σχολὴν ἄγειν μηδὲ δύνασθαι πο-
88 λεμεῖν τοῖς βαρβάροις. ὥστ' ἐκ τῶν ἀγνοηθέντων κατ' ἐκεῖ-
νον τὸν χρόνον ῥᾴδιον καταμαθεῖν, ὅτι δεῖ τοὺς ὀρθῶς βου-
λευομένους μὴ πρότερον ἐκφέρειν πρὸς τὸν βασιλέα πόλεμον,
πρὶν ἂν διαλλάξῃ τις τοὺς Ἕλληνας καὶ παύσῃ τῆς μανίας 100
τῆς νῦν αὐτοῖς ἐνεστώσης· ἅπερ καὶ σοὶ συμβεβουλευκότες
τυγχάνομεν.

89   (λζ.) Περὶ μὲν οὖν τούτων οὐδεὶς ἂν ἀντειπεῖν τῶν εὖ
φρονούντων τολμήσειεν, οἶμαι δὲ τῶν μὲν ἄλλων εἴ τισιν δό-
ξειε περὶ τῆς στρατείας τῆς εἰς τὴν Ἀσίαν συμβουλεύειν, ἐπὶ
ταύτην ἂν ἐπιπεσεῖν τὴν παράκλησιν, λέγοντας, ὡς ὅσοι περ b
ἐπεχείρησαν πρὸς τὸν βασιλέα πολεμεῖν, ἅπασιν συνέπεσεν
ἐξ ἀδόξων μὲν γενέσθαι λαμπροῖς, ἐκ πενήτων δὲ πλουσίοις,
90 ἐκ ταπεινῶν δὲ πολλῆς χώρας καὶ πόλεων δεσπόταις. ἐγὼ
δ' οὐκ ἐκ τῶν τοιούτων μέλλω σε παρακαλεῖν ἀλλ' ἐκ τῶν
ἠτυχηκέναι δοξάντων, λέγω δ' ἐκ τῶν μετὰ Κύρου καὶ Κλε-
άρχου συστρατευσαμένων. ἐκείνους γὰρ ὁμολογεῖται νικῆσαι
μὲν μαχομένους ἅπασαν τὴν βασιλέως δύναμιν τοσοῦτον, c
ὅσον περ ἂν εἰ ταῖς γυναιξὶν αὐτῶν συνέβαλον, ἤδη δ' ἐγ-
κρατεῖς δοκοῦντας εἶναι τῶν πραγμάτων διὰ τὴν Κύρου
προπέτειαν ἀτυχῆσαι· περιχαρῆ γὰρ αὐτὸν ὄντα καὶ διώ-
κοντα πολὺ πρὸ τῶν ἄλλων, ἐν μέσοις γενόμενον τοῖς πολε-
91 μίοις ἀποθανεῖν. ἀλλ' ὅμως τηλικαύτης συμφορᾶς συμπεσού-

γῆς ἀνθρώπων versöhnte, sagt Plut. Agesil. 15. Übrigens kehrt diese ganze Stelle Epist. 9, 13 seq. wieder. — 87, 5. κυρίους τῶν πραγμάτων wie 2, 4. 3, 20. 7, 65. 15, 103 Ep. 9, 13, vgl. ἐπιστάτην τῶν πραγ. § 71. 4, 121 und zu 4, 104.

88, 4. μανίας. Deutlicher heifst es Ep. 9, 14 τῆς μανίας καὶ φιλονικίας.

89, 4. ἐπιπεσεῖν. Vergl. 15, 169 εἰσέπεσον εἰς τὸ λογίζεσθαι καὶ σκοπεῖν. Häufiger ist in diesem Sinne ἐπιστῆναι. S. zu § 93.

90, 3. λέγω δέ, ich meine. Vergl. 6, 104 τὰς πόλεις τάς γε

πρωτενούσας, λέγω δὲ τὴν Ἀθηναίων καὶ Θηβαίων, und 2, 47, ebenso im Particip 12, 215 ἔλεγεν, ὅτι „σὺ μὲν πεποίησαι τοὺς λόγους,“ ἐμὲ λέγων. Vergl. Schoemann ad Isae. p. 207 und Strange in Jahns Jahrb. Suppl. III (1834) S. 615. — 90, 4. νικῆσαι μαχομένους S. zu 4, 58. — 90, 6. ὅσον περ ἂν, scil. ἐνίκων. Vergl. 10, 49 und zu 1, 27. — 90, 8. περιχαρῆ γὰρ κ. τ. λ. S. die ausführliche Schilderung bei Xenoph. Anab. 1, 8, 24.

91, 1. συμφορᾶς, das Unglück, dafs den Hellenen mit dem Kyros

σης οὕτω σφόδρα κατεφρόνησεν ὁ βασιλεὺς τῆς περὶ αὑτὸν
δυνάμεως, ὥστε προκαλεσάμενος Κλέαρχον καὶ τοὺς ἄλλους
ἡγεμόνας εἰς λόγον ἐλθεῖν, καὶ τούτοις μὲν ὑπισχνούμενος
μεγάλας δωρεὰς δώσειν, τοῖς δ' ἄλλοις στρατιώταις ἐντελῆ d
τὸν μισθὸν ἀποδοὺς ἀποπέμψειν, τοιαύταις ἐλπίσιν ὑπαγα-
γόμενος καὶ πίστεις δοὺς τῶν ἐκεῖ νομιζομένων τὰς μεγίστας,
συλλαβὼν αὐτοὺς ἀπέκτεινεν, καὶ μᾶλλον εἵλετο περὶ τοὺς
θεοὺς ἐξαμαρτεῖν ἢ τοῖς στρατιώταις οὕτως ἐρήμοις οὖσι
92 συμβαλεῖν. (λη'.) Ὥστε τίς ἂν γένοιτο παράκλησις ταύτης
καλλίων καὶ πιστοτέρα; φαίνονται γὰρ κἀκεῖνοι κρατήσαν-
τες ἂν τῶν βασιλέως πραγμάτων, εἰ μὴ διὰ Κῦρον, σοὶ δὲ e
τήν τ' ἀτυχίαν τὴν τότε γεγενημένην οὐ χαλεπὸν φυλάξα-
σθαι, τοῦ τε στρατοπέδου τοῦ κρατήσαντος τὴν ἐκείνου δύ-
ναμιν ῥᾴδιον πολὺ κρεῖττον κατασκευάσασθαι. καίτοι τού-
των ἀμφοτέρων ὑπαρξάντων πῶς οὐ χρὴ θαρρεῖν ποιούμενον
τὴν στρατείαν ταύτην;
93 (λθ'.) Καὶ μηδεὶς ὑπολάβῃ με βούλεσθαι λαθεῖν ὅτι 101
τούτων ἔνια πέφρακα τὸν αὐτὸν τρόπον ὅνπερ πρότερον.
ἐπιστὰς γὰρ ἐπὶ τὰς αὐτὰς διανοίας εἱλόμην μὴ πονεῖν γλι-
χόμενος τὰ δεδηλωμένα καλῶς ἑτέρως εἰπεῖν· καὶ γὰρ εἰ μὲν
ἐπίδειξιν ἐποιούμην, ἐπειρώμην ἂν ἅπαντα τὰ τοιαῦτα δια-
94 φεύγειν, σοὶ δὲ συμβουλεύων μωρὸς ἂν ἦν, εἰ περὶ τὴν
λέξιν πλείω χρόνον διέτριβον ἢ περὶ τὰς πράξεις, ἔτι δ' εἰ
τοὺς ἄλλους ὁρῶν τοῖς ἐμοῖς χρωμένους αὐτὸς μόνος ἀπειχό- b

---

ihr Führer entrissen wurde. S. 4,
146, wo die nämliche Sache be-
handelt wird; deshalb die Ent-
schuldigung § 93 seq. — 91, 2.
κατεφρόνησεν, wie 4, 147.
92, 3. πραγμάτων. S. zu 4,
138. — εἰ μὴ διὰ Κῦρον, wenn
Kyros nicht gewesen wäre,
sondern statt seiner ein Führer
mit größerer Besonnenheit an der
Spitze gestanden hätte. Ebenso
Ep. 2, 8 Κῦρος κρατήσας ἂν τῶν
πραγμάτων, εἰ μὴ διὰ τὴν αὐτοῦ
προπέτειαν, und öfter bei anderen;
cf. Weber ad Demosth. Aristokrat.
p. 482. Überall ist dort ἦν zu
ergänzen, und der wörtliche Sinn:
„wenn es nicht an .... gelegen
hätte." Denn auch außerhalb des

hypothetischen Satzes steht διά so,
z. B. Isokr. 20, 8 ὧν οὐδὲν διὰ τὸν
φεύγοντα τὴν δίκην (quantum in
reo fuit) ἀγένητόν ἐστιν, ἀλλὰ κατὰ
μὲν τὸ τούτου μέρος ἅπαντα πέ-
πρακται. — 92, 7. ὑπαρξάντων
cf. Krit. Anh.
93, 1. καὶ μηδεὶς ὑπολάβῃ
wie 4, 129. 12, 114. — λαθεῖν
hat nicht etwa transitiven Sinn;
s. zu 9, 57. — 93, 2. πρότερον,
im Panegyrikos. S. zu § 91. —
93, 3. ἐπιστάς, auf — gekom-
men, wie 5, 110. 10, 29. Ep. 9, 7.
— γλιχόμενος, hier mit dem
Infin. Aoristi wie 6, 109; mit dem
des Praes. 12, 16, 64, 140, 156.
Ep. 9, 15. — 93, 4. καλῶς gehört
zu δεδηλωμένα.

μην τῶν ὑπ' ἐμοῦ πρότερον εἰρημένων. τοῖς μὲν οὖν οἰκείοις
τυχὸν ἂν χρησαίμην, ἢν σφόδρα κατεπείγῃ καὶ πρέπῃ, τῶν
δ' ἀλλοτρίων οὐδὲν ἂν προσδεξαίμην, ὥσπερ οὐδ' ἐν τῷ
παρελθόντι χρόνῳ.

95   (μ'.) Ταῦτα μὲν οὖν οὕτως· δοκεῖ δέ μοι μετὰ ταῦτα
περὶ τῆς παρασκευῆς διαλεκτέον εἶναι τῆς τε σοὶ γενησομένης
καὶ τῆς ἐκείνοις ὑπαρξάσης. τὸ μὲν τοίνυν μέγιστον, σὺ μὲν
τοὺς Ἕλληνας εὔνους ἕξεις, ἢν περ ἐθελήσῃς ἐμμεῖναι τοῖς c
περὶ τούτων εἰρημένοις, ἐκεῖνοι δὲ διὰ τὰς δεκαρχίας τὰς
ἐπὶ Λακεδαιμονίων ὡς οἷόν τε δυσμενεστάτους. ἡγοῦντο γὰρ
Κύρου μὲν καὶ Κλεάρχου κατορθωσάντων μᾶλλον ἔτι δουλεύ-
σειν, βασιλέως δὲ κρατήσαντος ἀπαλλαγήσεσθαι τῶν κακῶν
96 τῶν παρόντων· ὅπερ καὶ συνέπεσεν αὐτοῖς. καὶ μὴν καὶ
στρατιώτας σὺ μὲν ἐξ ἑτοίμου λήψει τοσούτους, ὅσους ἂν
βουληθῇς· οὕτω γὰρ ἔχει τὰ τῆς Ἑλλάδος ὥστε ῥᾷον εἶναι d
συστῆσαι στρατόπεδον μεῖζον καὶ κρεῖττον ἐκ τῶν πλανωμέ-
νων ἢ τῶν πολιτευομένων· ἐν ἐκείνοις δὲ τοῖς χρόνοις οὐκ
ἦν ξενικὸν οὐδέν, ὥστ' ἀναγκαζόμενοι ξενολογεῖν ἐκ τῶν πό-
λεων πλέον ἀνήλισκον εἰς τὰς διδομένας τοῖς συλλέγουσιν
97 δωρεὰς ἢ τὴν εἰς τοὺς στρατιώτας μισθοφοράν. καὶ μὴν εἰ
βουληθεῖμεν ἐξετάσαι καὶ παραβαλεῖν σέ τε τὸν νῦν ἡγησό-
μενον τῆς στρατείας καὶ βουλευσόμενον περὶ ἁπάντων καὶ e
Κλέαρχον τὸν ἐπιστατήσαντα τῶν τότε πραγμάτων, εὑρή-
σομεν ἐκεῖνον μὲν οὐδεμιᾶς πώποτε δυνάμεως πρότερον οὔτε

94, 5. τυχόν. S. zu 4, 171. —
κατεπείγῃ hier unpersönlich, wie
12, 5 ἐντεῦθεν (ἄρχεσθαι) οἶμαι
μᾶλλον κατεπείγειν, und 12, 114
κατήπειγε τὴν πόλιν περιγενέσθαι
πολεμοῦσαν.

95, 2. παρασκευῆς, Hülfs-
mittel, wie 10, 49. — 95, 3. τὸ
— μέγιστον, ohne folgendes γάρ.
S. zu 7, 83. — 95, 5. δεκαρχίας.
S. zu 4, 110. — 95, 6. δυσμενε-
στάτους, scil. εἶχον. S. zu 7, 49.
[cf. Krit. Anh.]. — 95, 9. ὅπερ
καὶ συνέπεσεν, wie 11, 29 ὅπερ
καὶ συνέβη, dagegen 12, 143 ἅπερ
αὐτοῖς συνέβαινεν und 9, 56 ὅπερ
συνέβη. Auch andere schwanken
in dem Hinzufügen des καί in

diesen und ähnlichen Formeln;
vergl. Strange in Jahns Jahrb.
Suppl. III (1834) S. 600.

96, 4. πλανωμένων. S. § 120.
— 96, 5. πολιτευομένων, den
in ihren Staaten Lebenden. — 96,
6. ξενικὸν οὐδέν, keine Söld-
ner, welche sich ein für allemal
dazu bestimmt hatten, also: keinen
Söldnerstand. — 96, 7. συλλέ-
γουσιν, wie Klearch, Proxenos,
Sophainetos u. s. w. für Kyros
Söldner sammelten. — 96, 8. ἢ
τήν i. e. ἢ εἰς τήν, wie kurz vor-
her ἐκ τῶν πλανωμένων ἢ τῶν
πολιτευομένων. S. zu 9, 3.

97, 3. στρατείας. S. zu 4, 88.
— 97, 4. τὸν ἐπιστ. τῶν πρ.

ναυτικῆς οὔτε πεζῆς καταστάντα κύριον ἀλλ' ἐκ τῆς ἀτυχίας
τῆς συμβάσης αὐτῷ περὶ τὴν ἤπειρον ὀνομαστὸν γενόμενον, 102
98 δὲ δὲ τοσαῦτα καὶ τηλικαῦτα τὸ μέγεθος διαπεπραγμένον,
περὶ ὧν εἰ μὲν πρὸς ἑτέρους τὸν λόγον ἐποιούμην, καλῶς
ἂν εἶχε διελθεῖν, πρὸς σὲ δὲ διαλεγόμενος, εἰ τὰς σὰς πρά-
ξεις σοι διεξιοίην, δικαίως ἂν ἀνόητος ἅμα καὶ περίεργος
εἶναι δοκοίην.

99   (μα'.) Ἄξιον δὲ μνησθῆναι καὶ τῶν βασιλέων ἀμφοτέρων,
ἐφ' ὃν σοί τε συμβουλεύω στρατεύειν καὶ πρὸς ὃν Κλέαρχος
ἐπολέμησεν, ἵν' ἑκατέρου τὴν γνώμην καὶ τὴν δύναμιν b
εἰδῇς. ὁ μὲν τοίνυν τούτου πατὴρ τὴν πόλιν τὴν ἡμετέραν
καὶ πάλιν τὴν Λακεδαιμονίων κατεπολέμησεν, οὗτος δ' οὐδε-
νὸς πώποτε τῶν στρατευμάτων τῶν τὴν χώραν αὐτοῦ λυμαι-
100 νομένων ἐπεκράτησεν. ἔπειθ' ὁ μὲν τὴν Ἀσίαν ἅπασαν παρὰ
τῶν Ἑλλήνων ἐν ταῖς συνθήκαις ἐξέλαβεν, οὗτος δὲ τοσού-
του δεῖ τῶν ἄλλων ἄρχειν, ὥστ' οὐδὲ τῶν ἐκδοθεισῶν αὐτῷ
πόλεων ἐγκρατής ἐστιν. ὥστ' οὐδεὶς ὅστις οὐκ ἂν ἀπορήσειεν, c
πότερα χρὴ νομίζειν τοῦτον αὐτῶν ἀφεστάναι δι' ἀνανδρίαν

S. zu 4, 104. — 97, 6. κύριον,
nicht als selbständiger An-
führer aufgetreten war, son-
dern höchstens als Unterfeldherr.
In letzterer Eigenschaft erscheint
er in den meisten der von Benseler
angeführten Stellen; wo er aber
selbständig auftritt, erscheint er
doch nur als Anführer eines zu-
sammengerafften Söldnerhaufens.
Darnach hat Isokr. hier nicht eben
übertrieben. — ἀλλ' ἐκ κ. τ. λ.,
sondern nur erst durch sein Un-
glück (seinen Tod § 91), nicht
durch frühere glückliche Kriegs-
unternehmungen wie Philipp. —
97, 7. ἤπειρον. S. zu 9, 55.

99, 2. ἐφ' ὃν σοί τε. Die Stel-
lung der Kopula könnte auffallen,
allein der Gegensatz liegt nicht
in den Relativen allein, sondern
wird erst dadurch gewonnen, daſs
zu ihnen der Name ihres Gegners
hinzutritt; ἐφ' ὃν σοί bildet also
gewissermaſsen einen Begriff (deines
Königs — des Königs des Klearch).
— 99, 4. τούτου, der Vater des

jetzigen (des Ochos), der König
Artaxerxes Mnemon. — πόλιν τὴν
ἡμετέραν — κατεπολέμησεν.
Dies bezog schon H. Wolf auf die
Unterstützung, welche Persien
Sparta gegen Athen im peloponne-
sischen Kriege gewährte, infolge
deren den Lakedaimoniern der Sieg
bei Aigospotamoi und die Ein-
nahme Athens möglich wurde.
Wolf unterließ aber auf die Un-
genauigkeit des Isokr. aufmerksam
zu machen, welcher, was vom
Dareios Nothos gilt, auf dessen
Sohn Artaxerxes überträgt, da
dieser erst nach der Einnahme
Athens zur Regierung kam (Dio-
dor. 13, 108). — 99, 5. Λακεδαι-
μονίων, bei Knidos, 394 v. Chr.
— 99, 7. ἐπεκράτησεν. Isokr.
denkt wohl an Einfälle wie den
des Chares, der in Verbindung mit
dem aufrührerischen Artabazos die
Heere des Ochos schlug; s. Diodor.
16, 22.

100, 2. συνθήκαις, im antal-
kidischen Frieden. S. 4, 175.

ἢ 'κείνας ὑπερεωρακέναι καὶ καταπεφρονηκέναι τῆς βαρβαρικῆς δυναστείας.

101 (μβ'.) Τὰ τοίνυν περὶ τὴν χώραν ὡς διάκειται, τίς οὐκ ἂν ἀκούσας παροξυνθείη πολεμεῖν πρὸς αὐτόν; Αἴγυπτος γὰρ ἀφειστήκει μὲν καὶ κατ' ἐκεῖνον τὸν χρόνον, οὐ μὴν ἀλλ' ἐφοβοῦντο, μή ποτε βασιλεὺς αὐτὸς ποιησάμενος στρατείαν κρατήσειεν καὶ τῆς διὰ τὸν ποταμὸν δυσχωρίας καὶ τῆς d ἄλλης παρασκευῆς ἁπάσης· νῦν δ' οὗτος ἀπήλλαξεν αὐτοὺς τοῦ δέους τούτου. συμπαρασκευασάμενος γὰρ δύναμιν, ὅσην οἷός τ' ἦν πλείστην, καὶ στρατεύσας ἐπ' αὐτούς, ἀπῆλθεν ἐκεῖθεν οὐ μόνον ἡττηθεὶς ἀλλὰ καὶ καταγελασθεὶς καὶ δόξας 102 οὔτε βασιλεύειν οὔτε στρατηγεῖν ἄξιος εἶναι. τὰ τοίνυν περὶ Κύπρον καὶ Φοινίκην καὶ Κιλικίαν καὶ τὸν τόπον ἐκεῖνον, ὅθεν ἐχρῶντο ναυτικῷ, τότε μὲν ἦν βασιλέως, νῦν δὲ τὰ μὲν e ἀφέστηκεν, τὰ δ' ἐν πολέμῳ καὶ κακοῖς τοσούτοις ἐστὶν ὥστ' ἐκείνῳ μὲν μηδὲν εἶναι τούτων τῶν ἐθνῶν χρήσιμον, σοὶ δ' ἢν πολεμεῖν πρὸς αὐτὸν βουληθῇς συμφόρως ἕξειν.

103 (μγ'.) Καὶ μὴν Ἰδριέα γε τὸν εὐπορώτατον τῶν νῦν περὶ τὴν ἤπειρον προσήκει δυσμενέστερον εἶναι τοῖς βασιλέως πράγμασι τῶν πολεμούντων· ἢ πάντων γ' ἂν εἴη σχετλιώ- 103 τατος, εἰ μὴ βούλοιτο καταλελύσθαι ταύτην τὴν ἀρχήν, τὴν αἰκισαμένην μὲν τὸν ἀδελφόν, πολεμήσασαν δὲ πρός αὐτόν, ἅπαντα δὲ τὸν χρόνον ἐπιβουλεύουσαν καὶ βουλομένην τοῦ τε σώματος αὐτοῦ καὶ τῶν χρημάτων ἁπάντων γενέσθαι κυ-

---

101, 2. Αἴγυπτος. S. zu 4, 140 und 161. — 101, 8. στρατεύσας, wohl im Jahre 351; s. Schäfer l. l. I, S. 437. Erst auf einem dritten Zuge im Jahre 340, also nach dieser Rede, gelang es dem Ochos Ägypten zu unterwerfen. — 101, 9. καταγελασθείς. Vergl. Aelian. Var. histor. 4, 8. 4 Ὤχον οἱ Αἰγύπτιοι τῇ ἐπιχωρίῳ φωνῇ Ὄνον ἐκάλουν, τὸ νωθὲς αὐτοῦ τῆς γνώμης ἐκ τῆς ἀσθενείας τοῦ ζῴου διαβάλλοντες, was wohl mit Recht von Boeckh hierher gezogen wird; s. Schäfer l. l.

102, 1. περὶ Κύπρον κ. τ. λ. Über die unter Ochos in diesen

Gegenden geführten Kriege vergl. Diodor. 16, 41—46.

103, 1. Ἰδριέα, König von Karien, Sohn des Hekatomnos (Isokr. 4, 162). — 103, 3. ἢ πάντων γ' ἂν ε. σ. Ähnlich 15, 97 ἢ πάντων γ' ἂν εἴην δυστυχέστατος, und sonst oft; vergl. Strange in Jahns Jahrb. Suppl. II (1833) S. 91. Über σχέτλιος (besessen, thöricht) vergl. Döderlein, Homer. Gloss. III p. 341. — 103, 5. ἀδελφόν, seinen Vorgänger, den Mausolos, welcher sich in Verbindung mit den kleinasiatischen Satrapen gegen Persien empört hatte (Diodor. 15, 90); aber weder von dem αἰκίζεσθαι desselben, noch von einem Kriege

104 ρίαν. ὑπὲρ ὧν δεδιὼς νῦν μὲν ἀναγκάζεται θεραπεύειν αὐτὸν καὶ χρήματα πολλὰ καθ᾽ ἕκαστον τὸν ἐνιαυτὸν ἀναπέμπειν· εἰ δὲ σὺ διαβαίης εἰς τὴν ἤπειρον, ἐκεῖνός τ᾽ ἂν ἅσμενος ἴδοι βοηθὸν ἥκειν αὐτῷ σε νομίζων, τῶν τ᾽ ἄλλων b σατραπῶν πολλοὺς ἀποστήσεις, ἢν ὑπόσχῃ τὴν ἐλευθερίαν αὐτοῖς καὶ τοὔνομα τοῦτο διασπείρῃς εἰς τὴν Ἀσίαν, ὅπερ εἰς τοὺς Ἕλληνας εἰσπεσὸν καὶ τὴν ἡμετέραν καὶ τὴν Λακεδαι-
105 μονίων ἀρχὴν κατέλυσεν. (μδ᾽.) Ἔτι δ᾽ ἂν πλείω λέγειν ἐπεχείρουν, ὃν τρόπον πολεμῶν τάχιστ᾽ ἂν περιγένοιο τῆς τοῦ βασιλέως δυνάμεως· νῦν δὲ φοβοῦμαι μή τινες ἐπιτιμή- c σωσιν ἡμῖν, εἰ μηδὲν πώποτε μεταχειρισάμενος τῶν στρατιωτικῶν νῦν τολμῷην σοὶ παραινεῖν τῷ πλεῖστα καὶ μέγιστα διαπεπραγμένῳ κατὰ πόλεμον. ὥστε περὶ μὲν τούτων οὐδὲν οἶμαι δεῖν πλείω λέγειν.

(με᾽.) Περὶ δὲ τῶν ἄλλων, ἡγοῦμαι τόν τε πατέρα σου καὶ τὸν κτησάμενον τὴν βασιλείαν καὶ τὸν τοῦ γένους ἀρχηγόν, εἰ τῷ μὲν εἴη θέμις, οἱ δὲ δύναμιν λάβοιεν, τῶν αὐτῶν
106 ἂν τούτων γενέσθαι συμβούλους, ὧνπερ ἐγώ. χρῶμαι δὲ d

---

der Perser gegen Idrieus selbst ist etwas näheres bekannt.
104, 1. θεραπεύειν. Er unterstützte den Ochos im Kriege gegen Kypern (s. § 102). Vergl. Diodor. 16, 42, welcher ihn φίλον καὶ σύμμαχον Περσῶν ἐκ προγόνων nennt, während Isokr. darin nur Politik erblickt. — **104, 6.** διασπείρῃς εἰς τ. Ἀ. Vergl. 6, 77 τῶν λόγων διασπαρέντων εἰς τοὺς Ἕλληνας.
105, 1. ἔτι δ᾽ ἂν πλείω λ. ἐ. cf. Epist. 7, 10 ἔτι δ᾽ ἂν πλείω σοι περὶ τούτων διελέχθην. — **105, 4.** ἡμῖν — μεταχειρισάμενος. S. zu 4, 14.

§ 105 med. — 131. Beide Ratschläge, welche ich Dir gab, würde Dir auch Dein Vater, sowie der Stifter Deiner Dynastie (105 med. —108) und der noch nicht würdig genug gepriesene Ahnherr Deines Geschlechtes, Herakles, geben (109 —113 med.). Besonders dem Herakles mußt Du, so weil es möglich ist, nachahmen in seiner Milde und Menschenfreundlichkeit gegen die

Hellenen, Tugenden, welche so hoch geschätzt werden (113 med.—117), und Du kannst es, wenn Du, nach dem Möglichen strebend (118) und den Gedanken des Jason von Pherae verwirklichend (119), Persien bekriegst und im günstigsten Falle das dort eroberte Land mit den jetzt heimatlos umherirrenden Hellenen, die uns noch gefährlich werden können, besetzest, im minder günstigen Falle aber wenigstens die Hellenen in Kleinasien frei machst, und so ausführst, was kein Hellene außer Dir erstreben wird (120— 127); wenigstens habe ich die Athener bisher vergebens dazu aufgefordert und darf mich daher ohne einen Vorwurf von ihrer Seite her befürchten zu müssen, an Dich wenden (128—131).

105, 6. διαπεπραγμένῳ κατὰ πόλεμον wie 12, 128. — **105, 8.** πατέρα, Amyntas II. — **105. 9.** κτησάμενον — ἀρχηγόν. S. zu § 32. — **105, 10.** τῷ μὲν, dem Herakles.

τεκμηρίοις ἐξ ὧν διαπεπραγμένοι τυγχάνουσιν. ὅ τε γὰρ πα-
τήρ σου πρὸς τὰς πόλεις ταύτας, αἷς σοὶ παραινῶ προσέχειν
τὸν νοῦν, πρὸς ἁπάσας οἰκείως εἶχεν· ὅ τε κτησάμενος τὴν
ἀρχήν, μεῖζον φρονήσας τῶν αὑτοῦ πολιτῶν καὶ μοναρχίας
ἐπιθυμήσας, οὐχ ὁμοίως ἐβουλεύσατο τοῖς πρὸς τὰς τοιαύτας
107 φιλοτιμίας ὁρμωμένοις. οἱ μὲν γὰρ ἐν ταῖς αὑτῶν πόλεσιν
στάσεις καὶ ταραχὰς καὶ σφαγὰς ἐμποιοῦντες ἐκτῶντο τὴν e
τιμὴν ταύτην, ὁ δὲ τὸν μὲν τόπον τὸν Ἑλληνικὸν ὅλως εἴασεν,
τὴν δ' ἐν Μακεδονίᾳ βασιλείαν κατασχεῖν ἐπεθύμησεν· ἠπί-
στατο γὰρ τοὺς μὲν Ἕλληνας οὐκ εἰθισμένους ὑπομένειν τὰς
μοναρχίας, τοὺς δ' ἄλλους οὐ δυναμένους ἄνευ τῆς τοιαύτης
108 δυναστείας διοικεῖν τὸν βίον τὸν σφέτερον αὑτῶν. καὶ γάρ 104
τοι συνέβη διὰ τὸ γνῶναι περὶ τούτων αὐτὸν ἰδίως καὶ τὴν
βασιλείαν γεγενῆσθαι πολὺ τῶν ἄλλων ἐξηλλαγμένην· μό-
νος γὰρ Ἑλλήνων οὐχ ὁμοφύλου γένους ἄρχειν ἀξιώσας μό-
νος καὶ διαφυγεῖν ἠδυνήθη τοὺς κινδύνους τοὺς περὶ τὰς
μοναρχίας γιγνομένους. τοὺς μὲν γὰρ ἐν τοῖς Ἕλλησι τοιοῦ-
τόν τι διαπεπραγμένους εὕροιμεν ἂν οὐ μόνον αὐτοὺς διε-
φθαρμένους, ἀλλὰ καὶ τὸ γένος αὐτῶν ἐξ ἀνθρώπων ἠφανισ- b
μένον, ἐκεῖνον δ' αὐτόν τ' ἐν εὐδαιμονίᾳ τὸν βίον διαγα-
γόντα τῷ τε γένει καταλιπόντα τὰς αὐτὰς τιμάς, ἅσπερ αὐτὸς
εἶχεν.

109 (μς'.) Περὶ τοίνυν Ἡρακλέους, οἱ μὲν ἄλλοι τὴν ἀνδρείαν
ὑμνοῦντες αὐτοῦ καὶ τοὺς ἄθλους ἀπαριθμοῦντες διατελοῦσιν,
περὶ δὲ τῶν ἄλλων τῶν τῇ ψυχῇ προσόντων ἀγαθῶν οὐδεὶς

106, 3. ταύτας. S. § 39. —
106, 4. πρὸς ἁπάσας. Über die
Wiederholung der Praeposition s.
zu 4, 42. — οἰκείως. Wenig-
stens Freund der Athener nennt
den Amyntas Demosth. 23, 111;
sie und die Lakedaimonier hatten
ihn, als er von den Thessaliern
verjagt war, wieder eingesetzt
(Aeschin. 2, 26 cum schol.). —
106, 5. πολιτῶν, der Argiver; s.
zu § 32.
108, 1. καὶ γάρ τοι, daher —
denn. S. zu 7, 30. — 108, 2.
γνῶναι — ἰδίως, seine eigen-
tümliche Ansicht — hatte.
— 108, 3. ἐξηλλαγμένην, ab-
weichend, wie 8, 63. 15, 179

und sonst. — 108, 7. διεφθαρ-
μένους, wie vor kurzem erst
Alexander von Pherae ermordet
war; s. Xenoph. Hellen. 6, 4, 36 seq.
— 108, 8. ἐξ ἀνθρ. ἤφαν. S. zu
4, 95.
109, 1. περὶ — Ἡρακλέους
tritt, die Stelle eines ganzen Satzes
vertretend, absolut vor die Periode,
wie 3, 14. 15, 60. 18, 37 und sonst
(Sauppe ad Demosth. orat. sel. p. 66.
Rehdantz Demosth. Ind²p.271), auch
da, wo die vollständige Ausdrucks-
weise vorausging oder (wie hier)
folgt; vergl. Demosth. 1, 19 περὶ
μὲν τῆς βοηθείας ταῦτα γιγνώσκω,
περὶ δὲ χρημάτων, ἔστιν ὦ ἄνδρες
Ἀθηναῖοι χρήματα ὑμῖν. Isokr. 4,

οὔτε τῶν ποιητῶν οὔτε τῶν λογοποιῶν οὐδεμίαν φανήσεται μνείαν πεποιημένος. ἐγὼ δ᾽ ὁρῶ μὲν τόπον ἴδιον καὶ παν- c τάπασιν ἀδιεξέργαστον, οὐ μικρὸν οὐδὲ κενόν, ἀλλὰ πολλῶν μὲν ἐπαίνων καὶ καλῶν πράξεων γέμοντα, ποθοῦντα δὲ τὸν 110 ἀξίως ἂν δυνηθέντα διαλεχθῆναι περὶ αὐτῶν· ἐφ᾽ ὃν εἰ μὲν νεώτερος ὢν ἐπέστην, ῥᾳδίως ἂν ἐπέδειξα τὸν πρόγονον ὑμῶν καὶ τῇ φρονήσει καὶ τῇ φιλοτιμίᾳ καὶ τῇ δικαιοσύνῃ πλέον διενεγκόντα πάντων τῶν προγεγενημένων ἢ τῇ ῥώμῃ τῇ τοῦ σώματος· νῦν δ᾽ ἐπελθὼν ἐπ᾽ αὐτὸν καὶ κατιδὼν τὸ d πλῆθος τῶν ἐνόντων εἰπεῖν, τήν τε δύναμιν τὴν παροῦσάν μοι κατεμεμψάμην καὶ τὸν λόγον ᾐσθόμην διπλάσιον ἂν γενόμενον τοῦ νῦν ἀναγιγνωσκομένου. τῶν μὲν οὖν ἄλλων ἀπέστην διὰ τὰς αἰτίας ταύτας, μίαν δὲ πρᾶξιν ἐξ αὐτῶν ἔλαβον, ἥπερ ἦν προσήκουσα μὲν καὶ πρέπουσα τοῖς προειρημένοις, τὸν δὲ καιρὸν ἔχουσα μάλιστα σύμμετρον τοῖς νῦν λεγομένοις.

111 (μζ.) Ἐκεῖνος γὰρ ὁρῶν τὴν Ἑλλάδα πολέμων καὶ στά- e σεων καὶ πολλῶν ἄλλων κακῶν μεστὴν οὖσαν, παύσας ταῦτα καὶ διαλλάξας τὰς πόλεις πρὸς ἀλλήλας ὑπέδειξε τοῖς ἐπιγιγνομένοις, μεθ᾽ ὧν χρὴ καὶ πρὸς οὓς δεῖ τοὺς πολέμους ἐκφέρειν. ποιησάμενος γὰρ στρατείαν ἐπὶ Τροίαν, ἥπερ εἶχεν τότε μεγίστην δύναμιν τῶν περὶ τὴν Ἀσίαν, τοσοῦτον διή- 105 νεγκεν τῇ στρατηγίᾳ τῶν πρὸς τὴν αὐτὴν ταύτην ὕστερον πο- 112 λεμησάντων, ὅσον οἱ μὲν μετὰ τῆς τῶν Ἑλλήνων δυνάμεως ἐν ἔτεσι δέκα μόλις αὐτὴν ἐξεπολιόρκησαν, ὁ δ᾽ ἐν ἡμέραις ἐλάττοσιν ἢ τοσαύταις καὶ μετ᾽ ὀλίγων στρατεύσας ῥᾳδίως αὐτὴν κατὰ κράτος εἷλεν. καὶ μετὰ ταῦτα τοὺς βασιλέας τῶν

15. 5, 83 u. 105. — 109, 4. λογοποιῶν, Historiker, wie 11, 37. Vergl. Pierson ad Moerid. Attic. p. 244 (= 179 Lips.), Curtius in d. Sitzungsber. der Sächsisch. Akad. 1866 p. 143. — 109, 5. τόπον, Feld, wie 10, 4. — 109, 7. γέμοντα S. zu 7, 43.

110, 6. τῶν ἐνόντων εἰπεῖν. S. zu 7, 77. — 110, 11. ἔχουσα, nämlich ῥηθῆναι, was Plut. Moral. p. 763 B ὁ ἐν ἀρχῇ καιρὸν εἶχε ῥηθῆναι u. p. 960 B λεχθῆναι καιρὸν οὐκ ἔσχεν hinzusetzt. Der Artikel

(seine Zeit) pflegt in dieser Verbindung sonst zu fehlen.

111, 4. χρὴ — δεῖ [cf. Krit. Anh.] Isokr. liebt diesen Wechsel; vergl. 2, 6 ὧν χρὴ στοχάζεσθαι καὶ περὶ ἃ δεῖ διατρίβειν. 2, 15 ἄρχεσθαι μὲν οὖν ἐντεῦθεν χρὴ τοὺς μέλλοντάς τι τῶν δεόντων ποιήσειν, πρὸς δὲ τούτους φιλάνθρωπον εἶναι δεῖ καὶ φιλόπολιν. 3, 10 τοὺς δυναστεύοντας, ὡς δεῖ τῷ πλήθει χρῆσθαι, καὶ τοὺς ἰδιώτας, ὡς χρὴ πρὸς τοὺς ἄρχοντας διακεῖσθαι, und sonst. — 111, 5. ἐπὶ Τροίαν. S. zu 9, 16, — 111, 6. τοσοῦτον

ἐθνῶν τῶν ἐφ᾽ ἑκατέρας τῆς ἠπείρου τὴν παραλίαν κατοικούν- b
των ἅπαντας ἀπέκτεινεν· οὓς οὐδέποτ᾽ ἂν διέφθειρεν, εἰ μὴ
καὶ τῆς δυνάμεως αὐτῶν ἐκράτησεν. ταῦτα δὲ πράξας τὰς
στήλας τὰς Ἡρακλέους καλουμένας ἐποιήσατο, τρόπαιον μὲν
τῶν βαρβάρων, μνημεῖον δὲ τῆς ἀρετῆς τῆς αὑτοῦ καὶ τῶν
κινδύνων, ὅρους δὲ τῆς Ἑλλήνων χώρας.

113 Τούτου δ᾽ ἕνεκά σοι περὶ τούτων διῆλθον, ἵνα γνῷς, ὅτι
σε τυγχάνω τῷ λόγῳ παρακαλῶν ἐπὶ τοιαύτας πράξεις, ἃς
ἐπὶ τῶν ἔργων οἱ πρόγονοί σου φαίνονται καλλίστας προκρί- c
ναντες. (μή.) Ἅπαντας μὲν οὖν χρὴ τοὺς νοῦν ἔχοντας τὸν
κράτιστον ὑποστησαμένους πειρᾶσθαι γίγνεσθαι τοιούτους,
μάλιστα δὲ σοὶ προσήκει. τὸ γὰρ μὴ δεῖν ἀλλοτρίοις χρῆσθαι
παραδείγμασιν ἀλλ᾽ οἰκεῖον ὑπάρχειν, πῶς οὐκ᾽ εἰκὸς ὑπ᾽ αὐ-
τοῦ σε παροξύνεσθαι καὶ φιλονικεῖν, ὅπως τῷ προγόνῳ
114 σαυτὸν ὅμοιον παρασκευάσεις; λέγω δ᾽ οὐχ ὡς δυνησόμενον
ἁπάσας σε μιμήσασθαι τὰς Ἡρακλέους πράξεις, οὐδὲ γὰρ ἂν d
τῶν θεῶν ἔνιοι δυνηθεῖεν· ἀλλὰ κατά γε τὸ τῆς ψυχῆς ἦθος

— ὅσον, insofern — als. S.
zu 1, 4.
112, 5. ἐθνῶν, nämlich βαρβά-
ρων, denn nur über solche trium-
phiert er nachher und nur als Be-
sieger von Barbaren soll er dem
Philipp ein Muster sein; man hat
also für Europa nicht mit Benseler
auch an griechische Fürsten wie
Augeas, Neleus in Pylos, Hippo-
koon in Lakedaimon, sondern nur
an Barbaren wie an den Thraker-
fürsten Diomedes (Apollodor 2, 5,
8) zu denken; für Asien (und Afrika)
ist an Mygdon, die Hippolyte, Sar-
pedon (über alle Apollodor 4, 5, 9),
Busiris (obwohl Isokr. über diesen
11, 36 seq. anders urteilt), Antaios
u. s. w. zu denken. — ἐφ᾽ ἑκατέ-
ρας. S. zu 4, 35. — 112, 8. τρό-
παιον τῶν βαρβάρων S. zu
4, 150.
113, 3. ἐπὶ τῶν ἔργων, bei
ihrem Handeln, wie ἐπὶ πρα-
γμάτων 15, 128 und ἐπὶ τῶν πρά-
ξεων hei Xenoph. Kyrop. 1, 6, 25,
nur daß ἔργον, wie unsere Stelle
(und § 120) lehrt, ein weiterer Be-
griff ist als πρᾶξις. — καλλίστας

προκρ. S. zu 4, 4. — 113, 5
ὑποστησαμένους, sich zum
Muster nehmend, ganz so wohl
von keinem andern gebraucht. —
113, 6. τὸ γὰρ μὴ δεῖν, denn
da Du nicht — brauchst. In
der That aber beginnt die Kon-
struktion, als ob πῶς οὐκ εἰκός σε
παροξύνειν folgen sollte; die Rede
ist also anakoluthisch. Ganz ähn-
lich 12, 99 ἀλλὰ μὴν καὶ τὰς στά-
σεις καὶ τὰς σφαγὰς καὶ τὰς τῶν
πολιτειῶν μεταβολὰς — ἐκεῖνοι μὲν
ἂν φανεῖεν ἁπάσας τὰς πόλεις πλὴν
ὀλίγων μεστὰς πεποιηκότες τῶν
τοιούτων συμφορῶν. Vergl. auch
15, 281 und Lykurg. Leokrat. 91
τὸ ἐλθεῖν τοῦτον, οἶμαι θεόν τινα
αὐτὸν ἐπ᾽ αὐτὴν ἀγαγεῖν τὴν τιμω-
ρίαν. Aber nicht hierher gehört
12, 224 τὸ δὲ μηδὲν τῶν αὐτῶν
συμβαίνειν τοῖς ὀρθῶς καὶ δικαίως
πράττουσι καί τοῖς ἀσελγῶς τε καὶ
κακῶς, τίνι οὐκ ἂν εἰκότως ταῦτα
γίγνεσθαι δόξειεν. — 113, 7. οἰ-
κεῖον. S. zu 1, 9. — 113, 8.
φιλονικεῖν. S. Krit. Anh. zu 4, 19.
114, 1. οὐχ ὡς δυνησόμενον.
S. zu 4, 53.

ΦΙΛΙΠΠΟΣ (5)

καὶ τὴν φιλανθρωπίαν καὶ τὴν εὔνοιαν, ἣν εἶχεν εἰς τοὺς
Ἕλληνας, δύναι' ἂν ὁμοιωθῆναι τοῖς ἐκείνου βουλήμασιν.
ἔστι δέ σοι πεισθέντι τοῖς ὑπ' ἐμοῦ λεγομένοις τυχεῖν δόξης
115 οἵας ἂν αὐτὸς βουληθῇς· ῥᾷον γάρ ἐστιν ἐκ τῶν παρόντων
κτήσασθαι τὴν καλλίστην ἥπερ ἐξ ὧν παρέλαβες ἐπὶ τὴν νῦν
ὑπάρχουσαν προελθεῖν. σκέψαι δ' ὅτι σε τυγχάνω παρακα-
λῶν, ἐξ ὧν ποιήσει τὰς στρατείας οὐ μετὰ τῶν βαρβάρων e
ἐφ' οὓς οὐ δίκαιόν ἐστιν, ἀλλὰ μετὰ τῶν Ἑλλήνων ἐπὶ τού-
τους, πρὸς οὓς προσήκει τοὺς ἀφ' Ἡρακλέους γεγονότας πο-
λεμεῖν.

116   (μθ'.) Καὶ μὴ θαυμάσῃς, εἰ διὰ παντός σε τοῦ λόγου 106
πειρῶμαι προτρέπειν ἐπί τε τὰς εὐεργεσίας τὰς τῶν Ἑλλήνων
καὶ πραότητα καὶ φιλανθρωπίαν· ὁρῶ γὰρ τὰς μὲν χαλεπό-
τητας λυπηρὰς οὔσας καὶ τοῖς ἔχουσι καὶ τοῖς ἐντυγχάνουσιν,
τὰς δὲ πραότητας οὐ μόνον ἐπὶ τῶν ἀνθρώπων καὶ τῶν ἄλ-
117 λων ζῴων ἁπάντων εὐδοκιμούσας, ἀλλὰ καὶ τῶν θεῶν τοὺς
μὲν τῶν ἀγαθῶν αἰτίους ἡμῖν ὄντας Ὀλυμπίους προσαγορευο-
μένους, τοὺς δ' ἐπὶ ταῖς συμφοραῖς καὶ ταῖς τιμωρίαις τε-
ταγμένους δυσχερεστέρας τὰς ἐπωνυμίας ἔχοντας, καὶ τῶν b
μὲν καὶ τοὺς ἰδιώτας καὶ τὰς πόλεις καὶ νεὼς καὶ βωμοὺς
ἱδρυμένους, τοὺς δ' οὔτ' ἐν ταῖς εὐχαῖς οὔτ' ἐν ταῖς
118 θυσίαις τιμωμένους, ἀλλ' ἀποπομπὰς αὐτῶν ποιουμένους. ὧν

115, 1. ῥᾷον γάρ κ. τ. λ. Vgl.
Ep. 3, 5 ταῦτα δὲ κατεργάσασθαι
πολὺ ῥᾷον ἐστιν ἐκ τῶν νῦν πα-
ρόντων ἢ προελθεῖν ἐπὶ τὴν δύνα-
μιν καὶ τὴν δόξαν, ἣν νῦν ἔχεις,
ἐκ τῆς βασιλείας τῆς ἐξ ἀρχῆς ὑμῖν
ὑπαρξάσης. — 115, 3. παρακα-
λῶν, ἐξ ὧν Ermahnungen er-
teile (denen zufolge), durch
welche veranlaßt [cf. Krit.
Anh.] — 115, 5. ἐφ' οὓς κ. τ. λ.,
gegen Hellenen.
116,4. ἐντυγχάνουσιν, denen,
mit welchen man verkehrt. S.
zu 1, 20.
117, 5. ἰδιώτας — πόλεις,
ein häufiger Gegensatz; vergl. zu
7, 72 und Weber ad Demosth.
Aristokrat. p. 4. — 117, 7. ἀπο-
πομπάς giebt Harpokrat. p. 29, 2
Bekk. nur aus unserer Stelle ohne
weitere Erklärung, und was er hin-

zusetzt: ἀποπομπαῖοί τινες ἐκα-
λοῦντο θεοί, περὶ ὧν Ἀπολλόδωρος
ἐν ς' περὶ θεῶν διείλεκται, fördert
die Erklärung auch nicht, ebenso-
wenig Hesychs ἀποπομπαί, ἡμέραι
τινές, ἐν αἷς θυσίαι ἐτελοῦντο τοῖς
ἀποπομπαίοις θεοῖς. Daß bei
Harpokr. die Erklärung von ἀπο-
πομπαί ausgefallen, macht B. Keil
Anal. Isokr. p. 127 seq. wahrschein-
lich, der die des Suidas ἀποπομ-
πή. ἀντὶ τοῦ ἀποτροπή anführt.
Somit sind unter ἀποπομπαί wohl
alle Mittel, den Einfluß daemo-
nischer Gewalten von sich fern-
zuhalten, (von denen das haupt-
sächlichste das ἀποπτύειν εἰς κόλ-
πον war; s. Blomfield ad Aeschyl.
Prometh. 1106, O. Jahn ad Pers.
Sat. p. 126, dens. in Sitzungsber.
der Sächsisch. Akad. 1855 S. 83)
zu verstehen. ἀποπέμπομαι

Isokr. II. 3. Aufl.

146 (V) ΙΣΟΚΡΑΤΟΥΣ

ἐνθυμούμενον ἐθίζειν σαυτὸν χρὴ καὶ μελετᾶν, ὅπως ἔτι
μᾶλλον ἢ νῦν τοιαύτην ἅπαντες περὶ σοῦ τὴν γνώμην ἕξου-
σιν. χρὴ δὲ τοὺς μείζονος δόξης τῶν ἄλλων ἐπιθυμοῦντας c
περιβάλλεσθαι μὲν τῇ διανοίᾳ τὰς πράξεις, δυνατὰς μέν,
εὐχῇ δ᾽ ὁμοίας, ἐξεργάζεσθαι δὲ ζητεῖν αὐτάς, ὅπως ἂν οἱ
καιροὶ παραδιδῶσιν.

119   (ν΄.) Ἐκ πολλῶν δ᾽ ἂν κατανοήσειας, ὅτι δεῖ τοῦτον τὸν
τρόπον πράττειν, μάλιστα δ᾽ ἐκ τῶν Ἰάσονι συμβάντων. ἐκεῖ-
νος γὰρ οὐδὲν τοιοῦτον οἷον σὺ κατεργασάμενος μεγίστης
δόξης ἔτυχεν, οὐκ ἐξ ὧν ἔπραξεν ἀλλ᾽ ἐξ ὧν ἔφησεν· ἐποιεῖτο
γὰρ τοὺς λόγους ὡς εἰς τὴν ἤπειρον διαβησόμενος καὶ βασι-
120 λεῖ πολεμήσων. ὅπου δ᾽ Ἰάσων λόγῳ μόνον χρησάμενος οὕ- d
τως αὑτὸν ηὔξησεν, ποίαν τινὰ χρὴ προσδοκᾶν περὶ σοῦ γνώ-
μην ἀνθρώπους ἕξειν, ἢν ἔργῳ ταῦτα πράξῃς, καὶ μάλιστα
μὲν πειραθῇς ὅλην τὴν βασιλείαν ἀνελεῖν, εἰ δὲ μή, χώραν
ὅτι πλείστην ἀφορίσασθαι καὶ διαλαβεῖν τὴν Ἀσίαν, ὡς λέ-
γουσίν τινες, ἀπὸ Κιλικίας μέχρι Σινώπης, πρὸς δὲ τούτοις
κτίσαι πόλεις ἐπὶ τούτῳ τῷ τόπῳ καὶ κατοικίσαι τοὺς νῦν

findet sich in ähnlichem Sinne bei
Eurip. Hek. 70 ἀποπέμπομαι ἔν-
νυχον ὄψιν, womit zu vergleichen
Plut. Kleom. 9, 1 τιμῶσι δὲ τὸν
Φόβον, οὐχ ὥσπερ οὓς ἀποτρέ-
πονται δαίμονας, ἡγούμενοι
βλαβερόν, ἀλλὰ κ. τ. λ. Also etwa:
dafs sie (scil. οἱ ἰδιῶται καὶ αἱ
πόλεις) vor ihnen ein Kreuz
schlagen. [cf. Krit. Anh.]
    118, 5. περιβάλλεσθαι. S. zu
4, 36. — 118, 6. εὐχῇ δ᾽ ὁμοίας,
einem frommen Wunsche ähn-
lich, also scheinbar doch unmög-
lich sind. Vergl. Aristeid. I p. 392
Dind. ἃ ἐλπίσαι οὐδαμοῦ περιῆν,
ἀλλ᾽ ὁ τῆς εὐδαιμονίας ὅρος ὥσπερ
εὐχή τις ἐφαίνετο, und noch ähn-
licher Plat. de republ. VI p. 499 C.
εὐχαῖς ὅμοια λέγοντες. Vgl. Stall-
baum ad Plat. de republ. V p. 450 D.
— 118, 7. οἱ καιροὶ παραδ., die
Umstände es gestatten, wie
Plut. Moral. p. 768 F. πικρῶς ἀμύ-
νονται καιροῦ παραδόντος, und
Caes. 19 καιροῦ παραδόντος οὐκ
ἂν ἐδόκουν ἐπὶ τοῖς παροῖσιν ἀτρε-
μήσειν, und ebenso ὁ καιρὸς δίδωσι,

ἐνδίδωσι. S. Sauppe ad Demosth.
orat. sel. p. 16.
    119, 2. Ἰάσονι, dem Tyrannen
von Pherae. Seinen hier angedeu-
teten Plan gegen Persien läfst ihn
auch Xenoph. Hellen. 6, 1, 12 an-
deuten.
    120, 1. ὅπου s. zu 1, 49. —
120, 3. ἀνθρώπους cf. Krit. Anh.
— μάλιστα, im besten Falle,
wie oft bei nachfolgendem εἰ δὲ
μή (wo nicht); vergl. 2, 17, 52. 12,
98, 235, 244 und Hermann ad Lu-
kian. de conscrib. hist. p. 284. —
120, 5. διαλαβεῖν, davon zu
trennen, mit dem Akkus. des ein-
zelnen Teiles, nicht des Ganzen,
wie in der Verbindung διαλαμβά-
νειν τινά, „jemanden beiseite
nehmen," Aeschin. 2, 41. — ὡς
λέγουσίν τινες, kann wohl nur
auf den schon von anderen (viel-
leicht von Gorgias im Ὀλυμπιακός?
s. Einleit. zum Panegyr.) gebrauch-
ten ungewöhnlichen Ausdruck δια-
λαβεῖν τὴν Ἀσίαν gehen, welcher
ein politisches Schlagwort gewor-
den zu sein scheint. — 120, 8.

πλανωμένους δι' ἔνδειαν τῶν καθ' ἡμέραν καὶ λυμαινομέ- e
121 νους οἷς ἂν ἐντύχωσιν. οὓς εἰ μὴ παύσομεν ἀθροιζομένους
βίον αὐτοῖς ἱκανὸν πορίσαντες, λήσουσιν ἡμᾶς τοσοῦτοι γενό-
μενοι τὸ πλῆθος ὥστε μηδὲν ἧττον αὐτοὺς εἶναι φοβεροὺς
τοῖς Ἕλλησιν ἢ τοῖς βαρβάροις· ὧν οὐδεμίαν ποιούμεθα πρό- 107
νοιαν, ἀλλ' ἀγνοοῦμεν κοινὸν φόβον καὶ κίνδυνον ἅπασιν
122 ἡμῖν αὐξανόμενον. ἔστιν οὖν ἀνδρὸς μέγα φρονοῦντος καὶ
φιλέλληνος καὶ πορρωτέρω τῶν ἄλλων τῇ διανοίᾳ καθορῶν-
τος, ἀποχρησάμενον τοῖς τοιούτοις πρὸς τοὺς βαρβάρους καὶ
χώραν ἀποτεμόμενον τοσαύτην, ὅσην ὀλίγῳ πρότερον εἰρή-
καμεν, ἀπαλλάξαι τε τοὺς ξενιτευομένους τῶν κακῶν ὧν αὐ-
τοί τ' ἔχουσιν καὶ τοῖς ἄλλοις παρέχουσιν, καὶ πόλεις ἐξ αὐτῶν b
συστῆσαι καὶ ταύταις ὁρίσαι τὴν Ἑλλάδα καὶ προβαλέσθαι
123 πρὸ ἁπάντων ἡμῶν. ταῦτα γὰρ πράξας οὐ μόνον ἐκείνους
εὐδαίμονας ποιήσεις ἀλλὰ καὶ πάντας ἡμᾶς εἰς ἀσφάλειαν
καταστήσεις. ἢν δ' οὖν τούτων διαμάρτῃς, ἀλλ' ἐκεῖνό γε
ῥᾳδίως ποιήσεις, τὰς πόλεις τὰς τὴν Ἀσίαν κατοικούσας
ἐλευθερώσεις. ὅ τι δ' ἂν τούτων πρᾶξαι δυνηθῇς ἢ καὶ μό-
νον ἐπιχειρήσῃς, οὐκ ἔσθ' ὅπως οὐ μᾶλλον τῶν ἄλλων εὐδο-
κιμήσεις, καὶ δικαίως, ἤν περ αὐτός τ' ἐπὶ ταῦθ' ὁρμήσῃς c
124 καὶ τοὺς Ἕλληνας προτρέψῃς. (να΄.) Ἐπεὶ νῦν γε τίς οὐκ ἂν
εἰκότως τὰ συμβεβηκότα θαυμάσειε καὶ καταφρονήσειεν ἡμῶν,
ὅπου παρὰ μὲν τοῖς βαρβάροις, οὓς ὑπειλήφαμεν μαλακοὺς
εἶναι καὶ πολέμων ἀπείρους καὶ διεφθαρμένους ὑπὸ τῆς

πλανωμένους, als φυγάδας. Vgl. 4, 168. 8, 24 und Ep. 9, 9.

121, 3. αὐτοὺς — φοβεροὺς. S. zu 7, 82.

122, 5. ξενιτευομένους = πλανωμένους. — 122, 6. ἔχουσιν καὶ — παρέχουσιν. cf. 8, 64 αἰτία τῶν κακῶν ὧν αὐτοί τ' ἔχομεν καὶ τοῖς ἄλλοις παρέχομεν. Plut. Pyrrh. 13 τὸ μὴ παρέχειν ἑτέροις κακὰ μηδ' ἔχειν ὑφ' ἑτέρων. Häufiger ist πράγματα ἔχειν καὶ παρέχειν, worüber Wyttenbach ad Plut. Moral. p. 407 und Ellendt ad Arrian. Anab. 7, 1, 9.

123, 4. τὰς τὴν Ἀσίαν κατοικούσας, die in A. gelegenen (hellenischen) Städte; κατοι-

κεῖν hier wie bei Plat. de legg. III p. 677 C πόλεις, ἐν τοῖς πεδίοις καὶ πρὸς θαλάττῃ κατοικούσας und öfter s. Ast ad Plat. de legg. p. 15 und wie das epische ναίειν u. ναιετᾶν. Übrigens sollte dieser Satz untergeordnet werden (durch ὅτι oder den Infinitiv), tritt aber selbständig und ohne alle Verbindung auf. Vergl. 8, 25 ὅπως μὴ ποιήσομεν, ὅπερ εἰώθαμεν ὀλίγον χρόνον διαλιπόντες πάλιν εἰς τὰς αὐτὰς καταστησόμεθα ταραχάς. Thuk. 6, 91, 4 εἰ μὴ ποιήσετε τάδε ἐν τάχει, στρατιὰν ἐπὶ νεῶν πέμψετε ἐκεῖσε. Vergl. Stallbaum ad Plat. Apolog. p. 22 A.

124, 3. ὅπου. S. zu 1, 49. — ὑπειλήφαμεν. Vergl. 4, 150 seq.

148 (V) ΙΣΟΚΡΑΤΟΥΣ

τρυφῆς, ἄνδρες ἐγγεγόνασιν, οἳ τῆς Ἑλλάδος ἄρχειν ἠξίωσαν,
τῶν δ' Ἑλλήνων οὐδεὶς τοσοῦτον πεφρόνηκεν ὥστ' ἐπιχει- d
125 ρῆσαι τῆς Ἀσίας ἡμᾶς ποιῆσαι κυρίους, ἀλλὰ τοσοῦτον αὐτῶν
ἀπολελειμμένοι τυγχάνομεν, ὥστ' ἐκεῖνοι μὲν οὐκ ὤκνησαν
οὐδὲ προϋπάρξαι τῆς ἔχθρας τῆς πρὸς τοὺς Ἕλληνας, ἡμεῖς
δ' οὐδ' ὑπὲρ ὧν κακῶς ἐπάθομεν ἀμύνεσθαι τολμῶμεν
αὐτούς, ἀλλ' ὁμολογούντων ἐκείνων ἐν ἅπασι τοῖς πολέ-
μοις μήτε στρατιώτας ἔχειν μήτε στρατηγοὺς μήτ' ἄλλο
126 μηδὲν τῶν εἰς τοὺς κινδύνους χρησίμων, ἀλλὰ ταῦτα πάντα
παρ' ἡμῶν μεταπεμπομένων, εἰς τοῦθ' ἥκομεν ἐπιθυμίας τοῦ e
κακῶς ἡμᾶς αὐτοὺς ποιεῖν, ὥστ' ἐξὸν ἡμῖν τἀκείνων ἀδεῶς
ἔχειν, πρὸς ἡμᾶς τ' αὐτοὺς περὶ μικρῶν πολεμοῦμεν καὶ
τοὺς ἀφισταμένους τῆς ἀρχῆς τῆς βασιλέως συγκαταστρεφό-
μεθα καὶ λελήθαμεν ἡμᾶς αὐτοὺς ἐνίοτε μετὰ τῶν πατρι-108
κῶν ἐχθρῶν τοὺς τῆς αὐτῆς συγγενείας μετέχοντας ἀπολλύναι
ζητοῦντες.
127 (νβ'.) Διὸ καὶ σοὶ νομίζω συμφέρειν οὕτως ἀνάνδρως
διακειμένων τῶν ἄλλων προστῆναι τοῦ πολέμου τοῦ πρὸς
ἐκεῖνον. προσήκει δὲ τοῖς μὲν ἄλλοις τοῖς ἀφ' Ἡρακλέους
πεφυκόσι καὶ τοῖς ἐν πολιτείᾳ καὶ νόμοις ἐνδεδεμένοις ἐκεί-
νην τὴν πόλιν στέργειν, ἐν ᾗ τυγχάνουσι κατοικοῦντες, σὲ
δ' ὥσπερ ἄφετον γεγενημένον ἅπασαν τὴν Ἑλλάδα πατρίδα
νομίζειν, ὥσπερ ὁ γεννήσας ὑμᾶς, καὶ κινδυνεύειν ὑπὲρ αὐ- b
τῆς ὁμοίως, ὥσπερ ὑπὲρ ὧν μάλιστα σπουδάζεις.
128 (νγ'.) Ἴσως δ' ἄν τινες ἐπιτιμῆσαί μοι τολμήσειαν τῶν

— 124, 5. ἄνδρες, wie Dareios
und Xerxes.
125, 6. μήτε στρατιώτας κ. τ. λ.
Vergl. 4, 150. Ein Beispiel, dafs
die Perser mit hellenischen Truppen
und Feldherrn ihre Kriege führten
und dafs diese ihren Stamm-
genossen gegenüber standen, bietet
der kyprische Krieg; s. 4, 135 seq.
127, 3. ἐκεῖνον, den Perser-
könig. — τοῖς μὲν — σὲ δέ. Das
unpersönliche προσήκει, sonst bei
Isokr. gleich häufig mit dem Dativ
wie mit dem Akkusativ cum In-
finit. (s. Bremi ad Isokr. Archidam.
§ 3), wechselt hier in seiner Kon-
struktion, ein bei Prosaikern sel-
tener Fall; doch vergl. über solchen

Wechsel der Konstruktion eines
Verbums Herod. 6, 136 τῆς μά-
χης τῆς ἐν Μαραθῶνι ἐπιμεμνημέ-
νοι καὶ τὴν Λήμνου αἵρεσιν. Dei-
narch. 1, 112 μὴ ἀποδέχεσθε αὐ-
τῶν .... μηδὲ τὴν αὐτοῦ τούτου
μανίαν, und Lobeck ad Sophokl.
Aiac. v. 716. — 127, 6. ὥσπερ
ἄφετον. Indem Isokr. ὥσπερ hin-
zusetzt, deutet er an, dafs er ἄφετος
nicht einfach als Gegensatz zu ἐν-
δεδεμένος gefafst wissen will; es
liegt vielmehr ein wirklicher Ver-
gleich mit den der Gottheit ge-
weihten und keinem einzelnen Men-
schen gehörigen Tieren zu Grunde;
vergl. Stallbaum ad Plat. Protag.
p. 320 A.

οὐδὲν ἄλλο δυναμένων ἢ τοῦτο ποιεῖν, ὅτι σὲ προειλόμην
παρακαλεῖν ἐπὶ τὴν στρατείαν τὴν ἐπὶ τοὺς βαρβάρους καὶ
τὴν ἐπιμέλειαν τὴν τῶν Ἑλλήνων, παραλιπὼν τὴν ἐμαυτοῦ
129 πόλιν. (νδ΄.) Ἐγὼ δ᾽ εἰ μὲν πρὸς ἄλλους τινὰς πρότερον c
ἐπεχείρουν διαλέγεσθαι περὶ τούτων ἢ πρὸς τὴν πατρίδα τὴν
αὑτοῦ τὴν τρὶς τοὺς Ἕλληνας ἐλευθερώσασαν, δὶς μὲν ἀπὸ
τῶν βαρβάρων, ἅπαξ δ᾽ ἀπὸ τῆς Λακεδαιμονίων ἀρχῆς, ὡμο-
λόγουν ἂν πλημμελεῖν· νῦν δ᾽ ἐκείνην μὲν φανήσομαι πρώ-
την ἐπὶ ταῦτα προτρέπων ὡς ἠδυνάμην μετὰ πλείστης σπου-
δῆς, αἰσθανόμενος δ᾽ ἔλαττον αὐτὴν φροντίζουσαν τῶν ὑπ᾽
ἐμοῦ λεγομένων ἢ τῶν ἐπὶ τοῦ βήματος μαινομένων ἐκείνην
130 μὲν εἴασα, τῆς δὲ πραγματείας οὐκ ἀπέστην. διὸ δικαίως ἄν d
με πάντες ἐπαινοῖεν, ὅτι τῇ δυνάμει ταύτῃ χρώμενος, ἣν
ἔχων τυγχάνω, διατετέλεκα πάντα τὸν χρόνον πολεμῶν μὲν
τοῖς βαρβάροις, κατηγορῶν δὲ τῶν μὴ τὴν αὐτὴν ἐμοὶ γνώ-
μην ἐχόντων, προτρέπειν δ᾽ ἐπιχειρῶν, οὓς ἂν ἐλπίσω μάλιστα
δυνήσεσθαι τοὺς μὲν Ἕλληνας ἀγαθόν τι ποιῆσαι, τοὺς δὲ
131 βαρβάρους ἀφελέσθαι τὴν ὑπάρχουσαν εὐδαιμονίαν. διόπερ
καὶ νῦν πρὸς σὲ ποιοῦμαι τοὺς λόγους, οὐκ ἀγνοῶν, ὅτι e
τούτοις ὑπ᾽ ἐμοῦ μὲν λεγομένοις πολλοὶ φθονήσουσιν, τοῖς
δ᾽ αὐτοῖς τούτοις ὑπὸ σοῦ πραττομένοις ἅπαντες συνησθή-
σονται. τῶν μὲν γὰρ εἰρημένων οὐδεὶς κεκοινώνηκεν, τῶν δ᾽
ὠφελιῶν τῶν κατεργασθησομένων οὐκ ἔστιν ὅστις οὐκ οἰή-
σεται μεθέξειν.

128, 2. τοῦτο i. e. τὸ ἐπιτιμᾶν.
Vergl. 12, 152 τὰς ἐπιτιμήσεις τὰς
τῶν οὐδὲν ἄλλο ποιεῖν ἢ τοῦτο δυ-
ναμένων.

129, 3. αὑτοῦ i. e. ἐμαυτοῦ. S.
zu 1, 14. — δίς, bei Marathon und
Salamis, ἅπαξ, nach der Schlacht
bei Knidos. Noch stärker spricht
Isokr. Ep. 2, 19 καὶ μίαν ἑκάστην
τῶν πόλεων καὶ σύμπασαν τὴν
Ἑλλάδα πολλάκις ἤδη σέσωκεν
(Athen.) — 129, 5. πρώτην —
προτρέπων muß wohl auf eine
verloren gegangene Rede bezogen
werden, denn im Panegyrikos wer-
den ja nicht speciell die Athener
zum Kriege gegen Persien auf-
gefordert.

130, 3. διατετέλεκα πάντα
τ. χ. S, zu 4, 52. — 130, 5. προ-
τρέπειν, den älteren Dionys (Isokr.
Ep. 1), Alexander von Pherae
(Epistol. Sokrat. 30 Orell.), Archi-
damos (Isokr. Ep. 9, 19).

131, 3. μέν — δέ sind nicht ge-
nau zu den den Gegensatz bilden-
den Wörtern gestellt; doch vergl.
12, 192 τῶν ἐν ἐκείνῳ μὲν τῷ χρό-
νῳ πραχθέντων, ῥηθῆναι δὲ νῦν
οὐ κατεπειγόντων, wo wie in allen
ähnlichen Fällen nicht der Gegen-
satz einzelner Begriffe, sondern der
ganzer Gedanken ins Auge gefaßt
ist; vergl. Maetzner ad Lykurg.
p. 270. Rehdantz Demosth. Ind.²
p. 263 f.

132 (νε΄.) Σκέψαι δ᾽ ὡς αἰσχρὸν περιορᾶν τὴν Ἀσίαν ἄμει-109
νον πράττουσαν τῆς Εὐρώπης καὶ τοὺς βαρβάρους εὐπορω-
τέρους τῶν Ελλήνων ὄντας, ἔτι δὲ τοὺς μὲν ἀπὸ Κύρου τὴν
ἀρχὴν ἔχοντας, ὃν ἡ μήτηρ εἰς τὴν ὁδὸν ἐξέβαλεν, βασιλέας
μεγάλους προσαγορευομένους, τοὺς δ᾽ ἀφ᾽ Ἡρακλέους πεφυ-
κότας, ὃν ὁ γεννήσας διὰ τὴν ἀρετὴν εἰς θεοὺς ἀνήγαγεν,
ταπεινοτέροις ὀνόμασιν ἢ ᾽κείνους προσαγορευομένους. ὧν
οὐδὲν ἐατέον οὕτως ἔχειν, ἀλλ᾽ ἀναστρεπτέον καὶ μεταστατέον b
ἅπαντα ταῦτ᾽ ἐστίν.

133 (νϛ΄.) Εὖ δ᾽ ἴσθι μηδὲν ἄν με τούτων ἐπιχειρήσαντά σε
πείθειν, εἰ δυναστείαν μόνον καὶ πλοῦτον ἑώρων ἐξ αὐτῶν
γενησόμενον· ἡγοῦμαι γὰρ τά γε τοιαῦτα καὶ νῦν σοι πλείω
τῶν ἱκανῶν ὑπάρχειν, καὶ πολλὴν ἀπληστίαν ἔχειν, ὅστις
προαιρεῖται κινδυνεύειν ὥστ᾽ ἢ ταῦτα λαβεῖν ἢ στερηθῆναι
134 τῆς ψυχῆς. ἀλλὰ γὰρ οὐ πρὸς τὰς τούτων κτήσεις ἀποβλέψας
ποιοῦμαι τοὺς λόγους, ἀλλ᾽ οἰόμενος ἐκ τούτων μεγίστην σοι c
καὶ καλλίστην γενήσεσθαι δόξαν. ἐνθυμοῦ δ᾽ ὅτι τὸ μὲν
σῶμα θνητὸν ἅπαντες ἔχομεν, κατὰ δὲ τὴν εὔνοιαν καὶ τοὺς
ἐπαίνους καὶ τὴν φήμην καὶ τὴν μνήμην τὴν τῷ χρόνῳ συμ-
παρακολουθοῦσαν ἀθανασίας μεταλαμβάνομεν, ἧς ἄξιον ὀρε-
135 γομένους καθ᾽ ὅσον οἷοί τ᾽ ἐσμὲν ὁτιοῦν πάσχειν. ἴδοις δ᾽
ἂν καὶ τῶν ἰδιωτῶν τοὺς ἐπιεικεστάτους ὑπὲρ ἄλλου μὲν

§ 132—148. Dich aber wird ab-
gesehen von den durch den Krieg
zu erringenden äufseren Vorteilen
die Rücksicht auf Deinen Ruhm
(132—136) auch ohne Zuthun meiner-
seits (137, 138) für den an sich
leichten Kampf (139) bestimmen; an
Ruhm aber kann es Dir für diesen
Fall, der Lage der Dinge (140—
143) und den Erfahrungen der Ge-
schichte nach zu urteilen, nicht
fehlen (144—148).
132, 2. εὐπορωτέρους. Über
die Wohlhabenheit Persiens Hellas
gegenüber s. 4, 132, 184, 187. —
132, 4. βασ. μεγάλους. vergl. 4,
121 βασιλέα τὸν μέγαν αὐτὸν
προσαγορεύομεν. Der Gegensatz
schliefst hier mit ebendemselben
Worte προσαγορευομένους wie 15,
128 ὃ μηδενὶ τῶν ἄλλων διαπρά-
ξασθαι συμβέβηκεν — ὅπερ Τιμο-

θέῳ συμβέβηκεν. [cf. Krit. Anh.]
— 132, 6. ὃν κ. τ. λ. Vergl. 1,
50 Ζεὺς Ἡρακλέα διὰ τὴν ἀρετὴν
ἀθάνατον ἐποίησεν. — 132, 7.
ταπεινοτέροις, insofern die spar-
tanischen von Herakles abstammen-
den Könige βασιλεῖς ohne jenen
Beisatz hiefsen.
134, 1. ἀλλὰ γάρ. S. zu 7, 40.
— 134, 4. εὔνοιαν cf. Krit. Anh.
— 134, 5. φήμην — μνήμην.
S. zu 4, 186.
135, 2. ἰδιωτῶν, Menschen, die
nicht Könige sind wie Du, ἰδιώτης
also im Gegensatz zu ἄρχων wie 2, 2.
3, 10, 17, 36, 38. 12, 79 und sonst;
ebenso ἰδιωτικός 9, 72 ἰδιωτικοῖς
ὀνόμασι προσαγορευόμενον, ἀλλὰ
τὸν μὲν βασιλέα καλούμενον. Plat.
Kriti. 117 B χωρὶς μὲν βασιλικάς,
χωρὶς δὲ ἰδιωτικάς und das Verbum
ἰδιωτεύω entgegengesetzt einem

οὐδενὸς ἂν τὸ ζῆν ἀντικαταλλαξαμένους, ὑπὲρ δὲ τοῦ τυχεῖν d
καλῆς δόξης ἀποθνήσκειν ἐν τοῖς πολέμοις ἐθέλοντας, ὅλως δὲ
τοὺς μὲν τιμῆς ἐπιθυμοῦντας ἀεὶ μείζονος ἧς ἔχουσιν ὑπὸ
πάντων ἐπαινουμένους, τοὺς δὲ πρὸς ἄλλο τι τῶν ὄντων
ἀπλήστως διακειμένους ἀκρατεστέρους καὶ φαυλοτέρους εἶναι
136 δοκοῦντας. τὸ δὲ μέγιστον τῶν εἰρημένων, ὅτι συμβαίνει
τοῦ μὲν πλούτου καὶ τῶν δυναστειῶν πολλάκις τοὺς ἐχθροὺς e
κυρίους γίγνεσθαι, τῆς δ' εὐνοίας τῆς παρὰ τῶν πολλῶν καὶ
τῶν ἄλλων τῶν προειρημένων μηδένας ἄλλους καταλείπεσθαι
κληρονόμους πλὴν τοὺς ἐξ ἡμῶν γεγονότας. ὥστ' ᾐσχυνόμην
ἄν, εἰ μὴ τούτων ἕνεκά σοι συνεβούλευον καὶ τὴν στρατείαν 110
ποιεῖσθαι ταύτην καὶ πολεμεῖν καὶ κινδυνεύειν.

137   (νζ'.) Οὕτω δ' ἄριστα βουλεύσει περὶ τούτων, ἢν ὑπολά-
βῃς μὴ μόνον τὸν λόγον τοῦτόν σε παρακαλεῖν ἀλλὰ καὶ τοὺς
προγόνους καὶ τὴν τῶν βαρβάρων ἀνανδρίαν καὶ τοὺς ὀνο-
μαστοὺς γενομένους καὶ δόξαντας ἡμιθέους εἶναι διὰ τὴν
στρατείαν τὴν ἐπ' ἐκείνους, μάλιστα δὲ πάντων τὸν καιρόν,
ἐν ᾧ σὺ μὲν τυγχάνεις τοσαύτην δύναμιν κεκτημένος, ὅσην
οὐδεὶς τῶν τὴν Εὐρώπην κατοικησάντων, πρὸς ὃν δὲ πολε- b
μήσεις, οὕτω σφόδρα μεμισημένος καὶ καταπεφρονημένος ὑφ'
ἁπάντων, ὡς οὐδεὶς πώποτε τῶν βασιλευσάντων.

138   (νη'.) Πρὸ πολλοῦ δ' ἂν ἐποιησάμην οἷόν τ' εἶναι συν-
εράσαι τοὺς λόγους ἅπαντας τοὺς ὑπ' ἐμοῦ περὶ τούτων εἰρη-
μένους· μᾶλλον γὰρ ἂν ἄξιος οὗτος ἔδοξεν εἶναι τῆς ὑποθέ-
σεως. οὐ μὴν ἀλλὰ σέ γε χρὴ σκοπεῖν ἐξ ἁπάντων τὰ συντεί-

τυραννεύω 2, 4. Ep. 6, 11. — 135,
3. ὑπὲρ δὲ κ. τ. λ. Derselbe Ge-
danke θ, 3. Vergl. auch 6, 109
μηδὲ περὶ πλείονος φανῶμεν ποιού-
μενοι τὸ ζῆν τοῦ παρὰ πᾶσιν ἀν-
θρώποις εὐδοκιμεῖν, ἐνθυμηθέντες,
ὅτι κάλλιόν ἐστιν ἀντὶ θνητοῦ σώ-
ματος ἀθάνατον δόξαν ἀντικαταλλά-
ξασθαι, wo ἀντικαταλλ. eintauschen
bedeutet, während es hier ver-
tauschen, einsetzen heifst, wie Ly-
kurg. Leokr. 88 ἀποθνήσκειν ὑπὲρ
αὐτῆς καὶ τὴν ἰδίαν ψυχὴν ἀντὶ
τῆς κοινῆς σωτηρίας ἀντικαταλ-
λάττεσθαι. Vergl. Rehdantz zu
dieser St. im Anh. — 135, 6.
τοὺς δέ. Ähnlich Ep. 3, 4 ἔσται
δὲ πρὸς μὲν ἄλλο τι τῶν δεόντων

ἀπλήστως ἔχειν οὐ καλόν, —
δόξης δὲ μεγάλης καὶ καλῆς ἐπι-
θυμεῖν — προσήκει τοῖς πολὺ τῶν
ἄλλων διενεγκοῦσιν. Aber τῶν
ὄντων hier (von allem, was es
giebt) ist weit stärker als τῶν
δεόντων.
136, 4. προειρημένων, § 134.
137, 8. καταπεφρονημένος,
scil. τυγχάνει.
138,1. πρὸ πολλοῦ. S. zu § 14.
— 138, 2. συνεράσαι cf. Krit.
Anh. — 138, 4. τὰ συντείνοντα,
was sich bezieht, wie 15, 67
πάντες οἱ λόγοι πρὸς ἀρετὴν καὶ
δικαιοσύνην συντείνουσιν. 15, 277
(coll. Ep. 6, 9) τῶν πράξεων τῶν
συντεινουσῶν πρὸς τὴν ὑπόθεσιν.

νοντα καὶ προτρέποντα πρὸς τὸν πόλεμον τοῦτον· οὕτω γὰρ c
ἂν ἄριστα βουλεύσαιο περὶ αὐτῶν.

139 (νθ´.) Οὐκ ἀγνοῶ δ᾽ ὅτι πολλοὶ τῶν Ἑλλήνων τὴν βασι-
λέως δύναμιν ἄμαχον εἶναι νομίζουσιν· ὧν ἄξιον θαυμάζειν,
εἰ τὴν ὑπ᾽ ἀνθρώπου βαρβάρου καὶ κακῶς τεθραμμένου κα-
ταστραφεῖσαν καὶ συναχθεῖσαν ἐπὶ δουλείᾳ, ταύτην ὑπ᾽ ἀν-
δρὸς Ἕλληνος καὶ περὶ τοὺς πολέμους πολλὴν ἐμπειρίαν
ἔχοντος μὴ νομίζουσιν ἂν ἐπ᾽ ἐλευθερίᾳ διαλυθῆναι, καὶ
ταῦτ᾽ εἰδότες, ὅτι συστῆσαι μέν ἐστιν ἅπαντα χαλεπόν, δια- d
στῆσαι δὲ ῥᾴδιον.

140 (ξ´.) Ἐνθυμοῦ δ᾽ ὅτι μάλιστα τούτους τιμῶσιν ἅπαντες
καὶ θαυμάζουσιν, οἵτινες ἀμφότερα δύνανται, καὶ πολιτεύε-
σθαι καὶ στρατηγεῖν. ὅταν οὖν ὁρᾷς τοὺς ἐν μιᾷ πόλει ταύτην
ἔχοντας τὴν φύσιν εὐδοκιμοῦντας, ποίους τινὰς χρὴ προσδο-
κᾶν τοὺς ἐπαίνους ἔσεσθαι τοὺς περὶ σοῦ ῥηθησομένους, ὅταν
φαίνῃ ταῖς μὲν εὐεργεσίαις ἐν ἅπασι τοῖς Ἕλλησι πεπολιτευ- e
μένος, ταῖς δὲ στρατηγίαις τοὺς βαρβάρους κατεστραμμένος;

141 ἐγὼ μὲν γὰρ ἡγοῦμαι ταῦτα πέρας ἕξειν· οὐδένα γὰρ ἄλλον
ποτὲ δυνήσεσθαι μείζω πρᾶξαι τούτων· οὔτε γὰρ ἐν τοῖς
Ἕλλησι γενήσεσθαι τηλικοῦτον ἔργον, ὅσον ἐστὶν τὸ πάντας 111
ἡμᾶς ἐκ τοσούτων πολέμων ἐπὶ τὴν ὁμόνοιαν προαγαγεῖν,
οὔτε τοῖς βαρβάροις εἰκός ἐστι συστῆναι τηλικαύτην δύναμιν,

8, 142 εἰς ὃ πάντα τὰ προειρημένα
συντείνει.
139, 3. ἀνθρώπου βαρβάρου,
des Kyros. — κακῶς, weil unter
Hirten. — καταστραφεῖσαν cf.
Krit. Anh. — 139, 3. καὶ ταῦτα,
zumal, wie 8, 122 (coll. 12, 185,
210. Ep. 2, 2) 13, 20 und sonst s.
Rehdantz Demosth. Ind.² p. 257
oben, eigentlich elliptisch, indem
das Verbum des vorhergehenden
Satzes zu ergänzen ist, hier νομί-
ζουσιν.
140, 2. πολιτεύεσθαι καὶ
στρατηγεῖν. Derselbe Gegensatz
9, 46 πολιτικὸς (ὢν) τῇ τῆς πόλεως
ὅλης διοικήσει, στρατηγικὸς δὲ τῇ
πρὸς τοὺς κινδύνους εὐβουλίᾳ. —
140, 3. ἐν μιᾷ πόλει, in einem
einzelnen Staate, wie 4, 2 ἑνὸς
ἀνδρός. — 140, 6. εὐεργεσίαις
ist auf die Versöhnung der Helle-

nen unter einander zu beziehen. —
ἐν ἅπασι τ. Ἑ., entspricht dem
ἐν μιᾷ πόλει, also etwa: im
Dienste von ganz Hellas als
Staatsmann ständest. Anders
ἐν πράξεσι πολιτεύεσθαι 10, 5.
Auch hier (s. zu § 131) liegt der
Gegensatz nicht in den Wörtern,
denen μέν und δέ beigegeben sind,
sondern in der Totalität beider
Sätze. — 140, 8. πέρας ἕξειν.
S. zu 4, 5.

141, 1. οὐδένα γάρ. Über das
dreifache γάρ s. zu 4, 172. —
141, 5. εἰκός ἐστι scheint ana-
koluthisch für εἰκὸς εἶναι zu stehen,
indem die in γενήσεσθαι begon-
nene Konstruktion nicht fortgeführt,
sondern vielmehr in die direkte
Rede übergegangen wird; denn daß
auch γενήσεσθαι von εἰκός ἐστι

142 ἦν τὴν νῦν ὑπάρχουσαν καταλύσῃς. ὥστε τῶν μὲν ἐπιγιγνο-
μένων οὐδ' ἤν τις τῶν ἄλλων διενέγκῃ τὴν φύσιν, οὐδὲν
ἕξει ποιῆσαι τοιοῦτον. ἀλλὰ μὴν τῶν γε προγεγενημένων
ἔχω μὲν ὑπερβαλεῖν τὰς πράξεις τοῖς ἤδη διὰ σοῦ κατειρ- b
γασμένοις, οὐ γλίσχρως ἀλλ' ἀληθινῶς· ὅστις γὰρ ἔθνη το-
σαῦτα τυγχάνεις κατεστραμμένος, ὅσας οὐδεὶς πώποτε τῶν
Ἑλλήνων πόλεις εἷλε, πῶς οὐκ ἄν πρὸς ἕκαστον αὐτῶν ἀντι-
παραβάλλων ῥᾳδίως ἄν ἐπέδειξα μείζω σε κἀκείνων διαπε-
143 πραγμένον; ἀλλὰ γὰρ εἱλόμην ἀποσχέσθαι τῆς τοιαύτης ἰδέας
δι' ἀμφότερα, διά τε τοὺς οὐκ εὐκαίρως αὐτῇ χρωμένους καὶ
διὰ τὸ μὴ βούλεσθαι ταπεινοτέρους ποιεῖν τῶν νῦν ὄντων c
τοὺς ἡμιθέους εἶναι νομιζομένους.

144   (ξα'.) Ἐνθυμοῦ δ' ἵνα τι καὶ τῶν ἀρχαίων εἴπωμεν, ὅτι
τὸν Ταντάλου πλοῦτον καὶ τὴν Πέλοπος ἀρχὴν καὶ τὴν Εὐ-

abhänge, ist bei der Stellung des-
selben kaum denkbar.
142, 1. τῶν μὲν ἑ. hängt von
τὶς ab, denn οὐδ' ἤν τις ist =
οὐδ' ὅστις ἄν, wie oft, recht deut-
lich 15, 128 χρὴ στρατηγὸν ἄριστον
νομίζειν, οὐκ εἴ τις μιᾷ τύχῃ τηλι-
κοῦτόν τι κατώρθωσεν —, ἀλλ'
ὅστις ἐπὶ πολλῶν πραγμάτων ὀρ-
θῶς ἀεὶ πράττων διατετέλεκεν, und
19, 33. — 142, 4. ἔχω μέν.
Dem μέν entspricht nachher ἀλλὰ γὰρ
εἱλόμην. — ὑπερβαλεῖν, sonst
vom thatsächlichen Überbieten (s.
zu 9, 6), hier von der Darstellung
dessen, was etwas anderes über-
trifft, wobei der zu § 75 erläuterte
Gebrauch zu Grunde liegt. — 142,
5. γλίσχρως, mit kleinlicher
Rechthaberei; γλίσχρος, auf die
Rede bezogen, bezeichnet die minuta
tenacitas, jejunitas nimis curiosa
eademque paupercula, carens veris
rationibus ac firmis argumentis se-
dulitas, wie Wyttenbach ad Plu-
tarch. Moral. p. 269 beweist. —
ὅστις γάρ, da du nämlich.
S. zu 7, 9.
143, 1. ἰδέας geht auch hier (s.
zu 4, 7) auf die Darstellungsform,
in welcher ein Gedanke zur An-
schauung gebracht wird; den Ge-
danken, daß Philipp groß durch
seine Thaten sei, will Isokr. nicht

in der Weise aussprechen, daß er
Phil. über alle προγεγενημένοι, also
auch über die ἡμίθεοι stellt. — 143,
2. διά τε — καὶ διά. Wenn bei
der Korrelation durch τὲ — καί
das τέ einer den beiden Gliedern
gemeinsamen Praeposition unmittel-
bar nachtritt, pflegt sonst die Prae-
position nur einmal gesetzt zu wer-
den, wie 4, 3 περί τε τοῦ πολέμου
καὶ τῆς ὁμονοίας. 4, 28 περί τε
τῆς τοῦ βίου τελευτῆς καὶ τοῦ σύμ-
παντος αἰῶνος. 6, 78 ἔκ τε τῶν
ὑπαρχόντων καὶ τῶν γιγνομένων.
15, 97 ἔκ τε τῶν ἐπιτηδευμάτων
καὶ τῶν ἄλλων συνουσιῶν, und sonst
überall. Nicht völlig unserer Stelle
ähnlich ist 4, 33 πρός τε τὰς τέ-
χνας εὐφυεστάτους ὄντας καὶ πρὸς
τὰ τῶν θεῶν εὐσεβέστατα διακει-
μένους. doch cf. Hom. Il. 9, 81
ἀμφί τε Νεστορίδην — ἠδ' ἀμφ'
Ἀσκάλαφον, und ähnliche Fälle wie
Xenoph. Mem. 3, 6, 8 τήν τε τῆς
πόλεως δύναμιν καὶ τὴν τῶν ἐναν-
τίων εἰδέναι δεῖ, und ebenda § 17:
ἐνθυμοῦ τῶν εἰδότων ὅ τί τε λέ-
γουσι καὶ ὅ τι ποιοῦσι. — χρω-
μένους, als Schmeichler.
144, 2. πλοῦτον, der sprüch-
wörtlich wurde; vergl. Suidas s.
Ταντάλου τάλαντα τανταλίζεται].
διαβεβόητο ὁ Τάνταλος ἐπὶ πλούτῳ,
ὡς καὶ εἰς προοιμίαν διαδοθῆναι.

ρυσθέως δύναμιν οὐδεὶς ἂν οὔτε λόγων εὑρετὴς οὔτε ποιητὴς
ἐπαινέσειεν, ἀλλὰ μετά γε τὴν Ἡρακλέους ὑπερβολὴν καὶ
τὴν Θησέως ἀρετὴν τοὺς ἐπὶ Τροίαν στρατευσαμένους καὶ
τοὺς ἐκείνοις ὁμοίους γενομένους ἅπαντες ἂν εὐλογήσειαν.
145 καίτοι τοὺς ὀνομαστοτάτους καὶ τοὺς ἀρίστους αὐτῶν ἴσμεν d
ἐν μικροῖς πολιχνίοις καὶ νησυδρίοις τὰς ἀρχὰς κατασχόντας.
ἀλλ᾽ ὅμως ἰσόθεον καὶ παρὰ πᾶσιν ὀνομαστὴν τὴν αὐτῶν
δόξαν κατέλιπον· ἅπαντες γὰρ φιλοῦσιν οὐ τοὺς σφίσιν αὐ-
τοῖς μεγίστην δυναστείαν κτησαμένους ἀλλὰ τοὺς τοῖς Ἕλλησι
πλείστων ἀγαθῶν αἰτίους γεγενημένους.

146 (ξβ´.) Οὐ μόνον δ᾽ ἐπὶ τούτων αὐτοὺς ὄψει τὴν γνώμην
ταύτην ἔχοντας ἀλλ᾽ ἐπὶ πάντων ὁμοίως, ἐπεὶ καὶ τὴν πόλιν
ἡμῶν οὐδεὶς ἂν ἐπαινέσειεν, οὔθ᾽ ὅτι τῆς θαλάττης ἦρξεν, e
οὔθ᾽ ὅτι τοσοῦτον πλῆθος χρημάτων εἰσπράξασα τοὺς συμ-
μάχους εἰς τὴν ἀκρόπολιν ἀνήνεγκεν, ἀλλὰ μὴν οὐδ᾽ ὅτι
πολλῶν πόλεων ἐξουσίαν ἔλαβεν τὰς μὲν ἀναστάτους ποιῆσαι,
147 τὰς δ᾽ αὐξῆσαι, τὰς δ᾽ ὅπως ἐβουλήθη διοικῆσαι· πάντα
γὰρ ταῦτα παρῆν αὐτῇ πράττειν· ἀλλ᾽ ἐκ τούτων μὲν πολλαὶ 112
κατηγορίαι κατ᾽ αὐτῆς γεγόνασιν, ἐκ δὲ τῆς Μαραθῶνι μάχης
καὶ τῆς ἐν Σαλαμῖνι ναυμαχίας, καὶ μάλισθ᾽ ὅτι τὴν αὐτῶν

— 144, 3. λόγων εὑρετής. S. zu
9, 40.
145, 2. μικροῖς πολιχνίοις.
Nachdrücklich tritt zum Deminu-
tivum noch μικρός ähnlich wie im
Latein. (Ruhnken ad Terent. Andr.
p. 45 seq.) und nicht blofs mit
komischer Färbung. Vergl. Plut.
Kleom. 8, 2 δωμάτιον μικρόν. De-
mosth. 8, 28 μικρὸν πινάκιον, Lys.
19, 28 χωρίδιον μικρόν, und die
reiche Sammlung bei Fischer ad
Welleri Grammat. II p. 36 seq.
Aber manche Deminutivformen
haben ihre Deminutivbedeutung
ganz verloren, wie z. B. χωρίον, so
dafs ein χωρίον μικρόν bei Isokr. 6,
46 anders beurteilt werden mufs.
— 145, 5. κτησαμένους — γε-
γενημένους. Der Wechsel des
Tempus erklärt sich daraus, dafs
im erstern Falle an ein vorüber-
gehendes Ereignis der Vergangen-
heit, im zweiten an die für die
Gegenwart fortdauernden Folgen

eines Ereignisses der Vergangen-
heit gedacht wird. Ganz ähnlich
11, 35 μεγίστην δύναμιν κτησάμε-
νον καὶ παρὰ τοῖς ἄλλοις ὀνομαστό-
τατον γεγενημένον. vergl. auch 20,
9 πολλοὺς μὲν οἴκους δι᾽ αὐτὴν
διαφθαρέντας, πολλὰς δὲ πόλεις
ἀναστάτους γεγενημένας.

146, 1. ἐπὶ τούτων, bei den
Helden vor Troia. Über den Ge-
netiv s. zu 1, 50. — 146, 5. ἀνή-
νεγκεν, von Delos, wo die Bei-
träge der Bundesgenossen bisher
aufbewahrt gewesen waren, nach
dem Parthenon auf der Burg zu
Athen; es geschah zur Zeit des
Perikles; vergl. Boeckh. Staatsh.³ I
S. 469 flgd., und über die Gröfse
der Summe (etwa 1800 Talente)
denselben S. 525 flgd. — 146, 6.
πόλεων, der Bundesgenossen; vgl.
4, 100 seqq.

147, 3. κατηγορίαι. Vergl. 4,
100. — τῆς Μαραθῶνι μάχ. s.

ἐξέλιπον ὑπὲρ τῆς τῶν Ἑλλήνων σωτηρίας, ἅπαντες ἐγκω-
μιάζουσιν. τὴν αὐτὴν δὲ γνώμην καὶ περὶ Λακεδαιμονίων
148 ἔχουσιν· καὶ γὰρ ἐκείνων μᾶλλον ἄγανται τὴν ἧτταν τὴν ἐν
Θερμοπύλαις ἢ τὰς ἄλλας νίκας, καὶ τὸ τρόπαιον τὸ μὲν κατ᾽ b
ἐκείνων ὑπὸ τῶν βαρβάρων σταθὲν ἀγαπῶσι καὶ θεωροῦσιν,
τὰ δ᾽ ὑπὸ Λακεδαιμονίων κατὰ τῶν ἄλλων οὐκ ἐπαινοῦσιν
ἀλλ᾽ ἀηδῶς ὁρῶσιν· ἡγοῦνται γὰρ τὸ μὲν ἀρετῆς εἶναι ση-
μεῖον, τὰ δὲ πλεονεξίας.

149   (ξγ᾽.) Ταῦτ᾽ οὖν ἐξετάσας ἅπαντα καὶ διελθὼν πρὸς
αὐτόν, ἢν μέν τι τῶν εἰρημένων ἢ μαλακώτερον ἢ καταδεέστε-
ρον, αἰτιῶ τὴν ἡλικίαν τὴν ἐμήν, ἧ δικαίως ἂν ἅπαντας συγ- c
γνώμην ἔχοιεν· ἢν δ᾽ ὅμοια τοῖς πρότερον διαδεδομένοις,
νομίζειν αὐτὰ χρὴ μὴ τὸ γῆρας τοὐμὸν εὑρεῖν ἀλλὰ τὸ δαι-
μόνιον ὑποβαλεῖν, οὐκ ἐμοῦ φροντίζον, ἀλλὰ τῆς Ἑλλάδος
κηδόμενον, καὶ βουλόμενον ταύτην τε τῶν κακῶν ἀπαλλάξαι
τῶν παρόντων καὶ σοὶ πολὺ μείζω περιθεῖναι δόξαν τῆς νῦν
150 ὑπαρχούσης. οἶμαι δέ σ᾽ οὐκ ἀγνοεῖν, ὃν τρόπον οἱ θεοὶ τὰ
τῶν ἀνθρώπων διοικοῦσιν. οὐ γὰρ αὐτόχειρες οὔτε τῶν ἀγα- d
θῶν οὔτε τῶν κακῶν γίγνονται τῶν συμβαινόντων αὐτοῖς,
ἀλλ᾽ ἑκάστοις τοιαύτην ἔννοιαν ἐμποιοῦσιν, ὥστε δι᾽ ἀλλήλων
151 ἡμῖν ἑκάτερα παραγίγνεσθαι τούτων. οἷον ἴσως καὶ νῦν τοὺς
μὲν λόγους ἡμῖν ἀπένειμαν, ἐπὶ δὲ τὰς πράξεις σὲ τάττουσιν,

---

zu 4, 91. — 147, 4. τὴν αὐτῶν s.
zu 4, 99. — 147, 5. ἐξέλιπον.
Vergl. 4, 96.

148, 2. ἄλλας. S. zu 4, 26. —
τρόπαιον kann für diesen Satz
nur bildlich verstanden werden, da
die Perser ein wirkliches τρόπαιον
in den Thermopylen nicht errich-
teten; wahrscheinlich denkt Isokr.
an die Verstümmelung und Kreu-
zigung des Leichnams des Leonidas
(Herod. 7, 238); θεωροῦσιν würde
dagegen nicht sprechen, da es von
geistiger Anschauung verstanden
werden kann wie 12, 21. — 148, 5.
ἀλλ᾽ ἀηδῶς ὁρῶσιν cf. Krit.
Anh.

§ 149—155. Schlufs. Blieb ich
in dieser meiner Rede hinter meinen
früheren Leistungen nicht zurück —
was mein Alter entschuldigen wür-
de —, so denke, dafs die Gottheit

in ihrer Fürsorge für Hellas Dich
durch mich zum Handeln für das-
selbe veranlassen wollte, wozu sie
Dich, Deinen früheren Erfolgen
nach zu urteilen, offenbar schon
längst bestimmt hat (149 — 152).
Deiner Achtung gewifs (153), wie-
derhole ich noch einmal meine Vor-
schläge (153—155).

149, 2. αὐτόν i. e. σαυτόν. S.
zu 1, 14. — 149, 2. μαλακώτε-
ρον, matter; ebenso von der
Rede 12, 4 ἦν τισιν ὁ λόγος μαλα-
κώτερος ὧν φαίνηται τῶν πρότερον
διαδεδομένων. 15, 9 ἦν μαλακώτερος
ὧν φαίνηται τῶν παρ᾽ ἐμοῦ πρότερον
ἐκδεδομένων. — 149, 4. διαδεδο-
μένοις. S. zu § 7. — 149, 6.
ὑποβαλεῖν. Vergl. 12, 251 νομιτεῖν
τὰς μὲν βλασφημίας τὰς ἐνούσας
ἐν τῷ βιβλίῳ τὸν φθόνον ὑποβαλεῖν,
τὰς δὲ πράξεις — σὲ γεγραφέναι.

νομίζοντες τούτων μὲν δὲ κάλλιστ' ἂν ἐπιστατῆσαι, τὸν δὲ
λόγον τὸν ἐμὸν ἥκιστ' ἂν ὀχληρὸν γενέσθαι τοῖς ἀκούουσιν. e
ἡγοῦμαι δὲ καὶ τὰ πεπραγμένα πρότερον οὐκ ἄν ποτέ σοι γε-
νέσθαι τηλικαῦτα τὸ μέγεθος, εἰ μή τις θεῶν αὐτὰ συγ-
152 κατώρθωσεν, οὐχ ἵνα τοῖς βαρβάροις μόνον τοῖς ἐπὶ τῆς
Εὐρώπης κατοικοῦσιν πολεμῶν διατελῇς, ἀλλ' ὅπως ἂν ἐν 11ʒ
τούτοις γυμνασθεὶς καὶ λαβὼν ἐμπειρίαν καὶ γνωσθεὶς οἷος
εἶ, τούτων ἐπιθυμήσῃς ὧν ἐγὼ τυγχάνω συμβεβουλευκώς.
αἰσχρὸν οὖν ἐστὶν καλῶς τῆς τύχης ἡγουμένης ἀπολειφθῆναι
καὶ μὴ παρασχεῖν σαυτόν, εἰς ὃ βούλεταί σε προαγαγεῖν.

153. (ξδ'.) Νομίζω δὲ χρῆναί σε πάντας μὲν τιμᾶν τοὺς περὶ
τῶν σοι πεπραγμένων ἀγαθόν τι λέγοντας, κάλλιστα μέντοι
νομίζειν ἐκείνους ἐγκωμιάζειν, τοὺς μειζόνων ἔργων ἢ τηλι-
κούτων τὴν σὴν φύσιν ἀξιοῦντας, καὶ τοὺς μὴ μόνον ἐν τῷ b
παρόντι κεχαρισμένως διειλεγμένους, ἀλλ' οἵτινες ἂν τοὺς
ἐπιγιγνομένους οὕτω ποιήσωσι τὰς σὰς πράξεις θαυμάζειν
ὡς οὐδενὸς ἄλλου τῶν προγεγενημένων. πολλὰ δὲ βουλόμε-
νος τοιαῦτα λέγειν οὐ δύναμαι· τὴν δ' αἰτίαν δι' ἣν πλεο-
νάκις τοῦ δέοντος εἴρηκα.

154 (ξε'.) Λοιπὸν οὖν ἐστὶ τὰ προειρημένα συναγαγεῖν, ἵν' c
ὡς ἐν ἐλαχίστοις κατίδοις τὸ κεφάλαιον τῶν συμβεβουλευμέ-
μων. φημὶ γὰρ χρῆναί σε τοὺς μὲν Ἕλληνας εὐεργετεῖν, Μα-

<hr>

152, 4. συμβεβουλευκώς. Das
Pronomen (σοι) ist, weil selbstver-
ständlich, ausgelassen, wie § 9. 57.
68. 154. (§ 88 aber steht es mit
Notwendigkeit.) [cf. Krit. Anh.]
153, 3. ἐκείνους — τούς. S.
zu 1, 45. — 153, 8. δι' ἥν scil.
οὐ δύναμαι λέγειν (wegen meines
Alters), wie Ep. 1, 9 δι' ἃς δὲ
προφάσεις πολὺ ἂν ἔργον εἴη μοι
λέγειν. — 153, 9. εἴρηκα, §§ 10,
27, 83, 110, 149.
154, 2. ὡς gehört unmittelbar
zu ἐλαχίστοις. S. über dieses Hyper-
baton zu 9, 60. Rehdantz Demosth.
Ind. ² p. 294 f. Vergl. 12, 179
διελόντας τὸ πλῆθος αὐτῶν ὡς
οἷόν τ' ἦν εἰς ἐλαχίστους. Auch
im Lateinischen: Cic. de Finib. 5,
9, 26 natura habere propositum, se
ut custodiat quam in optimo sui
generis statu. (cf. Madvig. coll. eius

Emendat. Livian. p. 411 not. und
Naegelsbach Latein. Stilist. p. 348).
— Statt κατίδοις erwartet man
wegen des vorausgehenden Praesens
den Konjunktiv; doch bezeichnet der
Optativ den nur gedachten mögli-
chen Erfolg. Vergl. Schoemann ad
Isae. p. 238. [cf. Krit. Anh.] — 154,
3. Μακεδ. δὲ βασιλεύειν d. h. μὴ
τυραννεύειν; s. unten. Darüber ist
im Laufe der Rede, von der hier
ein Resumé gegeben werden soll,
nichts gesagt worden. Isokr. hätte
auch ohne die Gefahr damit bei
Philipp anzustofsen nicht ausführ-
lich darüber reden können, während
hier eine kurze Andeutung unver-
fänglicher erschien; sie war aber
nötig, weil ein tyrannisches Ver-
fahren des zur Härte sich neigen-
den Philipp gegen die Makedonier,
welche nach Polyb. 5, 27 der ἰση-

κεδόνων δὲ βασιλεύειν, τῶν δὲ βαρβάρων ὡς πλείστων ἄρχειν.
ἢν γὰρ ταῦτα πράττῃς, ἅπαντές σοι χάριν ἕξουσιν, οἱ μὲν
Ἕλληνες ὑπὲρ ὧν εὖ πάσχουσιν, Μακεδόνες δ᾽ ἢν βασιλικῶς
ἀλλὰ μὴ τυραννικῶς αὐτῶν ἐπιστατῇς, τὸ δὲ τῶν ἄλλων γένος,
ἢν διὰ σὲ βαρβαρικῆς δεσποτείας ἀπαλλαγέντες Ἑλληνικῆς d
155 ἐπιμελείας τύχωσιν. ταῦθ᾽ ὅπως μὲν γέγραπται τοῖς καιροῖς
καὶ ταῖς ἀκριβείαις, παρ᾽ ὑμῶν τῶν ἀκουόντων πυνθάνεσθαι
δίκαιόν ἐστιν· ὅτι μέντοι βελτίω τούτων καὶ μᾶλλον ἁρμότ-
τοντα τοῖς ὑπάρχουσιν οὐδεὶς ἄν σοι συμβουλεύσειεν, σαφῶς
εἰδέναι νομίζω.

γορία ihren Königen gegenüber
sich rühmten (vergl. auch Curtius
4, 7, 31: Macedones assueti quidem
regio imperio, sed in maiore liber-
tatis umbra quam ceterae gentes),
Philipps Thron und damit den Per-
serkrieg hätte in Frage stellen
können.

155, 1. τοῖς καιροῖς καὶ ταῖς
ἀκριβείαις, in Rücksicht auf
treffende Form und Korrekt-
heit. Denn οἱ καιροί ist nicht
bloſs „Ebenmaſs," wie Benseler
will, sondern allgemeineren Sinnes;

denn diejenige Rede hat καιρούς,
in welcher für das Mitzuteilende
überall die rechte Form des Ge-
dankens und des Ausdrucks ge-
troffen ist; vergl. 13, 16 τῶν
καιρῶν μὴ διαμαρτεῖν, ἀλλὰ καὶ
τοῖς ἐνθυμήμασιν πρεπόντως ὅλον
τὸν λόγον ματαποικῖλαι καὶ τοῖς
ὀνόμασιν εὐρύθμως καὶ μουσικῶς
εἰπεῖν, und 15, 184. Zu ἀκρίβειαι
vergl. die λόγοι λίαν ἀπηκριβωμέ-
νοι 4, 11 und wegen d. Plural zu
4, 77. — 155, 4. τοῖς ὑπάρ-
χουσιν, für die gegenwärtigen
Verhältnisse. [cf. Krit. Anh.]

Für Rede IV ist der beste codex, der Urbinas CXI (Γ.) saec.
X, nach der Collation von Immanuel Bekker in seinen Orat. Attici
tom. II mit Nachträgen in den Monatsber. d. Berliner Akademie
1861 p. 1034—1057, neu verglichen mit genauer Unterscheidung
der einzelnen Hände von Albert Martin in dem 24 Fascikel
der Bibliothèque des écoles françaises d'Athènes et de Rome unter
dem Titel: Le manuscrit d'Isocrate Urbinas CXI de la Vaticane.
Description et histoire-recension du Panégyrique Paris 1881, für
Rede V von H. Buermann: Die handschriftliche Überlieferung
des Isokrates. I. Die Handschriften der Vulgata. Wissenschaft-
liche Beilage zum Programm des Friedrichs-Gymnasium in Berlin
1885 S. 16 ff.*

Nicht an den einzelnen Stellen ist erwähnt:

1. ν ἐφελκυστικόν vor Konsonanten, das vom Herausgeber in
IV mit Γ. (nach Mart.) an folgenden Stellen eingesetzt worden
ist: §§ 4. 7. 8 (bis). 18. 20. 22. 28. 29 (bis). 30. 31. 38 (bis).
39. 41. 42. 44 (bis). 45. 46. 47 (quinquies). 48. 50 (bis). 53
(bis). 58. 60. 62. 68. 73. 76. 82 (bis). 84. 87. 95. 98. 100.

---

* Abkürzungen: Kor. = Ἰσοκράτους λόγοι καὶ ἐπιστολαί ed.
Koraes Paris 1807. Bekk. = Orat. Attici ex recensione J. Bekkeri tom.
II Berol. 1823. Tur. = Orat. Attici recensuerunt G. Baiterus et H.
Sauppius Turici 1850. Bens[1] = Isocratis orationes recognovit G. E.
Benseler Lips. 1851. Bens[2] = Isokrates' Panegyrikos und Philippos
von G. E. Benseler Leipz. 1854. Bl. = Benseleri edit. altera curante
Friederico Blass Lips. 1879. Bait. = Isocratis Panegyricus ed. Spohn,
editio altera curavit G. Baiterus Lips. 1831. Mehl. = Panegyricus en
Areopagiticus von E. Mehler Groningen 1861. Sand. = Isocratis ad
Demonicum et Panegyricus ed. Edwin Sandys London etc. 1868. R. =
Panegyrikos und Areopagitikos erklärt von Rauchenstein Berl. 1849—
1873. R[5] = derselben Ausgabe 5. Auflage besorgt von K. Reinhardt
Berl. 1882. Victor. = Die Noten des P. Victorius, die dieser seinem
Exemplar der Aldina zu Panegyrikos, Philippos und ad Nicoclem zuschrieb,
die Bait. Paneg. praef. XII seqq. veröffentlichte.

102 (bis). 103. 108 (ter). 114. 115. 117 (ter). 118. 120. 121.
122 (bis). 123 (bis). 125. 127. 130. 131. 135. 137. 138 (bis).
139. 140. 144 (bis). 147 (bis). 152 (bis). 155. 156. 157. 159.
161 (quater). 167. 169. 171. 175. 176 (ter). 178. 182. 184
(bis). 188. — In V mit Γ. (nach Buerm.): §§. 5. 6. 8 (bis). 9
(bis). 11. 19. 22. 23. 25 (bis). 27. 32 (bis). 33 (bis). 34. 36.
38. 39. 40. 41 (bis). 50 (bis). 51 (bis). 52 (bis). 53 (bis). 59.
63. 66. 68 (ter). 70. 71. 75. 76. 77. 80 (bis). 82. 83. 87. 89
(bis). 91. 96. 100. 101. 102. 107 (bis). 109. 111 (bis). 116.
120. 122 (bis). 131 (bis). 132 (bis). 141. 146. 148 (bis). 151.
152 (bis). 154. 155. Bruno Keil Analecta Isocratea Lips. 1885
p. 123 fordert das ν ephelkystikon in der Pause noch (wo es im
Γ. fehlt) IV §§. 1. 11. 12. 47 (bis). 87. 154. Vgl. von Bam-
berg Jahresb. d. Philol. Ver. XII (1886) p. 19.

2. Der Hiatus, der sich hier und da im Γ. findet und durch
die Herausgeber seit Benseler beseitigt ist.

IV.

§ 1, 3 εὐτυχίας Γ. Tur. Bens. Bl. Sand. Mehl. R[5]. | „εὐεξίας,
was minder gute Handschriften und der Grammatiker in Crameri
Anecdot. Paris I, p. 309 haben [und Kor. Bekk. aufnahmen], hebt
den Gegensatz zwischen den zufälligen Vorzügen des Körpers und
den durch Studium erworbenen Vorzügen des Geistes nicht her-
vor." O. Schn.

§ 4, 2 τοῖς ἄλλοις μηδὲν πώποτε Bekk. Tur. Bait. Bens.[1] Bl. R.[5] |
πώποτε μηδὲν τοῖς ἄλλοις Γ. | μηδὲν πώποτε τοῖς ἄλλοις Bens.[2] |
Tilgen will es Bl. und Mart. p. 26, wogegen E. Albrecht Jahres-
ber. des Phil. Ver. XI (1885) S. 71 sich mit Recht ausspricht.

§ 11, 3 πρὸς ὑπερβολήν Γ. und so Bekk. Tur. Bait. Bens. Mehl.
Sand. | εἰς ὑπερβολήν conjicierte Cobet Var. lection.[2] p. 273 (coll.
9, 23. 11, 16), das Kayser. Bl. R.[5] billigte. — 5. ἀφελῶς statt
des handschriftlichen ἀσφαλῶς vermutete zuerst Valkenaer (bei
Cobet Nov. lection. p. 136; vgl. diesen auch Var. lection.[2] p. 516)
dann G. A. Hirschig Annotation. critic. in comic. etc. p. 38, letz-
terer mit Berufung auf Schol. ed. Aldin. (bei Orelli ad Isokr.
Antid. p. 137) ad 15, 46: ὡς ἐν τῷ πανηγυρικῷ..... ὥσπερ...
ἀλλ' οὐ τοὺς μὲν ἀφελῶς, τοὺς δὲ ἐπιδεικτικῶς. „ἀσφαλῶς was von dem
vorsichtigen Gange gerichtlicher Reden erklärt wurde, giebt nicht,
wie es doch soll weder einen Gegensatz zu πρὸς ὑπερβολὴν πεποιη-
μένους und ἐπιδεικτικῶς (prunkvoll) noch ein Synonymum zu
ἁπλῶς und εἰκῇ (§ 12)." O. Schn. Jetzt lesen alle edd. ἀφελῶς. —
6. σφᾶς διορῶντας Γ. will Nabor Mnemosyne N. F. VII (1879)
p. 74 in σφεῖς διορῶντες verwandeln. — 7. „εἰπεῖν] wollte Cobet
Nov. lection. p. 273 tilgen, mit Unrecht. S. zu § 10." O. Schn.

§ 14, 4 μηδεμίαν μοι συγγνώμην *Γ*. Bekk. Bait. R.[5] (cf. Mart. p. 26. Albrecht S. 70); sonst las man μηδ. συγγνώμ. — 6. μηδὲν διαφέρων *Γ*. Tur. Mehl. Bl. R.[5] | τῶν ἄλλων μηδὲν διαφέρ. andere mss. und Bens.[2] | μηδὲν τῶν ἄλλων διαφέρων Sauppe Jahns Jahrb. VJ (1832) S. 66. Bekk. Bens.[1] Sand. Vgl. noch Albrecht S. 60 f. § 16, 2 ὑφ' ἡμῖν *Γ*. Priscian. XVIII, 300 edd. | ἐφ' ἡμῖν and. mss. Kor. — 4. τοὺς ἄλλους *Γ*. edd. | τοὺς Ἕλληνας Naber p. 53.

§ 17, 3 τὼ πύλει *Γ*. (nach Mart.). Bisher glaubte man, dafs τὼ πόλη in *Γ*. stände, wie man es auch 8, 116 annahm. Mart. p. 26 ff. giebt aber an, dafs πόλεις von erster Hand geschrieben ist, durch Correctur von zweiter Hand dann πόλεε und dafs auch 8, 116 wahrscheinlich nicht πόλη, sondern πόλει stehe. Die Form πόλεε findet sich 12, 156. 157 in allen mss. Daraufhin und auf Grund von Herodian ed. Lentz II S. 322, 10 seqq: δεῖ γινώσκειν ὅτι ἐν μὲν τοῖς δυικοῖς τὰ δύο εε εἰς η̄ κίρνανται· οἷον Δημοσθένεε Δημοσθένη, Διομήδεε Διομήδη, ἐν δὲ τοῖς πληθυντικοῖς εἰς τὴν εῖ δίφθογγον οἷον Δημοσθένεες Δημοσθένεις, Διομήδεες Διομήδεις, σπανίως δὲ καὶ ἐν δυικοῖς, ἀλλ' εὑρίσκονται τὰ δύο εε εἰς τὴν ει δίφθογγον κιρνάμενα οἷον ταρίχεε ταρίχει, πόλεε πόλει, ὡς παρ' Αἰσχίνη τῷ Σωκρατικῷ „τούτω τὼ πόλει" (λέγει δὲ περὶ Ἀθηνῶν καὶ Λακεδαιμονίων) καὶ ἐν τοῖς πληθυντικοῖς εἰς η̄ οἷον ἱππέες ἱππῆς, καὶ βασιλέες βασιλῆς. ταῦτα δὲ Ἀττικά εἰσι καὶ ἐπὶ μόνων τῶν εἰς ευς τοῦτο ποιοῦσιν οἱ Ἀττικοί, φημὶ δὴ τὸ κιρνᾶν τὰ δύο εε εἰς η̄ ἐν τῇ εὐθείᾳ τῶν πληθυντικῶν. womit in Einklang zu bringen ist Herodian ed. Lentz II p. 756, 24 f.: ἀλλ' ἔστιν ὅτε συναιρεῖται, οἷον βασιλεὺς βασιλέως βασιλέε βασιλῆ, πόλις πόλεως πόλη, ὡς παρ' Αἰσχίνη τῷ Σωκρατικῷ „τούτω τὼ πόλη" (λέγει δὲ περὶ Ἀθηναίων καὶ Λακεδαιμονίων.) nimmt A. von Bamberg, Jahresber. d. Philol. Ver. XII (1886) S. 26 f. die Kontraktion auf εῖ im Dual aufser für die Neutra auf ος auch für die Feminina auf ις in Anspruch. — τὼ πόλη τούτω Bekk. Bait. O. Schn. Mehl. Bl. R.[5] | τὼ πόλεε τούτω Bens. Sand. | τὰς πόλεις ταύτας Tur.

§ 19, 3 πρὶν περὶ τῶν ἀμφ.] so lesen alle edd. gegen *Γ*, der πρὶν ἤ mit den übrigen mss. hat, da πρὶν ohne ἤ der Isokrat. Sprachgebrauch erfordert cf. Dindorf in praef. p. V. Bens. praef. p. XXX. 3. Bait. z. d. St. — ἐδίδαξαν *Γ*. edd. | διαλλάξαι Bäumlein Zimmerm. Zeitschr. 1842 S. 841 seq. | διήλλαξαν Bl. in adn. crit. — 7. φιλονικίας *Γ*. Bekk. Tur. Bait. Bens.[1] Sand. R.[5] | φιλονεικίας Bens.[2] Mehl. R., welches O. Schn. zu schützen suchte: „Der Urbinas allein bietet φιλονικίας hier wie 5, 4 u. Ep. 9, 14 (dagegen φιλονεικία 7, 53 u. 12, 158) ebenso φιλονικεῖν 4, 85. 5, 113. 6, 92 (wogegen φιλονεικεῖν 2, 25, 10, 48 u. 51). Beide Formen sind regelrecht, denn wenn auch φιλόνεικος eine Unform ist (s. zu 1, 31), so sind doch φιλονεικία φιλονεικεῖν, von einem, wenn auch nicht mehr nachweisbaren φιλονεικής (vergl. Πολυνείκης) untadelhaft gebildet (vergl. εὐτυχής, εὐτυχία, εὐτυχεῖν). Ein Unterschied der Bedeutung zwischen beiden Formen, wie ihn

Baiter und die neuesten Lexica annehmen, dafs in φιλονεικία ein Tadel, φιλονικία nicht, ist nicht erkennbar, am wenigsten aber abzusehen, weshalb Isokr. die Eifersucht zwischen Athen und Sparta hier und Ep. 9, 14 durch φιλονικία, dagegen 12, 158 durch φιλονεικία bezeichnet haben sollte. Da man sich sonach für eine der beiden Formen zu entscheiden haben wird, mufs 5, 113 mafsgebend sein: εἰκός σε φιλονεικεῖν (Urbinas φιλονικεῖν), ὅπως τῷ προγόνῳ σαυτὸν ὅμοιον παρασκευάσεις; wo φιλονικεῖν und ὅμοιον παρ. geradezu im Widerspruch stehen würden. Vergl. jetzt Franke im Philol. Suppl. I, S. 472." S. auch Kühner ad Xenoph. Mem. 2, 3, 17. φιλονικία fordert überall Schanz Plat. VI. fasc. 1 praef. Mart. p. 23. R.[5]

§ 22, 5 ἢ τοὺς πρώτους τυχόντας ταύτης τῆς τιμῆς Γ. edd. | ταύτης τῆς τιμῆς wollte O. Schn. streichen: „ἢ τοὺς πρώτους τυχόντας == Die, welche zufällig die Ersten waren d. h. nicht blofs die ἀρχαιότατοι, sondern auch die ὀνομαστότατοι, wie es in der folgenden Begründung dieses Gedankens heifst (ὁμολογεῖται γὰρ κ. τ. λ. § 23—25); dagegen sagt dort Isokr. nicht, dafs die Athener zuerst die Hegemonie erlangt hätten; es ist also unrichtig, wenn alle Handschriften und Ausgaben lesen: πρώτους τυχόντας ταύτης τῆς τιμῆς (was aus § 37 gemacht scheint). Vielmehr steht τυχόντας absolut und selbst ὄντας aus dem Folgenden zu ergänzen, ist nicht nötig; vergl. 15, 144 ἐν οἷς ἅπαντες οἱ πολιτευόμενοι τυγχάνουσιν, u. Lobeck ad Phryn. p. 277. Unsere Lesart empfiehlt aufser dem ὁμοιοτέλευτον (s. zu 1, 16) τυχόντας — ὄντας auch die ähnliche Fassung § 33 ὁμολογουμένους πρώτους γενομένους." Aber mit Recht spricht sich Jacob Jahresber. d. Philol. Ver. III (1877) S. 19 gegen diese Conjectur aus, da in den Worten ὁμολογεῖται τὴν πόλιν ἡμῶν ἀρχαιοτάτην εἶναι καὶ μεγίστην καὶ παρὰ πᾶσιν ἀνθρώποις ὀνομάστην doch eine Art Beweis enthalten sei, dafs in den ältesten Zeiten wenigstens keine andere Stadt die Hegemonie gehabt habe. Ebenso R.[5]

§ 23, 2 τοὺς ἀμφισβητοῦντας Γ. Bekk. Tur. Bait. Mehl. Bl. R.[5] | τ. ἀμφ. περὶ αὐτῶν hatte mit geringeren mss. Bens. O. Schn. Sand. eingesetzt. Doch vergl. Kayser in Heidelberg. Jahrb. 48 (1855) S. 618: „ἀμφισβητοῦντας hat nur die Hegemonie zum Objekt, weshalb jener Zusatz, den Γ. nicht kennt, nicht nur nicht überflüssig, sondern geradezu verkehrt heifsen mufs." Ebenso derselbe in Fleckeis. Jahrb. LXXIII (1856) S. 362. S. auch Mehl. z. d. St.

§ 26, 5 τῶν πρὸς πόλεμον κινδύνων Γ. | „κινδύνων, das in allen mss. steht, wollte Hirschig l. c. p. 39 streichen, und τὴν κατασκευὴν ‚omnium rerum, quae ad bellum pertinent' verstehen, obwohl in der folgenden Begründung der Verdienste Athens von so etwas gar nicht die Rede ist." O. Schn. | Hirschig folgen Bl. Mehl. R.[5] (coll. § 51) cf. § 142.

§ 27, 5 καὶ νῦν πανταχοῦ Γ. (Mart.) Bl. Schn. Sand. R.[5] |
Das καί, was früher auch zwischen νῦν und πανταχοῦ in den
Ausg. stand, hatte Mehl. getilgt.

§ 28, 7 δωρεὰς διττάς] διττάς fehlt in Γ, steht aber in and.
mss. Für die Einsetzung ist Sauppe Jahrb. VI (1832) S. 66 und
Tur. Bait. Bens.[1] O. Schn. Sand. Bl. R.[5], dagegen ist Kayser
(p. 619).

§ 29, 6 ὠφελίας Γ₁, von späterer Hand είας, ebenso § 130.
§ 173 und 5„ 131. ὠφέλεια steht im Γ₁ 4, 15. 79. 104. 5, 40
vergl. Baiter ad Paneg. p. 15. Schanz Plat. II. fasc. 2 § 3 S. XI
hat jetzt überall im Plato ὠφελία hergestellt.

§ 31, 2. ἕκαστον τὸν] τὸν fehlt in Γ.

§ 33, 1 ὑπὸ πάντων ὁμολογουμένους] so mit allen Hand-
schriften Tur. Bekk. Bens.[1] O. Schn. Sand. R.[5] | ὁμολογουμένως
conjicierte Hier. Wolf, dem Kor. Mehl. Bl. Bens.[2] Bait. folgten.
Gegen das Adverbium spricht entschieden ὑπὸ πάντων, womit
Baiter in edit. Tur. und neuerdings E. Albrecht in Jahresber. d.
Phil. Ver. XI S. 58 vergleichen wollte Andok. 1, 140 ἐπειδὴ
τοίνυν παρὰ πάντων ὁμολογουμένως ταῦθ᾽ ἡμῖν ὑπάρχει, doch ge-
hört παρὰ πάντων zu ὑπάρχει.

§ 34, 5 κατακεκλημένους hatte O. Schn. mit Mehler als das
echt Attische (cf. Cobet Nov. lection. p. 446. Lobeck Patholog.
Elem. II p. 38) hergestellt statt κατακεκλειμένους, was freilich Γ.
wie hier, so auch 6, 40 u. 15, 68 hat und auch in anderen
Autoren die besten Handschriften bieten cf. Lobeck ad Sophokl.
Aiac. v. 1274 und Voemel ad Demosth. contion. p. 96. κατακε-
κλειμένους Bekk. u. die folg. aufser R.[5] — τῆς γῆς Γ. | Mit Un-
recht wollte Hirschig l. c. p. 39 und mit ihm Mehl. hier und
§ 132 den Artikel streichen.

§ 36, 6 ἀφορισθεῖσαν Γ. | Halbertsma u. Mehl. πορισθεῖσαν,
aber vergl. 5, 120.

§ 38, 3 τροφὴν τοῖς δεομένοις εὑρεῖν — διοικήσειν wollen
Kayser (Jahrb. LXXIII (1856) S. 376). Mehl. Naber l. c. p. 55
tilgen, ebenso Jahr Quaest. Isocrat. (diss. Hal. 1881) p. 69 und
G. A. Lehmann de Lehnsfeld De oratione ad Demonicum Isocrati
abiudicanda (diss. Leyden 1879) p. 69. — 4. τῶν ἄλλων καλῶν
καλῶς Γ. Bens. O. Schn. Sand. R.[5] | καλῶν fehlt in d. vulg., der
Bekk. Tur. Bait. Mehl. Bl. (coll. Geschichte der Beredsamkeit II,
161) folgen. — 7. παρὰ θεῶν Γ. Bekk. Bait. Bens.[2] O. Schn.
Sand. Bl. R.[5] | παρὰ τῶν θεῶν vulg. Bens.[1] Bock De codicis Iso-
cratei Urbinatis auctoritate. (diss. Heidelb. 1873) p. 19.

§ 40, 7 τοῖς ἄλλοις παρέδωκεν Γ. und die edd. aufser Bl.,
der mit vulg. gegen Γ. wegen des folgenden ἄλλην lesen will τοῖς
λοιποῖς.

§ 42, 4 ὅποι χρὴ διαθέσθαι] ὅπου χ. δ. Γ. | ὅποι conjicierte Hert-
lein Conjecturen zu griech. Prosaikern II S. 22, dem Bl. R.[5] mit

Recht folgen. Letzterer vergleicht Xenoph. de republ. Atheniens. 2, 11 ποῖ διαϑήσεται. — παρ᾽ ἑκάστων] Mit Unrecht wollte Cobet Var. lection.² p. 516 παρ᾽ streichen cf. z. d. St.

§ 43 σπεισαμένους Γ. Bens. O. Schn. Sand. R.⁵ | σπεισ. πρὸς ἀλλήλους die übrig.

§ 44 εὐτυχίας] cf. zu § 1. — ἐφ᾽ οἷς will R.⁵, nachdem es Naber. Mnemos. VII (1879) p. 77 angezweifelt, mit Gebauer zu Lysias von Frohberger S. 318 in ἐφ᾽ ὅτῳ ändern, indem er φιλοτιμηϑῶσιν als deliberativen Konjunktiv in der indirekten Frage auffafst. Doch s. zu uns. St.

§ 47 καὶ τὰ πρὸς ἀλλήλους ἐπράϋνεν fehlt in Γ. — κατέδειξεν hält Matthiae G. Gr.² § 634, 1 für den Zusatz eines Grammatikers, da ἐδίδαξεν auch für πόλις genüge; doch cf. z. d. St.

§ 48, 2 ζῴων] Γ. (nach Mart.) ζωιον. | Sand. liest auch schon ζῴων mit ι subscr., auch R.⁵ (coll. Cobet in Mnemos. 1876 p. 219), ζώων die übrig. ζῷον ist richtiger, vergl. Etym. Mag. p. 413, 17 f. La Roche Hom. Unters. p. 207 seqq. Lobeck Pathol. Elem. I, 440 seqq. O. Riemann Le dialecte attique in Revue de philologie (Juli 1881) p. 57 und von Bamberg Jahresber. d. Phil. Ver. XII (1886) S. 17. Für ζωιον spricht auch Simonid. Amorg. fr. 13 Bergk⁴. Auch 5, 116 hat Γ. ζωιων (nach Buerm.). — τούτῳ] τούτων mit ausradiertem ν hat Γ, was Strang Krit. Beitr. p. 66 verteidigen wollte, doch vergl. Sauppe Jahrb. VI (1832) S. 77.

§ 49, 3 ἐλευϑερίως conj. Mehl., dem Bl. R.⁵ folgte, für das handschriftliche (auch Γ.) ἐλευϑέρως, „das sich allerdings öfter im Sinne von ἐλευϑέριος liberalis findet (cf. Stallbaum ad Plat. Phaedr. p. 243 C.) und auch andere Adjektive auf ος und ιος werden so promiscue gebraucht (cf. Lobeck Paralip. p. 318)." O. Schn. — ἀνδρείας Γ. (nach Mart.) hier und § 145. 146; auch 5, 4 und 109 (nach Buerm.) für ἀνδρίας (Bekk. Tur. Bait. Bens. Bl. Mehl. Sand. Schn.). „ἀνδρία hat Bekk. überall im Isokr. und Plato (cf. Stallbaum ad Gorg. p. 492 A) geschrieben statt ἀνδρεία, wohl nicht weil er diese Form durchaus verwarf (denn sie ist gut begründet, näm- lich eigentlich ein Adjektiv im Sinne des Substantivs wie ἡ ἀξία, ἡ νηνεμία und andere, cf. Lobeck Paralip. p. 359 und Ellendt praef. ad Arrian. Anab. p. XXVI seqq.), sondern weil jene durch die Handschriften mehr gesichert schien." O. Schn. | ἀνδρεία wollte Dindorf ad Aristoph. Nub. 510 und so jetzt überall. Schanz Plat. VII praef. § 7.

§ 51, 2 ὑποϑέμενος Γ₁, erst von späterer Hand ἐρεῖν hin- zugefügt.

§ 54, 2 ἡμῖν Γ. O. Schn. Sand. Bl., gebilligt von Jacob Jahresber. d. Phil. Ver. III. (1877) S. 18 | ἡμῶν vulg. Cobet. Mehl. R.⁵

§ 57, 3 ἢ τοὺς ἥττους [ἄλλων] so nach O. Schn. Conjectur: „ἢ τοὺς ἥττους αὑτοῦ (das einige mss. und Bekk. Tur. Bait. geben),

kann nicht richtig sein, da es einen Hiatus macht, und auch dem Ge-
danken nicht entspricht, insofern daraus, dafs Niemand den Bei-
stand Jemandes verlangt, der schwächer als er selbst ist, durch-
aus nicht folgt, dafs der von ihm aufgesuchte überhaupt der
Mächtigste ist, sondern nur, dafs dieser mächtiger als der Bei-
standsuchende ist; αὐτῶν aber, was die anderen mss. geben (von
Bens. aufgenommen), und was nur auf Θηβαῖοι καὶ Εὐρυσθέως
bezogen werden könnte, ist deshalb unhaltbar, weil diese Be-
ziehung zu undeutlich wäre, da Θηβαῖοι καὶ Εὐρυσθέως nicht un-
mittelbar vorausgeht, und zu speciell sein würde, als dafs es zu
dem folgenden allgemeinen ἑτέροις pafste, wofür dann gleichfalls
αὐτοῖς erforderlich wäre. Der Sinn (Jeder sucht Schutz und Bei-
stand bei denen, die mächtiger als andere sind und über andern
stehen) und die Conformität der Glieder verlangt gleichmäfsig
τοὺς ἥττους ἄλλων (ὄντας) zu schreiben, wobei ἄλλος mit ἕτερος
nach Isokrateischem Sprachgebrauche wechselt; s. zu 1, 11."
O. Schn. — αὐτῶν endlich, was nach Mart. die Lesart von Γ. ist,
die er p. 29 verteidigt, würde ebenfalls einen schiefen Sinn geben.
Nach d. Vorgang von R. (vergl. Kayser in Fleckeisens Jahrb.
LXXIII (1856) S. 358) streichen Mehl. Bl. R.[5] jeden Zusatz, letz-
terer mit Berufung auf § 81 u. 2, 24. Sand. hält ἢ τοὺς ἥττους
αὐτοῦ für eine Randbemerkung von τοὺς ὑφ' ἑτέροις ὄντας cor-
rumpiert aus ἤγουν ἥττους αὐτῶν. Mit Recht wendet sich Rein-
hardt gegen diese Conjectur mit den Worten: „zu dem ἡγεμονικῶς
ἔχειν gehört nicht nur, dafs die Stadt selbständig (ὑφ' ἔτ. ὄντ.)
sondern auch, dafs keine andere gröfsere Macht besitzt." Für die
Conjectur O. Schneiders sprechen auch d. Lesarten in Γ. αὐτῶν oder
αὑτῶν, da ja ΑΛΛΩΝ leicht in ΑΥΤΩΝ verschrieben werden konnte.

§ 58, 5 ἀποδοῦναι θάψαι Γ. | θάψαι will Naber l. c. p. 55
als Interpolation tilgen.

§ 59, 3 οὐ γὰρ παρὰ μικρὸν ἐποίησαν fehlt in Γ. von erster
Hand. — βιάσεσθαι conj. Morus, dem Kor. Orelli in Antid. Bens.[1]
Bl. Mehl. O. Schn. R.[5] folgen. | In allen mss. steht βιάσασθαι,
das Bekk. Tur. Bait. Bens.[2] Sand. aufnahmen.

§ 60, 2 γεγονώς codd.] γέγονεν Naber l. c. p. 55.

§ 61, 1 εἰς] Γ. hat ἐς. Über εἰς und ἐς auf Inschriften vgl.
Wecklein curae epigr. p. 58. Meisterhans Gr. d. Att. Inschr.
p. 101: „Bis 380 lautet die gewöhnliche Form ἐς, von da an
wird εἰς vorherrschend". S. auch O. Bachmann Conj. obser.
Aristoph. spec. I (1878) p. 83 ff. Strange in Jahns Jahrb. Suppl.
III (1834) S. 591 meint, dafs ἐς bei den Rednern selten sei, doch
ist zur Entscheidung erst eine genauere Durchsicht der Hand-
schriften namentlich für Isokr. des Γ. nötig. Vergl. noch v. Bam-
berg Jahresb. XII (1886) S. 58. — 7. παρόντων ἀγαθῶν αὐτοῖς
ἁπάντων Γ. u. alle edd. | αὐτοῖς streicht Bait.

§ 62, 2 εἰσβαλεῖν Γ. edd. aufser Bens.[1], der εἰσβάλλειν schrieb.

— 3. κακεκτήσαντο Tur. Bens. Bait. Bl. O. Schn. Sand. Mehl.
R.[5] | κατεστήσαντο Γ. Bekk.

§ 63, 2 ἀνελόντας Γ. wollte J. Strange Jahns Jahrb. 1830
S. 81 (cf. S. 90) u. O. Schn. (coll. 5, 29) in ἀφελόντας ändern.

§ 64, 4 διατελοῦσιν] οὖσαι fügt Naber l. c. p. 55 unnötiger-
weise hinzu. — 5. τοσοῦτον ἁπάντων διενεγκό:τες ὥσθ᾽ ὑπὲρ codd. |
Überflüssig ist nach dem z. d. St. bemerkten Hirschigs Vorschlag
(l. c. p. 40) und Engers (Philolog. XXVI (1867) S. 711) Con-
jectur ἆθ᾽ ὑπὲρ statt ὥσθ᾽ ὑπὲρ und τούτων für τοσοῦτον zu lesen.
ὥσθ᾽ wollten Kor. Havet. R. Weil in Jahrb. LXXXVII (1863)
S. 691 streichen.

§ 65, 2 τοὺς ἄλλους Πελοποννησίους Γ. Tur. Bait. Bl. Mehl. Sand.
R.[5] | τοὺς ἀλλ. Πελοποννησίων vulg. Bekk. O. Schn. Bens.; letzterer
giebt dieser Lesart den Vorzug wegen des folgenden Gegensatzes τοὺς
ἡγεμόνας τοὺς Λακεδαιμονίων. — πρὸς Εὐρυσθέα klammert Bl. ein.

§ 66, 3 κατεστησάμην Γ. | ἐνεστησάμην conj. Cobet Var. lec-
tion.[2] p. 516 (coll. 12, 288). Aber s. zu uns. St. — 5. ἐπὶ δὲ
τῶν μεγίστων Γ. Priscian XVIII, 245. Tur. Bait. O. Schn. Bl. R.[5]
Keil Anal. Isocr. p. 37 ad.[2] | ἐπὶ δ. τ. μ. στάς aus d. Hand-
schriften d. Antidos. Kor. Bens. Mehl. Sand. | Wenn überhaupt
eine Änderung nötig sei, will Kayser (l. c. p. 619 u. in Fleckeis.
Jahrb. LXXIII (1856) S. 361) statt στάς lieber διατρίβων.

§ 68, 2 οὐ μὴν ἐλάττω τεκμήρια Γ. | οὐ μὴν ἐλ. γε τεκμ.
Cobet Var. lection.[2] p. 516, dem Mehl. folgt und so wieder Naber
l. c. p. 56 (cf. zu § 97). Vergl. aber Sauppe Jahrb. VI (1832)
S. 48, Fuhr Rhein. Mus. XXXIII (1878) S. 346 ff. — περὶ τῶν
πατρίων Γ. | Für πατρίων hat man (cf. Philolog. XIII p. 241)
πρωτείων schreiben wollen, doch vergl. zu d. St. — 8. ἰδίᾳ] ἴδια
conj. Nab. l. c. p. 55.

§ 70, 5 διὰ τὴν τότε στρατείαν fehlt in Γ. u. so lesen Tur.
Mehl. Bock. l. c. p. 22. Die Aufnahme der Worte wird wie
Bens.[2] und Kays. (l. c. p. 619, vergl. denselben auch in Fleckeis.
Jahrb. LXXIII (1856) S. 360) bemerken durch das entsprechende
Redeglied διὰ τὴν ἐνθάδε συμφοράν empfohlen. | δ. τ. τ. γεγενημένην
στ. Bait.

§ 72, 4 οὐ πολλῷ δ᾽ ὕστερον Γ. will Keil l. c. p. 140 in
οὐ πολὺ δ᾽ ὑστ. ändern nach Aristot. Rhet. III, 9.

§ 73, 3 ἀλλὰ διὰ τοῦτο edd. | καὶ διὰ τοῦτο Γ₁., erst von
späterer Hand ἀλλὰ hinzugefügt. — 5. τοῖν πολέοιν Γ₁. (ταύταιν
erst von späterer Hand hinzugefügt) Bekk. Tur. Bait. Bl. R.[5] |
τῶν πολοῖν τούτοιν mit einer mss. Bens.[2]

§ 74, 3 μάλιστα] Naber l. c. p. 55 κάλλιστα. — 4. τῶν
πολιτῶν εἰπεῖν] εἰπεῖν streicht Mehl. wie § 11. — 6. δ᾽ ἔτι,
conj. Mehl. Sand. und G. Jacob in Fleckeis. Jahrb. CIX (1874)
S 157, dem O. Schn.[2] Bl. R.[5] folgten, für das handschriftliche
δί τι (Bens.[2]) | δέ τινα vulg. Bens.[1]

§ 77, 4 *ὑπὲρ τῆς πόλεως ἀποθν.* codd. edd. | *ὑπὲρ τῆς πατρίδος* Dionys. Halic. iud. de Isocr. c. 14.

§ 78, 1 *τοὺς νόμους Γ.* Bekk. Tur. Bait. Mehl. Sand. Bl. R.[5] Kays. Fleckeis. Jahrb. LXXIII (1856) S. 366. Jacob Jahresber. d. Phil. Verein VI (1880) S. 189. | *τοὺς μὲν νόμους* Bens. O. Schn. mit geringeren mss.

§ 82, 1 *τοῖς τοιούτοις ἤθεσιν Γ.* | *τοιούτοις ἤθεσιν* Cobet. Mehl. — 7. *ὑπερβεβληκότας τὰς τῶν ἄλλων ἀρετάς*] Hirschig l. c. *ὑπερβεβληκ. ταῖς τ. ἄ. ἀρεταῖς.*

§ 83, 6 *τὴν σύμπασαν Ἑλλάδα Γ.* Bait. Sand. | *τὴν Ἑλλάδα σύμπασαν* vulg. Bens. Mehl. O. Schn. Bl. Kayser l. c. S. 617. | *σύμπασαν τὴν Ἑλλάδα* Bekk. Tur.

§ 84, 3 *τελευτήσειαν* Bens. Mehl. O. Schn. R.[5] | *τελευτήσαιεν Γ.* Bait. Sand. Bl. Doch hat *Γ.* sonst in unseren 2 Reden die Endung *ειαν* cf. 4, 2. 100. 163. 169. 5, 51. 128. 144.

§ 85, 3 *ἐφιλονίκησαν Γ.* Bekk. Tur. Bait. Bens. Bl. Mehl. Sand. | *ἐφιλονείκησαν* (in *Γ.* corrigiert) O. Schn. — 8. *τὰς αὐτῶν ἀρετάς Γ.* Bekk. und d. folg. | *τὰς αὐτ. εὐψυχίας* mit vulg. in Antid. Bl. — 9. *ἐν τοῖς ὑ. Δ. πεμφθεῖσιν* codd. edd. | „Wenn man mit Mehl. *ἐν* streicht, so zeigten die Griechen ihre *ἀρετή* nur den Persern; sie wollten sie aber allen Hellenen (§ 91 extr.) zeigen, um sie zur Nacheiferung anzuspornen." O. Schn.

§ 86, 6 *κινδυνεύειν Γ.* Tur. Bait. Bens.[2] Mehl. Sand. R.[5] | *κινδυνεύσειν* mit gering. Handschr. Bens.[1] O. Schn. Bl. Vergl. die Zusammenstellung der Fälle mit Inf. Futur (71) und Inf. Praes. (37) nach *μέλλειν* von Fuhr Rhein. Mus. XXXIII. S. 332 und 575 ff. — *ἔφθασαν*] eine Entscheidung zu treffen, ob Isokr. *ἔφθασαν* od. *ἔφθησαν* geschrieben habe, ist nicht möglich. *ἔφθασαν* steht im *Γ.* (nach Buerm.) 5, 53 und (nach Bekk.) 8, 98. 9, 53. *ἔφθησαν* giebt *Γ.* (nach Mart.) hier und (nach Bekk.) 16, 37.

§ 87, 2 *τὴν ἀπόβασιν τὴν τῶν βαρ.* alle codd. u. edd. aufser Bens. O. Schn. Bl., die *τ. ἀπ. τῶν β.* lesen. — 4. *μάχῃ Γ.* Tur. Bens. und die folg. cf. Sauppe Jahrb. VI (1832) S. 63. | *καὶ μάχῃ* vulg. Bekk. Bait.

§ 88 *στρατείας Γ.* richtig wie §§ 15. 34. 55. 99. 118. 138. 167. 175 (wo überall das *ε* von zweiter Hand ausradiert ist); falsch steht *στρατεία* für *στρατιά* §§ 93. 185 und umgekehrt § 182 *στρατιᾶι*, wo *στρατείᾳ* zu lesen ist. Freilich scheint auch *στρατιά* im Sinne von *στρατεία* vorzukommen vergl. v. Bamberg Jahresber. d. Philol. Ver. XII (1886) S. 22.

§ 92, 7 *καταπλεύσαντες Γ.*] „In der Rede *περὶ ἀντιδόσεως* (15) § 59, fügen die Handschriften noch die Worte hinzu: *καὶ κατασκευάσαντες τὰ περὶ τὴν πόλιν* (oder *καὶ κατὰ τὴν πόλιν διοικήσαντες*, wie H. Wolf hier im Panegyrikos liest, welche zuletzt Benseler [Bl. Sand.], wenn auch eingeklammert hier aufgenommen hat und auf die Anordnungen bezieht (ed.[2] p. 192), die Herod.

8, 41 mitteilt: κήρυγμα ἐποιήσαντο Ἀθηναίων τῇ τις δύναται σώζειν τὰ τέκνα τε καὶ τοὺς οἰκέτας. ἐνθαῦτα οἱ μὲν πλεῖστοι εἰς Τροιζῆνα ἀπέστειλαν, οἱ δὲ εἰς Αἴγιναν, οἱ δὲ εἰς Σαλαμῖνα, — ὡς δέ σφι πάντα ὑπεξέκειτο, ἔπλωον εἰς τὸ στρατόπεδον. Allein dies bildet einen so wesentlichen Teil ihres Entschlusses, dafs es nicht als dem βουλεύεσθαι vorangehend (κατασκευάσαντες) dargestellt werden kann, und auch eine Erwähnung dieser Umstände in richtigerer Form würde an dieser Stelle gegen die hier entwickelte Darstellungskunst des Isokr. verstofsen, der durch weitläufige Darlegung dessen, was die Athener zu einem anderen Beschlufs hätte bestimmen können, die Hörer auf das, was sie nach reiflicher Überlegung wirklich thaten, gespannt machen will, darauf, dass sie παραλαβόντες ἅπαντα τὸν ὄχλον ἐκ τῆς πόλεως εἰς τὴν ἐχομένην νῆσον ἐξέπλευσαν (§ 96); davon konnte er hier nicht füglich auch nur die leiseste Andeutung geben." O. Schn. Vergl. auch Kayser Heidelberg. Jahrb. l. c. S. 618.

§ 93, 3 τῶν δ' ἄλλων edd. aufser Bens.[1], der δ' mit Γ. wegläfst.

§ 96, 4 ἐξέπλευσαν Γ. | „Cobet Nov. lection. p. 120 u. Mehl. will διέπλευσαν, wie 19, 31 (ὅσοι περ ἦσαν ἐν Τροιζῆνι διαπλέοντες εἰς Αἴγιναν) steht und sonst gewöhnlich sei, wo vom Übersetzen nach einer benachbarten Insel geredet werde. Hier jedoch, wo der starke Ausdruck ἐχομένην den Gedanken an irgend einen Zwischenraum gar nicht aufkommen läfst, wäre an sich schon διαπλεῖν unpassend, während ἐκπλεῖν, da der Begriff des gänzlichen Verlassens der Stadt zu urgieren ist, allein angemessen erscheint." O. Schn. — κινδυνεύσωσιν Bekk. folg. Fuhr Rhein. Mus. XXXIII p. 344 f., während κινδυνεύωσιν Γ. (nach Mart. p. 30) hat. — 6. ἔτλησαν hatten Tur. Bens. Mehl. Sand. Bl. R.[5] aufgenommen nach Arist. Rhet. III, 7. Dionys. de vi Demosth. 40 vulg. in Antidos. Victorius (cf. Bait. ad Panegyr. XIII) für das handschriftliche (auch Γ.) ἐτόλμησαν (Bait. O. Schn.), was Cobet Var. lection.[2] p. 516 wollte, weil ἔτλησαν verbum poëticum sei. — 7. τοῖς λοιποῖς codd. edd. | τοῖς πολλοῖς Dionys. l. c., woraus Fuhr l. c. S. 345 als ursprüngliche Lesart τοῖς ἄλλοις herstellen will: „weil Isokr. die Griechen, wenn er sie den Athenern gegenüberstellt, immer οἱ ἄλλοι, nie οἱ λοιποί nennt" und so auch Keil Anal. Isocr. p. 38, adn. 3. — γενομένην Γ. und alle edd. | γιγνομένην andere mss. und Dionys. Fuhr zieht es S. 327 vor coll. 10, 50: περιεώρων καὶ τὰς πόλεις ἀναστάτους γιγνομένας καὶ τὴν χώραν πορθουμένην. — 9. ἐμπιμπραμένους zog O. Schn. mit Mehl. (nach Cobet Nov. lection. p. 141 coll. Hermann ad Eurip. Jon. 941 dem ἐμπιπραμένους vor [Nach Mart. p. 31 seq. bietet auch Γ. ἐμπιμπραμένους], „obwohl die Grammatiker, für die Lobeck ad Phryn. p. 96 coll. Paralipp. p. 11 und Fritzsche ad Aristoph. Therm. 749 eintreten, lehren, dafs man zwar πιμπράναι, πιμπλάναι

sagte, aber der Epallelie und des κακόφωνον wegen in ἐμπιμ-
πράμενος etc. das μ ausgestofsen habe. Allein diese Grammatiker
sind keine Herodiane, sondern Spätere (cf. Lobeck 1. 1.) und ihre
Regel, die für andere gelten mag (z. B. Hom. Il. 21, 311 und
Kratinos frag. Odyss. 4 in einem daktylischen Hexameter) wird
von ihnen selbst auf den Attikismos nicht speziell bezogen, dem
die anders unerklärliche Länge des ι bei Aristoph. Acharn. 447.
Nub. 1484, Thesm. 749, Eubul. fr. Jon 3 mit Entschiedenheit
das μ vindiziert." Vergl. jetzt Zeitschr. f. d. Gymn. Wes. 1874
S. 35 f. Schanz Plat. XII. praef. § 15 Albrecht Jahresber. XI
(1885) S. 70.

§ 97, 1 καὶ οὐδέ alle mss. und Herausg. aufser Bl., der die
Conjectur von Ritschl Rhein. Mus. XXIII S. 691 καὶ μὴν οὐδέ
aufnahm (coll. § 115. 145. 185), die jedoch nach den zu
uns. St. angeführten Beispielen nicht nötig ist, ´wenn sie auch
durch die Lesart bei Dionys. l. c. p. 40 καὶ μηδέ (sic Bens.)
empfohlen zu sein schien. Sie wird verworfen auch von Mart.
p. 32. R.[5] Albrecht, gebilligt hingegen von Fuhr l. c. p. 345. —
2. διακοσίας καὶ χιλίας so ist wohl nach Dionys. und einer Hand-
schrift in Antid. mit Fuhr l. c. p. 345 f. dem R.[5] folgt, zu schrei-
ben, statt des handschriftl. χιλίας καὶ διακοσίας, da Isokr. „stets
die kleinere Zahl vorstellt" coll. 4, 87. 93. 118. 7, 67. 12, 49.
15, 145. 20, 11 (15, 111?). — 3. οὐ μὴν εἰάθησαν Γ. | γε fügt
mit vulg. in Antid. noch Cobet Var. lection.[2] p. 517 und Naber
l. c. p. 56 bei; vergl. zu § 68. — 6. κατορθωσάντων] „Cobet Nov.
lection. p. 359 [vergl. denselben auch Var. lection.[2] p. 517] will
κατορθώσαντας lesen, weil nur die Athener als Subjekt zu dem
καταστήσειν εἰς ἀτιμίαν gedacht werden könnten. Aber würden
denn nicht die Bundesgenossen durch ihre Nichtteilnahme an dem
etwaigen Siege der Athener selbst ihren eigenen Staaten Schande
bereitet haben?" O. Schn.

§ 98, 6 οἱ ναυμαχήσαντες Γ. Bekk. Tur. Bait. O. Schn. Sand. Bl.
R.[5], nicht συνναυμαχήσαντες (Kor. Bens. Mehl.). | Hinter ναυμαχήσαντες
finden sich bei Dionys. nach Usener (Rhein Mus. XXV S. 593;
vergl. auch Fuhr Rhein. Mus. XXXIII S. 348) die Worte δυνα-
μένας δὲ πρὸς δὶς τοσαύτας κινδυνεύειν und hinter οὐδεὶς statt
δέ die Partikel γοῦν. Fuhr l. c. macht darauf aufmerksam, dafs
die Worte § 108 wiederkehren und dafs Isokr. γοῦν überhaupt
nicht gebraucht. — 8. ἡμᾶς τῷ πολέμῳ] Ἕλληνας τῷ πολέμῳ
Naber l. c. p. 53.

§ 99, 11 ὑπὲρ ἁπάντων alle codd. | πρὸ τῶν ἄλλων Dionys.
und Fuhr l. c. S. 349, der wegen πρὸ verweist auf Andokid. 1, 107
σφᾶς αὐτὰς προτάξαντες πρὸ τῶν Ἑλλήνων. und auf Isokr. 5, 122
προβαλέσθαι πρὸ ἁπάντων ἡμῶν.

§ 102, 2 πρᾳότερον mit ι subscr. R.[5] (coll. Lobeck ad Phryn.
p. 404. not. Schanz Plat. XII praef. § 3). — 3. μήτε τοῦτο Γ. edd. |

μηδὲ Victor. | μητέποτε vulg. verteidigt Sauppe Jahrb. VI S. 67.

§ 103, 4 ἡγεμονίας alle Herausg. | εὐδαιμονίας Γ, was gleich darauffolgt.

§ 104, 3 παρακαθιστάντες] παρ᾽ αὐτοῖς καθιστάντες Kayser l. c. S. 619 (coll. § 106 παρ᾽ ἡμῖν αὐτοῖς καὶ παρὰ τοῖς ἄλλοις κατεστήσαμεν).

§ 105, 2 δεινὸν ἡγούμενοι vulg. Tur. Bait. Kays. (S. 619) Bl. R.[5], denn so sagt Isokr. 2, 14. 7, 64. Im Γ. fehlt nach δεινοί (sic) das Wort, wofür in anderen mss. οἰόμενοι sich findet (Bens. O. Schn. Mehl. Sand.). — 3. ταῖς οὐσίαις] μὲν fügt Naber p. 56 bei. Doch s. zu uns. St.

§ 106, 6 διετέλεσαν conj. Bekk. Wenn mit den Handschriften (auch Γ.) διετελέσαμεν gelesen (wie vulg. Strang. ad Demonic. p. 46. Bens.[2] Cobet Var. lection.[2] p. 517. Mehl. Naber p. 56 es thun) und dabei an die 70 Jahre der attischen Hegemonie gedacht würde, so wäre der Widerspruch mit der Wahrheit unerträglich. Dafs aber nur an diese 70 Jahre, nicht an die Zeit zwischen der Aufhebung des 10jährigen Archontates und dem Kylonischen Aufstande zu denken ist, hat Vischer im Philol. X S. 245 ff. nachgewiesen. E. Albrecht Jahresb. XI S. 59 macht auf die Nachahmung bei (Lys.) 2, 55 seq. aufmerksam, wodurch διετέλεσαν noch besonders geschützt wird.

§ 107, 4 ἐρημουμένας] ἠρημωμένας Naber p. 57. — 7. καὶ κεκτημένοι Γ. Bekk. Tur. Bait. Sand. R.[5] | κεκτημένοι Bens. Mehl. | κεκτημένοι δὲ vulg. — ἢ σύμπαντες Γ. Bens. Bait. Sand. R.[5] | ἢ σύμπαντες οἱ ἄλλοι vulg. Tur. Mehl.

§ 108, 6 τούτους μάλιστ᾽ εὐδοκιμοῦντας, οἳ Bekk. Tur. Bait. Bens.[2] R.[5] | τούτους μάλιστ᾽ εὐδοκιμοῦντας, ὅσοι Bens.[1] R. O. Schn. Sand. Bl. cf. Sauppe l. c. S. 64 — Mart. giebt an, dafs Γ. τοὺς statt τούτους (letzteres erst von vierter Hand corrigiert) habe, und dafs das Ursprüngliche für ὅσοι oder οἳ ihm ὅτι zu sein scheine, von einer späteren Hand sei οἳ geändert. Bekk. hatte εἶναι oder ὅσοι gelesen. Blass in Bursians Jahresb. 1882 S. 232 schlägt die Aufnahme von τοὺς — οἳ vor. — 8. κατεστήσαντο] Cobet Var. lection.[2] p. 517 conj. κατεκτήσαντο, dem R.[5] folgt.

§ 109, 5 Πλαταιέων] Πλαταιῶν Mehl. Naber l. c. p. 72. — καταφυγοῦσι] φυγοῦσι Γ[1].

§ 110, 3 δεκαρχιῶν Victor. Bait. Bens. Bl. O. Schn. Mehl. Sand. | δεκαδαρχιῶν Γ. vulg. Bekk. Tur. Dieselbe Variante 5, 95, aber 12, 68 hat auch Γ. δεκαρχιῶν. — 4. διαλυμηνάμενοι mit den mss. Bekk. Tur. Bait. Bens.[2] und die folgend. (vergl. J. Strange in Jahrbücher f. Philol. Suppl. III (1835) S. 587). | λυμηνάμενοι vulg. Bens.[1]

§ 111, 6 αὐτόχειρας καὶ φονίας] καὶ φονίας ist mit Unrecht (vergl. Sauppe Jahrb. VI S. 48 und Sand. z. d. St.) von Kor.

Bens.[1] Mehl. eingeklammert worden. αὐτόχειρας καί wollte Kayser Fleckeis. Jahrb. LXXIII (1856) S. 363 lieber tilgen.

§ 113, 1 ἐφίκοντο; ἢ Tur. O. Schn. Mehl. Sand. Bl. R.[5] | ἐφίκοντ' ἢ Bens.[1] | Um den Hiatus, der übrigens durch die Interpunktion entschuldigt ist zu beseitigen, schlägt Bl. ἐφίκοντο; τίς δὲ vor (coll. 6, 56. 8, 105).

§ 114, 1 φυγάς will Naber p. 54 in σφαγάς ändern, wogegen wie Jacob Jahresb. VI (1880) S. 197 anführt, das vorhergehende ἀποκτείναντες spricht.

§ 115, 5 πελτασταί] Cobet Var. lection.[2] p. 517 λησταί. coll. 12, 226.

§ 120, 3 ἐφ' ἡμῶν Γ. | „Cobet Var. lection.[2] p. 214 irrt, wenn er ὑφ' ἡμῖν verlangt. S. zu § 16." O. Schn. — 4. ἐνίους τάττοντες] „vielleicht ἐνίους ἀπαλλάττοντες zu schreiben." O. Schn.

§ 122, 1 ὧν ἄξιον Bekkeri Anekd. 143, 16 und die Herausg. | ὧν ἀνάξιον corrigiert ἂν ἄξιον Γ, woraus Bens.[2] ὧν ἂν ἄξιον, wobei εἴη zu ergänzen wäre, was aber Isokr. nie ausläfst vergl. Keil Anal. Isocr. p. 40 adn. 1. — 3. Λακεδαιμονίους Γ. (Mart.) und so jetzt R.[5] Albrecht Jahresb. XI S. 61. 70. | Bisher las man Λακεδαιμονίοις. — 8. πώποτ' ἐπαύσαντο] πώποτε παύσονται Γ₁, erst von späterer Hand verändert.

§ 124, 3 ἐλευθέροις ἀξ. εἶν. Γ. Vict. edd. | ἐλευθεροῦν ἀξιοῦσι. Bekk. Bait. und Cobet Var. lection.[2] p. 518.

§ 125, 5 πρότερον μὲν τοὺς μὲν τυράννους] Das zweite μὲν setzt Bait., auch Strang. ad Demonic. p. 31 ein, denen Sauppe Jahrb. VI S. 74. Kayser Fleckeis. Jahrb. LXXIII (1856) S. 363 Bens. Mehl. Bl. R.[5] folgen; ohne dasselbe die codd. Tur. O. Schn. Sand.

§ 126, 3 Φλειασίους Γ. (Mart.) wie 8, 100. Vergl. Meisterhans Gramm. der attisch. Inschriften S. 26.

§ 128, 1 ὃ δὲ πάντων Γ.] τὸ δὲ πάντων ändert Mehl. hier und § 176 unnötigerweise. Vergl. zu 7, 68. — 3. τὴν ἡμέραν nach Dindorfs Conjectur vergl. Bait. zu § 29; τὴν fehlt in allen mss.

§ 130, 3 παροῦσιν Γ.] ἁμαρτάνουσι vulg. | παρανομοῦσι Mehl. — κατηγορεῖν Γ.] κακηγορεῖν wollte Markland setzen. — 4. τοὺς ἐπὶ βλάβῃ τοιαῦτα λέγοντας — τοὺς ἐπ' ὠφελείᾳ λοιδοροῦντας Γ. Bekk. Tur. Bait. O. Schn. Mehl. Sand. R.[5] | τοὺς ἐπὶ βλάβῃ λοιδοροῦντας — τοὺς ἐπ' ὠφελείᾳ πράττοντας vulg. Bens. | τοὺς ἐπὶ βλάβῃ λοιδοροῦντας — τοὺς ἐπ' ὠφελείᾳ τοιαῦτα λέγοντας Bl.

§ 132, 6 ἀργόν] αργην Γ.

§ 138, 9 πολεμικῶς wollte Cobet Var. lection.[2] p. 292 und p. 518 und Naber l. c. p. 57 seq. streichen.

§ 139, 10 μεγάλας τὰς ῥοπάς Γ. edd. mit Ausnahme von Bens.[1], der μεγάλας ῥοπάς mit der Vulgata aufnahm.

§ 140, 8 αἰσχρῶς ἀπηλλάγησαν] Cobet. Var. lection.[2] p. 518

empfiehlt die Lesart geringerer Handschriften und Victor. *ἀπήλλαξαν*, weil wohl beim Aktiv das Adverbium das gewöhnliche sei, nicht aber beim Passiv, wogegen Fuhr Animadversiones in orat. Attic. p. 47.

§ 142, 2 *Λακεδαιμονίων*] *Λακεδαιμονίους Γ.* — 4 *Κόνωνος* Bekk. und die folg. | *κοίνωνος Γ₁.* | *κίμωνος* cet. codd. — 6. *κινδύνων* klammert Bl. ein (coll. §§ 51. 26). — 8. *μόνων*] *οὐ μόνον* Naber p. 58. — 10. *τὸν ἐφεστῶτα Γ.*] Früher las man *τὸν ἐφεστῶτα κίνδυνον*; Bl. und R.⁵ klammern *κίνδυνον* ein.

§ 144, 4 *ἐπῆρχεν Γ.* Bekk. Tur. Bait. Mehl. Bl. R.⁵ | *ἐπῆρξεν* vulg. Bens. O. Schn. Sand. — 7. *τῷ Κυρείῳ στρατεύματι* Harpokr. s. v. *Κυρεῖον*, alle edd. aufser Bekk., der *τῷ Κύρου στρατεύματι* schrieb. | *τῷ Κύρου στρατοπέδῳ* alle codd.

§ 145, 2 *τοῦ βασιλέως Γ.*] Den Artikel streicht hier sowie § 147 und § 179 Mehl.

§ 146, 5 *ἐπειλεγμένους*] *ἐξειλεγμένους* Cobet Var. lection.² p. 518. — 6. *διὰ φαυλότητας ἐν* so nach Bens.² p. 233 O. Schn. R.⁵ Sand. | *διὰ τὰς φαυλότητας ἐν* will Kays. l. c. S. 617 und derselbe in Fleckeis. Jahrb. LXXIII (1856) S. 358. | *διὰ φαυλότητα ἐν* mit Hiatus codd. Tur. Bait. Mehl.

§ 148, 1 *ἐπιβουλῆς* vulg. Bekk. folgg. aufser Bens.¹, der mit *Γ. ἐπιβολῆς* schrieb. — 4. *συνέπεμψεν*] *ἐπέπεμψεν* Cobet l. c. p. 518.

§ 149, 8 *ὑπ' αὐτοῖς Γ.*] Nach der zu uns. Stelle citierten Xenophonstelle will Cobet l. c. Mehl. *ἐπ' αὐτοῖς* schreiben, was jedoch nicht nötig ist.

§ 151, 4 *ὡς ἂν ἄνθρωποι μάλιστα τὰς φύσεις διαφθαρεῖεν* klammert R. Mehl. ein. — 10. *ὀλιγωροῦντες* codd. edd. | *καταφρονοῦντες* Bekk.

§ 153, 2 *ὑπὲρ αὐτῶν*] *ὑπὲρ αὐτῶν* Bekk. Bens.² R.

§ 154, 3 *ἐπ' ἐκείνοις*] nach Cobet. Hertlein. Naber p. 70. R.⁵ (vergl. zu § 16) für das handschriftliche *ὑπ' ἐκείνοις*.

§ 155, 7 *κατακάειν Γ.* Bekk. und die folg. | *κατακαίειν* vulg. | Vergl. Eustath. ad Hom. Il. I. 22 *κατὰ τοὺς τεχνικοὺς οἳ λέγουσιν ὡς διαλεκτικοί τινες ἀποβάλλουσι τὸ ι τῆς αι διφθόγγου οἷον 'Αθηναῖοι μὲν τὸ κλαίει κλάει λέγουσιν· οὕτως δὲ καὶ καίει κάει. αἰεὶ ἀεί.* Wecklein cur. epigr. p. 64 seqq., Cauer in Curtius Stud. VIII. S. 270.

§ 156, 2 *εἴ τινες*] *εἰ τί τινες* conj. Valkenaer. Kor. — 4. *πόθεν ἐπισκευάσωσιν Γ.* Bekk. folg. | „Statt des direkt fragenden *πόθεν* das indirekt fragende oder relative *ὁπόθεν* mit Cobet Mehl. herzustellen, verbieten viele Stellen. wo *πῶς, ποῖος, τίς* etc. statt *ὅπως, ὁποῖος, ὅστις* etc. eintreten (Elmsley ad Eurip. Med. 1103) oder richtiger gesagt, statt der abhängigen Frage die unabhängige gesetzt wird. Dabei wechseln sogar oft in zwei von demselben Verbum abhängigen Sätzen beide Wortgattungen mit einander ab, wie aufser anderen Stallbaum ad Plato Krito. p. 48 A

und Kühner ad Xenoph. Mem. 1, 1, 11 zeigen. Selbst das Um-
gekehrte, daſs ὁπόϑεν ὅπως etc. in der unabhängigen Frage ein-
treten, scheint nicht geleugnet werden zu können cf. Lobeck Elem.
Pathol. I p. 78. II p. 371." O. Schn. | ὁπόϑεν ἐπισκευάσουσιν Mehl.
— ὑπόμνημα] Cobet l. c. p. 518 ὑπομνήματα.

§ 157, 2 τοιαῦτα] ἕτερα τοιαῦτα Naber l. c. p. 58. — 7.
κατέγνωσαν] κατέγνων Γ.

§ 158, 2 συνδιατρίβομεν codd. und die Herausg. auſser Mehl.
auch Cobet Var. lection.[2] p. 519, die ἐνδιατρίβομεν conjicierten.
So wieder Naber l. c. p. 69. Die zu uns. St. angeführten Worte
des Isokr. widerlegen diese Conjectur ebenso wie die andere
Mehlers δι' ὧν für das handschriftliche ἐξ ὧν. Vergl. auch Jacob
Jahresber. d. Phil. Vereins II (1876) S. 7. — 3. καὶ Περσικοῖς, was
Victor. auslüſst, schlieſst Bl. in Klammern ein. — 7. ἡμᾶς μεμνη-
μένους] ἡμᾶς wollte Bait. tilgen, doch vergl. Sauppe Jahrb. VI
S. 65. | Für μεμνημένους will Kayser S. 619 μονῳδουμένους.
„Der Begriff von μονῳδεῖν wurde frühzeitig auf Klagelieder be-
schränkt, vergl. Aristoph. Pax. 1012."

§ 160, 2 καιρὸς [οὖ σαφέστερον οὐδέν], ὃν οὐκ ἀφετέον.]
Zwischen καιρὸς und ὃν setzt der cod. Ambros. noch die Worte
οὖ σαφέστερον οὐδέν (nach ἀφετέον vulg.) dem Bens. O. Schn. Bl.
Sand. gefolgt sind. Im Γ. sind sie aber erst von vierter Hand
an den Rand geschrieben (cf. Mart. p. 21). Bekk. Tur. Bait. Mehl. R.[5]
nehmen sie nicht auf; Dobson klammert sie ein, auch Kays. p. 618
miſsbilligte sie, ebenso Bock. l. c. p. 26 und neuerdings hat
Sauppe Ind. scholarum Götting. 1886 p. 8 sich für die Tilgung
wieder ausgesprochen.

§ 163, 2 ἐάν] So Γ. (nach Martin.) Bekk. und die folg. auſser
Bens. Bl., die ἄν schrieben. Keineswegs ist Benselers Urteil
praef. XXI 5 und seine Zusammenstellung ad Areopagit. p. 146 seq.
über den Gebrauch von ἐάν, ἄν, ἤν bei Isokr. richtig. Vergl.
auch 5, 74, wo nach Buermann Γ. ἐάν hat. Auf den attisch.
Inschriften steht ἐάν oder ειάν, vereinzelt findet sich dagegen ἄν, das
ionische ἤν gar nicht. Vergl. Meisterhans Gramm. d. Att. In-
schr. S. 109. — 5. οἷον Ῥόδος καὶ Σάμος καὶ Χίος] streicht
Dobree advers. I, p. 266 ed. Scholefield.

§ 165, 4 ἐκεῖνοι μὲν οὖν] οὖν läſst mit Γ. Bens. aus, wo-
gegen Kays. Fleckeis. Jahrb. LXXIII (1856) S. 372.

§ 167, 2 τῶν συμφορῶν Bekk. Anekdot. 123, 7. edd. | τῶν
νῦν συμφορῶν Γ. (νῦν geht eine Zeile vorher).

§ 168, 10 τοῖς ἀλλήλων κακοῖς] Cobet Var. lection.[2] p. 519
τοῖς ἄλλων κακ., dessen Coniectur Keil. l. c. p. 41 adn. 2 billigt.

§ 171, 5 ἐξεστηκόσιν Γ. und alle Herausgeber auſser Bens.[1],
der ἐξεστῶσι schrieb.

§ 174, 7 διοριοῦμεν] ἐξοριοῦμεν Cobet l. c. — τοῦτ' ἀγαϑόν]
τοῦτο τ' ἀγαϑόν Cobet l. c. coll. Aristoph. Ekkles. 426.

§ 175, 9 ὡς ὁ μὲν Γ. Tur. Bens. und d. übrigen. | ὥστε vulg.
Bekk., woraus Dindorf ὥσϑ' was Sauppe Jahrbüch. VI S. 65
verteidigt.
§ 176, 1 ὃ δέ] τὸ δὲ Mehl. vergl. zu § 128. — 8. μηδὲ
μίαν conjicierte Sauppe l. c. S. 65 (aufgenommen von O. Schn.
und allen folg.) statt des handschriftlichen μηδεμίαν.
§ 179, 2 τὴν τοῦ βασιλέως Γ.] τοῦ klammerte Bekk. Mehl.
ein, doch vergl. zu § 145. — 6. πρὸς τὸν Δία] τὸν streicht Fuhr
animadvers. in orat. Attic. p. 51. — πρὸς ἀνϑρώπους] πρὸς τοὺς
ἀνϑρώπους vulg. Bens.[1], wogegen Kays. l. c. S. 618 und in Fleck-
eisens Jahrb. LXXIII (1856) S. 360.
§ 182, 5 ἡσυχίαν ἄγειν Γ. Tur. Bens. Bl. Mehl. Sand. R.[5] |
ἡσυχίαν ἄγειν βουλομένοις Bekk. Bait. und Bock l. c. — ἐξείη Γ.
(Mart.) R.[5] Albrecht Jahresber. XI S. 70. | Bekk. gab εἴη als
Lesart von Γ. an und so las man bisher.
§ 185, 6 τίς γὰρ οὕτως ἢ νέος ἢ παλαιὸς ῥᾴθυμός ἐστιν]
Nach den zu uns. St. angeführten Beispielen ergiebt sich, dafs
die Conjectur Mehlers τίς γὰρ οὕτως ἠλίϑιος ἢ ῥᾴθυμός ἐστιν,
nachdem Hirschig annotat. crit. in comicos etc. p. 40 παλαιός
angezweifelt hatte, nicht überzeugend ist. Wenn etwas über-
flüssig sei, will Bl. lieber ῥᾴθυμος tilgen.
§ 187, 2 τῷ παρόντι Γ. und die Herausg. aufser Bens. und
Bl., die καιρῷ hinzufügen. — 6. τὸν μὲν πόλεμον] μὲν fehlt in Γ.

V.

§ 6, 8 Ἀμαδόκῳ Γ₂. Harpokr. s. Ἀμάδοκ. | μηδοκῶι Γ₁. —
τῷ παλαιῷ] τῷ πάλαι will Naber Mnemosyne N. F. VII (1879)
p. 58. — ἐν Χε. γεωργοῦντες codd. | ἐν Χε. κατοικοῦντάς τε καὶ
γεωργοῦντας Vict.
§ 7, 5 ἢ νοῦν Γ. Bens.[2] Buerm. | ἢ καὶ νοῦν die übrigen
Herausg.
§ 10, 4 εἰδώς Γ₁, erst von späterer Hand μέν hinzugefügt. |
εἰδὼς μέν Kor. Bekk. Tur. Bens. Bl. | εἰδώς O. Schn.
§ 12, 1 ἁπάσας ἐγὼ ταύτας Γ. Buerm. | ἐγὼ ταύτας Bekk. und
die folg. — 2. ἐπὶ γήρως alle Herausg. und die codd. aufser Γ₁.,
der ἐν δυσχερείᾳ hat.
§ 13, 6 προσέξειν αὐτῷ Γ. Tur. Bens. O. Schn. Buerm. | αὐτοῖς
Bekk. Bl. und Kays. Fleckeis. Jahrb. LXXIII (1856) S. 372 mit
geringeren codd.
§ 14, 2 ἐκλεξάμενος alle mss. (Tur. Bens.[1] Bl.) aufser Γ,
der ἐκδεξάμενος liest, dem Bens.[2] O. Schn. folgen. Letzterer
erklärte es: „Nicht οἱ ist zu supplieren, wie Benseler will, der
erklärt: indem ich Dich nahm; aber weder hat ἐκδέχεσθαι
diese Bedeutung des Wählens noch könnte dann das Partizip des

Aoristes stehen. Vielmehr ist zu ergänzen: τὸ προαιρεῖσθαι πρός
σε διαλεχθῆναι, und ἐκδέχεσθαι im Sinne von „auffassen, deuten,
verstehen" zu nehmen, sodafs der Sinn ist: „nachdem ich mich
bei meiner Auffassung dieser Bevorzugung nicht durch äufsere
Rücksichten hatte leiten lassen", also etwa: nicht in dem Sinne
einer Aufmerksamkeit gegen Dich. Vergl. 10, 42 οὐ πρὸς τὰς
ἡδονὰς ἀποβλέψας, — καίτοι καὶ τοῦτο πολλῶν αἱρετώτερόν ἐστιν,
ἀλλ᾽ ὅμως κ. τ. λ." — 5. καὶ οὐδέν] καὶ tilgte Bens.[1] — 7. τῶν
ῥηθησομένων Γ₁. und Buerm., früher las man τῶν πραγμάτων τῶν
ῥηθησομένων | πραγμάτων ist in Γ. von späterer Hand hinter ῥηθη-
σομένων eingefügt.

§ 18, 4 μέλλεις Γ₁. und die Herausg. | μέλλω in Γ. corrigiert
u. d. übrig. codd. vulg.

§ 21, 1 Περραιβούς Γ. Tur. Bens. O. Schn. Bl. | Περραιβαίους
Bekk. | Περρεβαίους vulg. — 2. ὑπηκόους αὐτοῖς᾽ εἴληφεν] αὐτοὺς
conjicierte O. Schn. „Gewöhnlich liest man hier αὐτούς, während
die besten Handschriften αὐτοῖς bieten, was Benseler von den
Magneten, Perhaebern und Paeoniern versteht, an ihnen unter-
würfige Völkerschaften denkend, in welchem Falle wir doch wohl
πάντας τοὺς ὑπηκόους lesen würden." — 5. τοσαῦτα conjicierte
G. Jacob in Fleckeis. Jahrb. CIX (1874) S. 158 (coll. § 48.
8, 140) statt des handschriftlichen τοιαῦτα Γ. oder τοιοῦτον cet.
— τοῦ πέμψαντος] σοῦ πεμψ. Bekk. — 7. βιβλίον edd. | βυβλίον
Γ. vergl. Schanz Plato VII praef. § 3. — αὐτοῦ Tur. Bens.[1] O. Schn.
Bl. | αὑτοῦ codd. Bens.[2]

§ 23, 7 ἐγὼ Γ. Bens. O. Schn. Bl. | ἢ 'γὼ Bekk. Tur.

§ 24, 4 ταὐτό Γ.] ταὐτόν Bens. Bl. vergl. Meisterhans Gramm.
d. attisch. Inschr. S. 70. Plato hat 366 mal ταὐτόν und nur
22 mal ταὐτό vergl. Schanz XII praef. § 4.

§ 25, 2 εἰς τὸ πείθειν] Naber l. c. p. 71 will πρὸς τὸ πείθειν.

§ 32, 2 ἐπὶ τοὺς σαυτοῦ προγ. Γ. (Buerm.). Früher lasen
alle Herausg. mit den anderen codd. ἐπὶ τοὺς σοὺς προγόν.

§ 33, 4 οἷς περὶ Bekk. Tur. O. Schn. Buerm. mit den Hand-
schriften der vulg. οἷς περ Γ. Bens. | οἷς περ περὶ Bl.

§ 34, 3 τῆς μεγίστης ὕβρεως Γ. Bekk. folgg. aufser Bens.
Bl., die μεγίστης (wohl wegen des vorhergehenden μεγίστους)
streichen.

§ 36, 5 αὐτὸν Bens. O. Schn. Bl. | ἑαυτοῦ Γ. Bekk. Tur.
vergl. B. Keil Analect. Isocrat. p. 106.

§ 37, 4 τῶν πρότερον [ὑμῖν] | ὑμῖν Γ. | ἡμῖν vulg. Dobree ad-
versar. I p. 267 tilgt es, ebenso Bl. — 6. ὑφ᾽ ὧν Γ. Bens. O.
Schn. | ὧν Bekk. Tur. Bl.

§ 38, 1 ὡς παραπλησίως] ὡς klammert Bens.[1] ein. —
3. αὐξανομένης] schreibt mit den Handschriften d. Vulg. Fuhr
Rhein. Mus. XXXIII (1878) S. 335 mit Berufung auf 4, 104.
5, 73. 121. 12, 47. 116, so auch Buerm. | αὐξομένης Γ. und die

Herausg. — ἐπήν Γ. Tur. und die folgenden aufser Bens.², der ἐπὰν schreibt.

§ 41, 8 ἐπιχειρήσειεν Bekk. folgg. | ἐπεχείρησεν Γ₁. Bens.²

§ 42, 6 Ξέρξην] wollte Dobree advers. I. p. 267 in ᾿Αρταξέρχην ändern.

§ 43, 7 διοικίσαι Victor. Bekk. folgg. | διοικησαι Γ₁.

§ 44, 4 μόνοι ποιησάμενοι alle Herausg. | μόνους ποιησαμένους Γ.

§ 46, 5 σκεψαίμεθα Γ. Bens. O. Schn. Bl. σκεψώμεθα Bekk. Tur.

§ 47, 2 καὶ κατὰ γῆν Victor. Tur. folgg. wie Isokr. überall vergl. Bait. praef. ad Panegyr. XIV, der citiert: § 63. 6, 53. 74. 8, 68. 9, 54. 12, 158 | κατὰ γῆν Γ.

§ 49, 6 οὐδεμίαν δ᾿ ἡμέραν Γ. O. Schn. | οὐδένα χρόνον die Vulgathaudschr. Bekk. Tur. Bens. Bl.

§ 53, 2 δόξαν ἐξ αὐτῆς μεγίστην Γ. Bekk. Tur. Bens.² Bock. l. c. p. 8. Buerm. | μεγίστην ἐξ αὐτῆς δόξαν Bens.¹ Bl. mit einer Handschrift.

§ 54, 3 κρατήσοντες] κρατήσαντες Γ.

§ 55, 5 δ᾿ αὐτῶν τὰ πράγματα περιέστηκεν Γ. Bens.² Bl. | δ᾿ αὐτῶν περιέστηκε τὰ πράγματα Bekk. Tur. O. Schn. | δὲ τὰ πράγματ᾿ αὐτῶν περιέστηκε Bens.¹ Vergl. zu d. St.

§ 56, 3 οἶμαι] fehlt in Γ.

§ 57, 8 ἀντιλέγουσιν ὡς codd. edd. aufser O. Schn., der die Conjectur von Bait. (praef. ad Panegyr. p. XXI) ἀντιλέγουσι; πῶς einsetzte, „da in dem Munde der ἀντιλέγοντες nur ein: ὡς οὐ ῥᾳδίως τοῦτο ποιήσεις (vergl. § 42 init.) passe, nicht aber die Einräumung, dafs schon andere Schwierigeres bewerkstelligt hätten.“ Über den absol. Gebrauch von ἀντιλέγειν verglich er 4, 67. Doch s. zu uns. St.

§ 58, 1 πρῶτον alle mss. Bekk. Tur. O. Schn. | πρῶτον μὲν Bens. (coll. ad Areopag. p. 376). Bl. — ἔσχεν] ἔχειν Γ₁.

§ 60, 2 δι᾿ ἐκεῖνον τὸν πόλεμον] τὸν πόλεμον tilgt G. A. Lehmann de Lehnsfeld: De oratione ad Demonicum Isocrati abiudicanda (diss. Leyd. 1879) p. 70, was Blafs in Bursians Jahresb. 1880 p. 188 billigt.

§ 61, 1 γίγνεσθαι Γ. Bens. Bl. O. Schn. | γενέσθαι Vulgathandschr. Bekk. Tur. | γεγενῆσθαι Bait. praef. ad Panegyr. p. XVI und Kayser Fleckeisen. Jahrbüch. LXXIII (1856) p. 375. — 3. τηλικούτων κακῶν αἴτιος Γ. Bens.² O. Schn. | τηλικούτων αἴτιος Bekk. Tur. Bens.¹ Bl.

§ 62, 2 οἴκαδε μέν alle mss., aufser Γ₁., der ὕστερον bietet.

§ 63, 3 τῶν ῾Ελλήνων Γ. und d. Herausg. | τῶν ἄλλων ῾Ελλήνων Naber l. c. p. 52. — 6. ῾Ρόδον καὶ Γ. u. d. Herausg. aufser Bl., der καὶ tilgt (coll. 4, 87. 10, 26. 41). Aber s. zu uns. St.

§ 64, 1 τοὺς δ᾿ ῾Έλληνας Γ. | τοὺς δ᾿ ἄλλους ῞Ελληνας Handschriften der Vulg. und Naber l. c. p. 52. — τὰ τείχη τῆς πατρίδος Γ.

Tur. Bens. O. Schn. J. Strang. Krit. Bemerk. zu Isokr. p. 40
Sauppe Jahrbüch. VI (1832) p. 75. Buerm. | τὰ τείχη τὰ τῆς
πατρίδ. Bekk. — 5. ἀτιμωθήσεσθαι] Cobet Nov. lection. p. 753
meint: „civitas ipsa capitis diminutionem non patitur, quod vel
dictu absurdum est“ und will ταπεινωθήσεσθαι lesen, schon des-
halb, weil nur dies „verbo ἐπιπολάζειν sit e regione oppositum.“
Auch Bl. hält ἀτιμωθήσεσθαι nicht für richtig. Doch vergl. zu
unsrer St.

§ 69, 2 καὶ σαυτὸν Γ. Bl. | καὶ σύ σαυτὸν vulgatmss. Bekk.
folgg. — 7. τοιαύτην] Bl. schlägt τοσαύτην vor (coll. 5, 32.
7, 31. 16, 9).

§ 70, 2 εἰσηγούμενος vulgatmss. Victor. Bekk. Tur. folgg. |
ηγούμενος Γ. — 4. περὶ αὐτῶν] περὶ τῶν Naber l. c. p. 79.

§ 71, 7 μεγίστας Γ. Buerm. Bl. in Philol. Anz. XV (1885)
S. 412; früher las man ἀνεξαλείπτους Bekk. Tur. folgg. | ἀνεκλεί-
πτους schlug Bl. vor. | ἀδιαλείπτους Naber l. c. p. 58.

§ 72, 1 ἂν ἤδη μοι Γ. Bekk. folgg. (auch Buerm.), aufser
Bens., der in beiden Ausgaben ἄν μοι schrieb, was Kays. Fleckeis.
Jahrb. LXXIII (1856) S. 363 billigt.

§ 74, 2 ἐὰν so mit allen mss. | ἂν Bens. Bl. O. Schn. vergl.
Krit. Anh. zu 4, 163. — Φωκίας Bekk. Bens. Bl. O. Schn. |
Φωκεῖς Γ. Tur.

§ 77, 1 οὐκ ἂν] ἂν fehlt in Γ.

§ 79, 2 καὶ τῶν πειθομένων die Handschr. (und Bekk. folgg.)
aufser Γ. (und Buerm.), der καὶ πειθομένων hat. — 5. παρὰ
μικρὸν] παρὰ tilgt Dobree advers. I, p. 267. — 7. τοῖς σοῖς
προγόνοις Γ. Buerm. | τοῖς προγόνοις alle Herausg.

§ 81, 2 τὸν τὴν τυραννίδα Vulgatmss. Bens. Bl. O. Schn. |
τὴν τυραννίδα Γ. Bekk. Tur. — κυλινδουμένοις Vulgatmss. Tur.
Bens. Bl. | κυλινδουμένοις Γ. Bekk.

§ 82, 5 καὶ τοῖς Ἕλλησιν Γ. Bekk. Tur. Bens.[2] Bl. | καὶ τοῖς
ἄλλοις Ἕλλησιν. Vulgatmss. Bens.[1] O. Schn.

§ 83, 1 καὶ ὧν Γ. Bekk. Tur. Bens.[2] O. Schn. Buerm. | καὶ
περὶ ὧν Vulgatmss. Bens.[1] Bl.

§ 88, 3 πρὸς τὸν βασιλέα πόλεμον Γ. Bl. O. Schn. | τὸν πρὸς
τὸν βασιλέα πόλεμον einige Vulgatmss. | Nach Ep. 9, 13 πρὸς
βασιλέα πόλεμον Tur. Bens. | τὸν πρὸς βασιλέα πόλεμον Bekk. mit
einer Handschrift. — 4. τις fehlt in Γ., es ist aus Ep. 9, 14
von den Herausg. hierher gesetzt. — ἐνεστώσης Γ. und die Herausg.
aufser Bens.[1], der ἐνεστηκυίας schrieb. | ἐντετηκυίας Cobet Var.
lection.[2] p. 519, wogegen Fuhr animadvers. in orat. attic. p. 47.

§ 89, 2 τῶν μὲν ἄλλων] μὲν fehlt in Γ.

§ 92, 7 ὑπαρξάντων] O. Schn. conjicierte ὑπαρξόντων, „weil
das φυλάττεσθαι τὴν ἀτυχίαν doch dem Feldzuge nicht voran-
gehen, sondern nur ihm gleichzeitig sein könne.“ (?) Doch vergl.
Jacob Jahresber. des Philol. Ver. III (1877) p. 19.

§ 93, 5 ἅπαντα τὰ τοιαῦτα] τὰ fehlt in Γ.

§ 94, 5 ἦν σφόδρα Γ. Bens. O. Schn. Bl. | ἦν που σφόδρα mit den Handschriften der Vulg. Bekk. Tur. Buerm.

§ 95, 5 δεκαρχίας Vict. Bens. O. Schn. Bl. | δεκαδαρχίας Γ. vulg. Bekk. Tur. Vergl. Krit. Anh. zu 4, 110. — 6. δυσμενεστάτους] εἶχον setzte Kor. Bens.[1] hinzu; aber s. zu uns. St.

§ 96, 3 ῥᾷον] ῥάδιον schlug Bekk. vor, von J. Strang. Krit. Bemerk. zu Isocr. I (Köln 1831) p. 5 zurückgewiesen. — 7. συλλέγουσιν] συλλογεῦσιν Naber l. c. p. 63.

§ 99, 3 ἑκατέρου Γ. Bekk. Buerm. | ἑκατέρου καὶ Tur. Bens. O. Schn. Bl. — 4. τὴν πόλιν Γ. Bekk. Tur. Bens. O. Schn. Buerm. | τήν τε πόλιν Vulgathandschrift. Bl.

§ 100, 3 ἐκδοθεισῶν αὐτῷ] αὐτῷ will Dobree advers. I, p. 268 streichen; Bl. klammert es ein.

§ 101, 2 Αἴγυπτος γὰρ ἀφειστήκει Γ. Bekk. Tur. Bens. O. Schn. Buerm. | Αἴγυπτος μὲν γὰρ ἀφειστήκει vulg. | Αἴγυπτος μὲν γὰρ ἀφειστήκει μὲν conj. Bl. — 6. συμπαρασκευασάμενος Γ. Bekk. folgg. aufser Bl., der mit den Handschriften der Vulgata συναγαγών liest.

§ 102, 3 ναυτικῷ Γ. Bekk. folgg. aufser Bens., der τᾷ ναυτικῷ schrieb.

§ 103, 5 πρὸς αὐτόν Tur. Bens.[1] O. Schn. Bl. | πρὸς αὐτόν Bekk. Bens.[2]

§ 105, 4 στρατιωτικῶν Γ. Bl. | στρατηγικῶν Bekk. Tur. Bens. O. Schn.

§ 106, 6 ἐβουλεύσατο τοῖς πρὸς] Bl. schlägt ἐβουλ. τοῖς ἄλλοις πρὸς vor.

§ 108, 3 μόνος γὰρ Ἑλλήνων Γ. Bekk. O. Schn. Buerm. | μόνος γὰρ τῶν Ἑλλήνων vulg. Tur. Bens. Bl. — 9. διαγαγόντα Vict. Tur. Bl. | διάγοντα Γ. Bens. — 10. τῷ τε γένει] τόν τε γένει Γ.

§ 109, 1 ἀνδρείαν Γ. s. Krit. Anh. zu 4, 49. — 6. ἀδιεξέργαστον Bekk. folgg. | διεξέργαστον Γ. | ἀδιέργαστον Vulgatmss. — 8. ἀξίως] ἀρτίως Γ₁.

§ 110, 3 φιλοτιμίᾳ Γ. und alle Herausg. | φιλοσοφίᾳ vulg. | φιλανθρωπίᾳ Dobree advers. I, p. 268 (coll. § 114. 116). — 11. ἔχουσα] ἔχοντα Γ₁.

§ 111, 4 δεῖ] wollte Valkenaer (cf. Hirschig adnotat. in comic. etc. p. 40) in ἀεί ändern, wohl des vorhergehenden χρή wegen; doch s. zu uns. St.

§ 112, 5 τῆς ἠπείρου] τοῖν ἠπείροιν Naber l. c. p. 72. — 9. τῆς ἀρετῆς τῆς αὐτοῦ Vict. Tur. O. Schn. Bl. | τῆς ἀρετῆς αὐτοῦ Bekk. | τῆς ἀρετῆς αὐτοῦ Γ. Bens.

§ 113, 3 καλλίστας Tur. Bens.[1] O. Schn. Bl. | κάλλιστα Γ. Bekk. Bens.[2] — 8. φιλονικεῖν s. Krit. Anh. zu 4, 19. —

9. παρασκευάσεις vulg. Bekk. Tur. Bens.[1] Bl. O. Schn. | παρασκευάσῃς Γ. | παρασκευάσῃς Vulgatmss. und Bens.[2]

§ 115, 1 ῥᾷον] ῥᾴδιον Γ. Vict. Tur. — 2. κτήσασθαι Γ₁. Tur. Bens. O. Schn. Bl. | κτήσασθαί σε Vulgat mss. Bekk. Vergl. Sauppe Jahrb. VI (1832) S. 74 (coll. Ep. 3, 5). — τὴν καλλίστην] τὴν καλλ. δόξαν Γ. — ἥπερ ἐξ die Handschriften der Vulg. Bens. O. Schn. Bl. | ἢ ἐξ Γ. Bekk. Tur. | ἢ 'ξ Buerm. — ἐξ ὧν παρέλαβες] ἐξ ὧν ἐξ ἀρχῆς παρέλαβες will Hirschig l. c. p. 40 ohne Grund. — σκέψαι δ' ὅτι] O. Schn. conjicierte σκ. δ' ὅ τι. „Man las bisher ὅτι als Conjunction, wo dann ἐξ ὧν eine vernünftige Erklärung nicht zuliefs (?); nun aber ist der Sinn: *betrachte nur das, was ich Dir rate, aus dem Gesichtspunkte, dafs Du damit u. s. w.* Der Akkusativ der Sache bei παρακαλεῖν kann in dieser Form nicht auffallen." Siehe dagegen Jacob l. c. p. 19.

§ 116, 6 ζῴων] vergl. Krit. Anh. zu 4, 48.ʹ

§ 117, 6 οὔτ' ἐν ταῖς εὐχαῖς] οὔτ' εὐχαῖς Γ₁. — 7. ἀποπομπὰς αὐτῶν ποιουμένους so mit Buerm. nach Γ, die übrig. mss. und alle Herausgeber lasen bisher ἀποπομπὰς αὐτῶν ἡμᾶς ποιουμένους.

§ 120, 3 ἀνθρώπους ἕξειν so mit Buerm. für das handschriftliche αὐτοὺς ἕξειν. Hertlein in Fleckeis. Jahrb. CIX (1874) S. 17 conjicierte ἅπαντας (so Bl.) oder τοὺς ἀνθρώπους. — 4. ἀνελεῖν Γ. Bens. O. Schn. Bl. | ἑλεῖν vulg. Bekk. Tur. — χώραν ὅτι] χώραν γ' ὅτι Naber l. c. p. 56. — 5. ὡς λέγουσιν Γ. Bekk. folgg. | ἣν λέγουσ. Handschr. d. Vulg.

§ 122, 5 ξενιτευομένους Harpokr. s. v. die Handschrift. d. Vulg., alle Herausg. | πολιτευομένους Γ. — 8. πρὸ ἁπάντων Vulgathandschr. Bekk. und die folgg. aufser Bens., der πρὸς ἁπάντων mit Γ. liest.

§ 123, 6 οὐ μᾶλλον. die Herausg. mit d. Handschr. der Vulg. | οὐ μόνον Γ.

§ 124, 6 τῶν δ' Ἑλλήνων die Vulgatmss. u. d. Herausg. | τῶν δ' ἄλλων Γ.

§ 128, 3 ἐπὶ τὴν στρατείαν Γ. Buerm. | ἐπί τε τὴν στρατείαν alle Herausg.

§ 129, 2 τὴν πατρίδα τὴν αὐτοῦ Γ. Vict. Tur. Bens. O. Schn. Bl. | τὴν αὐτοῦ läfst Bekk. weg.

§ 131, 2 ποιοῦμαι] ποιήσομαι Γ₁. — 3. τούτοις ὑπ' ἐμοῦ μὲν Γ. und die Herausg. aufser Bens.[1], der τούτοις μὲν ὑπ' ἐμοῦ schrieb.

§ 132, 3 τῶν Ἑλλήνων ὄντας Γ. Bekk. Tur. O. Schn. Buerm. | ὄντας τῶν Ἑλλήνων vulg. Bens. Bl. — 4. βασιλέας μεγάλους alle Herausg. aufser Bens.[1], der βασιλέας τοὺς μεγάλους schrieb, wogegen Kayser Fleckeis. Jahrb. LXXIII (1856) S. 368 sagt: „Isokr. mufs, wenn er an einer grofsen Anzahl von Stellen βασιλεὺς ὁ μέγας schreibt, womit immer eine bestimmte Persönlichkeit durch den Zusatz des ὁ μέγας bezeichnet ist, nicht auch βασιλέας τοὺς μεγάλους gesagt haben, da er dort im Allgemeinen spricht und βασ. μεγ. noch dazu Praedikat zu τοὺς μὲν ist." — 5. προσαγορευομένους wollte Sauppe in edit. Tur. streichen, dem Bens.[1] folgte. Kayser schlug καλουμένους oder ὀνομαζομένους vor (coll. 9, 72). S. zu uns. St.

§ 134, 4 εὔνοιαν Buerm. (coll. § 136), nach dem Γ. hat: ευ . . . . αν (in prioribus duobus locis eras. νο). Früher las man (Bens. Bl.) εὐλογίαν, was in Γ. von späterer Hand corrigiert ist oder εὐδοξίαν (Bekk. Tur. O. Schn.) mit den Handschriften der Vulgata.

§ 135, 2 ὑπὲρ ἄλλου] ὑπὲρ tilgt Cobet. — 6. τοὺς δὲ πρὸς ἄλλο τι τῶν ὄντων ἀπλήστως διακειμένους Γ. und die Herausg. | τοῖς μὲν πρὸς ἄλλο τι τῶν ἀγαθῶν ἀπλήστως διακειμένους Dionys. Halic. iud. de Isocr. c. 6. | τοὺς δὲ πρὸς ἄλλο τι τῶν ἀνοήτως φιλουμένων τοῖς πολλοῖς ὁλοσχερῶς διακειμένους Vulgata. Für τῶν ὄντων als die ursprüngliche Lesart entscheiden sich auch Fuhr Rhein. Mus. XXXIII (1878) S. 353 und B. Keil Anal. Isocr. p. 43 adnot. 1 (vergl. denselben p. 83). | τῶν δεόντων wollte Strange ad Demonic. p. 36 nach der z. uns. St. citierten Parallele für τῶν ὄντων herstellen.

§ 136, 6 σοι συνεβούλευον Γ. Buerm., | vorher las man blofs συνεβούλευον.

§ 137, 3 ὀνομαστούς Γ. Buerm., früher wurde ὀνομαστοτάτους von den Herausg. gelesen. — 8. μεμισημένος καὶ καταπεφρονημένος] μεμισημένον καὶ καταπεφρονημένον Γ. (nach Buerm.).

§ 138, 1 συνερᾶσαι Bekk. Tur. Bens.[1] Buerm. [συνερασαι Γ₁.] συνκεράσαι Bens.[2] Bl. O. Schn. — 3. ἄξιος Γ₁. Bekk. Tur. Bens. O. Schn. Buerm. | ἀξιόχρεως mit einigen geringeren Handschr. Bl. — οὗτος ἔδοξεν Γ. | οὕτως ἔδοξεν Dobree advers. I, p. 268.

§ 139, 3 καταστραφεῖσαν καὶ συναχθεῖσαν Γ. Bens. Bl. | κατασταθεῖσαν Vulgathandschr. Bekk. Tur. O. Schn. | καταστραφεῖσαν καὶ will Kayser Fleckeis. Jahrb. LXXIII (1856) S. 372 tilgen.

§ 142, 6 τῶν Ἑλλήνων Γ. Bekk. Tur. O. Schn. | τῶν ἄλλων Bens. Bl.

§ 146, 7 ἐβουλήθη Γ. Bekk. Tur. O. Schn. | ἠβουλήθη vulg. Bens. Bl. Doch vergl. Meisterhans Gram. d. att. Inschr. S. 78; „η als syllab. Augment bei βούλομαι erscheint auf den Inschriften nicht vor 284."

§ 147, 3 κατ' αὐτῆς Vulg. Bekk. Tur. O. Schn. Bl. | κατὰ ταύτης Γ. Bens. — 4. τῆς ἐν Σαλαμῖνι] ἐν streicht Naber l. c. p. 63. — 5. ἅπαντες ἐγκωμιάζουσιν Γ. Bens. O. Schn. | ἅπαντες αὐτὴν ἐγκωμιάζουσιν Vulg. Bekk. Tur.

§ 148, 5 ἀλλ' ἀηδῶς ὁρῶσιν „hält Cobet Var. lection.² p. 153 nach οὐκ ἐπαινοῦσιν für unnötig und unecht. Doch verlangt

12*

die Symmetrie nach ἀγαπῶσι und θεωροῦσιν auch hier ein doppeltes Verbum." O. Schn.

§ 149, 2 αὐτόν] Naber l. c. p. 67 verlangt unnötigerweise σαυτόν s. zu uns. St. — 4. διαδεδομένοις] διαδιδομένοις Γ.

§ 152, 4 συμβεβουλευκώς] Hirschig l. c. p. 40 σοὶ συμβεβουλευκώς, aber vergl. zu uns. St.

§ 153, 6 τὰς σὰς πράξεις] σάς läſst Γ. aus.

§ 154, 2 κατίδοις alle Handschr. und die Herausg. auſser Bait. in Tur. Bens.[2] Bl., die κατίδῃς setzen. — 5. πράττῃς] πράξῃς Naber. — 6. εὖ πάσχουσιν Γ. Bekk. Tur. Bens. O. Schn. | ἂν εὖ πάσχωσιν Vulgat. Bl. — 7. τῶν ἄλλων] τῶν ἀνθρώπων Dobree advers. I, p. 268.

§ 155, 4 τοῖς ὑπάρχουσιν alle Herausg. auſser Bens.[2], der mit Γ. ἐπάρχουσιν liest und dieses erklärt: „οἱ ἐπάρχοντες sind diejenigen, welche ihre Herrschaft zu erweitern suchen." (?)

INDEX.

οὐκοῦν und οὔκουν 4, 184.
οὗτος auf das ferner, ἐκεῖνος auf
das näher Stehende bezogen 5,
51. οὗτος nach einem Participi-
um 4, 60. ταῦτα als Femin. dual.
nicht nachweisbar 4, 17. ταῦτα
πάντα und πάντα ταῦτα 4, 67.
ταῦτα ὅσα 4, 108. καὶ ταῦτα
= zumal 5, 139.
οὕτως nach Participien 4, 177.
ἔχει δ᾽ οὕτως 4, 163. οὕτως,
ebenso, 4, 87. οὕτως von seinem
Worte getrennt 4, 185.
Oratio directa und indirecta wech-
selnd 5, 18.
Oxymoron 4, 89.

παῖδες καὶ γυναῖκες ohne Artikel
5, 48.
παλαιός. — τί δεῖ τὰ παλαιὰ λέ-
γειν; 5, 43. νέος ἢ παλαιός 4,
185.
πάλιν ἐπανελθεῖν 4, 63.
πάντα ταῦτα und ταῦτα πάντα 4,
67. πάντα alles Mögliche 4, 88.
παντοδαπώτατος 4, 45.
παρὰ mit Akk. = während 4, 148.
παρὰ μικρόν 4, 59.
παραδιδῶσιν οἱ καιροί 5, 118.
παραδραμεῖν und ἐπιδραμεῖν 4, 73.
παραλαμβάνειν 4, 18. 4, 39.
παρατάττεσθαι πρός τι 4, 96.
παρατρέχειν 4, 73.
παρέχειν καὶ ἔχειν 5, 122.
παροικεῖν τὴν Ἀσίαν 4, 162.
ἐν τῷ παρόντι ohne καιρῷ 4, 187.
πατρίς 5, 32.
πείθειν αὐτόν 5, 22.
πελτασταί 4, 115.
πέρας ἔχειν 4, 5.
περί τινος λέγειν ἐπί τινος 4, 66.
περί in, 4, 165. περί τινος 5,
109.
περιβάλλειν 4, 127. περιβάλλεσθαι
4, 36.
περιβολή 5, 16.
περιστῆναι 4, 162.
περιλαμβάνειν 4, 45.
περιορᾶν 4, 142.
περιπίπτειν 4, 127.
πιστὸς τοῖς Ἕλλησιν 4, 142.
πλέον ἔχω (γέγονέ μοι) τινός 4, 4.
πλείω, τὰ πλείω λέγειν 5, 63.
πλεονεκτεῖν und ἰσομοιρεῖν 4, 17.
πλήθη 4, 75. τοσοῦτοι τὸ πλῆθος
4, 33.
πλήν, nisi quod, 4, 114.

πόθεν für ὁπόθεν 4, 156.
ποιεῖν, dichten 4, 186. ποιεῖν
Stellvertreter eines anderen Ver-
bums 4, 59. ποιεῖσθαι τοὺς
κινδύνους, τὰς ὠφελείας 4, 173.
πολιορκεῖν 4, 142.
τὼ πόλει, τούτω τὼ πόλει, τοῖν πο-
λέοιν 4, 17.
πόλις fehlt in Redensarten wie
ἡ αὐτῶν 4, 99.
πολῖται aus πόλις zu ergänzen 4,
104.
πολιτεία 4, 125.
πολιτεύεσθαι καὶ στρατηγεῖν 5,
140. πολιτεύεσθαι ἐν πόλει 5,
140.
πολιτικός 4, 79.
πολλάκις, mehr als einmal, 4, 122.
πολλοστός 5, 65.
πολύ von seinem Komparativ ge-
trennt 4, 101. πρὸ πολλοῦ ποι-
εῖσθαί τι 5, 14.
πονεῖν καὶ φιλοσοφεῖν 4, 186.
πόρρω τινὸς εἶναι 4, 16.
πορρωτέρωθεν 4, 23.
τὰ πράγματα, das, was man zu
thun hat, 4, 74. πράγματα,
Macht, 4, 138.
οἱ πράττειν δυνάμενοι 4, 188.
πρεσβεύειν εἰρήνην 4, 177.
προαιρεῖσθαι μᾶλλον 5, 47.
προκρίνειν mit folgendem Kompa-
rativ oder Superlativ 4, 4.
πρός τινα νέμεσθαί τι 4, 179. πρὸς
αὐτὸν διελθεῖν τι, ἀναμνησθῆναί
τι etc. 5, 9. πρὸς ὑπερβολήν 4,
11. ὡς πρός τι 4, 107. πρὸς
τοῖς ἄλλοις 5, 84. πρὸς c. Acc.
= gegenüber 4, 65.
προσήκει μοι (με) ποιεῖν τι 5, 127.
προστάτης 5, 13.
προὔργου τι γίγνεται, ποιεῖν 4, 19.
πρυτανεύειν τὴν εἰρήνην 4, 121.
Paromoiosis 4, 91.
Paronomasie 4, 186.
Particip eines unpersönlichen Ver-
bums nach den Verben der Wahr-
nehmung 4, 48. Particip von
εἶναι fehlt bei διατελεῖν 4, 64.
Participia wie σωφρονοῦντες,
καλῶς ποιῶν u. s. w. am Schluſs
eines Satzes 5, 7. Participia des
Aorist mit εἶναι in Umschreibun-
gen 4, 75. Particip. absolut.
und constructum durch καὶ ver-
bunden 4, 148. Particip im Hy-
perbaton 4, 36.

ISOKRATES

AUSGEWÄHLTE REDEN.

FÜR DEN·SCHULGEBRAUCH ERKLÄRT

VON

PROF. DR. OTTO SCHNEIDER.

ERSTES BÄNDCHEN.

[AN DEMONIKOS], EUAGORAS, AREOPAGITIKOS.

DRITTE AUFLAGE

BESORGT VON

DR. MAX SCHNEIDER,
GYMNASIALLEHRER IN GOTHA.

LEIPZIG,

DRUCK UND VERLAG VON B. G. TEUBNER.

1888.

11734
3/1/91 2 = 18ai

Vorwort zur ersten Auflage.

Die hier vorliegende Bearbeitung ausgewählter Reden des Iso-
krates nennt sich eine Schulausgabe, nicht blofs, weil sie bestimmt
ist dem Schulzwecke zu dienen, eine Bestimmung, welche viele
Ausgaben mit gleichem Titel mehr oder weniger verfehlen, sondern
mit noch gröfserem Rechte, weil sie unmittelbar aus der Schule
hervorgegangen ist. Ihr Verfasser las die hier vorliegenden und
einige andere Reden des Isokrates mit Secundanern der oberen
Ordnung, bei deren Mehrzahl er eine genügende Vertrautheit mit den
Regeln der griechischen Syntax und die Befähigung und Neigung
voraussetzen durfte, mit Benutzung der jedem Schüler zugäng-
lichen lexikalischen und historischen Hülfsmittel sich zu orientieren.
Wo bei diesen Voraussetzungen ein allseitiges Verständnis nicht
erlangt werden konnte oder nicht erlangt war, mufste die Thätig-
keit des kommentierenden Lehrers eintreten, welche zwar im all-
gemeinen über das augenblicklich erstrebte Ziel des Verständnisses
der gerade vorliegenden Stelle nicht hinausging, indes doch auch
mitunter Schwierigkeiten, welche in demnächst zu lesenden Stellen
sich darboten, im voraus zu begegnen bemüht war, ja, wohl auch
die Schüler ins Auge fafste, welche auch anderen als gerade den
hier erklärten Reden ihren Privatfleifs zuwenden würden. Was der
Verfasser bei dieser Gelegenheit seinen Schülern mitteilte, sei es
über schwierigere Punkte der griechischen Syntax überhaupt wie
des Isokrates im besonderen, oder über die Bedeutung einzelner
Wörter, vornehmlich solcher, die bei Isokrates ein eigentümliches
Gepräge haben, oder über historische und antiquarische Dinge,
oder endlich über den Gedankengang, die Absichten und die ganze
Anschauungsweise des Isokrates, das bietet er hier einem gröfseren
Kreise Lernbegieriger, — wenn auch nicht überall in der ursprüng-
lichen Form. Denn man wird vielleicht finden, dafs der Kommen-
tator hie und da die Beispiele und Belege zu sehr gehäuft und
namentlich zu viel Bücher citiert habe, welche nicht in den Händen
der Schüler sind und wohl selbst in manchen Schulbibliotheken
fehlen. Vollständig vermieden hat es freilich der Verfasser auch
beim mündlichen Vortrage nicht, Büchertitel zu nennen, und er
glaubt nicht für seine Person allein, als Schüler wie als Lehrer,
die Erfahrung gemacht zu haben, dafs die Hindeutung auf ausge-

zeichnete Leistungen im Gebiete der Philologie, zumal wenn eine
kurze Charakteristik sie begleitete, insofern bei Strebsameren nicht
ohne Erfolg war, als sie zum wirklichen Studium solcher Bücher
führte. Für den gedruckten Kommentar aber meinte der Verfasser
in dieser Beziehung um so mehr weiter gehen zu können, als er
die Hoffnung hegte, er würde so seine Ausgabe auch für angehende
Lehrer brauchbar machen.

Eine neue Textesrecension konnte und wollte der Verfasser
nicht geben; er legte die Bearbeitung von Baiter und Sauppe zu
Grunde und ist von ihr nur in wenigen Stellen abgewichen, wo
teils handschriftliche Gewähr für seine Abweichung war, teils Sinn
und Sprachgebrauch ein Abgehen von der Tradition geboten, wie
1, 1. 1, 15. 1, 34. 7, 33. 7, 40. 7, 43. 7, 55. 9, 32. 9, 74. 9, 75
und in mehreren Stellen der ersten Rede, wo es galt, durch Elision
den von Isokrates im allgemeinen vermiedenen Hiatus zu beseitigen.
Die Sache möge hier besprochen werden, da sie im Kommentare
keinen ausreichenden Platz finden konnte und eng zusammenhängt
mit einer anderen Frage, deren Beantwortung dem Schulkreise
zwar fern liegt, aber die doch nicht umgangen werden kann, soll
nicht die Zulassung der Rede $\pi\varrho\grave{o}\varsigma\ \varDelta\eta\mu\acute{o}\nu\iota\varkappa o\nu$ in diese Sammlung
den neusten Ansichten gegenüber ganz ungerechtfertigt erscheinen;
ich meine die Frage nach der Echtheit dieser ersten Rede.

Es citiert nämlich Harpokration in den $\lambda\acute{e}\xi\epsilon\iota\varsigma\ \varrho\eta\tau o\varrho\iota\varkappa\alpha\acute{\iota}$ s. v. $\acute{e}\pi\alpha$-
$\varkappa\tau\acute{o}\varsigma$, p. 76, 11 Bekk.; „$\emph{'I}\sigma o\varkappa\varrho\acute{\alpha}\tau\eta\varsigma\ \emph{'A}\pi o\lambda\lambda\omega\nu\iota\acute{\alpha}\tau\eta\varsigma\ \acute{e}\nu\ \tau\alpha\tilde{\iota}\varsigma$
$\pi\varrho\grave{o}\varsigma\ \varDelta\eta\mu\acute{o}\nu\iota\varkappa o\nu\ \pi\alpha\varrho\alpha\iota\nu\acute{e}\sigma\epsilon\sigma\iota\nu$" mit Rücksicht auf § 23 der ersten
Rede, scheint also für ihren Verfasser nicht den Athener Isokrates,
sondern dessen gleichnamigen Schüler aus Appollonia am Pontus
gehalten zu haben, von dem Suidas unter anderen Reden auch einen
$\pi\varrho o\tau\varrho\epsilon\pi\tau\iota\varkappa\acute{o}\varsigma$ erwähnt. Bedenkt man jedoch, daß das Lexikon
des Harpokration in einer oft sehr unverständig epitomierten Form
vorliegt, so wie, daß es darin s. v. $\pi\alpha\varrho\acute{\alpha}\varkappa\lambda\eta\sigma\iota\varsigma$ (p. 145, 45) doch
auch wieder heißt: „$\emph{'I}\sigma o\varkappa\varrho\acute{\alpha}\tau\eta\varsigma\ \pi\alpha\varrho\alpha\iota\nu\acute{e}\sigma\epsilon\sigma\iota\nu$", „$\delta\iota\acute{o}\pi\epsilon\varrho - \gamma\varrho\acute{\alpha}$-
$\psi\alpha\nu\tau\epsilon\varsigma$" (§ 5 der vorliegenden Rede), und daß sonst nur Reden
des älteren Isokrates dort citiert werden, so wird man nicht geneigt
sein, jener Stelle des Harpokration viel Gewicht beizulegen und darin
höchstens einen Nachhall jenes Urteils finden, wonach alle unserm
Redner zugeschriebenen $\pi\alpha\varrho\alpha\iota\nu\acute{e}\sigma\epsilon\iota\varsigma$ (in den Gesamtausgaben die
erste, zweite und dritte Rede) unecht seien $\delta\iota\grave{\alpha}\ \tau\grave{o}\ \acute{\alpha}\sigma\vartheta\epsilon\nu\grave{e}\varsigma\ \tau\tilde{\eta}\varsigma$
$\varphi\varrho\acute{\alpha}\sigma\epsilon\omega\varsigma$, wie der anonyme Grammatiker in der Hypothesis zu
unserer Rede sagt, ein Urteil, das für die zweite und dritte Rede
schon dadurch widerlegt ist, daß die zweite durch ein direktes Citat
von Isokrates selbst als echt anerkannt wird (de Antidos. § 73 coll.
ad Nicocl. § 14 seq.), während er aus der dritten stillschweigend
ein längeres Stück hinübernahm (de Antidos. § 253 coll. Nicocl.
§ 5 seq.), was ein falsarius, am wenigsten aber ein unmittelbarer
Schüler des Isokrates, schwerlich gewagt haben würde. Für die Rede

an Demonikos liegt die Sache allerdings ungünstiger, denn die ältesten
Zeugen für die Echtheit dieser Rede sind Dionys. Halicarn. de Art.
rhet. § 5 init. und Hermogenes περὶ μεθόδου δεινότητος 16 (Walz.
Rhet. Graec. Vol. III p. 421), die unzweifelhaft nur an den älteren
Isokrates dachten, — und die Rede enthält, so sehr auch überall
in ihr Isokrateische Anschauungs- und Ausdrucksweise hervortritt,
doch mancherlei stilistische Eigenheiten, wie sie in den übrigen
Reden des Isokrates sich nicht finden (vergl. zu §§ 3, 4, 7, 12, 16,
30, 52). Das liefse sich allerdings durch die Annahme erklären,
ein Schüler des Isokrates sei ihr Verfasser; aber ebenso berechtigt
ist bei der langjährigen schriftstellerischen Laufbahn des Isokrates
und seinem Streben nach Vollendung in seiner Kunst eine zweite
Annahme, die, dafs diese Rede von dem Athener Isokrates
zu einer Zeit verfafst sei, wo seine Manier sich noch
nicht ganz durchgebildet hatte, von ihm aber später
nicht überarbeitet wurde, weil sie in ihrer ursprüng-
lichen Form schon zu sehr verbreitet war. — Diese An-
sicht ist auch ganz geeignet einem zweiten Verdächtigungsgrunde
zu begegnen, den kürzlich Benseler (praef. ed. Teubn. p. IV not. 1)
geltend gemacht hat. Es steht nämlich durch unverächtliche Zeug-
nisse (Cicer. Orat. 44. Dionys. Halic. de vi Demosth. 4, iudic. de
Isocrat. 2, de compos. verb. 23 extr., Plutarch. Moral. p. 350 E.,
Demetr. περὶ ἑρμην. 68) fest, dafs Isokrates sorgsam den Hiatus
vermied, und wenn mit dieser Regel die Handschriften nicht immer
übereinstimmen, so ist auf die in einem solchen Falle überhaupt
nicht grofse Auktorität der Handschriften um so weniger Gewicht
zu legen, je mehr die besseren Codices jener Regel zustimmen
und je mehr der aufmerksame Forscher überall das Streben des
Isokrates erkennt, durch freiere Wortstellung und freieren Wort-
gebrauch das Zusammenstofsen von Vokalen in zwei auf einander
folgenden Wörtern zu vermeiden. Das zeigt sich auch in der Rede
ad Demonicum in der Wahl von ὑμᾶς (§ 2), ἔργον (§ 3), ὅσον
(§ 4), ἡμεῖς (§ 5) statt der natürlicheren σέ, ἔργῳ, ὅσῳ, ἐγώ
so deutlich, dafs es zunächst undenkbar ist, der Verfasser der Rede
werde § 7 (δὲ εὐγενείας), § 11 (σὲ ὥσπερ), § 21 (δὲ ὀργῇ),
§ 24 (μήτε ἄπειρος), § 34 (δὲ ἡμῶν), § 48 (δὲ ὅτι) verabsäumt
haben den Hiatus durch das einfache Mittel der Elision zu be-
seitigen. Indem nun aber Benseler hier den Hiatus beliefs, dagegen
in einigen 50 Stellen der übrigen Reden in δέ, γέ, μέ, σέ, τέ
ohne Zustimmung der Codices den Hiatus durch Elision entfernte
(nach unserer Ansicht mit Recht), so trifft ihn der Vorwurf der
Inkonsequenz. Wenn er ferner in etwa 18 Stellen anderer Reden
(darunter 6, 74 in ὅσα ἄν) gegen die Handschriften ein neutrales
α elidierte, so mufste das auch hier § 38 in οἷα ἄν geschehen,
und wenn er Ep. 8, 1 stillschweigend ὑπ᾽ Ἀγήνορος statt ὑπὸ
Ἀγήνορος setzte, so verlangte die Konsequenz auch hier § 32

($\dot{v}\pi\grave{o}$ $o\check{i}\nu ov$) in gleicher Weise zu bessern. Nicht zu ändern, aber
eben so wenig mafsgebend sind die folgenden Stellen: $\dot{\epsilon}\pi\alpha\nu o\varrho\vartheta\tilde{\omega}$.
$\ddot{o}\sigma o\iota$ § 3. $\dot{\eta}\gamma\acute{\alpha}\pi\alpha$, $\dot{\alpha}\lambda\lambda$' $\dot{\alpha}\pi\acute{\epsilon}\lambda\alpha\nu\epsilon$ § 9. $\varkappa\alpha\tau\alpha\varrho\iota\vartheta\mu\eta\sigma\alpha\acute{\iota}\mu\epsilon\vartheta\alpha$. $\dot{\alpha}\lambda\lambda\acute{\alpha}$
§ 11. $\delta\acute{o}\xi\alpha\nu\tau\alpha$. $\dot{\eta}\gamma o\tilde{v}$ § 34. $\delta\acute{v}\nu\alpha\sigma\vartheta\alpha\iota$, $\dot{\alpha}\nu\acute{\epsilon}\chi ov$ $\delta\acute{\epsilon}$ § 38, wo
überall der Hiatus durch die Interpunktion entschuldigt ist, obwohl
auch für diesen Fall Isokrates mitunter in auffallender Weise (Bei-
spiele s. in der Note zu 4, 14) das Zusammenstofsen zweier Vokale
vermied; wenigstens gehören Stellen wie 4, 74 $\pi\alpha\varrho\alpha\lambda\epsilon\lambda\epsilon\tilde{\iota}\varphi\vartheta\alpha\iota$.
$\ddot{o}\mu\omega\varsigma$ auch in anderen Ausgaben als der Benselers (abgesehen von
den anders zu beurteilenden gerichtlichen Reden) zu den Selten-
heiten. Aber gerade dieses Mifsverhältnis legt bei dem in §§ 2,
3, 4, 5 (s. oben) sich so deutlich aussprechenden Streben nach
Vermeidung des Hiatus von neuem die Annahme nahe, dafs Iso-
krates diese Rede zu einer Zeit schrieb, wo er den
Hiatus zwar auch schon mied, aber noch nicht mit
solcher Strenge wie später. Und so werden denn auch die
noch übrigen Hiatus in dieser Rede, 3 mit dem Artikel (§§ 35, 36,
38), einer mit $\varkappa\alpha\acute{\iota}$ (§ 37), 2 beim Dativ. Singular. der III Deklin.
(§§ 40, 49), endlich $\lambda\acute{o}\gamma\omega$ $\epsilon\dot{v}\pi\varrho o\sigma\acute{\eta}\gamma o\varrho o\varsigma$ (§ 20) uns nicht
bestimmen können dem Isokrates diese Rede abzusprechen, zumal
auch diese Reihe von Stellen durch Anwendung der Krasis sich
noch um ein Bedeutendes vermindern würde. — Einem dritten
Argumente Benselers gegen die Echtheit der Rede an Demonikos
konnte zu § 13 init. in Kürze begegnet werden.*)

Gotha, Ostern 1859.   O. S.

Vorwort zur zweiten Auflage.

Bei der zweiten Auflage dieses Bändchens hat der Verfasser
nicht nur, soweit es ging, die wohlwollenden Recensionen benutzt,
welche Benseler in den Neuen Jahrbüchern für Philologie und
Paedagogik LXXXII (1860) S. 121 seqq. und Rauchenstein ebenda

---

*) „[Es folgen bis § 43 die einzelnen Lehren, die Isokr. dem Demoni-
kos ans Herz legen möchte, so wie sie ihm einfielen und ohne strenge
Disposition. Letzteres erklärt sich aus der Natur der Paraenese, und
Benseler durfte die *mala praeceptorum dispositio* nicht unter die Argu-
mente gegen die Echtheit dieser Rede setzen; sagt doch Isokr. 15,
67 seq. in Beziehung auf seine zweite Rede: $o\dot{v}\chi$ $\dot{o}\mu o\acute{\iota}\omega\varsigma$ $\gamma\acute{\epsilon}\gamma\varrho\alpha\pi\tau\alpha\iota$ $\tau o\tilde{\iota}\varsigma$
$\dot{\alpha}\nu\epsilon\gamma\nu\omega\sigma\mu\acute{\epsilon}\nu o\iota\varsigma$· $o\check{v}\tau o\iota$ $\mu\grave{\epsilon}\nu$ $\gamma\grave{\alpha}\varrho$ $\tau\grave{o}$ $\lambda\epsilon\gamma\acute{o}\mu\epsilon\nu ov$ $\dot{o}\mu o\lambda o\gamma o\acute{v}\mu\epsilon\nu ov$ $\dot{\alpha}\epsilon\grave{\iota}$ $\tau\tilde{\omega}$ $\pi\varrho o$-
$\epsilon\iota\varrho\eta\mu\acute{\epsilon}\nu\omega$ $\varkappa\alpha\grave{\iota}$ $\sigma\upsilon\gamma\varkappa\epsilon\varkappa\lambda\epsilon\iota\mu\acute{\epsilon}\nu ov$ $\check{\epsilon}\chi o\upsilon\sigma\iota\nu$, $\dot{\epsilon}\nu$ $\delta\grave{\epsilon}$ $\tau o\acute{v}\tau\omega$ $\tau o\dot{v}\nu\alpha\nu\tau\acute{\iota}ov$. $\dot{\alpha}\pi o\lambda\acute{v}\sigma\alpha\varsigma$
$\gamma\grave{\alpha}\varrho$ $\dot{\alpha}\pi\acute{o}$ $\tau o\tilde{v}$ $\pi\varrho o\tau\acute{\epsilon}\varrho ov$ $\varkappa\alpha\grave{\iota}$ $\chi\omega\varrho\grave{\iota}\varsigma$ $\ddot{\omega}\sigma\pi\epsilon\varrho$ $\tau\grave{\alpha}$ $\varkappa\alpha\lambda o\acute{v}\mu\epsilon\nu\alpha$ $\varkappa\epsilon\varphi\acute{\alpha}\lambda\alpha\iota\alpha$ $\pi o\iota\acute{\eta}\sigma\alpha\varsigma$
$\pi\epsilon\iota\varrho\tilde{\omega}\mu\alpha\iota$ $\delta\iota\grave{\alpha}$ $\beta\varrho\alpha\chi\acute{\epsilon}\omega\nu$ $\check{\epsilon}\varkappa\alpha\sigma\tau ov$ $\tilde{\omega}\nu$ $\sigma\upsilon\mu\beta o\upsilon\lambda\epsilon\acute{v}\omega$ $\varphi\varrho\acute{\alpha}\zeta\epsilon\iota\nu$. $\tau o\acute{v}\tau ov$ δ' $\check{\epsilon}\nu\epsilon\varkappa\alpha$
$\tau\alpha\acute{v}\tau\eta\nu$ $\dot{\epsilon}\pi o\iota\eta\sigma\acute{\alpha}\mu\eta\nu$ $\tau\grave{\eta}\nu$ $\dot{v}\pi\acute{o}\vartheta\epsilon\sigma\iota\nu$, $\dot{\eta}\gamma o\acute{v}\mu\epsilon\nu o\varsigma$ $\dot{\epsilon}\varkappa$ $\tau o\tilde{v}$ $\pi\alpha\varrho\alpha\iota\nu\epsilon\tilde{\iota}\nu$ $\tau\grave{\eta}\nu$
$\delta\iota\acute{\alpha}\nu o\iota\alpha\nu$ $\tau\grave{\eta}\nu$ $\dot{\epsilon}\varkappa\epsilon\acute{\iota}\nu ov$ $\mu\acute{\alpha}\lambda\iota\sigma\tau$' $\dot{\omega}\varphi\epsilon\lambda\acute{\eta}\sigma\epsilon\iota\nu$.]"

LXXXI (1860) S. 737 seqq. lieferten, sondern auch das zu Rate
gezogen, was in einer holländischen Schulausgabe Mehler (Isocrat.
Panegyr. en Areopagit. Groningen 1861) und in einer englischen
Sandys (Isocrat. ad Demonic. et Panegyr. London, Oxford and Cam-
bridge 1868) zur richtigeren Erklärung beigetragen haben, Männer,
denen der Verfasser auch für manche fast wörtliche Übersetzung
seines Kommentares zu Dank verpflichtet ist.   Endlich hat Herr
Professor Dr. Pfuhl in Dresden einen Fascikel von Bemerkungen,
wie sie ihm bei einer Schullektüre des Areopagitikos aufstiefsen,
mir mitzuteilen die Güte gehabt, wofür ich dem verehrten Manne
hier meinen verbindlichsten Dank sage.   So reiches Material nun
auch dadurch zur Erweiterung des Buches geboten war, so hat
sich doch der Verfasser auf die allerwesentlichsten und nötigsten
Änderungen beschränkt, namentlich der Polemik, zu der oft Anlafs
war, sich ganz enthalten, und er hofft und wünscht, dafs das Buch
auch in dieser möglichst wenig geänderten Gestalt ferner Beifall
finden und Nutzen stiften möge.

Gotha, Michaelis 1873.   O. S.

Vorwort zur dritten Auflage.

Für die Neubearbeitung dieses I. Teiles haben den neuen
Herausgeber dieselben Grundsätze geleitet, die er in der Vorrede
zur dritten Auflage des II. Teiles angegeben, nämlich so viel wie
möglich unverändert zu lassen, um den Charakter der OSchneider-
schen Ausgabe zu wahren und die Übersichtlichkeit (die Wrobel
in der Recension der zweiten Auflage vermifste) dadurch zu
fördern, dafs alle kritischen Bemerkungen in einen besonderen
Anhang gesetzt, [auf den nur da verwiesen, wo etwas zu Er-
klärung der Stelle steht oder wo die Lesart von der letzten Aus-
gabe abweicht], sowie die Citate aus den kommentierten Reden
durch den Druck hervorgehoben wurden. Ebenso sind hier sämt-
liche Citate neu verglichen und öfters auf den jetzt in neuer
Auflage erschienenen Demosthenes Index von Rehdantz-Blass ver-
wiesen worden.   Dankbar benutzt wurden die Recensionen der
zweiten Auflage von J. Wrobel in Zeitschrift für Österreich. Gymnas.
XXVI (1875) S. 629—635, G. Hartmann in Fleckeisen. Jahrb.
CXII (1872) S. 433—437, G. Jacob in Jahresber. des Philolog. Ver-
eins zu Berlin II (1876) S. 7—10. Für den Areopagitikos konnte
die V. Rauchensteinische Ausgabe von Reinhardt zu Rate gezogen
werden. Die Rede an den Demonikos, die der Herausgeber im
Gegensatz zu OSchneider für nicht Isokrateisch hält, konnte natür-
lich wegen der zahlreichen Verweisungen auf die Anmerkungen zu

derselben (namentlich auch in dem schon vorher in dritter Auf-
lage erschienenen II. Teil) nicht wohl entfernt werden.

Textänderungen sind, abgesehen von der Einsetzung des
ν ἐφελκυστικόν vor Konsonanten (worüber der Krit. Anh. S. 119
zu vergleichen) an folgenden Stellen vorgenommen:

In Rede [I]: § 11 (orthographisch). — § 20. § 40. § 48
(Hiatus). — § 4. § 6. § 9. § 11. § 12. § 21. § 29. § 31. § 35. § 37,
in Rede IX: §§ 23. 65. §§ 49. 67 (orthographisch). — § 74
(Hiatus). — § 29. § 49. § 55. § 70. § 72. § 73. § 75, in Rede VII:
§§ 20. 67. § 41. § 53. § 74 (bis) (orthographisch). — § 1.
§ 24. § 37. § 41. § 43 (bis). § 57. § 73.

Gotha, Ostern 1888.

                                    Max Schneider.

(I) [ΙΣΟΚΡΑΤΟΥΣ] ΠΡΟΣ ΔΗΜΟΝΙΚΟΝ. (1)

Die Rede enthält die Aufforderung zu einem tugend-
haften Leben an den Demonikos, über dessen Persönlichkeit
wir aufser dem, was die Rede selbst bietet, nichts Sicheres
wissen. Er lebte in einem monarchischen Staate (§ 36), war
noch jung und hatte seinen Vater Hipponikos, mit dem der
Redner befreundet gewesen, schon verloren. Dafs er König
auf Kypern gewesen, ist Fabelei ganz später Grammatiker.
Über die Echtheit dieser Rede sind Zweifel erhoben worden,
namentlich auf Grund eines Citates bei Harpokrat. in den
λέξεις ῥητορικαί s. v. ἐπακτός p. 76, 11 Bekk. Ἰσοκράτης Ἀπολ-
λωνιάτης ἐν ταῖς πρὸς Δημόνικον παραινέσεσιν mit Rücksicht
auf § 23 der Rede, wogegen Dionys. Halicarn. de arte rhe-
tor. V, 1, wozu noch Hermogenes bei Walz Rhet. Graec. III.
p. 421 kommt, dieselbe als Werk des älteren Isokrates an-
sieht.*) Die Stelle bei Harpokrat. beweist für die Unecht-
heit der Rede (wie OSchn. Bl. Lehnsfeld hervorgehoben) nicht
viel, doch nur, dafs Harpokr. oder sein Gewährsmann die
Rede nicht für Isokrateisch gehalten, auch die Richtigkeit der
in der vita des Isokrat. (von Zosimos) ausgesprochenen An-
sicht, dafs alle παραινέσεις von einigen dem Isokrat. ab-
gesprochen worden seien, widerlegt OSchn. l. c., ebensowenig
hat das von Bens. de hiatu p. 35 sq. u. praef. IV angeführte

---

*) Für die Echtheit haben sich von Neueren erklärt: J. G. Strange,
H. Sauppe, Orat. Attic. II, p. 245 O. Schneider in praef. edit. I. p. IV seq.
E. Sandys p. XXXII seqq. I. Wrobel, Ztschrft. für Öster. Gymn. XXVI
(1875) p. 744 und Th. Henkel, Progr. Rudolstadt 1877, dagegen:
Muretus in Var. lection. I, c. 1 Venet. 1559, Henr. Stephanus in der
seiner Ausgabe angehängten Diatribe, Koraes tom. II. p. 1. 2, ferner
Pfund „de Isocratis vita et scriptis" (1833), p. 20, Benseler praef. IV und
in Fleckeis. Jahrb. LXXXII (1860) p. 122, Blass, Griech. Beredsamkeit I,
p. 259, G. A. Lehmann de Lehnsfeld „de oratione ad Demonicum Iso-
crati abiudicanda" Leyd. 1879, E. Albrecht, Philolog. XLIII (1884)
p. 244—248 und in Berlin. Jahresb. XI (1885) p. 96, G. Jahr „Quaestion. Iso-
crat." (diss. Halens. 1881) cap. I., Br. Keil „Analecta Isocrat." (1885). Für
interpoliert hielt die Rede A. Pauly „Quaest. Isocrat." Heidelberg. 1828
(cf. Bens. de hiat. p. 30 u. in den Jahrb. l. c. p. 123).

Argument von dem nicht beschränkten Gebrauch des Hiatus
in dieser Rede die Kraft, die ihm Bens. zuzuschreiben geneigt
war (wie OSchn. zeigt, vergl. auch Bl.). Aber auch das für
die Echtheit beigebrachte Argument, das Anaximenes Rhetor
die Rede benutzt habe, ist nicht schlagend, da erstens die
Nachahmungen nicht der Art sind, daſs man gezwungen wäre
sie wirklich als bewuſste oder erstrebte anzusehen (cf. Lehns-
feld p. 64 u. Bl. in den Nachträgen p. 352), zweitens — die
Benutzung zugegeben — diese doch nur beweisen würde,
daſs die Rede sehr alt sei. Ferner daſs Chalcidius Rhet.
(cf. Wrobel l. c.) den Athener Isokrates als den Autor ansah,
beweist direkt gar nichts (s. Jacob, Berlin. Jahresber. III.
(1877) p. 24). Dagegen kann man sich den inneren Gründen,
die gegen die Autorschaft des Atheners Isokr. sprechen
und die in der groſsen Unordnung der einzelnen Vor-
schriften und dem von dem Isokrateischen so ver-
schiedenen Stil und Ausdruck liegen (wenn auch das
von Bens. Jahrbüch. l. c. gemachte Verzeichnis der Unregel-
mäſsigkeiten im einzelnen sehr der Modifikation bedarf (vergl.
G. Jahr. l. c. cap. I) nicht verschlieſsen. Mit Pfund und
Blass nimmt man gewöhnlich jetzt an, daſs wohl ein Schüler
des Isokr. der Verfasser gewesen, der mit starker Anlehnung
an dessen zweite Rede πρὸς Νικοκλέα (worüber E. Albrecht
im Philolog. l. c.) es versucht hat, dem Meister nachzuahmen
und dieses mit äuſseren Mitteln (wie Vermeidung des Hiatus
öfter zum Schaden des Sprachgebrauchs und Sinnes und durch
Häufung der sog. Gorgianischen Figuren etc.) erstrebt.

Steph.

(α'.) Ἐν πολλοῖς μέν, ὦ Δημόνικε, πολὺ διεστώσας εὑ- 2
ρήσομεν τάς τε τῶν σπουδαίων γνώμας καὶ τὰς τῶν φαύλων

*Die Einleitung (§ 1—12) bespricht
die Gründe, welche den Autor be-
stimmten, diese Ansprache an De-
monikos zu richten (1—3) und ihr
im Gegensatze zu den προτρεπτικοὶ
λόγοι anderer diesen bestimmten In-
halt zu geben (4. 5); ihr Zweck sei
nämlich, den Demonikos zur ἀρετή
zu führen (5, 12), dem schönsten
Besitztume, welches es gebe (6—8);
nach ihr habe auch Hipponikos stets
gestrebt (9. 10), der somit für seinen
Sohn ein Vorbild sein könne und
müsse (11. 12).*
1, 1. Über die Zusammenstellung

von πολλοῖς — πολύ s. zu 7, 74. —
1, 2. σπουδαῖος (edel) und
φαῦλος (gemein) sind dem Ver-
fasser nicht rein moralische Begriffe,
denn nach § 48 u. 49 ist der σπου-
δαῖος von vorne herein im Besitz
von χρήματα, δόξα und φίλοι, und
der φαῦλος ist von Anbeginn seines
Lebens an ein φαῦλος. Darnach
nahm [Isokr.] jene Worte mehr im
politischen Sinne (wie ἀγαθός, ἐσθ-
λός, ἄριστος, καλοὶ κἀγαθοί, βέλτιστοι,
boni, optimi, optimates, und κακοί,
δειλοί, mali oft gebraucht werden;
vergl. Welcker ad Theogn. Eleg. p.

διανοίας, πολὺ δὲ μεγίστην [τὴν] διαφορὰν εἰλήφασιν ἐν ταῖς
πρὸς ἀλλήλους συνηθείαις· οἱ μὲν γὰρ τοὺς φίλους παρόντας
μόνον τιμῶσιν, οἱ δὲ καὶ μακρὰν ἀπόντας ἀγαπῶσιν, καὶ τὰς
μὲν τῶν φαύλων συνηθείας ὀλίγος χρόνος διέλυσεν, τὰς δὲ τῶν b
2 σπουδαίων φιλίας οὐδ᾽ ἂν ὁ πᾶς αἰὼν ἐξαλείψειεν. ἡγούμενος
οὖν πρέπειν τοὺς δόξης ὀρεγομένους καὶ παιδείας ἀντιποιουμέ-
νους τῶν σπουδαίων ἀλλὰ μὴ τῶν φαύλων εἶναι μιμητάς, ἀπέ-
σταλκά σοι τόνδε τὸν λόγον δῶρον, τεκμήριον μὲν τῆς πρὸς
ὑμᾶς εὐνοίας, σημεῖον δὲ τῆς πρὸς Ἱππόνικον συνηθείας·
πρέπει γὰρ τοὺς παῖδας ὥσπερ τῆς οὐσίας οὕτω καὶ τῆς φιλίας
3 τῆς πατρικῆς κληρονομεῖν. (β´.) Ὁρῶ δὲ καὶ τὴν τύχην ἡμῖν c
συλλαμβάνουσαν καὶ τὸν παρόντα καιρὸν συναγωνιζόμενον· σὺ

XXI seqq.), bei dem die Begriffe
von edler Geburt und sitt-
lich gut, ebenso die Begriffe nie-
drig von Geburt und sittlich
schlecht zusammenfallen. So steht
φαῦλος im Gegensatz zu dem, der
γένος, πλοῦτος u. δόξα hat, auch
19, 37, wenigstens im Gegensatz
zum Reichen auch 2, 32 und 16,
33. — γνώμας (die Über-
zeugungen) — διανοίας (die
Meinungen). Der nämliche Ge-
gensatz 3, 16 ῥᾷόν ἐστιν ἑνὸς ἀν-
δρὸς (des Monarchen) γνώμη προσ-
έχειν τὸν νοῦν ἢ πολλαῖς καὶ
παντοδαπαῖς διανοίαις (in der De-
mokratie) ζητεῖν ἀρέσκειν. Anders
1, 41. — 1, 3. Der Artikel [cf.
Krit. Anh.] zeigt, daſs μεγίστην
praedikativ zu fassen sei („der Unter-
schied, den sie an sich tragen, ist
am gröſsten in . . .“). Ganz ähn-
lich wird 7, 6 nach der allgemeinen
Bemerkung ἴδοιμεν γὰρ ἂν — τὰς
πράξεις — εἰθισμένας μεταπίπτειν
(i. e. μεταβολὰς λαμβάνειν) gesagt:
πυκνοτάτας — λαμβάνει τὰς μετα-
βολάς. cf. 6, 1 und Plat. de republ.
III p. 397 B σμικρὰς τὰς μεταβολὰς
ἔχει. Über διαφοράν εἰλήφασιν s.
zu 7, 6. — 1, 6. διέλυσεν κ. zu § 6.
— 1, 7. ὁ πᾶς αἰών, die ganze
Ewigkeit. s. zu 4, 26. — ἐξαλεί-
ψειν in übertragenem Sinne,
während Isokr. es sonst (12, 232.
18, 16, 26. 21, 2) nur im eigentl.
gebraucht.

2,2. ὀρεγομένους καὶ ἀντιποι.
Wenn als grammatisches Subjekt
das allgemeine ὀρεγομένους und
ἀντιποιουμένους erscheint, so ist
doch dabei sowohl an den Über-
sender des Vortrags (λόγος), der
fern von Demonikos lebt und sich
dennoch als Freund zeigt, als be-
sonders an Demonikos selbst zu
denken, dessen Ruhmbegierde er
erwecken will. — 2, 3. ἀπέσταλκα.
Perfektum im Briefstil. (cf. Ep. 6, 4)
vergl. Wyttenbach animadvers. ad
Plut. Moral., vol. I p. 281 ed. Lips.,
Reisig lat. Sprachwiss. ed. Haase
§ 289. — 2,4. πρὸς ὑμᾶς, zu dir, ob-
wohl σοί vorausgeht. Über diesen
Wechsel s. zu 4, 14; σέ war des
Hiatus wegen hier so wenig zu-
lässig wie § 5 ἐγώ statt ἡμεῖς, σ᾽
aber lieſs der des Gegensatzes wegen
auf dem Pronomen liegende Nach-
druck nicht zu, obwohl die Drama-
tiker keinen Anstand nehmen, ein
solches im Gegensatze stehendes σέ
zu elidieren. Vergl. Bekker, Hom.
Blätter II p. 230. — 2, 7. πα-
τρικῆς. s. zu 9, 35.

3, 2. συναγωνιζόμενον, wie
9, 59 τὴν τύχην αὐτῷ συναγωνιζο-
μένην, u. 5, 26 (ἐπειδὰν) μηδὲν ᾖ τὸ
συναγωνιζόμενον. Häufiger steht der
Ausdruck bei Isokr. von Personen,
nicht nur in der ursprünglichen
Bedeutung des Beistandes in der
Schlacht oder (15, 144) vor Gericht,
sondern auch in dem allgemeinen

μὲν γὰρ παιδείας ἐπιθυμεῖς, ἐγὼ δὲ παιδεύειν ἄλλους ἐπιχειρῶ,
καὶ σοὶ μὲν ἀκμὴ φιλοσοφεῖν, ἐγὼ δὲ τοὺς φιλοσοφοῦντας
ἐπανορθῶ. Ὅσοι μὲν οὖν πρὸς τοὺς ἑαυτῶν φίλους τοὺς προ-
τρεπτικοὺς λόγους συγγράφουσι, καλὸν μὲν ἔργον ἐπιχειροῦσιν,
4 οὐ μὴν περί γε τὸ κράτιστον τῆς φιλοσοφίας διατρίβουσιν·

Sinne von *adiuvare.* — 3, 3. παι-
δείας, nach höherer Bildung.
Die παιδεία oder *eruditio institu-
tioque in bonas artes,* wie sie Gellius
noct. Attic. 13, 17, 1 erklärt, wird
wie hier und 12, 19 auch von an-
deren öfter in Verbindung mit φι-
λοσοφία oder φιλοσοφεῖν ge-
setzt, worunter Isokr. (wenn er es
nicht in dem allgemeinsten Sinne
gebraucht „etwas methodisch
betreiben, worauf studieren,
was es auch sei;" s. zu 4, 6) sel-
tener wissenschaftliche Be-
schäftigung, wissenschaftli-
ches Forschen überhaupt
versteht, wie hier u. 2, 35. 5, 29
(μετὰ λογισμοῦ καὶ φιλοσοφίας. cf.
15,292). 12, 209. 15,48,247,—daher
φιλόσοφος u. φιλοσόφως, wissen-
schaftlich 1, 40. 12, 240. 15, 277,
und τέχναι καὶ φιλοσοφίαι, Künste
und Wissenschaften 10, 67.
(11, 28) —, häufiger die wissen-
schaftliche Beschäftigung
mit der Beredtsamkeit (s. zu
9, 8). — 3, 4 ἀκμὴ φιλοσοφεῖν.
vergl. Plut. praecept. coniug. § 48
σὺ μὲν ὥραν ἔχων ἤδη φιλοσοφεῖν,
u. Isokr. Ep. 6, 6 ἡγοῦμαι συμβου-
λεύειν μὲν ἀκμὴν ἔχειν. Und so
wird überall (cf. Schoemann ad
Plut. Cleomen. p. 187 u. Stallbaum
ad Plat. Phileb. p. 62 E) ὥρα, και-
ρός, ἀκμή mit dem artikellosen
Infinitiv verbunden, zu dem ὥρα
u. s. w. als Praedikat zu fassen ist
(philosophari tibi tempestivum est),
wenn das für einen einzelnen in
einem einzelnen Falle Angemessene
angegeben werden soll, während
der Genetiv des substantivierten
Infinitivs das regelmäßig Wieder-
kehrende, das für alle Gültige be-
zeichnet (ὥρα τοῦ τρυγᾶν Plat. de
legg. VIII, p. 844 D = Erntezeit, wie
ὥρα τοῦ καθεύδειν = die Schlafens-
zeit wäre; vergl. καιροὶ τοῦ λέγειν

§ 41). s. auch zu 7, 20. — 3, 5
ἐπανορθῶ. Ὅσοι. Hiatus durch
Interpunktion entschuldigt, wie § 11
καταριθμησαίμεθα. ἀλλά. § 34 δό-
ξαντα. ἡγοῦ. § 3 ἠγάπα, ἀλλ'. § 38
δύνασθαι, ἀνέχου § 49 durch ι des
Dativs d. dritten Dekl. bewirkt
παντὶ ἐλαττουμένους und Isokr.
selbst in Rede 4, 74 παραλελεῖφθαι.
ὅμως u. 7, 67. — τοὺς π. λόγους,
die (zu der wissenschaftlichen Be-
schäftigung und damit zur Bildung)
nötigen Anleitungen. vergl. zu
4, 10. 4, 34 und 20, 20 οἱ τὰς οὐ-
σίας ἔχοντες (= das nötige Ver-
mögen) u. 6, 63. 67. [Isokr.] hat
hier die Sophisten im Sinne, die
sich für Kenner und Lehrer alles
Wissenswürdigen ausgaben, aber
weniger auf Verbreitung gründ-
licher Bildung ausgingen als darauf,
durch ihre öffentlichen Vorträge
(ἐπιδείξεις) Ansehn und Geld zu
gewinnen; daher ihr Bestreben sich
δεινότης ἐν τοῖς λόγοις zu ver-
schaffen, welche [Isokr.] im fol-
genden auch als einzige Frucht ihres
Unterrichtes hinstellt. — 3, 6. ἔρ-
γον. Der Akkusativ (statt des ge-
wöhnlicheren Dativs) eines Sub-
stantivs von so allgemeinem Begriff
wie hier (u. Theogn. Eleg. v. 75
u. Plut. de mulier. virtute c. 19)
ἔργον oder wie bei Plat. Krit. p. 45 C
πρᾶγμα hat neben ἐπιχειρεῖν eben
so wenig etwas Befremdliches, wie
das öfter sich findende τοῦτο, οὐδέν
oder πολλὰ ἐπιχ. es hat oder ein
καλὸν ἐπιχείρημα ἐπιχ. es haben
würde. Auffälliger ist πολιτείαν
ἐπ. bei Plat. de legg. V. p. 739 E
und λόγους ἐπιχ. bei Plat. Epinom.
p. 980 C. Isokr. verbindet ἐπιχειρεῖν
immer mit dem Dativ oder Inf. [cf.
Krit. Anh.]
4, 1. τὸ κράτιστον τῆς φ.,
das Höchste ihrer Wissen-
schaft, nämlich die sittliche Ver-

ὅσοι δὲ τοῖς νεωτέροις εἰσηγοῦνται, μὴ δι᾽ ὧν τὴν δεινότητα d
τὴν ἐν τοῖς λόγοις ἀσκήσουσιν, ἀλλ᾽ ὅπως τὰ τῶν τρόπων ἤθη
σπουδαῖοι πεφυκέναι δόξουσιν, τοσούτῳ μᾶλλον ἐκείνων τοὺς 3
ἀκούοντας ὠφελοῦσιν, ὅσον οἱ μὲν ἐπὶ λόγον [μόνον] παρακα-
λοῦσιν, οἱ δὲ τὸν τρόπον αὐτῶν ἐπανορθοῦσιν.

5	Διόπερ ἡμεῖς οὐ παράκλησιν εὑρόντες ἀλλὰ παραίνεσιν
γράψαντες μέλλομέν σοι συμβουλεύειν, ὧν χρὴ τοὺς νεωτέρους

edelung, d. Tugend an sich. — 4, 2 δεινότητα τὴν ἐν τ. λ. wie 15, 230 ἡ περὶ τοὺς λόγους δ. (cf. 15, 197 περὶ τ. λ. δεινότερος, δ. εἰπεῖν 15, 291 δ. λέγειν 15, 292. 296), aber ohne Zusatz in derselben Bedeutung 15, 16. 33 und δεινός 15, 61 und sonst cf. Rehdantz, Demosth. Ind. s. v. — 4, 3. τὰ τῶν τρόπων ἤθη, in ihren Charaktergewohnheiten. Der Ausdruck kommt bei Isokr. nicht vor, sondern nur τρόποι und ἤθη für sich allein; doch hat ihn Plat. de legg. VI. p. 773 B, XI, p. 930 A, XII, p. 968 D. vergl. auch Suidas s. ἀγωγή: ἀγωγὴ λέγεται καὶ ἡ διὰ τῶν ἠθῶν τοῦ τρόπου κατακόσμησις. — 4, 4. τοσούτῳ — ὅσον, insofern —, als (weil), wie 8, 96 τοσοῦτον γὰρ ὑπερεβάλοντο τοὺς ἡμετέρους —, ὅσον πρὸς τοῖς πρότερον ὑπάρχουσι σφαγὰς — ἐν ταῖς πόλεσιν ἐποίησαν. Herod. 8, 13 νὺξ ἀγριωτέρη τοσούτῳ, ὅσῳ ἐν πελάγεϊ φερομένοισι ἐπέπιπτε. id. 6, 137, 3. Demosth. 17, 16. Besonders häufig ist dabei der relative Satz zweigliedrig, wie Hypereid. Epitaph. XIII, 6 Bl. ἦν οὗτος τοσοῦτον ὑπερέσχεν ἀνδρείᾳ καὶ φρονήσει, ὅσον οἱ μὲν ἐπελθοῦσαν τὴν τῶν βαρβάρων δύναμιν ἠμύναντο, ὁ δὲ μηδ᾽ ἐπελθεῖν ἐποίησεν, und Isokr. 4, 83. 5, 51 u. 112. 8, 43, 47, 64. Lykurg. Leokrat. 30 u. 116. Demosth. 18, 197. Xenoph. Kyrop. 8, 1, 4. Plut. Pompei. 77, 5 (τοσοῦτον — ὅσον), ferner [Isokr.] 1, 33 u. 38. Plat. Euthyphr. p. 11 D. Xenoph. Hellen. 2, 3, 29. Demosth. 17, 3, wo τοσούτῳ — ὅσῳ korrespondieren. Aber das Relativ akkommodiert sich dabei nicht immer der Form des Demonstrativs, denn auch τοσούτῳ — ὅσον findet sich

so, besonders wenn wie hier ein Hiatus vermieden werden sollte; vergl. Isokr. 8, 47 u. 143. 11, 19 u. 32. 13, 20. Lykurg. Leokrat. 131. Demosth. 60, 10; doch auch ohne diesen Grund bei Isokr. 16, 36. Nur selten erscheint hier das kausale ὅτι, wie Isokr. 18, 59 τοσοῦτον διήνεγκον τῶν τριηράρχων, ὅτι μετ᾽ ὀλίγων ἔσωσα τὴν ναῦν, und Ep. 2, 22. In jenen Fällen ist überall die Rede elliptisch, indem der Schriftsteller, anstatt den Vergleich durchzuführen, nur die zu vergleichenden Praedikate angiebt. Hier würde der Relativsatz vollständig so gelautet haben: ὅσον μᾶλλον ὠφελοῦσιν οἱ — παρακαλοῦντες, ἢ οἱ — ἐπανορθοῦντες. — 4, 5. ἐπὶ λόγον [μόνον] nur zum Reden und nicht zur sittlichen Bildung. [cf. Krit. Anh.].

5, 1. παράκλησιν εὑρόντες ἀλλὰ παραίνεσιν γράψαντες. Der Gegensatz liegt nicht wie OSchn. annahm, in εὑρόντες und γράψαντες, sondern in παράκλησιν (d. h. die Aufforderung zum Reden) und in παραίνεσιν (d. h. d. Aufmunterung zur Sittlichkeit, vergl. Ammon. de different. affin. vocab. p. 132 Valkenaer). Vergl. R. Volkmann, Rhetorik d. Gr. u. R.² S. 337. — 5, 2. ὧν χρὴ — καὶ τίνων. Materiell gleich, aber formell anders 2, 2 ὁρίσαι, ποίων ἐπιτηδευμάτων ὀρεγόμενος καὶ τίνων ἔργων ἀπεχόμενος ἄριστ᾽ ἂν τὴν πόλιν διοικοίης, u. 8, 62 συμβουλεύειν, τίνων ἀπεχόμενοι καὶ ποίων ὀρεγόμενοι παυσαίμεθ᾽ ἄν, u. 15, 217 ὁρίσασθαι δεῖ, τίνων ὀρεγόμενοι καὶ τίνος τυχεῖν βουλόμενοι τολμῶσί τινες ἀδικεῖν. Der Unterschied liegt darin, daß in unserer Stelle die Form

ὀρέγεσθαι καὶ τίνων ἔργων ἀπέχεσθαι καὶ ποίοις τισὶν ἀνθρώ
ποις ὁμιλεῖν καὶ πῶς τὸν ἑαυτῶν βίον οἰκονομεῖν. ὅσοι γὰρ τοῦ
βίου ταύτην τὴν ὁδὸν ἐπορεύθησαν, οὗτοι μόνοι τῆς ἀρετῆς b
ἐφικέσθαι γνησίως ἠδυνήθησαν, ἧς οὐδὲν κτῆμα σεμνότερον
6 οὐδὲ βεβαιότερόν ἐστιν. κάλλος μὲν γὰρ ἢ χρόνος ἀνήλωσεν ἢ
νόσος ἐμάρανεν, πλοῦτος δὲ κακίας μᾶλλον ἢ καλοκαγαθίας
ὑπηρέτης ἐστίν, ἐξουσίαν μὲν τῇ ῥαθυμίᾳ παρασκευάζων, ἐπὶ
δὲ τὰς ἡδονὰς τοὺς νέους παρακαλῶν· ῥώμη δὲ μετὰ μὲν φρο
νήσεως ὠφέλησεν, ἄνευ δὲ ταύτης πλείω τοὺς ἔχοντας ἔβλαψεν,
καὶ τὰ μὲν σώματα τῶν ἀσκούντων ἐκόσμησεν, ταῖς δὲ τῆς
7 ψυχῆς ἐπιμελείαις ἐπεσκότησεν. ἡ δὲ τῆς ἀρετῆς κτῆσις οἷς c

des Aussagesatzes (ὧν = ταῦτα, ὧν also nicht = τίνων cf. Stallbaum ad Plat. Meno. p. 80 C.) und die des Fragesatzes mit einander verbunden sind, nicht wie in den angezogenen Stellen die letztere vollständig durchgeführt ist. Ähnlich Thuk. 1, 137, 2 φράξει, ὅστις ἐστὶ καὶ δι' ἃ φεύγει. Lukian. Char. 1 ἐπεθύμησα ἰδεῖν, ὁποῖά ἐστι τὰ ἐν τῷ βίῳ καὶ ἃ πράττουσιν οἱ ἄνθρωποι ἐν αὐτῷ ἢ τίνων στερούμενοι πάντες οἰμώζουσι. und Dial. mort. 27, 1 ὀψόμενοι οἷοί τέ εἰσι καὶ τί ἕκαστος ποιεῖ; Und ähnlich im Lateinischen: Sall. Iug. 4, 4: Qui si reputaverint et quibus ego temporibus magistratus adeptus sum quales viri idem assequi nequiverint. Gleiches gilt von Isokr. 9, 12 περὶ τῆς φύσεως τῆς Εὐαγόρου καὶ τίνων ἢν ἀπόγονος εἰ καὶ πολλοὶ προεπίστανται. 15, 178 διελθεῖν τήν τε φύσιν αὐτῆς — καὶ ποία τῶν ἄλλων τεχνῶν ὁμοιοειδής ἐστιν. 8, 5 μελετᾶν καὶ φιλοσοφεῖν οὐ τὰ μέλλοντα τῇ πόλει συνοίσειν, ἀλλ' ὅπως ἀρέσκοντας ὑμῖν λόγους ἐροῦσιν, und schon von Hom. Od. 4, 380 εἰπέ — ὅστις μ' ἀθανάτων πεδάᾳ —, νόστον τε. — 5, 5. ταύτην τὴν ὁδόν, den durch die Belehrung über jene Punkte vorgezeichneten Weg. 6, 1. ἀνήλωσεν [cf. Krit. Anh.] — ἐστίν. Wo wie hier und 1, 1 (ἀγαπῶσιν — διέλυσαν), 1, 33 (πράττουσιν—προσεζημίωσε), 1,47 (ἐλυπήθησαν — ἔχομεν), 4, 46 (διελύθησαν, — ἐστίν), 9, 4 (ἐξεργάζονται — κατέ-

στησαν), 10, 7 (ἐξημίωσαν — βλάπτουσιν), 12, 248 (διαμαρτάνουσι — κατώρθωσεν — ἔδοξεν) und sonst der gnomische, allgemeine und überallgültige Wahrheiten ausdrückende Aorist mit dem Praesens wechselt, findet zwischen beiden der Unterschied statt, dafs durch das Praesens dasjenige bezeichnet wird, was entschieden allgemein gültig ist, während der Aorist aussagt, dafs etwas schon vorgekommen ist, also wohl auch unter denselben Bedingungen immer vorkommen wird. — 6, 2. καλοκαγαθίας wie § 51, der Tüchtigkeit in sittlicher wie in intellektueller Beziehung. Sie ist der Verein der σωφροσύνη in allen ihren Äufserungen (der εὐσέβεια, δικαιοσύνη, ἀνδρεία) und der σοφία. Vergl. Naegelsbach, Nachhomerische Theologie, S. 307 u. folg. Übrigens findet sich καλοκαγαθία bei Isokr. selbst nicht (der dafür ἀνδραγαθία sagt, z. B. 3, 44. 18, 65), während er das Adjektivum καλοὶ κἀγαθοὶ z. B. 3, 43. 13, 6. Ep. 7, 8 und öfter (s. zu § 42) hat. Die Stelle ahmt Alkiphr. 1, 5, 3 nach γινέσθω δέ σοι ὁ πλοῦτος μὴ κακίας ἀλλὰ καλοκαγαθίας ὑπηρέτης. — 6, 7. ἐπεσκότησεν, ist der Pflege des Geistes im Wege. Dasselbe Bild 8, 10 τὸ πρὸς χάριν ῥηθὲν ἐπισκοτεῖ τῷ καθορᾶν ὑμᾶς τὸ βέλτιστον, Eubul. frag. incert. fab. 2, p. 267 Mein. ὁ δ' οἶνος ἡμῶν τῷ φρονεῖν ἐπισκοτεῖ Menand. fr. Andria 1 Meinek.

ἂν ἀκιβδήλως ταῖς διανοίαις συναυξηθῇ, μόνη μὲν συγγηρά-
σκει, πλούτου δὲ κρείττων, χρησιμωτέρα δ᾽ εὐγενείας ἐστί, τὰ
μὲν τοῖς ἄλλοις ἀδύνατα δυνατὰ καθιστᾶσα, τὰ δὲ τῷ πλήθει
φοβερὰ θαρσαλέως ὑπομένουσα, καὶ τὸν μὲν ὄκνον ψόγον, τὸν
δὲ πόνον ἔπαινον ἡγουμένη. ῥάδιον δὲ τοῦτο καταμαθεῖν ἔστιν
ἔκ τε τῶν Ἡρακλέους ἄθλων καὶ τῶν Θησέως ἔργων, οἷς ἡ d
τῶν τρόπων ἀρετὴ τηλικοῦτον εὐδοξίας χαρακτῆρα τοῖς ἔργοις
ἐπέβαλεν, ὥστε μηδὲ τὸν ἄπαντα χρόνον δύνασθαι λήθην ἐμ-
ποιῆσαι τῶν ἐκείνοις πεπραγμένων.

(γ΄.) Οὐ μὴν ἀλλὰ καὶ τὰς τοῦ πατρὸς προαιρέσεις ἀνα-

τὸ δ᾽ ἐρᾶν ἐπισκοτεῖ ἅπασιν, ὡς
ἔοικε, καὶ τοῖς εὐλόγως καὶ τοῖς
κακῶς ἔχουσι, id. fr. Hypobolym.
5 Meinek. τοῦτο μόνον ἐπισκοτεῖ
καὶ δυσγενεία καὶ τρόπου πονηρίᾳ
(s. noch Wesseling. ad Diodor.
1, 76), und ähnlich in der (un-
echten) Ep. 10, 1 θρόνων ὑψηλο-
τάτων ἐπίτευξις φιλοσοφίας ἐστὶν
ἀχλύς.
7, 1. τῆς ἀρετῆς κτῆσις ist
sonst die Erwerbung, Aneignung der
ἀρετή (s. Wyttenbach. animadvers.
ad Plut. Moral. vol. I, p. 44 ed.
Lips.), hier die Tugend, die man
besitzt. Wo dieser Schatz mit
der Erweiterung des Gesichtskreises
des Menschen, mit den Vorstellungen
desselben, wächst und dabei rein
bleibt wie Gold, verläfst er den
Menschen auch im Alter nicht. —
οἷς und ταῖς διανοίαις hängen
beide von συναυξηθῇ ab, wie gleich
nachher οἷς und ἔργοις von ἐπέ-
βαλεν, eine Verbindung von Dativen,
die häufig ist und nichts Befremd-
liches hat, wenn beide Dative ver-
schiedener Natur sind; auffälliger
ist 17, 52 καί μοι ἀνάγνωθι αὐτοῖς
(τὴν ἐπιστολήν). — 7, 3. πλούτου.
Die Genetive und die Komparative
entsprechen sich hier in umge-
kehrter Ordnung (Chiasmus), was
bei Isokr. nicht selten sich findet.
s. § 38 δικαίαν πενίαν ἢ πλοῦτον
ἄδικον. 3, 15 πλεῖστον μὲν νέμουσι
τῷ βελτίστῳ, δευτέρῳ δὲ τὸ μετ᾽
ἐκεῖνο. 4, 95 καλῶς ἀποθανεῖν ἢ
ζῆν αἰσχρῶς. 9, 10 μετὰ μέτρων
καὶ ῥυθμῶν — ταῖς εὐρυθμίαις καὶ

ταῖς συμμετρίαις, und öfter. —
7, 5. θαρσαλέως. [cf. Krit. Anh.]
8, 3. χαρακτῆρα — ἐπέβα-
λεν, den Stempel des Rühm-
lichen aufdrückte. χαρακτῆρα
ἐπιβάλλειν ist der technische Aus-
druck vom Münzmeister, der den
Münzen ihr Gepräge giebt. Vergl.
Hemsterhuis ad Aristoph. Plut. v. 861.
9, 1. οὐ μὴν ἀλλά, d. h. οὐ μὴν
ἐκ τῶν Ἡρακλέους καὶ Θησέως ἔρ-
γων ἔστι σοι καταμαθεῖν, ἀλλὰ καὶ
κ. τ. λ. In ähnlicher Weise ergiebt
sich die Ergänzung des für οὐ μήν
erforderlichen Gedankens aus dem
Vorhergehenden auch 9, 73 οὐ
μήν [οἶμαι πολλὰ παραλιπεῖν,]
ἀλλὰ καὶ νῦν οὐκ ἀνεγκωμίαστός
ἐστιν. Anderwärts ergiebt sich die
Ergänzung aus dem Folgenden, wie
4, 85 οὐ μήν [περὶ κακῶν,] ἀλλὰ
περὶ καλλίστων ἐφιλονίκησαν, und
9, 33 οὐ μήν [ἐκ τῶν προειρημέ-
νων,] ἀλλ᾽ ἔτι γε σαφέστερον ἐκ
τῶν ἐχομένων οἶμαι δηλώσειν. So
elliptisch wird οὐ μὴν ἀλλά von
Isokr. und anderen sehr häufig ge-
braucht, wo im Deutschen ein
stärker betontes indessen, je-
doch genügen mufs. Vergl. noch
3, 17. 5, 138. 6, 24 u. 33. 7, 6 u. 36.
8, 1, 39, 62, 137. 10, 14. 12, 65, 75,
113, 201, 218, 244. 14, 12. 15, 141,
198, 259, 275. Ep. 1, 3. 2, 14, 17.
3, 3. 8, 4 und sonst —, προ-
αιρέσεις, die Grundsätze, die
Vorsätze, die man für das Leben
fafst, was sonst genauer durch
προαίρεσις τοῦ βίου bezeichnet

μνησθεὶς οἰκεῖον καὶ καλὸν ἕξεις παράδειγμα τῶν ὑπ' ἐμοῦ
σοι λεγομένων. οὐ γὰρ ὀλιγωρῶν τῆς ἀρετῆς οὐδὲ ῥᾳθυμῶν
διετέλεσε τὸν βίον, ἀλλὰ τὸ μὲν σῶμα τοῖς πόνοις ἐγύμναζεν,
τῇ δὲ ψυχῇ τοὺς κινδύνους ὑπέμενεν. οὐδὲ τὸν πλοῦτον παρα- e
καίρως ἠγάπα, ἀλλ' ἀπέλαυε μὲν τῶν παρόντων ἀγαθῶν ὡς
10 θνητός, ἐπεμελεῖτο δὲ τῶν ὑπαρχόντων ὡς ἀθάνατος. οὐδὲ τα-
πεινῶς διῴκει τὸν αὐτοῦ βίον, ἀλλὰ φιλόκαλος ἦν καὶ μεγα-
λοπρεπὴς καὶ τοῖς φίλοις κοινός, καὶ μᾶλλον ἐθαύμαζε τοὺς 4
περὶ αὐτὸν σπουδάζοντας ἢ τοὺς γένει προσήκοντας· ἡγεῖτο
γὰρ εἶναι πρὸς ἑταιρίαν πολλῷ κρείττω φύσιν νόμου καὶ τρό-
11 πον γένους καὶ προαίρεσιν ἀνάγκης. ἐπιλίποι δ' ἂν ἡμᾶς ὁ

wird, wie bei Demosth. 23, 141
ὅμοιος ἐκεῖνος τούτῳ τῇ προαιρέσει
τοῦ βίου. Vergl. auch Plut. de
amic. multit. 8 πῶς οἷόν τε φιλίαν
ἤθεσι διαφόροις ἐγγενέσθαι καὶ
πάθεσιν ἀνομοίοις καὶ βίοις ἑτέ-
ρως προαιρέσεως ἔχουσιν. — 9, 2.
οἰκεῖον — παράδειγμα, domesti-
cum exemplum, einen Beleg in
deiner eignen Familie, wie
5, 113. 9, 77 u. Demosth. 3, 23 οὐ
γὰρ ἀλλοτρίοις ὑμῖν χρωμένοις πα-
ραδείγμασιν, ἀλλ' οἰκείοις εὐδαί-
μοσιν ἔξεστιν γενέσθαι. — 9, 5. τῇ
δὲ ψυχῇ, für seine Seele, um
auch sie zu üben. — κινδύ-
νους — ὑπέμενεν, vergl. Xenoph.
Kyr. 1, 2, 1. [cf. Krit. Anh.] — 9, 6.
ὡς θνητός κ. τ. λ. Vergl. Lukian.
epigr. in Anthol. Palat. X, 26 ὡς
τεθνηξόμενος τῶν σῶν ἀγαθῶν
ἀπόλαυε, | ὡς δὲ βιωσόμενος φείδεο
σῶν κτεάνων, Epigr. Graec. ex
lapid. coll. n. 303, v. 3 f. von Kaibel
verglichen καὶ βιότῳ χρῆσαι μήθ'
ὡς ἲς αἰῶνας ἔχων ζῆν | μήθ' ὡς
ὠκύμορος ἵνα γηράσαντά σε πολλοὶ
| μαστίξωσι λόγοις θλειβόμενον πε-
νίῃ. Ausonius ep. 145: Re fruere
ut natus mortalis: dilige sed rem, |
Tamquam immortalis und unten
§ 32 extr.

10, 1. ταπεινῶς κ. τ. λ., nicht
ärmlichen Zuschnitt gab er seinem
Leben. ταπεινός ist Gegensatz von
εὐδαίμων (reich) auch 8, 125, und
ταπεινότητες ist mit ἔνδειαι ver-
bunden 7, 4. Über διοικεῖν τὸν βίον

vergl. 5, 107 ἠπίστατο τοὺς μὲν
Ἕλληνας οὐκ εἰθισμένους ὑπομένειν
τὰς μοναρχίας, τοὺς δ' ἄλλους οὐ
δυναμένους ἄνευ τῆς τοιαύτης δυνα-
στείας διοικεῖν τὸν βίον. —
10, 3. τοῖς φίλοις κοινός, er
gehörte seinen Freunden, die
über seine Geldmittel gebieten
konnten, er war nicht ἴδιος τοῖς
γένει αὐτῷ προσήκουσιν und ließ
seine Verwandten nicht allein An-
sprüche an ihn machen. Vergl. 5, 80:
ἦν ἐθελήσῃς κοινὸς ἅπασιν γενέ-
σθαι. — ἐθαύμαζε, schätzte
hoch, wie § 36. Vergl. Valcken.
ad Eurip. Hippol. v. 106, Krueger
zu Thuk. 1, 38, 1. — 10, 4. γένει.
So ist die herrschende Form dieser
Phrase, nicht τῷ γένει [cf. Krit.
Anh.], die Baiter und Sauppe aus
Isokr. 19, 33, Lykurg. Leokrat. 138,
Demosth. 27, 4, Xenoph. Anab.
1, 6, 1, Plut. Aristeid. 25 erwiesen
haben, wozu man Plat. de legg. IX
p. 874 A, Eurip. Med. v. 1304, Dind.
u. Aristoph. Batrach. v. 698 Dind.
Plut. amator. II, 6. u. de sera num.
vind. 12 fügen kann (ebenso die
Phrasen προσήκοντες κατὰ γένος
Plut. Alkib. 1, 1, Timol. 37, 5 und
οἱ ἐγγύτατα γένει oder γένους, cf.
Taylor ad Lys. p. 27 Reisk.).
Schriftsteller wie Lukian. Asin. 55
(εἴ τινας φῂς ἔχειν τῷ γένει προσ-
ήκοντας) können dagegen nichts
beweisen.

11, 1. ἐπιλίποι, möchte nicht
ausreichen, wie 6, 81 und 8, 56

πᾶς χρόνος, εἰ πάσας τὰς ἐκείνου πράξεις καταριθμησαίμεθα. ἀλλὰ τὸ μὲν ἀκριβὲς αὐτῶν ἐν ἑτέροις καιροῖς δηλώσομεν, δεῖγμα δὲ τῆς Ἱππονίκου φύσεως νῦν ἐξενηνόχαμεν, πρὸς ὃν b δεῖ ζῆν σ' ὥσπερ πρὸς παράδειγμα, νόμον μὲν τὸν ἐκείνου τρόπον ἡγησάμενον, μιμητὴν δὲ καὶ ζηλωτὴν τῆς πατρῴας ἀρετῆς γιγνόμενον· αἰσχρὸν γὰρ τοὺς μὲν γραφεῖς ἀπεικάζειν τὰ

ἐπιλίποι δ' ἂν τὸ λοιπὸν μέρος τῆς ἡμέρας, und oft bei anderen Rednern, cf. auch Cic. de natur. deor. 3,32, 81 dies deficiat, si velim numerare u. pro Caelio § 29 dies me deficiat, si — coner exprimere. — 11, 3. ἐν ἑτέροις καιροῖς. Man erwartet ἄλλοις, für das jedoch nach den Lehren älterer und neuerer Grammatiker (cf. Schoemann, die Lehre von den Redeteilen p. 133 und ad Isae. p. 281 u. 342) ἕτερος bei den Attikern oft eintreten soll. In der That aber wird auch in solchen Stellen bei ἕτερος immer nur an ein zweites so gedacht, dafs es, zu dem ersten hinzutretend, mit ihm das Ganze ausmacht und den Gedanken an ein drittes, viertes u. s. w. ausschliefst. So stellt hier ἕτεροι καιροί die Zukunft als ein ungeteiltes Ganze der Gegenwart gegenüber, während ἄλλοι καιροί an zahllose einzelne Momente der Zukunft denken liefse; vergl. auch 3, 28, 31, 34, 46. 5, 17, 57. 8, 71 u. öfter. Mitunter tritt ἕτερος so nur ein um die Rede zu variieren, wie 18, 27 συνθήκας οὔθ' ὑμῖν πρὸς ἑτέρους, οὔτ' ἄλλοις πρὸς ὑμᾶς ἐλυσιτέλησε παραβῆναι. Ähnlich 3, 61. 10, 36. 18, 44. — 11, 4. δεῖγμα, eigentlich die Waarenprobe, die der Grofshändler (ἔμπορος) den Kauflustigen vorlegt (in Athen im Peiraieus an einem Platze, der davon selbst Δεῖγμα hiefs; s. Boeckh, Staatshaush. der Ath.³ I, p. 75 not. d), ist bildlich wie hier auch 15, 54 gebraucht: ὥσπερ δὲ τῶν καρπῶν ἐξενεγκεῖν ἑκάστου δεῖγμα πειράσομαι. Vergl. auch 8, 89 ὥσπερ πρὸς δεῖγμα τοῦτ' ἀναφέρων u. Ep. 8, 6 ὥσπερ δείγματι — χρώμενοι und besonders Plut. Demosth. 23, 3 ὥσπερ τοὺς

ἐμπόρους ὁρῶμεν, ὅταν ἐν τρυβλίῳ δεῖγμα περιφέρωσι, δι' ὀλίγων πυρῶν τοὺς πολλοὺς πιπράσκοντας, οὕτως ἐν ἡμῖν λανθάνετε πάντας αὐτοὺς συνεκδιδόντες. — Die Bedeutung von παράδειγμα dagegen erhellt aus 12, 39 τὴν πορφύραν καὶ τὸν χρυσὸν θεωροῦμεν καὶ δοκιμάζομεν ἕτερα παραδεικνύοντες τῶν καὶ τὴν ὄψιν ὁμοίαν ἐχόντων καὶ τῆς τιμῆς τῆς αὐτῆς ἀξιουμένων. Daher ist παράδειγμα bald das, was zeigt, wie etwas ist, Beleg, Beispiel, wie 1, 9. 2, 49. 6, 41. 7, 6. 14, 40, bald das, was zeigt, wie etwas sein soll, Vorbild, Muster, Richtschnur, wie hier und 1, 34. 2, 31. 3, 37. 4, 39. 6, 83. 9, 12 u. 77. 12, 16. Vergl. Rehdantz zu Lykurg. Leokr. § 150 Anh.² u. Schmidt, Synonymik II. S. 416 f. Über das Wortspiel δεῖγμα — παράδειγμα (das Simplex mit dem Kompositum) wie z. B. Thuk. 2, 62, 3 φρονήματι — καταφρονήματι s. zu 9, 55. — πρὸς ὃν κ. τ. λ., dem du nachleben mufst wie einem Vorbilde. πρός ist hier gemäfs, mit Rücksicht auf, und πρός τινα ζῆν ist: das eigene Leben nach dem eines anderen einrichten. S. Menand. fragm. inc. fab. 56 ed. Meineke ἐμοὶ — νόμος — ὁ δεσπότης. πρὸς τοῦτον ἕνα δεῖ ζῆν ἐμέ und Demosth. 19, 226 τοῖς πρὸς ὑμᾶς ζῶσι, (Aisch.) Axioch. 12 u. Plut. de genio Socrat. 9 πρὸς ὄχλον ζῆν, und Lukian. Dial. meretr. 12, 2 οὐ πρὸς μόνον σὲ ζῶ. — 11, 6. μιμητὴν δὲ καὶ ζηλωτήν, vergl. 8, 11 ζηλῶσαι καὶ μιμήσασθαι. 12, 16 ζηλούντων καὶ μιμεῖσθαι γλιχομένων u. s. zu 7, 12. — πατρῴας s. zu 9,35. — 11,7. τοὺς μὲν γραφεῖς κ. τ. λ., dafs, während

καλὰ τῶν ζῴων, τοὺς δὲ παῖδας μὴ μιμεῖσθαι τοὺς σπουδαίους
12 τῶν γονέων. ἡγοῦ δὲ μηδενὶ τῶν ἀθλητῶν οὕτω προσήκειν
ἐπὶ τοὺς ἀνταγωνιστὰς ἀσκεῖν, ὡς σοὶ σκοπεῖν, ὅπως ἐνάμιλλος
γενήσει τοῖς τοῦ πατρὸς ἐπιτηδεύμασιν. οὕτω δὲ τὴν γνώμην c
οὐ δυνατὸν διατεθῆναι τὸν μὴ πολλῶν καὶ καλῶν ἀκουσμάτων
πεπληρωμένον· τὰ μὲν γὰρ σώματα τοῖς συμμέτροις πόνοις,
ἡ δὲ ψυχὴ τοῖς σπουδαίοις λόγοις αὔξεσθαι πέφυκεν. διόπερ
ἐγώ σοι πειράσομαι συντόμως ὑποθέσθαι, δι' ὧν ἄν μοι δοκεῖς
ἐπιτηδευμάτων πλεῖστον πρὸς ἀρετὴν ἐπιδοῦναι καὶ παρὰ τοῖς
ἄλλοις ἅπασιν ἀνθρώποις εὐδοκιμῆσαι.

13   (δ'.) Πρῶτον μὲν οὖν εὐσέβει τὰ πρὸς τοὺς θεοὺς μὴ μό- d

---

die Maler — abbilden, s. zu
§ 12. — 11, 8 ζῴων cf. Krit. Anh.
12, 2. ἐνάμιλλος [Cf. Krit.
Anh.] wie 5, 68. 10, 23. 12, 7 u. 263.
Ep. 9, 2. — 12, 3. οὕτω δὲ τὴν
γνώμην — διατεθῆναι, so zu
denken, nämlich daſs man mit
den Besten wetteifern müsse. Über
διατεθῆναι oder διακεῖσθαι τὴν
γνώμην cf. 2, 13. 6, 106. 9, 29. —
12, 4. ἀκουσμάτων, Lehren, wie
§ 19. — 12, 5. τὰ μὲν γὰρ σώ-
ματα κ. τ. λ., denn wie die
Körper —, so die Seele. Offen-
bar nämlich ist ἡ δὲ ψυχὴ — πέ-
φυκεν der Hauptgedanke, dem der
andere untergeordnet werden muſste.
So werden aber oft Sätze, die hy-
potaktisch (koncessiv) verbunden
werden sollten, durch μὲν — δέ
einander koordiniert. Vergl. § 11.
§ 19. 2, 12. 3, 34. 4, 62, 112, 181.
5, 127. 8, 45 u. 85. 10, 68. 14, 52.
15, 16 u. 166 und öfter. Vergl.
Weber ad Demosth. Aristokr.
p. 416. Ähnlich im Lateinischen,
wie Cic. Tuscul. 5, 90 an Scythes
Anacharsis potuit pro nihilo pecu-
niam ducere; nostrates philosophi
facere non potuerunt? s. Schoe-
mann zu Cic. de nat. deor. 1, 9, 23.
— 12, 8. ἐπιδοῦναι, s. zu 9, 68.

§ 13—43 folgen die einzelnen
Lehren, die der Redner dem Demo-
nikos ans Herz legen möchte, so wie
sie ihm einfielen und ohne strenge
Disposition. Sei fromm und bleibe

treu dem Eide (§ 13), sei so gegen
Deine Eltern, wie Du willst, daſs
Deine Kinder gegen Dich sind;
übe den Körper, daſs er gesund
bleibt (§ 14), vermeide Spöttereien,
sei ernst, anständig, gerecht und
mäſsig (§ 15), fliehe das Schimpf-
liche, fürchte die Götter, ehre die
Eltern, achte die Freunde, gehorche
den Gesetzen, suche nur edle Ver-
gnügungen auf (§ 16), fürchte üble
Nachrede und verschaffe Dir einen
guten Ruf (§ 17), als Freund des
Wissens, benutze Deine Muſse, um
immer weiter zu lernen und laſs Dir
keine Mühe verdrieſsen (§§ 18. 19),
sei leutselig, freundlich und verkehre
nur mit den Besten (§ 20), übe Dich
in freiwilligen Anstrengungen und
lerne Dich beherrschen (§ 21). Be-
wahre die Dir anvertrauten Ge-
heimnisse, wie Deine eigenen (§ 22),
sei vorsichtig und nicht übereilend
beim Eidschwur (§ 23), erwirb Dir
Freunde nur nach genauer Prüfung
ihres Wertes, hast Du sie erprobt,
so sei ihnen treu und hilf ihnen
auch unaufgefordert und rede auch
in ihrer Abwesenheit nur Gutes von
ihnen (§§ 24. 25. 26). Sei in
Deiner Kleidung geschmackvoll, nicht
putzsüchtig, genieſse die Glücksgüter,
die Dir beschieden, mäſsig, suche sie
aber nutzbar zu machen und ver-
wende sie namentlich für Freunde
(§§ 27. 28). Sei zufrieden mit der
Gegenwart, mache niemandem ein
Unglück zum Vorwurf, erweise den

νον θύων ἀλλὰ καὶ τοῖς ὅρκοις ἐμμένων· ἐκεῖνο μὲν γὰρ τῆς
τῶν χρημάτων εὐπορίας σημεῖον, τοῦτο δὲ τῆς τῶν τρόπων
καλοκαγαθίας τεκμήριον. τίμα τὸ δαιμόνιον ἀεὶ μέν, μάλιστα
δὲ μετὰ τῆς πόλεως· οὕτω γὰρ δόξεις ἅμα τε τοῖς θεοῖς θύειν
καὶ τοῖς ὅρκοις ἐμμένειν.

14   Τοιοῦτος γίγνου περὶ τοὺς γονεῖς, οἵους ἂν εὔξαιο περὶ e
σεαυτὸν γενέσθαι τοὺς ἑαυτοῦ παῖδας.

Guten Wohlthaten (§ 29), hasse die Schmeichler (§ 30), sei umgänglich gegen die Bekannten (§ 31). Meide die Trunkenheit; sei hochherzig (§ 32) schätze die Bildung; willst Du Freunde erwerben, sprich nur Gutes von ihnen (§ 33). Nimm die Vergangenheit zum Vorbild für die Zukunft, überlege langsam, aber führe den Entschlufs rasch aus, berate Dich mit einem verständigen und erprobten Freunde (§§ 34. 35). Ahme der Sinnesweise der Könige nach (§ 36), benutze in Deinem Amte nie schlechte Menschen, ebensowenig sei Du Helfer oder Verteidiger einer schlechten Handlung (§ 37). Lobe redliche Armut mehr, als unredlichen Reichtum (§§ 38. 39). Übe den Körper, aber noch mehr den Verstand und sprich nur über etwas, das Du genau weifst oder worüber Du sprechen mufst (§§ 40.41). Freue Dich im Glücke nicht übermäfsig, mäfsige aber auch im Unglücke Deine Trauer und trage weder Deine Freude noch den Kummer allzusehr zur Schau (§ 42). Hüte Dich mehr vor Schande als vor Gefahr; kehre aus dem Kriege nur mit herrlichem Ruhme heim (§ 43).

13, 1. τὰ πρὸς τοὺς θεούς. τὰ ist Akkusativ der näheren Bestimmung: in deinem Verhältnis zu den Göttern, wie 2, 20. 12, 59 τὰ πρὸς τοὺς βαρβάρους ὡς ἑκάτεροι προσηνέχθημεν, δηλωτέον, wogegen es 3, 32 heifst: πρὸς τοὺς πολίτας μετὰ τοιαύτης πραότητος προσηνέχθην, wie denn auch sonst oft τὰ πρός τινα nicht wesentlich verschieden ist von πρός τινα (z. B. 8, 19) τὰ πρὸς ἡμᾶς αὐτοὺς ὁμο-

νοοῦμεν). Ähnlich auch 3, 2 τὰ περὶ τοὺς θεοὺς εὐσεβοῦμεν, 7, 1 τὰ περὶ τὴν χώραν εἰρήνην ἄγειν, u. 7, 29 τὰ περὶ θεοὺς ἐθεράπευον καὶ ὠργίαζον u. 11, 15 τὰ περὶ τὸν πόλεμον. Vergl. auch § 27 τὰ περὶ τὴν ἐσθῆτα φιλόκαλος. — 13, 5. μετὰ τῆς πόλεως, im Verein mit deinem Staat, also νόμῳ τῆς πόλεως, wie denn auch Apollos Orakel jederzeit riet, bei der Gottesverehrung die althergebrachte Sitte beizubehalten. Vergl. Xenoph. Mem. 4, 3, 16 (cf. 1, 3, 1 u. Goettling, gesammelte Abhandl. I S. 235 not.). — 13, 6. τοῖς ὅρκοις. Wenigstens im attischen Bürgereide (bei Pollux Onom. 8, 105 sq. u. Stobaios Flor. 43, 47 hiefs es: τὰ ἱερὰ τὰ πάτρια τιμήσω.

14, 1. γονεῖς. Da nach § 2 u. § 9 des Demonikos Vater schon gestorben war, könnte der Plural γονεῖς hier u. § 16 unpassend erscheinen. Allein die Pflichten der Kinder gegen die Eltern hörten mit dem Tode der letzteren nicht auf, indem jene gehalten waren, ihnen auch εἰς τὸν ἔπειτα χρόνον τὰ νομιζόμενα ποιεῖν (Isai. 2, 10), z. B. ihnen καθ' ἕκαστον ἐνιαυτὸν ἐναγίζειν, worüber Hermann, Privataltertümer § 39 not. 33. Aufserdem heifsen wenigstens im attischen Rechte (s. Isai. 8, 32) γονεῖς die μήτηρ καὶ πατὴρ καὶ πάππος καὶ τήθη καὶ τούτων μήτηρ καὶ πατήρ, womit zu vergl. Gaius (Digestor. 50, 16, 51): adpellatione parentis non tantum pater, sed etiam avus et proavus et deinceps omnes superiores continentur, sed et mater et avia et proavia. — 14, 2. τοὺς ἑαυτοῦ

Ἄσκει τῶν περὶ τὸ σῶμα γυμνασίων μὴ τὰ πρὸς τὴν ῥώ-
μην ἀλλὰ τὰ πρὸς τὴν ὑγίειαν· τούτου δ' ἄν ἐπιτύχοις, εἰ
λήγοις τῶν πόνων ἔτι πονεῖν δυνάμενος.

15 Μήτε γέλωτα προπετῆ στέργε μήτε λόγον μετὰ θράσους 5
ἀποδέχου· τὸ μὲν γὰρ ἀνόητον, τὸ δὲ μανικόν. Ἃ ποιεῖν αἰ-
σχρόν, ταῦτα νόμιζε μηδὲ λέγειν εἶναι καλόν. Ἔθιζε σεαυτὸν
εἶναι μὴ σκυθρωπὸν ἀλλὰ σύννουν· δι' ἐκεῖνο μὲν γὰρ αὐθά-
δης, διὰ δὲ τοῦτο φρόνιμος εἶναι δόξεις. Ἡγοῦ μάλιστα σεαυτῷ

π α ῖ δ α ς, deine Kinder, also ἑαυ-
τοῦ für σαυτοῦ, wie das pronom.
reflex. der 3. Person bei Isokr. öfter
für das der 1. oder 2. Person steht
nicht blofs, wo ein σεαυτόν wie
hier, oder ein ἐμαυτοῦ wie 19, 23
vorausging, sondern auch sonst,
wie 1, 21 (bis). 2, 14, 24 u. 38. 5, 129
u. 149. 11, 20 u. 47. 15, 145. Ep.
2, 3. Dieser Gebrauch, der bis zu
den spätesten Griechen herabgeht
(vergl. Boissonade ad Philostr. Epist.
57 adn. 8), erklärt sich aus der ur-
sprünglichen unbeschränkten de-
monstrativen Kraft des Personal-
pronomens der 3. Person, wonach
von Homer σφίσι (s. Voss zum hym.
in Cerer. p. 39) und ὅς suus (s.
denselb. p. 48) auch auf die 1. u.
2. Person bezogen wurde, wie ὅδε
u. οὗτος. Die älteren und strenge-
ren Attiker jedoch scheinen nur
den Plural ἑαυτῶν u. s. w., nicht
auch den Singular ἑαυτοῦ u. s. w. so
gebraucht zu haben, s. Bernhardy
Synt. p. 272, Sauppe zu Plat. Pro-
tag. 312 A, Held ad Plut. Aem.
Paul. 1, 4 und Schoemanns Lehre
von den Redeteilen p. 109 u. B.
Keil Analect. Isokrat. p. 109—113.
— 14, 3. τ ῶ ν π ε ρ ὶ τ ὸ σ ῶ μ α γυ-
μ ν α σ ί ω ν. γυμνάσιον ist erst in
zweiter Bedeutung Übungsplatz, in
erster die Übung = γυμνασία,
wie 7, 45. 2, 13 u. 51. 15, 188.
Über περὶ τὸ σῶμα (= τοῦ σώμα-
τος) vergl. 2, 32 τοῖς περὶ τὸ σῶμα
κόσμοις. 8, 39 τὰ περὶ τὸ σῶμα
νοσήματα. 12, 7 ἡ περὶ τὸ σῶμα
ὑγίεια. Plat. de republ. VII, p. 539
D τ ὰ π ε ρ ὶ τ ὸ σ ῶ μ α γυμνάσια. cf.
Schaefer praef. Iulian. p. VI.
Schoemann ad Plut. Cleom. 18,

2. — τ ὰ π ρ ὸ ς τ ὴ ν ῥ ώ μ η ν,
die auf Körperstärke ab-
zweckenden.

15, 2. τ ὸ μ έ ν, nämlich: τὸ λό-
γον μετὰ θράσους ἀποδέχεσθαι,
während τὸ δέ = τὸ γέλωτα προ-
πετῇ στέργειν. Demnach ist ὁ μὲν
— ὁ δέ hier dieser — jener, wie
1, 1 u. 19. 2, 18 u. 34. 4, 36 u. 82.
11, 6. 15, 160. 21, 12, nicht: jener
— dieser, wie 1, 4 u. 20. 2, 8.
3, 53. 4, 39, 41, 47, 86, 116, 158.
5, 25. 7, 52 u. 81. 8, 6. 14, 55.
15, 312. Ep. 9, 6. Die richtige Be-
ziehung des ὁ μὲν — ὁ δέ über-
lassen die Griechen oft allein dem
aufmerksamen Leser und setzen
sogar von der nämlichen Zweiheit
von Dingen ὁ μὲν — ὁ δέ einmal
für jener — dieser, und un-
mittelbar darauf für dieser —
jener, wie 15, 188 u. 21, 7. —
Über ἀ π ο δ έ χ ε σ θ α ι (sich) loben,
lieben, billigen, vergl. §§ 26,
30, 36, 38, 39, 45 —, u. 4, 12. 12,
19, 109, 182, 184, 215, 236, 271.—
ἃ π ο ι ε ῖ ν κ. τ. λ. vergl. Soph. Oid.
tyr. v. 1409 ἀλλ' οὐ γὰρ αὐδᾶν ἔσθ'
ἃ μηδὲ δρᾶν καλόν. — 15, 4. σ ύ ν-
ν ο υ ν geht hier wie σκυθρωπόν
nur auf die äufsere Erscheinung
des mit seinen Gedanken Be-
schäftigten; die Miene des σύννους
zeigt ruhigen, gedankenvollen
Ernst, die des σκυθρωπός ist
finster und unfreundlich, weshalb
man schliefst, er sei αὐθάδης,
d. h. einer, dem kein anderer es
recht machen kann, ein Murr-
kopf, ein Brummbär. Über das
Wesen der αὐθάδεια s. Theophrast.
Charact. 15 mit dem Kommentar

πρέπειν κόσμον αἰσχύνην, δικαιοσύνην, σωφροσύνην· τούτοις b γὰρ ἅπασι δοκεῖ κρατεῖσθαι τὸ τῶν νεωτέρων ἦθος.

16 Μηδέποτε μηδὲν αἰσχρὸν ποιήσας ἔλπιζε λήσειν· καὶ γὰρ ἂν τοὺς ἄλλους λάθῃς, σεαυτῷ συνειδήσεις.

Τοὺς μὲν θεοὺς φοβοῦ, τοὺς δὲ γονεῖς τίμα, τοὺς δὲ φίλους αἰσχύνου, τοῖς δὲ νόμοις πείθου.

Τὰς ἡδονὰς θήρευε τὰς μετὰ δόξης· τέρψις γὰρ σὺν τῷ c καλῷ μὲν ἄριστον, ἄνευ δὲ τούτου κάκιστον.

17 Εὐλαβοῦ τὰς διαβολάς, κἂν ψευδεῖς ὦσιν· οἱ γὰρ πολλοὶ τὴν μὲν ἀλήθειαν ἀγνοοῦσιν, πρὸς δὲ τὴν δόξαν ἀποβλέπουσιν. Ἅπαντα δόκει ποιεῖν ὡς μηδένα λήσων· καὶ γὰρ ἂν παραυτίκα κρύψῃς, ὕστερον ὀφθήσει. μάλιστα δ᾽ ἂν εὐδοκιμοίης, εἰ φαίνοιο ταῦτα μὴ πράττων, ἃ τοῖς ἄλλοις ἂν πράττουσιν ἐπιτιμῴης. d

von Casaubonus. — 15, 6. κόσμον, als Schmuck. Dje früheren Herausgeber setzten hinter κόσμον ein Komma und deuteten κόσμος als εὐκοσμία, εὐταξία, κοσμιότης. Allein das kann κόσμος, in solcher Allgemeinheit wie hier hingestellt, nicht bedeuten; auch wäre die εὐκοσμία keine Eigenschaft, die mit der αἰσχύνη, δικαιοσύνη, σωφροσύνη in eine Kategorie gestellt werden könnte, indem sie vielmehr die Folge von diesen ist. Vergl. Lukian. Somn. 10 τὴν ψυχὴν κατακοσμήσω πολλοῖς καὶ ἀγαθοῖς κοσμήμασι, σωφροσύνῃ, δικαιοσύνῃ, εὐσεβείᾳ κ. τ. λ. — 15, 7. κρατεῖσθαι, in Schranken gehalten werden, wie ἐπικρατεῖν § 52 und κατέχειν öfter.

16, 1. λήσειν. s. zu 9, 57. — καὶ γάρ, sonst = etenim, ist hier namque etiam, wie § 17 und 35, ferner 2, 42 u. 43. 4, 28, 84. 8, 94. 9, 79. 20, 11 u. öfter, in welchem Sinne auch καὶ γάρ καί gesagt wurde (Krueger zu Thuk. 6, 61, 2. Stallbaum ad Plat. Symp. p. 176 B. Rehdantz Demosth. Ind.² s. v.) was die Herausgeber oft statt jenes gesetzt haben. cf. Meineke ad Menandr. reliqu. p. 312. — 16, 2 συνειδήσεις. Das Futurum εἰδήσω zu οἶδα ist epinch und ionisch, die Attiker sagen εἴσομαι (Isokr. 13, 3 u.

19, 2). Daſs der Redner jenes hier und § 44 zulieſs erklärt sich aus dem bei ihm stark hervortretenden Streben nach Allitteration (παρομοίωσις). Wie § 20 in φιλοπροσήγορος — εὐπροσήγορος, § 21 in εὐδοκιμήσεις — εὐπορήσεις, § 28 in χρήματα καὶ κτήματα der Gleichklang gesucht ist, so hier in λήσειν — συνειδήσεις, und § 44 in εἰδήσεις — εὑρήσεις, ebenso § 52 in καθιζάνουσαν — λαμβάνουσαν. S. zu § 28 und vergl. Isokr. 2, 26 κτησαμένους — χρησαμένους, Isokr. 2, 46 φθονοῦσιν — φρονοῦσιν, 7, 35 κτήσεις — χρήσεις, 4, 45 ῥώμης — γνώμης, 4, 91 ζηλοῦντες — ζητοῦντες, 4, 111 φονέας — γονέας. Cf. zu 4, 186 und Rhedantz Demosth. Ind.¹ s. v. Allitteration. — 16, 5. τὰς ἡδονάς κ. τ. λ. Ähnlich Demokrit'bei Stobai. Flor. 5, 77 ἡδονὴν οὐ πᾶσαν ἀλλὰ τὴν ἐπὶ τῷ καλῷ αἱρεῖεσθαι χρεών. — σύν als selbständige Praeposition hat Isokr. selbst vermieden.

17, 4. κρύψῃς, nämlich τὸ ποιεῖν, dein Thun, so daſs κρύψῃς = ποιῶν λανθάνῃς, wenn du es auch unbemerkt thust. κρύπτειν ohne weiteres im intransitiven Sinne zu nehmen verbietet der Sprachgebrauch; nur Dichter wie Hom. Od. 7, 205 u. Sophokl. Elektr. v. 836 Dind. gestatten sich κρύπτειν im intransitiven Sinne.

18   Ἐὰν ᾖς φιλομαθής, ἔσει πολυμαθής. Ἃ μὲν ἐπίστασαι,
ταῦτα διαφύλαττε ταῖς μελέταις, ἃ δὲ μὴ μεμάθηκας, προσ-
λάμβανε ταῖς ἐπιστήμαις· ὁμοίως γὰρ αἰσχρὸν ἀκούσαντα
χρήσιμον λόγον μὴ μαθεῖν καὶ διδόμενόν τι ἀγαθὸν παρὰ τῶν
φίλων μὴ λαβεῖν. Καταναλισκε τὴν ἐν τῷ βίῳ σχολὴν εἰς τὴν
τῶν λόγων φιληκοΐαν· οὕτω γὰρ τὰ τοῖς ἄλλοις χαλεπῶς εὑρη- e
19 μένα συμβήσεταί σοι ῥᾳδίως μανθάνειν. Ἡγοῦ τῶν ἀκουσμά-
των πολλὰ πολλῶν εἶναι χρημάτων κρείττω· τὰ μὲν γὰρ ταχέως
ἀπολείπει, τὰ δὲ πάντα τὸν χρόνον παραμένει· σοφία γὰρ μό-
νον τῶν χρημάτων ἀθάνατον. Μὴ κατόκνει μακρὰν ὁδὸν πο- 6
ρεύεσθαι πρὸς τοὺς διδάσκειν τι χρήσιμον ἐπαγγελλομένους·
αἰσχρὸν γὰρ τοὺς μὲν ἐμπόρους τηλικαῦτα πελάγη διαπερᾶν
ἕνεκα τοῦ πλείω ποιῆσαι τὴν ὑπάρχουσαν οὐσίαν, τοὺς δὲ
νεωτέρους μηδὲ τὰς κατὰ γῆν πορείας ὑπομένειν ἐπὶ τῷ βελτίω
καταστῆσαι τὴν αὑτῶν διάνοιαν.

20   Τῷ μὲν τρόπῳ γίγνου φιλοπροσήγορος, τῷ λόγῳ δ᾽ εὐ-

18, 1. φιλομαθής, ein Freund des Wissens, πολυμαθής, reich an Wissen. — 18, 2. μελέταις, durch fleifsige Übung. — 18, 3. ἐπιστήμαις, zu deinem Wissen, zu deinen Kenntnissen, denn etwas anderes kann das Wort hier, wo ἐπίστασαι vorausgeht, nicht heifsen. [cf. Krit. Anh.] — 18, 6. φιληκοΐαν, das fleifsige Anhören.
19, 2. πολλὰ πολλῶν. Diese Zusammenstellung gleichklingender Wörter (παρήχησις, παρονομασία, annominatio) ist bei Schriftstellern jeder Art eine beliebte. So Gorgias Hel. p. 684, 7 Tur. πολλὰ δὲ πολλοῖς πολλῶν, Thuk. 7, 36, 3 πολλῷ πολλαῖς, Plat. Symp. p. 179 C πολλῶν πολλά, Xenoph. Ages. 4, 1 πολλοὶ πολλά, Demosthen. 20, 78 πολλῶν πολλά. In ähnlicher Weise Isokr. 15, 217 φημὶ πάντας πάντα πράττειν, (Xenoph. Anab. 1, 9, 2 πάντων πάντα κράτιστος cf. Krueger). 18, 14 οὐ τούτῳ τοῦτο τεκμήριόν ἐστιν, 3, 15 ἕτερος ἑτέρου, 19, 24 ἕτερος ἕτερον, (wie Plut. de sera num. vind. 15 ἕτερον ἐξ ἑτέρου) cf. Lobeck. Paral. p. 56 seqq., Kuehner ad Xenoph. Memor. 3, 12, 6

u. J. G. Strange Jahns Jahrb. Suppl. II (1833) S. 492. — 19, 3. ἀπολείπει. Der absolute Gebrauch dieses Verbums kehrt 8, 73 u. 12, 150 wieder in der auch bei anderen (cf. Lobeck. ad Phryn. p. 44 not.) häufigen Verbindung ὅθεν ἀπέλιπον, πάλιν ποιήσομαι τὴν ἀρχήν (oder ἐπανέρχομαι). — μόνον — ἀθάνατον, das einzige Unvergängliche. — 19, 5. ἐπαγγέλλεσθαι (= denuntiare vergl. Piderit zu Cic. de orat. I, § 103) ist der gewöhnliche Ausdruck von den Sophisten, die bekannt machen, dafs sie sich auf diese oder jene Wissenschaft verstehen und sie lehren. Xenoph. Mem. 3, 1, 1 ἀκούσας Διονυσόδωρον ἐπαγγελλόμενον στρατηγεῖν διδάξειν. Plat. Protag. p. 319 A τοῦτο (τὸ ποιεῖν ἄνδρας ἀγαθοὺς πολίτας) ἐστὶ τὸ ἐπάγγελμα, ὃ ἐπαγγέλλομαι. Vergl. Isokr. 13, 1 u. 8. — 19, 6. τοὺς μὲν κ. τ. λ., dafs, während . . . s. zu § 12. — 19, 8. ἐπὶ τῷ, zu dem Zwecke, (ihren Geist zu veredeln).
20, 1. φιλοπροσήγορος ist nicht: gesprächig, sondern dasselbe, was § 30 ὁμιλητικός, und 15, 300

προσήγορος. ἔστι δὲ φιλοπροσηγορίας μὲν τὸ προσφωνεῖν τοὺς b
ἀπαντῶντας, εὐπροσηγορίας δὲ τὸ τοῖς λόγοις αὐτοῖς οἰκείως
ἐντυγχάνειν. Ἡδέως μὲν ἔχε πρὸς ἅπαντας, χρῶ δὲ τοῖς βελ-
τίστοις· οὕτω γὰρ τοῖς μὲν οὐκ ἀπεχθὴς ἔσει, τοῖς δὲ φίλος
γενήσει. Τὰς ἐντεύξεις μὴ ποιοῦ πυκνὰς τοῖς αὐτοῖς, μηδὲ
μακρὰς περὶ τῶν αὐτῶν. πλησμονὴ γὰρ ἁπάντων.

21   Γύμναζε σεαυτὸν πόνοις ἑκουσίοις, ὅπως ἂν δύνῃ καὶ
τοὺς ἀκουσίους ὑπομένειν. Ὑφ᾽ ὧν κρατεῖσθαι τὴν ψυχὴν c
αἰσχρόν, τούτων ἐγκράτειαν ἄσκει πάντων, κέρδους, ὀργῆς,
ἡδονῆς, λύπης. ἔσει δὲ τοιοῦτος, ἐὰν κέρδη μὲν εἶναι νομίζῃς,
δι᾽ ὧν εὐδοκιμήσεις, ἀλλὰ μὴ δι᾽ ὧν εὐπορήσεις, τῇ δ᾽ ὀργῇ
παραπλησίως ἔχῃς πρὸς τοὺς ἁμαρτάνοντας, ὥσπερ ἂν πρὸς
αὐτὸν ἁμαρτάνοντα καὶ τοὺς ἄλλους ἔχειν ἀξιώσειας, ἐν δὲ
τοῖς τερπνοῖς, ἐὰν αἰσχρὸν ὑπολάβῃς τῶν μὲν οἰκετῶν ἄρχειν,

κοινός heifst, und wie hier φιλοπρ.
und εὐπρ. verbunden sind, so sagt
Plut. Politic. paragg. 31, 7 εὐ-
προσήγορος καὶ κοινὸς ὢν πε-
λάσαι καὶ προσελθεῖν ἅπασιν, und
Dionys. Hal. de art. rhet. 5, 4 φιλ-
ανθρώπως καὶ εὐπροσηγόρως
ἅπασι προσενεχθῆναι καὶ ὁμιλῆ-
σαι. Sonach ist φιλοπρ. freund-
lich, ohne dafs dabei der Begriff des
προσαγορεύειν urgiert wird, woher
denn auch τρόπῳ (in deinem Be-
nehmen) hinzutreten konnte. — εὐ-
προσήγορος ist ganz das lateinische
affabilis, leutselig. — 20, 3. αὐ-
τοῖς, d. h. τοῖς ἀπαντῶσιν. —
ἐντυγχάνειν, verkehren, wie
5, 116 u. Ep. 7, 12. In demselben
Sinne heifst es unten ἐντεύξεις ποι-
εῖσθαι, und bei Plut. de educ.
pueror. 14 init. ἐντευκτικοὺς τού-
τους (i. e. τοὺς παῖδας) εἶναι πα-
ρασκευαστέον καὶ φιλοπροσηγόρους.
— 20, 4. χρῶ, habe Umgang.
So οἱ χρώμενοι = die Vertrauten 2,
27. 6, 46. 8, 103. 9, 44. 17, 33. 18, 9,
und χρήσεις = der Umgang 19, 11
u. Ep. 2, 14.
21, 1. Γύμναζε κ. τ. λ. vergl. De-
mokrit. (Stobai. Flor. 29, 63) οἱ ἑκού-
σιοι πόνοι τὴν τῶν ἀκουσίων ὑπο-
μονὴν ἐλαφροτέρην παρασκευάζουσι.
— 21, 4. τοιοῦτος, nämlich ἐγ-
κρατής, was aus ἐγκράτειαν zu ent-

nehmen ist. So wird ein persön-
licher Begriff nicht allein aus einem
konkreten Substantiv von sach-
lichem Begriff suppliert in den be-
kannten Fällen wie τῆς Θράκης
ἀποτέμνεσθαι χώραν, ὥστε αὐ-
τοὺς (τοὺς Θρᾷκας) ἄφθονον ἔχειν
(8, 24; vergl. Hermann ad Viger.[4]
p. 713 seq.), sondern auch aus
einem Abstraktum: 15, 71 ἐπιτιμῶ
ταῖς μοναρχίαις, ὅτι δέον αὐ-
τοὺς τὴν φρόνησιν ἀσκεῖν χεῖρον
παιδεύονται τῶν ἰδιωτῶν. Vergl.
8, 143 τὰς βασιλείας — ἐκείνοις, u.
ibid. τὰς τυραννίδας — τοιούτους.
Vergl. 7, 20. In gleicher Weise
ist aus einem Verbum ein persön-
licher Begriff zu ergänzen 4, 110
φάσκοντες μὲν λακωνίζειν, τά-
ναντία δ᾽ ἐκείνοις ἐπιτηδεύοντες.
6, 59 συμμαχίαν εἶναι καὶ βεβαιοτά-
την τὸ τὰ δίκαια πράττειν, εἰκὸς
γὰρ καὶ τὴν τῶν θεῶν εὔνοιαν
ἔσεσθαι μετὰ τούτων. 12, 191 (ὁ
πόλεμος) ἐγένετο τῆς ἡμετέρας πό-
λεως ἔτι βασιλευομένης, ἐφ᾽ ὧν
κίνδυνοι πλεῖστοι συνέπεσον (wie
schon Hom. Od. 1, 392 οὐ μὲν γάρ
τι κακὸν βασιλευέμεν, αἶψά τέ
οἱ δῶ ἀφνειὸν πέλεται). 21, 12 δει-
νότερον ἦν πλουτεῖν ἢ ἀδικεῖν.
οἱ μὲν γὰρ τὰ ἀλλότρια ἐλάμβα-
νον, οἱ δὲ τὰ σφέτερ᾽ αὐτῶν
ἀπώλλυον. Umgekehrt ist oft aus

ταῖς δ' ἡδοναῖς δουλεύειν, ἐν δὲ τοῖς πονηροῖς, ἐὰν τὰς τῶν
ἄλλων ἀτυχίας ἐπιβλέπῃς καὶ αὐτὸν ὡς ἄνθρωπος ὢν ὑπομι-
μνήσκῃς.

22 Μᾶλλον τήρει τὰς τῶν λόγων ἢ τὰς τῶν χρημάτων˙ παρα-
καταθήκας˙ δεῖ γὰρ τοὺς ἀγαθοὺς ἄνδρας τρόπον ὅρκου πι-
στότερον φαίνεσθαι παρεχομένους. Προσήκειν ἡγοῦ τοῖς πονηροῖς
ἀπιστεῖν, ὥσπερ τοῖς χρηστοῖς πιστεύειν. Περὶ τῶν ἀπορ-
ρήτων μηδενὶ λέγε, πλὴν ἐὰν ὁμοίως συμφέρῃ τὰς πράξεις
23 σιωπᾶσθαι σοί τε τῷ λέγοντι κἀκείνοις τοῖς ἀκούουσιν. Ὅρκον

---

einem Substantivum ein Verbal-
begriff zu ergänzen, wie 6, 15 οὐδε-
πώποτε λόγους ἀγαπήσας, ἀλλ'
ἀεὶ νομίζων τοὺς περὶ τοῦτο (i. e.
τὸ λέγειν) διατρίβοντας ἀργοτέ-
ρους εἶναι τὰς πράξεις, und 15, 90
εἰ μέν τις τοῦτον ἀπαγαγὼν ἀν-
δραποδιστὴν καὶ κλέπτην μη-
δὲν μὲν αὐτὸν ἀποφαίνοι τούτων
εἰργασμένον, worüber Krueger ad
Dionys. p. 4 u. Maetzner ad Antiph.
p. 200 handeln. — 21, 10. αὐτὸν
ὡς ἄνθρωπος ὢν ὑπομιμνή-
σκῃς. Vergl. Philem. frag. incert.
fab. 101 Meinek. ἄνθρωπος ὢν
τοῦτ' ἴσθι καὶ μέμνησ' ἀεί. Der
Zutritt von ὡς zu einem im No-
minat. oder Akkus. stehenden und
neben einem verb. dicendi oder
sentiendi die Stelle eines Objekt-
satzes vertretenden Particip ist
nicht allzu häufig; doch s. Isokr.
5, 14 λέγω δ' οὐχ ὡς δυνάμενόν σε
μιμήσασθαι τὰς Ἡρακλέους πράξεις.
12, 99 τὴν ἡμετέραν πόλιν οὐδεὶς
ἂν οὐδ' εἰπεῖν τολμήσειεν — ὡς
τοιοῦτόν τι διαπραξαμένην — 18, 9
τοὺς λόγους ἐποιεῖτο ὡς δεινὰ πε-
πονθὼς ὑπ' ἐμοῦ, (wie Herod. 1,
91, 2 ἐπιστάσθω, ὡς — ἁλούς. Lys.
12, 73 ἐθορυβεῖτε ὡς οὐ ποιήσοντες
ταῦτα, Xenoph. Anab. 1, 3, 15 ὡς
μὲν στρατηγήσοντα ἐμὲ μηδεὶς ὑμῶν
λεγέτω). Vergl. Lobeck. ad Sophocl.
Aiac. v. 281 u. Kuehner Gr. Gr.
II § 488 An. 6. — Über αὐτόν
(= σαυτόν, wie kurz vorher πρὸς
αὑτόν = πρὸς σαυτόν) s. zu § 14.

22, 1. τὰς τῶν λόγων π., dir
anvertraute Worte. — 22, 4.

περὶ τῶν ἀπορρήτων, über
deine Geheimnisse.

23, 1. ὅρκον ἐπακτόν erklärt
Harpokrat. s. v. mit Bezug auf un-
sere Rede und auf Lys. ἐν τῷ πρὸς
Χαιρέστρατον (frag. CXXVI Tur.)
„freiwilliger Eid", wogegen andere
Grammatiker (cf. Etym. Magn. p.
353, 13, Suidas s. v. cum not. inter-
prett.) sagen, es sei ὁ ἀλλαχόθεν
ἐπιφερόμενος (also vom Gegner zu-
geschobener), ἀλλ' οὐκ αὐθαίρετος.
(So auch Hesychios s. v.) O. Schn.
meint indes, daß an sich weder das
eine noch das andere in dem Aus-
druck liegt, sondern daß er den
feierlichen Eid an geweihter
Stelle bedeutet im Gegensatz zu
dem νὴ Δία und den übrigen
Schwurformeln in der gewöhnlichen
Unterhaltung. Es scheint nämlich,
daß, gemäß der ursprünglichen
Bedeutung der Worte ὅρκος und
ὅρκιον (s. Buttmann Lexilog. II p.
73 seq.), die Formeln ὅρκον ἐπε-
λαύνειν (Herod. 1, 146, 2 u. 6, 62),
ὅρκον προσάγειν' (id. 6, 74), ὅρκον
ἐπάγειν (Pausan. 4, 14, 3) densel-
ben Sinn haben wie bei Homer Il.
3, 269 das ὅρκια πιστὰ θεῶν συν-
άγειν, daß nämlich ὅρκος hier
das Opfertier oder das Bild der
Gottheit bedeutet, die man beim
Schwur zu berühren pflegte (cf.
Hermann, Gottesdienstl. Altert.
§ 22). Ist das der Fall, so konnten
jene Formeln nicht bloß von dem
gebraucht werden, der einen an-
deren zum Eide aufforderte, sondern
auch von dem zu einem Eide sich

ἐπακτὸν προσδέχου διὰ δύο προφάσεις, ἢ σεαυτὸν αἰτίας αἰ-
σχρᾶς ἀπολύων, ἢ φίλους ἐκ μεγάλων κινδύνων διασώζων.
ἕνεκα δὲ χρημάτων μηδένα θεῶν ὀμόσῃς, μηδ᾽ ἂν εὐορκεῖν
μέλλῃς· δόξεις γὰρ τοῖς μὲν ἐπιορκεῖν, τοῖς δὲ φιλοχρημάτως 7
ἔχειν.

24 Μηδένα φίλον ποιοῦ, πρὶν ἂν ἐξετάσῃς, πῶς κέχρηται
τοῖς πρότερον φίλοις· ἔλπιζε γὰρ αὐτὸν καὶ περὶ σὲ γενέσθαι
τοιοῦτον, οἷος καὶ περὶ ἐκείνους γέγονεν. Βραδέως μὲν φίλος
γίγνου, γενόμενος δὲ πειρῶ διαμένειν. ὁμοίως γὰρ αἰσχρὸν
μηδένα φίλον ἔχειν καὶ πολλοὺς ἑταίρους μεταλλάττειν. Μήτε b
μετὰ βλάβης πειρῶ τῶν φίλων μήτ᾽ ἄπειρος εἶναι τῶν ἑταίρων
θέλε. τοῦτο δὲ ποιήσεις, ἐὰν μὴ δεόμενος τὸ δεῖσθαι προσποιῇ.

Erbietenden, und mit ὅρκος ἐπακτός konnte ein ὅρκος αὐθαίρετος so gut wie ein ἀλλαχόθεν ἐπαγόμενος bezeichnet werden. Hier hat man an beides zu denken, auch an den freiwilligen Eid, weil Demonikos sogar eher vor dem leichtsinnigen Auerbieten eines Eides seinerseits als vor dem Schwören eines ihm zugeschobenen Eides zu warnen war. Das Verbum προσδέχεσθαι (admittere, sich gestatten) spricht nicht dagegen, zumal „einen Eid annehmen" sonst nicht ὅρκον προσδέχεσθαι, sondern ὅρκον δέχεσθαι heifst (z. B. Demosth. 39, 4). Vergl. Meier-Schoemann, Attisch. Prozefs, S. 686 Anm. (— S. 898 ed. Lipsius): „Einem einen Eid zuschieben heifst ὅρκον δοῦναι, den zugeschobenen annehmen δέξασθαι, den der sich zum Eide erbietet, schwören la-sen, ebenfalls ὅρκον δοῦναι." Lipsius a. a. O. erklärt auch an unserer Stelle ὅρκος ἐπακτός „ein zugeschobener Eid". — 23, 2. πρόφασις ist hier nicht „Vorwand", sondern Grund, wie 21,1 u. Ep. 1, 9. Vergl. Schoemann ad Plut. Kleom. 35, 2. — 23, 3. ἀπολύων, wenn du dadurch u. s. w. cf. zu 4, 36. 24, 2. γενέσθαι. Der Inf. Aorist. [cf. Krit. Anh.] ohne ἂν für den des Futurs nach den Verbis des Hoffens und Erwartens findet sich auch sonst bei Isokr.; vergl. 4, 141. 6, 8 u 103 21, 15. Auch der Inf. Aorist.

ohne ἂν im Sinne des Zukünftigen bei den Verbis des Glaubens und Meinens, den Madvig im Philol. II Supplheft, p. 35—41 für zweifelhaft hielt, ist unbedenklich, vergl. Bäumlein, Philol. XIX (1863) p. 238 ff. und Frohberger Anh. zu Lys. 12, 19, weshalb auch Isokr. 8, 29 οἰόμεθα — διαπράξασθαι mit OSchn. in διαπράξεσθαι zu ändern unnötig ist. — 24, 3. οἷος καί. καί ist für uns Deutsche befremdlich, weil im Hauptsatze schon καί vorausging. So wird jedoch im Griechischen oft bei der relativen Beziehung zweier Satzglieder auf einander καί jedem der beiden Glieder beigegeben. 19, 8: ταῖς αὐταῖς τύχαις ἐχρήσατο καὶ περὶ ταύτην, ὥσπερ καὶ περὶ τὴν προτέραν. 8, 65. 15, 253. Ep. 8, 1, Vergl. Haase ad Xenoph. de republ. Lac. p. 50. Schoemann ad Isae. p. 200 u. Frohberger Anh. zu Lys. 14, 24. — 24, 7. θέλε. cf. Eurip. Antig. frag. 14 Dind. (— 174 Nauck) μὴ νυν θέλε. Isokr. zieht sonst ἐθέλειν vor und gestattet sich θέλω nur bei vorausgehendem Vokal, eine Regel, die im ganzen auch die übrigen Redner befolgen. S. Benseler ad Isocr. Areopagit. p. 257 —262. Voemel ad Demosth. concion. p. 11, § 12 und vergl. O. Bachmann Coniect. observat. Aristoph. spec. I p. 71—77. Rehdantz Demosth. Ind². s. v. Darnach erwartet

25 Περὶ τῶν ῥητῶν ὡς ἀπορρήτων ἀνακοινοῦ· μὴ τυχὼν μὲν γὰρ
οὐδὲν βλαβήσει, τυχὼν δὲ μᾶλλον αὐτῶν τὸν τρόπον ἐπιστήσει.
Δοκίμαζε τοὺς φίλους ἔκ τε τῆς περὶ τὸν βίον ἀτυχίας καὶ τῆς
ἐν τοῖς κινδύνοις κοινωνίας· τὸ μὲν γὰρ χρυσίον ἐν τῷ πυρὶ
βασανίζομεν, τοὺς δὲ φίλους ἐν ταῖς ἀτυχίαις διαγιγνώσκομεν.
Οὕτως ἄριστα χρήσει τοῖς φίλοις, ἐὰν μὴ προσμένῃς τὰς παρ᾽ c
ἐκείνων δεήσεις, ἀλλ᾽ αὐτεπάγγελτος αὐτοῖς ἐν τοῖς καιροῖς

man hier ἔθελε. Es ist jedoch die
Frage, ob sich sorgfältig schrei-
bende Prosaiker diese Form des Im-
perativs (die freilich schon bei Hom.
gebrauchte, Il. 5, 441 Ἶσ᾽ ἔθελε
φρονέειν)überhaupt gestattet haben;
sie scheint für das griechische Ohr
eine Kakophonie enthalten zu ha-
ben und vermieden worden zu sein.
Erträglicher schon war οὐκ ἐθέλετ᾽
ἀκούειν Isokr. 8, 9, obwohl auch
Demosth. 22, 51 (coll. 24, 163) nach
den besten Handschriften εἰ γὰρ
θέλετ᾽ ἐξετάσαι zu schreiben vor-
zog. — τὸ δεῖσθαι προσποιῇ wie
Ep. 2, 22 προσποιοῦμαι τὸ βέλτιον
φρονεῖν.
    25, 1. ὡς ἀπορρήτων i. e. ὡς
περὶ ἀπ. S. 12,188 περὶ οὐδὲν οὕτω
τῶν ὄντων ἐσπούδαζον ὡς τὸ παρὰ
τοῖς Ἕλλησιν εὐδοκιμεῖν. 15, 160
ὑπὲρ τοῦ μὴ πλουτεῖν ὥσπερ τῶν
μεγίστων ἀδικημάτων. Vergl. zu
9, 3. Weit häufiger und fast regel-
mäfsig ist in solchen Vergleichungen
die Auslassung der Praeposition,
wenn der verglichene Gegenstand
vorangestellt wird, wie 8, 12 ὥσ-
περ ἐν ἀλλοτρίᾳ (i. e. πόλει) τῇ
πόλει κινδυνεύοντες. 8, 89 ὥσπερ
πρὸς δεῖγμα τοῦτ᾽ (i. e. πρὸς τοῦτ᾽)
ἀναφέρων. So auch Cic. Tuscul.
5, 90 quare ut ad quietum me licet
venias. Über diesen Fall vergl. Held
ad Plut. Aemil. Paul. p. 124, Schoe-
mann ad Plut. Agin 6, 1 Cobet Var.
lect.² p. 164 und J. G. Strange in
Jahns Jahrb. Supplem. III᾽ (1834)
p. 576. Über die seltnere Wieder-
holung der Praeposition in diesem
Falle s. Stallbaum ad Plat. Euthy-
phr. p. 2 C. — μὴ τυχών, im un-
günstigen Falle. — 25, 3. περὶ
τὸν βίον in deinem Leben, wie
ἐν τοῖς κινδύνοις in deinen Nöten.

Vergl. übrigens Ennius frag. rell.428
(= L. Müller 388) amicus certus in
re incerta cernitur und Sen. de
mor. n. 51 amicos secundae res
parant, adversae certissime probant.
— 25, 4. τὸ μὲν γὰρ χρυσίον
κ. τ. λ. Menand. frag. incert. fab.
143 Meinek. χρυσὸς μὲν οἶδεν (kann)
ἐξελέγχεσθαι πυρί, η δ᾽ ἐν φίλοις
εὔνοια καιρῷ κρίνεται, und Ovid.
Trist. 1, 5, 25 scilicet ut fulvum
spectatur in ignibus aurum, tempore
sic duro est inspicienda fides und
Theogn. 417 f., 1105. Indem aber
[Isokr.] χρυσίον sagt, nicht χρυσόν,
denkt er an geprägtes oder ver-
arbeitetes Gold (χρυσὸς εἰργασμένος
2, 1), denn das ist χρυσίον (ἀργύ-
ριον) im Gegensatze zu χρυσός (ἄρ-
γυρος). — 25, 6. παρ᾽ ἐκείνων
— αὐτοῖς. Wie ἐκεῖνος oft die
Stelle des persönlichen Pronomens
der dritten Person vertritt (s. zu
7, 52), so stehen nicht selten in
demselben Satze αὐτός und ἐκεῖνος
auf die nämliche Person bezogen,
bald so, dafs ἐκεῖνος vorangeht,
αὐτός folgt (4, 139. 6, 53. 9, 48,
52, 65. 15, 76. 16, 15. 18, 7), bald
umgekehrt (1, 36. 4, 148. 9, 2 u. 14.
10, 66. 12, 177. 16, 12 u. 25. 19,
5, 11, 39. Ep. 4, 7). Vergl. Foertsch
Observ. crit. in Lysiam p.72, Sintenis
ad Plut. Themist. c. 23, Maetzner ad
Dinarch. p. 158 et ad Antiphon.
p. 217, Schoemann ad Plut. Cleom.
22, 6. Selbst für das pronom. re-
flexiv. tritt so ἐκεῖνος ein, bald
allein, bald mit ἑαυτοῦ wechselnd
wie Xenoph. Hellen. 1, 6, 14 ἑαυτοῦ
γε ἄρχοντος οὐδένα Ἑλλήνων εἰς τὸ
ἐκείνων δυνατὸν ἀνδραποδισθῆναι.
cf. Schaefer Apparat. ad Demosth.
II. p. 215 und Held ad Plut. Timol.
p. 373. Mit dem Gedanken vergl.

26 βοηθῇς. Ὁμοίως αἰσχρὸν εἶναι νόμιζε τῶν ἐχθρῶν νικᾶσθαι
ταῖς κακοποιίαις καὶ τῶν φίλων ἡττᾶσθαι ταῖς εὐεργεσίαις.
Ἀποδέχου τῶν ἑταίρων μὴ μόνον τοὺς ἐπὶ τοῖς κακοῖς δυσχε-
ραίνοντας, ἀλλὰ καὶ τοὺς ἐπὶ τοῖς ἀγαθοῖς μὴ φθονοῦντας·
πολλοὶ γὰρ ἀτυχοῦσι μὲν συνάχθονται, καλῶς δὲ πράττουσι d
φθονοῦσιν. Τῶν ἀπόντων φίλων μέμνησο πρὸς τοὺς παρόν-
τας, ἵνα δοκῇς μηδὲ τούτων ἀπόντων ὀλιγωρεῖν.
27 Εἶναι βούλου τὰ περὶ τὴν ἐσθῆτα φιλόκαλος, ἀλλὰ μὴ
καλλωπιστής. ἔστι δὲ φιλοκάλου μὲν τὸ μεγαλοπρεπές, καλ-
λωπιστοῦ δὲ τὸ περίεργον.
Ἀγάπα τῶν ὑπαρχόντων ἀγαθῶν μὴ τὴν ὑπερβάλλουσαν e
κτῆσιν ἀλλὰ τὴν μετρίαν ἀπόλαυσιν. Καταφρόνει τῶν περὶ
τὸν πλοῦτον σπουδαζόντων μέν, χρῆσθαι δὲ τοῖς ὑπάρχουσι
μὴ δυναμένων· παραπλήσιον γὰρ οἱ τοιοῦτοι πάσχουσιν, ὥσπερ
ἂν εἴ τις ἵππον κτήσαιτο καλὸν κακῶς ἱππεύειν ἐπιστάμενος. 8
28 Πειρῶ τὸν πλοῦτον χρήματα καὶ κτήματα κατασκευάζειν· ἔστι
δὲ χρήματα μὲν τοῖς ἀπολαύειν ἐπισταμένοις, κτήματα δὲ τοῖς

Cic. de amicit. 13, 44 ne exspecte-
mus quidem dum rogemur, studium
semper adsit, cunctatio absit.

26, 1. ὁμοίως αἰσχρόν κ. τ. λ.
Vergl. Xenoph. Mem. 2, 6, 35 ἔ-
γνωκας ἀνδρὸς ἀρετὴν εἶναι νικᾶν
τοὺς μὲν φίλους εὖ ποιοῦντα, τοὺς
δ' ἐχθροὺς κακῶς, und mehr Belege
für diesen Grundsatz griechischer
Moral bei Nägelsbach, Nachhomo-
rische Theologie, p. 247 u. flgd.,
und Stallbaum ad Plat. Phileb.
p. 49 D. — 26, 5. ἀτυχοῦσι —
πράττουσι. Die Participia stehen
hier ohne Artikel, weil weder be-
stimmte einzelne Personen, noch die
ganze Gattung verstanden werden
soll (mit einzelnen, die un-
glücklich sind) [cf. Krit. Anh.].
— 26, 6. παρόντας, nämlich
φίλους.

27, 1. τὰ περὶ τὴν ἐσθ. s. zu
§ 13. — 27, 2. τὸ μεγαλοπρεπές
das Stattliche, τὸ περίεργον
der unnötige Zierrat. —
27, 4 ὑπερβάλλουσαν, nämlich
τὸ μέτρον, was wir im Deutschen
nicht weglassen können, und daher
zur Übersetzung einen intransitiven

Ausdruck wählen. So absolut und
scheinbar intransitiv steht ὑπερβ.
bei Isokr. oft, bald im tadelnden,
bald im guten Sinne: 4, 45. 5, 71.
7, 72. 9, 13, 14. 12, 36, 110, 121,
198. 18, 33. Daher ὑπερβαλλόν-
τως § 28 und 12, 264. Über den
ähnlichen Gebrauch des Mediums
s. zu 9, 41. — 27, 7. παραπλή-
σιον — πάσχουσιν. Vergl. Ep.
4, 8 παραπλήσιον πεπονθώς (ὅμοια
πείσει § 29). 10, 10 (coll. 12, 97.
15, 2.) παραπλήσιον ποιοῦσιν. 15, 14
(coll. 18, 57) ὅμοιον ἐργαζόμενος.
15, 298 ὅμοιον πεποιηκότες. Die
Weglassung eines τι neben dem
substantivisch gebrauchten Adjek-
tiv im Singular scheint in diesen
Phrasen regelmäßig zu sein. — In
ὥσπερ ἄν bezieht sich ἄν auf das
zu supplierende Verbum πάσχοι,
ebenso bei ὥσπερ ἄν 4, 69, 148.
10, 10. 15, 2, 14, 298. 18, 57, und
bei ὅσην περ ἄν 4, 86 (coll. 5, 90.
10, 49), εἰς ὅνπερ ἄν 15, 28, ὅστις
ἄν οὖν 15, 83.
28, 1. χρήματα καὶ κτήματα.
Zu übersetzen: nutzbar und er-
giebig. Über die Zusammenstel-
lung von χρῆμα und κτῆμα, χρῆσις

2*

κτᾶσθαι δυναμένοις. Τίμα τὴν ὑπάρχουσαν οὐσίαν δυοῖν ἕνε-
κεν, τοῦ τε ζημίαν μεγάλην ἐκτῖσαι δύνασθαι, καὶ τοῦ φίλῳ
σπουδαίῳ δυστυχοῦντι βοηθῆσαι. πρὸς δὲ τὸν ἄλλον βίον μη- b
δὲν ὑπερβαλλόντως ἀλλὰ μετρίως αὐτὴν ἀγάπα.

29   Στέργε μὲν τὰ παρόντα, ζήτει δὲ τὰ βελτίω.

Μηδενὶ συμφορὰν ὀνειδίσῃς· κοινὴ γὰρ ἡ τύχη καὶ τὸ
μέλλον ἀόρατον.

   Τοὺς ἀγαθοὺς εὖ ποίει· καλὸς γὰρ θησαυρὸς παρ' ἀν-
δρὶ σπουδαίῳ χάρις ὀφειλομένη. Τοὺς κακοὺς εὖ ποιῶν ὅμοια
πείσει τοῖς τὰς ἀλλοτρίας κύνας σιτίζουσιν· ἐκεῖναί τε γὰρ c
τοὺς διδόντας ὥσπερ τοὺς τυχόντας ὑλακτοῦσιν οἵ τε κακοὶ
30 τοὺς ὠφελοῦντας ὥσπερ τοὺς βλάπτοντας ἀδικοῦσιν. Μίσει

---

und κτῆσις, χρῆσθαι und κτᾶσθαι
s. zu § 16 und Schoemann ad Plut.
Agin 3, 1 und Lobeck Paralip.
p. 58. — 28, 4. ζημίαν — ἐκ-
τῖσαι δύνασθαι. Denn wenig-
stens in Athen waren die zu einer
Geldstrafe Verurteilten bis zur Be-
zahlung mit Atimie belegt und aller
bürgerlichen Rechte beraubt; diese
Atimie ging selbst auf die Nach-
kommen über, wenn die Zahlung
nicht erfolgte. S. Schoemann Attisch.
Prozeſs, S. 743f. (= S. 960 ed. Lipsius.)
29, 1. τὰ παρόντα. Das στέρ-
γειν τὰ παρόντα (Herod. 9, 117.
Plut. Agesil. 19, Anton. 32) oder
τοῖς παροῦσιν (Isokr. 8, 7. Ep. 2, 23)
oder ἐπὶ τοῖς παροῦσιν (Plut. Arat.
40) ist stehende Formel, deren Sinn
Isokr. 8, 23 durch στέργειν ἐφ' οἷς
ἂν ἔχωμεν wiedergiebt. — τὰ βελ-
τίω cf. Krit. Anh. — 29, 2. κοινὴ
γὰρ ἡ τύχη, das Schicksal
kann jeden treffen, wie Menand.
Gnom. monost. 356 (coll. 8 u. 369)
κοινὴ γὰρ τύχη. Meinek. Vergl. auch
Isokr. 4, 55 u. 10, 40 oder Thuk.
5, 102 ἐπιστάμεθα τὰ τῶν πολέμων
ἔστιν ὅτε κοινοτέρας τὰς τύχας λαμ-
βάνοντα (Lys.) 2, 10 τὰς ἐν τῷ πο-
λέμῳ τύχας κοινὰς νομίζοντες, Plut.
Oth. 13 κοινὴν ἡ τύχη παρέχουσα
ἑαυτὴν πᾶσιν. Nik. 27 κοιναὶ αἱ
τύχαι τοῦ πολέμου. κοινός also
im Sinne des Homerischen ὁμοίίος
in den Verbindungen νεῖκος ὁμ.,
πόλεμος ὁμ., γῆρας ὁμ., θάνατος

ὁμοίίος. — 29, 4. καλὸς γὰρ θ.
S. Menand. in d. Gnom. monost.
295 καλὸν τὸ θησαύρισμα κειμένη
χάρις. — παρ' ἀνδρί ist mit
ὀφειλομένη zu verbinden, wie 18,
67 lehrt: ἵνα ἡμῖν παρὰ τῷ πλή-
θει τῶν πολιτῶν χάρις ὀφείλοιτο.
Diese freiere Stellung, bei welcher
etwas zu einem Particip Gehöriges
von diesem durch das mit dem
Particip verbundene Substantiv ge-
trennt wird, ist den Griechen sehr
geläufig, teils so, daſs sie das Sub-
stantiv dem Particip vorangehen
lassen, wie 4, 179 τὴν περὶ ἡμᾶς
ἀτιμίαν γεγενημένην, teils um-
gekehrt, wie Demosth. 18, 176 τὸν
ἐφεστηκότα κίνδυνον τῇ πόλει δια-
λύσειν. Über den ersten Fall vergl.
Maetzner ad Dinarch. p. 106, und
besonders Weber ad Demosth. Ari-
stocrat. p. 395 sqq., über den zweiten
Foertsch Observ. in Lys. p. 38 und
Schoemann ad Isae. p. 188. — 29, 6.
τὰς ἀλλοτρίας. Der Artikel steht,
weil das Gesagte auf die ganze
Gattung ausgedehnt werden soll.
— Während übrigens hier bei κύων
das Gattungsgenus das Femininum
ist, heiſst es 15, 211 οἱ κύνες. Aber
ebenso wechselt das genus bei βοῦς
6, 19 (coll. 10, 24) u. 7, 29 u. bei
Xenoph. Anab. 1, 5, 3 (στρουθὸς)
φεύγουσα nach voraufgegangenem
στρουθοὶ μεγάλοι, auch Herod. 2, 67
hat zweimal αἱ κύνες zur Bezeich-
nung der Gattung.

τοὺς κολακεύοντας ὥσπερ τοὺς ἐξαπατῶντας· ἀμφότεροι γὰρ πι-
στευθέντες τοὺς πιστεύσαντας ἀδικοῦσιν. Ἐὰν ἀποδέχῃ τῶν
φίλων τοὺς πρὸς τὸ φαυλότατον χαριζομένους, οὐχ ἕξεις ἐν τῷ
βίῳ τοὺς πρὸς τὸ βέλτιστον ἀπεχθανομένους. Γίγνου πρὸς τοὺς
πλησιάζοντας ὁμιλητικὸς ἀλλὰ μὴ σεμνός· τὸν μὲν γὰρ τῶν d
ὑπεροπτικῶν ὄγκον μόλις ἂν οἱ δοῦλοι καρτερήσειαν, τὸν δὲ
31 τῶν ὁμιλητικῶν τρόπον ἅπαντες ἡδέως ὑποφέρουσιν. ὁμιλητι-
κὸς δ' ἔσει μὴ δύσερις ὢν μηδὲ δυσάρεστος μηδὲ πρὸς πάντα
φιλόνικος, μηδὲ πρὸς τὰς τῶν πλησιαζόντων ὀργὰς τραχέως
ἀπαντῶν, μηδ' ἂν ἀδίκως ὀργιζόμενοι τυγχάνωσιν, ἀλλὰ θυ-
μουμένοις μὲν αὐτοῖς εἴκων, πεπαυμένοις δὲ τῆς ὀργῆς ἐπι- e
πλήττων· μηδὲ παρὰ τὰ γελοῖα σπουδάζων, μηδὲ παρὰ τὰ σπου-
δαῖα τοῖς γελοίοις χαίρων (τὸ γὰρ ἄκαιρον πανταχοῦ λυπηρόν)·
μηδὲ τὰς χάριτας ἀχαρίστως χαριζόμενος, ὅπερ πάσχουσιν οἱ
πολλοί, ποιοῦντες μέν, ἀηδῶς δὲ τοῖς φίλοις ὑπουργοῦντες·

30, 2. πιστευθέντες, wenn
man ihnen vertraut. Der im
Griechischen so häufige, im Latei-
nischen so seltene (cf Müller im
Philol. IX (1854) p.626 ff.) Gebrauch,
ein persönliches Passiv auch von
solchen Verben zu bilden, welche
im Aktiv das Objekt im Genetiv
oder Dativ bei sich haben, zeigt
sich auch bei πιστεύειν sehr oft.
Vergl. 17, 40 ἵνα πιστευθείην ὑπ'
ἐκείνου. 3, 46. 8, 76. 9, 19. Ebenso
ἀπιστοῦνται 5, 49, ἀμελουμένης Χερ-
ρονήσου 15, 112, εἴ τις παρημελήθη
4, 93, ἐπιβουλευόμενοι 4, 148 (coll.
10, 37), οἱ ἀρχόμενοι „die Unter-
thanen" 2, 31. 3, 38. 8, 91. 15, 70,
οἱ βασιλευόμενοι 3, 24 u. s. w. cf.
Kuehner Gr. Gr. II. § 378. 7. —
30, 4. πρὸς τὸ φαυλότατον, das
du zu thun im Begriff bist. — 30, 5
τοὺς πρὸς τὸ β. ἀπεχθ., die,
ohne deinen Hafs zu fürchten, dir
das Beste anraten. χαριζομένους —
ἀπεχθανομένους cf. Isokr. Ep. 9, 12
ἀπεχθέσθαι — χαρίσασθαι. — 30, 7.
καρτερήσειαν. Die Konstruktion
mit dem blofsen Akkusativ, die
andere öfter haben, ist dem Isokr.
selbst nicht geläufig, der ἐπί τινι
(6, 48) oder ἔν τινι (2, 32 u. 3, 39)
vorzieht.
31, 2. πρὸς πάντα φιλόνικος,

in allem nach dem Vorrang strebst.
[cf. Krit. Anh.] — 31, 3. πρὸς
τὰς — ὀργάς. Die Struktur ἀπαν-
τᾶν πρός τι auch 4, 86 u. 90. --
31, 6. παρὰ τὰ γελοῖα, bei
spafshaften Dingen, wie nach-
her im entgegengesetzten Sinne
παρὰ τὰ σπουδαῖα. παρά mit dem
Akkusativ dessen, neben dem etwas
zeitlich herläuft, auch 3, 24. 4, 148.
15, 48 u. sonst. Vergl. Schoemann
ad Plut. Cleom. 2, 3. — 31, 8.
χάριτας — χαριζόμενος, in-
dem du Gefälligkeiten erwei-
sest, eine bei Isokr. nicht vor-
kommende Verbindung, die aber bei
anderen Rednern sich findet. S.
Maetzner ad Lykurg. Leokrat. p. 246.
Ähnlich Aischyl. Prom. v. 635 Dind.
χάριν ὑπουργεῖν, welches Verbum
hier im folgenden das χάριτας χαρί-
ζεσθαι wieder aufnimmt. — ἀχα-
ρίστως, in unfreundlicher
Weise, also mit einer anderen
Bedeutung, wie das dabenstehende
stammverwandte χάρις, worüber zu
4, 110. — 31, 9. ποιοῦντες μέν,
ἀηδῶς δὲ τ. φ. ὑπ., ihren
Freunden zwar Dienste er-
weisen, aber es in unfreund-
licher Weise thun. Vergl. zu
4, 59 οὐ γὰρ παρὰ μικρὸν ἐποίη-
σαν, ἀλλὰ τοσοῦτον τὰς τύχας

μηδὲ φιλαίτιος ὤν, βαρὺ γάρ, μηδὲ φιλεπιτιμητής, παροξυν- 9
τικὸν γάρ.

32 Μάλιστα μὲν εὐλαβοῦ τὰς ἐν τοῖς πότοις συνουσίας· ἐὰν
δέ ποτέ σοι συμπέσῃ καιρός, ἐξανίστασο πρὸ μέθης· ὅταν γὰρ
ὁ νοῦς ὑπ᾽ οἴνου διαφθαρῇ, ταὐτὰ πάσχει τοῖς ἅρμασι τοῖς
τοὺς ἡνιόχους ἀποβαλοῦσιν· ἐκεῖνά τε γὰρ ἀτάκτως φέρεται
διαμαρτόντα τῶν εὐθυνούντων, ἥ τε ψυχὴ πολλὰ σφάλλεται b
διαφθαρείσης τῆς διανοίας.

Ἀθάνατα μὲν φρόνει τῷ μεγαλόψυχος εἶναι, θνητὰ δὲ τῷ
συμμέτρως τῶν ὑπαρχόντων ἀπολαύειν.

33 Ἡγοῦ τὴν παιδείαν τοσούτῳ μεῖζον ἀγαθὸν εἶναι τῆς ἀπαι-
δευσίας, ὅσῳ τὰ μὲν ἄλλα μοχθηρὰ πάντες κερδαίνοντες πράτ-
τουσιν, αὕτη δὲ μόνη καὶ προσεζημίωσε τοὺς ἔχοντας· πολλάκις

ἑκατέρων μετήλλαξαν. — 31, 10.
φιλαίτιος, gern Anklagen er-
hebend, stärker als φιλεπιτι-
μητής, gern tadelnd.

32, 4. ἀποβαλοῦσιν ist nicht
sowohl „abwarfen", als verloren,
indem als Subjekt wie oft das die
Handlung veranlassende (ἅρματα),
nicht das sie wirklich vollbringende
(der Ungestüm der Pferde) gesetzt
ist. In solchen Fällen genügt im
Deutschen meist ein „lassen" hinzu-
zusetzen, bisweilen aber sind wir
genötigt, ein anderes Verbum zu
substituieren, wie sehr gewöhnlich
ἀποβάλλειν und ἀπολλύναι durch
verlieren zu übersetzen sind. —
32, 5 διαμαρτάνειν, beraubt
werden, um etwas kommen, wie 12,11
τοῦ πολιτεύεσθαι διήμαρτον, 4, 93
(coll. 12, 115) τῶν ἐλπίδων διη-
μαρτηκότες, 1, 45 (coll. 10, 41. 12,
75) τῆς δόξης διαμαρτάνειν, und
öfter. — 32, 5. τῶν εὐθυνούν-
των, derer, die sie lenken
sollten. — 32, 7. ἀθάνατα φρό-
νει, denke wie ein Unsterb-
licher. — μεγαλόψυχος, nicht
— ψυχον, denn Praedikate und At-
tribute neben einem substantivierten
Infinitiv stehen, wenn dieser nicht
sein besonderes Subjekt im Akkusa-
tiv neben sich hat, regelmäßig in
dem Kasus desjenigen Wortes im

Hauptsatze, worauf sie sich beziehen
und das zugleich als Subjekt zum
Infinitiv zu denken ist. Vergl.
6, 7 ἠγωνιζόμεθα — ὑπὲρ τοῖ μὴ
ποιεῖν αὐτοὶ τὸ προσταττόμενον,
12, 257 τῆς τιμῆς ταύτης ἔτυχον
— διὰ τὸ μάχας ποιησάμενοι
πλείστας — μηδεμίαν ἡττηθῆναι.
16, 9 πρόνοιαν ἔσχεν ὑπὲρ τοῦ
μηδὲ φεύγων μηδὲν ἐξαμαρτεῖν,
und sonst. — Vergl. mit dem In-
halt des § Theogn. 479 ff.: ὃς δ᾽ ἂν
ὑπερβάλλῃ πόσιος μέτρον, οὐκέτι κεῖ-
νος | τῆς αὐτοῦ γλώσσης καρ-
τερὸς οὐδὲ νόου | μυθεῖται ἀπά-
λαμνα — ὅταν μεθύῃ | τὸ πρὶν ἐὼν
σωφρῶν, τότε νήπιος· ἀλλὰ σὺ
ταῦτα | γιγνώσκων, μὴ πῖν᾽ οἶνον
ὑπερβολάδην, | ἀλλ᾽ ἢ πρὶν
μεθύειν ὑπανίστασο.

33, 1. τοσούτῳ — ὅσῳ. s. zu § 4.
— 33, 2. τὰ μὲν ἄλλα μοχθηρά,
was sonst, außer der παιδεία, müh-
sam erworben wird. — 33, 3. αὕτη,
nämlich die παιδεία. — καὶ προσ-
εξημ., schon auch noch in
Kosten gesetzt hat. Über den
Aorist. s. zu § 6. Dasjenige muß
wertvoll sein, nach dem man strebt,
obwohl man weiß, daß sein Besitz
oft pekuniären Verlust bringt. —
πολλάκις γὰρ κ. τ. λ. Wo der
Gebildete sieht, daß er unabsicht-
lich durch Reden verletzt hat, sucht

γὰρ ὦν τοῖς λόγοις ἐλύπησαν, τούτων τοῖς ἔργοις τὴν τι-
μωρίαν ἔδοσαν.

Οὓς ἂν βούλῃ ποιήσασθαι φίλους, ἀγαθόν τι λέγε περὶ c
αὐτῶν πρὸς τοὺς ἀπαγγέλλοντας· ἀρχὴ γὰρ φιλίας μὲν ἔπαι-
νος, ἔχθρας δὲ ψόγος.

34 Βουλευόμενος παραδείγματα ποιοῦ τὰ παρεληλυθότα τῶν
μελλόντων· τὸ γὰρ ἀφανὲς ἐκ τοῦ φανεροῦ ταχίστην ἔχει τὴν
διάγνωσιν. Βουλεύου μὲν βραδέως, ἐπιτέλει δὲ ταχέως τὰ δό-
ξαντα. Ἡγοῦ κράτιστον εἶναι παρὰ μὲν τῶν θεῶν εὐτυχίαν,
παρὰ δ' ἡμῶν αὐτῶν εὐβουλίαν. Περὶ ὧν ἂν αἰσχύνῃ παρρη- d
σιάσασθαι, βούλῃ δέ τισι τῶν φίλων ἀνακοινώσασθαι, χρῶ
τοῖς λόγοις ὡς περὶ ἀλλοτρίου του πράγματος· οὕτω γὰρ τὴν
ἐκείνων τε διάνοιαν αἰσθήσει καὶ σεαυτὸν οὐ καταφανῆ ποι-

---

er mit Aufopferung Genugthuung
zu geben. — 33, 4. ὧν — ἐλύ-
πησαν, für die Kränkungen. Nach
dem attrahierten Relativ folgt noch
das Demonstrativ τούτων, wie oft.
Vergl. 18, 64 εἰ ἴδοιτε — ἐμὲ —
ἐξ ὧν ὑπέλιπον λῃτουργῶν, καὶ τού-
των ἐκπεπτωκότα. Xenoph. Kyrop.
1, 6, 11 ὧν νῦν λέγονται λήψεσθαι,
οὐδείς ἐμοὶ τούτων χάριν εἴσεται,
u. sonst. — 33, 6. περὶ αὐτῶν.
So steht αὐτός bei anderen sehr
häufig nach einem Relativsatze, um
den durch das Relativ bezeichneten
Begriff wieder aufzunehmen, wobei
αὐτός ohne allen Nachdruck bleibt
und darum nie in erster Stelle steht,
durch beides von dem in gleicher
Weise oft erscheinenden οὗτος sich
unterscheidend. S. Xenoph. Anab. 6,
2, 9 οὓς δὲ μὴ εὑρισκον, κενοτάφιον
αὐτοῖς ἐποίησαν, id. Hellen. 1, 7,
35 οἵτινες τὸν δῆμον ἐξηπάτησαν,
προβολὰς αὐτῶν εἶναι, und andere
Beispiele bei Foertsch Observ. in
Lysiam p. 74 sq., Maetzner ad Antiph.
p. 254 u. ad Lycurg. p. 307, Krueger
zu Xenoph. Anab. 1, 9, 29. Bei
Isokr. findet sich dieser Gebrauch
sonst nicht (doch vergl. zu 7, 62).
Der entgegengesetzte Fall, dafs
αὐτός einem Relativsatz voraus-
geht, findet sich 10, 9 ἐξὸν ἐν αὐ-
τοῖς οἷς ἐπαγγέλλονται τὴν ἐπίδειξιν
ποιεῖσθαι, und 12, 39, wo αὐτός
— αὐτὸς οὗτος, wie ipse oft — is

ipse, z. B. Caes. de bell. civ. 3, 20, 4
ipsis, ad quorum commodum pertine-
bat, durior inventus est, und andere
bei Madvig ad Cic. de finib. 2,
28, 93 (p. 297 ed.²). — 33, 7.
ἀπαγγέλλοντας. [cf. Krit. Anh.].
Über d. Praes. statt des Fut. s. zu
§ 44.
34, 2. ἔχει τὴν διάγνωσιν
läfst sich erkennen. ἔχειν mit
dem Akkus. dessen, was als Folge
mit etwas anderem verbunden ist (in
seinem Gefolge haben), ist seit Hom.
sehr gewöhnlich. Vergl. Il. 11, 271
εἰλείθυιαι — πικρὰς ὠδῖνας ἔχου-
σαι. So ἡδονὰς ἔχειν 7, 43, φθόνον
καὶ δυσμένειαν καὶ βλασφημίας ἔχ.
5, 68 und ἔχειν ἀπιστίαν, ὑποψίαν,
ἔλεον, ὄψιν etc. Vergl. Frohberger
zu Lys. 12, 31. Ebenso habere, z. B.
Cicero ad famil. 5, 12, 18 habet prae-
teriti doloris secura recordatio delec-
tationem. (cf. Schoemann zu Cic. de
nat. deor. 1, 6, 12 u. Kritz ad Sal-
lust. Catil. 11, 3). Die Ansicht
Älterer, ἔχειν sei hier = παρέχειν,
ist durch Hermann bei Schaefer ad
Gregor. Corinth. p. 863 beseitigt. —
Mit τὸ γὰρ ἀφανὲς κ. τ. λ. vergl.
Theobul. bei Stobai. Flor. 3, 31 τὰ
ἀφανῆ τοῖς φανεροῖς τεκμαίρου und
mit dem folg. βουλεύου κ. τ. λ.
Bias l. c. 30 βραδέως ἐγχείρει τοῖς
πραττομένοις, ἐγχειρήσας δὲ πράττε
βεβαίως. — 34, 7. ἀλλοτρίου του
πράγματος cf. Krit. Anh.

35 ἥσεις. Ὅταν ὑπὲρ τῶν σεαυτοῦ μέλλῃς τινὶ συμβούλῳ χρῆσθαι,
σκόπει πρῶτον πῶς τὰ ἑαυτοῦ διῴκησεν· ὁ γὰρ κακῶς διανο-
ηθεὶς περὶ τῶν οἰκείων οὐδέποτε καλῶς βουλεύσεται περὶ τῶν
ἀλλοτρίων. Οὕτω δ᾽ ἂν μάλιστα βουλεύεσθαι παροξυνθείης, e
εἰ τὰς συμφορὰς τὰς ἐκ τῆς ἀβουλίας ἐπιβλέψειας· καὶ γὰρ τῆς
ὑγιείας πλείστην ἐπιμέλειαν ἔχομεν, ὅταν τὰς λύπας τὰς ἐκ τῆς
ἀρρωστίας ἀναμνησθῶμεν.

36 Μιμοῦ τὰ τῶν βασιλέων ἤθη καὶ δίωκε τὰ ἐκείνων ἐπιτη- 10
δεύματα· δόξεις γὰρ αὐτοὺς ἀποδέχεσθαι καὶ ζηλοῦν, ὥστε
σοι συμβήσεται παρά τε τῷ πλήθει μᾶλλον εὐδοκιμεῖν καὶ τὴν
παρ᾽ ἐκείνων εὔνοιαν βεβαιοτέραν ἔχειν. Πείθου μὲν καὶ τοῖς
νόμοις τοῖς ὑπὸ τῶν βασιλέων κειμένοις, ἰσχυρότατον μέντοι

35, 1. Mit ὑπὲρ τῶν σεαυτοῦ
συμβούλῳ χρ. wechselt nachher
περὶ τῶν οἰκείων βουλεύσεται,
in gleicher Weise wie bei anderen
(cf. Weber ad Demosth. Aristocrat.
p. 129) u. bei Isokr. 12, 82 δοκεῖν
ἄμεινον ὑπὲρ τῆς τῶν ἄλλων βου-
λεύεσθαι σωτηρίας ἢ τοὺς ἄλλους
περὶ σφῶν αὐτῶν, u. Ep. 2, 2 εἰ
περὶ μὲν τῶν ἧττον ἀναγκαίων φαι-
νοίμην σοι συμβεβουλευκώς, ὑπὲρ
δὲ τῶν μᾶλλον κατεπειγόντων μη-
δένα λόγον ποιοίμην, und sonst
bei verbis dicendi, 12, 34. 15, 3,
176, 280. Überall kann hier ὑπέρ
τινος bedeuten „im Interesse von
etwas" und man braucht nicht ὑπέρ
ohne weiteres mit περί (de) zu iden-
tificieren. Doch zeigt 11, 37 ἀπολύ-
σασθαι τὴν ὑπὲρ ἐκείνου διαβολήν,
daſs schon Isokr. wie hie und da
andere Ältere (Sauppe ad Demosth.
Oration. select. I. p. 2) ὑπέρ einfach
für περί, de, gebrauchte, was bei
Späteren viel häufiger wurde. cf.
Sintenis ad Plut. Themist. c. 16 u.
Rehdantz Demosth. Ind.² s. v. ὑπέρ.
— 35, 5. καὶ γάρ. S. zu § 16.
36, 1. δίωκε, bleibe hinter
ihren Bestrebungen nicht zu-
rück. διώκειν ist hier, wie oft con-
sectari, synonym mit μιμεῖσθαι. —
Über ἐκείνων — αὐτούς s. zu § 25.
— 36, 4. βεβαιοτέραν, daſs das
Wohlwollen, welches dir von seiten
jener zuteil wird, ein dauernderes
ist [cf. Krit. Anh.]. Mag das Ob-

jekt ein persönliches oder ein
sächliches sein, in beiden Fällen
kann das Adjektiv wie das Adverb
stehen, jenes, wenn der Grund der
βεβαιότης in dem Objekte liegt,
dieses, wenn sie bedingt ist durch
die Handlungsweise des Subjektes.
Ich werde sagen: κτήματα βεβαίως
ἔχω, wenn ich sie unter sicherem
Verschlusse halte, daſs sie mir nicht
geraubt werden können, dagegen
κτήματα βέβαια ἔχω, wenn sie der
Art sind, daſs sie mir überhaupt
nicht geraubt werden können, also
etwa in ἀρετή, σοφία u. s. w. be-
stehen. So sagt Thuk. 1, 32, 1 δί-
καιον τοὺς ἐπικουρίας δεησομένους
ἀναδιδάξαι, ὡς καὶ τὴν χάριν βέ-
βαιον ἕξουσιν, u. 6, 10, 2 οἴεσθε
ἴσως τὰς γενομένας ὑμῖν σπονδὰς
ἔχειν τι βέβαιον. Ähnlich Demosth.
2, 10 δύναμιν βεβαίαν κτήσασθαι,
dagegen Plut. de amicor. mult. 1
μηδέπω μίαν φιλίαν κεκτημένοι
βεβαίως und Plut. Philop. 5 τὴν
πόλιν ἔχειν βεβαιότερον. Isokr. 4,
173 εἰρήνην βεβαίαν ἀγαγεῖν, da-
gegen 6, 39 (coll. 8, 71) βεβαίως
τὴν εἰρήνην ἄξομεν u. 15, 28 βε-
βαιότερον ταύτην ἕξειν τὴν διάνοιαν.
— 36, 5. κειμένοις = τεθειμέ-
νοις, daher ὑπὸ τῶν βασιλέων.
Vergl. Xenoph. Mem. 4, 4, 21 ὑπὸ
τῶν θεῶν κειμένους νόμους, De-
mosth. 24, 62 ὑφ᾽ ἑαυτοῦ κειμένῳ
νόμῳ, Isai. 3, 32 εἴ τις ᾔδει τοῦθ᾽
ὑπὸ τοῦ πατρὸς κείμενον (ὄνομα)

νόμον ἡγοῦ τὸν ἐκείνων τρόπον. ὥσπερ γὰρ τὸν ἐν δημοκρα-
τίᾳ πολιτευόμενον τὸ πλῆθος δεῖ θεραπεύειν, οὕτω καὶ τὸν ἐν b
μοναρχίᾳ κατοικοῦντα τὸν βασιλέα προσήκει θαυμάζειν.

37   Εἰς ἀρχὴν κατασταθεὶς μηδενὶ χρῶ πονηρῷ πρὸς τὰς διοι-
κήσεις· ὧν γὰρ ἂν ἐκεῖνος ἁμάρτῃ, σοὶ τὰς αἰτίας ἀναθήσου-
σιν. Ἐκ τῶν κοινῶν ἐπιμελειῶν ἀπαλλάττου μὴ πλουσιώτερος
ἀλλ' ἐνδοξότερος· πολλῶν γὰρ χρημάτων κρείττων ὁ παρὰ τοῦ c
πλήθους ἔπαινος.

Μηδενὶ πονηρῷ πράγματι μήτε παρίστασο μήτε συνηγόρει·
δόξεις γὰρ καὶ αὐτὸς τοιαῦτα πράττειν, οἷάπερ ἂν τοῖς ἄλλοις
πράττουσι βοηθῇς.

38   Παρασκεύαζε σεαυτὸν πλεονεκτεῖν μὲν δύνασθαι, ἀνέχου
δὲ τὸ ἴσον ἔχων, ἵνα δοκῇς ὀρέγεσθαι τῆς δικαιοσύνης μὴ δι'

ταύτῃ. Isokr. 4, 168 ἐπὶ ταῖς συμ-
φοραῖς ταῖς ὑπὸ τῶν ποιητῶν συγκει-
μέναις. Iu gleicher Weise steht
κεῖσθαι regelmäfsig zur Vertretung
des fast nur im medialen Sinne in
der Komposition mit Praepositionen
vorkommenden Perf. Pass. von
τίθημι. — 36, 6. ὥσπερ κ. τ. λ.
Vergl. 15, 70 τοῖς ἐν δημοκρατίᾳ
πολιτευομένοις σφόδρ' ἂν παρα-
κελευσαίμην τὸ πλῆθος θεραπεύ-
ειν. — 36, 7. πολιτεύεσθαι ist
bald allgemein „ein Staatsbürger
sein", wie 10, 34 (ἐξ ἴσου πολι-
τεύεσθαι). 12, 200 (ἐν ὀλιγαρχίᾳ
πολιτεύεσθαι). 2, 3. 7, 41. 8, 49.
12, 151. 15, 24, 144, 159. Ep. 9, 9,
— bald „ein Staatsmann sein", wie
5, 81, 140. 8, 81. 13, 14. 15, 132, 231.
Ep. 8, 7. — θεραπεύειν, hul-
digen, wie τὸ πλῆθος θεραπεύειν
2, 16, τὴν δύναμιν 15, 70, τὴν πό-
λιν θ. Ep. 2, 19, τοὺς πολεμίους 4,
152, τὸν βασιλέα 5, 104. Über θαυ-
μάζειν vergl. zu § 10.
37, 1. κατασταθείς. vergl. 12,
145 καθίστασαν ἐπὶ τὰς ἀρχάς. 12,
132 ἐπὶ τὰς ἀρχὰς καθιστάναι. 8,
50 ἐπὶ τὰ μέγιστα τῶν πραγμάτων
καθίσταμεν. 3, 31 εἰς τὴν ἀρχὴν
καθισταίμην. 2, 4 εἰς τὴν ἀρχὴν κα-
τασταῶσιν. 4, 35 στρατηγοὶ κατα-
στάν-
τες. Daher κατάστασις 3, 55. 7, 23.
— 37, 2. τὰς αἰτίας ἀναθήσου-
σιν hier im bösen Sinne, dagegen
im guten 8, 188. 12, 87 u. Ep. 2,

21. — 37, 7. οἷάπερ ἂν κ. τ. λ.,
wie die anderen handeln,
denen du dabei behilflich
bist. [cf. Krit. Anh.]. Der Kasus
des relativen Pronomens, der sich
nach dem Verbum des relativen
Satzes selbst bestimmen sollte (hier
ἐν οἷαις), bestimmt sich oft nach
einem in den relativen Satz ein-
geschobenen Particip (hier πράτ-
τουσι). Vergl. 3, 52 τὰς πράξεις —
νομίζετε πονηρὰς μέν, ἃς πράττον-
τες λανθάνειν ἐμὲ βούλεσθε, χρη-
στὰς δέ, περὶ ὧν ἐγὼ μέλλω πυ-
θόμενος βελτίους ὑμᾶς νομιεῖν.
6, 66 τοὺς νόμους, μεθ' ὧν οἰκοῦν-
τες εὐδαιμονέστατοι τῶν Ἑλλήνων
ἦσαν. Vergl. Stallbaum ad Plat.
Gorg. p. 492 B. Seltener ist diese
Verschränkung, wenn statt eines
Particips ein ganzer Satz einge-
schoben ist, wie 2, 54 τοιαύτας,
αἷς κἂν σφόδρα χρῇ, — οὐ κατα-
τρίψεις.
38, 1. δύνασθαι cf. Krit. Anh.
— 38, 2. τὸ ἴσον ἔχειν, ande-
ren gleich stehen, wie πλεο-
νεκτεῖν, vor anderen etwas
voraushaben. Vergl. Xenoph.
Kyr. 2, 2, 20 ὥστε μὴ ἴσων ἕκαστον
τυγχάνειν, ἀλλὰ τοὺς κρατίστους
καὶ τιμαῖς καὶ δώροις πλεονεκ-
τεῖν. Isokr. 17, 57 οὐ μόνον ἴσον,
ἀλλὰ καὶ πλέον ἔχοντες ἀπέρχεσθε,
coll. 21, 15. Des Artikels wegen,
der sonst in der Formel ἴσον ἔχειν

ἀσθένειαν ἀλλὰ δι' ἐπιείκειαν. Μᾶλλον ἀποδέχου δικαίαν πε- d
νίαν ἢ πλοῦτον ἄδικον· τοσούτῳ γὰρ κρείττων δικαιοσύνη χρη-
μάτων, ὅσῳ τὰ μὲν ζῶντας μόνον ὠφελεῖ, τὸ δὲ καὶ τελευτή-
σασι δόξαν παρασκευάζει, κἀκείνων μὲν τοῖς φαύλοις μέτεστιν,
39 τούτου δὲ τοῖς μοχθηροῖς ἀδύνατον μεταλαβεῖν. Μηδένα ζήλου
τῶν ἐξ ἀδικίας κερδαινόντων, ἀλλὰ μᾶλλον ἀποδέχου τοὺς μετὰ
δικαιοσύνης ζημιωθέντας· οἱ γὰρ δίκαιοι τῶν ἀδίκων εἰ μηδὲν
ἄλλο πλεονεκτοῦσιν, ἀλλ' οὖν ἐλπίσι γε σπουδαίαις ὑπερέ- e
χουσιν.

40   Πάντων μὲν ἐπιμελοῦ τῶν περὶ τὸν βίον, μάλιστα δὲ τὴν
σαυτοῦ φρόνησιν ἄσκει· μέγιστον γὰρ ἐν ἐλαχίστῳ νοῦς ἀγαθὸς
ἐν ἀνθρώπου σώματι. Πειρῶ τῷ σώματι μὲν εἶναι φιλόπονος, 11
τῇ δὲ ψυχῇ φιλόσοφος, ἵνα τῷ μὲν ἐπιτελεῖν δύνῃ τὰ δόξαντα,
τῇ δὲ προορᾶν ἐπίστῃ τὰ συμφέροντα.

41   Πᾶν ὅ τι ἂν μέλλῃς ἐρεῖν, πρότερον ἐπισκόπει τῇ γνώμῃ·
πολλοῖς γὰρ ἡ γλῶττα προτρέχει τῆς διανοίας. δύο ποιοῦ και- b
ροὺς τοῦ λέγειν, ἢ περὶ ὧν οἶσθα σαφῶς, ἢ περὶ ὧν ἀναγκαῖον

zu fehlen pflegt [cf. Krit. Anh.]
(7, 69. 12, 179. 14, 20. 18, 23),
vergl. noch 18, 50 οὐκ ἀγαπᾷ τῶν
ἴσων τυγχάνειν τοῖς ἄλλοις, ἀλλὰ
ζητεῖ πλέον ἔχειν ἡμῶν und Froh-
berger Anh. zu Lys. 12, 35. — 38, 4.
τοσούτῳ — ὅσῳ, s. zu § 4. —
38, 5. τὸ δὲ — τούτου. Das Neu-
trum bezieht sich auf δικαιοσύνη
als eine Sache, ein Ding an und für
sich, ohne Rücksicht auf seine be-
sondere grammatische Form. So
Solon. fr. 16 (poet. lyr.⁴ Bergk.) οὐ
διαμειψόμεθα |- τῆς ἀρετῆς τὸν
πλοῦτον, ἐπεὶ τὸ μὲν ἔμπεδον
αἰεί, | χρήματα δ' ἀνθρώπων ἄλλοτε
ἄλλος ἔχει. Plato Theaet. p. 176 B
οὐχ ὧν ἕνεκα οἱ πολλοί φασι δεῖν
πονηρίαν μὲν φεύγειν, ἀρετὴν
δὲ διώκειν, τούτων χάριν τὸ μὲν
ἐπιτηδευτέον, τὸ δ' οὔ. So geht
bei Hom. Od. 9, 359, auf οἶνος ein
τόδε, ibid. 12, 75 auf νεφέλη ein
τὸ μέν, bei Herod. 4, 23, 2 auf
καρπός ein τοῦτο. cf. Maetzner ad
Antiph. p. 201. Auch auf einen
Plural geht τοῦτο Isokr. 10, 42 οὐ
πρὸς τὰς ἡδονάς, καίτοι καὶ τοῦτο
τοῖς εὐφρονοῦσι πολλῶν αἱρετώτερόν

ἐστιν, ἀλλ' ὅμως οὐκ ἐπὶ τοῦθ'
ὥρμησεν und 4, 49 τοῦτο auf τὰ λε-
γόμενα. Vergl. Stallbaum ad Plat.
Phileb. p. 28 A, Rehdantz Demosth.
Ind.² s. Neutrum.

39, 4. ἐλπίσι σπουδαίαις.
Vergl. 8, 34 ὁρῶ — τοὺς μετ' εὐσε-
βείας καὶ δικαιοσύνης ζῶντας —
περὶ τοῦ σύμπαντος αἰῶνος ἡδίους
τὰς ἐλπίδας ἔχοντας, coll. 4, 28. So
bezeichnet καλὴ ἐλπίς oft spem futu-
rae (aeternae) beatitudinis ex bona
conscientia ortam, wie Wyttenbach
Epist. crit. ad Ruhnk. p. 252 Lips.
erklärt und mit Beispielen belegt.

40, 2. μέγιστον κ. τ. λ. Vergl.
Stobai. Flor. 3, 56 Περίανδρος
ἐρωτηθείς, τί μέγιστον ἐν
ἐλαχίστῳ, εἶπε, φρένες ἀγα-
θαὶ ἐν σώματι ἀνθρώπου. —
40, 3. τῷ σώματι μὲν εἶναι. cf.
Krit. Anh. u. s. zu 7, 44. — 40, 4.
φιλόσοφος, ein Freund von wissen-
schaftlichen Forschungen. S. zu § 3.

41, 2. προτρέχει. Vergl. Cheilon
bei Stobai. Flor. 3, 79, 3 ἡ γλῶσσά
σου μὴ προτρεχέτω τοῦ νοῦ. —
41, 3. λέγειν — εἰπεῖν. S. zu

εἰπεῖν. ἐν τούτοις γὰρ μόνοις ὁ λόγος τῆς σιγῆς κρείττων, ἐν δὲ τοῖς ἄλλοις ἄμεινον σιγᾶν ἢ λέγειν.

42 Νόμιζε μηδὲν εἶναι τῶν ἀνθρωπίνων βέβαιον· οὕτω γὰρ οὔτ' εὐτυχῶν ἔσει περιχαρὴς οὔτε δυστυχῶν περίλυπος. Χαῖρε μὲν ἐπὶ τοῖς συμβαίνουσι τῶν ἀγαθῶν, λυποῦ δὲ μετρίως ἐπὶ τοῖς γιγνομένοις τῶν κακῶν, γίγνου δὲ τοῖς ἄλλοις μηδ' ἐν ἑτέροις ὢν κατάδηλος· ἄτοπον γὰρ τὴν μὲν οὐσίαν ἐν ταῖς οἰκίαις ἀποκρύπτειν, τὴν δὲ διάνοιαν φανερὰν ἔχοντα περιπα-
43 τεῖν. Μᾶλλον εὐλαβοῦ ψόγον ἢ κίνδυνον· δεῖ γὰρ εἶναι φοβε- c ρὰν τοῖς μὲν φαύλοις τὴν τοῦ βίου τελευτήν, τοῖς δὲ σπουδαί-οις τὴν ἐν τῷ ζῆν ἀδοξίαν. Μάλιστα μὲν πειρῶ ζῆν κατὰ τὴν ἀσφάλειαν· ἐὰν δέ ποτέ σοι συμβῇ κινδυνεύειν, ζήτει τὴν ἐκ τοῦ πολέμου σωτηρίαν μετὰ καλῆς δόξης, ἀλλὰ μὴ μετ' αἰσχρᾶς φήμης· τὸ μὲν γὰρ τελευτῆσαι πάντων ἡ πεπρωμένη

4, 10. — 41, 4. σιγῆς κρείττων, vergl. Dionys. trag. fr. 6 Nauck (— Eurip. fr. inc. 183 Dind.) ἢ λέγε τι σιγῆς κρεῖσσον ἢ σιγὴν ἔχε. 42, 3. τοῖς συμβαίνουσι τῶν ἀγαθῶν, was an Glück dir zu-fällt. Steht das Attribut mit sei-nem Nomen nicht in gleichem Kasus, sondern dieses neben jenem im Ge-net. partitiv., so wird das Attribut nicht der ganzen Gattung, sondern nur einzelnen Individuen derselben beigelegt. Vergl. 20, 16 δεῖ περὶ πλείστου ποιεῖσθαι ταύτας τῶν δι-κῶν, wie denn Isokr. mit Vorliebe in diesem Falle den Genetiv ge-braucht und z. B. abweichend von anderen zu sagen liebt τῶν ἀνδρῶν (ἀνθρώπων) οἱ καλοὶ κἀγαθοί, 4, 78, 95. 8, 133. 9, 74. 12, 183. 15, 316. — 42, 4. μηδ' ἐν ἑτέ-ροις, stärker als ἐν μηδετέροις. S. Krit. Anh. zu 9, 47. — 42, 6. ἀποκρύπτειν, den Blicken an-derer entziehen. — τὴν δὲ διάνοιαν κ. τ. λ., mit offen zur Schau getragenen Gedanken. Das Antlitz soll nicht verraten, dafs man sich selbst sagt, man sei glück-lich oder unglücklich. 43, 2. βίου τελευτήν. Der Tod kann aus dem κίνδυνος hervorgehen. — 43, 3. κατὰ τὴν ἀσφάλειαν κ. τ λ. Vergl. 2, 36 μάλιστα μὲν πειρῶ τὴν ἀσφάλειαν καὶ σαυτῷ καὶ τῇ πόλει διαφυλάττειν· ἢν δ' ἀναγκασθῇς κινδυνεύειν, αἱροῦ τεθνάναι καλῶς μᾶλλον ἢ ζῆν αἰ-σχρῶς. Der Artikel steht bei ἀσφά-λεια wie regelrecht bei Abstraktis, wenn sie nicht als blofse Begriffe gefafst, sondern als in bestimmter Form in die Erscheinung tretend vorgestellt werden sollen. — 43, 4. κινδυνεύειν ist, wie das folgende ἐκ τοῦ πολέμου lehrt, von Kriegs-gefahren zu verstehen. So stehen κίνδυνος und κινδυνεύειν oft, teils für sich allein (z. B. 11, 21), teils in Verbindung mit πόλεμος, πολε-μεῖν (5, 136. 6, 111. 8, 20, 68, 97. 12, 80 u. 191). — 43, 6. τὸ μὲν γὰρ τελευτῆσαι. Der mit dem Artikel versehene Infinit. Aoristi steht oft im Sinne des praesentischen Infinitivs und nur insofern von diesem ver-schieden, als er den Verbalzustand als dauerlos, dieser nach seinem Verlaufe und seiner Dauer ihn dar-stellt. S. Demosth. 1, 23 πολλάκις δοκεῖ τὸ φυλάξαι τἀγαθὰ τοῦ κτή-σασθαι χαλεπώτερον εἶναι, und mehr Beispiele bei Madvig im Philol. II Supplheft. p. 31. Wechsel bei Isokr. 3, 17 πρὸς τὸ βουλεύεσθαι καὶ πρᾶξαι, wie in Xenoph. Mem. 2, 7, 7 πρός τε τὸ μαθεῖν καὶ πρὸς τὸ μνημονεύειν καὶ πρὸς τὸ ὑγιαί-νειν τε καὶ ἰσχύειν πρὸς τὸ κτή-σασθαί τε καὶ σώζειν. — πεπρω-

κατέκρινεν, τὸ δὲ καλῶς ἀποθανεῖν ἴδιον τοῖς σπουδαίοις d
ἀπένειμεν.

44   (ε΄.) Καὶ μὴ θαυμάσῃς, εἰ πολλὰ τῶν εἰρημένων οὐ πρέπει
σοι πρὸς τὴν νῦν παροῦσαν ἡλικίαν· οὐδὲ γὰρ ἐμὲ τοῦτο διέ-
λαθεν· ἀλλὰ προειλόμην διὰ τῆς αὐτῆς πραγματείας ἅμα τοῦ
τε παρόντος βίου συμβουλίαν ἐξενεγκεῖν καὶ τοῦ μέλλοντος
χρόνου παράγγελμα καταλιπεῖν. τὴν μὲν γὰρ τούτων χρείαν
ῥᾳδίως εἰδήσεις, τὸν δὲ μετ᾽ εὐνοίας συμβουλεύοντα χαλεπῶς
εὑρήσεις. ὅπως οὖν μὴ παρ᾽ ἑτέρου τὰ λοιπὰ ζητῇς, ἀλλ᾽ ἐν- e
τεῦθεν ὥσπερ ἐκ ταμιείου προφέρῃς, ᾠήθην δεῖν μηδὲν παρα-
λιπεῖν ὧν ἔχω σοι συμβουλεύειν.

μένη. Vergl. 10, 61 τοὺς ἀδελ-
φοὺς ἤδη κατεχομένους ὑπὸ τῆς
πεπρωμένης εἰς θεοὺς ἀνήγαγε.
Weder hier noch anderwärts (z. B.
Eurip. Hekab. v. 43 Dind., (Demosth.)
60, 23, Pausan. 4, 9, 4) ist ἡ πε-
πρωμένη eigentlich *fors*, sondern
wie immer = *sors*, die jedem zu-
geteilte μοῖρα, hier das allgemeine
Los der Menschen, das dann selbst
wieder personificiert wird und schein-
bar selbständig handelt. Ebenso
ἡ εἱμαρμένη 10, 52.
§ 44—52. *Schlufs. Nachdem der
Redner es entschuldigt, dafs er
einige Vorschriften hier gegeben, die
für des Demonikos jetziges Alter
noch nicht pafsten (§ 44), spricht er
seine feste Überzeugung aus, dafs
von ihm seine Bemühungen nicht
zurückgewiesen werden würden (§45),
und giebt die Gründe an, die den
Demon. bestimmen müfsten, alle von
ihm selbst und von anderen ihm ge-
botenen Mittel zu seiner sittlichen
Veredlung zu benutzen (§ 46—52).
44, 3.* πραγματείας, Arbeit;
so vom schriftstellerischen Produkte
auch 5, 7 ὄντος ἐμοῦ περὶ τὴν
πραγματείαν ταύτην ἔφθητε ποι-
ησάμενοι τὴν εἰρήνην πρὶν ἐξεργα-
σθῆναι τὸν λόγον. — 44, 6. εἰδή-
σεις. S. zu § 16. — τὸν —
συμβουλεύοντα. Man erwartet
συμβουλεύσοντα nach 4, 185 οἶμαι
σπανιωτέρους ἔσεσθαι τοὺς μένειν
ἐθελήσοντας τῶν συνακολουθεῖν
ἐπιθυμησόντων. Ep. 7, 1 οὐκ ἀπο-
ρήσεις τῶν ἐγκωμιασομένων. 2, 28

ἵνα — ἔχῃς τοὺς συνδοκιμάσοντας.
Vergl. 4, 112. 7, 2. 19, 29 u. 35.
Ep. 1, 3. Ep. 2, 5. Dagegen 8, 21
συμμάχους ἕξομεν — οὐκ ἐν μὲν
ταῖς ἀσφαλείαις ἡμᾶς ὑποδεχομέ-
νους, ἐν δὲ τοῖς κινδύνοις ἀπο-
στησομένους. 8, 139 πολλοὺς
ἕξομεν τοὺς ἑτοίμως καὶ προθύμως
συναγωνιζομένους. Ep. 6, 12 πολ-
λοὺς ἕξω τοὺς ἐναντιουμένους.
Vergl. 1, 30. 6, 62, auch 1, 33 λέγε
περὶ αὐτῶν πρὸς τοὺς ἀπαγγέλ-
λοντας, und aufserdem Lobeck ad
Phrynich. p. 13 not., Maetzner ad
Lycurg. p. 177. Die Zulässigkeit·des
Particip. Praes. folgt aus seiner
Natur als eines Particips zur Be-
zeichnung des in der Entwickelung
begriffenen Zustandes, welches seine
Beziehung auf eine der drei Zeiten
erst durch das Verbum des Satzes
erhält. Hat der Satz Futursinn, so
wird das Particip. Praes. zur Be-
zeichnung des in der Zukunft
Dauernden stehen können, wenn der
Gedanke den Begriff der Dauer ver-
trägt, während das Particip. Futur.
nur sagt, dafs der Zustand sich erst
gestalten (nicht, dafs er in Zukunft
dauern) werde. — 44, 7. ζητῇς.
Der Konjunktiv, nicht der Optativ,
steht hier im Absichtssatz nach dem
Aorist ᾠήθην, weil die Verfolgung
der Absicht noch nicht aufgehört
hat, sondern noch in der Gegen-
wart fortdauert. Vergl. 5, 113 τού-
του δ᾽ ἕνεκά σοι περὶ τούτων
διῆλθον, ἵνα γνῷς κ. τ. λ. Ep.
8, 1 ἐδεήθησάν μου γράμματα

45 Πολλὴν δ᾽ ἂν τοῖς θεοῖς χάριν σχοίην, εἰ μὴ διαμάρτοιμι τῆς δόξης ἧς ἔχων περὶ σοῦ τυγχάνω. τῶν μὲν γὰρ ἄλλων τοὺς 12 πλείστους εὑρήσομεν, ὥσπερ τῶν σιτίων τοῖς ἡδίστοις μᾶλλον ἢ τοῖς ὑγιεινοτάτοις χαίροντας, οὕτω καὶ τῶν φίλων τοῖς συνεξαμαρτάνουσιν πλησιάζοντας, ἀλλ᾽ οὐ τοῖς νουθετοῦσιν. σὲ δὲ νομίζω τοὐναντίον τούτων ἐγνωκέναι, τεκμηρίῳ χρώμενος τῇ περὶ τὴν ἄλλην παιδείαν φιλοπονίᾳ· τὸν γὰρ αὐτῷ τὰ βέλτιστα πράττειν ἐπιτάττοντα, τοῦτον εἰκὸς καὶ τῶν ἄλλων τοὺς ἐπὶ 46 τὴν ἀρετὴν παρακαλοῦντας ἀποδέχεσθαι. Μάλιστα δ᾽ ἂν παρο- b ξυνθείης ὀρέγεσθαι τῶν καλῶν ἔργων, εἰ καταμάθοις, ὅτι καὶ τὰς ἡδονὰς ἐκ τούτων μάλιστα γνησίως ἔχομεν. ἐν μὲν γὰρ τῷ ῥᾳθυμεῖν καὶ τὰς πλησμονὰς ἀγαπᾶν εὐθὺς αἱ λῦπαι ταῖς ἡδοναῖς παραπεπήγασιν, τὸ δὲ περὶ τὴν ἀρετὴν φιλοπονεῖν καὶ σωφρόνως τὸν αὐτοῦ βίον οἰκονομεῖν ἀεὶ τὰς τέρψεις εἰλικρι- 47 νεῖς καὶ βεβαιοτέρας ἀποδίδωσιν· κἀκεῖ μὲν πρότερον ἡσθέντες c

---

πέμψαι πρὸς ὑμᾶς, ὅπως ἂν — καὶ τοῦτον καταδέξησθε u. öfter.

45, 1. διαμ. τῆς δόξης, in der guten Meinung mich nicht täusche. S. zu § 32. — 45, 3. ὥσπερ τῶν σιτίων τοῖς ἡδίστοις κ. τ. λ. Derselbe Gedanke auch 2, 45. Vergl. auch 8, 109. — 45, 4. τοῖς συνεξαμαρτάνουσι. Vergl. 2, 42 πλησιάζειν βούλονται τοῖς συνεξαμαρτάνουσιν, ἀλλ᾽ οὐ τοῖς ἀποτρέπουσιν. — 45, 7. τὸν — ἐπιτάττοντα, τοῦτον. Das Demonstrativ nach dem Particip dient zur nochmaligen nachdrücklichen Hervorhebung des durch das Particip bezeichneten Gegenstandes, in derselben Weise wie nach Relativsätzen, auch im Deutschen, und ist bei Isokr. sehr gewöhnlich. Vergl. 3, 4 u. 62. 4, 36, 60, 167. 5, 103, 139. 7, 64. 8, 35. 12, 23, 79, 219, 251. 15, 202, 248, 305, 308. 20, 22. Zu ähnlichem Zwecke geht dem Particip. das Demonstrativ auch voran, bald οὗτος, wie 4, 21, 37, 185 6, 30. 7, 18, 27, 55. 12, 46 (bis), 52, 133. 15, 121. 16, 48, bald ἐκεῖνος, wie 4, 12. 5, 5, 153. 12, 2, 141. 15, 191. Über den nämlichen Gebrauch bei anderen cf. Maetzner ad Lycurg. p. 132.

46, 8. γνησίως, nicht γνησίας;

jenes ist nach dem zu § 36 Bemerkten zu beurteilen. Vergl. § 5 τῆς ἀρετῆς ἐφικέσθαι γνησίως ἠδυνήθησαν. — 46, 5. εὐθὺς — παραπεπήγασιν, etwa: folgen auf dem Fuße nach. Vergl. Sextus Empir. Hypotyp. 3, 24 πάσῃ ἡδονῇ παραπέπηγεν ἀλγηδών. — 46, 6. εἰλικρινεῖς καὶ βεβαιοτέρας. Die Verbindung des Positiv mit dem Komparativ ist in dem Wesen beider Gegenstände begründet, denn die τέρψις ἐκ τῶν ἡδονῶν ist bis zu einem gewissen Grade auch βεβαία, aber nie εἰλικρινής. Vergl. über die der Natur der Sache nach freilich nicht häufige Verbindung Hom. Od. 8, 187 δίσκον μείζονα καὶ πάχετον. Pindar. Ol. 1, 104 (poet. lyr.⁴ Bergk.) ἴδριν ἀλλὰ καὶ δύναμιν κυριώτερον. Plat. de legg. I p. 649 D. εὐτελῆ τε καὶ ἀσινεστέραν. Xenoph. Mem. 2, 9, 4 Ἀρχέδημος — φιλόχρηστός τε καὶ εὐφυέστερος. Lys. 9, 19 τοὺς βέλτιον καὶ δικαίως βουλευσαμένους. Plut. Themist. 14, 2 οὐκ ἔβλαπτε τοὺς ἀλιτενεῖς οὔσας καὶ ταπεινοτέρας. Dionysios Perieget. v. 172 ἐκ τοῦδ᾽ ἂν γεραρός τε καὶ αἰδοιέστερος εἴης, und mehr bei J. G. Strange in Jahns Jahrb. Suppl. III (1834) p. 562. Sehr go-

ὕστερον ἐλυπήθησαν, ἐνταῦθα δὲ μετὰ τὰς λύπας τὰς ἡδονὰς
ἔχομεν. ἐν πᾶσι δὲ τοῖς ἔργοις οὐχ οὕτω τῆς ἀρχῆς μνημο-
νεύομεν, ὡς τῆς τελευτῆς αἴσθησιν λαμβάνομεν· τὰ γὰρ πλεῖστα
τῶν περὶ τὸν βίον οὐ διὰ τὰ πράγματα ποιοῦμεν, ἀλλὰ τῶν
48 ἀποβαινόντων ἕνεκα διαπονοῦμεν. (ϛʹ.) Ἐνθυμοῦ δ᾽ ὅτι τοῖς
μὲν φαύλοις ἐνδέχεται τὰ τυχόντα πράττειν· εὐθὺς γὰρ τοῦ
βίου τοιαύτην πεποίηνται τὴν ὑπόθεσιν· τοῖς δὲ σπουδαίοις d
οὐχ οἷόν τε τῆς ἀρετῆς ἀμελεῖν διὰ τὸ πολλοὺς ἔχειν τοὺς ἐπι-
πλήττοντας. πάντες γὰρ μισοῦσιν οὐχ οὕτω τοὺς ἐξαμαρτάνον-
τας ὡς τοὺς ἐπιεικεῖς μὲν φήσαντας εἶναι, μηδὲν δὲ τῶν τυ-
49 χόντων διαφέροντας, εἰκότως· ὅπου γὰρ τοὺς τῷ λόγῳ μόνον

wöhnlich ist dabei der Komparativ zu erklären nach Art von Plut. Timol. 27, 5 ὑπερφυεῖ φωνῇ καὶ μείζονι κεχρῆσθαι τῆς συνήθους. Vergl. auch Tacit. Agricol. 1, 2 apud priores agere digna memoratu pronum magisque in aperto erat. Curt. 8, 7, 14 regio habitatur pluribus ac frequentibus vicis. 47, 2. ἐλυπήθησαν — ἔχομεν. Über den Wechsel des Tempus s. zu § 6. Hier wechselt zugleich die Person des Verbums, indem bei ἐλυπήθησαν [Isokr.] sich und den Demonikos naturgemäß ausschließt. Ähnlicher Wechsel 4, 29 δείκνυμεν — ἐδίδαξεν, und etwas anders 3, 29 λοιπὸν οὖν ἐστιν ὧν προεθέμην περὶ ἐμαυτοῦ διελθεῖν, ἵν᾽ ἐπίστησθ᾽, ὅτι τοιοῦτός ἐστιν ὑμῶν ὁ βασιλεύων, ὃς — δικαίως ἂν μείζονος τιμῆς ἠξιώθην. Über diesen letzteren Fall vgl. Lobeck ad Sophocl. Aiac. v. 458 not. — 47, 3. οὐχ οὕτω — ὡς, nicht sowohl — als, wie § 48. 4, 78, 81, 91. 8, 80. 9, 74 u. öfter. — 47, 4. αἴσθησιν κ. τ. λ., wir haben einen Eindruck von dem Ausgange. S. zu 7, 6. — 47, 6. ἕνεκα cf. Krit. Anh. 48, 2. φαύλοις. S. zu § 1. — τὰ τυχόντα, das erste Beste (nicht immer das Gute), wie οἱ τυχόντες gleich nachher und 5, 41. 8, 8. 10, 21. 12, 143, 208, 248. Ep. 2, 15. 4, 7. 9, 9. ἡ τυχοῦσα πόλις 12, 41, πατρίς Ep. 9, 5. Vergl. zu 7, 20. — εὐθὺς κ. τ. λ., gleich

von vorne herein (durch ihre Geburt in niederer Sphäre) ist ihr Leben so angelegt, die Grundbedingungen zu ihrem Leben sind der Art. Ähnlich 6, 90 περὶ τῶν αὐτῶν οὐχ ὁμοίως ἅπασι βουλευτέον, ἀλλ᾽ ὡς ἂν ἐξ ἀρχῆς ἕκαστοι τοῦ βίου ποιήσωνται τὴν ὑπόθεσιν (vergl. zu 7, 28). Das πεποίηνται ist nicht zu urgieren, denn nicht eigentlich sie, sondern das Schicksal, das sie als φαύλοι geboren werden läßt, legt so für ihr Leben den Grund. Man vergleiche Wendungen wie φύειν ὀδόντας, γλῶσσαν, πτέρα, promittere barbam u. s. w., wo das eigentliche Subjekt die schaffende Natur ist. — 48, 6. ἐπιεικεῖς vertritt das vorhergehende σπουδαῖος, welches auch hier mehr im politischen Sinne (s. zu § 1) zu fassen ist, wie § 49 die Worte ἡ μὲν γὰρ (τύχη) αὐτοῖς χρήματα καὶ δόξαν καὶ φίλους ἐνεχείρισεν lehren. — 48, 7. εἰκότως, nämlich: τούτους μισοῦσιν. Ein solches Einen Satz für sich bildendes εἰκότως, dem ein begründender Satz mit γάρ folgt, ist bei den Rednern sehr gewöhnlich; vergl. Isokr. 8, 29, 113. 15, 136, 291, 295. Vergl. Rehdantz zu Lykurg. Leokr. Anh. § 47. 49, 1. ὅπου, im kausalen Sinne wie oft, sowohl sonst (z. B. 4, 162. 12, 249. 15, 311), als besonders dann, wenn ein Fragesatz sich anschließt, wie 4, 186 (ὅπου —, ποίων τινῶν χρὴ προσδοκᾶν. cf. 5, 120). 5, 67 (ὅπου —, πῶς. cf. 15, 208).

ψευδομένους ἀποδοκιμάζομεν, ἢ πού γε τοὺς τῷ βίῳ παντὶ
ἐλαττουμένους οὐ φαύλους εἶναι φήσωμεν; δικαίως δ' ἂν τοὺς
τοιούτους ὑπολάβοιμεν μὴ μόνον εἰς αὐτοὺς ἁμαρτάνειν, ἀλλὰ
καὶ τῆς τύχης εἶναι προδότας· ἡ μὲν γὰρ αὐτοῖς χρήματα καὶ e
δόξαν καὶ φίλους ἐνεχείρισεν, οἱ δὲ σφᾶς αὐτοὺς ἀναξίους τῆς
50 ὑπαρχούσης εὐδαιμονίας κατέστησαν. Εἰ δὲ δεῖ θνητὸν ὄντα 13
τῆς τῶν θεῶν στοχάσασθαι διανοίας, ἡγοῦμαι κἀκείνους ἐπὶ
τοῖς οἰκειοτάτοις μάλιστα δηλῶσαι, πῶς ἔχουσι πρὸς τοὺς φαύ-
λους καὶ τοὺς σπουδαίους τῶν ἀνθρώπων. Ζεὺς γὰρ Ἡρακλέα
καὶ Τάνταλον γεννήσας, ὡς οἱ μῦθοι λέγουσι καὶ πάντες πι-
στεύουσιν, τὸν μὲν διὰ τὴν ἀρετὴν ἀθάνατον ἐποίησεν, τὸν δὲ
51 διὰ τὴν κακίαν ταῖς μεγίσταις τιμωρίαις ἐκόλασεν. οἷς δεῖ παρα-
δείγμασι χρωμένους ὀρέγεσθαι τῆς καλοκαγαθίας καὶ μὴ μό- b
νον τοῖς ὑφ' ἡμῶν εἰρημένοις ἐμμένειν ἀλλὰ καὶ τῶν ποιητῶν

8, 113 (ὅπου —, τί). 5, 124 (τίς —,
ὅπου. cf. 12, 16. 15, 258. 19, 15).
Daraus wird wahrscheinlich, dafs
auch da, wo ἤ που folgt, wie hier u.
8, 24. 15, 33 u. 70 (mehr bei Wyt-
tenbach animadv. ad Plut. Mor. I p.
299 ed. Lips. u. Schoemann ad
Plut. Agin p. 133), dies ἤ που als
Fragepartikel zu fassen sei. (Hier:
da sollen wir ja wohl die nicht
schlecht nennen, welche u. s. w.?
— ironisch für: da müssen wir
natürlich die schlecht nennen).
Ähnlich wie ὅπου —, ἤ που steht
Ep. 2, 15 (coll. 4, 138) εἰ —, ἤ πού
γε. Vergl. Rehdantz zu Lyk. Leokr.
§ 71 Anh. n. Frohberger Anh. zu
Lys. 12, 35. — 49, 2. παντὶ
ἐλαττουμένους, Hiatus s. zu § 3.
— 49, 3. ἐλαττουμένους, die, ob-
wohl sie von Geburt πλεονεκτοῦν-
τες sind, ihr ganzer Lebenswandel
doch erniedrigt. Vergl. 12, 243
τοὺς παραλογιζομένους οἵχ ἡγοῦν-
ται δικαίως καλεῖσθαι πλεονεκτι-
κούς, διὰ γὰρ τὸ πονηρὰν ἔχειν
τὴν δόξαν ἐν ἅπασιν αὐτοὺς ἐλατ-
ταυῦσθαι τοῖς πράγμασιν coll. 15, 281.
50, 2. ἐπί nicht: „an". Denn bei
den Verbis „zeigen, wahrnehmen,
beurteilen" wird der Gegenstand,
worauf sich die Wahrnehmung oder
das Urteil stützt, regelmäßig durch
ἐπί mit dem Genetiv gegeben.

Vergl. 6, 44 (coll. 8, 109) ἐπὶ ταύ-
της ἄν τις τῆς πόλεως ἐπεδείξειε.
So ὁρᾶν ἐπί τινος 8, 114. 5, 146,
καθορᾶν 13, 7, θεωρεῖν 11, 46,
γιγνώσκειν 8, 69, δοκιμάζειν 2, 50,
φαίνεσθαι 7, 20, γνωρίζειν 8, 114,
σκοπεῖν 9, 34 u. 16, 15, εἰπεῖν 6, 41,
ἐπὶ πλειόνων παραδειγμάτων διελ-
θεῖν 14, 40, (ἐπὶ τῶν πράξεων αὐ-
τοῦ δηλοῦται Plut. Tit. Flamin. 2,
4 u. ἐπὶ πολλῶν ἰδεῖν Demosth. 2, 1,
ἐπὶ τῶν ἰδίων νόμων καὶ ἔργων
σκοπεῖν id. 18, 201 u. mehr bei
Rehdantz Demosth. Ind.² s. v. ἐπί
B.). Vielmehr bedeutet ἐπί mit
dem Dativ nur ganz äußerlich die
Gelegenheit, bei der etwas ge-
schieht, wo sonst ἐν steht (wie
Thuk. 3, 37, 4 ἐν ἄλλοις μείζοσιν
οὐκ ἂν διηλώσαντες τὴν γνώμην u.
s. Frohberger Anh. zu Lys. 12, 27).
Vergl. Plat. de legg. VII p. 793 E
ταυτὸν δραστέον καὶ ἐπ' ἐλευθέ-
ροισιν, und Ähnliches bei Schoe-
mann ad Isac. p. 238. — 50, 4
Über Herakles vergl. Isokr. 5, 109 ff.
und über Tantalos ibid. § 144.
51, 1. παραδείγμασι i. e. ὡς
παραδ., was in dieser Formel oft
auch hinzugesetzt wird. S. Stall-
baum ad Plat. Euthyphr. p. 6 E.
Wegen χρωμένους cf. Krit. Anh.
- 51, 3. ὑφ' ἡμῶν s. zu § 5. —
τῶν ποιητῶν — καὶ τῶν ἄλ-

τὰ βέλτιστα μανθάνειν καὶ τῶν ἄλλων σοφιστῶν, εἴ τι χρήσιμον
52 εἰρήκασιν, ἀναγιγνώσκειν. ὥσπερ γὰρ τὴν μέλιτταν ὁρῶμεν
ἐφ᾽ ἅπαντα μὲν τὰ βλαστήματα καθιζάνουσαν, ἀφ᾽ ἑκάστου δὲ
τὰ βέλτιστα λαμβάνουσαν, οὕτω δεῖ καὶ τοὺς παιδείας ὀρεγο-
μένους μηδενὸς μὲν ἀπείρως ἔχειν, πανταχόθεν δὲ τὰ χρήσιμα
συλλέγειν. μόλις γὰρ ἄν τις ἐκ ταύτης τῆς ἐπιμελείας τὰς τῆς
φύσεως ἁμαρτίας ἐπικρατήσειεν.

λων σοφιστῶν. Vergl. 2, 13 μήτε
τῶν ποιητῶν μήτε τῶν σοφιστῶν
μηδενὸς οἴου δεῖν ἀπείρως ἔχειν,
ἀλλὰ τῶν μὲν ἀκροατὴς γίγνου,
τῶν δὲ μαθητής, u. 4, 82. Hier in-
des ist σοφισταί von älteren
Weisen zu verstehen, die wie So-
lon diesen Namen ohne einen ta-
delnden Nebensinn führten. Vergl.
15, 235 Σόλων τῶν ἑπτὰ σοφιστῶν
ἐκλήθη καὶ ταύτην ἔσχε τὴν ἐπω-
νυμίαν τὴν νῦν ἀτιμαζομένην coll.
15, 313. In diesem Sinne sind auch
die Dichter σοφισταί, und darum
steht ἄλλων nicht bedeutungslos.

52, 1. μέλιτταν κ. τ. λ. Das-
selbe Bild bei Lucret. 3, 11 flori-
feris ut apes in saltibus omnia
limant, omnia nos itidem depasci-
mur aurea dicta, aurea, perpetua

semper dignissima vita, und ander-
wärts cf. Wyttenbach animadvers.
ad Plut. Moral. I p. 209 ed. Lips. —
52, 2. καθιζάνουσαν. Das Ver-
bum ἱζάνειν mit seinen Kompo-
sitis ist in älterer Zeit fast nur
dichterisch (Krueger zu Thuk. 2,
76, 1) und hier blofs der Allitte-
ration zuliebe gewählt. S. zu § 16.
— 52, 5. μόλις γὰρ κ. τ. λ. Denn
mit Müh und Not etc. (vergl.
Voemel ad Demosth. Conc. p. 145).
Vergl. 8, 27 μόλις γὰρ ἄν τις ὑμᾶς
ἐξ ἁπάντων τούτων ἐπὶ τὸ βέλτιον
φρονῆσαι δυνηθείη προαγαγεῖν. —
52, 6. ἐπικρατήσειεν mit dem
Akk. verbunden, (statt mit d. Genet.
wie 6, 81. 8, 8. 102. 15, 15) eine
sehr seltene Konstruktion, vergl.
Dio Cass. 35, 16 διὸ βασιλέας οὐκ
ἀσθενεῖς ἐπικρατήσας.

(II.) ΕΥΑΓΟΡΑΣ (9).

Die vorliegende Rede bezeichnet Isokrates §§ 8 und 11
selbst als den ersten Versuch, die Tugenden eines verstor-
benen Zeitgenossen durch eine Lobrede (ἔπαινος § 73) zu ver-
herrlichen. Gegenstand derselben ist Euagoras, welcher gegen
das Ende des V. Jahrhunderts v. Ch. sich zum König von
Salamis auf der Insel Kypern aufschwang, thätig eingriff in
die Geschichte jener Zeiten und i. J. 374 (Diodor. XV, 47
cum not. interp.) durch Mörderhand fiel. Sie ist gerichtet an
den Sohn und Nachfolger des Euagoras, den Nikokles, an
welchen nach dessen Thronbesteigung Isokr. auch seine zweite
Rede (πρὸς Νικοκλέα) und für den er seine dritte Rede
(Νικοκλῆς) schrieb. Die vorliegende Rede wurde später ver-
faßt (s. § 78), aber wohl nicht nach dem Jahre 351, wo bei
Gelegenheit der Leichenfeier des Karischen Königs Mausolos
des Isokr. Schüler Theopompos mit einer ähnlichen Lobrede
auf Mausolos den Siegespreis davontrug (cf. Gell. noct. Attic.
10, 18, 6). Daſs Isokr. diese Lobrede schrieb, als er nicht
mehr in der Blüte der Jahre war, giebt er selbst § 73 an.

Stephan.

(α'.) Ὁρῶν, ὦ Νικόκλεις, τιμῶντά σε τὸν τάφον τοῦ πατρὸς 189
οὐ μόνον τῷ πλήθει καὶ τῷ κάλλει τῶν ἐπιφερομένων ἀλλὰ καὶ

---

*Einleitung § 1—11. Großen Män-
nern muſs es erwünschter sein, nach
ihrem Tode durch eine Lobrede auf
ihre Thaten gefeiert zu werden, als
durch das prächtigste Leichenbe-
gängnis (§ 1—4). Indes sind
solche Lobreden auf Zeitgenossen
trotz der unverkennbaren Vorteile,
die daraus erwachsen (§ 5), noch
nicht versucht worden, weil die Mit-
welt das Verdienst großer Zeitge-
nossen anzuerkennen nicht geneigt
ist (§ 6). Dennoch soll hier ein*

lsocr. I 3. Aufl.

*Versuch der Art mit dem Euagoras
gemacht werden, so groſs auch die
Schwierigkeiten sind, mit denen
dabei der Redner im Vergleich
mit dem Dichter zu kämpfen hat
(§ 7—11).*

1, 1. τιμῶντα. Mit sachlichem
Objekt verbunden ist τιμᾶν: etwas
durch sein Verhalten als etwas
Bedeutendes anerkennen, aus-
zeichnen. — 1, 2. τῶν ἐπιφε-
ρομένων i. e. τῶν νομιζομένων,

3

χοροῖς καὶ μουσικῇ καὶ γυμνικοῖς ἀγῶσιν, ἔτι δὲ πρὸς τούτοις
ἵππων τε καὶ τριήρων ἁμίλλαις, καὶ λείποντ' οὐδεμίαν τῶν
2 τοιούτων ὑπερβολήν, ἡγησάμην Εὐαγόραν, εἴ τίς ἐστιν αἴσθη-
σις τοῖς τετελευτηκόσι περὶ τῶν ἐνθάδε γιγνομένων, εὐμενῶς b
μὲν ἀποδέχεσθαι καὶ ταῦτα, καὶ χαίρειν ὁρῶντα τήν τε περὶ
αὑτὸν ἐπιμέλειαν καὶ τὴν σὴν μεγαλοπρέπειαν, πολὺ δ' ἂν ἔτι
πλείω χάριν ἔχειν ἢ τοῖς ἄλλοις ἅπασιν, εἴ τις δυνηθείη περὶ
τῶν ἐπιτηδευμάτων αὐτοῦ καὶ τῶν κινδύνων ἀξίως διελθεῖν
3 τῶν ἐκείνῳ πεπραγμένων· εὑρήσομεν γὰρ τοὺς φιλοτίμους καὶ
μεγαλοψύχους τῶν ἀνδρῶν οὐ μόνον ἀντὶ τῶν τοιούτων ἐπαι-
νεῖσθαι βουλομένους, ἀλλ' ἀντὶ τοῦ ζῆν ἀποθνήσκειν εὐκόλως c

ἃ ἐπιφέρεται, nach 14, 61 πῶς ἂν
διατεθεῖεν — εἰ αἴσθοιντο — τοὺς
τάφους μὴ τυγχάνοντας τῶν νο-
μιζομένων σπάνει τῶν ἐποισόντων.
Vergl. 19, 33 ἔτυχεν ἀποθανὼν
τῶν νομιζομένων ἠξιώθη u. Maetzner
ad Antiph. p. 240. Diese νομιζόμενα
bestehen nicht blofs in Tieropfern
(ἐναγίσματα) und Libationen (χοαί),
sondern auch darin, dafs man
allerlei Kostbares und dem Ver-
storbenen Wertes auf den Scheiter-
haufen oder in das Grab legte (die
homerischen κτέρεα). S. Nitzsch
zu Hom. Odyss. T. III p. 163. Das
lateinische inferiae geht nur auf
die ἐναγίσματα und die χοαί. —
1, 3. μουσικῇ, musikalische
Aufführungen. [cf. Krit. Anh.].
— ἔτι δὲ πρὸς τούτοις, vergl.
zu § 67. — 1, 4. λείποντ' οὐδε-
μίαν — ὑπερβολήν κ. τ. λ. An-
deren keine Möglichkeit
liefsest, dich zu überbieten.
Dieselbe Wendung 4, 5 u. 110. 6,
105. 12, 76. 16, 34. Demosth. 3,
25. 23, 207 und oft bei Polyb. u.
Plut.

2, 1. εἴ τίς ἐστιν αἴσθησις
κ. τ. λ. Vergl. 19, 42 εἴ τίς ἐστιν
αἴσθησις τοῖς τεθνεῶσι περὶ τῶν
ἐνθάδε γιγνομένων. 14, 61 εἴ τις
ἄρα τοῖς ἐκεῖ φρόνησίς ἐστι περὶ
τῶν ἐνθάδε γιγνομένων. Hypereid.
Epitaph. extr. bei Stobai. Flor. 124,
36 (p. 71 A. ed. Bl.) εἰ δ' ἔστιν
αἴσθησις ἐν Ἅιδου und andere,
vergl. Weber ad Demosth. in Aristo-

crat. p. 534. Stallbaum ad Plat.
Menex. p. 248 B u. Rehdantz Anh.
zu Lykurg. Leokr. § 136. Ebenso bei
den Lateinern si est aliquis sensus
in morte (defunctis, inferis), worüber
die Belege bei Brissonius de for-
mulis et solemnib. P. R. verbis p.
737 ed. Wechel. — 2, 5. περὶ τῶν
ἐπιτηδευμάτων — διελθεῖν,
vergl. mit § 4 διέλθοι τὰς πράξεις.
Jene Konstruktion auch § 12. 4, 66.
6, 15. 7, 19. 12, 182. 15, 59, diese
auch 4, 144. 6, 52. 12, 130, 196.
14, 40. S. zu § 12. — ἐπιτηδευ-
μάτων, seine Bestrebungen
als Mensch (wie 1, 12) und Regent.
— αὐτοῦ — ἐκείνῳ s. zu 1, 25. —
2,6. κινδύνων, Kämpfe s. zu 1,43.

3, 2. τῶν ἀνδρῶν. Über den
Genetiv zu 1, 42. — ἀντὶ τῶν
τοιούτων i. e. ἀντὶ τοῦ τὰ τοι-
αῦτα (§ 1) λαβεῖν. So steht ἀντί
mit dem Genetiv oft unter Auslas-
sung eines aus dem Zusammenhange
leicht zu ergänzenden Verbums statt
eines ganzen Satzes. Vergl. 6, 64
ἀντὶ τῆς αὐτονομίας εἰς πολλὰς
καὶ δεινὰς ἀνομίας ἐμπεπτώκασιν,
u. 8, 77 ἀντὶ μὲν τῆς πολιτείας
ἐπὶ τοσαύτην ἀκολασίαν ἡ δύναμις
ἡμᾶς προήγαγεν —, ἀντὶ δὲ τῆς
εὐνοίας — εἰς τοσοῦτον μῖσος κατέ-
στησεν. Xenoph. Hellen. 1, 7, 33
ἀντὶ τῆς νίκης καὶ τῆς εὐτυχίας
ὅμοια ποιήσετε τοῖς ἡττημένοις τε
καὶ ἀτυχοῦσιν. Vergl. Fritzsche
Quaest. Lucian. p. 108. — 3, 3.
εὐκόλως (ruhig, freudig) ge-

αἰρουμένους, καὶ μᾶλλον περὶ τῆς δόξης ἢ τοῦ βίου σπουδά-
ζοντας, καὶ πάντα ποιοῦντας, ὅπως ἀθάνατον τὴν περὶ αὐτῶν
4 μνήμην καταλείψουσιν. αἱ μὲν οὖν δαπάναι τῶν μὲν τοιούτων
οὐδὲν ἐξεργάζονται, τοῦ δὲ πλούτου σημεῖόν εἰσιν· οἱ δὲ περὶ
τὴν μουσικὴν καὶ τὰς ἄλλας ἀγωνίας ὄντες, οἱ μὲν τὰς δυνά-
μεις τὰς αὑτῶν, οἱ δὲ τὰς τέχνας ἐπιδειξάμενοι, σφᾶς αὐτοὺς
ἐντιμοτέρους κατέστησαν· ὁ δὲ λόγος εἰ καλῶς διέλθοι τὰς ἐκεί- d
νου πράξεις, ἀείμνηστον ἂν τὴν ἀρετὴν τὴν Εὐαγόρου παρὰ
πᾶσιν ἀνθρώποις ποιήσειεν.

5 (β'.) Ἐχρῆν μὲν οὖν καὶ τοὺς ἄλλους ἐπαινεῖν τοὺς ἐφ'
αὑτῶν ἄνδρας ἀγαθοὺς γεγενημένους, ἵν' οἵ τε δυνάμενοι τὰ
τῶν ἄλλων ἔργα κοσμεῖν ἐν εἰδόσι ποιούμενοι τοὺς λόγους ταῖς
ἀληθείαις ἐχρῶντο περὶ αὐτῶν, οἵ τε νεώτεροι φιλοτιμοτέρως 190
διέκειντο πρὸς τὴν ἀρετήν, εἰδότες, ὅτι τούτων εὐλογήσονται

hört zu αἱρουμένους. — 3, 4. ἢ
τοῦ βίου i. e. ἢ περὶ τοῦ β.
Diese Auslassung der Praeposition
an der zweiten Stelle ist nach ἢ
bei Isokr. fast regelmäfsig. Vergl.
3, 61. 4, 51. 5, 96 (bis). 6, 92. 8, 106.
9, 61. 12, 34, 150. 14, 14, 30. 15,
18, 58, 78, 149, 158, 175. 16, 3. 20,
19. Ep. 9, 9. Dagegen 14, 43 μετὰ
τῶν καταδουλουμένων εἶναι μᾶλλον
ἢ μεθ' ὑμῶν, wo der Hiatus zur
Wiederholung zwang, aber ohne
diesen Grund 5, 129. 9, 74. 15, 14,
51, 176. Umgekehrt repetiert Isokr.
bei οὕτω —, ὡς und ὁμοίως —,
ὥσπερ die Praeposition lieber (5,
127. 6, 62. 7, 33. 15, 104, 290. 19,
19), als dafs er sie wegläfst (s. zu
1, 25). Ebenso steht die Praeposi-
tion doppelt bei ἢ — ἢ 15, 1,
187, 197, und wiederum nur einmal
bei καὶ — καί 4, 113. 12, 105 (da-
gegen doppelt 7, 12. 12, 262, 268.
16, 321 und überall in der Formel
καὶ κατὰ γῆν καὶ κατὰ θάλατταν
cf. Krit. Anh. zu 5, 47) bei οὐ μό-
νον —, ἀλλὰ καί 16, 209, bei ἀλλ'
οὐ 15, 284. Über andere Schrift-
steller vergl. Maetzner ad Lykurg.
p. 257 seq. Schoemann ad Plut.
Cleom. 18, 1 und Rehdantz De-
mosth. Ind.' s. v. Praeposit. — Mit
dem Inhalte des § vergl. 5, 135. —
3, 5. πάντα — alles mögliche
s. zu 4, 88.

4, 2. οἱ δὲ περὶ τὴν μουσι-
κήν, die Musiker, wie § 50 οἱ
περὶ τὴν μουσικὴν καὶ οἱ περὶ τὴν
ἄλλην παίδευσιν. § 8 οἱ περὶ τὴν
φιλοσοφίαν ὄντες. § 10 οἱ περὶ
τοὺς λόγους. 11, 17 οἱ περὶ τὰς
αὐτὰς ἐπιστήμας. 15, 42 οἱ περὶ
τὰς δίκας. 15, 198 οἱ περὶ τὴν
μελέτην ταύτην ὄντες. 15, 200 περὶ
τοὺς πολιτικοὺς λόγους ἡμεῖς ὄντες
12, 226 τοὺς καταποντιστὰς καὶ
λῃστὰς καὶ τοὺς περὶ τὰς ἄλλας
ἀδικίας ὄντας. Zu οἱ περὶ τὴν μου-
σικήν steht das folgende οἱ μέν —
— οἱ δέ in partitiver Apposition.
— 4, 5. κατέστησαν. z. 1, 6.

5, 1. τοὺς ἐφ' αὑτῶν = τοὺς
καθ' αὑτούς § 13, ihre Zeit-
genossen. Vergl. 4, 103 ἐφ' ὧν.
4, 120 ἐφ' ἡμῶν. 14, 40 τὰ ἐφ'
ἡμῶν γενόμενα. 7, 69 ἐπὶ τῆς δη-
μοκρατίας. 8, 108 ἐπὶ τῶν τετρα-
κοσίων. 18, 18 ἐπὶ τῶν τριάκοντα
u. öfter. — 5, 3. κοσμεῖν, ver-
herrlichen, nämlich λόγῳ, das
hier wegfallen konnte, weil ποιού-
μενοι τοὺς λόγους folgt. — ταῖς
ἀληθείαις ἐχρῶντο, die Wahr-
heit sagten. Vergl. 8, 38 (coll.
16, 260) περὶ ὧν ἀπορῶ — πότερα
χρήσωμαι ταῖς ἀληθείαις. Ebenso
steht der Plural dieses Abstraktums
in den Wendungen ταῖς ἀλ. ἐπα-
κολουθεῖν 15, 170. ταῖς ἀλ. τιμᾶν

3*

6 μᾶλλον, ὧν ἂν ἀμείνους σφᾶς αὐτοὺς παράσχωσιν. νῦν δὲ τίς
οὐκ ἂν ἀθυμήσειεν, ὅταν ὁρᾷ τοὺς μὲν περὶ τὰ Τρωϊκὰ καὶ
τοὺς ἐπέκεινα γενομένους ὑμνουμένους καὶ τραγῳδουμένους,
αὐτὸν δὲ προειδῇ, μηδ᾽ ἂν ὑπερβάλλῃ τὰς ἐκείνων ἀρετάς,
μηδέποτε τοιούτων ἐπαίνων ἀξιωθησόμενον; τούτων δ᾽ αἴτιος ὁ
φθόνος, ᾧ τοῦτο μόνον ἀγαθὸν πρόσεστιν, ὅτι μέγιστον κακὸν
τοῖς ἔχουσίν ἐστιν. οὕτω γάρ τινες δυσκόλως πεφύκασιν, ὥσθ᾽
ἥδιον ἂν εὐλογουμένων ἀκούοιεν, οὓς οὐκ ἴσασιν εἰ γεγόνασιν,
7 ἢ τούτους, ὑφ᾽ ὧν εὖ πεπονθότες αὐτοὶ τυγχάνουσιν. οὐ μὴν

τινα◁2, 20. τὰς ἀλ. τῶν πραγμάτων
φεύγειν 2, 46. ταῖς ἀλ. οὕτως ἔχει
15, 283 (cf. Babrios 75, 20 u. 83, 4,
u. Meineke ad Menandr. p. 410)
neben τῇ ἀληθείᾳ 3, 33. 4, 162,
weil überall an eine Fülle von kon-
kreten Erscheinungen gedacht wird,
in denen sich die Wahrheit mani-
festiert. Vergl. wegen d. Plural
eines Abstraktum noch zu 4, 11.
77 und 7, 5. — 5, 4. ἐχρῶντο —
διέκειντο. Die Indikative stehen
hier im Absichtssatze wie überall,
wenn bezeichnet werden soll, dafs
eine Absicht nicht erreicht wurde,
weil die dazu nötigen Bedingungen
nicht eintraten. Vergl. 8, 51 und
Ep. 2, 12 und s. Frohberger Anh.
zu Lys. 1, 40. Über die Zulässig-
keit des Indik. Futur. εὐλογή-
σονται (hier im passiven Sinne,
s. zu 7, 34) im Anschlufs an einen
solchen Satz s. zu 4, 19. — Wegen
φιλοτιμοτέρως vergl. zu 4, 109.

6, 3. τοὺς ἐπέκεινα γενομ.
die, welche in den jenen vor-
angehenden Zeiten lebten
(Isokr. denkt an Herakles, Theseus,
d. Argonauten, d. Epigonen u. s. w.).
So ὁ ἐπέκεινα χρόνος 10, 68 u. d.
Plural 6, 41. 12, 98. Dagegen τὰ
ἐπὶ τάδε γεγενημένα § 37 „was in
den uns näher liegenden Zeiten ge-
schah"; (sonst lokal, wie 4, 118.
7, 80. 12, 59.) Während aber jenes
regelmäfsig ὑφ᾽ ἑνός geschrieben wird,
sind bei diesem die Handschriften
meist für getrennte Schreibung.
cf. Lobeck. Element. Pathol. I
p. 604 seq. — ὑμνουμένους καὶ
τραγ., in Liedern (besonders in
Epopöen) und Tragödien ge-

priesen. Vergl. 15, 136 πλείονος
ἀξίους γεγενημένους τῶν ᾀδομένων
καὶ τραγῳδουμένων. — 6, 4. αὐ-
τὸν προειδῇ — ἀξιωθησό-
μενον. Das pronom. reflex. und
der Akkusativ des Particips stehen
des Gegensatzes wegen (ὁρᾷ τοὺς
μὲν ὑμνουμένους), während sonst
bei Verbis der Wahrnehmung, so-
bald das Subjekt die Wahrnehmung
an der eigenen Person macht, der
Nominativ des Particips (ohne
pronomen) regelmäfsig ist, wie in
οἶδα θνητὸς ὤν. Indes sagt Isokr.
auch ohne einen solchen Gegen-
satz 10, 29 αἰσθάνομαι ἐμαυτὸν
ἔξω φερόμενον τῶν καιρῶν, und
ebenso 7, 70. 12, 239. 15, 6 u. 321.
— ὑπερβάλλῃ wie § 45 und
4, 82. 11, 29. 14, 55. 314, wogegen
§ 65 in gleicher Bedeutung das
Medium steht, wie 3, 11. 8, 96.
10, 3, 13. 16, 33. Ep. 9, 3. Wie
die Griechen das Aktiv in diesem
Sinne fafsten, lehrt das ähnlich ge-
brauchte ὑπερακοντίζειν bei Ari-
stoph. Av. v. 363 Dind. ὑπερακοντί-
ζεις σύ γ᾽ ἤδη Νικίαν ταῖς μηχά-
ναις und anderen, ebenso ὑπερ-
τοξεύσιμος bei Aischyl. Suppl. v. 473
Dind. μίασμ᾽ ἔλεξας οὐχ ὑπερ-
τοξεύσιμον. — 6, 6. κακόν, weil
der Neid für den, der ihn hegt, ein
peinigendes, krankhaftes Gefühl ist.
Vergl. 15, 13 βούλομαι τοὺς φθο-
νοῦντας ἔτι μᾶλλον ὑπὸ τῆς νόσου
ταύτης λυπεῖσθαι. cf. Meineke ad
Menandr. p. 198. — 6, 7. δυσκό-
λως πεφυκ. s. zu 4, 129. — 6, 9.
τούτους. Man erwartet τούτων
[cf. Krit. Anh.], wie εὐλογουμένων
abhängig von ἀκούοιεν. Hier hat
jedoch das Relativum οὓς eine Art

δουλευτέον τοὺς νοῦν ἔχοντας τοῖς οὕτω κακῶς φρονοῦσιν,
ἀλλὰ τῶν μὲν τοιούτων ἀμελητέον, τοὺς δ᾽ ἄλλους ἐθιστέον c
ἀκούειν, περὶ ὧν καὶ λέγειν δίκαιόν ἐστιν, ἄλλως τ᾽ ἐπειδὴ καὶ
τὰς ἐπιδόσεις ἴσμεν γιγνομένας καὶ τῶν τεχνῶν καὶ τῶν ἄλλων
ἁπάντων οὐ διὰ τοὺς ἐμμένοντας τοῖς καθεστῶσιν, ἀλλὰ διὰ
τοὺς ἐπανορθοῦντας καὶ τολμῶντας ἀεί τι κινεῖν τῶν μὴ καλῶς
ἐχόντων.

(γ΄.) Οἶδα μὲν οὖν, ὅτι χαλεπόν ἐστιν, ὃ μέλλω ποιεῖν, ἀν-
δρὸς ἀρετὴν διὰ λόγων ἐγκωμιάζειν. σημεῖον δὲ μέγιστον· περὶ
μὲν γὰρ ἄλλων πολλῶν καὶ παντοδαπῶν λέγειν τολμῶσιν οἱ
περὶ τὴν φιλοσοφίαν ὄντες, περὶ δὲ τῶν τοιούτων οὐδεὶς πώποτ᾽ d

Attraktion geübt (ähnlich wie in den zu **4, 44** besprochenen Fällen). Vergl. Plat. Sympos. p. 205 E οὐδέν γε ἄλλο ἐστὶν οὗ ἐρῶσιν ἄνθρωποι ἢ τοῦ ἀγαθοῦ, und Stallbaum ad Phaedo. p. 66 E.

7, 2. τοὺς νοῦν ἔχοντας [cf. Krit. Anh.] ist als Subjekt zu δουλευτέον zu fassen, wie bei der unpersönlichen Konstruktion des Verbaladjektivs das Subjekt oft in den Akkus. statt in den Dativ tritt (cf. Ast ad Plat. de legg. I p. 643 A p. 70, Stallbaum ad Plat. Crito. p. 49 A. und de legg. VII p. 793 E), besonders wo wie hier, schon ein Dativ steht. Es leitete dabei wohl die Analogie von δεῖ με ποιεῖν und δεῖ μοι ποιεῖν. — **7, 4.** ἄλλως τ᾽ ἐπειδὴ καί, besonders da, s. zu **4, 66**. — **7, 5.** τὰς ἐπιδόσεις, daß die Fortschritte in den Künsten — geschehen. So **7, 40** ἐπίδοσίς ἐστιν ἔκ τινος, und ἐπίδοσιν λαμβάνειν, einen Aufschwung nehmen, **§ 48** u. **4, 10. 6, 104. 8, 127, 140. 10, 68.** (Demosth. 9, 47. 61, 41 n. 46) Vergl. zu **7, 18**, und über das ähnlich gebrauchte ἐπιδιδόναι zu **§ 68**. — **7, 7.** τοὺς ἐπανορθοῦντας, die es (τὰ καθεστῶτα) besser machen, wie 12,200 ἐπηνωρθοῦν τὸν λόγον. In demselben Sinne steht auch das Medium **4, 165.** Vergl. noch **1, 3. 5, 48, 72. 17, 15.** — τι κινεῖν τῶν, etwas Andern an ... — Vergl. **2, 17. 7, 30. 9, 63. 14, 29. 16, 5.**

8, 2. λόγων, prosaische Vorträge, s. zu § 10. — σημεῖον γάρ, s. zu 7, 69. — **8, 3.** οἱ περὶ τὴν φιλοσοφίαν ὄντες, die das Studium der Beredtsamkeit Betreibenden, wie **2, 51. 15, 147, 183, 279**, und οἱ περὶ τὴν φιλ. διατρίβοντες **5, 84. 15, 41.** Ep. 6, 8. Isokr. will nämlich den Ausdruck φιλοσοφία von den Forschungen des Empedokles, Parmenides und anderer nicht gelten lassen (cf. 15, 265 seq. coll. 285) und ihn mit Ausschluß auch der ἀστρολογία, γεωμετρία, γραμματική, μουσική (15, 265 seq. u. 285) auf diejenigen wissenschaftlichen Studien beschränkt wissen, welche den Menschen in seinem Reden und Thun wirklich veredeln (15, 266 u. 271), und da er in dieser Beziehung dem Studium der Beredtsamkeit ein vorzügliches Gewicht beilegt (cf. 13, 21. 15, 276 seq. coll. 3, 6 seq.), so bezieht sich bei ihm φιλοσοφία, — φεῖν, — φος vorzugsweise auf die Beredtsamkeit, nicht nur so, daß durch einen Beisatz die Beziehung auf die Redekunst deutlich gemacht wird, wie 4, 10 (ἡ περὶ τοὺς λόγους φιλοσοφία), 15, 48 (φ. τῶν λόγων), 15, 50 (coll. Ep. 6, 8 ἡ ἐμὴ φιλ.), 12, 9 (φιλοσ., ἣν προειλόμην), sondern auch ohne jeden Beisatz: so φιλόσοφος 8, 145. 10, 66. 11, 17 u. 48. 15, 271. φιλοσοφεῖν 3, 1 u. 9. 9, 78. 12, 11 u. 263. 15, 250. Ep. 9, 15. φιλοσοφία 4, 47. 7, 45. 9, 77 u. 81. 11, 1 u. 49. 12.

αὐτῶν συγγράφειν ἐπεχείρησεν. καὶ πολλὴν αὐτοῖς ἔχω συγ-
9 γνώμην. τοῖς μὲν γὰρ ποιηταῖς πολλοὶ δέδονται κόσμοι· καὶ
γὰρ πλησιάζοντας τοὺς θεοὺς τοῖς ἀνθρώποις οἷόν τ᾽ αὐτοῖς
ποιῆσαι, καὶ διαλεγομένους καὶ συναγωνιζομένους οἷς ἂν βου-
ληθῶσιν, καὶ περὶ τούτων δηλῶσαι μὴ μόνον τοῖς τεταγμένοις
ὀνόμασιν, ἀλλὰ τὰ μὲν ξένοις, τὰ δὲ καινοῖς, τὰ δὲ μεταφοραῖς,
καὶ μηδὲν παραλιπεῖν, ἀλλὰ πᾶσι τοῖς εἴδεσι διαποικῖλαι τὴν
10 ποίησιν· τοῖς δὲ περὶ τοὺς λόγους οὐδὲν ἔξεστι τῶν τοιούτων, e
ἀλλ᾽ ἀποτόμως καὶ τῶν ὀνομάτων τοῖς πολιτικοῖς μόνον καὶ
τῶν ἐνθυμημάτων τοῖς περὶ αὐτὰς τὰς πράξεις ἀναγκαῖόν ἐστι
χρῆσθαι. πρὸς δὲ τούτοις οἱ μὲν μετὰ μέτρων καὶ ῥυθμῶν 191
ἅπαντα ποιοῦσιν, οἱ δ᾽ οὐδενὸς τούτων κοινωνοῦσιν· ἃ τοσαύ-

246 u. 260. 13, 11. Ep. 5, 3, und
überall in der 15. Rede. Vergl.
zu 1, 3. — 8, 5. πολλὴν ἔχω συγ-
γνώμην, ich habe viele Ent-
schuldigungsgründe für sie.
Vergl. 4, 82. 7, 83. 8, 8. 10, 7.

9, 1. κόσμοι, Mittel zur Aus-
schmückung. — 9, 3. ποιῆσαι,
darstellen, wie § 10 u. 36. — 9, 4.
τοῖς τεταγμένοις, in den einmal
dafür festgesetzten (feststehenden),
im bürgerlichen Leben gebräuch-
lichen Ausdrücken, was § 10 πολιτι-
κοῖς heifst. — 9, 5 ἀλλὰ i. e. ἀλλὰ
καί, s. zu 4, 188. — ξένοις, nicht
etwa barbarischen, sondern die
andern griechischen Dialekten und
besonders älteren Sprachperioden
entlehnt sind, den sogenannten
γλῶσσαι. Dagegen sind καινὰ
ὀνόμ. neugebildete, μεταφο-
ραί aber bildliche Ausdrücke.
Vergl. Dionys. de comp. verb. 25
καὶ ἡ ἐκλογὴ τῶν ὀνομάτων μέγα
τι δύναται, καὶ ἔστι τις ὀνομασία
ποιητική, γλωττηματικῶν τε καὶ
ξένων καὶ τροπικῶν καὶ πεποιη-
μένων. Zur Sache vergl. 13, 16 seq.
—9,6. εἴδεσι, nämlich τῶν κόσμων.

10, 1. τοῖς περὶ τοὺς λόγους,
den Prosaikern, im Gegensatz
zu τοῖς ποιηταῖς § 9. Ebenso 12,
35 οἱ περὶ τὴν ποίησιν καὶ τοὺς λό-
γους ὄντες. 15, 137 ποιητῶν ἔτυ-
χον καὶ λογοποιῶν (coll. 5, 109 u.
Plat. de republ. III p. 392 A) und
λόγος von der Prosa § 8 u. § 11,

καταλογάδην prosaisch 2, 7. —
10, 2. ἀποτόμως, absolut, streng
geschieden darin von den Dichtern.
Vergl. 6, 50 οὐδὲν τῶν τοιούτων
ἐστὶν ἀποτόμως οὔτε κακὸν οὔτ᾽
ἀγαθόν, ἀλλ᾽ ὡς ἂν χρήσηταί τις
τοῖς πράγμασι. — 10, 3. ἐνθυμη-
μάτων τοῖς περὶ κ. τ. λ., Ge-
danken und Vorstellungen, die dem
Bereiche der Wirklichkeit ange-
hören, weil sie mit den Dingen
selbst gegeben sind und in der
Natur derselben liegen; entgegen-
gesetzter Art sind die Vorstellungen
der Dichter von Göttern, die mit
den Menschen verkehren, von
redenden Tieren u. s. w. — 10, 4.
μέτρων καὶ ῥυθμῶν. Bei den
Metrikern ist μέτρον ein Kom-
plex von Sylben, auf den ein be-
stimmtes rythmisches Taktverhält-
nis angewendet ist (Versfufs), μέτρον
schliefst also den Begriff ῥυθμός
schon in sich, weshalb § 11 μέτρον
allein erwähnt wird. Wo aber wie
hier und bei anderen beide Aus-
drücke nebeneinander stehen, geht
ῥυθμός auf die für die einzelnen
Füfse angewendeten rythmischen
Verhältnisse (wovon Folge die εὐ-
ρυθμία ist), μέτρον aber auf die
regelmäfsige Wiederkehr derselben
zur Bildung des Verses (wodurch
συμμετρία entsteht). Vergl. Volk-
mann Rhetorik d. Gr. u. R. S. 519².
— Über den Chiasmus in μέτρ. καὶ
ῥυθμῶν — εὐρυθμίαις καὶ συμμετρ.
s. zu 1, 7. — 10, 5. οὐδενός,

τὴν ἔχει χάριν, ὥστ᾽ ἂν καὶ τῇ λέξει καὶ τοῖς ἐνθυμήμασιν
ἔχῃ κακῶς, ὅμως αὐταῖς ταῖς εὐρυθμίαις καὶ ταῖς συμμετρίαις
11 ψυχαγωγοῦσι τοὺς ἀκούοντας. γνοίη δ᾽ ἄν τις ἐκεῖθεν τὴν δύ-
ναμιν αὐτῶν· ἢν γάρ τις τῶν ποιημάτων τῶν εὐδοκιμούντων
τὰ μὲν ὀνόματα καὶ τὰς διανοίας καταλίπῃ, τὸ δὲ μέτρον δια-
λύσῃ, φανήσεται πολὺ καταδεέστερα τῆς δόξης ἧς νῦν ἔχομεν b
περὶ αὐτῶν. ὅμως δέ, καίπερ τοσοῦτον πλεονεκτούσης τῆς
ποιήσεως, οὐκ ὀκνητέον, ἀλλ᾽ ἀποπειρατέον τῶν λόγων ἐστίν,
εἰ καὶ τοῦτο δυνήσονται, τοὺς ἀγαθοὺς ἄνδρας εὐλογεῖν μηδὲν
χεῖρον τῶν ἐν ταῖς ᾠδαῖς καὶ τοῖς μέτροις ἐγκωμιαζόντων.

12 (δ´.) Πρῶτον μὲν οὖν περὶ τῆς φύσεως τῆς Εὐαγόρου, καὶ c

d. h. im strengsten Sinne nicht;
denn auch der Redner soll nach
εὐρυθμία und συμμετρία streben.
Vgl. 5, 27. 13, 16. 12, 33. — 10, 6.
ἂν καὶ τῇ λέξει — ἔχῃ κακῶς,
wenn es auch mit dem Aus-
druck — schlecht steht. Das
unpersönliche ἔχει καλῶς, κακῶς,
οὕτως mit einem sächlichen Dativ
(eigentlich einem dat. commodi oder
incommodi) ist selten. S. Aischyl.
Choephor. v. 740 Dind. δόμοις δὲ
τοῖσδε παγκάκως ἔχει. Häufiger ist
der persönliche Dativ, wie Sophokl.
Elektr. v. 816 ἀρά μοι καλῶς ἔχει;
Eurip. Hekab. v. 854 ὥστε σοί τ᾽ ἔχειν
καλῶς, und öfter ὧδε (οὕτως) ἔχει
μοι. Anders § 41 καλῶς αὐτῷ τὴν
βασιλείαν ἕξειν.

11, 1. ἐκεῖθεν, ans Folgen-
dem, wie 3, 31. 4, 40. 7, 60. 8,
70, 74. 12, 224. (Vergl. zu § 39
ἐκείνως); ebenso ἐνθένδε 11, 19. —
11, 2. ἢν γάρ τις κ. τ. λ. Vgl. Plato
de republ. X p. 601 A ἐάν τε περὶ
σκυτοτομίας τι λέγῃ (ὁ ποιητής) ἐν
μέτρῳ καὶ ῥυθμῷ καὶ ἁρμονίᾳ, πάνυ
εὖ δοκεῖν λέγεσθαι, — ἐάν τε περὶ
ἄλλου ὁτουοῦν· οὕτω φύσει αὐτὰ
ταῦτα μεγάλην τινὰ κήλησιν ἔχει.
ἐπεὶ γυμνωθέντα γε τῶν τῆς μου-
σικῆς χρωμάτων τὰ τῶν ποιητῶν
αὐτὰ ἐφ᾽ αὑτῶν λεγόμενα οἶμαί σε
εἰδέναι οἷα φαίνεται. — 11, 5.
ὅμως einem durch obgleich auf-
zulösenden, auch wohl mit καί oder
καίπερ versehenen Particip voraus-
zustellen liebt Isokr. Vergl. 6, 29.

8. 15 u. 124. 9, 61, 79. 12, 15.
15, 272. 17, 2 und 55 u. öfter. —
11, 8. ἐγκωμιαζόντων. S. zu § 34.
§ 12—20. Euagoras ist nicht zu-
rückgeblieben hinter den grofsen
Männern seines Geschlechtes (§ 12),
das, einst ausgezeichnet in Hellas
und im Besitz des Königtums auf
Kypern (§ 13—18), später durch
Verrat dessen verlustig ging (§ 19
u. 20).
12, 1. περὶ τῆς φύσεως, über den
Ursprung, die Abstammung des
Euag., wozu καὶ τίνων ἦν ἀπ. erläu-
ternd hinzutritt. Über φύσις vergl.
Ep. 8, 4 αἰσχρὸν ὑμᾶς τοὺς εὐδο-
κιμοῦντας παρὰ τοῖς ἄλλοις καὶ
μετασχόντας τῆς αὐτῆς φύσεως
περιορᾶν παρ᾽ ἑτέροις μετοικοῦν-
τας, u. 4, 50. Übrigens scheint περὶ
τῆς φύσεως nicht statt eines ganzen
Satzes zu stehen („was — anbetrifft";
vergl. 7, 56 u. zu 5, 109 u. öfter),
sondern von προεπίστανται abhängig
zu sein. Denn Isokr. sagt ἐπίστα-
σθαι περί τινος auch § 21. 10, 5.
11, 34, ebenso συνειδέναι περί τινος
9, 21. 17, 11, 17, 27, 53, ἐνθυμεῖ-
σθαι Ep. 9, 8, μεμνῆσθαι 4, 5 u. 74.
5, 66. 10, 14. 12, 8 u. 41. 15, 259.
Ep. 1, 8, μνείαν ποιεῖσθαι 5, 109.
12, 120. 15, 102. δηλοῦν 3, 35.
4, 64 u. 106. 9, 9 u. 33. 14, 3. 15,
140. Ep. 7, 10, διεξιέναι (zu 5, 9),
ἐπιδεικνύναι (zu 4, 65), κατηγορεῖν
3, 61, μέμφεσθαι 16, 19, wo überall
ein einfacher Kasus gebräuchlicher
ist. Vergl. auch über διεξιέναι
zu § 2. Über ähnliche Fälle bei

τίνων ἦν ἀπόγονος, εἰ καὶ πολλοὶ προεπίστανται, δοκεῖ μοι πρέ-
πειν κἀμὲ τῶν ἄλλων ἕνεκα διελθεῖν περὶ αὐτῶν, ἵνα πάντες
εἰδῶσιν, ὅτι καλλίστων αὐτῷ καὶ μεγίστων παραδειγμάτων
καταλειφθέντων οὐδὲν καταδεέστερον αὐτὸν ἐκείνων παρέσχεν.
13 Ὁμολογεῖται μὲν γὰρ τοὺς ἀπὸ Διὸς εὐγενεστάτους τῶν ἡμι-
θέων εἶναι, τούτων δ᾽ αὐτῶν οὐκ ἔστιν ὅστις οὐκ ἂν Αἰακίδας
προκρίνειεν· ἐν μὲν γὰρ τοῖς ἄλλοις γένεσιν εὑρήσομεν τοὺς d
μὲν ὑπερβάλλοντας, τοὺς δὲ καταδεεστέρους ὄντας, οὗτοι δ᾽
14 ἅπαντες ὀνομαστότατοι τῶν καθ᾽ αὑτοὺς γεγόνασιν. (ε΄.) Τοῦτο
μὲν γὰρ Αἰακὸς ὁ Διὸς μὲν ἔκγονος, τοῦ δὲ γένους τοῦ Τευ-
κριδῶν πρόγονος, τοσοῦτον διήνεγκεν, ὥστε γενομένων αὐχμῶν
ἐν τοῖς Ἕλλησι καὶ πολλῶν ἀνθρώπων διαφθαρέντων, ἐπειδὴ
τὸ μέγεθος τῆς συμφορᾶς ὑπερέβαλλεν, ἦλθον οἱ προεστῶτες e

anderen cf. Schoemann ad Isae.
p. 244, und über den ähnlichen la-
teinischen Gebrauch von de s. Krah-
ner zu Caesar bell. Gall. 1, 42, 1.
— 12, 3. περὶ αὐτῶν. S. zu 7, 62.

13, 1. ἀπὸ Διός S. zu 4, 62. —
13, 2. τούτων ist partitiver Gene-
tiv, unter diesen; vergl. Xenoph.
Anab. 1, 6, 5 (Κλέαρχος) αὐτῷ καὶ
τοῖς ἄλλοις ἐδόκει προτιμηθῆναι
μάλιστα τῶν Ἑλλήνων. — 13, 4.
ὑπερβάλλοντας. Wolf u. Ben-
seler ergänzen τοὺς πατέρας, wie
τῶν πατέρων zu καταδεεστέρους.
Vielmehr steht ὑπερβάλλειν abso-
lut wie § 14 ὑπερέβαλλεν u. öfter
(s. zu 1, 27), und auch bei κατα-
δεεστέρους schwebt dem Schrift-
steller als Vergleichspunkt das ge-
wöhnliche Maſs vor (wie in der
Phrase καταδεέστερον πράττειν 6,
67 u. 15, 149); entscheidend ist
§ 41 οὐκ ἐν τούτοις ὑπερβαλλόμενος
ἐν τοῖς ἄλλοις εὑρεθήσεται κατα-
δεέστερος γενόμενος. — 13, 5. καθ᾽
αὑτούς s. zu § 5.

14, 1. τοῦτο μέν (einmal,
einerseits), ein Akkusativ des
Bezuges, wie § 9 τὰ μὲν — τὰ δέ,
ist hier ohne seinen Gegensatz
τοῦτο δέ geblieben, den es 3, 23
u. 4, 21 seq. neben sich hat, indem
Isokr. § 16 an τοῦτο μέν nicht
zurückdachte, sondern eine andere

Konstruktion wählte. So steht auch
bei anderen bald τοῦτο μέν allein,
bald mit τοῦτο δέ. Vergl. Hermann
ad Viger.[4] p. 702, Maetzner ad An-
tiphon. p. 207 seq., Weber ad De-
mosth. Aristocr. p. 257. Rehdantz
Demosth. Ind.[2] s. v. μέν. — 14, 2.
τοῦ δὲ γένους — πρόγονος,
und der Ahnherr, wie regel-
mäfsig im Griechischen das ad-
versative Verhältnis eintritt, wenn
die verschiedenen Seiten der Be-
trachtung, welche ein Gegenstand
darbietet, durch Substantiva ange-
geben werden. 12, 169 τὸν Οἰδίπου
μὲν υἱόν, αὐτοῦ δὲ κηδεστήν. 4, 61
οἱ πρόγονοι μὲν τῶν νῦν ἐν Λακε-
δαίμονι βασιλευόντων, ἔκγονοι δ᾽
Ἡρακλέους. 6, 22 τὸν οἰκιστὴν μὲν
τῆς πόλεως, κύριον δὲ τῆς χώρας,
woraus erhellt, dafs dabei μέν nicht
regelmäfsig wegfällt, wie Sauppe
zu Plat. Protag. p. 310 A lehrt.
Vergl. Elmsley ad Eurip. Med. v.
940. Beispiele ohne μέν s. bei
Maetzner ad Antiph. p. 133. —
14, 3. γενομένων αὐχμῶν. Über
das hier und § 15 Erzählte vergl.
Diodor. 4, 61 u. Pausan. 2, 29, 6
coll. Heyne ad Apollod. 3, 12, 6.
— 14, 5. ἦλθον — ἱκετεύοντες,
kamen und flehten ihn an. Anders
Pausan. l. l. ἀποστέλλουσιν Αἰακοῦ
δεησομένους. So steht aber oft
bei den Verbis der Bewegung das
Particip. Praes. nicht zur Bezeich-

τῶν πόλεων ἱκετεύοντες αὐτόν, νομίζοντες διὰ τῆς συγγενείας
καὶ τῆς εὐσεβείας τῆς ἐκείνου τάχιστ' ἂν εὑρέσθαι παρὰ τῶν
15 θεῶν τῶν παρόντων κακῶν ἀπαλλαγήν. σωθέντες δὲ καὶ τυ-
χόντες ὧν ἐδεήθησαν, ἱερὸν ἐν Αἰγίνῃ κατεστήσαντο κοινὸν
τῶν Ἑλλήνων, οὗπερ ἐκεῖνος ἐποιήσατο τὴν εὐχήν. καὶ κατ' 192
ἐκεῖνόν τε τὸν χρόνον, ἕως ἦν μετ' ἀνθρώπων, μετὰ καλλίστης
ὧν δόξης διετέλεσεν· ἐπειδὴ δὲ μετήλλαξε τὸν βίον, λέγεται
παρὰ Πλούτωνι καὶ Κόρῃ μεγίστας τιμὰς ἔχων παρεδρεύειν
16 ἐκείνοις. (ς'.) Τούτου δὲ παῖδες ἦσαν Τελαμὼν καὶ Πηλεύς,
ὧν ὁ μὲν ἕτερος μεθ' Ἡρακλέους ἐπὶ Λαομέδοντα στρατευσά-
μενος ἀριστείων ἠξιώθη, Πηλεὺς δ' ἔν τε τῇ μάχῃ τῇ πρὸς
Κενταύρους ἀριστεύσας καὶ κατὰ πολλοὺς ἄλλους κινδύνους

nung der Absicht (wo das Part.
Futur notwendig ist), sondern des
Gleichzeitigen. 12, 194 ἱκέτης γενό-
μενος τούτων, οὓς ἐξαιτῶν ἦλθε.
19, 31 τῶν καταλειφθέντων — ἦλθεν
ἀμφισβητοῦσα. Vergl. Stallbaum
ad Plat. Phaedo. p. 116 C. und
Sintenis ad Plut. Pericl. 30, 14.
— 14, 7. τῆς εὐσεβείας. cf. Plut.
Thes. 10 Αἰακὸν Ἑλλήνων ὁσιώτα-
τον νομίζεσθαι.

15, 2. ἱερόν, das nach ihm be-
nannte Αἰάκειον. S. Pausan. l. l. u.
O. Müller Aeginetic. p. 161. — 15, 4.
ἐκεῖνόν τε. Dem τέ läßt Isokr.
im folgenden kein καί entsprechen,
sondern anakoluthisch findet mit
ἐπειδὴ δέ das in dem Gedanken
liegende adversative Verhältnis
auch seinen Ausdruck. Vergl. 12,
212 ἔν τε τοῖς παισὶν εὐδοκιμεῖν
μᾶλλον τῶν ἄλλων, ἐπειδὰν δ' εἰς
ἄνδρας συντελῶσιν κ. τ. λ. Thuk.
1, 11, 1 τόν τε στρατὸν ἐλάσσω ἤγα-
γον, ἐπειδὴ δὲ κ. τ. λ. Xenoph.
Anab. 5, 5, 8 ἐπαινέσοντάς τε ὑμᾶς
—, ἔπειτα δὲ κ. τ. λ. Andokid.
3, 10 πολλοί τε Ἀθηναίων — ἀπέ-
θανον, οἱ δὲ φεύγοντες ᾤχοντο und
sonst oft bei Rednern und anderen,
cf. Pflugk ad Eurip. Alkest. v. 197.
Stallbaum ad Plat. de republ. II p. 367
C. und Rehdantz Demosth. Ind.² s. v.
τέ. [cf. Krit. Anh.]. — 15, 5. μετήλ-
λαξε τὸν βίον, wie 6, 17. Polyb.
2. 70, 6, auch ohne Zusatz von
τὸν βίον z. B. Plat. Ax. p. 367 C.

369 B. Polyb. 1, 43, 4. — 15, 6.
τιμὰς ἔχων παρεδρεύειν. Apol-
lod. l. l. τὰς κλεῖς τοῦ Ἅιδου φυ-
λάττει. Nach anderen ist er neben
Minos und Rhadamanthys Richter
in der Unterwelt. Über παρε-
δρεύειν vergl. Eurip. Alkest. v. 745
Dind. (ἀγαθῶν) μετέχουσ' Ἅιδου
νύμφα παρεδρεύοις, u. (Demosth.)
60, 33 πῶς οὐ χρὴ τούτους εὐδαί-
μονας νομίζεσθαι, οὓς παρέδρους
εἰκότως ἄν τις φήσαι τοῖς κάτω
θεοῖς εἶναι (coll. Aristoph. Ran. v.
765 τὸν ἄριστον — λαμβάνειν θρό-
νον τοῦ Πλούτωνος ἑξῆς), also zur
Seite sein, nicht — σύνθρονος
oder σύμβωμος oder σύνναος εἶναι,
in welchem Sinne das Wort sonst
von Göttern gesagt wird.

16, 2. ἐπὶ Λαομέδοντα. Hom.
Il. 5, 638 seqq. Über die Beteili-
gung des Telamon an diesem Unter-
nehmen und wie er wegen seiner
Tapferkeit als ἀριστεῖα Hesione,
des Laomedon Tochter, erhielt, s.
Apollod. 2, 6, 4 mit d. Kommentar
von Heyne. — 16, 3. πρὸς Κεν-
ταύρους ἀριστεύσας, wohl nicht
in dem Kampfe zwischen den La-
pithen und Kentauren, an dem erst
Ovid. Met. 12, 366 ihn teilnehmen
läßt (nicht Hesiod. Scut. 179 seq.),
sondern bei dem Überfall der Ken-
tauren, als Akastos dem Peleus sein
Schwert verborgen hatte. S. Apol-
lod. 3, 13, 8. — 16, 4. ἄλλους,
z. B. bei der Belagerung von Jolkos

εὐδοκιμήσας Θέτιδι τῇ Νηρέως, θνητὸς ὢν ἀθανάτῃ, συν- b
ᾤκησεν, καὶ μόνου τούτου φασὶ τῶν προγεγενημένων ὑπὸ θεῶν
17 ἐν τοῖς γάμοις ὑμέναιον ᾀσθῆναι. (ζ'.) Τούτοιν δ' ἑκατέρου,
Τελαμῶνος μὲν Αἴας καὶ Τεῦκρος ἐγενέσθην, Πηλέως δ' Ἀχιλ-
λεύς, οἳ μέγιστον καὶ σαφέστατον ἔλεγχον ἔδοσαν τῆς αὑτῶν
ἀρετῆς· οὐ γὰρ ἐν ταῖς αὑτῶν πόλεσι μόνον ἐπρώτευσαν, οὐδ'
ἐν τοῖς τόποις, ἐν οἷς κατῴκουν, ἀλλὰ στρατείας τοῖς Ἕλλησιν
ἐπὶ τοὺς βαρβάρους γενομένης καὶ πολλῶν μὲν ἑκατέρων ἀθροι- c
σθέντων, οὐδενὸς δὲ τῶν ὀνομαστῶν ἀπολειφθέντος, ἐν τού-
18 τοις τοῖς κινδύνοις Ἀχιλλεὺς μὲν ἁπάντων διήνεγκεν, Αἴας δὲ
μετ' ἐκεῖνον ἠρίστευσεν, Τεῦκρος δὲ τῆς τε τούτων συγγενείας
ἄξιος καὶ τῶν ἄλλων οὐδενὸς χείρων γενόμενος ἐπειδὴ Τροίαν
συνεξεῖλεν, ἀφικόμενος εἰς Κύπρον Σαλαμῖνά τε κατῴκισεν
ὁμώνυμον ποιήσας τῆς πρότερον αὐτῷ πατρίδος οὔσης, καὶ τὸ
γένος τὸ νῦν βασιλεῦον κατέλιπεν. d

(Apollod. 3, 13, 7), ferner bei der von Troia zur Zeit des Laomedon, im Kampfe gegen die Amazonen u. auf der Argonautenfahrt, welche drei Unternehmungen zusammengestellt sind bei Pindar fragm. incert. n. 172 (poet. lyr.[4] Bergk.) — 16, 5. Θέτιδι. cf. Hom. Il. 18, 432 u. Heyne ad Apollod. 3, 13, 5. — ἀθανάτῃ Isokr. gebraucht sonst beim Femin. der Regel gemäfs nur ἀθάνατος (2, 32 u. 37. 4, 84. 6, 109. 8, 94. 9, 3 u. 71), jedoch nur bei sächlichen Begriffen (δόξα und μνήμη), nicht wie hier bei Personen. Vergl. über ἀθανάτη Lobeck. Paralipom. p. 461. — 16, 6. μόνου τούτου ist von γάμοις abhängig. — ὑπὸ θεῶν, nämlich von Apollo (Hom. Il. 24, 62), oder den Musen (Pindar. Pyth. 3, 90), oder den Parzen (Catull. LXIV, 306).

17, 1. ἑκατέρου, jeder von ihnen hatte Söhne, Telamon den A. Das Verbum ἐγενέσθην ist zur Apposition gezogen, nicht zu dem zu erklärenden Worte. — 17, 6. βαρβάρους, die Troianer, wie diese Isokr. (und die älteren Schriftsteller alle, vergl. Ulrichs im Rhein. Mus. III (1844) p. 604) auch

sonst nennt. Vergl. 4, 159 und 10, 67 εὑρήσομεν τοὺς Ἕλληνας δι' αὐτὴν (i. e. Ἑλένην) ὁμονοήσαντας καὶ κοινὴν στρατείαν ἐπὶ τοὺς βαρβάρους ποιησαμένους. 12, 189 τριῶν πολέμων γενομένων ἄνευ τοῦ Τρωικοῦ τοῖς Ἕλλησι πρὸς τοὺς βαρβάρους κ. τ. λ. 12, 42 τὴν πρὸς τοὺς βαρβάρους ἔχθραν, ἣν παρέλαβον ἐκ τῶν Τρωικῶν, διαφυλάττοντες καὶ μένοντες ἐν τοῖς αὐτοῖς.

18, 2. μετ' ἐκεῖνον. Vergl. Hom. Il. 17, 279 (Od. 11, 550) Αἴας, ὃς περὶ μὲν εἶδος, περὶ δ' ἔργα τέτυκτο | τῶν ἄλλων Δαναῶν μετ' ἀμύμονα Πηλείωνα coll. Il. 2, 768 seq. — 18, 5. ὁμώνυμον ποιήσας, das von ihm nach dem Namen — benannte Salamis. Für ποιήσας erwartet man ποιῶν, indem es scheint, als müfste das ὀνομάζειν und das κατοικίζειν gleichzeitig sein. Aber ποιήσας sagt, dafs er den Namen für die zu erbauende Stadt im voraus festgestellt habe. — τῆς — πατρίδος. Anders 11, 10 ὁμώνυμον αὐτῇ τὴν χώραν καταστῆσαι. Beide Konstruktionen sind üblich. cf. Schaefer ad Schol. Apollon. Rhod. p. 168.

19   (η'). Τὰ μὲν οὖν ἐξ ἀρχῆς Εὐαγόρᾳ παρὰ τῶν προγόνων ὑπάρξαντα τηλικαῦτα τὸ μέγεθός ἐστιν. τοῦτον δὲ τὸν τρόπον τῆς πόλεως κατοικισθείσης κατὰ μὲν ἀρχὰς οἱ γεγονότες ἀπὸ Τεύκρου τὴν βασιλείαν, εἶχον· χρόνῳ δ' ὕστερον ἀφικόμενος ἐκ Φοινίκης ἀνὴρ φυγὰς καὶ πιστευθεὶς ὑπὸ τοῦ τότε βασιλεύοντος καὶ μεγάλας δυναστείας λαβὼν οὐ χάριν ἔσχε τούτων,

20 ἀλλὰ κακὸς μὲν γενόμενος περὶ τὸν ὑποδεξάμενον, δεινὸς δὲ e πρὸς τὸ πλεονεκτῆσαι, τὸν μὲν εὐεργέτην ἐξέβαλεν, αὐτὸς δὲ τὴν βασιλείαν κατέσχεν. ἀπιστῶν δὲ τοῖς πεπραγμένοις καὶ βουλόμενος ἀσφαλῶς κατασκευάσασθαι τὰ περὶ αὐτὸν τήν τε πόλιν ἐξεβαρβάρωσεν καὶ τὴν νῆσον ὅλην βασιλεῖ τῷ μεγάλῳ κατεδούλωσεν.

21   (ϑ'.) Οὕτω δὲ τῶν πραγμάτων καθεστώτων καὶ τῶν ἐκ- 193 γόνων τῶν ἐκείνου τὴν ἀρχὴν ἐχόντων Εὐαγόρας γίγνεται·

19, 1. ἐξ ἀρχῆς — ὑπάρξαντα, was ihm von vorne herein zu Gute kam, wie 4, 26. 6, 24. 8, 117. Dagegen ist das folgende κατὰ μὲν ἀρχάς „in den ersten Zeiten" (vergl. 6, 17 u. 8, 34), während ἐν ἀρχῇ 4. 40 u. 6, 103 nur einen einzelnen Punkt bezeichnet. — 19, 4. χρόνῳ δ' ὕστερον, einige Zeit nachher. Ebenso 12, 49. 17, 5 u. bei anderen. S. Ellendt ad Arrian. Anab. 7, 18, 9. Häufiger tritt so als ein Dativ des Mafses πολλῷ χρόνῳ oder βραχεῖ χρόνῳ (z. B. Xenoph. Kyrop. 5, 3, 52) oder ὀλίγῳ (8, 34) πολλῷ (10, 26) allein zu ὕστερον. — 19, 5. ἀνήρ. Sein Name ist nicht bekannt. — πιστευθείς. S. zu 1, 30. — 19, 6. δυναστείας, einflufsreiche Amter.

20, 3. ἀ. τοῖς πεπραγμένοις, nämlich dafs es keine üblen Folgen für ihn von seiten der vertriebenen Königsfamilie haben werde. Deshalb wirft er sich dem Grofsköníge in die Arme, während er, um sich seinen Unterthanen gegenüber sicher einzurichten (ἀσφαλῶς κατασκ.), die Stadt verwildern (s. § 47) läfst. Die Begriffe entsprechen sich also hier per chiasmum (s. zu 1, 7).

§ 21—29. *Geburt des Euagoras; sein Verhalten im Knaben- und im Mannesalter vor seiner Thronbesteigung.*

21, 2. γίγνεται. Über das Praesens vergl. Hom. Od. 10, 350 γίγνονται δ' ἄρα ταί γ' ἔκ τε κρηνέων ἀπό τ' ἀλσέων u. Ameis-Hentze zu d. St. Herod. 1, 102, 1 Δηιόκεω παῖς γίνεται Φραόρτης. vergl. Aristoph. Acharn. v. 48 Dind. Ἀμφίθεος Δήμητρος ἦν | καὶ Τριπτολέμου. τούτου δὲ Κελεὸς γίγνεται. Eurip. Aiol. fr. 1 Dind. (= 14 Nauck.) Ἕλλην γάρ, ὡς λέγουσι, γίγνεται Διός. Xenoph. Anab. init. Δαρείου καὶ Παρυσάτιδος παῖδες γίγνονται δύο. Plut. Pyrrh. 1, 4 ἐκ τῆς Φθίας τῷ Αἰακίδῃ γίγνονται θυγατέρες. Arrian. Anab. 2, 16, 2 ἐκ Σεμέλης καὶ τοῦ Διὸς Διόνυσος γίνεται. Apollod. 1, 1 init. Οὐρανὸς — γήμας Γῆν ἐτέκνωσε πρώτους τοὺς Ἑκατόγχειρας — μετὰ τούτους δὲ αὐτῷ τεκνοῖ Γῆ Κύκλωπας —, τεκνοῖ δ' αὖθις ἐκ Γῆς παῖδας — τοὺς Τιτᾶνας, und so öfter. Sueton. Ner. 4 ex hoc Domitius nascitur. Ähnlich steht bei den Tragikern das Praesens τίκτω (Eurip. Helen. v. 8, Androm. v. 9, Bakkh. v. 2, Ion. 1560), ἐκφύω (Sophokl. Oid. Tyr. v. 437), φυτεύω (Eurip. Orest. v. 11), und θνήσκω (Soph. Oid. Tyr. v. 118. Eurip. Hekab. v. 695) auch in Prosa vergl. Schoemann ad Isae. p. 279, bei römischen Dichtern creo, edo, orior, wohl nicht als Praesens historicum, sondern zur Bezeichnung eines Ereignisses der Vergangenheit, das für die Geschichte

περὶ οὗ τὰς μὲν φήμας καὶ τὰς μαντείας καὶ τὰς ὄψεις τὰς ἐν
τοῖς ὕπνοις γενομένας, ἐξ ὧν μειζόνως ἂν φανείη γεγονὼς ἢ
κατ' ἄνθρωπον, αἱροῦμαι παραλιπεῖν, οὐκ ἀπιστῶν τοῖς λεγο-
μένοις, ἀλλ' ἵνα πᾶσι ποιήσω φανερόν, ὅτι τοσούτου δέω πλα-
σάμενος εἰπεῖν τι περὶ τῶν ἐκείνῳ πεπραγμένων, ὥστε καὶ τῶν
ὑπαρχόντων ἀφίημι τὰ τοιαῦτα, περὶ ὧν ὀλίγοι τινὲς ἐπίσταν-
ται καὶ μὴ πάντες οἱ πολῖται συνίσασιν. ἄρξομαι δ' ἐκ τῶν
ὁμολογουμένων λέγειν περὶ αὐτοῦ.   b

22   (ι.) Παῖς μὲν γὰρ ὢν ἔσχε κάλλος καὶ ῥώμην καὶ σωφρο-
σύνην, ἅπερ τῶν ἀγαθῶν πρεπωδέστατα τοῖς τηλικούτοις ἐστίν.
καὶ τούτων μάρτυρας ἄν τις ποιήσαιτο, τῆς μὲν σωφροσύνης
τοὺς συμπαιδευθέντας τῶν πολιτῶν, τοῦ δὲ κάλλους ἅπαντας
τοὺς ἰδόντας, τῆς δὲ ῥώμης τοὺς ἀγῶνας, ἐν οἷς ἐκεῖνος τῶν
23   ἡλικιωτῶν ἐκρατίστευσεν. ἀνδρὶ δὲ γενομένῳ ταῦτά τε πάντα c
συνηυξήθη καὶ πρὸς τούτοις ἀνδρεία προσεγένετο καὶ σοφία καὶ
δικαιοσύνη, καὶ ταῦτ' οὐ μέσως οὐδ' ὥσπερ ἑτέροις τισίν, ἀλλ'

noch jetzt existiert, wie ähnlich
ἀκούειν, πυνθάνεσθαι u. s. w. ge-
braucht werden. Ähnlich wird im
Deutschen gesagt: „Euagoras
stammt von Teukros". — 21, 3.
φήμας, d. h. zufällige und ab-
sichtslose Äufserungen der Men-
schen, die aber von den Hörenden
als omina (cf. Cic. de divin. 1, 45,
102 neque solum deorum voces Py-
thagorei observitaverunt, sed etiam
hominum, quae vocant omina) auf-
gefafst werden, s. Herbst ad Xenoph.
Mem. 1, 1, 3 und Hermann Gottes-
dienstl. Altert. § 38 n. 18, wogegen
μαντεῖαι auf die Befragung der
Orakel oder der Seher geht. φῆμαι
und μαντεῖαι verbunden auch bei
Plat. Phaedo. p. 111 B. — 21, 4.
μειζόνως — γεγονὼς ἢ κατ' ἄν-
θρωπον, er sei unter höheren
Verhältnissen geboren, als es
die menschlichen sind. Den
adverbialen Komparativ μειζόνως
hat Isokr. mit anderen (cf. Elmsley
ad Eurip. Heraklid. v. 544) auch
15, 39 (s. zu 4, 109) und in ähn-
licher Verbindung wie hier 11, 24
ὑπολαμβάνεσθαι μειζόνως ἢ κατὰ
τὴν ἀξίαν, wie denn oft hinter dem
Komparativ ἢ κατά (quam pro)
eintritt, um zu bezeichnen, dafs

nach den Verhältnissen des Sub-
jekts eine Eigenschaft in zu hohem
oder zu niedrigem Grade stattfinde.
Vergl. 3, 55. 4, 184. 12, 95. 15, 51.
19, 9. 20, 5. Ep. 4, 5. Vergl. Liv.
21, 29 proelium atrocius quam pro
numero pugnantium editur. Cf.
Krueger zu Thuk. 7, 75, 4. Kuehner
ad Xenoph. Mem. 1, 7, 4. — 21, 6.
τοσούτου δέω. S. zu 7, 31. —
21, 7. τῶν ὑπαρχόντων, von
dem, was wirklich wahr ist.
τὰ ὑπάρχοντα = τὰ ὄντα (§ 42),
die Wirklichkeit. Vergl. 4, 88. 5,
155. 6, 71. 10, 12. — 21, 8. περὶ ὧν
— ἐπίστανται. S. zu § 12.

22, 2. τῶν ἀγαθῶν hängt als
partitiver Genetiv von ἅπερ ab. S.
zu 1, 42. — τηλικούτοις, so
jungen Leuten, wie 6, 3. 9, 43.
12, 27. 15, 89. Ep. 8, 9, dagegen
12, 88 u. 230. 14, 56. 15, 11, 321.
Ep. 6, 2 u. 6 so bejahrte Leute.

23, 2. συνηυξήθη. Vergl. 1, 7.
— ἀνδρεία cf. Krit. Anh. zu 4, 49.
— 23, 3. ἑτέροις τισίν, irgend
welchen anderen. Der Rhetor
Aristeides, vol. I p. 102, 8, der diese
Stelle benutzt, hat ἄλλοις τισίν,
was das Natürlichere wäre; doch

ἕκαστον αὐτῶν εἰς ὑπερβολήν. τοσοῦτον γὰρ καὶ ταῖς τοῦ σώ-
24 ματος καὶ ταῖς τῆς ψυχῆς ἀρεταῖς διήνεγκεν, ὥσθ᾽ ὁπότε μὲν
αὐτὸν ὁρῷεν οἱ τότε βασιλεύοντες, ἐκπλήττεσθαι καὶ φοβεῖσθαι
περὶ τῆς ἀρχῆς, ἡγουμένους οὐχ οἷόν τ᾽ εἶναι τὸν τοιοῦτον τὴν
φύσιν ἐν ἰδιώτου μέρει διαγαγεῖν, ὁπότε δ᾽ εἰς τοὺς τρόπους d
ἀποβλέψειαν, οὕτω σφόδρα πιστεύειν, ὥστ᾽ εἰ καί τις ἄλλος
τολμῴη περὶ αὐτοὺς ἐξαμαρτάνειν, νομίζειν Εὐαγόραν αὐτοῖς
25 ἔσεσθαι βοηθόν. (ια΄.) Καὶ τοσοῦτον τῆς δόξης παραλλαττούσης
οὐδετέρου τούτων ἐψεύσθησαν· οὔτε γὰρ ἰδιώτης ὢν διετέλε-
σεν οὔτε περὶ ἐκείνους ἐξήμαρτεν, ἀλλὰ τοσαύτην ὁ δαίμων
ἔσχεν αὐτοῦ πρόνοιαν, ὅπως καλῶς λήψεται τὴν βασιλείαν, ὥσθ᾽
ὅσα μὲν ἀναγκαῖον ἦν παρασκευασθῆναι δι᾽ ἀσεβείας, ταῦτα e
26 μὲν ἕτερος ἔπραξεν, ἐξ ὧν δ᾽ οἷόν τ᾽ ἦν ὁσίως καὶ δικαίως
λαβεῖν τὴν ἀρχήν, Εὐαγόρᾳ διεφύλαξεν. εἰς γὰρ τῶν δυ-

cf. zu 1, 11. — 23, 4. εἰς ὑπερβο-
λήν, bis über das gewöhnliche
Mafs hinaus, in ungewöhn-
lichem Mafse, wie 11, 16, oder
καθ᾽ ὑπερβολήν 5, 11. 12, 123. 15,
147, oder πρὸς ὑπερβολήν 4, 11.

24, 2. οἱ τότε βασιλεύοντες.
Euagoras machte also nicht blofs
auf den einen damals in Salamis
herrschenden König diesen Ein-
druck, sondern auch auf alle an-
deren, die es damals noch auf
Kypern und dem nahen Festlande
gab. Indes könnte der Plural auch
auf den einen König von Salamis
nebst seiner Familie gehen, wie auch
βασιλεῖς, reges, mitunter = rex
cum suis ist. cf. Winkelmann ad
Plut. Erotik. p. 188. — 24, 4. ἐν
ἰδιώτου μέρει, in der Stel-
lung eines Privatmannes s. zu
5, 135. — 24, 5 εἰ καί. Man er-
wartet καὶ εἰ, indem jenes gesetzt
zu werden pflegt, wenn die An-
nahme als leicht möglich, aber als für
die Sache unerheblich oder gleich-
gültig bezeichnet werden soll (wenn
auch), wogegen καὶ εἰ steht, wenn
die Annahme als der äufserste,
kaum denkbare Fall erscheint (so-
gar für den Fall, dafs). Indes
bezieht sich bei εἰ καί das καί oft
nicht auf den ganzen Gedanken,
sondern nur auf ein einzelnes Wort

des Satzes, wie hier καὶ ἄλλος den
Gegensatz bildet zu dem im Vorher-
gehenden angedeuteten Fall, dafs
man von seiten des Euagoras so
etwas befürchten zu müssen glaubte
(also: wenn nun auch der Fall
eintrat, dafs ein anderer u. s. w.).
Vergl. Spitzner Excurs. XXIII ad
Hom. Il. u. Isokr. 21, 11 Νικίας
μέν, εἰ καὶ τὸν ἄλλον χρόνον εἴ-
θιστο συκοφαντεῖν, τότ᾽ ἂν ἐπαύ-
σατο, Εὐθύνους δέ, καὶ εἰ μηδὲ
πώποτε διενοήθη ἀδικεῖν, τότ᾽ ἂν
ἐπήρθη. — 24, 6. αὐτοὺς — αὐ-
τοῖς. S. zu 4, 44.

25, 1. τῆς δόξης παραλλ., ob-
wohl ihre Ansicht über ihn
so sehr wechselte. — 25, 4.
ἔσχεν, ὅπως — λήψεται. Ὅπως
steht nach den Verbis des Strebens
und Sorgetragens mit dem Indikat.
Futur. auch dann, wenn ein Tempus
der Vergangenheit vorausgeht, in-
dem wie so oft in der Erzählung
der Erzählende sich auf den Stand-
punkt dessen stellt, von dem er
erzählt. Vergl. § 54. 4, 78. 7, 30
u. 42. 12, 139, 164. 15, 121.

26, 1. ὁσίως καὶ δικαίως,
nach göttlicher und mensch-
licher Gerechtigkeit, wie § 38
u. 3, 13. — 26, 2. εἰς, der Tyrier
Abdemon, wenigstens war dieser
es, den Euagoras nachher entfernte.

46 (II) ΙΣΟΚΡΑΤΟΥΣ

νασtευόντων ἐπιβουλεύσας τόν τε τύραννον ἀπέκτεινεν καὶ συλλαβεῖν Εὐαγόραν ἐπεχείρησεν, ἡγούμενος οὐ δυνήσεσθαι κατα-
27 σχεῖν τὴν ἀρχήν, εἰ μὴ κἀκεῖνον ἐκποδὼν ποιήσαιτο. διαφυγὼν 194
δὲ τὸν κίνδυνον καὶ σωθεὶς εἰς Σόλους τῆς Κιλικίας οὐ τὴν
αὐτὴν γνώμην ἔσχε τοῖς ταῖς τοιαύταις συμφοραῖς περιπί-
πτουσιν. οἱ μὲν γὰρ ἄλλοι, κἂν ἐκ τυραννίδος ἐκπέσωσιν, διὰ τὰς
παρούσας τύχας ταπεινοτέρας τὰς ψυχὰς ἔχουσιν· ἐκεῖνος δ'
εἰς τοσοῦτον μεγαλοφροσύνης ἦλθεν, ὥστε τὸν ἄλλον χρόνον
ἰδιώτης ὤν, ἐπειδὴ φεύγειν ἠναγκάσθη, τυραννεῖν ᾠήθη δεῖν.
28 καὶ τοὺς μὲν πλάνους τοὺς φυγαδικοὺς καὶ τὸ δι' ἑτέρων ζητεῖν
τὴν κάθοδον καὶ θεραπεύειν αὐτοῦ χείρους ὑπερεῖδεν, λαβὼν b
δὲ ταύτην ἀφορμήν, ἥνπερ χρὴ τοὺς εὐσεβεῖν βουλομένους,
ἀμύνεσθαι καὶ μὴ προτέρους ὑπάρχειν, καὶ προελόμενος ἢ κα-

cf. Diodor. 14, 98. — 26, 5. ἐκ-
ποδὼν ποιήσαιτο, nicht ποιήσειε,
denn das Medium ist in dieser
Formel stehend. Vergl. 4, 173. 15,
175. 16, 37 u. Foertsch Observ. crit.
in Lysiam p. 26.

27, 4. κἂν ἐκ τ. ἐκπέσωσιν. Der
Sinn: solche Verbannte sind, wenn
sie auch Könige waren und man
bei ihnen deshalb μεγαλοφροσύνη
voraussetzen müfste, doch unge-
wöhnlich kleinmütig und verzagt,
d. h. kleinmütiger, als man sonst
im Unglück zu sein pflegt. Denn
zu ταπεινοτέρους ist gewifs nicht
mit Benseler zu ergänzen quam
antea, sondern der Schriftsteller
hat das gewöhnliche Mafs als Ver-
gleichspunkt im Sinne. — 27, 6.
εἰς τοσοῦτον μεγαλοφροσύ-
νης. Das Neutr. d. Pronom. mit
Genet. hat Isokr. sehr häufig, vergl.
4, 89. 16, 9, 23. 17, 46 (εἰς τοσοῦ-
τον) und 4, 112. 5, 126. 6, 13, 42.
7, 9. 8, 31, 46, 84, 85. 9, 54. 12, 79,
103, 157. 13, 3. 14, 3, 13, 19, 34,
43. 16, 16. 17, 14. 18, 7. 20, 8.
21, 14. Ep. 6, 4 (εἰς τοῦτο). Vergl.
über andere Bremi ad Lys. 3, 2.
Anders 4, 37, 60, 118. 6, 67. 8, 47, 78.

28, 3. ταύτην ἀφορμήν, in-
dem er das zum Motiv nahm,
was u. s. w. ταύτην nicht Attribut
zu ἀφορμήν, so dafs der Artikel

neben dem Demonstrativ fehlen
konnte. Ebenso 19, 6 λαβὼν δὲ
Θράσυλλος ταύτας ἀφορμὰς ἐχρῆτο
τῇ τέχνῃ (diese Phrase auch 4, 61
u. Ep. 9, 2). Übrigens würde, da
zu ταύτην nachher eine erläuternde
Apposition tritt (ἀμύνεσθαι —
ὑπάρχειν), τοῦτο, ὅπερ regelmäfsiger
sein. Doch vergl. 7, 16 ταύτην
ἀποτροπήν, ἣν ἐθελήσωμεν. Übri-
gens s. zu 4, 38. — ἥνπερ χρὴ
scil. λαβεῖν. Mit gleicher Ellipse
4, 38 τροφὴν εὑρεῖν, ἥνπερ χρὴ
τοὺς μέλλοντας καλῶς διοικήσειν.
4, 76 ἀπείχοντο δ' ὥσπερ χρὴ τῶν
μηδὲν προσηκόντων. 11, 15 ὅθεν
περ χρὴ τοὺς εὖ φρονοῦντας.
Vergl. noch 7, 31. 11, 33. 12, 230.
Etwas anders 6, 89 τοὺς — βεβιω-
κότας δυοῖν δεῖ θάτερον, ἢ πρω-
τεύειν, ἢ παντάπασιν ἀνῃρῆσθαι,
u. 16, 30 καίτοι τί χρὴ τὸν τῶν με-
γίστων ἐπαίνων ἄξιον; wo das all-
gemeine Verbum ποιεῖν zu ergänzen
ist. — 28, 4. ἀμύνεσθαι καὶ μὴ
προτέρους ὑπάρχειν. Vergl.
8, 79 οὐ γὰρ ὑπάρχοντες ἀλλ'
ἀμυνόμενοι, 16, 44 οὐδ' ἀμυνόμε-
νος, ἀλλ' ὑπάρχων ἠδίκεις αὐτούς,
Plat. Gorg. p. 456 E ἀμυνομένους
μὴ ὑπάρχοντας, und so steht ἄρχειν
und ὑπάρχειν oft praegnant für
ὑπάρχειν ἀδίκων. cf. Valckenaer ad
Eurip. Phoiniss.v.1576, Ast ad Plat.
de legg. IX, p. 489 C (= p. 452).
Der Pleonasmus in προτέρους ὑπάρ-

τορθώσας τυραννεῖν ἢ διαμαρτὼν ἀποθανεῖν, παρακαλέσας ἀν-
θρώπους, ὡς οἱ τοὺς πλείστους λέγοντες, περὶ πεντήκοντα,
29 μετὰ τούτων παρεσκευάζετο ποιεῖσθαι τὴν κάθοδον. Ὅθεν καὶ
μάλιστ' ἄν τις καὶ τὴν φύσιν τὴν ἐκείνου καὶ τὴν δόξαν, ἣν
εἶχε παρὰ τοῖς ἄλλοις, θεωρήσειεν· μέλλοντος γὰρ πλεῖν μετὰ c
τοσούτων ἐπὶ τηλικαύτην πόλιν τὸ μέγεθος καὶ πάντων τῶν
δεινῶν πλησίον ὄντων οὔτ' ἐκεῖνος ἠθύμησεν οὔτε τῶν παρα-
κληθέντων οὐδεὶς ἀποστῆναι τῶν κινδύνων ἠξίωσεν, ἀλλ' οἱ
μὲν ὥσπερ θεῷ συνακολουθοῦντες ἅπαντες ἐνέμειναν τοῖς
ὡμολογημένοις, ὁ δ' ὥσπερ ἢ στρατόπεδον ἔχων κρεῖττον τῶν
ἀντιπάλων ἢ προειδὼς τὸ συμβησόμενον, οὕτω διέκειτο τὴν d
30 γνώμην. (ιβ'.) Δῆλον δ' ἐκ τῶν ἔργων.

χειν zeigt sich auch bei Herod. 4,
1, 1 πρότερον ὑπῆρξαν ἀδικίης, u.
Arrian. Anab. 2, 14, 1 Φίλιππος
ἀδικίας πρῶτος ἦρξεν vergl. Maetz-
ner ad Antiph. p. 184. — προε-
λόμενος, indem er sich ent-
schlofs, wie 5, 17 u. 15, 187. —
κατορθώσας, s. zu § 52. — 28, 6.
ὡς οἱ τ. π. λέγοντες, nämlich
λέγουσι, eine Ellipse, die in dieser
Weise wohl nur den Grammatikern
und Scholiasten geläufig ist, wie in
Hypothes. Eurip. Medeae: τὸ δρᾶμα
δοκεῖ ὑποβαλέσθαι, ὡς Δικαίαρχός
τε καὶ Ἀριστοτέλης. Indessen ist hier
durch λέγοντες die Ergänzung nahe
gelegt, und unter dieser Bedingung
gestatten sich auch ältere jene
Ellipse, z. B. Plut. Kleom. 9, 3 διὸ
καὶ καλῶς ὁ εἰπὼν (scil. εἶπε) „ἵνα
γὰρ δέος, ἔνθα καὶ αἰδώς" und
derselbe Romul. 1, 1 οὐχ ὡμο-
λόγηται παρὰ τοῖς συγγραφεῦσιν,
ἀλλ' οἱ μὲν Πελασγοὺς οὑρμῆσαι
τὴν πόλιν, οἱ δὲ — ὁρμίσασθαι.
Vergl. Sintenis Praefat. ad Plut.
Themist p. XIII u. Jacobs ad Aelian.
Hist. anim. p. 9.

29, 3. μέλλοντος. Über den
Genetiv absol, für den man das
konstruierte Particip erwartet, s. zu
7, 76. — 29, 4. τοσούτων, mit
nur so wenigen. Vergl. Ellendt
ad Arrian. Anab. 5, 7, 2 und oben
zu § 22. In diesem Sinne pflegt
τὸ πλῆθος (§ 65 u. 12, 122) oder

τὸν ἀριθμόν (16, 34) nicht hinzu-
zutreten (obwohl es 12, 70 νησύ-
δρια τηλικαῦτα τὸ μέγεθος, so
gering a ι Gröfse, heifst), und das
scheint der Grund zu sein, wes-
halb Isokr. nicht nach Analogie
von 4, 136 u. 15, 257 auch hier
τοσούτων τὸ πλῆθος καὶ τηλικαύτην
τὸ μέγεθος sagte. (cf. zu 4, 33).
Der Mangel an Konformität ist da-
durch versteckt, dafs τὸ μέγεθος
von τηλικαύτην getrennt wurde,
was freilich auch ohne diesen Grund
4, 102 geschehen ist: τοσούτων πό-
λεων τὸ πλῆθος, wie in τηλικούτοις
κακοῖς τὸ μέγεθος 12, 68 coll. 12,
196. 15, 115. — ἐπὶ τηλικαύτην
πόλιν [cf. Krit. Anh.]. Salamis
wird im Vergleich mit dem kleinen
Haufen des Euagor. τηλικαύτην ge-
nannt. — 29, 8. ὥσπερ — ἔχων —,
οὕτω διέκειτο τὴν γνώμην.
Vergl. 2, 12 sq. ὡς τῆς παιδεύσεως
— δυναμένης τὴν ἡμετέραν φύσιν
εὐεργετεῖν, οὕτω διακεῖσο τὴν γνώ-
μην. 6, 106 ὥσπερ οὖν διδοὺς ἔλεγχον
οὕτω διακείσθω τὴν γνώμην.
Vergl. Krueger zu Xenoph. Anab.
1, 3, 6 und Franke ad Demosth.
Philipp. 8 § 61.

§ 30—60. Euagoras eroberte den
Thron seiner Ahnen wieder (30—
32), ein Unternehmen, das, an sich
für die Tüchtigkeit des Euagoras
sprechend (33), durch die besonderen
dabei obwaltenden Umstände ihn
über alle stellt, die je mit ihm in

Ἀποβὰς γὰρ εἰς τὴν νῆσον οὐχ ἡγήσατο δεῖν χωρίον ὀχυρὸν καταλαβὼν καὶ τὸ σῶμ' ἐν ἀσφαλείᾳ καταστήσας περιιδεῖν, εἴ τινες αὐτῷ τῶν πολιτῶν βοηθήσουσιν· ἀλλ' εὐθύς, ὥσπερ εἶχε, ταύτης τῆς νυκτὸς διελὼν τοῦ τείχους πυλίδα καὶ ταύτῃ τοὺς 31 μεθ' αὑτοῦ διαγαγὼν προσέβαλε πρὸς τὸ βασίλειον. καὶ τοὺς μὲν θορύβους τοὺς ἐν τοῖς τοιούτοις καιροῖς γιγνομένους καὶ τοὺς φόβους τοὺς τῶν ἄλλων καὶ τὰς παρακελεύσεις τὰς ἐκεί- e νου τί δεῖ λέγοντα διατρίβειν; γενομένων δ' αὐτῷ τῶν μὲν περὶ τὸν τύραννον ἀνταγωνιστῶν, τῶν δ' ἄλλων πολιτῶν θεα- 32 τῶν (δεδιότες γὰρ τοῦ μὲν τὴν ἀρχήν, τοῦ δὲ τὴν ἀρετὴν ἡσυ- 195 χίαν εἶχον) οὐ πρότερον ἐπαύσατο μαχόμενος καὶ μόνος πρὸς

gleicher Lage waren (34—39). Für so Großes verdient er denn auch hohes Lob (40).

30, 3. ἐν ἀσφαλείᾳ. Neben εἰς ἀσφάλειαν καταστήσεις 5, 123 (coll. Ep. 2, 5) und καθιστάναι — στήσειν, — στῆσαι εἰς κινδύνους 7, 7. 12, 158, εἰς λύπας Ep. 2, 11, εἰς συμφοράς 4, 113, καθεστάναι, καταστῆναι εἰς ἔλεγχον 12, 150, εἰς ἔχθραν 9, 67, εἰς μεταβολήν 4, 60, εἰς ἀπορίαν 15, 153, εἰς ἀνάγκην 6, 51, εἰς ταραχήν 7, 9, εἰς ἐπιθυμίαν 15, 220 u. 245 u. s. w. erscheint ἐν ἀσφαλείᾳ καταστῆσαι hier u. Ep. 2, 11, so wie ἐν ἐπιμελείαις αὐτὸν καταστήσας 9, 43 als Seltenheit. Vergl. auch Xenoph. Kyrop. 4, 5, 27 ἐν κινδύνῳ καθιστάναι. Der Nomin. des Part. ist von ἡγήσατο attrahiert cf. Stallbaum ad Plat. Protag. p. 316 C und Schoemann ad Plut. Cleom. c. 20, 1. — Über περιιδεῖν s. zu 4, 142. — 30, 4. εὐθύς, ὥσπερ εἶχε (beides verbunden auch bei Thuk. 8, 41, 3, Xenoph. Anab. 4, 1, 19, Kyrop. 3, 1, 7, Arrian. Anab. 2, 11, 6 u. 5, 22, 8. cf. Jacob ad Lucian. Tox. p. 105) ist kein Pleonasmus, denn ὡς εἶχε ist eigentlich nicht statim, wie man lehrt, sondern „wie er ging und stand", also ein modaler Begriff. — 30, 5. ταύτης τῆς νυκτός, in jener denkwürdigen Nacht. — διελών, sprengte, wie Thuk. 4, 110, 2 τὴν πυλίδα διῄρουν.

31, 2. ἐν τοῖς τοιούτοις και-

ροῖς s. zu 4, 139. — 31, 3. τῶν ἄλλων, der Angegriffenen. — παρακελεύσεις, ermutigende Ansprachen, wie sie bei den Historikern die Feldherrn vor der Schlacht an ihr Heer richten. — 31, 4. τί δεῖ λέγοντα διατρίβειν ist Lieblingsphrase des Isokr., bei der das, was im Gegensatz zu dem Übergangenen nun wirklich gesagt wird, ohne ein Verbum dicendi gleich durch δέ oder ἀλλά angeknüpft wird, wie hier, so 4, 97. 6, 21, 104. 10, 59. Etwas anders 2, 45. 3, 35. 12, 105 u. 201. 20, 10. — 31, 5. τῶν περὶ τ. τ. ist Subjekt, ἀνταγωνιστῶν Praedikat.

32, 2. καὶ μόνος — καὶ μετ' ὀλίγων, entweder allein, oder, (cf. 7, 75. Ep. 9, 4) indem die Griechen in solchen Fällen bloß summarisch angeben, was alles geschehen sei oder geschehen könnte, während wir im Deutschen die entgegengesetzte Natur des einzelnen durch disjunktive Partikeln bezeichnen. So besonders bei Zahlen: Hom. Il. 13, 260 δούρατα — καὶ ἐν καὶ εἴκοσι δήεις | ἑσταότ' ἐν κλισίῃ. Od. 2, 374 (coll. 4, 588) ὅτ' ἂν ἑνδεκάτη τε δυωδεκάτη τε γένηται. Thuk 1, 82, 2 διελθόντων ἐτῶν καὶ δύο καὶ τριῶν. Xenoph. Anab. 4, 7, 10 προέτρεχεν δύο καὶ τρία βήματα, und oft δὶς καὶ τρίς, bis terque (neben δὶς ἢ τρίς cf. Schoemann ad Plut. Cleom. 7, 1); aber auch sonst, wie schon bei Hom. Od. 6, 208 δόσις ὀλίγη τε

πολλοὺς καὶ μετ' ὀλίγων πρὸς ἅπαντας [τοὺς ἐχθρούς], πρὶν
ἑλὼν τὸ βασίλειον καὶ τοὺς ἐχθροὺς ἐτιμωρήσατο καὶ τοῖς φί-
λοις ἐβοήθησεν, ἔτι δὲ τῷ γένει τὰς τιμὰς τὰς πατρίους ἐκομί-
σατο καὶ τύραννον αὐτὸν τῆς πόλεως κατέστησεν.

33   (ιγ'.) Ἡγοῦμαι μὲν οὖν, εἰ καὶ μηδενὸς ἄλλου μνησθείην, b
ἀλλ' ἐνταῦθα καταλείποιμι τὸν λόγον, ῥάδιον ἐκ τούτων εἶναι
γνῶναι τήν τ' ἀρετὴν τὴν Εὐαγόρου καὶ τὸ μέγεθος τῶν
ἐκείνῳ πεπραγμένων· οὐ μὴν ἀλλ' ἔτι γε σαφέστερον περὶ ἀμ-
34 φοτέρων τούτων ἐκ τῶν ἐχομένων οἶμαι δηλώσειν. (ιδ'.) Το-
σούτων γὰρ τυράννων ἐν ἅπαντι τῷ χρόνῳ γεγενημένων οὐδεὶς
φανήσεται τὴν τιμὴν ταύτην κάλλιον ἐκείνου κτησάμενος. εἰ c
μὲν οὖν πρὸς ἕκαστον αὐτῶν τὰς πράξεις τὰς Εὐαγόρου παρα-
βάλλοιμεν, οὔτ' ἂν ὁ λόγος ἴσως τοῖς καιροῖς ἁρμόσειεν, οὔτ'
ἂν ὁ χρόνος τοῖς λεγομένοις ἀρκέσειεν· ἢν δὲ προελόμενοι τοὺς

φίλη τε, Xenoph. Anab. 4, 7, 22
ἀπέκτειναν τέ τινας καὶ ἐξώγρησαν.
Vergl. Walch zu Tacit. Agricol.
p. 200. — 32, 3. [τοὺς ἐχθροὺς]
cf. Krit. Anh. — 32, 4. φίλοις,
die er in der Stadt hatte und
die von Abdemon unterdrückt
waren.
33, 2. καταλείποιμι, abbrä-
che, wie 8, 17. — 33, 4. οὐ μὴν
ἀλλά, aber, s. zu 1, 9. — 33, 5.
ἐκ τῶν ἐχομένων, aus dem
folgenden, wie 6, 29 ἐκ τῶν
ἐχομένων γνώσεσθε σαφέστερον, u.
12, 88 u. 15, 121. Dagegen steht
τὰ ἐχόμενα nicht von dem in der
Rede Folgenden, sondern von dem
mit den erwähnten Thatsachen in
Verbindung Stehenden 3, 11. 4, 23.
5, 8. 10, 38. 12, 81 u. 157. —
δηλώσειν könnte man intran-
sitiv nehmen, (es wird klar
werden), wie wohl auch 7, 81 ὡς
δὲ βασιλεὺς ἔχει πρὸς ἡμᾶς, ἐκ τῶν
ἐπιστολῶν ὧν ἔπεμψεν ἐδήλωσεν,
u. öfter bei anderen (cf. Stallbaum
ad Plat. Phileb. p. 20 C u. Gorg.
p. 483 D, Cratyl. p. 415 B. Franke
ad Demosth. Philipp. 2, 20), aber
für den transitiven Gebrauch (ins
Licht setzen) spricht 4, 179
οἶμαι δ' ἐκείνως εἰπὼν μᾶλλον δη-
λώσειν.
34, 4. πρὸς ἕκαστον — τὰς
Isocr. I 5. Aufl.

πράξεις τ. Εὐ. παραβάλλοιμεν
ist etwas anders gesagt als 12, 111
παραβάλλοντες τἀκεῖ καθεστῶτα
τοῖς ἐνθάδε, καὶ τὴν σωφροσύνην
πρὸς τὰς παρ' ἡμῖν ὀλιγωρίας, u.
7, 62. 12, 4; hier dagegen wird
mit einer seit Hom. (z. B. Il. 17,
51 κόμαι Χαρίτεσσιν ὁμοῖαι und
Od. 2, 121 ὁμοῖα νοήματα Πηνελο-
πείῃ) allen Griechen geläufigen
Kürze des Ausdrucks die Eigen-
schaft eines Gegenstandes nicht mit
der eines andern Gegenstandes,
sondern mit diesem selbst verglichen.
(Comparatio compendiaria, vergl.
Kuehner Gr.Gr. II § 543 An. 1).Cf.11,7
sq. πότερα τοῖς περὶ Αἰόλου λεγομένοις
αὐτὸν παρατάξωμεν — ἢ τοῖς Ὀρ-
φέως ἔργοις ὁμοιώσωμεν; (cf. 2, 31
γιγνώσκων, ὅτι τὸ τῆς πόλεως ὅλης
ἦθος ὁμοιοῦται τοῖς ἄρχουσιν). 6,
98 ὅμοιοι γενόμενοι τοῖς τῶν προ-
γόνων ἔργοις (cf. 5, 114). 9, 11 εἰ (οἱ
λόγοι) δυνήσονται εὐλογεῖν μηδὲν
χεῖρον τῶν ἐν τοῖς μέτροις ἐγκω-
μιαζόντων. 9, 29 στρατόπεδον ἔχων
κρεῖττον τῶν ἀντιπάλων. 5, 68 ἐνά-
μιλλον τὴν σαυτοῦ δόξαν καταστή-
σεις τοῖς πρωτεύσασιν (cf. 1, 12). —
31, 5. τοῖς καιροῖς, die Gelegen-
heit, für die diese Rede bestimmt
ist; eine vollständige Aufzählung
würde leicht von dem Hauptzweck,
den Euag. zu feiern, abführen. —

4

εὐδοκιμωτάτους ἐπὶ τούτων σκοπῶμεν, οὐδὲν μὲν χεῖρον ἐξε-
τῶμεν, πολὺ δὲ συντομώτερον διαλεχθησόμεθα περὶ αὐτῶν.

5 (ιε΄.) Τῶν μὲν οὖν τὰς πατρικὰς βασιλείας παραλαβόντων
τίς οὐκ ἂν τοὺς Εὐαγόρου κινδύνους προκρίνειεν; οὐδεὶς γάρ
ἐστιν οὕτω ῥάθυμος, ὅστις ἂν δέξαιτο παρὰ τῶν προγόνων τὴν d
ἀρχὴν ταύτην παραλαβεῖν μᾶλλον ἢ κτησάμενος ὥσπερ ἐκεῖνος
36 τοῖς παισὶ τοῖς αὐτοῦ καταλιπεῖν. (ις΄.) Καὶ μὴν τῶν γε πα-

34, 7. ἐπὶ τούτων, an diesen.
S. zu 1, 50 und Schaefer Apparat.
ad Demosth. II p. 284.

35, 1. τῶν — παραλαβόντων
ist von προκρίνειεν abhängig und
bezeichnet diejenigen, welche ohne
irgend eine Störung die Regierung
von ihren Vätern übernahmen; im
Gegensatz zu ihnen werden nach-
her (§ 36 seqq.) die behandelt,
welche sich die Rückkehr auf ihren
angestammten Thron (κάθοδος) erst
erkämpfen mußten, oder wie Kyros
sich ihn neu eroberten. — πατρι-
κὰς βασιλείας (wie Thuk. 1, 13,
1) ist anders gedacht als ἀρχὴ ἡ
πατρῴα bei Xenoph. Anab. 1, 7, 6.
Arrian Anab. 2, 14, 3. Lukian. Dia-
log. mort. 12, 3 (vergl. Hom. Od.
1, 387), oder οἱ πατρίους ἀρχὰς
παρειληφότες bei Xenoph. Kyrop.
1, 4, 4, τιμὰς τὰς πατρίους ἐκομί-
σατο oben § 32. Denn „πάτρια
sunt, quae sunt patris, πατρῷα,
quae veniunt a patre, πατρικά, qua-
lia sunt patris", nach Hermann
annot. ad Eurip. Med. ab Elmsleio
editam p. 362. Vergl. Frohberger
Anh. zu Lys. 14, 40. Auf äußer-
licher Observation beruht die Un-
terscheidung des Grammatikers in
Bekkers Anekdot. I p. 297 (coll.
Ammon. de different. vocab. p. 111
= 108 Lips. u. Phot. lex. p. 402 =
347 Lips.): πατρῷα λέγουσιν οἱ
ῥήτορες χρήματα καὶ κτήματα καὶ
τόπους, πάτρια δὲ τὰ ἔθη καὶ τὰ
νόμιμα (Isokr. 4, 18, 25, 31, 37, 54.
7, 30) καὶ τὰ μυστήρια καὶ τὰς
ἑορτάς, πατρικὸν δὲ φίλον ἢ ἐχθρόν
(s. Isokr. 1, 2. 4, 184. 5, 126).
Aber man unterscheidet auch ἱερὰ
πατρῷα und πάτρια, θεοὶ πατρῷοι
und πάτριοι (s. Schoemann ad Isae.
p. 218); neben πάτριοι νόμοι findet

sich bisweilen πατρικοὶ νόμοι (s.
Wyttenbach animadvers. ad Plut.
Moral. tom. II, p. 175 ed Lips.)
und τὰ πατρῷα für τὰ πάτρια (ἔθη
Lukian. Dial. mort. 12, 3), und πα-
τρῷα ἀρετή bei ΄ [Isokr.] 1, 11 ist
anders gedacht als πατρικαὶ ἀρεταί
bei Thuk. 7, 69, 2. Schmidt, Sy-
nonymik IV S. 38 f. meint, daß
πατρῷος und πατρικός im wesent-
lichen dasselbe bedeuten nämlich
allgemein, die Beziehung auf den
Vater, u. im besonderen das von
dem Vater (und den Eltern über-
haupt) ererbte und überkommene,
doch sei der Unterschied, daß πα-
τρῷος mehr auf den wirklichen
ererbten Besitz gehe, πατρικός
aber die allgemeineren Bezie-
hungen bedeute, z. B. das von den
Vätern überkommene Verhältnis
der Freundschaft oder Feindschaft
u. s. w. (während freilich auch
letzteres von wirklich ererbtem Be-
sitz vorkomme), πάτριος dagegen,
nicht auf den Begriff von πατήρ,
sondern auf den von πατέρες zu-
rückzuführen sei = das von den
Vorfahren überkommene, hei-
mische. (Sitten, Gebräuche, Opfer
u. s. w.). — 35, 3. ῥάθυμος, in-
different, gleichgültig gegen den
Ruhm, ganz wie 4, 185. — ὅστις
= ὥστε, wie oft ein relativer Satz
statt eines konsekutiven eintritt,
besonders in der Formel οὐδείς
ἐστιν οὕτω —, ὅς oder ὅστις (cf.
Wyttenb. ad Iulian. p. 215 ed. Lips.
Maetzner ad Lycurg. p. 148 seq. Reh-
dantz Demosth. Ind.² s. v. ὅς und
Frohberger Anh. zu Lys. 14, 35),
oder τίς οὕτως ἐστίν —, ὅστις 4,
185. 12, 66. 15, 218.

36, 1. καὶ μήν, aber auch,
ferner, ein neues Argument an das

λαιῶν καθόδων αὗται μάλιστ᾽ εὐδοκιμοῦσιν, ἃς παρὰ τῶν ποιη-
τῶν ἀκούομεν· οὗτοι γὰρ οὐ μόνον τῶν γεγενημένων τὰς
καλλίστας ἡμῖν ἀπαγγέλλουσιν, ἀλλὰ καὶ παρ᾽ αὐτῶν καινὰς
συντιθέασιν. ἀλλ᾽ ὅμως οὐδεὶς αὐτῶν μεμυθολόγηκεν, ὅστις
οὕτω δεινοὺς καὶ φοβεροὺς ποιησάμενος τοὺς κινδύνους εἰς τὴν
αὑτοῦ κατῆλθεν· ἀλλ᾽ οἱ μὲν πλεῖστοι πεποίηνται διὰ τύχην λα- e
βόντες τὰς βασιλείας, οἱ δὲ μετὰ δόλου καὶ τέχνης περιγεγενη-
37 μένοι τῶν ἐχθρῶν. (ιζ.) Ἀλλὰ μὴν τῶν γ᾽ ἐπὶ τάδε γεγενημέ-
νων, ἴσως δὲ καὶ τῶν ἀπάντων, Κῦρον τὸν Μήδων μὲν
ἀφελόμενον τὴν ἀρχήν, Πέρσαις δὲ κτησάμενον, καὶ πλεῖστοι καὶ
μάλιστα θαυμάζουσιν. ἀλλ᾽ ὁ μὲν τῷ Περσῶν στρατοπέδῳ τὸ 196
Μήδων ἐνίκησεν, ὃ πολλοὶ καὶ τῶν Ἑλλήνων καὶ τῶν βαρβά-
ρων ῥᾳδίως ἂν ποιήσειαν· ὁ δὲ διὰ τῆς ψυχῆς τῆς αὑτοῦ καὶ
τοῦ σώματος τὰ πλεῖστα φαίνεται τῶν προειρημένων διαπραξά-
38 μενος. ἔπειτ᾽ ἐκ μὲν τῆς Κύρου στρατηγίας οὔπω δῆλον, ὅτι
καὶ τοὺς Εὐαγόρου κινδύνους ἂν ὑπέμεινεν, ἐκ δὲ τῶν τούτῳ
πεπραγμένων ἅπασι φανερόν, ὅτι ῥᾳδίως ἂν κἀκείνοις τοῖς b
ἔργοις ἐπεχείρησεν. πρὸς δὲ τούτοις τῷ μὲν ὁσίως καὶ δικαίως
ἅπαντα πέπρακται, τῷ δ᾽ οὐκ εὐσεβῶς ἔνια συμβέβηκεν· ὁ μὲν
γὰρ τοὺς ἐχθροὺς ἀπώλεσεν, Κῦρος δὲ τὸν πατέρα τὸν τῆς μη-
τρὸς ἀπέκτεινεν. ὥστ᾽ εἴ τινες βούλοιντο μὴ τὸ μέγεθος τῶν

Vorhergehende anreihend, wie 2, 10.
4, 115, 145, 185. 5, 96, 97, 103.
15, 98, 219, 278. 18, 23. 19, 24.
Ep. 1, 8. ähnlich ἀλλὰ μήν § 37 u.
3, 16. 5, 37, 53, 142, 146. 6, 26.
7, 67. 12, 24, 99, 243. 14, 26, 36.
15, 41, 84, 205, 219. 16, 44. 21, 6.
Ep. 2, 7. — 36, 4. παρ᾽ αὐτῶν,
aus sich heraus; vergl. 12, 18
οὐδὲν παρ᾽ αὐτῶν λέγοντες, und
15, 223 παρὰ τῆς αὐτοῦ φύσεως ἐπί-
σταται. s. Rehdantz zu Lykurg. Leokr.
80 u. Demosth. Ind.² s. v. παρά. —
36, 5. ὅστις = περί τινος, ὅστις.
37, 1. ἐπὶ τάδε. S. zu § 6. —
37, 2. τ᾽ ν Μήδων μ. ἀφελόμ., der
Genet. der Person wie § 64 u. 8, 100
Πλείων μέρος τι χώρας ἀφελόντο,
der Akk. 5, 130 τοὺς βαρβάρους
ἀφελέσθαι τὴν ὑπάρχουσαν εὐδαι-
μονίαν. [cf. Krit. Anh.]. — 37, 3.
καὶ πλεῖστοι καὶ μάλιστα. Die
kopulative Verbindung des Adjek-
tivs mit dem Adverb ist bei Isokr.

nicht selten. Vergl. 3, 47 δεῖ ποιεῖν
ὑμᾶς ἑκόντας καὶ προθύμως. 6, 42
ἀρχαῖα καὶ πόρρω τῶν νῦν παρόν-
των λέγειν. 15, 49 πλείοσι καὶ πλεο-
νάκις συγγίγνονται. 3, 13 ἔχω τὴν
ἀρχὴν οὐ παρανόμως οὐδ᾽ ἀλλο-
τρίαν. Aber in πλείω καὶ σαφέστε-
ρον διαλεχθῆναι 7, 36 (vergl. 15,
166 u. Ep. 7, 10) bleibt σαφέστ.
Adjektiv und die Verbindung ist
darum natürlich. Über andere
Schriftsteller vergl. Lobeck ad So-
phocl. Aiac. v. 839, Paralipom. p.
152 u. Stallbaum ad Plat. Phaedo.
p. 79 D, der aus dem Lat. ver-
gleicht Terent. Adelph. v. 609 et
recte et verum dicis.
38, 7. ἀπέκτεινεν. Davon weiß
sonst kein Schriftsteller, weder Ari-
stotel. Polit. 5, 10, noch Justin. 1, 7,
noch Herod. 1, 132, der im Gegen-
teil sagt: Ἀστυάγεα Κῦρος κακὸν
οὐδὲν ἄλλο ποιήσας εἶχε παρ᾽ ἑαυ-
τῷ, ἐς ὃ ἐτελεύτησε. Isokr. könnte

4*

συμβάντων ἀλλὰ τὴν ἀρετὴν τὴν ἑκατέρου κρίνειν, δικαίως ἂν
39 Εὐαγόραν καὶ τούτου μᾶλλον ἐπαινέσειαν. Εἰ δὲ δεῖ συντόμως
καὶ μηδὲν ὑποστειλάμενον μηδὲ δείσαντα τὸν φθόνον ἀλλὰ c
παρρησίᾳ χρησάμενον εἰπεῖν, οὐδεὶς οὔτε θνητὸς οὔθ᾽ ἡμίθεος
οὔτ᾽ ἀθάνατος εὑρεθήσεται κάλλιον οὐδὲ λαμπρότερον οὐδ᾽ εὐ-
σεβέστερον λαβὼν ἐκείνου τὴν βασιλείαν. καὶ τούτοις ἐκείνως
ἄν τις μάλιστα πιστεύσειεν, εἰ σφόδρα τοῖς λεγομένοις ἀπιστή-
σας ἐξετάζειν ἐπιχειρήσειεν, ὅπως ἕκαστος ἐτυράννευσεν. φανή-
σομαι γὰρ οὐκ ἐκ παντὸς τρόπου μεγάλα λέγειν προθυμούμενος
ἀλλὰ διὰ τὴν τοῦ πράγματος ἀλήθειαν οὕτω περὶ αὐτοῦ θρα- d
σέως εἰρηκώς.

aber einer anderen Quelle gefolgt
sein, vielleicht einer von denen,
die Herod. 1, 95 andeutet: ἐπίστα-
μαι περὶ Κύρου καὶ τριφασίας ἄλ-
λας λόγων ὁδοὺς φῆναι. — 38, 9.
καὶ τούτου = καὶ ἦ τούτου i. e.
Kyros. OSchn. erklärte καὶ τούτου
= auch deshalb, von ἐπαινέ-
σειαν abhängig wie 15, 36 τοῦ κα-
λῶς καὶ μετρίως κεχρῆσθαι τῇ φύ-
σει δικαίως ἂν ἅπαντες τὸν τρόπον
τὸν ἐμὸν ἐπαινέσειαν, und wie
ζηλοῦν τινά τινος 9, 43. 12, 260.
Ep. 6, 14 und ähnliche Verba.

39, 2. μηδὲν ὑποστειλάμενον,
ohne alle Bedenklichkeit, wie
die, welche mit eingezogenen Se-
geln schiffen (ὑποστειλάμενοι τὰ
ἱστία) cf. Sauppe ad Demosth. orat.
select. I p. 49. Vergl. 6, 89 εἰ δεῖ
μηδὲν ὑποστειλάμενον εἰπεῖν und
8, 41 οὐδὲν ὑποστειλάμενος ἀλλ᾽
ἀνειμένως μέλλω τοὺς λόγους ποιεῖ-
σθαι. Demosth. 19, 237 μετὰ παρρη-
σίας διαλεχθῆναι μηδὲν ὑποστελλό-
μενον. Demosth. ibid. 156, 338 u.
4, 51. Aischin. 2, 70. Dein. 3, 13.
Plat. Apol. p. 24 A. Plut. Tit.
Flamin. 19, 2 und oft bei späteren,
cf. Wyttenbach ad Iulian. p. 149
ed. Lips. — 39, 5. ἐκείνως, in
der (folgenden) Weise, wie 4, 179.
12, 172. 15, 42. 19, 35 (wie auch
ἐκεῖνος, öfter vom unmittelbar Fol-
genden [wie z. B. 4, 173] gebraucht
wird; cf. Weber ad Demosth.
Aristocrat. p. 429. Rehdantz De-
mosth. Ind.² s. v.); vgl. ἐκεῖθεν

§ 11. — 39, 7. ἐτυράννευσεν,
Herrscher wurde, nicht:
„herrschte", wie Xenoph. Hellen.
2, 2, 24 ἐν ᾧ (ἐνιαυτῷ) μεσοῦντι
Διονύσιος ἐτυράννησε. Herod. 1,
14, 1 Γύγης τυραννεύσας ἀπέπεμψεν
ἀναθήματα, und 5, 92, 8 τυραννεύ-
σας ὁ Κύψελος τοιοῦτος δή τις ἀνὴρ
ἐγένετο, und wie auch sonst oft der
Aorist der Verba des Herrschens
ἄρχειν, βασιλεύειν, δυναστεύειν,
ἐφορεύειν. ταγεύειν von dem Mo-
ment der Besitzergreifung nicht von
der Zeit des Besitzes gebraucht
wird. Vergl. Schoemann ad Plut.
Agin 5, 2, Krueger zu Thuk. 1,14,2.
Ähnlich ist τὴν βασιλείαν κατέσχεν
§ 20 und das öfter vorkommende
(cf. Lobeck ad Phryn. p. 197) δυνη-
θείς, potentiam nactus, und auch
von Verbis jeder anderen Art gilt das
nämliche (s. Kuehner ad Xenoph.
Mem. 1, 1, 18), gemäfs der Neigung
der Griechen, schon den ersten
Schritt und die Vorbereitung zu
einer Handlung oder zu einem Zustand
mit dem Namen derselben zu be-
zeichnen, wie διδόναι auch von
dem Anbietenden, κτείνειν von dem
zum Morde erst Vorkehrungen Tref-
fenden u. s. w. gesagt wird. — 39, 8.
ἐκ παντὸς τρόπου, in jeder
Weise, wie 3, 31. 4, 95. 6, 91. 14,
3, 23. 15, 135. 16, 41. Ep. 2, 20.
(Vergl. Stallbaum ad Plat. Euthyd.
p. 282 A). Daneben πάντα τρόπον
4, 151 und πάντας τρόπους 8, 19. —
39, 9. οὕτω περὶ αὐτοῦ θρα-
σέως. Dieselbe Verstellung des

40 (ιη´.) Εἰ μὲν οὖν ἐπὶ μικροῖς διήνεγκεν, τοιούτων ἂν καὶ τῶν λόγων αὐτῷ προσῆκεν ἀξιοῦσθαι· νῦν δ' ἅπαντες ἂν ὁμολογήσειαν τυραννίδα καὶ τῶν θείων ἀγαθῶν καὶ τῶν ἀνθρωπίνων μέγιστον καὶ σεμνότατον καὶ περιμαχητότατον εἶναι. τὸν δὴ τὸ κάλλιστον τῶν ὄντων κάλλιστα κτησάμενον τίς ἂν ῥήτωρ ἢ ποιητὴς ἢ λόγων εὑρετὴς ἀξίως τῶν πεπραγμένων ἐπαινέσειεν;

41 (ιθ´.) Οὐ τοίνυν ἐν τούτοις ὑπερβαλλόμενος ἐν τοῖς ἄλλοις ε εὑρεθήσεται καταδεέστερος γενόμενος, ἀλλὰ πρῶτον μὲν εὐφυέστατος ὢν τὴν γνώμην καὶ πλεῖστα κατορθοῦν δυνάμενος

οὕτω, deren Zweck ist, den Leser auf den dazu gehörigen Begriff gespannter zu machen und ihm denselben um so mehr einzuschärfen, findet sich in der nämlichen Verbindung auch 7, 25, 37. 12, 163. 18, 44, und in ähnlicher Weise 4, 185. 5, 12. 7, 67. 9, 6, 58, 67. 12, 188. 15, 15. Ep. 7, 12. Seltener ist bei Isokr., häufiger bei anderen (cf. Schoemann ad Isae. p. 248, Rehdantz Demosth. Ind.² s. v. οὕτως) die Nachstellung des οὕτω, doch cf. 5, 52 u. Ep. 1, 6 (vergl. zu §§ 48, 58, 60).

40, 6. λόγων εὑρετής versteht Benseler von dem Historiker, dem λογοποιός (5, 109 u. 11, 37) oder λογογράφος (vergl. Hermogenes p. 375 Walz. ἄριστος κατὰ πάντων λόγων εἴδη καὶ ποιητῶν ἁπάντων καὶ ῥητόρων καὶ λογογράφων Ὅμηρος). Aber auf den Historiker paßt in keiner Weise der Ausdruck εὑρετής, welcher eher auf jene Redekünstler zu beziehen sein möchte, die, wie Isokr. selber in der Helena und dem Busiris es thut, einzelnen von allen getadelten Persönlichkeiten der Vergangenheit mühsam eine rühmliche Seite abzugewinnen trachteten zu dem Zwecke, ihre Beredtsamkeit leuchten zu lassen. Ähnlich 5, 144 τὸν Ταντάλου πλοῦτον καὶ τὴν Πέλοπος ἀρχὴν καὶ τὴν Εὐρυσθέως δύναμιν οὐδεὶς ἂν οὔτε λόγων εὑρετὴς οὔτε ποιητὴς ἐπαινέσειεν. Im Gegensatz zu diesem λόγων εὑρετής ist ῥήτωρ der Redner in der Volksversammlung, während jener nur

ἐν τοῖς ἰδίοις συλλόγοις (vergl. 15, 136) spricht. In besserem Sinne steht λόγους εὑρίσκειν 15,81. [cf. Krit.Anh.]
§ 41—46. Aber Euag. zeichnete sich nicht bloß durch seine εὐσέβεια und ἀνδρεία bei der Eroberung von Salamis, sondern auch nach derselben durch seine φρόνησις aus, die ihn bei seinem eigenen Handeln (§ 41), wie in der Beurteilung der äußeren Verhältnisse (§ 42), in der Behandlung anderer (§ 43), wie in seinem eigenen sittlichen Verhalten (§ 44—46) überall das Rechte treffen ließ.

41, 1. τοίνυν nimmt die Schilderung der Vorzüge des Euag. wieder auf und führt sie weiter; es ist also hier nicht Folgerungs- und Schlußpartikel, wie 4, 28 (s. zu d. St.), sondern Übergangspartikel. Klarer tritt diese Bedeutung hervor, wo es mit ἔτι verbunden ist (5, 66. 6, 29. 15, 207, 240), aber auch ohne dies, wie 4, 41. 5, 51, 65, 102, 109. 6, 31. 7, 62. 15, 281 und öfter (cf. Engelhardt ad Plat. Apol. § 22, Stallbaum ad Plat. Phileb. p. 32 C, Rehdantz Demosth. Ind.² s. v.). — ὑπερβαλλόμενος — καταδεέστερος. Vergl. § 13 τοὺς μὲν ὑπερβάλλοντας, τοὺς δὲ καταδεεστέρους ὄντας. Auch bei diesem absoluten Gebrauch des ὑπερβάλλειν wechselt also Isokr. zwischen dem Aktiv (s. zu 1, 27) und dem Medium. Vergl. zu § 6. — 41, 2. εὐφ. ἂν τὴν γνώμην. viel natürlichen Verstand hatte. — 41, 3. πλεῖστα κατορ. δυν.,

ὅμως οὐκ ῷήθη δεῖν ὀλιγωρεῖν οὐδ' αὐτοσχεδιάζειν περὶ τῶν
πραγμάτων, ἀλλ' ἐν τῷ ζητεῖν καὶ φροντίζειν καὶ βουλεύεσθαι 197
τὸν πλεῖστον τοῦ χρόνου διέτριβεν, ἡγούμενος μέν, εἰ καλῶς
τὴν αὑτοῦ φρόνησιν παρασκευάσειεν, καλῶς αὑτῷ καὶ τὴν βα-
σιλείαν ἕξειν, θαυμάζων δ' ὅσοι τῶν μὲν ἄλλων ἕνεκα τῆς ψυ-
χῆς ποιοῦνται τὴν ἐπιμέλειαν, αὐτῆς δὲ ταύτης μηδὲν τυγχά-
42 νουσι φροντίζοντες. ἔπειτα καὶ περὶ τῶν πραγμάτων τὴν αὐτὴν
διάνοιαν εἶχεν· ὁρῶν γὰρ τοὺς ἄριστα τῶν ὄντων ἐπιμελουμέ-
νους ἐλάχιστα λυπουμένους, καὶ τὰς ἀληθινὰς τῶν ῥᾳθυμιῶν
οὐκ ἐν ταῖς ἀργίαις ἀλλ' ἐν ταῖς εὐπραγίαις καὶ καρτερίαις b
ἐνούσας, οὐδὲν ἀνεξέταστον παρέλιπεν, ἀλλ' οὕτως ἀκριβῶς
καὶ τὰς πράξεις ᾔδει καὶ τῶν πολιτῶν ἕκαστον ἐγίγνωσκεν,
ὥστε μήτε τοὺς ἐπιβουλεύοντας αὐτῷ φθάνειν μήτε τοὺς ἐπιει-
κεῖς ὄντας λανθάνειν, ἀλλὰ πάντας τυγχάνειν τῶν προσηκόντων·
οὐ γὰρ ἐξ ὧν ἑτέρων ἤκουεν οὔτ' ἐκόλαζεν οὔτ' ἐτίμα τοὺς c

---

in den meisten Dingen das
Richtige zu treffen imstande
war. — 41, 4. ὀλιγωρεῖν s. zu
7, 51. — 41, 5. φροντίζειν, er-
wägen, grübeln, aber unten
φροντίζοντες in allgemeiner Be-
deutung „sich kümmern". Vergl.
Schmidt, Synonymik II S. 629 und
über solchen Wechsel der Bedeutung
zu § 42. — 41, 6. τὸν πλεῖστον
τοῦ χρόνου, wie 19, 24 u. § 56
τῆς δυνάμεως τὴν πλείστην. 4, 34
τὴν πλείστην τῆς χώρας (coll. 4, 132).
11, 12 ἐν καλλίστῳ τοῦ κόσμου.
12, 179 τῆς χώρας τὴν ἀρίστην, zu
beurteilen nach der Bemerkung zu
1, 42, aber auch bei anderen häufig,
vergl. Rehdantz Demosth. Ind.³ s. v.
Adiektivum n. 2. — 41, 8. ἄλλων
hängt von ἐπιμέλειαν ab, wie der
Gegensatz ταύτης μηδὲν φροντίζον-
τες lehrt; ἕνεκα ist also mit τῆς
ψυχῆς (Seele) zu verbinden, was
hier im Sinne von anima steht
(um diese zu erhalten, richten sie
ihre Sorgfalt auf alle die Dinge,
welche dazu dienen), während nach-
her bei ταύτης die Bedeutung mens
vorwaltet.

42, 1. ἔπειτα ohne δέ nach
vorangegangenem πρῶτον μέν liebt

mit anderen (cf. Krueger zu Thuk.
1, 98, 1, Ellendt ad Arrian. 3, 30, 7,
Maetzner ad Lycurg. p. 113) auch
Isokr. vergl. § 53 u. 74. 6, 32 u. 62.
7, 70. 12, 7, 31, 37, 68 u. öfter.
Doch steht πρῶτον μέν — ἔπειτα
δέ 17, 17 u. 40, und ebenso μά-
λιστα μέν — ἔπειτα δέ 14, 63 neben
μ. μέν — ἔπειτα 4, 91. 5, 75 und
Ep. 6, 2. — τῶν πραγμάτων, Er-
eignisse, Umstände, Verhältnisse, das
im Leben Vorkommende, wie § 55
u. § 66, u. 12, 30 καλῶ πεπαιδευ-
μένους — τοὺς καλῶς χρωμένους
τοῖς πράγμασι τοῖς κατὰ τὴν
ἡμέραν ἑκάστην προσπίπτουσιν (cf.
2, 35. 3, 21. 6, 50. 7, 78. 8, 95. 12,
221. 19, 21). πράγματα steht also
hier in einem anderen Sinne als
§ 41, wo das eigene Handeln des
Euag. verstanden wird. Vergl.
über diesen raschen Wechsel der
Bedeutung zu 4, 119. — 42, 2. τῶν
ὄντων, die Wirklichkeit, wie
τὰ ὑπάρχοντα § 21. — 42, 3. τὰς
ἀλ. τῶν ῥᾳθυμιῶν, die wahre
Ruhe (Sorglosigkeit). — 42, 4. καρ-
τερίαις, Ausdauer im Handeln.
— 42, 7. ἐπιεικεῖς, die Braven,
wie 7, 47, 72. 15, 35, 142, 154, 164,
223. — 42, 9. ἐξ ὧν ἑτέρων =
ἐκ τούτων, ἃ παρ' ἑτέρων. —

πολίτας, ἀλλ' ἐξ ὧν αὐτὸς συνῄδει τὰς κρίσεις ἐποιεῖτο περὶ
43 αὐτῶν· ἐν τοιαύταις δ' ἐπιμελείαις αὐτὸν καταστήσας οὐδὲ
περὶ τῶν κατὰ τὴν ἡμέραν ἑκάστην προσπιπτόντων ·οὐδὲ περὶ
ἓν πεπλανημένως εἶχεν, ἀλλ' οὕτω θεοφιλῶς καὶ φιλανθρώπως
διῴκει τὴν πόλιν, ὥστε τοὺς εἰσαφικνουμένους μὴ μᾶλλον
Εὐαγόραν τῆς ἀρχῆς ζηλοῦν ἢ τοὺς ἄλλους τῆς ὑπ' ἐκείνου
βασιλείας· ἅπαντα γὰρ τὸν χρόνον διετέλεσεν οὐδένα μὲν ἀδι- d
κῶν, τοὺς δὲ χρηστοὺς τιμῶν, καὶ σφόδρα μὲν ἁπάντων ἄρχων,
44 νομίμως δὲ τοὺς ἐξαμαρτόντας κολάζων· οὐδὲν μὲν συμβούλων
δεόμενος, ὅμως δὲ τοῖς φίλοις συμβουλευόμενος· πολλὰ μὲν τῶν
χρωμένων ἡττώμενος, ἅπαντα δὲ τῶν ἐχθρῶν περιγιγνόμενος.
σεμνὸς ὢν οὐ ταῖς τοῦ προσώπου συναγωγαῖς ἀλλὰ ταῖς τοῦ

42, 10. τὰς κρ. ἐποιεῖτο περὶ
αὐτῶν, wie 2, 18. 4, 40. 15, 203.
18, 22, dagegen 7, 19 ἵνα ποιῆσθε
τὴν κρίσιν αὐτῶν.
43, 1. ἐν ἐπιμελ. καταστή-
σας. S. zu § 30. — 43, 2. τῶν
κατὰ τ. ἡ. ἑ. προσπιπτόντων,
die täglichen Vorfälle, wie
12, 30 und 2, 9 τὰ συμπίπτοντα κ.
τ. ἡ. ἑ. und 3, 22 τὰ κ. τ. ἡ. ἑ.
γιγνόμενα. Aber τὸ (τὰ) καθ'
ἡμέραν ohne Verbum ist entweder:
was zum täglichen Leben gehört
(4, 34 u. 168. 5, 120. 6, 55. 11, 20.
12, 179. 14, 48 u. 56. 15, 39), oder:
das tägliche Leben (15, 144 u. 228),
wofür 7, 28 τὰ κατὰ τὴν ἡμέραν
ἑκάστην, 7, 40 τὰ καθ' ἑκάστην
τὴν ἡμέραν u. 7, 53 u. 61 ὁ βίος ὁ
καθ' ἡμέραν. — οὐδὲ περὶ —
οὐδὲ περὶ ἕν. Das erste οὐδὲ
geht auf den ganzen Satz (weil er
zu solcher Sorgfalt sich zwang,
griff er auch nicht fehl), das zweite
auf den einzelnen Begriff ἕν (vergl.
Krit. Anh. zu § 47), wie bei Hom.
Od. 8, 176 οὐδέ κεν ἄλλως οὐδὲ
θεὸς τεύξειε (vergl. Maetzner ad
Antiph. p. 180) und in dem be-
kannten οὐδὲ γὰρ οὐδέ (s. Her-
mann ad Lucian. de conscrib. hist.
p. 300), oder wie bei Hom. Od. 9,
525 ὡς οὐκ ὀφθαλμόν γ' ἰήσεται
οὐδ' ἐνοσίχθων (s. Nitzsch zu 11,
613, Ameis. Anh. zu Hom. Od. 3,
27), Isokr. 4, 75 οὐ μὴν οὐδὲ τῶν
πρὸ τοῦ πολέμου τούτου γενομέ-

νων —; oder endlich in einer
dritten Form: Demosth. 24, 149
οὐδ' ἐάν τις καταλύῃ τὸν δῆμον, οὐ
πείσομαι (s. Poppo ad Thuk. 2, 97,
5, Schoemann ad Isae. p. 470). —
43, 4. μὴ μᾶλλον — ἤ, nicht
sowohl, als, wie 12, 32 μὴ μᾶλλον
χαίροντας τοῖς διὰ τύχην ὑπάρξα-
σιν ἀγαθοῖς ἢ τοῖς διὰ τὴν αὐτῶν
φύσιν γιγνομένοις. — 43, 5. τοὺς
ἄλλους, nämlich seine Untertha-
nen, wie denn Stobai.Flor.48,48, der
unsere Stelle citiert, wirklich τοὺς
ἀρχομένους giebt; doch ebenso 2, 40
τὸ πλῆθος καὶ τῶν ἄλλων καὶ τῶν
ἀρχόντων. — τῆς ὑπ' ἐκείνου
βασιλείας [cf. Krit. Anh.]. Sub-
stantiva verbalia werden bei pas-
sivem Sinne oft wie die passiven
Verba mit ὑπό und dem Genetiv
konstruiert. S. Thuk. 2, 65, 6
ἐγίγνετο λόγῳ μὲν δημοκρατία, ἔργῳ
δὲ ὑπὸ τοῦ πρώτου ἀνδρὸς ἀρχή,
und Plat. Politik. p. 291 D μετὰ
μοναρχίαν εἴποι τις ἂν τὴν ὑπὸ
τῶν ὀλίγων δυναστείαν. Vergl. dort
Stallbaum, und Krueger zu Thuk.
1, 130, 1, Kuehner ad Xenoph.
Mem. 2, 1, 34.
44, 3. χρωμένων. S. zu 1, 20.
— 44, 4. τοῦ προσώπου συνα-
γωγαῖς, durch sein Stirnrun-
zeln, wie Plut. comparat. Dion.
et Brut. 5 συναγαγὼν τὸ πρόσωπον
[cf. Krit. Anh.], wofür τὰς ὀφρῦς
συνάγειν oder ἀνασπᾶν, ἀντέλκειν,
ἀναίρειν gebräuchlicher ist. S.

βίου κατασκευαῖς· οὐδὲ πρὸς ἓν ἀτάκτως υὐδ' ἀνωμάλως δια- e
κείμενος ἀλλ' ὁμοίως τὰς ἐν τοῖς ἔργοις ὁμολογίας ὥσπερ τὰς
45 ἐν τοῖς λόγοις διαφυλάττων· μέγα φρονῶν οὐκ ἐπὶ τοῖς διὰ
τύχην ἀλλ' ἐπὶ τοῖς δι' αὐτὸν γιγνομένοις· τοὺς μὲν φίλους
ταῖς εὐεργεσίαις ὑφ' αὐτῷ ποιούμενος, τοὺς δ' ἄλλους τῇ με- 198
γαλοψυχίᾳ καταδουλούμενος· φοβερὸς ὢν οὐ τῷ πολλοῖς χαλε-
παίνειν ἀλλὰ τῷ πολὺ τὴν τῶν ἄλλων φύσιν ὑπερβάλλειν·
ἡγούμενος τῶν ἡδονῶν ἀλλ' οὐκ ἀγόμενος ὑπ' αὐτῶν· ὀλίγοις
πόνοις πολλὰς ῥαστώνας κτώμενος ἀλλ' οὐ διὰ μικρὰς ῥαθυ-
46 μίας μεγάλους πόνους ὑπολειπόμενος· ὅλως οὐδὲν παραλείπων
ὧν προσεῖναι δεῖ τοῖς βασιλεῦσιν, ἀλλ' ἐξ ἑκάστης τῆς πολιτείας b
ἐξειλεγμένος τὸ βέλτιστον, καὶ δημοτικὸς μὲν ὢν τῇ τοῦ πλήθους
θεραπείᾳ, πολιτικὸς δὲ τῇ τῆς πόλεως ὅλης διοικήσει, στρα-
τηγικὸς δὲ τῇ πρὸς τοὺς κινδύνους εὐβουλίᾳ, μεγαλόφρων δὲ
τῷ πᾶσι τούτοις διαφέρειν. Καὶ ταῦθ' ὅτι προσῆν Εὐαγόρᾳ,
καὶ πλείω τούτων, ἐξ αὐτῶν τῶν ἔργων ῥᾴδιον καταμαθεῖν.

47 (κ΄.) Παραλαβὼν γὰρ τὴν πόλιν ἐκβεβαρβαρωμένην καὶ διὰ
τὴν Φοινίκων ἀρχὴν οὔτε τοὺς Ἕλληνας προσδεχομένην οὔτε c

Dobree ad Aristoph. Acharn. v. 1068 und Menke zu Lukian. Tim. 53 p. 147. — 44, 5. ἀτάκτως οὐδ' ἀνωμάλως, planlos oder ungleich. — 44, 6. ὁμολογίας, Konsequenz.
45, 3. ὑφ' αὐτῷ ποιούμενος, machte sich unterthan. ποιεῖσθαί τινα ὑφ' αὐτῷ ist die gewöhnliche Konstruktion (vergl. 5, 74. 16, 7), wogegen ὑφ' αὐτόν sich sehr selten findet. Vergl. Weber ad Demosth. Aristocr. p. 154, Schaefer Apparat. ad Demosth. II p. 77. — 45, 7. ῥαστώνας, Mufse, ῥαθυμίας, Nachlässigkeiten.
46, 2. ἑ. ἑ. τ. πολιτείας, aus jeder Art öffentlicher Thätigkeit. Vergl. 7, 65 u. Ep. 8, 9 τοὺς μὲν πρεσβυτέρους καὶ τοὺς περὶ τὴν πολιτείαν ὄντας μὴ λυπεῖν. — 46, 3. δημοτικός bezeichnet hier nicht einfach den Volksfreund (wie 7, 16, 17, 59, 64. 8, 13, 108, 133. 15, 303. 18, 48), sondern den, der in der Volksversammlung das Interesse des Volkes vertritt und dieses leitet, den δημαγωγός, wie Perikles 8, 126 heifst,

also etwa: ein tüchtiger Volksvertreter. Dagegen ist πολιτικός, der tüchtige Verwaltungsbeamte, der dem στρατηγικός (wie hier vergl. auch 5, 140 πολιτεύεσθαι καὶ στρατηγεῖν) und dem δικαστικός anch bei Xenoph. Memor. 2, 6, 38 gegenübergestellt wird. Aus dem στρατηγικός erhellt übrigens, dafs oben πολιτείας nicht von der Staatsverfassung verstanden werden durfte, wie es allgemein geschieht. — 46, 5. μεγαλόφρων δέ reiht nicht ein neues Praedikat an die vorhergehenden (δημοτικός, πολιτικός, στρατηγικός) an, sondern giebt den Gegensatz zu allen diesen Praedikaten: Euag. war nicht einfach ein tüchtiger Volksvertreter u. s. w., wie es deren viele giebt, sondern zeigte sich als ein Hochstrebender dadurch, dafs er sich πᾶσι τούτοις, d. h. durch seine θεραπεία τοῦ πλήθους, seine διοίκησις τῆς πόλεως und seine εὐβουλία· πρὸς τοὺς κινδύνους, vor allen auszeichnete. [cf. Krit. Anh.].
§ 47—50. Infolge jener Eigen-

τέχνας ἐπισταμένην οὔτ' ἐμπορίῳ χρωμένην οὔτε λιμένα κεκτη-
μένην ταῦτά τε πάντα διώρθωσεν καὶ πρὸς τούτοις καὶ χώραν
πολλὴν προσεκτήσατο καὶ τείχη προσπεριεβάλετο καὶ τριήρεις
ἐναυπηγήσατο καὶ ταῖς ἄλλαις κατασκευαῖς οὕτως ηὔξησε τὴν
πόλιν, ὥστε μηδεμιᾶς τῶν Ἑλληνίδων ἀπολελεῖφθαι, καὶ δύνα-
μιν τοσαύτην ἐνεποίησεν ὥστε πολλοὺς φοβεῖσθαι τῶν πρότερον
48 καταφρονούντων αὐτῆς. καίτοι τηλικαύτας ἐπιδόσεις τὰς πόλεις d
λαμβάνειν οὐχ οἷόν τ' ἐστίν, ἢν μή τις αὐτὰς διοικῇ τοιούτοις
ἤθεσιν οἷοις Εὐαγόρας μὲν εἶχεν, ἐγὼ δ' ὀλίγῳ πρότερον ἐπει-
ράθην διελθεῖν. ὥστ' οὐ δέδοικα, μὴ φανῶ μείζω λέγων τῶν
ἐκείνῳ προσόντων, ἀλλὰ μὴ πολὺ λίαν ἀπολειφθῶ τῶν πεπρα-
49 γμένων αὐτῷ. τίς γὰρ ἂν ἐφίκοιτο τοιαύτης φύσεως; ὃς οὐ

schaften des Euag. blühte Salamis
auf und gewann an Macht und An-
sehn bei den Hellenen.
47, 1. παραλαβὼν γὰρ s. zu
4, 39. — 47, 3. ἐμπορίῳ, Stapel-
platz. — 47, 5. προσπεριε-
βάλετο, noch neue (πρός) Mauern.
— τριήρεις ἐναυπηγήσατο.
Das in ναυπηγεῖν liegende ναῦς
quiesciert vollständig, so daſs nicht
allein ναυπηγεῖσθαι ναῦς (Herod.
1, 27, 2) gesagt werden konnte,
sondern auch Akkusative wie τριή-
ρεις (vergl. Xenoph. Hellen. 1, 1, 25.
Andokid. 3, 5, Aischin. 3, 30, Dio-
dor. 14, 98 u. s. w.) oder σκάφη
(Polyb. 1, 20 u. 1, 36) hinzutreten
konnten. Ähnlich schon bei Hom.
Il. 4, 3 νέκταρ οἰνοχοεῖν (neben
οἶνον οἰνοχοεῖν Od. 3, 472) u. Il.
20, 221 βουκολεῖν ἵππους (neben
βοῦς βουκολεῖν Il. 21, 448), und
überall in Prosa οἰκοδομεῖν τεῖχος,
νεών, πυραμίδα, μόσυνα, πύργον,
während ähnliches nur einzeln
vorkommt. Vergl. Lobeck. ad
Sophocl. Aiac. v. 254. — 47, 7.
μηδεμιᾶς [cf. Krit. Auh.]. — ἀπο-
λελεῖφθαι, hinter einem zu-
rückbleiben, ihm nachstehen,
des darin enthaltenen komparativen
Begriffes wegen mit dem Genetiv
konstruiert, wie § 46 u. 5, 82 θείην
ἂν ἐμαυτὸν οὐκ ἐν τοῖς ἀπολελειμ-
μένοις, ἀλλ' ἐν τοῖς προέχουσι τῶν
ἄλλων und 5, 125. 6, 94 8, 43. 12,
9, 159, 248, 263. 15, 207, aber ab-
solut: 4, 44. 9, 61. 12, 61.

48, 1. ἐπιδόσεις, s. zu § 7. —
48, 4. μείζω λέγων, als über-
triebe ich die ihm innewoh-
nenden Eigenschaften. Vergl.
15, 39 μειζόνως εἴρηκεν, und 20, 5
μείζους ποιοῦμαι τοὺς λόγους ἢ
κατὰ τὴν ἀξίαν τῶν γεγενημένων,
und das Gegenteil ἐλάττω τῶν
ὑπαρχόντων εἰρηκέναι 4, 88 u. 6,
71. — 48, 5. λίαν ist dem Worte,
dessen Begriff es steigern soll,
nachgestellt, wie 15, 215 ἦν πολλὰ
λίαν λέγω περὶ τῶν ὁμολογουμένων,
und 4, 73. 7, 77. Ep. 2, 10, also
nicht blofs um den Hiatus zu ver-
meiden wie hier und 4, 160 δοκεῖ
πολλὰ λίαν εἶναι. S. noch 11, 34
ὁμολογῶ λίαν εἶναι τολμηρός uud
vergl. zu § 39 extr. und § 58 und
Rehdantz Demosth. Ind.² s. v. Stel-
lung. — Über ἐκείνῳ — αὐτῷ
s. zu 1, 25.

49, 1. ἐφίκοιτο, wessen Dar-
stellung könnte erreichen, wer
könnte treffend darstellen,
wie 4, 187 u. 10, 13, während De-
mosthenes 19, 65 u. 61, 15 in der-
selben Phrase τῷ λόγῳ hinzusetzt.
— ὅς, denn er. So steht ein
Relativsatz ohne vorhergegangenes
Demonstrativ an Stelle eines Kau-
salsatzes und im Anschluſs an einen
Fragesatz auch § 66 u. 71, u. 19,
34 πῶς ἄν τις ἄμεινον — περὶ τῶν
αὐτοῦ πραγμάτων ἐβουλεύσατο; ὃς
οὐκ ἔρημον τὸν οἶκον κατέλιπε, und
an ein vorangehendes Wort sich

58 (II) ΙΣΟΚΡΑΤΟΥΣ

μόνον τὴν αὑτοῦ πόλιν πλείονος ἀξίαν ἐποίησεν, ἀλλὰ καὶ τὸν
τόπον ὅλον τὸν περιέχοντα [τὴν νῆσον] ἐπὶ πρᾳότητα καὶ μετρι- e
ότητα προήγαγεν. πρὶν μέν γε λαβεῖν Εὐαγόραν τὴν ἀρχὴν
οὕτως ἀπροσοίστως καὶ χαλεπῶς εἶχον, ὥστε καὶ τῶν ἀρχόντων
τούτους ἐνόμιζον εἶναι βελτίστους, οἵτινες ὠμότατα πρὸς τοὺς
50 Ἕλληνας διακείμενοι τυγχάνοιεν· νῦν δὲ τοσοῦτον μεταπε-
πτώκασιν, ὥσθ᾽ ἁμιλλᾶσθαι μέν, οἵτινες αὐτῶν δόξουσι φιλ- 199
έλληνες εἶναι μάλιστα, παιδοποιεῖσθαι δὲ τοὺς πλείστους αὐτῶν
γυναῖκας λαμβάνοντας παρ᾽ ἡμῶν, χαίρειν δὲ καὶ τοῖς κτήμασι
καὶ τοῖς ἐπιτηδεύμασι τοῖς Ἑλληνικοῖς μᾶλλον ἢ τοῖς παρὰ
σφίσιν αὐτοῖς, πλείους δὲ καὶ τῶν περὶ τὴν μουσικὴν καὶ τῶν
περὶ τὴν ἄλλην παίδευσιν ἐν τούτοις τοῖς τόποις διατρίβειν, ἢ
παρ᾽ οἷς πρότερον εἰωθότες ἦσαν. καὶ τούτων ἁπάντων οὐδεὶς b
ὅστις οὐκ ἂν Εὐαγόραν αἴτιον εἶναι προσομολογήσειεν.
51   (κα΄.) Μέγιστον δὲ τεκμήριον καὶ τοῦ τρόπου καὶ τῆς ὁσιό-

anlehnend 4, 88 περὶ οὗ τίς οὐκ ἐλάττω τῶν ὑπαρχόντων εἴρηκεν; ὃς εἰς τοσοῦτον ἦλθεν ὑπερηφανίας κ. τ. λ. u. 2, 46. 4, 111, 155. 8, 41. 11, 10. 12, 76. 19, 23. Dagegen im Anschluſs an einen Aussagesatz 19, 26 ἄξιον θαυμάζειν, — ὅπως ἐγὼ τοιαύτην νόσον θεραπεύων ἀνταρκεῖν ἠδυνάμην· ὃς ἔμπνος μὲν ἦν πολὺν χρόνον κ. τ. λ., u. 17, 49. Ähnlich ὅστις 12, 16 u. 15, 288. Vergl. zu 7, 9. — 49, 2. τὸν τόπον ὅλον κ. τ. λ., [cf. Krit. Anh.] die ganze Umgegend von Salamis ward gesitteter durch das bloſse Beispiel dieser Stadt. Vergl. 5, 54 τὸν τόπον ἅπαντα τὸν περιέχοντα κατασχήσοντες und 15, 107 ἅπας ὁ τόπος ὁ περιέχων. — 49, 4. μέν γε κ. τ. λ. wenigstens waren, bevor u. s. w., also nicht [cf. Krit. Anh.] gleichbedeutend mit γάρ (Schoemann ad Isae. p. 273). Vergl. 4, 126, 153. 8, 86, Buttmann ad Demosth. Midian. § 21 n. 7, Maetzner ad Antiph. p. 141 seq., Weber ad Demosth. Aristocrat. p. 353, Schoemann, die Lehre von den Redeteilen p. 196. — 49, 5. εἶχον, nämlich οἱ πολῖται καὶ οἱ περιοικοῦντες, was in πόλις und τόπος mit angedeutet ist. Vergl. zu 1, 21.

50, 4. παρ᾽ ἡμῶν. Athen muſs also den Salaminiern connubium (ἐπιγαμία) verliehen haben, wie es das auch sonst bei einzelnen und ganzen Ländern that. Vergl. Hermanns Staatsaltert. § 116, n. 2. — κτήμασι καὶ ἐπιτηδ., Sachen (z. B. Hausgerät) und Gewohnheiten. — 50, 6. τῶν περὶ τὴν μουσικὴν καὶ τῶν κ. τ. λ. Freunde der Musik und sonstiger Bildung. Vergl. zu § 4.

§ 51—57 med. Jene Eigenschaften des Euag. zogen auch viele Hellenen nach Salamis, vor allen den Konon, der mit Hülfe des Euag. den Lakedaimoniern die Hegemonie von Griechenland entriſs und sie wieder an Athen brachte, das dafür beide hoch ehrte.

51, 1. τεκμήριον — γάρ s. zu 7, 69. — καὶ τοῦ τρόπου καὶ τῆς ὁσιότητος, sowohl seines Charakters überhaupt, als besonders seiner Rechtlichkeit, also nicht = τῆς τοῦ τρόπου ὁσιότητος. Dieser Gebrauch, zu dem vorangestellten genus noch die species mit Nachdruck zu erwähnen, ist schon aus dem Homerischen Τρῶές τε καὶ Ἕκτωρ, ὄλβῳ τε

τητος τῆς ἐκείνου· τῶν γὰρ Ἑλλήνων πολλοὶ καὶ καλοὶ κἀγαθοὶ
τὰς αὑτῶν πατρίδας ἀπολιπόντες ἦλθον εἰς Κύπρον οἰκήσοντες,
ἡγούμενοι κουφοτέραν καὶ νομιμωτέραν εἶναι τὴν Εὐαγόρου
βασιλείαν τῶν οἴκοι πολιτειῶν· ὧν τοὺς μὲν ἄλλους ὀνομαστὶ
52 διελθεῖν πολὺ ἂν ἔργον εἴη, Κόνωνα δὲ τὸν διὰ πλείστας ἀρε-
τὰς πρωτεύσαντα τῶν Ἑλλήνων τίς οὐκ οἶδεν, ὅτι δυστυχήσας
ἐξ ἁπάντων ἐκλεξάμενος ὡς Εὐαγόραν ἦλθεν, νομίσας καὶ τῷ c
σώματι βεβαιοτάτην εἶναι τὴν παρ᾽ ἐκείνῳ καταφυγὴν καὶ τῇ
πόλει τάχιστ᾽ ἂν αὐτὸν γενέσθαι βοηθόν; καὶ πολλὰ πρότερον
ἤδη κατωρθωκὼς οὐδὲ περὶ ἑνὸς πώποτε πράγματος ἔδοξεν
53 ἄμεινον ἢ περὶ τούτου βουλεύσασθαι· συνέβη γὰρ αὐτῷ διὰ
τὴν ἄφιξιν τὴν εἰς Κύπρον καὶ ποιῆσαι καὶ παθεῖν πλεῖστ᾽
ἀγαθά. πρῶτον μὲν γὰρ οὐκ ἔφθασαν ἀλλήλοις πλησιάσαντες, d
καὶ περὶ πλείονος ἐποιήσαντο σφᾶς αὐτοὺς ἢ τοὺς πρότερον

πλούτῳ τε u. s. w. bekannt; vergl.
Plut. Timol. 31 ποιήματα γράφειν
καὶ τραγῳδίας, und über andere s.
Schoemann ad Isae. p. 185. Über
den entgegengesetzten Fall, dafs
der *species* das *genus* ohne ein bei-
gegebenes ἄλλος folgt, s. zu § 56.
— 51, 2. ἐκείνου ist durch τῆς
grammatisch nur auf ὁσιότητος be-
zogen, obwohl es natürlich auch zu
τρόπου gehört; ebenso 4, 54 καὶ
τὸν τρόπον καὶ τὴν ῥώμην τὴν τῆς
πόλεως. und 11, 30 (τὴν Αἰγυπτίων).
12, 125 (τὰς αὑτῶν). 12, 176 (τὰς
Σπαρτιατῶν). — 51, 4. κουφοτέ-
ραν, weniger drückend, νο-
μιμωτέραν, die Gesetze mehr
achtend, wie νόμιμος ἀρχή bei
Plut. Agis 3 extr. — 51, 5. πολι-
τειῶν s. zu 4, 125. — 51, 6. πολὺ
ἂν ἔργον εἴη, wäre zu müh-
sam, wie 14, 27. 16, 21. 19, 18.
Ep. 1, 9 u. ähnlich 15, 11 εἴη ἂν
οὐ μικρὸν ἔργον. Vergl. Gebauer
„de praeteritionis formis apud ora-
tor. Attic.“ p. 38. Wegen des
Hiatus πολὺ ἂν s. zu § 65.
52, 2. δυστυχήσας. Vergl. 5,
62 (Κόνων) ἀτυχήσας ἐν τῇ ναυ-
μαχίᾳ τῇ περὶ Ἑλλήσποντον (bei
Aigospotamoi i. J. 405) οὐ δι᾽ αὑ-
τὸν ἀλλὰ διὰ τοὺς συνάρχοντας οἴ-
καθε μὲν ἀφικέσθαι κατῃσχύνθη.
— 52, 4. σώματι, Leben, wie in

der Wendung περὶ τοῦ σώματος
εἰς κίνδυνον καταστῆναι 16, 45
und 18, 16. — ἐκείνῳ — αὐ-
τόν. S. zu 1, 25. — 52, 5. πολλὰ
— κατωρθωκώς, viel Glück
gehabt hatte, wie πλείω (13, 8),
πλεῖστα (9, 41), ὀλίγα (7, 72) κα-
τορθοῦν, häufiger absolut: 4, 6, 48,
69, 97, 124. 6, 5, 105, 111. 9, 28.
12, 51, 183, 233, 248. 19, 4. Ep. 2,
3. 8, 5.
53, 3. οὐκ ἔφθασαν —, καί,
sie hatten sich kaum einander
genähert, als sie auch. — So
lassen die Griechen sehr gewöhn-
lich einen beigeordneten Satz mit
καί eintreten, wo wir einen unter-
geordneten Zeitsatz gebrauchen,
besonders wo dem ersten Satz ein
οὐ φθάνω, ἅμα, ἤδη, οὔπω beige-
geben ist. Über οὐ φθάνω καὶ
vergl. 4, 86. 5, 53. 8, 98. 16, 37.
17, 23. 19, 22. [cf. Krit. Anh.] —
53, 4. σφᾶς αὑτούς, einander,
also das reflexivum im Sinne des
Reciprocum ἀλλήλους, was, wie bei
anderen (cf. Goeller ad Thuc. 4,
25, Jacobs animadvers. in Achill.
Tat. p. 486, Schaefer Apparat. ad
Demosth. I p. 332. Stallbaum ad
Plat. de legg. IV p. 723 B), so
auch bei Isokr. sehr gewöhnlich
ist, teils in stehenden Wendungen,
wie τὰ πρὸς σφᾶς αὑτοὺς διοικεῖν

οἰκείους ὄντας. ἔπειτα περί τε τῶν ἄλλων ὁμονοοῦντες ἅπαντα
τὸν χρόνον διετέλεσαν καὶ περὶ τῆς ἡμετέρας πόλεως τὴν αὐ-
54 τὴν γνώμην εἶχον. ὁρῶντες γὰρ αὐτὴν ὑπὸ Λακεδαιμονίοις
οὖσαν καὶ μεγάλῃ μεταβολῇ κεχρημένην λυπηρῶς καὶ βαρέως
ἔφερον, ἀμφότεροι προσήκοντα ποιοῦντες· τῷ μὲν γὰρ ἦν φύ- e
σει πατρίς, τὸν δὲ διὰ πολλὰς καὶ μεγάλας εὐεργεσίας νόμῳ
πολίτην ἐπεποίηντο. σκοπουμένοις δ᾽ αὐτοῖς, ὅπως τῶν συμ-
φορῶν αὐτὴν ἀπαλλάξουσιν, ταχὺν τὸν καιρὸν Λακεδαιμόνιοι
παρεσκεύασαν· ἄρχοντες γὰρ τῶν Ἑλλήνων καὶ κατὰ γῆν καὶ 200
κατὰ θάλατταν εἰς τοῦτ᾽ ἀπληστίας ἦλθον, ὥστε καὶ τὴν Ἀσίαν
55 κακῶς ποιεῖν ἐπεχείρησαν. λαβόντες δ᾽ ἐκεῖνοι τοῦτον τὸν και-
ρὸν καὶ τῶν στρατηγῶν τῶν βασιλέως ἀπορούντων, ὅ τι χρή-
σωνται τοῖς πράγμασιν, ἐδίδασκον αὐτοὺς μὴ κατὰ γῆν ἀλλὰ
κατὰ θάλατταν ποιεῖσθαι τὸν πόλεμον τὸν πρὸς Λακεδαιμονίους,
νομίζοντες, εἰ μὲν πεζὸν καταστήσαιντο στρατόπεδον καὶ τού-
τῳ περιγένοιντο, τὰ περὶ τὴν ἤπειρον μόνον καλῶς ἕξειν, εἰ b

(7, 31. 12, 124. 15, 158, 238), δια-
λύεσθαι (5, 9), ὁμονοεῖν (8, 19),
ἔχειν (6, 67 u. 7, 36), teils wo ein
ἀλλήλων in der Nähe schon steht,
wie 3, 18. 4, 15, 34, 43, 85. 7, 31.
82. 9, 57. 12, 158, 226. 18, 28. 19,
10; aber auch sonst: 2, 17. 4, 3,
106, 166, 173, 174. 5, 126. 12, 132,
159. 15, 79, 182. 17, 20, 25. —
53, 5. ἔπειτα, ohne δέ. S. zu
§ 42.

54, 2. μεταβολῇ, Umwälzung
erfahren hatte, in Beziehung
auf ihre Verfassung und Macht-
stellung. — 54, 5. πολίτην ἐπε-
ποίηντο, nämlich Ἀθηναῖοι (aus
τῆς ἡμετέρας πόλεως zu entnehmen.
S. zu 1, 21). Zur Sache vergl. De-
mosth. 12, 10 ὑμεῖς ἔδοτε πολι-
τείαν Εὐαγόρᾳ τῷ Κυπρίῳ καὶ
Διονυσίῳ τῷ Συρακοσίῳ καὶ τοῖς
ἐκγόνοις τοῖς ἐκείνων. — ὅπως
— ἀπαλλάξουσιν. S. zu § 25. —
54, 6. In ταχὺν τὸν καιρόν ist
ταχύν Praedikat zu καιρόν, nicht
Attribut, also: verschafften ihnen
bald d. G. dazu. — 54, 7. καὶ
κατὰ γῆν κ. τ. λ. s. zu § 3. —
54, 9. ἐπεχείρησαν, unter Agesi-
laos; vergl. 4, 144 u. 5, 62.

55, 1. λαβόντες — καὶ τῶν στ.
ἀπορούντων. Die Verbindung
eines konstruierten und eines abso-
luten Particips durch καί (vergl. 4,
148. 5, 63. 6, 23, 56. 8, 117. 14, 28.
16, 31), oder δέ (4, 142. 6, 8. 14,
27. 17, 39. 18, 20) oder ἀλλά (4,
93. 6, 44) liebt Isokr. mit anderen.
Vergl. Poppo ad Thuc. 4, 29,
Krueger zu Xenoph. Anab. 1, 10, 6,
Bähr ad Plut. Philop. c. 10, p. 40,
Held ad Plut. Timol. 8, 3, Her-
mann ad Lucian. de conscr. hist.
12, p. 87, Rehdantz Demosth. Ind.²
s. v. Particip. — 55, 2. ὅ τι χρήσ.
τοῖς πρ., wie sie die Verhält-
nisse sich zu Nutze machen
sollten. Über πράγματα s. zu
§ 42. — 55, 6. τὴν ἤπειρον.
Vergl. Harpokrat. p. 93 Bekk. (coll.
Bekker Anekdot. I p. 263): σύνηθές
ἐστι τῷ Ἰσοκράτει τὴν ὑπὸ τῷ βα-
σιλεῖ τῶν Περσῶν γῆν ἤπειρον κα-
λεῖν, ὥσπερ ἔν τε Φιλίππῳ (5, 97,
104, 119) καὶ Ἀρχιδάμῳ (6, 26, 73).
S. auch 4, 132, 157, 163, 164, 174.
187. 8, 99. 9, 68. So auch andere
Schriftsteller bei Valesius ad Har-
pocrat. p. 87 (= 324 Lips.) u. Spohn
ad Isocr. Paneg. § 174, p. 132.
Ausgegangen scheint der Gebrauch

δὲ κατὰ θάλατταν κρατήσειαν, ἅπασαν τὴν Ἑλλάδα τῆς νίκης
56 ταύτης μεθέξειν. ὅπερ συνέβη· πεισθέντων γὰρ ταῦτα τῶν
στρατηγῶν καὶ ναυτικοῦ συλλεγέντος Λακεδαιμόνιοι μὲν κατε-
ναυμαχήθησαν καὶ τῆς ἀρχῆς ἀπεστερήθησαν, οἱ δ' Ἕλληνες
ἠλευθερώθησαν, ἡ δὲ πόλις ἡμῶν τῆς τε παλαιᾶς δόξης μέρος
τι πάλιν ἀνέλαβεν καὶ τῶν συμμάχων ἡγεμὼν κατέστη. καὶ
ταῦτ' ἐπράχθη Κόνωνος μὲν στρατηγοῦντος, Εὐαγόρου δ' αὐ- c
τόν τε παρασχόντος καὶ τῆς δυνάμεως τὴν πλείστην παρα-
57 σκευάσαντος. ὑπὲρ ὧν ἡμεῖς μὲν αὐτοὺς ἐτιμήσαμεν ταῖς μεγί-
σταις τιμαῖς καὶ τὰς εἰκόνας αὐτῶν ἐστήσαμεν, οὗπερ τὸ τοῦ
Διὸς ἄγαλμα τοῦ σωτῆρος, πλησίον ἐκείνου τε καὶ σφῶν αὐ-
τῶν, ἀμφοτέρων ὑπόμνημα, καὶ τοῦ μεγέθους τῆς εὐεργεσίας
καὶ τῆς φιλίας τῆς πρὸς ἀλλήλους.

(κβ'.) Βασιλεὺς δ' οὐ τὴν αὐτὴν γνώμην ἔσχε περὶ αὐτῶν,

von den Bewohnern der Inseln an der Küste von Kleinasien.
— μόνον. Man erwartet das Adjektivum [cf. Krit. Anh.], nicht das Adverbium; indes tritt öfter dieses statt jenes ein gegen den strengeren Sprachgebrauch. Vergl. 2, 8. 3, 34. 4, 38. 141. 8, 81. 12, 50 und Goeller ad Thuc. 6, 3, Ellendt ad Arrian. 2, 9, 1, Rehdantz Demosth. Ind.² s. v. — ἕξειν — μεθέξειν ein Wortspiel wie 5, 122 ἔχουσι — παρέχουσι (s. zu d. St.) u. Poppo ad Thuc. 1, 33, Kuehner ad Xenoph. Mem. 2, 1, 9, Rehdantz Demosth. Ind.² s. v. Wortspiel a. Ende. — 55, 7. κρατήσειαν [cf. Krit. Anh.].

56, 1. ὅπερ συνέβη s. zu 5, 95. — 56, 2. κατεναυμαχήθησαν, bei Knidos i. J. 394. — 56, 3. οἱ δ' Ἕλληνες. Man erwartet οἱ δ' ἄλλοι Ἕλληνες, weil zu diesen im Gegensatz eben die Lakedaimonier genannt sind. Doch vergl. § 68 u. 5, 68 Κόνων — Λακεδαιμονίους μὲν ἐξέβαλεν ἐκ τῆς ἀρχῆς, τοὺς δ' Ἕλληνας ἠλευθέρωσεν. 6, 83 Ἀθηναίοις ἐκλιποῦσι τὴν αὐτῶν χώραν ὑπὲρ τῆς τῶν Ἑλλήνων ἐλευθερίας (wo Bl. jetzt τῶν ἄλλων liest nach 4, 99. 5, 147. 8, 43). S. auch 7, 54 u. 79 und Aristoph. Nub. v. 413 Dind. εὐδαίμων ἐν Ἀθηναίοις καὶ

τοῖς Ἕλλησι γενήσει, und sonst bei den Rednern und anderen (vergl. Schoemann ad Isae. p. 185 und Rehdantz Demosth. Ind.¹ s. v. Erweiterung 3). Ebenso anderwärts Ζεῦ καὶ θεοί, ἥλιος καὶ ἄστρα u. s. w. Vergl. zu § 51. — 56, 5. πάλιν ἀνέλαβε. Derselbe Pleonasmus 3, 28. 6, 104. 8, 6. Ähnlich 4, 63 u. 6, 82 πάλιν ἐπανελθεῖν. 9, 66 πάλιν ἐπανήγαγε. 7, 8 πάλιν ἀνακεκαινισμένης. 3, 12 εἰ προεπιδείξαιμι πρῶτον u. öfter. — 56, 7. τῆς δυνάμεως τὴν πλείστην. S. zu § 41.

57, 2. οὗπερ, nämlich im Κεραμεικός, neben der στοὰ βασίλειος. Vergl. Pausan. 1, 3 u. Leake, Topographie von Athen p. 95 (ed. Hal.) Bursian Geogr. von Griech. I S. 282. S. Th. Bergk in Jahns Jahrb. LXV (1852) S. 394 (= Kleine Schrift. II S. 585). — 57, 3. σφῶν αὐτῶν = ἀλλήλων. S. zu § 53.

§ 57 med. — 66. Auch der Krieg, mit dem der undankbare Perserkönig den Euag. überzog, spricht in seinen Motiven und in seinem Erfolge für die Tüchtigkeit des Euag. und stellt ihn über die berühmtesten Kriegshelden.

57, 6. βασιλεύς, der Perserkönig Artaxerxes Mnemon (von 404—361). Wo βασιλεύς den Perserkönig be-

ἀλλ' ὅσῳ μείζω καὶ πλείονος ἄξια κατειργάσαντο, τοσούτῳ d
μᾶλλον ἔδεισεν αὐτούς. περὶ μὲν οὖν Κόνωνος ἄλλος ἡμῖν
ἔσται λόγος· ὅτι δὲ πρὸς Εὐαγόραν οὕτως ἔσχεν, οὐδ' αὐτὸς
58 λαθεῖν ἐζήτησεν. φαίνεται γὰρ μᾶλλον μὲν σπουδάσας περὶ
τὸν ἐν Κύπρῳ πόλεμον ἢ περὶ τοὺς ἄλλους ἅπαντας, μείζω δὲ
καὶ χαλεπώτερον ἐκεῖνον ἀνταγωνιστὴν νομίσας ἢ Κῦρον τὸν
περὶ τῆς βασιλείας ἀμφισβητήσαντα. μέγιστον δὲ τεκμήριον· e
τοῦ μὲν γὰρ ἀκούων τὰς παρασκευὰς τοσοῦτον κατεφρόνησεν,
ὥστε διὰ τὸ μὴ φροντίζειν μικροῦ δεῖν ἔλαθεν αὐτὸν ἐπὶ τὸ
βασίλειον ἐπιστάς· πρὸς δὲ τοῦτον οὕτως ἐκ πολλοῦ περιδεῶς '
ἔσχεν, ὥστε μεταξὺ πάσχων εὖ πολεμεῖν πρὸς αὐτὸν ἐπεχείρησεν,
δίκαια μὲν οὐ ποιῶν, οὐ μὴν παντάπασιν ἀλόγως βουλευσά-
59 μενος. ἠπίστατο μὲν γὰρ πολλοὺς καὶ τῶν Ἑλλήνων καὶ τῶν 201
βαρβάρων ἐκ ταπεινῶν καὶ φαύλων πραγμάτων μεγάλας δυνα-
στείας κατεργασαμένους, ᾐσθάνετο δὲ τὴν Εὐαγόρου μεγαλο-
ψυχίαν καὶ τὰς ἐπιδόσεις αὐτῷ καὶ τῆς δόξης καὶ τῶν πραγ-

zeichnet, steht es wie ein nomen proprium auch bei Isokr. gewöhnlich ohne den Artikel; doch setzte ihn Isokr. 4, 145 (bis; s. zu d. St.), 147, 149, 179. 5, 89, 91, 105. 8, 98. 12, 106, 162, und ebenso findet er sich bei anderen, cf. Poppo ad Thuc. 8, 37. — 57, 7. πλείονος [cf. Krit. Anh.]. — 57, 8. Κόνωνος. Vergl. 4, 154 Κόνωνα — ἐπὶ θανάτῳ συλλαβεῖν ἐτόλμησαν (οἱ Πέρσαι), und Schneider ad Xenoph. Hellen. 4, 8, 16. — 57, 10. λαθεῖν, scil. ἄλλους. So absolut steht λανθάνειν auch 1, 16. 5, 93. 10, 60 und öfter, wo für die Übersetzung der entsprechende transitive Ausdruck gewählt werden kann.

58, 3. Κῦρον. cf. 4. 145. 5, 90. 12, 104 u. Xenoph. Anab. libr. 1. — 58, 6. μικροῦ δεῖν, beinahe, wie 4, 144. 8, 44, und ὀλίγου δεῖν 5, 51. ὁ, 65. 7, 69. 15, 159, ein Infinitiv, der wie ὡς συντόμως εἰπεῖν 7, 26, ὡς ἁπλῶς εἰπεῖν 4, 154 und viele andere in den Satz eingeschoben wird, um anzudeuten, in welcher Beziehung und Ausdehnung die Aussage gültig sein soll, also gleich einem Akkusativ der näheren Bestimmung. Bei anderen

findet sich statt ὀλίγου (μικροῦ) δεῖν auch ein bloßes ὀλίγου (μικροῦ) in demselben Sinne. S. Ellendt ad Arrian. 2, 9, 1. — ἐπὶ τὸ βασίλειον ἐπιστάς. ἐπί mit dem Akkusat., weil bei ἐπιστῆναι die diesem vorhergehende Bewegung mitgedacht wird, wie Xenoph. Kyr. 2, 3, 22 ἐπειδὰν καταστῶμεν ἐπὶ τὸν δρόμον und wie oft in anderen Fällen; ebenso in der Phrase ἐπί τι ἐπιστῆναι „auf etwas gekommen sein" 5, 93, 110. 10, 29. Vergl. zu § 30. — 58, 8. μεταξὺ πάσχων εὖ. Das dem Particip beigegebene μεταξύ soll die vollkommene Gleichzeitigkeit beider Handlungen hervorheben; vergl. 15, 159. Ep. 7, 6 und öfter. εὖ ist seinem Worte nachgesetzt, wie 3, 7. 4, 80. 5, 82. 6, 4. 15, 277, überall des Hiatus wegen; vergl. zu § 39 extr. u. zu § 48. Das εὖ πάσχειν geht übrigens auf die § 55 seq. angegebenen Thatsachen.

59, 2. ἐκ — πραγμάτων, aus niedrigen und kleinlichen Verhältnissen heraus. Vergl. 8, 70 πῶς ἂν ταύτην ἐκ τῆς παρούσης ἀπορίας κτήσασθαι δυνηθεῖμεν. [cf. Krit. Anh.] — 59, 4.

μάτων οὐ κατὰ μικρὸν γιγνομένας, ἀλλὰ καὶ τὴν φύσιν ἀνυ-
60 πέρβλητον ἔχοντα καὶ τὴν τύχην αὐτῷ συναγωνιζομένην· ὥστ'
οὐχ ὑπὲρ τῶν γεγενημένων ὀργιζόμενος ἀλλὰ περὶ τῶν μελ- b
λόντων φοβούμενος, οὐδὲ περὶ Κύπρου μόνον δεδιὼς ἀλλὰ
πολὺ περὶ μειζόνων ἐποιήσατο τὸν πόλεμον πρὸς αὐτόν. οὕτω
δ' οὖν ὥρμησεν, ὥστ' εἰς τὴν στρατείαν ταύτην πλέον ἢ τά-
61 λαντα πεντακισχίλια καὶ μύρια κατηνάλωσεν. (κγ'.) Ἀλλ' ὅμως
Εὐαγόρας πάσαις ἀπολελειμμένος ταῖς δυνάμεσιν, ἀντιτάξας
τὴν αὐτοῦ γνώμην πρὸς τὰς οὕτως ὑπερμεγέθεις παρασκευάς,
ἐπέδειξεν αὐτὸν ἐν τούτοις πολὺ θαυμαστότερον ἢ τοῖς ἄλλοις c
τοῖς προειρημένοις. ὅτε μὲν γὰρ αὐτὸν εἴων εἰρήνην ἄγειν, τὴν

ἐπιδόσεις. S. zu § 7. — 59, 5.
κατὰ μικρόν, in unbedeuten-
dem Mafse; so κατὰ μικρὸν ἀεὶ
προστιθέντες 15, 311, καὶ κατὰ μι-
κρόν, „auch nur im geringsten",
3, 10. 6, 7, und negativ μηδὲ κατὰ
μικρόν 11, 31. 14, 52. 15, 143. Ep.
9, 2. cf. Schoemann ad Isae. p.
464. Aber 4, 32. 5, 1. Ep. 2, 13
ist κατὰ μικρόν = „allmählich",
wie z. B. Aischin. 2, 35. 3, 5. Plut.
Kleom. 10, 2. — 59, 6. τὴν τύχην
συναγωνιζομένην, wie 1, 3 ὁρῶ
τὴν τύχην ἡμῖν συλλαμβάνουσαν καὶ
τὸν παρόντα καιρὸν συναγωνιζό-
μενον.
60, 2. τῶν γεγενημένων, dafs
Euag. anfing die übrigen Städte auf
Kypros sich zu unterwerfen, was,
da einige derselben sich an den
Perserkönig wendeten, diesem die
äufsere Veranlassung zum Kriege
gab. Vergl. Diodor. 14, 98. — 60, 4.
πολὺ περὶ μειζόνων = περὶ
πολὺ μειζόνων, wie 14, 54 πολὺ
περὶ μειζόνων καὶ δικαιοτέραν ἥξο-
μεν ποιησόμενοι τὰς δεήσεις, ein
Hyperbaton, das neben einem von
einer Praeposition abhängigen Posi-
tiv, Komparativ, Superlativ bei πολύ
und πάνυ häufig (cf. Stallbaum ad
Plat. Apol. p. 40 A), bei ὡς und
ὅτι regelmäfsig ist, z. B. ὡς ἐν ἐλα-
χίστοις 5, 154 (s. zu d. Stelle), ὡς
μετὰ πλείστων 3, 2. Ep. 7, 4 (cf.
Schoemann ad Isae. p. 288 Froh-
berger zu Lys. 1, 42). — 60, 5.
ὥρμησεν, zeigte solchen
Eifer. Dieser absolute Gebrauch

von ὁρμᾶν oder ὁρμᾶσθαι ist sehr
selten; sonst pflegt Isokr. ἐπί τι
oder πρός τι (z. B. 4, 94. 5, 123.
8, 8. 12, 114) oder einen Infinitiv
(z. B. 12, 232. 18, 2) beizufügen.
— 60, 6. τάλαντα π. κ. μ., d. h.
67 500 000 Mark (1 Talent =
4500 M.).
61, 1. ὅμως. S. zu § 11. — 61, 2.
ἀπολελειμμένος s. zu § 47. Nach
Isokr. 4, 141 hatte Euag. zum
Schutze seines Landes nur 3000
Peltasten; die doppelte Zahl nennt
Diodor. 15, 2 und fügt hinzu, was
Isokr. hier verschweigt, dafs von
auswärts ihm Hülfe gekommen sei
(auch von Athen; s. Xenoph. Hell.
4, 8, 24. 5, 1, 10). — 61, 4. ἢ τοῖς
ἄλλοις = ἢ ἐν τοῖς ἄ. s. zu § 3.
τοῖς ἄλλοις τοῖς προειρημέ-
νοις, mit wiederholtem Artikel wie
3, 47 u. 5, 136 τῶν ἄλλων τῶν προ-
ειρημένων und überall, wo dem
substantivisch gebrauchten ὁ
ἄλλος ein durch ein Particip oder
Adjektiv gegebenes Attribut folgt,
vergl. 3, 43. 4, 175. 5, 84, 127. 6,
7. 8, 39. 10, 21. 12, 136, 152. 14,
31, 58. 15, 321. 16. 1. 19, 51. Ep.
8, 6. 15, 309 (τῶν ἄλλων τῶν κοι-
νῶν μεθέξουσι). Ep. 4, 3, und τῶν
ἄλλων τῶν τοιούτων 2, 1. 10, 29.
12, 115. 18, 20. Aber adjektivisch
steht ἄλλος in Fällen wie 8, 15 περὶ
τῶν ἄλλων τῶν τῆς πόλεως πρα-
γμάτων, coll. 6, 14, 63, 73. 8, 20.
13, 20. 16, 34, wo neben dem einen
Attribut (τῶν ἄλλων) noch ein zwei-
tes (τῶν τῆς πόλεως) mit dem Ar-

62 αὐτοῦ πόλιν μόνην εἶχεν· ἐπειδὴ δ' ἠναγκάσθη πολεμεῖν,
τοιοῦτος ἦν καὶ τοιοῦτον εἶχε Πνυταγόραν τὸν υἱὸν τὸν αὐτοῦ
συναγωνιστήν, ὥστε μικροῦ μὲν ἐδέησεν Κύπρον ἅπασαν κατα-
σχεῖν, Φοινίκην δ' ἐπόρθησεν, Τύρον δὲ κατὰ κράτος εἷλεν,
Κιλικίαν δὲ βασιλέως ἀπέστησεν, τοσούτους δὲ τῶν πολεμίων
ἀπώλεσεν, ὥστε πολλοὺς Περσῶν πενθοῦντας τὰς αὑτῶν συμ- d
63 φορὰς μεμνῆσθαι τῆς ἀρετῆς τῆς ἐκείνου· τελευτῶν δ' οὕτως
ἐνέπλησεν αὐτοὺς τοῦ πολεμεῖν, ὥστ' εἰθισμένων τὸν ἄλλον
χρόνον τῶν βασιλέων μὴ διαλλάττεσθαι τοῖς ἀποστᾶσιν, πρὶν
κύριοι γένοιντο τῶν σωμάτων, ἄσμενοι τὴν εἰρήνην ἐποιήσαντο,
λύσαντες μὲν τὸν νόμον τοῦτον, οὐδὲν δὲ κινήσαντες τῆς Εὐα-
64 γόρου τυραννίδος. καὶ Λακεδαιμονίων μὲν τῶν καὶ δόξαν καὶ
δύναμιν μεγίστην ἐχόντων κατ' ἐκεῖνον τὸν χρόνον ἐντὸς τριῶν e
ἐτῶν ἀφείλετο τὴν ἀρχήν, Εὐαγόρᾳ δὲ πολεμήσας ἔτη δέκα τῶν
αὑτῶν κύριον αὐτὸν κατέλιπεν, ὧνπερ ἦν καὶ πρὶν εἰς τὸν

tikel zu πραγμάτων gesetzt ist nach
Art des Demosthenischen παρὰ τὴν
χαλκῆν τὴν μεγάλην Ἀθηνᾶν und
ähnlichen bei Krueger Synt. § 50,
9 Anm. 1. Vergl. Stallbaum ad Plat.
Hipp. min. p. 374 A.
62, 2. Πνυταγόραν, der, als
Euag. in einer Seeschlacht ge-
schlagen war (i. Jahre 386 vergl.
Einleitung zu Rede IV. Anm. 2)
und nach Aegypten floh, um Hülfe
zu holen, eine Zeitlang allein Sala-
mis hielt. Vergl. Diodor. 15, 4.
— 62, 3. μικροῦ ἐδέησε, es
fehlte wenig, dafs er —. Im
Griechischen ist in dieser Wendung
die persönliche Konstruktion Regel
(vergl. 19, 2 u. 44, und über το-
σούτου δέω —, ὥστε zu 7, 31),
ebenso in der sinnverwandten
Phrase μικρὸν ἀπέλιπον τοῦ μὴ
περιπεσεῖν 7, 17. 15, 122. Zur
Sache vergl. 4, 161 und Diodor.
15, 2 u. 3 u. 9.

63, 2. ἐνέπλησεν, machte sie
überdrüssig. Vergl. 6, 69 (τῶν
δεινῶν) οἱ μὲν ἤδη μεστοὶ τυγχά-
νουσιν ὄντες, οἱ δὲ διὰ ταχέων ἐμ-
πλησθήσονται, und Ep. 3, 4 δόξης
ἐπιθυμεῖν καὶ μηδέποτ' ἐμπίπλα-
σθαι προσήκει τοῖς πολὺ τῶν ἄλλων
διενεγκοῦσιν. — 63, 4. ἐποιή-

σαντο, die Perser, durch Orontes,
des Königs Schwiegersohn; die
Friedensbedingungen bei Diodor. 15,
9: Euag. solle βασιλεύειν τῆς Σαλα-
μῖνος καὶ τὸν ὡρισμένον διδόναι
φόρον κατ' ἐνιαυτὸν καὶ ὑπακούειν
ὡς βασιλεὺς βασιλεῖ προστάττοντι.
— 63, 5. κινήσαντες. S. zu § 7.

64, 2. ἐντός. Das „binnen einer
Zeit" giebt Isokr. bald durch ἐντός
wie hier und 6, 46. 19, 22, bald
durch ἐν wie 4, 87, 113. 6, 12. 15,
111, bald durch den blofsen Gene-
tiv, dies aber nur bei allgemeinen
Zeitangaben: μικροῦ χρόνου 6, 109.
ὀλίγου χρόνου 17, 18. — 64, 3.
ἀφείλετο, nämlich βασιλεύς, der
erst nachher ausdrücklich genannt
wird, während vorher οἱ Πέρσαι
Subjekt war; dieser plötzliche,
durch kein Pronomen angedeutete
Wechsel des Subjekts ist um so
weniger anstöfsig, da auch ἐποιή-
σαντο im Grund nur vom βασιλεὺς
verstanden werden kann. -- ἔτη
δέκα. Diodor. 15, 9. ὁ Κυπριακὸς
πόλεμος δεκαέτης σχεδὸν γεγενη-
μένος (von 390—380 v. Ch. vergl.
Einleitung zu Rede IV. Anm. 2)
καὶ τὸ πλέον τοῦ χρόνου περὶ πα-
ρασκευὰς ἀσχοληθεὶς διέτη χρόνον
τὸν ἐπὶ πᾶσι συνεχῶς πολεμηθεὶς

πόλεμον εἰσελθεῖν. ὃ δὲ πάντων δεινότατον· τὴν γὰρ πόλιν, 202
ἣν Εὐαγόρας ἑτέρου τυραννοῦντος μετὰ πεντήκοντ' ἀνδρῶν
εἷλεν, ταύτην βασιλεὺς ὁ μέγας τοσαύτην δύναμιν ἔχων οὐχ
οἷός τ' ἐγένετο χειρώσασθαι.

65 (κδ'.) Καίτοι πῶς ἄν τις τὴν ἀνδρείαν ἢ τὴν φρόνησιν ἢ
σύμπασαν τὴν ἀρετὴν τὴν Εὐαγόρου φανερώτερον ἐπιδείξειεν
ἢ διὰ τοιούτων ἔργων καὶ κινδύνων; οὐ γὰρ μόνον φανεῖται
τοὺς ἄλλους πολέμους ἀλλὰ καὶ τὸν τῶν ἡρώων ὑπερβαλόμενος
τὸν ὑπὸ πάντων ἀνθρώπων ὑμνούμενον. οἱ μὲν γὰρ μεθ' b
ἁπάσης τῆς Ἑλλάδος Τροίαν μόνην εἷλον, ὁ δὲ μίαν πόλιν ἔχων
πρὸς ἅπασαν τὴν Ἀσίαν ἐπολέμησεν· ὥστ' εἰ τοσοῦτοι τὸ πλῆ-
θος ἐγκωμιάζειν αὐτὸν ἠβουλήθησαν, ὅσοι περ ἐκείνους, πολὺ
ἂν μείζω καὶ τὴν δόξαν αὐτῶν ἔλαβεν.

66 (κε'.) Τίνα γὰρ εὑρήσομεν τῶν τότε γενομένων, εἰ τοὺς
μύθους ἀφέντες τὴν ἀλήθειαν σκοποῖμεν, τοιαῦτα διαπεπρα-
γμένον, ἢ τίνα τοσούτων μεταβολῶν ἐν τοῖς πράγμασιν αἴτιον
γεγενημένον; ὃς αὐτὸν μὲν ἐξ ἰδιώτου τύραννον κατέστησεν, τὸ c
δὲ γένος ἅπαν ἀπεληλαμένον τῆς πολιτείας εἰς τὰς προσηκούσας

κ. τ. λ. — 64, 5. ὃ δὲ π. δ. S. zu 7, 68.

65, 1. καίτοι, in der That (statt des einfachen τοί, wie καὶ γάρ für γάρ), also nicht wie sonst im adversativen Sinne. In jenem Sinne ist καίτοι in Verbindung mit dem fragenden πῶς bei Isokr. sehr häufig. Vergl. 3, 25. 4, 96, 127, 155, 175. 5, 50. 6, 30, 32, 51. 7, 18, 27, 55. 8, 105. 12, 220. 15, 2. 2. Ep. 2, 18. 9, 17. S. auch 5, 92. 15, 86, 239, 290. 19, 34. Vergl. Gebauer de hypotacticis et paratactic. argumenti ex contr. formis (Zwickau 1877) p. XXXIII. — 65, 3. φανεῖται — ὑπερβαλόμενος, es wird sich zeigen, daß er überbot. Denn das Partizip neben φαίνεσθαι stellt die Sache als ein Faktum, der Infinitiv dagegen als etwas Wahrscheinliches dar. Vergl. Wolf ad Demosth. Leptin. p. 319 ed. II (Bremi), coll. Schoemann ad loc. p. 442. Vergl. § 58 φαίνεται μᾶλλον σπουδάσας 5, 92 φαίνονται γὰρ κἀκεῖνοι κρατήσαντες und öfter.

Über ὑπερβαλόμενος s. zu § 6. — 65, 7. τοσοῦτοι τὸ πλῆθος. S. zu 4, 33. — 65, 8. πολὺ ἄν. Hiatus wie § 51. 6, 60. 13, 13. 15, 35. 19, 44 und s. zu 4, 135. — 65, 9. καὶ τὴν δόξαν αὐτῶν, der Ruhm, den er so erhielte, würde größer sein, als der von jenen. αὐτῶν ist also von μείζω abhängig und bezeichnet auch hier (s. zu 1, 25) die nämlichen wie ἐκείνους.

§ 66—72. Kurze Rekapitulation dessen, wodurch sich Euag. auszeichnete (66—68), mit dem Schluß, daß sich zwar nicht sagen lasse, was unter all diesem das Größte sei (69), daß es aber in seiner Gesamtheit ihm sicherlich die Aufnahme unter die Götter verschafft habe (70), wie er denn schon hier auf Erden als der Glücklichste und gleichsam als ein Gott in Menschengestalt gelebt habe (71, 72).

66, 1. τότε, in den troischen Zeiten. — 66, 3. πράγμασιν, Verhältnissen. S. zu § 42. — 66, 4. ὅς s. zu § 49. — 66, 5.

Isokr I. 3. Aufl. 5

τιμὰς πάλιν ἐπανήγαγεν, τοὺς δὲ πολίτας ἐκ βαρβάρων μὲν
Ἕλληνας ἐποίησεν, ἐξ ἀνάνδρων δὲ πολεμικούς, ἐξ ἀδόξων δ᾽
67 ὀνομαστούς, τὸν δὲ τόπον ἄμικτον ὅλον παραλαβὼν καὶ παν-
τάπασιν ἐξηγριωμένον ἡμερώτερον καὶ πρᾳότερον κατέστησεν,
ἔτι δὲ πρὸς τούτοις εἰς ἔχθραν μὲν βασιλεῖ καταστὰς οὕτως
αὐτὸν ἠμύνατο καλῶς, ὥστ᾽ ἀείμνηστον γεγενῆσθαι τὸν πόλε- d
μον τὸν περὶ Κύπρον, ὅτε δ᾽ ἦν αὐτῷ σύμμαχος, τοσούτῳ
χρησιμώτερον αὐτὸν παρέσχε τῶν ἄλλων, ὥσθ᾽ ὁμολογουμένως
μεγίστην αὐτῷ συμβαλέσθαι δύναμιν εἰς τὴν ναυμαχίαν τὴν
68 περὶ Κνίδον, ἧς γενομένης βασιλεὺς μὲν ἁπάσης τῆς Ἀσίας
κύριος κατέστη, Λακεδαιμόνιοι δ᾽ ἀντὶ τοῦ τὴν ἤπειρον πορθεῖν
περὶ τῆς αὑτῶν κινδυνεύειν ἠναγκάσθησαν, οἱ δ᾽ Ἕλληνες ἀντὶ e
δουλείας αὐτονομίας ἔτυχον, Ἀθηναῖοι δὲ τοσοῦτον ἐπέδοσαν,
ὥστε τοὺς πρότερον αὐτῶν ἄρχοντας ἐλθεῖν αὐτοῖς τὴν ἀρχὴν
69 δώσοντας. (κς'.) Ὥστ᾽ εἴ τις ἔροιτό με, τί νομίζω μέγιστον
εἶναι τῶν Εὐαγόρᾳ πεπραγμένων, πότερον τὰς ἐπιμελείας καὶ 203

πολιτείας, politische Thätig-
keit. S. zu § 46. — 66, 6. πά-
λιν ἐπανήγ. s. zu § 56.

67, 1. τὸν τόπον — ὅλον der
ganze Länderraum vergl. zu 4, 36.
— ἄμικτον i. e. τοὺς Ἕλληνας οὐ
προσδεχόμενον, nach § 47, oder
ἀπρόσοιστον nach § 49, dem Ver-
kehr verschlossen. — 67, 2.
ἡμερώτερον καὶ πρᾳότερον,
kultivierter und gesitteter. —
67, 3. ἔτι δὲ πρὸς τούτοις, da-
zu noch, wie § 1 u. 6, 96. 7, 82.
Ep. 1, 3, und ἔτι τοίνυν πρὸς τού-
τοις 15, 120, und προσέτι 5, 6, da-
gegen πρὸς δὲ τούτοις § 72 u. 75.
5, 6 u. sonst. — οὕτως — κα-
λῶς. S. zu 39. — 67, 6. τῶν ἄλ-
λων, als die übrigen Bundesge-
nossen des Königs.

68, 1. τῆς Ἀσίας κύριος, in-
folge ·des Antalkidischen Friedens
(387 v. Chr.), dessen Formel bei
Xenoph. Hellen. 5, 1, 31 so lautet:
Ἀρταξέρξης βασιλεὺς νομίζει δίκαιον,
τὰς μὲν ἐν τῇ Ἀσίᾳ πόλεις ἑαυτοῦ
εἶναι, καὶ τῶν νήσων Κλαζομενὰς
καὶ Κύπρον, τὰς δὲ ἄλλας Ἑλλη-
νίδας πόλεις, καὶ μικρὰς καὶ με-
γάλας, αὐτονόμους ἀφεῖναι, πλὴν

Λήμνου καὶ Ἴμβρου καὶ Σκύρου·
ταύτας δὲ ὥσπερ τὸ ἀρχαῖον εἶναι
Ἀθηναίων κ. τ. λ. Die Erwähnung
von Κύπρος zeigt, daſs Euag. in
diesem Frieden preisgegeben wurde,
was Isokr. hier nicht berührt, aber
4, 141 beklagt. — 68, 2. τὴν ἤπει-
ρον. S. zu § 55. — 68, 3. οἱ δ᾽
Ἕλληνες i. e. οἱ δ᾽ ἄλλοι Ἕλληνες.
S. zu § 56. — 68, 4. τοσοῦτ. ἐπέ-
δοσαν, nahmen einen solchen
Aufschwung, oft bei Isokr., teils
absolut, wie hier und § 81. 2, 29.
4, 189. 7, 69. 10, 8, teils mit ἐπί
7, 5. 8, 13 teils mit πρός 1, 12. 3.
32. 4, 103. 8, 20, 64. Ebenso ἐπί-
δοσιν λαμβάνειν, worüber zu § 7.
— 68, 5. τὴν ἀρχὴν δώσοντας,
die Lakedaimonier, die nach der
Seeschlacht bei Knidos den Athe-
nern die Seeherrschaft anboten,
nach 7, 65.

69, 2. πότερον hat hier die ur-
sprüngliche Bedeutung der Zweiheit
(utrum) ganz verloren, insofern nicht
eine Gegenfrage mit ἤ, sondern
deren drei folgen. Ähnlich Sophokl.
Oidip. Tyr. v. 112 Dind. πότερα δ᾽
ἐν οἴκοις ἢ ᾿ν ἀγροῖς ὁ Λάϊος ἢ γῆς
ἐπ᾽ ἄλλης τῷδε συμπίπτει φόνῳ;
Herod. 3, 82, 3 κόθεν ἡμῖν ἡ ἐλευ-

τὰς παρασκευὰς τὰς πρὸς Λακεδαιμονίους, ἐξ ὧν τὰ προειρημένα
γέγονεν, ἢ τὸν τελευταῖον πόλεμον, ἢ τὴν κατάληψιν τῆς βα-
σιλείας, ἢ τὴν ὅλην τῶν πραγμάτων διοίκησιν, εἰς πολλὴν
ἀπορίαν ἂν κατασταίην· ἀεὶ γάρ μοι δοκεῖ μέγιστον εἶναι καὶ
θαυμαστότατον, καθ᾽ ὅ τι ἂν αὐτῶν ἐπιστήσω τὴν διάνοιαν.
70 (κζ΄.) Ὥστ᾽ εἴ τινες τῶν προγεγενημένων δι᾽ ἀρετὴν ἀθάνατοι
γεγόνασιν, οἶμαι κἀκεῖνον ἠξιῶσθαι ταύτης τῆς δωρεᾶς, ση- b
μείοις χρώμενος, ὅτι καὶ τὸν ἐνθάδε χρόνον εὐτυχέστερον καὶ
θεοφιλέστερον ἐκείνων διαβεβίωκεν. τῶν μὲν γὰρ ἡμιθέων τοὺς
πλείστους καὶ τοὺς ὀνομαστοτάτους εὑρήσομεν. ταῖς μεγίσταις
συμφοραῖς περιπεσόντας, Εὐαγόρας δ᾽ οὐ μόνον θαυμαστότατος
71 ἀλλὰ καὶ μακαριστότατος ἐξ ἀρχῆς ὢν διετέλεσεν. (κη΄.) Τί γὰρ
ἀπέλιπεν εὐδαιμονίας; ὃς τοιούτων μὲν προγόνων ἔτυχεν, οἵων
οὐδεὶς ἄλλος, πλὴν εἴ τις ἀπὸ τῶν αὐτῶν ἐκείνῳ γέγονεν, c

θερίη ἐγένετο καὶ τεῦ δόντος; κότερα
παρὰ δήμου ἢ ὀλιγαρχίης ἢ μου-
νάρχου; Xenoph. Anab. 2, 5, 17
πότερά σοι δοκοῦμεν ἱππέων πλή-
θους ἀπορεῖν ἢ πεζῶν ἢ ὁπλίσεως;
Polyb. Excerp. ex libr. VI (p. 507,
33 Bekk.) εἰπεῖν πότερ᾽ ἀριστοκρα-
τικὸν τὸ πολίτευμα σύμπαν ἢ δημο-
κρατικὸν ἢ μοναρχικόν; Plut. Mor.
p. 187 B τίς ἂν μέγα φρονεῖς; πότε-
ρον ἱππεὺς ἢ τοξότης ἢ πελταστὴς
ἢ πεζός; ibid. p. 194 A ἐρωτηθεὶς
πότερον ἑαυτὸν ἡγεῖται βελτίονα
στρατηγὸν ἢ Χαβρίαν ἢ Ἰφικράτην
κ. τ. λ. Ein ähnliches Aufgeben der
ursprünglichen Bedeutung zeigt sich
da, wo πότερον in der einfachen
Frage steht, wie 12, 22 ἀπορῶ πό-
τερον ἀντικατηγορῶ τῶν εἰθισμέ-
νων ἀεί τι ψεύδεσθαι περὶ μου καὶ
λέγειν ἀνεπιτήδειον; (und utrum,
z. B. Cic. in Verr. 2, 69, 167), in
welchem nicht seltenen Falle die
Erklärer freilich stets die Gegen-
frage mit ἤ, οὔ zu ergänzen raten
(cf. Stallbaum ad Plat. Phileb. p.
44 A u. Kuehner ad Xenoph. Mem.
4, 4, 7). — 69, 7. ἐπιστήσω
τὴν διάνοιαν. Vergl. Theophrast.
Char. prooem. 1 (den Benseler an-
führt) ἤδη μὲν καὶ πρότερον πολ-
λάκις ἐπιστήσας τὴν διάνοιαν, und
andere Beispiele dieser Phrase bei
Wyttenbach animadvers. ad Plut.
Mor. tom. I p. 256 ed. Lips. Das

Gegenteil ἀποστῆσαι τὴν διάνοιαν
hat Isokr. 5, 8. ἐφιστάναι τὴν
γνώμην [cf. Krit. Anh.] scheint
nicht gebräuchlich zu sein, weit
häufiger aber ist das absolut ge-
brauchte ἐφιστάναι in diesem Sinne;
vergl. Hemsterhuis ad Lucian. Ni-
grin § 17. (I p. 254 ed. Bipont.)

70, 2. δωρεᾶς i. e. τῆς ἀθανα-
σίας. — 70, 3. ἐνθάδε, hier auf
Erden, wie § 2 u. 14, 61. 19, 42,
wo der Gegensatz οἱ ἐκεῖ, „die im
Hades". Vgl. Plat. de repubI. I,
330 D. τὸν ἐνθάδε ἀδικήσαντα
δεῖ ἐκεῖ διδόναι δίκην und s.
Blomfield ad Aeschyl. Choephor.
v. 353, Rehdantz Anh. zu Lyk.
Leokr. § 136 extr. — 70, 6. περι-
πεσόντας. Isokr. denkt wohl be-
sonders an Herakles. — 70, 7.
μακαριστότατος cf. Krit. Anh.

71, 1. τί γὰρ ἀπέλιπεν εὐδ.,
was fehlte ihm zur Glück-
seligkeit? wie 12, 76 τί γὰρ
ἐκεῖνος ἐνέλιπεν, ὃς τηλικαύτην μὲν
ἔσχε τιμήν. In Wirklichkeit aber
ist Euag. Subjekt, τί Objekt zu
ἀπέλιπεν (fehlen lassen), und die
Phrase zu vergleichen mit dem
öfter vorkommenden μικρὸν ἀπο-
λείπειν τοῦ μή τι ποιεῖν (s. zu
7, 17) und mit γεγονὼς ἔτη τρία
μόνον ἀπολείποντα τῶν ἑκατόν 12,
270. — 71, 2. ὃς ist kausal. S. zu

5*

τοσοῦτον δὲ καὶ τῷ σώματι καὶ τῇ γνώμῃ τῶν ἄλλων διήνεγκεν,
ὥστε μὴ μόνον Σαλαμῖνος ἀλλὰ καὶ τῆς Ἀσίας ἁπάσης ἄξιος
εἶναι τυραννεῖν, κάλλιστα δὲ κτησάμενος τὴν βασιλείαν ἐν
ταύτῃ διετέλεσε τὸν βίον, θνητὸς δὲ γενόμενος ἀθάνατον τὴν
περὶ αὑτοῦ μνήμην κατέλιπεν, τοσοῦτον δ᾽ ἐβίω χρόνον, ὥστε
μήτε τοῦ γήρως ἄμοιρος γενέσθαι μήτε τῶν νόσων μετασχεῖν
72 τῶν διὰ ταύτην τὴν ἡλικίαν γιγνομένων. πρὸς δὲ τούτοις, ὃ d
δοκεῖ σπανιώτατον εἶναι καὶ χαλεπώτατον, εὐπαιδίας τυχεῖν
ἅμα καὶ πολυπαιδίας, οὐδὲ τούτου διήμαρτεν, ἀλλὰ καὶ τοῦτ᾽
αὐτῷ συνέπεσεν. καὶ τὸ μέγιστον, ὅτι τῶν ἐξ αὑτοῦ γεγονότων
οὐδένα κατέλιπεν ἰδιωτικοῖς ὀνόμασι προσαγορευόμενον, ἀλλὰ
τὸν μὲν βασιλέα καλούμενον, τοὺς δ᾽ ἄνακτας, τὰς δ᾽ ἀνάσσας.
Ὥστ᾽ εἴ τινες τῶν ποιητῶν περί τινος τῶν προγεγενημένων
ὑπερβολαῖς κέχρηνται, λέγοντες, ὡς ἦν θεὸς ἐν ἀνθρώποις ἢ e
δαίμων θνητός, ἅπαντα τὰ τοιαῦτα περὶ τὴν ἐκείνου φύσιν
ῥηθῆναι μάλιστ᾽ ἂν ἁρμόσειεν.

§ 49. — 71, 4. τῷ σώματι i. e. τοῦ σώματος τῷ κάλλει καὶ τῇ ῥώμῃ, nach § 22; vergl. § 23 ταῖς τοῦ σώματος καὶ ταῖς τῆς ψυχῆς ἀρεταῖς διήνεγκεν. Den häufigen Gegensatz zwischen σῶμα und γνώμη erweist für unsere Stelle Sluiter Lection. Andocid. p. 182 (= p. 120 ed. Lips.); vergl. § 74. — 71, 7 θνητὸς δὲ γενόμενος κ. τ. λ. vergl. mit 6, 109 κάλλιόν ἐστιν ἀντὶ θνητοῦ σώματος ἀθάνατον δόξαν ἀντικαταλλάξασθαι, καὶ ψυχῆς, ἣν οὐχ ἕξομεν ὀλίγων ἐτῶν, πρίασθαι, τοιαύτην εὔκλειαν, ἣ πάντα τὸν αἰῶνα τοῖς ἐξ ἡμῶν γενομένοις παραμενεῖ und 5, 134 ἐνθυμοῦ δ᾽ ὅτι τὸ μὲν σῶμα θνητὸν ἅπαντες ἔχομεν, κατὰ δὲ τὴν εὔνοιαν καὶ τοὺς ἐπαίνους καὶ τὴν φήμην καὶ τὴν μνήμην τὴν τῷ χρόνῳ συμπαρακολουθοῦσαν ἀθανασίας μεταλαμβάνομεν. — 71, 8. περὶ αὑτοῦ μνήμην ist nach Analogie von μεμνῆσθαι περί τινος gesagt, worüber zu § 12. — 71, 9. νόσων. Man erinnere sich, daß Euag. durch Mörderhand fiel. S. die Einleitung.

72, 2. σπανιώτατον — καὶ χαλεπ. Vergl. 12, 125 ὃ δοκεῖ χαλεπώτατον εἶναι καὶ σπανιώτα-τον. 15, 81 (λόγοι) σπανιώτεροι καὶ χαλεπώτεροι. Ep. 9, 2 χαλεπὸν καὶ σπάνιόν ἐστιν. — τυχεῖν ist dem Relativ angeschlossen; s. zu 4, 38. — 72, 4. τῶν ἐξ αὑτοῦ γεγονότων s. zu 4, 65. — 72, 6. καλούμενον. Vergl. Harpokrat. p. 18, 4 Bekk. οἱ μὲν υἱοὶ τοῦ βασιλέως καὶ οἱ ἀδελφοὶ καλοῦνται ἄνακτες (Prinzen), αἱ δὲ ἀδελφαὶ καὶ γυναῖκες ἄνασσαι (Prinzessinnen). Ἀριστοτέλης ἐν τῇ Κυπρίων πολιτείᾳ. — 72, 8. ὑπερβολαῖς κέχρηνται, mit Übertreibung reden, wie 10, 54. 15, 300. 16, 27; ebenso ὑπερβολὰς εἰπεῖν 3, 35. 4, 88. — θεὸς ἐν ἀνθρώποις. Vergl. Hom. Il. 24, 258 Ἕκτορα, ὃς θεὸς ἔσκε μετ᾽ ἀνδράσιν, s. Nägelsbach, Nachhom. Theol. p. 21. — 72, 10. ῥηθῆναι μάλιστ᾽ ἂν ἁρμόσειεν, möchte ganz besonders passend gesagt sein, wie 8, 1 εἰ περὶ ἄλλων τινῶν πραγμάτων ἥρμοσε τοιαῦτα προειπεῖν, δοκεῖ μοι πρέπειν καὶ περὶ τῶν νῦν παρόντων ἐντεῦθεν ποιήσασθαι τὴν ἀρχήν, wo indes Isokr. abweichend von unserer Stelle περί mit dem Genetiv verband. Doch vergl. 5, 11 (coll. 8, 145) περὶ τὴν αὐτὴν ὑπόθεσιν δύο

73   (κθ'.) Τῶν μὲν οὖν εἰς Εὐαγόραν πολλὰ μὲν οἶμαι παρα-
λιπεῖν· ὑστερίζω γὰρ τῆς ἀκμῆς τῆς ἐμαυτοῦ, μεθ' ἧς ἀκριβέστε- 204
ρον καὶ φιλοπονώτερον ἐξειργασάμην ἂν τὸν ἔπαινον τοῦτον·
οὐ μὴν ἀλλὰ καὶ νῦν, ὅσον κατὰ τὴν ἐμὴν δύναμιν, οὐκ ἀνεγκω-
μίαστός ἐστιν. (λ'.) Ἐγὼ δ', ὦ Νικόκλεις, ἡγοῦμαι καλὰ
μὲν εἶναι μνημεῖα καὶ τὰς τῶν σωμάτων εἰκόνας, πολὺ μέντοι
πλείονος ἀξίας τὰς τῶν πράξεων καὶ τῆς διανοίας, ἃς ἐν τοῖς
74 λόγοις ἄν τις μόνον τοῖς τεχνικῶς ἔχουσι θεωρήσειεν. προκρίνω b

λόγους εἰπεῖν. 5, 83 (coll. 15, 61)
ἔγραφον περὶ τὴν αὐτὴν ὑπόθεσιν.
11, 9 δηλῶσαι περὶ τὴν αὐτὴν ὑπό-
θεσιν. S. Bernhardy Synt. p. 262.
Und so kann überall bei den ver-
bis dicendi περί mit dem Akkus.
eintreten, wenn nicht das eigent-
liche Thema der Rede angegeben
wird, sondern der Gegenstand, in
Beziehung auf den man über et-
was spricht.

§ 73—81. *Schlufs. Nachdem
Isokr. etwaige Mängel in dieser
Rede mit seinem Alter entschuldigt
hat (73), fordert er den Nikokles
auf, in diesem Bilde seines Vaters,
das zweckdienlicher sei als jede
äusserliche Abbildung des Euag.
(73—75), eine Aufmunterung zu
eigener Tüchtigkeit zu finden (76,
77), und entschuldigt es, dafs er
ihn wiederholt ermahne, seinen Vor-
fahren nachzueifern (78—81).*

73, 1. τῶν μὲν — πολλὰ μέν.
Das zweite μέν findet seinen Gegen-
satz in οὐ μὴν ἀλλά, das erste
μέν ist ohne strengen Gegensatz
geblieben, indem Isokr. nicht fort-
fuhr, wie er ursprünglich im Sinne
hatte: dich aber, o Nikokles, er-
mahne ich u. s. w., sondern die
Rede anders wendete. — 73, 2.
ὑστερίζω — τῆς ἀκμῆς, habe
meine Blütezeit hinter mir.
Vergl. Ep. 6, 4 κρείττω γράψαι —
οὐκ ἂν δυναίμην, τοσοῦτον τῆς ἀκ-
μῆς ὑστερῶν. — 73, 4. οὐ μὴν
ἀλλά i. e. οὐ μὴν οἶμαι πολλὰ
παραλιπεῖν, ἀλλά. S. zu 1, 9. —
ὅσον scil. ἐγὼ ἐγκωμιάζειν ἠδυνά-
μην. Vergl. Isai. 7, 41 καὶ μὴν

καὶ ἐμέ γε, ὅσα κατὰ τὴν ἐμὴν
ἡλικίαν, εὑρήσετε οὐ κακόν. De-
mosth. 18, 153 νῦν δὲ ἐπέσχον
αὐτὸν ἐκεῖνοι, μάλιστα μὲν θεῶν
τινος εὐνοίᾳ πρὸς ὑμᾶς, εἶτα μέν-
τοι καὶ ὅσον καθ' ἕνα ἄνδρα,
καὶ δι' ἐμέ. — 73, 5. ἡγοῦμαι
κ. τ. λ. Der Gegensatz für καλὰ
μέν liegt in πολὺ μέντοι, während
ἡγοῦμαι ohne Antithese steht, mit
προκρίνω δέ aber werden die Gründe
angegeben, weshalb Isokr. die Dar-
stellungen der Handlungen und der
Denkweise höher stellt. [cf. Krit.
Anh.] — 73, 6. τῶν σωμάτων
εἰκόνας. Vergl. 2, 36 βούλου τὰς
εἰκόνας τῆς ἀρετῆς μᾶλλον ἢ τοῦ
σώματος καταλιπεῖν. 15, 7. σκο-
πούμενος οὖν εὑρίσκον οὐδαμῶς ἂν
ἄλλως τοῦτο διαπραξάμενος, πλὴν
εἰ γραφείη λόγος ὥσπερ εἰκὼν τῆς
ἐμῆς διανοίας καὶ τῶν ἄλλων τῶν
βεβιωμένων· διὰ τούτου γὰρ ἤλπι-
ζον καὶ τὰ περὶ ἐμὲ μάλιστα γνω-
σθήσεσθαι καὶ τὸν αὐτὸν τοῦτον
μνημεῖόν μου καταλειφθήσεσθαι
πολὺ κάλλιον τῶν χαλκῶν ἀναθη-
μάτων. Plut. Kimon. 2 εἰκόνα πολὺ
καλλίονα νομίζοντες εἶναι τῆς τὸ
σῶμα καὶ τὸ πρόσωπον ἀπομιμου-
μένης τὴν τὸ ἦθος καὶ τὸν τρόπον
ἐμφανίζουσαν, und Cic. pro Archia
§ 30. *An statuas et imagines, non
animorum simulacra, sed corporum,
studiose multi summi homines reli-
querunt: consiliorum relinquere ac
virtutum nostrarum effigiem nonne
multo malle debemus, summis in-
geniis expressam et politam?* —
73, 8. τοῖς τεχνικῶς ἔχουσι,
die nach den Regeln der
Kunst gearbeitet sind, wie 4,
48 u. 2, 44 τῶν οὕτω τεχνικῶς πε-

δὲ ταύτας πρῶτον μὲν εἰδὼς τοὺς καλοὺς κἀγαθοὺς τῶν ἀν-
δρῶν οὐχ οὕτως ἐπὶ τῷ κάλλει τοῦ σώματος σεμνυνομένους,
ὡς ἐπὶ τοῖς ἔργοις καὶ τῇ γνώμῃ φιλοτιμουμένους· ἔπειθ' ὅτι
τοὺς μὲν τύπους ἀναγκαῖον παρὰ τούτοις εἶναι μόνοις, παρ'
οἷς ἂν σταθῶσιν, τοὺς δὲ λόγους ἐξενεχθῆναι θ' οἷόν τ' ἐστὶν εἰς
τὴν Ἑλλάδα καὶ διαδοθέντας ἐν ταῖς τῶν εὖ φρονούντων δια-
τριβαῖς ἀγαπᾶσθαι, παρ' οἷς κρεῖττόν ἐστιν ἢ παρὰ τοῖς ἄλλοις
75 ἅπασιν εὐδοκιμεῖν· πρὸς δὲ τούτοις ὅτι τοῖς μὲν πεπλασμένοις c
καὶ γεγραμμένοις οὐδεὶς ἂν τὴν τοῦ σώματος φύσιν ὁμοιώσειεν,
τοὺς δὲ τρόπους τοὺς ἄλλων καὶ τὰς διανοίας τὰς ἐν τοῖς λε-
γομένοις ἐνούσας ῥᾴδιόν ἐστι μιμεῖσθαι τοῖς μὴ ῥᾳθυμεῖν
76 αἱρουμένοις ἀλλὰ χρηστοῖς εἶναι βουλομένοις. (λα'.) Ὧν ἕνεκα
καὶ μᾶλλον ἐπεχείρησα γράφειν τὸν λόγον τοῦτον, ἡγούμενος
καὶ σοὶ καὶ τοῖς σοῖς παισὶ καὶ τοῖς ἄλλοις τοῖς ἀπ' Εὐαγόρου d

ποιημένων. Vergl. 6, 100 ὥστε τοὺς
μετὰ τέχνης ἐγκωμιάζοντας μὴ δύ-
νασθαι τοὺς ἐπαίνους ἐξισῶσαι ταῖς
ἐκείνων ἀρεταῖς.

74, 2. τοὺς καλοὺς — τῶν ἀν-
δρῶν zu 1, 42. — 74, 3. οὐχ οὕ-
τως — ὡς s. zu 1, 47. — 74, 4.
ἔπειθ' s. zu § 53. — 74, 6. ἐξενε-
χθῆναι. θ' οἷόν τε cf. Krit. Anh.
— 74, 7. διαδοθέντας, von
Hand zu Hand gehend, nicht,
wie Benseler will, „herausgegeben";
das wäre ἐκδοθέντας (cf. 5, 11.
15, 9), während διαδιδόναι auf die
Verbreitung nach der Herausgabe
geht; vergl. 5, 7 und 149. 12, 4.
15, 87, 193. Ep. 6, 4. — διατρι-
βαῖς ἀγαπᾶσθαι, in den
Unterhaltungen — Beifall
finden.

75, 1. πρὸς δὲ τούτοις scil.
προκρίνω τὰς τῶν πράξεων καὶ τῆς
διανοίας εἰκόνας, ἃς ἐν τοῖς λό-
γοις ἄν τις τοῖς τεχνικοῖς θεωρή-
σειεν. Zu dem folgenden πεπλασμέ-
νοις καὶ γεγραμμένοις (den Dar-
stellungen des plastischen
Künstlers und des Malers)
müssen natürlich wieder die τεχνι-
κοὶ λόγοι den Gegensatz bilden;
sie sind angedeutet mit τοῖς λεγο-
μένοις, was natürlich nicht von
der gewöhnlichen Unterhaltung ver-

standen werden darf. [cf. Krit.
Anh.] — 75, 4. μιμεῖσθαι cf.
Krit. Anh. — 75, 5. χρηστοῖς.
Dieses Praedikat mußte sich gram-
matisch an βουλομένοις anlehnen,
weil neben εἶναι das Subjekt, zu
dem χρηστός Praedikat ist, nicht
erwähnt wird, so daß in βουλο-
μένοις die einzige Andeutung des
Subjektes zu εἶναι und zu χρη-
στός enthalten ist. Vergl. 11, 34
ὁμολογῶ λίαν εἶναι τολμηρός. 4, 3
πολλοὶ τῶν προσποιησαμένων εἶναι
σοφιστῶν, coll. 4, 71. 5, 41. 12,
118, 130. 15, 78, 115, 215, 221;
ferner 12, 121 ἐν ταῖς πόλεσιν
μεγίσταις νῦν εἶναι δοκούσαις, coll.
4, 95, 110, 124. 5, 89. 15, 104,
u. s. w. Seltener sind Fälle wie
17, 56 ὑμῶν δέομαι μεμνημένους
τούτων καταψηφίσασθαι. Vgl. 17,
17. 19, 51.

76, 2. γράφειν braucht Isokr.
vorzugsweise bei der Erwähnung
seiner eigenen Schriften, während
er das anspruchsvollere συγγράφειν
das auf den geht, der οὐκ ἀφρον-
τίστως λέγει (cf. Pollux Onom. 6, 140)
von den schriftstellerischen Pro-
duktionen anderer sagt. Vergl. 1,
3 u. 9, 8 mit 5, 83. 9, 80. 12, 11,
37 u. öfter. — 76, 3. ἀπ' Εὐα-
γόρου. S. zu 4, 62. Er meint
den Pnytagoras und die anderen

γεγονόσι πολὺ καλλίστην ἂν γενέσθαι ταύτην τὴν παράκλησιν,
εἴ τις ἀθροίσας τὰς ἀρετὰς τὰς ἐκείνου καὶ τῷ λόγῳ κοσμήσας
77 παραδοίη θεωρεῖν ὑμῖν καὶ συνδιατρίβειν αὐταῖς. τοὺς μὲν
γὰρ ἄλλους προτρέπομεν ἐπὶ τὴν φιλοσοφίαν ἑτέρους ἐπαινοῦν-
τες, ἵνα ζηλοῦντες τοὺς εὐλογουμένους τῶν αὐτῶν ἐκείνοις
ἐπιτηδευμάτων ἐπιθυμῶσιν, ἐγὼ δὲ σὲ καὶ τοὺς σοὺς οὐκ ἀλ-
λοτρίοις παραδείγμασι χρώμενος ἀλλ' οἰκείοις παρακαλῶ, καὶ e
συμβουλεύω προσέχειν τὸν νοῦν, ὅπως καὶ λέγειν καὶ πράττειν
78 μηδενὸς ἧττον δυνήσει τῶν Ἑλλήνων. (λβ'.) Καὶ μὴ νόμιζέ με
καταγιγνώσκειν, ὡς νῦν ἀμελεῖς, ὅτι πολλάκις σοι διακελεύομαι
περὶ τῶν αὐτῶν. οὐ γὰρ οὔτ' ἐμὲ λέληθας οὔτε τοὺς ἄλλους, 207
ὅτι καὶ πρῶτος καὶ μόνος τῶν ἐν τυραννίδι καὶ πλούτῳ καὶ

Geschwister des Nikokles. — 76,
5. ἀθροίσας, zusammenstellte.
— τῷ λόγῳ κοσμήσας, mit dem
Schmuck der Rede. — 76, 6.
συνδιατρίβειν, Euch mit
ihnen beschäftigt, nämlich
lesend, wie 2, 43 συνδιατρίβειν ταῖς
ἐκείνων (des Hesiodos, Theognis u.
Phokylides) ὑποθήκαις, und 4, 158
τῶν μύθων ἥδιστα συνδιατρίβομεν
τοῖς Τρωϊκοῖς καὶ Περσικοῖς.

77, 2. φιλοσοφίαν, zur wis-
senschaftlichen Beschäf-
tigung, wie § 81, vorzugsweise
mit der Beredsamkeit, an die auch
hier das weiter unten folgende
λέγειν καὶ πράττειν erinnert. cf.
zu § 8. — ἑτέρους, ihnen Fremde,
also = dem nachher gebrauchten
ἀλλοτρίοις, οὐκ οἰκείοις. — 77, 5.
οἰκείοις. Vergl. zu 1, 9. — 77, 6.
λέγειν καὶ πράττειν, das Ziel
des Unterrichts in der Beredsam-
keit, nach Isokr. 15, 266 u. 271.
Vergl. 5, 13. 15, 132 und πράττειν
ἢ λέγειν Ep. 9, 8. — 77, 7. μηδενὸς
ἧττον, nicht schlechter als
irgend einer, — μὴ ἧττόν τινος
ἄλλου. Im Griechischen schließt
sich bei Komparativen das τις gern
der Negation an. So § 18 Τεῦκρος
— οὐδενὸς χείρων γενόμενος und
16, 33 οὐδενὸς ἀτυχέστερος — γενό-
μενος; vergl. Held ad Plut. Timol.
1 p 310, Menke zu Lukian. Somn.
18, Kuehner ad Xenoph. Mem. 1,

5, 6, Krueger Synt. § 47, 27 An. 3.
— δυνήσει. Man erwartet δυνή-
σεσθε. Doch da es dem Isokr. vor-
zugsweise um Nikokles zu thun ist,
läßt er die Erinnerung an die Ge-
schwister fallen.

78, 2. ἀμελεῖς, gleichgültig
bist, absolut gebraucht wie 2, 10.
10, 35. 12, 164. 19, 27. Ebenso
ὀλιγωρεῖν; vergl. zu 7, 51. — πολ-
λάκις. Wir wissen wenigstens aus
Isokr. zweiter Rede, daß er schon
einmal ähnliche Aufforderungen an
Nikokles richtete. — 78, 4. πρῶ-
τος καὶ μόνος. H. Wolf macht
auf die hier vorliegende Über-
treibung aufmerksam, indem z. B.
schon der Tyrann Dionys vor Ni-
kokles eifrig wissenschaftlichen
Studien oblag. Den formelhaften
Ausdruck πρῶτος καὶ μόνος hat
Isokr. allerdings mit Negation, wo-
durch das unlogische des Ausdrucks,
(s. Lukian Demon. 29 εἰ μὲν πρῶ-
τος, οὐ μόνος, εἰ δὲ μόνος οὐ πρῶ-
τος) verschwindet, auch 21, 17 οὐ
μόνος οὐδὲ πρῶτος Εὐθύνους τοι-
αῦτα πεποίηκεν. 11, 28 οὔτε μό-
νος οὔτε πρῶτος ἐγὼ τυγχάνω κα-
θεωρακὼς und umgekehrt 12, 96
Λακεδαιμονίους τὰ μὲν πρώτους,
τὰ δὲ μόνους ἐξαμαρτόντας. Aber
ganz wie in unserer Stelle (Lys.)
2, 18 πρῶτοι δὲ καὶ μόνοι ἐν ἐκείνω
τῷ χρόνῳ ἐκβαλόντες τὰς παρὰ
σφίσιν αὐτοῖς δυναστείας δημοκρα-
τίαν κατεστήσαντο, und oft andere,

τρυφαῖς ὄντων φιλοσυφεῖν καὶ πονεῖν ἐπικεχείρηκας, οὐδ' ὅτι
πολλοὺς τῶν βασιλέων ποιήσεις ζηλώσαντας τὴν σὴν παίδευσιν
τούτων τῶν διατριβῶν ἐπιθυμεῖν, ἀφεμένους ἐφ' οἷς νῦν λίαν
79 χαίρουσιν. ἀλλ' ὅμως ἐγὼ ταῦτ' εἰδὼς οὐδὲν ἧττον καὶ ποιῶ
καὶ ποιήσω ταὐτὸν, ὅπερ ἐν τοῖς γυμνικοῖς ἀγῶσιν οἱ θεαταί·
καὶ γὰρ ἐκεῖνοι παρακελεύονται τῶν δρομέων οὐ τοῖς ἀπολε-
80 λειμμένοις ἀλλὰ τοῖς περὶ τῆς νίκης ἁμιλλωμένοις. (λγ'.) Ἐμὸν
μὲν οὖν ἔργον καὶ τῶν ἄλλων φίλων τοιαῦτα λέγειν καὶ γρά-
φειν, ἐξ ὧν μέλλομέν σε παροξύνειν ὀρέγεσθαι τούτων, ὧνπερ
καὶ νῦν τυγχάνεις ἐπιθυμῶν· σοὶ δὲ προσήκει μηδὲν ἐλλείπειν
ἀλλ' ὥσπερ ἐν τῷ παρόντι καὶ τὸν λοιπὸν χρόνον ἐπιμελεῖσθαι
καὶ τὴν ψυχὴν ἀσκεῖν, ὅπως ἄξιος ἔσει καὶ τοῦ πατρὸς καὶ τῶν
ἄλλων προγόνων. ὡς ἅπασι μὲν προσήκει περὶ πολλοῦ ποιεῖ-
σθαι τὴν φρόνησιν, μάλιστα δ' ὑμῖν τοῖς πλείστων καὶ μεγί-
81 στων κυρίοις οὖσιν. χρὴ δ' οὐκ ἀγαπᾶν, εἰ τῶν παρόντων τυγ-
χάνεις ὢν ἤδη κρείττων, ἀλλ' ἀγανακτεῖν, εἰ τοιοῦτος μὲν ὢν
αὐτὸς τὴν φύσιν, γεγονὼς δὲ τὸ μὲν παλαιὸν ἐκ Διός, τὸ δ'

vergl. Fritzsche Quaest. Lucian.
p. 11 seq. und Rehdantz Demosth.
Ind.² s. v. πρῶτος. — 78, 5. φιλο-
σοφεῖν καὶ πονεῖν ἐπικ. etwa:
mit mühsamen Studien dich
befaßt hast, wie 12, 11 ἐπὶ τὸ
φιλοσοφεῖν καὶ πονεῖν καὶ γράφειν
ἃ διανοηθείην κατέφυγον. 15, 247
τοὺς πόνῳ καὶ φιλοσοφίᾳ τοῦτο
κατεργάσασθαι πειρωμένους. 4, 186
τίς ἢ τῶν ποιεῖν δυναμένων ἢ τῶν
λέγειν ἐπισταμένων οὐ πονήσει καὶ
φιλοσοφήσει. 15, 285 ἄνπερ ἕνεκα
καὶ πονητέον καὶ φιλοσοφητέον καὶ
πάντα πρακτέον. Vergl. zu 4, 6.
— 78, 7. ἀφεμένους, scil. τού-
των, wie 15, 29 ἀφέμενος τούτων,
περὶ ὧν οἴσετε τὴν ψῆφον. Vergl.
2, 52. 4, 170. 6, 11, 40. 10, 4. 15,
63, 189 u. öfter.

79, 1. ὅμως, s. zu § 11. — 79, 3.
καὶ γάρ, namque etiam. S. zu 1, 16.

80, 2. τοιαῦτα — ἐξ ὧν s. zu 7,
48. — 80, 3. παροξύνειν ὀρέ-
γεσθαι, wie 1, 46 μάλιστα δ' ἂν
παροξυνθείης ὀρέγεσθαι τῶν καλῶν
ἔργων. Vergl. 1, 35 βουλεύεσθαι
παροξυνθείης. 5, 101 παροξυνθείη
πολεμεῖν. 12, 37 παροξυνόντων

γράφειν. Dagegen 6, 110 παροξυν-
θῆναι πρὸς τὸν πόλεμον und Ep.
6, 12 ἐπὶ τὴν τυραννίδα παρο-
ξύνειν ὑμᾶς. Mit ὀρέγεσθαι (da-
nach streben) — ἐπιθυμῶν (Deine
Wünsche gerichtet sind) vergl.
Xenoph. Mem. 1, 2, 15 ἐπιθυμή-
σαντε καὶ τῆς σωφροσύνης, ὀρέξα-
σθαι τῆς ὁμιλίας αὐτοῦ und s.
Schmidt, Synonymik III, S. 591. —
80, 5. ἐν τῷ παρόντι. S. zu 7,
78. — 80, 7. Das kausale ὡς steht
hier im beigeordneten Kausal-
satze, wie auch bei Isokr. öfter
(z. B. 4, 174. 6, 7, 51, 97. 15, 132),
und ist dann durch „denn" zu über-
setzen. (Vergl. zu 7, 54). — περὶ
πολλοῦ ποιεῖσθαι s. zu 5, 14.

81, 1. χρὴ δ' οὐκ ἀγαπᾶν,
nämlich σέ, dessen Wegfall das
folgende τυγχάνεις leicht erträglich
macht. Vergl. über die Weglassung
des Subjektes neben einem von δεῖ
oder χρή abhängigen Infinitiv z. B.
5, 78, 92. 7, 18 (bis) n. Weber ad
Demosth. Aristocrat. p. 306. Über
ἀγαπᾶν εἰ vergl. 5, 22. 7, 52, 73.
19, 20. Ep. 6, 6 und ἢν Ep. 1, 8
vergl. zu 4, 140. — 81, 3. ἐκ Διός

ὑπογυιότατον ἐξ ἀνδρὸς τοιούτου τὴν ἀρετήν, μὴ πολὺ διοίσεις
καὶ τῶν ἄλλων καὶ τῶν ἐν ταῖς αὐταῖς σοὶ τιμαῖς ὄντων. ἔστι
δ᾽ ἐπὶ σοὶ μὴ διαμαρτεῖν τούτων· ἂν γὰρ ἐμμένῃς τῇ φιλοσο-
φίᾳ καὶ τοσοῦτον ἐπιδιδῷς, ὅσον περ νῦν, ταχέως γενήσει
τοιοῦτος, οἷόν σε προσήκει.

cf. Krit. Anh. und s. zu 4, 62. —
παλαιόν, entfernt (cf. [Lys.] 2,
4 Ἀμαζόνες Ἄρεως μὲν τὸ παλαιὸν
ἦσαν θυγατέρες), ὑπόγυιον, zu-
nächst (cf. Suid. I, 2 p. 1154 Θέων
γεγονὼς ἀπὸ τῆς ἱερᾶς Μαρκέλλης
τό γε ἀνέκαθεν, τὸ δὲ ἐξ ὑπογυίου
πατρόθεν ἀπὸ Ἐκδικίου u. Schmidt,
Synonymik II, S. 122). Letzteres
von der zunächst liegenden Zeit
auch 18, 29 ὑπόγυιον γάρ ἐστιν, ἐξ
οὗ — κατεφύγομεν, und 15, 4 (coll.
Ep. 6, 2) ὑπογυίου μοι τῆς τοῦ βίου
τελευτῆς οὔσης. Vergl. noch 14,
17 und zu 4, 13.

Wie Isokrates keine seiner Reden öffentlich vortrug, weil
ihm zum Auftreten und Reden vor einer gröfseren Versamm-
lung der Mut und die kräftige Stimme fehlte, was er selbst 5,
81 (s. zu d. St.). 12, 10. Ep. 8, 7 gesteht, so wird auch für
den Ἀρεοπαγιτικός (λόγος) nur fingiert, dafs er zu Athen in
der ἐκκλησία gehalten werde, und zwar bald nach Beendigung
des Bundesgenossenkrieges, den Athen vom Jahre 357 bis 355
v. Chr. führte.*) Dieser Krieg, für Athen wenig ehrenvoll in
seinem Verlaufe, hatte infolge der Drohungen des Perserkönigs
(Diodor. 16, 22) und der Erschöpfung der athenischen Finanzen
durch einen übereilten Friedensschlufs beendet werden müssen,
der den Bundesgenossen Konzessionen machte. Nichts desto-
weniger waren die Athener nach aufsen hin mehr wie je stolz
auf ihre Machtstellung und unbesorgt wegen der Zukunft, ob-
wohl auch die inneren Zustände durchaus nicht befriedigend
erscheinen konnten. Denn der alte, zu Aufopferungen stets
bereite Patriotismus war dahin; jeder suchte sich auf Kosten
des Staates zu bereichern; Trägheit und Armut und dabei
Bettelstolz herrschten mehr und mehr; der Geldkredit war
untergraben, das sittliche Vertrauen der Bürger zu einander
war vernichtet, Angeberei an der Tagesordnung, der Schutz
der Gerichte ein unsicherer, die Erziehung der Jugend ver-
nachlässigt. Für solche Zustände suchte Isokr. ein Heilmittel
und glaubte es gefunden zu haben in der Herstellung der
alten Solonisch-Kleisthenischen Demokratie mit allen ihren
Einrichtungen, vornehmlich mit der alten (durch Ephialtes
[ums Jahr 460**)] geänderten) Stellung des Areopagos als des

---

*) In d. J. 355 od. Anfang 354 setzt die Abfassung der Rede auch
Blass, Att. Bereds. II. S. 279, in d. Jahr 355 Schäfer Demosth. u. s. Z. I.
S. 462, Th. Bergk Gr. Litt. Gesch. IV S. 370 Ende Olymp. 106, 1 od.
Anfang 106, 2; Rauchenstein nimmt 354 an, ihm folgt Reinhardt, Einl.
S. 121; Clinton, Fast. Hellen. und Pfund de vita et script. Isocr. p. 21
und Benseler Areopagit. p. 47 seqq. nehmen 353 an, und G. Busolt der
zweite athen. Bund (Fleckeis. Jahrb. Supplem. VII [1873—75], S. 711)
will sie nach 353 und vielleicht gar nach 346 ansetzen.

**) Vergl. Philippi, der Areopag und die Ephe. S. 248 ff.

obersten Wächters über die εὐκοσμία der Jugend wie der Erwachsenen, im Privatleben wie im Staatsleben. Die Notwendigkeit der Herstellung jener alten Form der Demokratie zu zeigen ist der Zweck dieser Rede, welche besonders ausführlich ist in der Schilderung der wohlthätigen Wirksamkeit des Areopagos in der älteren Zeit, daher ihr Name. — So vielen Beifall übrigens diese Rede bei den damaligen Lesern auch finden mochte und so anerkennenswert auch die in ihr sich aussprechende Gesinnung ihres Verfassers ist, so waren doch die Ratschläge des dem öffentlichen Leben fernstehenden, bereits 80jährigen Isokrates unpraktisch und darum ohne Erfolg; ihre Verwirklichung wäre ein Anachronismus gewesen. Am wenigsten würde sich der Demos entschlossen haben, den Areopag in seine alte Stellung wieder einzusetzen, weil dies nur auf Kosten seiner Macht hätte geschehen können. War doch auch nach dem Sturze der Dreifsig das Beaufsichtigungsrecht des Areopag nur teilweise hergestellt worden und wurde es ihm in den Zeiten nach Isokrates doch immer nur zeitweilig und blofs für einzelne Fälle dekretiert (s. Schoemann antiq iur. publ. Graec. p. 301 seq.).

Stephan.

(α΄.) Πολλοὺς ὑμῶν οἶμαι θαυμάζειν, ἥντινά ποτε γνώμην 140 ἔχων περὶ σωτηρίας τὴν πρόσοδον ἐποιησάμην, ὥσπερ τῆς πόλεως ἐν κινδύνοις οὔσης ἢ σφαλερῶς αὐτῇ τῶν πραγμάτων

§ 1—8. Einleitung. So günstig auch die Lage unseres Staates im gegenwärtigen Augenblicke zu sein scheint (§ 1—3 med.), so ist doch von der infolge dessen notwendig eintretenden Selbstüberschätzung eine Katastrophe zu befürchten (§ 3 med. - 5), wie deren die Geschichte kennt (§ 6, 7), zumal unsere Lage in der That nicht so günstig ist wie früher (§ 8).

1, 1. ἥντινά π. γ. ἔχων, was ich mir eigentlich dabei dachte, dafs ich u. s. w., wie Antiph. 1, 5 θαυμάζω δ΄ ἔγωγε καὶ τοῦ ἀδελφοῦ, ἥντινά ποτε γνώμην ἔχων ἀντίδικος καθίστηκε πρὸς ἐμέ. Lys. 33, 7 θαυμάζω δὲ Λακεδαιμονίους πάντων μάλιστα, τίνι ποτὲ γνώμῃ χρώμενοι καιομένην τὴν Ἑλλάδα περιορῶσιν. Im Griechischen ist die Frage nach der Folge

zur Hauptsache gemacht und durch das verbum finitum gegeben, dagegen die Frage nach der Ursache als Nebensache behandelt und ins Particip gestellt, während im Deutschen das umgekehrte Verhältnis stattfindet. Vergl. § 71 u. 5, 35. 6, 58 πόθεν βοήθειαν προσδοκῶντες ἥξειν διακελευόμεθα πολεμεῖν. 12, 44, 130, 239. 14, 10. 15, 43, 217. 16, 16. 17, 28 u. öfter s. Rehdantz Anh. zu Lyk. Leokr. § 127. — 1, 2. περὶ σ. τ. πρόσοδον ἐποιησάμην, dafs ich — auftreten zu wollen erklärte, nämlich in einem schriftlichen (s. § 15) Antrage bei den Prytanen, welche dann ihrerseits durch öffentlichen Anschlag bekannt machten, dafs in der nächsten Volksversammlung diese Sache werde verhandelt werden, so dafs im voraus jeder Bürger im

καθεστώτων, ἀλλ' οὐ πλείους μὲν τριήρεις ἢ διακοσίας κε-
κτημένης, εἰρήνην δὲ καὶ τὰ περὶ τὴν χώραν ἀγούσης, καὶ τῶν
2 κατὰ θάλατταν ἀρχούσης, ἔτι δὲ συμμάχους ἐχούσης πολλοὺς b
μὲν τοὺς ἑτοίμως ἡμῖν, ἤν τι δέῃ, βοηθήσοντας, πολὺ δὲ πλείους
τοὺς τὰς συντάξεις ὑποτελοῦντας καὶ τὸ προσταττόμενον ποιοῦν-
τας· ὧν ὑπαρχόντων ἡμᾶς μὲν ἄν τις φήσειεν εἰκὸς εἶναι θαρ-
ρεῖν ὡς πόρρω τῶν κινδύνων ὄντας, τοῖς δ' ἐχθροῖς τοῖς ἡμε-
τέροις προσήκειν δεδιέναι καὶ βουλεύεσθαι περὶ τῆς αὐτῶν
σωτηρίας.

allgemeinen wuſste, worüber ge-
redet werden würde. Der Aorist
ἐποιησάμην geht auf den Augen-
blick, wo der Redner bei den Pry-
tanen ſeine Absicht aussprach; in
dieser Weise ein verbum dicendi
zu unterdrücken, ist beiden alten
Sprachen sehr geläufig; so schon
Hom. Il. 1, 419 τῷ σε κακῇ αἴσῃ
τέκον ἐν μεγάροισιν, mit Beziehung
auf v. 414 („sagte, daſs ich —“).
Cic. de republ. 1, 9 *quem quum
Scipio libenter vidisset (i. e. videre
se dixisset).* Vergl. Goeller ad Thuc.
3, 38 p. 445. πρόσοδον ποι-
εῖσθαι (vergl. §§. 3, 15, 84) aber ist
einer der gewöhnlichen Ausdrücke
für das Auftreten der Redner in der
Volksversammlung oder im Senate
(s. Hemsterhuis ad Lucian. Prometh.
c. 6 (tom. I p. 218 ed. Bipont.) u.
Corp. Inscr. Gr. n. 124, 12 n. 2329,
21 etc.), und es ist darin praegnant
der Begriff des Redens schon ent-
halten, so daſs sich περὶ σωτηρίας
hier unmittelbar daran schließen
konnte, während § 15 u. 84 das
λέγειν noch ausdrücklich daneben
erwähnt wird. — 1, 4. ἀλλ' οὐ.
Vergl. zu 4, 178. — διακοσίας.
Über die Gröſse der Flotte Athens
in jenen Zeiten vergl. Boeckh, Ur-
kunden über das Seewesen des ath.
Staates S. 79 und denselben in
Staatshaushalt. d. Athener³ I S. 337.
— 1, 5. τὰ περὶ τ. χ. S. zu 1, 13.
— ἀγούσης — ἀρχούσης. S. zu
1, 16.

2, 1. συμμάχους. Es ist die
zweite attische Hegemonie gemeint;
die auf ihre Stiftung bezügliche,

unter dem Archon Nausinikos
Olymp. 100, 3 (378/7) abgefaſste
Urkunde ist noch im Original (auf
Stein) vorhanden und läſst allen
Staaten den Beitritt offen, so daſs
bald 75 Staaten unter Athens Füh-
rung vereinigt waren. Sie setzt
ferner vollständige Autonomie der
verbündeten Staaten fest und
schließt jede Verpflichtung für
diese, einen Tribut (φόρος) an Athen
zu zahlen, aus. Da es aber im In-
teresse der kleineren Staaten lag,
nicht selber eine Marine zu halten,
sondern sich dafür mit Geld an Athen
abzufinden, für welches statt des
verhaſsten Namens φόρος der un-
verfänglichere σύνταξις (durch Kal-
listratos cf. Harpokrat. p. 173, 22
ed. Bekk.) eingeführt wurde, so
bildete sich allmählich die hier er-
wähnte doppelte Klasse von Bun-
desgenossen, von denen Athen die
letztere wie Unterthanen behandelte.
Der dadurch hervorgerufene Bun-
desgenossenkrieg verschaffte i. J.
355 nur einzelnen Staaten die Auto-
nomie wieder, änderte aber, wie es
scheint, sonst nichts, so daſs Isokr.
hier die Athener sich immer noch
einer grofsen Bundesgenossenschaft
rühmen lassen kann. Vergl Boeckh,
Staatshaush. der Ath.³ I S. 491 u.
flgd., und A. Schaefer, Demosth.
u. s. Zeit, I S. 23 flgd. G. Bu-
solt, d. zweite athen. Bund S. 711
dagegen meint, daſs die συμμάχ.
πολλοὺς μέν, „welche keine συντάξεις
entrichten und politisch unab-
hängiger von Athen sind, aber be-
reitwillig im eintretenden Falle
Hülfstruppen schicken, auſserhalb

3   (β΄.) Ὑμεῖς μὲν οὖν οἶδ᾽ ὅτι τούτῳ χρώμενοι τῷ λογισμῷ
καὶ τῆς ἐμῆς προσόδου καταφρονεῖτε καὶ πᾶσαν ἐλπίζετε τὴν c
Ἑλλάδα ταύτῃ τῇ δυνάμει κατασχήσειν· ἐγὼ δὲ δι᾽ αὐτὰ ταῦτα
τυγχάνω δεδιώς. ὁρῶ γὰρ τῶν πόλεων τὰς ἄριστα πράττειν
οἰομένας κάκιστα βουλευομένας καὶ τὰς μάλιστα θαρρούσας εἰς
4 πλείστους κινδύνους καθισταμένας. αἴτιον δὲ τούτων ἐστίν, d
ὅτι τῶν ἀγαθῶν καὶ τῶν κακῶν οὐδὲν αὐτὸ καθ᾽ αὑτὸ παρα-
γίγνεται τοῖς ἀνθρώποις, ἀλλὰ συντέτακται καὶ συνακολουθεῖ
τοῖς μὲν πλούτοις καὶ ταῖς δυναστείαις ἄνοια καὶ μετὰ ταύτης
ἀκολασία, ταῖς δ᾽ ἐνδείαις καὶ ταῖς ταπεινότησι σωφροσύνη
5 καὶ πολλὴ μετριότης, ὥστε χαλεπὸν εἶναι διαγνῶναι, ποτέραν 141
ἄν τις δέξαιτο τῶν μερίδων τούτων τοῖς παισὶ τοῖς αὑτοῦ κατα-
λιπεῖν. ἴδοιμεν γὰρ ἂν ἐκ μὲν τῆς φαυλοτέρας εἶναι δοκούσης

der in den alten Formen organisier-
ten Bundesgenossenschaft stehen,
und als σύμμαχοι im weiteren
Sinne aufzufassen sind d. h. als
Verbündete, Staaten mit denen
Athen einen Bündnis- oder Freund-
schaftsvertrag geschlossen hatte."
— πολλοὺς μὲν τοὺς κ. τ. λ. S.
zu § 83.

3, 2. τὴν Ἑλλάδα = τὴν ἄλλην
Ἑ. S. zu 9, 56. — 3, 4. ἄριστα
πράττειν, wie 4, 103, am besten
daran sein, also πράττειν im in-
transitiven Sinne, in welchem Falle
Isokr. nicht bloß Adverbia beifügt
(wie 2, 4 ἐπιεικῶς πράττειν, 5, 64
ταπεινῶς πράττειν u. s. w.), sondern
auch die Neutra von Adiectivis, ohne
eine Verwechselung der Bedeutun-
gen zu befürchten. So χεῖρον πράτ-
τειν 8, 125, καταδεέστερον π. 6, 67.
7, 8, 32. 15, 149, ὑποδεέστερον π.
7, 44, βέλτιον π. 6, 22, τοιαῦτα π.
3, 61. Vergl. Schoemann ad Plut.
Agin 3, 1. Ebenso steht oft βέλ-
τιστα, ἄριστα ἔχειν intransitiv,
z. B. Xenoph. Mem. 3, 12, 5.
Anders § 10

4, 2. αὐτὸ καθ᾽ αὑτό, allein
für sich (wie Xenoph. Mem. 3,
14, 2 τὸ ὕψον αὐτὸ καθ᾽ αὑτό),
ohne etwas anderes, das hinzutritt,
wofür sonst das einfache καθ᾽ αὑτὸ
genügt, wie καθ᾽ αὑτὸν γίγνεσθαι

8, 54 u. 12, 143 (vergl. Haase Lu-
cubrat. Thucyd. p. 43), aber auch
μόνος καὶ καθ᾽ αὑτόν 12, 102 und
von Plato de republ. X p. 604 A
sogar μόνος αὐτὸς καθ᾽ αὑτόν ge-
sagt ist. αὐτὸς καθ᾽ αὑτόν auch
10, 31. Demosth. 2, 14 αὐτὴ καθ᾽
αὑτήν. id. 4, 24 αὐτὰ καθ᾽ αὑτά
u. öfter. — 4, 4. πλούτοις. Der
Plural πλοῦτοι auch 2, 5. 4, 151,
182. 8, 7, 117. 12, 196 (vergl. Fabric.
bei Held ad Plut. Timol. p. 465);
ebenso πενίαι 8, 128 und 15, 120
(Plat. de republ. X p. 618 B πλοῦτοι
καὶ πενίαι), und ἔνδειαι hier u. 8,
90, 128, wie denn auch sonst Isokr.
es liebt, den Plural von Abstrakten
zu setzen, an die Menge der Einzel-
heiten denkend, an denen das Ab-
straktum zur Erscheinung kommt,
vergl. zu 9, 5. — 4, 5. ταπεινό-
τησι, dem δυναστείαις entgegen-
gesetzt, also Machtlosigkeit,
wie ταπεινός § 7 u. 4, 68 u. 95. —
4, 6. μετριότης, Mäßigung,
wie Ep. 3, 4; vergl. 2, 33 αἱ με-
τριότητες μᾶλλον ἐν ταῖς ἐνδείαις
ἢ ταῖς ὑπερβολαῖς ἔνεισιν.

5, 2. δέξαιτο, wünschen soll,
wie 8, 93. 15, 44 u. μᾶλλον δέχε-
σθαι (malle) 3, 16. 6, 67 u. nament-
lich 9, 35. Ep. 9, 12, vergl. Froh-
berger zu Lys. 25, 24. — μερίδων,
Gattungen, Lagen. — 5, 3.
φαυλοτέρας, scil. μερίδος. Über

ἐπὶ τὸ βέλτιον ὡς ἐπὶ τὸ πολὺ τὰς πράξεις ἐπιδιδούσας, ἐκ δὲ τῆς κρείττονος φαινομένης ἐπὶ τὸ χεῖρον εἰθισμένας μεταπίπτειν.

6 καὶ τούτων ἐνεγκεῖν ἔχω παραδείγματα πλεῖστα μὲν ἐκ τῶν ἰδίων πραγμάτων (πυκνοτάτας γὰρ ταῦτα λαμβάνει τὰς μεταβολάς), οὐ μὴν ἀλλὰ μείζω γε καὶ φανερώτερα τοῖς ἀκούουσιν b ἐκ τῶν ἡμῖν καὶ Λακεδαιμονίοις συμβάντων. (γ΄.) Ἡμεῖς τε γὰρ ἀναστάτου μὲν τῆς πόλεως ὑπὸ τῶν βαρβάρων γεγενημένης διὰ τὸ δεδιέναι καὶ προσέχειν τὸν νοῦν τοῖς πράγμασιν ἐπρωτεύσαμεν τῶν Ἑλλήνων, ἐπειδὴ δ᾽ ἀνυπέρβλητον ᾠήθημεν τὴν δύναμιν ἔχειν, παρὰ μικρὸν ἤλθομεν ἐξανδραποδισθῆναι·

7 Λακεδαιμόνιοί τε τὸ μὲν παλαιὸν ἐκ φαύλων καὶ ταπεινῶν πό- c

den Genetiv s. zu 9, 75 extr. — 5, 4. ἐπὶ τὸ βέλτιον — ἐπιδιδούσας s. zu 9, 68. — ὡς ἐπὶ τὸ πολύ, meistenteils, wie 4, 154. 8, 35. 15, 184, wobei ὡς, wie oft neben Zahlbegriffen, andeutet, daſs der Zahlbegriff nicht im strengsten Sinne zu nehmen sei.

6, 1. ἐνεγκεῖν, wie 13, 12 τεταγμένην τέχνην παράδειγμα φέροντες. Polyb. 17, 13 ἵνα δὲ μὴ πόρρωθεν τὰ παραδείγματα φέρωμεν. Dionys. de comp. verb. 11 init. παραδείγματα δ᾽ ἀμφοῖν καθ᾽ ἕκαστον φέρειν. Dein. 1, 107 παράδειγμα ἐξοίσετε. Plut. Num. 20 ἐναργὲς ἐξήνεγκε παράδειγμα καὶ τεκμήριον. Ebenso σημεῖον ἐκφέρειν Isokr. Ep. 7, 1; ferner oft δεῖγμα ἐκφέρειν (s. Weber ad Demosth. Aristocr. p. 478), μαρτυρίας μιᾶς φερομένης Plut. Kat. min. 19, ἀπόδειξιν φέρειν id. de music. 38, 3 (= Mor. p. 1145 B). Mit Unrecht ist also behauptet worden, daſs φέρειν in solchen Fällen weniger üblich sei als παρασχέσθαι. — ἐκ τῶν ἰδίων πραγμάτων, aus dem Leben (der Lage) der einzelnen. [cf. Krit. Anh.] — 6, 2. λαμβάνει τὰς μεταβολάς, erleidet diesen Wechsel. λαμβάνειν mit dem Akkusativ dient oft zur Umschreibung eines einfachen Verbalbegriffs, wie ἐπίδοσιν λαμβάνειν = ἐπιδιδόναι ist (vergl. zu 9, 7); so 8, 60 τὸ ἀγαθὸν τυχὸν ἂν παύσαιτο καὶ λάβοι μεταβολήν.

6, 40 τὰ νῦν καθεστῶτα λήψεταί τινα μετάστασιν. Plut. de defect. oracul. 10 (= Mor. p. 415 B) ἐκ μὲν ἀνθρώπων εἰς ἥρωας, ἐκ ἡρώων εἰς δαίμονας αἱ βελτίονες ψυχαὶ τὴν μεταβολὴν λαμβάνουσιν. Vergl. auch [Isokr.] 1, 1 διαφορὰν εἰλήφασιν und 1, 47 αἴσθησιν λαμβάνομεν, und Markland ad Eurip. Suppl. v. 1050. — 6, 3. οὐ μὴν ἀλλὰ s. zu 1, 9. — 6, 5. ἀναστάτου τοῦ, durch die Perser im Jahre 480. — 6, 8. παρὰ μικρὸν ἦλ. ἐξ., kam es beinahe dazu, daſs wir u. s. w. oder kurz: wurden wir beinahe u. s. w. Vergl. 8, 78 ὥστε παρὰ μικρὸν ἐλθεῖν ἐξανδραποδισθῆναι τὴν πόλιν. 17, 42 (coll. 19, 22) παρὰ μικρὸν ἦλθον ἄκριτος ἀποθανεῖν, und so auch bei anderen παρὰ μικρόν, παρ᾽ ὀλίγον, παρ᾽ ἐλάχιστον ἐλθεῖν oder ἥκειν mit dem Infinitiv (cf. Wyttenbach animadvers. ad Plut. Mor. I p. 362 ed. Lips.) nicht wesentlich verschieden von μικρὸν ἀπολείπειν mit dem Infin. (s. zu § 17). Zur Sache vergl. Xenoph. Hell. 2, 2, 19 (von der Zeit kurz vor der Übergabe Athens im J. 404) ἀντέλεγον Κορίνθιοι καὶ Θηβαῖοι μάλιστα, πολλοὶ δὲ καὶ ἄλλοι τῶν Ἑλλήνων, μὴ σπένδεσθαι Ἀθηναίοις, ἀλλ᾽ ἐξαιρεῖν· Λακεδαιμόνιοι δὲ οὐκ ἔφασαν πόλιν Ἑλληνίδα ἀνδραποδιεῖν μέγα ἀγαθὸν εἰργασμένην τῇ Ἑλλάδι. Die Sache wird von Isokr. auch 8, 78, 105. 14, 31, 32. 15, 319. 18, 29 berührt.

7, 1. πόλεων, aus der dorischen

λεων ὁρμηθέντες, διὰ τὸ σωφρόνως ζῆν καὶ στρατιωτικῶς κατέ-
σχον Πελοπόννησον, μετὰ δὲ ταῦτα μεῖζον φρονήσαντες τοῦ
δέοντος καὶ λαβόντες καὶ τὴν κατὰ γῆν καὶ τὴν κατὰ θάλατταν
8 ἀρχήν, εἰς τοὺς αὐτοὺς κινδύνους κατέστησαν ἡμῖν. Ὅστις οὖν
εἰδὼς τοσαύτας μεταβολὰς γεγενημένας καὶ τηλικαύτας δυνά-
μεις οὕτω ταχέως ἀναιρεθείσας πιστεύει τοῖς παροῦσιν, λίαν
ἀνόητός ἐστιν, ἄλλως τε καὶ τῆς μὲν πόλεως ἡμῶν πολὺ κατα-
δεέστερον νῦν πραττούσης ἢ κατ' ἐκεῖνον τὸν χρόνον, τοῦ δὲ d
μίσους τοῦ τῶν Ἑλλήνων καὶ τῆς ἔχθρας τῆς πρὸς βασιλέα
πάλιν ἀνακεκαινισμένης, ἃ τότε κατεπολέμησεν ἡμᾶς.

9   (δ'.) Ἀπορῶ δέ, πότερον ὑπολάβω μηδὲν μέλειν ὑμῖν τῶν
κοινῶν πραγμάτων, ἢ φροντίζειν μὲν αὐτῶν, εἰς τοῦτο δ' ἀναι-

Tetrapolis am Oeta, Ἐρινεός, Βοιόν, Πίνδος, Κυτίνιον, (s. OMüller Dorier I, p. 39) die Isokr. auch 12, 253 als πόλεις ἀδόξους καὶ μικρὰς καὶ πολλῶν ἐνδεεῖς bezeichnet. — 7, 2. κατέσχον, nahmen ein. Vergl. 4, 61 u. zu 9, 39. — 7, 3. τοῦ δέον-τος, als Not that, wie § 72 φαυλοτέρους τοῦ δέοντος. 5, 153 πλεονάκις τοῦ δέοντος und wie 15, 316 μᾶλλον τοῦ συμφέροντος, Ep. 9, 19 πλείω τοῦ προσήκοντος, wo überall der nach dem Komparativ folgende Genetiv die Stelle eines ganzen Satzes vertritt. Vergl. auch 2, 7 καταδεεστέραν τὴν δόξαν τῆς ἐλπίδος ἔλαβεν. 6, 34 μεῖζον φρο-νεῖν τῆς δυνάμεως. 15, 194 πλείω τοῦ καιροῦ. — 7, 5. κινδύνους, nach der Schlacht bei Leuktra im J. 371, wo auch nur das Einschreiten der Athener Sparta vom Unter-gange rettete. Vgl. 5, 44 Wegen d. Stellung des Datives ἡμῖν s. zu § 28.

8, 3. τοῖς παροῦσιν, der ge-genwärtigen Lage, wie in στέρ-γειν τὰ παρόντα, worüber zu 1, 29. - 8, 4. ἄλλως τε καί. S. zu 4, 66. — 8, 5. πραττούσης. S. zu § 3. — τοῦ μίσους, wie sich im Bundesgenossenkriege zeigte. — 8, 5. βασιλέα, der Perserkönig (s. zu 9, 57) Artaxerxes III Ochos (362—338), dessen Truppen Chares zur Zeit des Bundesgenossenkrieges in Verbindung mit dem aufrühre-

rischen Artabazos schlug. Vergl. Diodor. 16, 22. πρὸς βασιλέα ist hier: von seiten des Königs, indem πρός mit dem Akkus. neben Wörtern, die ein wechselseitiges Verhältnis bezeichnen, auf beide bezogen werden kann, die in dem Verhältnis stehen (in Bezug auf), also auch auf den, von dem das Verhältnis ausgeht. Vergl. 8, 38 δείσας τὴν πρὸς ὑμᾶς ἀπέχθειαν (coll. Demosth. 6, 3). Lys. 19, 20 πολλῶν κινδύνων ὑπαρχόντων πρὸς τὴν θάλατταν καὶ τοὺς πολεμίους. Plato de republ. V p. 469 E ἐάν τι ἡμῖν μέλῃ τῆς πρὸς τοὺς Ἕλληνας εὐνοίας. — 8, 7. πάλιν ἀνακ. S. zu 9, 56. — τότε geht auf § 6 extr.

§ 9—19. Übergang zum Thema. Ihr verkennt die Gefahr und handelt ganz verkehrt (9, 10), wie das natür-lich ist da, wo der politischen Thä-tigkeit das leitende Princip fehlt (11, 12), d. h. die rechte Verfassung, die Seele des Staates (13, 14), wie das bei uns der Fall ist (15). Für uns ist Heil nur zu erwarten, wenn wir die Solonische Demokratie wieder her-stellen (16), die Athen groß machte, während uns unsere jetzige Verfas-sung ins Verderben stürzen wird (17, 18). Dies soll das Thema meiner Rede sein (19).

9, 2. ἀναισθησίας, Stumpf-sinn. Vergl. Casaubonus ad Theo-phrast. Char. c. 14 und Schmidt,

σθησίας ἥκειν ὥστε λανθάνειν ὑμᾶς, εἰς ὅσην ταραχὴν ἡ πόλις
καθέστηκεν. ἐοίκατε γὰρ οὕτω διακειμένοις ἀνθρώποις, οἵτινες e
ἁπάσας μὲν τὰς πόλεις τὰς ἐπὶ Θρᾴκης ἀπολωλεκότες, πλείω
δ' ἢ χίλια τάλαντα μάτην εἰς τοὺς ξένους ἀνηλωκότες, πρὸς
10 δὲ τοὺς Ἕλληνας διαβεβλημένοι καὶ τῷ βαρβάρῳ πολέμιοι γε-
γονότες, ἔτι δὲ τοὺς μὲν Θηβαίων φίλους σώζειν ἠναγκασμένοι,
τοὺς δ' ἡμετέρους αὐτῶν συμμάχους ἀπολωλεκότες, ἐπὶ τοιαύ- 142
ταις πράξεσιν εὐαγγέλια μὲν δὶς ἤδη τεθύκαμεν, ῥᾳθυμότε-

Synonymik III S. 648. — 9, 3.
ταραχήν, Inkonsequenz, wie
2, 6 ἀνωμαλία καὶ ταραχή, 12, 144
τοσαύτης ταραχῆς καὶ τοσούτων
ἐναντιώσεων, 15, 249 Θηβαίοις μὲν
τὴν ἀμαθίαν ὀνειδίζουσιν, τοὺς δὲ
ζητοῦντας τὴν νόσον ταύτην διαφυ-
γεῖν λοιδοροῦντες διατελοῦσιν, ὃ
ταραχῆς σημεῖόν ἐστιν. Dagegen ist
εἰς τ. καθίστασθαι u. καθιστάναι
ἑαυτόν 6, 77, 107. 8, 25 „sich in
Verlegenheit bringen" und 12,
233 ἐν ταρ. καθεστηκέναι „in Ver-
legenheit sein", wie ταραχή auch
sonst oft von Isokr. gebraucht
wird, z. B. 4, 6, 134, 138. 6, 50, 87
u. wie auch ταραχώδης 4, 48. —
9, 4. οὕτω διακειμένοις, d. h.
τοῖς τεταραγμένως τὴν ψυχὴν δια-
κειμένοις, nach 15, 245. — οἵτι-
νες steht kausal, aber in einem
Falle, wo man οἳ erwarten würde,
da hier auf etwas Individuelles und
Bestimmtes, nicht auf irgend einen
Beliebigen einer Gattung (wie 12,
16. 15, 289) zurückgedeutet wird.
Doch steht ὅστις in gleicher Weise
4, 83, 96, 102, 133. 8, 49. 12, 130,
220. 19, 31, wo überall wie hier
ὅστις des Hiatus wegen dem ὅς vor-
gezogen wurde, aber ohne diesen
Grund 4, 134. 5, 18. 14, 46. 15, 246.
17, 17. In der That ist auch hier
ὅστις nicht = ὅς, sondern bedeutet
seinem Grundbegriff entsprechend:
quum ex eorum genere sit qui etc. —
9, 5. τὰς ἐπὶ Θρᾴκης, d. h. die
Städte auf der Halbinsel Chalkidike
und in der Umgegend, wo Philippos
von Makedonien seit 357, die Athener
täuschend, Amphipolis, Pydna, Po-
tidaia erobert und Olynthos nebst
seinen 32 Bundesstädten einstweilen
für sich gewonnen hatte, so dafs

den Athenern ihre Besitzungen dort
und ihr Einflufs verloren gingen.
Vergl. Schaefer Demosth. u. s.
Zeit, II S. 20 u.´flgd. — 9, 6. εἰς
τοὺς ξένους, im Bundesgenossen-
kriege. Vergl. Weber Proleg. ad
Demosth. Aristocrat. p. XLIX adn.
169.
10, 1. διαβεβλημένοι, durch
die Härte gegen die Bundesgenossen.
— τῷ βαρβάρῳ. S. zu § 8. — 10,
2. τοὺς μὲν Θηβαίων φίλους
bezogen Rauchenstein, OSchneider
mit Pauly auf Chios, Byzanz,
Rhodos, welchen Athen im Frieden
355 nur deshalb Selbständigkeit
zugestanden zu haben schien, da-
mit sie wie einst (cf. Diodor. 15,
79 coll. Schaefer a. a. O. S. 105) mit
den Thebanern sich verbänden, um
diesen die Seeherrschaft zu ver-
schaffen. Rehdantz, vita Iphikrat.
S. 217 glaubte, dafs damit die Be-
wohner von Euboia u. Megalopolis
gemeint seien. Richtig ist jedoch
wohl Schaefers (l. l. I p. 462 n. 6
extr.) Ansicht, dem Blass Att. Be-
reds. II S. 279 Anm. 1 u. Reinhardt
Einl. S. 122 zustimmen, dafs τοὺς
μὲν Θηβαί. φίλους die Messenier
und Megalopoliten seien, denen
die Athener öfters Unterstützung
zugesagt, wenn sie von Sparta an-
gegriffen würden, s. Demosth. 16, 9.
— 10, 4. δίς, einmal gab Chares
den Bürgern einen Opferschmaus
zur Feier des Sieges, den er in
Verbindung mit Artabazos über die
Truppen des Grofskönigs davontrug
(im J. 355 nach Schaefer l. c. I
S. 151), wann das zweite Mal läfst
sich nicht genau angeben; OSchnei-
der nahm an, als Chares Philipps
Unterfeldherrn Adaios bei Kypsela

ρον δὲ περὶ αὐτῶν ἐκκλησιάζομεν τῶν πάντα τὰ δέοντα πραττόντων.

11 Καὶ ταῦτ᾽ εἰκότως καὶ ποιοῦμεν καὶ πάσχομεν· οὐδὲν γὰρ οἷόν τε γίγνεσθαι κατὰ τρόπον τοῖς μὴ καλῶς περὶ ὅλης τῆς διοικήσεως βεβουλευμένοις, ἀλλ᾽ ἂν καὶ κατορθώσωσι περί τινας τῶν πράξεων ἢ διὰ τύχην ἢ δι᾽ ἀνδρὸς ἀρετήν, μικρὸν διαλι- b πόντες πάλιν εἰς τὰς αὐτὰς ἀπορίας κατέστησαν. καὶ ταῦτα
12 γνοίη τις ἂν ἐκ τῶν περὶ ἡμᾶς γεγενημένων. (ἐ.) Ἁπάσης γὰρ

am Hebros geschlagen hatte (vergl. Schaefer a. a. O. I S. 401 ff.), jedoch geschah dies im J. 353, sodafs man also die Abfassungszeit der Rede dann frühestens auf dieses Jahr festsetzen müfste. — θύειν steht hier im praegnanten Sinne, „durch ein Opfer feiern", wie εὐαγγέλια θύειν (ein Dankfest feiern wegen glücklicher Botschaft) auch Aristoph. Equit. v. 656 Dind., Xenoph. Hell. 1, 6, 37, Plut. Mor. p. 184 A, p. 188 D, Polit. Paragg. 3, 12 (= p. 799 F), [Plut.] vit. X orat. VIII, 40 (= p. 846 D) und andere brauchen; (vergl. auch εὐαγγέλια στεφανοῦν τινα Arist. Equit. v. 647, εὐ. ἀναδεῖν τινα id. Plut. v. 765), nach Analogie von θύειν σῶστρα Herod. 1, 118 (coll. Xenoph. Anab. 3, 2, 9), θύειν γενέθλια καὶ ἑορτάζειν Plat. Alkib. I p. 121 C, θύειν γάμους (Musgrave ad Eurip. Elektr. v. 1127), ἑστιᾶν γάμους (Aristoph. Av. v. 132), δαίειν γάμους, τάφον (Hemsterh ad Lucian. tom. III p. 406 ed. Bip.), ἑστιᾶν γενέθλια (Lukian. Gall. 9, Hermotim. 11) u. s. w. Bemerkenswert ist übrigens, dafs Isokr. von der zweiten Person (ἐοίκατε) zur ersten (τεθύκαμεν) übergeht; indem er so sich mit einschliefst, nimmt er dem Vorwurf etwas von seiner Härte. — 10, 5. τῶν πάντα τὰ δέοντα πραττόντων könnte man nach dem zu § 3 Gesagten intransitiv nehmen (also: Leute, denen alles geht, wie es soll), doch ist es hier transitiv wie 8, 115 αὐτοὶ δ᾽ οὐδὲν βέλτιον τοὺς συμμάχους διοικοῦντες ἢ κεῖνοι τὴν Βοιωτίαν ἡγεῖσθε πάντα τὰ δέοντα πράττειν (coll. 3, 17, 25).

Isokr. I 3 Aufl.

11,1. εἰκότως enthält den Hauptbegriff, es ist natürlich, dafs wir so verfahren. — 11, 2. γίγνεσθαι κατὰ τρόπον, recht von statten gehen. In κατὰ τρόπον hier und § 79. 2, 6. 5, 45. 12, 6, 51, 174. Ep. 2, 6 bezeichnet τρόπος praegnant die rechte Art. — περὶ ὅλης τῆς διοικήσεως, über das Ganze der Staatsverwaltung. — 11, 3. ἂν καὶ κατορθώσωσι. Der Koninnktiv im Nebensatze neben einem Tempus der Vergangenheit im Hauptsatze (hier κατέστησαν) ist da ohne Anstofs, wo wie hier das Tempus der Vergangenheit im gnomischen Sinne steht, also die Gegenwart mit umfafst. Vgl. 5, 38 καὶ γὰρ ἐκείνους αὐξανομένης μὲν τῆς ὀργῆς οὐδεὶς ἂν διαλλάξειεν· ἐπὴν δὲ κακῶς ἀλλήλους διαθῶσιν, οὐδενὸς διαλύοντος αὐτοὶ διελύθησαν. So schon Hom. Il. 1, 218 ὅς κε θεοῖς ἐπιπείθηται, μαλά τ᾽ ἔκλυον αὐτοῦ. Od. 4, 792 ὅσσα δὲ μερμήριξε λέων — δείσας, ὁππότε μιν δόλιον περὶ κύκλον ἄγωσιν, und öfter. — 11, 4. ἀνδρός, eines einzelnen Mannes, im Gegensatz gegen die gesamte Bürgerschaft, also nicht = τινός. So werden sich πόλις und ἀνήρ (ἄνδρες) ausdrücklich entgegengesetzt 8, 89 u. 120. Ep. 9, 11. Vergl. auch 4, 169 u. Demosth. 9, 72. Aischin. 2, 164. 3, 178. Ep. 11, 10. Übrigens denkt Isokr. an Männer wie Konon und Timotheos. — μικρὸν διαλιπόντες, nach kurzer Zwischenzeit, neben passiven Verbis auch 8, 25 und 12, 5; dagegen neben aktiven 8, 52. 12, 93 u. öfter.

6

τῆς Ἑλλάδος ὑπὸ τὴν πόλιν ἡμῶν ὑποπεσούσης καὶ μετὰ τὴν
Κόνωνος ναυμαχίαν καὶ μετὰ τὴν Τιμοθέου στρατηγίαν, οὐδένα
χρόνον τὰς εὐτυχίας κατασχεῖν ἠδυνήθημεν, ἀλλὰ ταχέως διε-
σκαριφησάμεθα καὶ διελύσαμεν αὐτάς. πολιτείαν γὰρ τὴν ὀρθῶς
ἂν τοῖς πράγμασι χρησαμένην οὔτ᾽ ἔχομεν οὔτε καλῶς ζητοῦ-
13 μεν. καίτοι τὰς εὐπραγίας ἅπαντες ἴσμεν καὶ παραγιγνομένας c
καὶ παραμενούσας οὐ τοῖς τὰ τείχη κάλλιστα καὶ μέγιστα περι-
βεβλημένοις, οὐδὲ τοῖς μετὰ πλείστων ἀνθρώπων εἰς τὸν αὐτὸν
τόπον συνηθροισμένοις, ἀλλὰ τοῖς ἄριστα καὶ σωφρονέστατα
14 τὴν αὑτῶν πόλιν διοικοῦσιν. ἔστι γὰρ ψυχὴ πόλεως οὐδὲν ἕτε-
ρον ἢ πολιτεία, τοσαύτην ἔχουσα δύναμιν, ὅσην περ ἐν σώματι
φρόνησις. αὕτη γάρ ἐστιν ἡ βουλευομένη περὶ ἁπάντων, καὶ
τὰ μὲν ἀγαθὰ διαφυλάττουσα, τὰς δὲ συμφορὰς διαφεύγουσα. d
ταύτῃ καὶ τοὺς νόμους καὶ τοὺς ῥήτορας καὶ τοὺς ἰδιώτας

12, 2. ὑποπεσούσης, sich un-
tergeordnet hatte, nämlich der
Hegemonie Athens. — 12, 3. ναυ-
μαχίαν κ τ. λ. Nach Konons See-
sieg bei Knidos (i. J. 394), welcher
dem Übergewicht der Spartaner
zur See ein Ende machte, schlossen
sich zuerst Chios, Tenedos und
Mytilene an Athen an, die zahl-
reichsten Bundesgenossen aber ge-
wann Timotheos während seiner
Strategie i. J. 373 (vergl. Schaefer
l. l. I. S. 52 und flgd.). Doch
ist der Ausdruck ἁπάσης τῆς
Ἑλλάδος übertrieben. — οὐδένα
χρόνον, keinen Augenblick,
wie 6, 87. 12, 5. 14, 29. 15, 262.
19, 27. — 12, 4. κατασχεῖν ἠδυ-
νήθημεν, der Inf. Aor. bei δύνα-
μαι wie 4, 102. — διεσκαριφη-
σάμεθα, wir untergruben
(nach Hesychios s. v. ursprünglich
scharrenden Hühnern), also nicht von
ganz gleichbedeutend mit διελύσα-
μεν (zerstörten) [cf. Krit. Anh.].
Synonyme Wörter aber verbindet
Isokr. gern, z. B. 4, 111 αὐτό-
χειρας καὶ φονέας. 15, 11 συναρ-
μόσαι καὶ συναγαγεῖν. 7, 48 θαυ-
μάζοντες καὶ ζηλοῦντες (wie 8, 83.
15, 313). ζηλωτότερος καὶ θαυμα-
στότερος 6, 95 (wie 16, 40). 5, 43
ἀθρήσειε καὶ σκέψαιτο. Vergl. J.
G. Strange in Jahns Jahrb. Suppl.
III (1834) S. 573 ff. u. IV (1836)

S. 373 ff. und Lobeck ad Sophocl.
Aiac. v. 145, denselben in Para-
lipom. p. 60 ff. — 12, 5. ὀρθῶς
ἂν — χρησαμένην = ἢ ὀρθῶς
ἂν χρήσαιτο, wie § 16 γενομένην
ἂν = ἢ γένοιτο ἄν. Über χρῆ-
σθαι τοῖς πράγ. s. zu 9, 42.

13, 3. μετὰ — συνηθροισμέ-
νοις. Vergl. 2, 27 μεθ᾽ ὧν συνδια-
τρίψεις. 4, 146 μεθ᾽ οὗ συνηκολού-
θησαν. 5, 90 τῶν μετὰ Κύρου
συστρατευσαμένων. In gleich pleo-
nastischer Weise gesellen auch an-
dere Schriftsteller μετά zu Verbis,
die mit σύν zusammengesetzt sind.
Vergl. Weber ad Demosth. Aristo-
crat. p. 210. Krueger zu Thuk. 6,
105, 1. Hermann ad Lucian. de
conscrib. hist. p. 177.

14, 1. ψυχὴ πόλεως κ. τ. λ.
Der Gedanke wird 12, 138 wieder-
holt. Vergl. auch Stobai. Flor. 43,
140 Δημοσθένης ἔφη πόλεως εἶναι
τὴν ψυχὴν τοὺς νόμους. Demosth.
24, 210 ὃ γὰρ εἰπεῖν τινά φασιν, ἐν
ὑμῖν ἀληθὲς εἶναί μοι δοκεῖ, τοὺς
νόμους τρόπους τῆς πόλεως εἶναι.
Aristotel. Polit. VI (IV), 11, 3 ἡ
πολιτεία βίος τίς ἐστι πόλεως. —
14, 5. ῥήτορας = δημηγοροῦντας,
δημαγωγούς. Im Gegensatz zu
ihnen sind ἰδιῶται das von jenen
geleitete Volk; es findet also hier

ἀναγκαῖόν ἐστιν ὁμοιοῦσθαι καὶ πράττειν οὕτως ἑκάστους,
15 οἵαν περ ἂν ταύτην ἔχωσιν. ἧς ἡμεῖς διεφθαρμένης οὐδὲν
φροντίζομεν, οὐδὲ σκοποῦμεν, ὅπως ἐπανορθώσομεν αὐτήν·
ἀλλ' ἐπὶ μὲν τῶν ἐργαστηρίων καθίζοντες κατηγοροῦμεν τῶν
καθεστώτων καὶ λέγομεν, ὡς οὐδέποτ' ἐν δημοκρατίᾳ κάκιον
ἐπολιτεύθημεν, ἐν δὲ τοῖς πράγμασι καὶ ταῖς διανοίαις αἷς e
ἔχομεν μᾶλλον αὐτὴν ἀγαπῶμεν τῆς ὑπὸ τῶν προγόνων κατα-
λειφθείσης. ὑπὲρ ἧς ἐγὼ καὶ τοὺς λόγους μέλλω ποιεῖσθαι καὶ
16 τὴν πρόσοδον ἀπεγραψάμην. (ϛ'.) Εὑρίσκω γὰρ ταύτην μόνην 143
ἂν γενομένην καὶ τῶν μελλόντων κινδύνων ἀποτροπὴν καὶ τῶν
παρόντων κακῶν ἀπαλλαγήν, ἢν ἐθελήσωμεν ἐκείνην τὴν δη-
μοκρατίαν ἀναλαβεῖν, ἢν Σόλων μὲν ὁ δημοτικώτατος γενόμενος
ἐνομοθέτησεν, Κλεισθένης δ' ὁ τοὺς τυράννους ἐκβαλὼν καὶ
17 τὸν δῆμον καταγαγὼν πάλιν ἐξ ἀρχῆς κατέστησεν. ἧς οὐκ ἂν

nicht sowohl ein Gegensatz zwischen dem kunstverständigen Redner und dem Laien (ἰδιώτης) statt, wie 4, 11. 12, 16, 23. 15, 4 und öfter, als vielmehr der zwischen ἄρχοιτες und ἀρχόμενοι, wie in den zu 5, 135 angeführten Stellen. Vergl. auch 15, 30 οὐ γὰρ μόιον ἰδιώτας φησί μου γεγενῆσθαι μαθητὰς ἀλλὰ καὶ ῥήτορας καὶ στρατηγοὺς καὶ βασιλέας καὶ τυράννους. — 14, 6. ἀναγκαῖόν ἐστιν ὁμοιοῦσθαι, müssen natürlicher Weise gleichen, ὁμοιοῦσθαι wie 2, 31 τὸ τῆς πόλεως ἦθος ὁμοιοῦται τοῖς ἄρχουσιν. — πράττειν οὕτως, so daran sein, s. zu § 3.

15, 3. ἐργαστηρίων, besonders der κουρεῖς und der μυροπῶλαι, wo die Bürger sich zu versammeln und zu politisieren pflegten. Vergl. 18, 9 καθίζων ἐπὶ τοῖς ἐργαστηρίοις τοὺς λόγους ἐποιεῖτο ὡς δεινὰ πεπονθὼς ὑπ' ἐμοῦ, und Beckers Charikles I. S. 263 und flgd. — 15, 5. ἐπολιτεύθημεν, regiert wurden, wie καλῶς πολιτεύεσθαι 5, 69, κάλλιστα πολιτεύεσθε 15, 293 coll. 7, 61. ὀρθῶς πολ. 7, 41. Dagegen πόλις εὖ πολιτευομένη 6, 35. 8, 126, δημοκρατίαι πολιτευόμεναι 7, 70. 12, 131. Aber 12, 200 ἐν ὀλιγαρχίᾳ πεπολιτευμένων und 15, 70

τοῖς ἐν δημοκρατίᾳ πολιτευομένοις ist πολ. Medium. — ἐν τοῖς πρ. καὶ ταῖς δ., in der Denk- und Handlungsweise, der wir huldigen, dem gedankenlosen Schwatzen in den ἐργαστηρίοις entgegengesetzt. — 15, 6. αὐτήν i. e. τὴν δημοκρατίαν, ἐν ᾗ νῦν πολιτευόμεθα. — 15, 7. ὑπέρ. S. zu 1, 35. — 15, 8. πρόσοδον. S. zu § 1.

16, 1. ταύτην. S. zu 9, 28. — 16, 2. ἂν γενομένην s. zu § 12. — 16, 4. Σόλων. Ihn und Kleisthenes nennt Isokr. deshalb auch 15, 232, Kleisthenes allein auch 16, 27 (coll. 15, 306). — 16, 5. τοὺς τυράννους, den Pisistratiden Hippias und die Söhne von dessen Bruder Hipparchos; vergl. Herod. 5, 62 n. flgd. — 16, 6. τὸν δῆμον καταγαγών. Hier ist δῆμον nicht ganz gleich τὴν δημοκρατίαν, was allerdings in der Redensart τὸν δῆμον καταλύειν (s. zu § 58) der Fall ist, sondern heißt eigentlich „den Demos wieder zurückführen" d. h. ihn wieder in seine Rechte einsetzen, wie dies aus Stellen hervorgeht, wo es noch mit τὴν δημοκρατίαν καθιστάναι verbunden ist, vergl. 16, 26 κατήγαγον τὸν δῆμον καὶ τοὺς τυράννους ἐξέβαλον, καὶ κατέστησαν ἐκείνην τὴν δημοκρατίαν und

6*

εὕροιμεν οὔτε δημοτικωτέραν οὔτε τῇ πόλει μᾶλλον συμφέρου-
σαν. τεκμήριον δὲ μέγιστον· οἱ μὲν γὰρ ἐκείνῃ χρώμενοι πολλὰ b
καὶ καλὰ διαπραξάμενοι καὶ παρὰ πᾶσιν ἀνθρώποις εὐδοκιμή-
σαντες, παρ᾽ ἑκόντων τῶν Ἑλλήνων τὴν ἡγεμονίαν ἔλαβον, οἱ
δὲ τῆς νῦν παρούσης ἐπιθυμήσαντες, ὑπὸ πάντων μισηθέντες
καὶ πολλὰ καὶ δεινὰ παθόντες, μικρὸν ἀπέλιπον τοῦ μὴ ταῖς
18 ἐσχάταις συμφοραῖς περιπεσεῖν. καίτοι πῶς χρὴ ταύτην τὴν
πολιτείαν ἐπαινεῖν ἢ στέργειν τὴν τοσούτων μὲν κακῶν αἰτίαν
πρότερον γενομένην, νῦν δὲ καθ᾽ ἕκαστον τὸν ἐνιαυτὸν ἐπὶ c
τὸ χεῖρον φερομένην; πῶς δ᾽ οὐ χρὴ δεδιέναι μὴ τοιαύτης ἐπι-
δόσεως γιγνομένης τελευτῶντες εἰς τραχύτερα ·πράγματα τῶν
τότε γενομένων ἐξοκείλωμεν;

15, 232, 306 immer von der That des
Kleisthenes. — πάλιν ἐξ ἀρχῆς,
von neuem wieder. Vergl. Plat.
Gorg. p. 489 D πάλιν ἐξ ἀρχῆς
εἶπέ. id. Phaedo. p. 105 B. Ari-
stoph. Pax. v. 997, Plut. v. 866,
Dind. Ebenso αὖθις ἐξ ἀρχῆς Plut.
de sanit. praec. c. 5. (= Mor. p.
124 C) (coll. Baehr ad Plut. Alcib.
p. 79).

17, 2. δημοτικωτέραν, dem
Volke günstiger, wie § 23, sonst
nur von Personen, wie §§ 16, 59, 64
und den zu 9, 4 citierten Stellen.
— 17, 3. πολλὰ καὶ καλά. Πολύς
als volles Adjektiv zu behandeln
und es einem zweiten Adjektiv
durch καί anzuschliefsen, ist auch
für Isokr. herrschender Gebrauch.
Selten jedoch läfst er dann πολύς
nachtreten, wie 12, 179 μικρούς καὶ
πολλούς, was bei anderen häufiger
ist. Vergl. Lobeck, Paralip. p. 60,
Kuehner ad Xenoph. Mem. 1, 2, 24
u. Stallbaum ad Plat. de legg. III,
p. 686 E. Nicht selten aber ist bei
ihm die Trennung beider Attribute,
z. B. 15, 40 πολλὰς ἔλαβον καὶ μεγά-
λας δωρεάς, u. 6, 5, 93. 12, 44. 15,
127. — 17, 5. παρ᾽ ἑκόντων τῶν
Ἑ. Das ἑκόντων ist Praedikat,
nicht eigentliches Attribut zu Ἑλ-
λήνων, und steht darum noch vor
dem Artikel. Zur Sache vergl.
4, 72. — 17, 7. μικρὸν ἀπέλιπον
τοῦ μὴ κ. τ. λ., es fehlte wenig,
dafs, während im Griechischen

persönliche Konstruktion einge-
treten ist (vergl. zu 9, 62 und 71).
So auch 15, 122 (πόλιν) μικρὸν
ἀπολιποῦσαν τοῦ μὴ ταῖς ἐσχάταις
συμφοραῖς περιπεσεῖν. Häufiger
als der substantivierte und negierte
Infinitiv scheint in dieser Phrase
der blofse Infinitiv zu sein, worüber
Held ad Plut. Timol. p. 385. Übri-
gens denkt Isokr. an den Ausgang
des pelop. Krieges.

18, 1. καίτοι πῶς. S. zu 9, 65.
— ταύτην. S. zu 1, 45. — 18, 3.
ἐπὶ τὸ χ. φερομένην, mit der
es — schlimmer wird. Man er-
wartet wegen des Gegensatzes κα-
κῶν αἰτίαν vielmehr ἐπὶ τὸ χ. φέ-
ρουσαν. Allein Isokr. übertrug die
Bemerkung auf die πολιτεία selbst,
mit deren Verschlechterung freilich
auch die Lage Athens eine schlim-
mere werden mufste. Er gewann
dadurch einen gleichmäfsigen
Schlufs der Satzglieder (γενομένην
— φερομένην); vergl. zu 1, 16. —
— 18, 4. ἐπιδόσεως, wenn es
so fort geht. Sonst steht ἐπίδο-
σις und ἐπιδιδόναι bei Isokr. vom
Fortschritt zum Besseren. Vergl.
zu 9, 7. — 18, 6. τότε, zu Ende
des peloponnesischen Krieges. S.
§ 17 extr. — ἐξοκείλωμεν. Das-
selbe Bild von einem Schiffe her-
genommen, das von seiner Bahn
abweicht und auf Klippen kommt,
15, 268 τὴν φύσιν ἐξοκείλασαν εἰς
τοὺς λόγους τοὺς τῶν παλαιῶν

19 (ζ.) Ἵνα δὲ μὴ συλλήβδην μόνον ἀκηκοότες ἀλλ᾿ ἀκριβῶς εἰδότες ποιῆσθε καὶ τὴν αἵρεσιν καὶ τὴν κρίσιν αὐτῶν, ὑμέτερον μὲν ἔργον ἐστὶ παρασχεῖν ὑμᾶς αὐτοὺς προσέχοντας τὸν νοῦν τοῖς ὑπ᾿ ἐμοῦ λεγομένοις, ἐγὼ δ᾿ ὡς ἂν δύνωμαι συν- d τομώτατα περὶ ἀμφοτέρων τούτων πειράσομαι διελθεῖν πρὸς ὑμᾶς.

20 (η.) Οἱ γὰρ κατ᾿ ἐκεῖνον τὸν χρόνον τὴν πόλιν διοικοῦντες κατεστήσαντο πολιτείαν οὐκ ὀνόματι μὲν τῷ κοινοτάτῳ καὶ πρᾳοτάτῳ προσαγορευομένην, ἐπὶ δὲ τῶν πράξεων οὐ τοιαύτην τοῖς ἐντυγχάνουσι φαινομένην, οὐδ᾿ ἢ τοῦτον τὸν τρόπον ἐπαίδευε τοὺς πολίτας, ὥσθ᾿ ἡγεῖσθαι τὴν μὲν ἀκολασίαν δη- e μοκρατίαν, τὴν δὲ παρανομίαν ἐλευθερίαν, τὴν δὲ παρρησίαν ἰσονομίαν, τὴν δ᾿ ἐξουσίαν τοῦ ταῦτα ποιεῖν εὐδαιμονίαν, ἀλλ᾿

σοφιστῶν, und Ep. 2, 13 ἔλαθον ἐμαυτὸν — εἰς λόγου μῆκος ἐξοκείλας, und sonst noch Held ad Plut. Timol. p. 491.

19, 1. συλλήβδην, im allgemeinen, dem καθ᾿ ἕκαστον entweder ausdrücklich (wie Xenoph. Oikon. 19, 14) oder stillschweigend entgegengesetzt, wie letzteres 3, 9 u. 15, 257 εἰ δὲ δεῖ συλλήβδην εἰπεῖν. Hier steckt der Gegensatz in ἀκριβῶς εἰδότες. Aber 4, 29, wo der Gegensatz καθ᾿ ἕκαστον τὸν ἐνιαυτόν, ist σ. = „ein für allemal". — Wegen ἀκηκοότες — εἰδότες s. zu 5, 42. — 19, 2. αὐτῶν ist Neutrum, hierüber vgl. zu 9, 42. — 19, 5. περὶ — διελθεῖν. S. zu 9, 2.

§ 20—27. Charakteristik der Solonisch-Kleisthenischen Demokratie im allgemeinen (§ 20) und besonderen (§ 21—27).

20, 1. διοικοῦντες, Solon und Kleisthenes. — 20, 2. τῷ κοινοτάτῳ, indem er nicht von einer Partei hergenommen war, sondern von der Gesamtheit, dem δῆμος, also: dem unparteiischsten. Ebenso § 70 δημοκρατίας δικαιοτέρας καὶ κοινοτέρας. 10, 36 πιστοτέραν καὶ κοινοτέραν μοναρχίαν. Vergl. auch 8, 11. 14, 28. 16. 22 u. 4, 176 ἴσως καὶ κοινῶς. – 20, 3. ἐπὶ δὲ

τῶν πράξεων, s. zu 1, 50. — 20, 4. τοῖς ἐντυγχάνουσι, nicht gleich τοῖς χρωμένοις (§ 70), sondern nach § 83 u. 18, 36 = dem ersten Besten (vergl. zu 1, 48). —20,5. ἀκολασίαν. Isokr. zeichnet hier beiläufig zugleich den Charakter der neueren Demokratie. — 20, 6. παρρησίαν ἰσονομίαν ist nicht der nämliche Gegensatz, der 6, 97 ὡς ἔστιν ἓν τῶν αἰσχρῶν πρότερον μὲν μηδὲ τὰς τῶν ἐλευθέρων ἰσηγορίας ἀνέχεσθαι, νῦν δὲ καὶ τὴν τῶν δούλων παρρησίαν ὑπομένοντας φαίνεσθαι durch παρρησία und ἰσηγορία gegeben ist, sondern der allgemeinere Ausdruck ἰσονομία (Gleichheit der Berechtigung) lehrt, daß παρρησία nicht auf die Rede beschränkt ist (Anmaßung). Andere nehmen παρρησ. = Redefreiheit wie 11, 40. Sonst steht παρρησία im guten Sinne, wie 2, 3, 28. 8, 14. 16, 22. [cf. Krit. Anh.]. — 20, 7. ἐξουσίαν τοῦ ποιεῖν. Ohne Artikel § 34 ἀδικεῖν ἐξουσία, und 5, 15, 146. 11, 6. 14, 37. 16, 148, 164. Dagegen wieder 12, 59 τοῦ πορεύεσθαι καὶ πλεῖν ἐξουσίαν ἔλαβον, u. Ep. 4, 5 ἐξουσία τοῦ πράττειν. Über den Unterschied vergl. das zu 1, 3 ἀκμὴ φιλοσοφεῖν Bemerkte. — ταῦτα ποιεῖν = ἀκολασταίνειν, παρανομεῖν, παρρησιάζεσθαι, was aus den Abstrakten ἀκολασία

ἢ μισοῦσα καὶ κολάζουσα τοὺς τοιούτους βελτίους καὶ σωφρο-
21 νεστέρους ἅπαντας τοὺς πολίτας ἐποίησεν. μέγιστον δ᾽ αὐτοῖς
συνεβάλετο πρὸς τὸ καλῶς οἰκεῖν τὴν πόλιν, ὅτι δυοῖν ἰσοτή-
τοιν νομιζομέναιν εἶναι, καὶ τῆς μὲν ταὐτὸν ἅπασιν ἀπονεμού- 144
σης, τῆς δὲ τὸ προσῆκον ἑκάστοις, οὐκ ἠγνόουν τὴν χρησιμω-
τέραν, ἀλλὰ τὴν μὲν τῶν αὐτῶν ἀξιοῦσαν τοὺς χρηστοὺς καὶ
22 τοὺς πονηροὺς ἀπεδοκίμαζον ὡς οὐ δικαίαν οὖσαν, τὴν δὲ κατὰ
τὴν ἀξίαν ἕκαστον τιμῶσαν καὶ κολάζουσαν προῃροῦντο, καὶ
διὰ ταύτης ᾤκουν τὴν πόλιν, οὐκ ἐξ ἁπάντων τὰς ἀρχὰς κλη-
ροῦντες, ἀλλὰ τοὺς βελτίστους καὶ τοὺς ἱκανωτάτους ἐφ᾽ ἕκα- b

---

u. s. w. zu entnehmen ist, auf die
auch τοὺς τοιούτους so zurückgeht,
als wäre ἀκόλαστοι u. s. w. voraus-
gegangen. Vergl. zu 1, 21. — ἀλλ᾽ ἢ
cf. Krit. Anh.

21, 2. οἰκεῖν, wie § 22, § 78 u.
2, 19. 4, 16 etc., statt des vor-
herrschenden διοικεῖν. — δυοῖν
ἰσοτήτοιν, zwei Arten der
Gleichberechtigung. Ähnlich
der Plural ἰσότητες § 60 u. 61, u.
3, 15. — 21, 3. καὶ τῆς μὲν, et qui-
dem alterius. Ohne καί würde sich
ἀπονεμούσης attributivisch an ἰσο-
τήτοιν anschliefsen; so aber tritt
hier ein neuer Genetiv. absol. ein.
Ebenso 4, 179 τῆς γῆς ἀπάσης δίχα
τετμημένης, καὶ τῆς μὲν Ἀσίας, τῆς
δ᾽ Εὐρώπης καλουμένης, und 6, 37
δυοῖν δὲ προτεινομένοιν ἀγαθοῖν,
καὶ τοῦ μὲν ὄντος προδήλου, τοῦ
δ᾽ ἀγνοουμένου.

22, 1. κατὰ τὴν ἀξίαν, nach
seinem Verdienst. Vergl. 3, 14
τιμᾶσθαι κατὰ τὴν ἀξίαν. 11, 24
ὑπολαμβάνεσθαι μειζόνως ἢ κατὰ
τὴν ἀξίαν, und 20, 5 κατ᾽ ἀξίαν,
was andere neben κατὰ τὴν ἀξίαν
gebrauchen (cf. J. G. Strange in
Jahns Jahrb. Suppl. II (1833) p.
386) ist allgemeiner, indem es auf
die ganze Gattung deutet: nach
Verdienst. — 22, 3. διὰ ταύτης,
vergl. 4, 16 πολιτεῖαι, δι᾽ ὧν οἰ-
κοῦσι τὰς πόλεις. — ἐξ ἁπάντων
τ. ἀ. κληροῦντες, wie es seit
Aristeides (cf. Plut. Arist. 22) ge-
schah, der nach der Schlacht bei
Plataiai allen Athenern das Recht

zu obrigkeitlichen Würden gab,
während nach der Solonisch-Klei-
sthenischen Verfassnng nicht jeder
zu jeder Würde gelangen konnte,
und die letzte Klasse, die Θῆτες,
von allen ausgeschlossen waren.
Dafs Aristeides auch die κλήρωσις
eingeführt habe, wird freilich nir-
gends gemeldet, ja, nach Plut.
Arist. 1 (ἦρξε τῷ κυάμῳ λαχών)
wäre Aristeides selbst schon im J.
489 durchs Los zum Archonten er-
wählt, wie denn auch Herod. 6,
109, 1 mit Beziehung auf Kalli-
machos, den Polemarchen des
Jahres 490, sagt: ἦν γὰρ ἐνδέκα-
τος ψηφιδοφόρος (neben den 10
Strategen) ὁ τῷ κυάμῳ λαχὼν πο-
λεμαρχέειν, wonach die Ansicht
gangbar geworden ist, schon Klei-
sthenes habe die κλήρωσις statt der
χειροτονία (προκρίνειν bei Isokr.)
eingeführt. Allein da Isokr. mit
solcher Bestimmtheit § 23 der So-
lonisch-Kleisthenischen Demokratie
das προκρίνειν vindiciert, so ist
wahrscheinlicher, dafs Plut. pro-
leptisch einen Ausdruck der spä-
teren Zeit auf eine frühere Zeit
übertrug — eine Annahme, die für
Herod. nicht einmal nötig ist, da
dieser in jener Stelle allgemein
redet —, dafs also die κλήρωσις
nicht schon durch Kleisthenes, son-
dern später, wohl auch durch Ari-
steides, eingeführt wurde und so
meint auch Müller-Strübing Ari-
stophanes u. d. histor. Kritik S.
247 u. Gilbert Staatsaltert. I S. 146 f.
nach den Untersuchungen von Lu-

στον τῶν ἔργων προκρίνοντες. τοιούτους γὰρ ἤλπιζον ἔσεσθαι
καὶ τοὺς ἄλλους, οἷοί περ ἂν ὦσιν οἱ τῶν πραγμάτων ἐπιστα-
23 τοῦντες. ἔπειτα καὶ δημοτικωτέραν ἐνόμιζον εἶναι ταύτην τὴν
κατάστασιν ἢ τὴν διὰ τοῦ λαγχάνειν γιγνομένην. ἐν μὲν γὰρ
τῇ κληρώσει τὴν τύχην βραβεύσειν, καὶ πολλάκις λήψεσθαι τὰς
ἀρχὰς τοὺς ὀλιγαρχίας ἐπιθυμοῦντας, ἐν δὲ τῷ προκρίνειν
τοὺς ἐπιεικεστάτους τὸν δῆμον ἔσεσθαι κύριον ἑλέσθαι τοὺς c
24 ἀγαπῶντας μάλιστα τὴν καθεστῶσαν πολιτείαν. (θ΄.) Αἴτιον δ᾽
ἦν τοῦ ταῦτα τοῖς πολλοῖς ἀρέσκειν καὶ μὴ περιμαχήτους εἶναι
τὰς ἀρχάς, ὅτι μεμαθηκότες ἦσαν ἐργάζεσθαι καὶ φείδεσθαι,
καὶ μὴ τῶν μὲν οἰκείων ἀμελεῖν, τοῖς δ᾽ ἀλλοτρίοις ἐπιβουλεύειν,
μηδ᾽ ἐκ τῶν δημοσίων τὰ σφέτερ᾽ αὐτῶν διοικεῖν, ἀλλ᾽ ἐκ τῶν
ἑκάστοις ὑπαρχόντων, εἴ ποτε δεήσειε, τοῖς κοινοῖς ἐπαρκεῖν,
μηδ᾽ ἀκριβέστερον εἰδέναι τὰς ἐκ τῶν ἀρχείων προσόδους ἢ τὰς

gebil im V Supplem. von Fleckeis.
Jahrb. S. 564 ff. Doch anders
Sauppe, de creatione archont. Athe-
niens. (Programm. Götting. 1864)
p. 4. — 22, 6. οἱ τῶν πραγμά-
των ἐπιστα. s. zu 4, 104.

23, 1. ταύτην τὴν κατάστ.,
diese Art der Besetzung der
Ämter. Über κατάστασις vergl.
zu 1, 37. — 23, 2. λαγχάνειν
i. e. κληροῦσθαι. — 23, 3. βρα-
βεύσειν, werde entscheiden
(i. e. κυρίαν ἔσεσθαι, wie es nach-
her heifst). Vergl. 5, 70 μηδεὶς
ὀλιγώρως ἔχῃ τῶν παρὰ σοὶ βρα-
βευομένων, und Schoemann ad Plut.
Ajin 12, 3 u. ad Isac. p. 426.

24, 2. περιμαχήτους, dafs
man sich um die Ämter nicht
rifs, ein dem Isokr. sehr geläufiger
Ausdruck. Vergl. 8, 65, 106. 9, 40.
10, 17. 12, 145. — 24, 3. ἐργάζε-
σθαι, erwerben, etwas ver-
dienen, absolut wie 2, 21 νόμιζε
καὶ τοὺς δαπανῶντας ἀπὸ τῶν σῶν
ἀναλίσκειν καὶ τοὺς ἐργαζομένους τὰ
σὰ πλείω ποιεῖν. — 24, 4. οἰκείων
·- ἀλλοτρίοις. Vergl. 8, 84 τῶν
μὲν οἰκείων ἀμελείας, τῶν δ᾽
ἀλλοτρίων ἐπιθυμίας. Dagegen
11, 19 μήτε τῶν ἰδίων ἀμελοῦντας
μήτε τοῖς ἀλλοτρίοις ἐπιβουλεύον-

τας, und 15, 24 τῶν μὲν ἰδίων
ἀμελεῖν, τοῖς δ᾽ ἀλλοτρίοις ἐπι-
βουλεύειν. Denn zu τὰ ἀλλότρια
bildet τὰ ἴδια wie τὰ οἰκεῖα den
Gegensatz ohne wesentlichen Unter-
schied. Nämlich τὰ ἴδια ist das
Individuelle, aus der kompakten
Masse des Gleichartigen Heraus-
geschiedene, bei τὰ οἰκεῖα aber ge-
sellt sich dazu noch der Neben-
begriff, dafs dieses Individuelle
einen bestimmten Besitzer habe;
τὰ ἴδια enthält also den allge-
meineren, τὰ οἰκεῖα den spezielleren
Begriff. Nur wo der Gegensatz τὰ
κοινά oder τὰ δημόσια ist, heifst
es regelmäfsig und naturgemäfs τὰ
ἴδια. Daher gleich nachher ἐκ τῶν
ἰδίων, und 8, 127 διὰ τὴν τῶν κοι-
νῶν ἐπιμέλειαν οὐ δύνανται τοῖς
αὑτῶν ἰδίοις προσέχειν τὸν νοῦν.
3, 21 τοῖς κοινοῖς οἱ μὲν ὡς ἰδίοις,
οἱ δ᾽ ὡς ἀλλοτρίοις προσέχουσι τὸν
νοῦν, und ähnlich 4, 76. — 24, 5.
ἐκ τῶν δημ. d. h. sie bestritten
nicht mit Hülfe des Staatsschatzes
die eigenen Bedürfnisse, wie später-
hin das vom Staate bezahlte δικα-
στικόν (Richtersold) und ἐκκλησια-
στικόν (Sold für die Teilnahme an
den Volksversammlungen), beson-
ders aber das θεωρικόν manches
Armen Haupteinnahme waren. —
21, 7. τῶν ἀρχείων, besonders

88   (III) ΙΣΟΚΡΑΤΟΥΣ

25 ἐκ τῶν ἰδίων γιγνομένας αὐτοῖς. οὕτω δ᾽ ἀπείχοντο σφόδρα d
τῶν τῆς πόλεως, ὥστε χαλεπώτερον ἦν ἐν ἐκείνοις τοῖς χρόνοις
εὑρεῖν τοὺς βουλομένους ἄρχειν ἢ νῦν τοὺς μηδὲν δεομένους·
οὐ γὰρ ἐμπορίαν ἀλλὰ λειτουργίαν ἐνόμιζον εἶναι τὴν τῶν κοι-
νῶν ἐπιμέλειαν, οὐδ᾽ ἀπὸ τῆς πρώτης ἡμέρας ἐσκόπουν ἐλ-
θόντες, εἴ τι λῆμμα παραλελοίπασιν οἱ πρότερον ἄρχοντες,
ἀλλὰ πολὺ μᾶλλον εἴ τινος πράγματος κατημελήκασι τῶν τέλος
26 ἔχειν κατεπειγόντων. ὡς δὲ συντόμως εἰπεῖν, ἐκεῖνοι διεγνω- e
κότες ἦσαν, ὅτι δεῖ τὸν μὲν δῆμον ὥσπερ τύραννον καθιστάναι
τὰς ἀρχὰς καὶ κολάζειν τοὺς ἐξαμαρτάνοντας καὶ κρίνειν περὶ
τῶν ἀμφισβητουμένων, τοὺς δὲ σχολὴν ἄγειν δυναμένους καὶ 145
βίον ἱκανὸν κεκτημένους ἐπιμελεῖσθαι τῶν κοινῶν ὥσπερ οἰκέ-
27 τας, καὶ δικαίους μὲν γενομένους ἐπαινεῖσθαι καὶ στέργειν
ταύτῃ τῇ τιμῇ, κακῶς δὲ διοικήσαντας μηδεμιᾶς συγγνώμης
τυγχάνειν ἀλλὰ ταῖς μεγίσταις ζημίαις περιπίπτειν. καίτοι πῶς

der Richter und der Buleuten, welche besoldet wurden. — 24, 8. αὐτοῖς cf. Krit. Anh. 25, 1. οὕτω, mit σφόδρα zu verbinden. Vergl. zu 9, 39. — 25, 3. τοὺς βουλομένους, die nötigen Leute zu finden, die Lust hatten u. s. w., in welchem Sinne der Artikel oft neben Participien steht, aber auch neben Substantiven, wie 12,139 ὁ δῆμος προσεῖχεν, ὅπως λήψεται τοὺς ἡγεμόνας s. zu 1, 3. — μηδὲν δεομένους, scil. ἄρχειν, die kein Verlangen darnach trugen. — 25, 4. ἐμπορίαν, ein gewinnreiches Geschäft; ähnlich 2, 1. Im Gegensatz dazu ist λειτουργία ein Ehrenamt, bei dem man anstatt Gewinn davon zu haben, vielmehr alles Erforderliche aus eigenen Mitteln bestreiten muß. Vergl. 12, 145 (τὰς ἀρχὰς) ποιήσαντες — λειτουργίαις ὁμοίας ταῖς ἐνοχλούσαις μέν, — τιμὴν δέ τινα περιτιθείσαις. — 25, 5. ἐλθόντες, wenn sie ins Amt getreten waren. — 25, 7. τῶν τέλος ἔ. κ., die zum Abschluß drängten, wie 12, 192 τὰ κατεπείγοντα ῥηθῆναι, 5, 25 πραγμάτων κατεπειγόντων ῥητορεύεσθαι, 8, 135 τὰ μάλιστα κατεπείγοντα. Das τέλος ἔχειν ist = τέλος εἰληφέναι. Vergl. zu 4, 5.

26, 2. τύραννον, von dessen Ausspruch es keine Appellation giebt (unumschränkter Herrscher, αὐτοκράτωρ). — 26, 3. τοὺς ἐξαμαρτάνοντας, nämlich ἄρχοντας, denn nur von den Beamten ist hier die Rede. Übrigens hatte auch noch in der späteren Demokratie der Demos insofern Gerichtsbarkeit über die Beamten, als in der ersten Volksversammlung jeder Prytanie von den Archonten an das Volk die Frage gerichtet wurde, ob es mit der Verwaltung seiner Beamten zufrieden sei, oder ob etwa einer wegen eines Vergehens sofort aus dem Amte entfernt werden müsse. Vergl. Schoemann Antiquit. iur. publ. Graec. p. 230. — 26, 4. ἀμφισβητουμένων, über (den Beamten) zweifelhafte Fälle. In außerordentlichen Fällen, wo die Praxis den Beamten das Verfahren nicht an die Hand gab, entschied das Volk. — σχολὴν ἄγειν κ. τ. λ. Vergl. 15, 304 προτρέψετε τῶν νεωτέρων τοὺς βίον ἱκανὸν κεκτημένους καὶ σχολὴν ἄγειν δυναμένους ἐπὶ τὴν παιδείαν. Etwas anders 5, 87. 6, 76. 15, 39. Ep. 9, 14 cf. Held ad Plut. Timol. p. 438. 27, 3. καίτοι πῶς. S. zu 9, 65.

ἄν τις εὕροι ταύτης βεβαιοτέραν ἢ δικαιοτέραν δημοκρατίαν,
τῆς τοὺς μὲν δυνατωτάτους ἐπὶ τὰς πράξεις καθιστάσης, αὐτῶν b
δὲ τούτων τὸν δῆμον κύριον ποιούσης;

28 (ι΄.) Τὸ μὲν οὖν σύνταγμα τῆς πολιτείας τοιοῦτον ἦν αὐτοῖς·
ῥᾴδιον δ᾽ ἐκ τούτων καταμαθεῖν, ὡς καὶ τὰ καθ᾽ ἡμέραν ἑκά-
στην ὀρθῶς καὶ νομίμως πράττοντες διετέλεσαν. ἀνάγκη γὰρ
τοῖς περὶ ὅλων τῶν πραγμάτων καλὰς τὰς ὑποθέσεις πεποιη-
μένοις καὶ τὰ μέρη τὸν αὐτὸν τρόπον ἔχειν ἐκείνοις.

29 (ια΄.) Καὶ πρῶτον μὲν τὰ περὶ τοὺς θεοὺς (ἐντεῦθεν γὰρ c
ἄρχεσθαι δίκαιον) οὐκ ἀνωμάλως οὐδ᾽ ἀτάκτως οὔτ᾽ ἐθερά-
πευον οὔτ᾽ ὠργίαζον· οὐδ᾽ ὁπότε μὲν δόξειεν αὐτοῖς, τριακο-
σίους βοῦς ἔπεμπον, ὁπότε δὲ τύχοιεν, τὰς πατρίους θυσίας

— 27, 4. ταύτης. S. zu 1, 45. —
27, 5. δυνατωτάτους i. e. ἱκα-
νωτάτους § 22. — αὐτῶν δὲ τού-
των, der gewählten Beamten.

§ 28—35. Das Privatleben wäh-
rend der Zeit der Solonisch-Kleisthe-
nischen Verfassung entsprach dem
Staatsleben (28), in Beziehung auf
das Verhalten der Menschen zu den
Göttern (29, 30) und zu einander
(31—35).
28, 1. σύνταγμα τῆς πολι-
τείας, so war ihre Verfassung
eingerichtet. Vergl. 12, 151 τὸ
σύνταγμα τῆς τότε πολιτείας ἐξαρ-
χούντως δεδηλώκαμεν, und Ep. 9,
4 διεξιέναι πολιτείαν τὴν ὑπὸ τῶν
προγόνων συνταχθεῖσαν. — 28, 2.
τὰ καθ᾽ ἡμ. ἐκ., im täglichen
Leben; vergl. zu 9, 43. — 28, 4.
περὶ ὅλων τ. π., in betreff der
Gesamttätigkeit, der nach-
her τὰ μέρη (das einzelne) ent-
gegengesetzt wird, die Thätigkeit
der Individuen als Individuen. Vergl.
4, 51 δοκῶ περὶ τὰ μέρη διατρίβειν
ὑπὲρ ὅλων τῶν πραγμάτων ὑποθέ-
μενος ἐρεῖν, und 2, 6. — τὰς ὑ.
πεποιημένοις, den Grund gelegt,
d h. die Grundsätze richtig
festgestellt haben ὑπόθεσιν
ποιεῖσθαι ist eine Lieblingswen-
dung des Isokr., in ähnlichem
Sinne wie hier auch 1, 48. 6, 90.
Ep. 6, 10; dagegen von der Wahl
eines Thema 10, 1. 11, 49. 12, 35,

96, 108, 175. 15, 58, 69, 276. —
28, 5. ἐκείνοις i. e. ὅλοις τοῖς
πράγμασι, von τὸν αὐτόν ab-
hängig, von dem Isokr. den Dativ
öfter so trennt, wie 3, 42 οὐ τὴν
αὐτὴν δὲ γνώμην ἔσχον οὐδὲ περὶ
τῆς παιδοποιίας τοῖς πλείστοις, u.
2, 50. 4, 7. 5, 58. 7, 7. 8, 53, 122.
9, 27 u. bei anderen, z. B. Lys. 16,
3 τῶν αὐτῶν κινδύνων μετέχειν
ὑμῖν.

29, 1. τὰ περὶ τοὺς θεούς. S.
zu 1, 13. — ἐντεῦθεν γὰρ ἄρ-
χεσθαι δίκαιον. Diese Redewen-
dung war sehr beliebt: cf. Alkman
fr. 2 (Poet. Lyr.⁴ ed. Bergk) ἐγώνγα
δ᾽ ἀείσομαι ἐκ Διὸς ἀρχόμενα.
Ion von Chius fr. 2, 6 (ibid. ed.⁴)
Theokrit. 17, 1, Arat. Phainom. v. 1,
worüber Cic. de legg. 2, 3, 7 u. Quin-
tilian. 10, 1, 46. Vergl. auch Ver-
gil. Ecl. 3, 60 ab Jove principium,
Ovid. Met. 10, 148, Calpurn. Ecl.
4, 82. — 29, 2. οὔτ᾽ ἐθεράπευον
οὔτ᾽ ὠργίαζον, weder ihre
Gottesverehrung, noch ihre
Festfeier war regel- und
ordnungslos. ὀργιάζειν, sonst
wie ὄργια vom geheimen, mysti-
schen Gottesdienst mit begeisterten
Geberden und Anrufungen, beson-
ders vom Kultus des Bakkhos, ge-
braucht, steht hier in allgemeinerem
Sinne. — 29, 4. ἔπεμπον, gelei-
teten, folgten in feierlichem
Aufzuge (ἡ πομπή). — ὁπότε δὲ

ἐξέλειπον· οὐδὲ τὰς μὲν ἐπιθέτους ἑορτάς, αἷς ἑστίασίς τις
προσείη, μεγαλοπρεπῶς ἦγον, ἐν δὲ τοῖς ἁγιωτάτοις τῶν ἱερῶν
30 ἀπὸ μισθωμάτων ἔθυον· ἀλλ᾽ ἐκεῖνο μόνον ἐτήρουν, ὅπως
μηδὲν μήτε τῶν πατρίων καταλύσουσιν μήτ᾽ ἔξω τῶν νομιζομέ- d
νων προσθήσουσιν. οὐ γὰρ ἐν ταῖς πολυτελείαις ἐνόμιζον εἶναι
τὴν εὐσέβειαν, ἀλλ᾽ ἐν τῷ μηδὲν κινεῖν ὧν αὐτοῖς οἱ πρόγο-
νοι παρέδοσαν. καὶ γάρ τοι καὶ τὰ παρὰ τῶν θεῶν οὐκ ἐμ-
πλήκτως οὐδὲ ταραχωδῶς αὐτοῖς συνέβαινεν ἀλλ᾽ εὐκαίρως
καὶ πρὸς τὴν ἐργασίαν τῆς χώρας καὶ πρὸς τὴν συγκομιδὴν
τῶν καρπῶν.

τύχοιεν, wenn es sich traf,
wenn es der Zufall wollte; in
der That aber ist die Konstruktion
eine persönliche, indem zu τύχοιεν
ein ἐκλείποντες zu ergänzen ist.
Ebenso ist § 60 ὡς ἔτυχον = ὡς
ἔτυχον ἐπαινῶν, und § 71 ὅταν δὲ
τύχω = ὅταν δὲ τύχω ἐπιτιμῶν.
Vergl. noch 5, 31. 8, 12. 12, 7, 13,
25, 74, 239. 15, 8, 53, 247, 292 und
Kuehner ad Xenoph. Mem. 3, 12, 1.
Frohberger zu Lys. 24, 5. Not-
wendig wird die Auslassung, wenn
schon im Hauptsatze dasselbe Par-
ticip steht, das neben τυγχάνειν
stehen sollte, wie 12, 206 μαίνε-
σθαι δόξεις ἅπασι τοῖς ἀκούσασιν,
οὕτως εἰκῇ καὶ παρανόμως, οὓς ἂν
τύχῃς, ἐπαινῶν. — πατρίους s. zu
9, 35. — 29, 5. τὰς ἐπιθέτους
ἑορτάς, die neu eingeführten
Feste. Harpokrat. p. 79, 27 Bekk.
sagt mit Berücksichtigung unserer
Stelle: ἑορτὰς τὰς μὴ πατρίους, ἄλλως
δ᾽ ἐπιψηφισθείσας (vom Volke) ἐπι-
θέτους ἐκάλουν, und ähnlich andere
Grammatiker. — αἷς — προσείη,
so oft damit — verbunden war;
der Optativ, weil die Sache als eine
in der Vergangenheit mehrfach da-
gewesene bezeichnet werden soll.
Solche aus Staatsmitteln bestrittene
ἑστιάσεις waren in Athen sehr ge-
wöhnlich; vergl. Boeckh, Staats-
haush. d. Ath.³ I p. 274 folg. — 29, 7.
ἀπὸ μισθ. ἔθυον, überliefsen
die Opfer dem Mindestfor-
dernden. S. Bekk. Anekd. I p.
432 (συναγωγὴ λέξεων): ἀπὸ μι-
σθωμάτων θύειν· οἱ Ἀττικοὶ

ἔλεγον οὕτω δημοσίας θυσίας, ἃς
ἐργολαβοῦντες ἐτέλουν. ibidem
(λέξεις ῥητορικαί). ἀπὸ μισθω.
θύ· ἔθος γὰρ ἦν τοῖς βουλομένοις
μισθοῦσθαι τὰς θυσίας καὶ τέ-
λος ἦν τῶν θυσιῶν πωλούμενον τῷ
βουλομένῳ u. s. Harpokrat. 28, 23
Bekk. u. Hesych. s. v. Vergl. Her-
mann Gottesdienstl. Altert. § 12, 3.

30, 2. καταλύσουσιν. Über das
Futur. nach dem Imperf. vergl. zu
9, 25. — ἔξω τῶν νομιζομένων,
gegen den Gebrauch, der Sitte
zu wider; vergl. 2, 41 οὔτε παρά-
δοξον οὔτ᾽ ἄπιστον οὔτ᾽ ἔξω τῶν
νομιζομένων οὐδὲν ἔξεστιν εἰπεῖν.
8, 27 ἀνάγκη τὸν ἔξω τῶν εἰθι-
σμένων ἐπιχειροῦντα δημηγορεῖν —
πολλῶν πραγμάτων ἅψασθαι. —
30, 4. κινεῖν. S. zu 9, 7. — 30, 5.
καὶ γάρ τοι, daher — denn,
wie § 35 u. 69, ebenso 2, 4. 5, 108.
8, 5. 10, 37. 15, 286. Eigentlich
ist καὶ γάρ τοι = etenim pro-
fecto, und verlangt vor sich die
Ergänzung eines Gedankens, wie
hier: „das ist aus den Folgen er-
sichtlich". Das bei anderen in
gleichem Sinne häufigere τοιγάρτοι
ist bei Isokr. seltener; s. § 52 u. 15,
126. cf. Rehdantz Demosth. Ind.²
s. v. — τὰ παρὰ τῶν θεῶν, die
Gaben der Götter, ein allge-
meiner Ausdruck, der seine Be-
grenzung durch das folgende πρὸς
τὴν ἐργασίαν τ. χ. καὶ πρὸς τὴν
συγκομιδὴν τ. κ. erhält. — ἐμπλή-
κτως οὐδὲ ταραχωδῶς ent-
spricht dem ἀνωμάλως καὶ ἀτάκτως

31   (ιβ'.) Παραπλησίως δὲ τοῖς εἰρημένοις καὶ τὰ πρὸς σφᾶς
αὑτοὺς διῴκουν. οὐ γὰρ μόνον περὶ τῶν κοινῶν ὡμονόουν, e
ἀλλὰ καὶ περὶ τὸν ἴδιον βίον τοσαύτην ἐποιοῦντο πρόνοιαν
ἀλλήλων, ὅσην περ χρὴ τοὺς εὖ φρονοῦντας καὶ πατρίδος
κοινωνοῦντας. οἵ τε γὰρ πενέστεροι τῶν πολιτῶν τοσοῦτον 146
32 ἀπεῖχον τοῦ φθονεῖν τοῖς πλείω κεκτημένοις, ὥσθ᾽ ὁμοίως
ἐκήδοντο τῶν οἴκων τῶν μεγάλων ὥσπερ τῶν σφετέρων αὐτῶν,
ἡγούμενοι τὴν ἐκείνων εὐδαιμονίαν αὐτοῖς εὐπορίαν ὑπάρχειν·
οἵ τε τὰς οὐσίας ἔχοντες οὐχ ὅπως ὑπερεώρων τοὺς καταδε-
έστερον πράττοντας, ἀλλ᾽ ὑπολαμβάνοντες αἰσχύνην αὐτοῖς

bei der Verehrung der Götter in § 29 (s. Lobeck ad Sophokl. Aiac. v. 1358), ἐμπλήκτως ═ also veränderlich (cf. Held ad Plut. Timol. p. 325) und daher ═ verkehrt, wie z. B. bei Lukian. Peregrin. 38 τῷ ἀνδρὶ ἐμπλήκτως καὶ ἀπονενοημένως βεβιωκότι, und ταραχωδῶς auch hier wie 4, 48 (s. auch zu 7, 9) von der Unregelmäfsigkeit der Erscheinung gesagt.

31, 1. τὰ πρὸς σφᾶς αὐτοὺς δ., behandelten sie ihr Verhältnis zu einander. Vergl. zu 4, 80 u. zu 9, 53. — 31, 4. χρή, scil. ποιεῖσθαι. S. zu 9, 28. — 31, 5. οἵ τε γάρ korrespondiert mit οἵ τε τὰς οὐσίας in § 32. Denn ein τε γάρ, namque, entsprechend dem epischen γάρ τε, existiert nicht: vergl. Sauppe ad Lycurg. p. 96 u. denselben in Epist. critic. p. 81. — τοσοῦτον ἀπεῖχον τοῦ —, ὥστε ═ tantum abfuit, ut — ut, nur dafs jenes immer persönlich gebraucht wird; vergl. 4, 117. 6, 70. 7, 80. 12, 45. 15, 315. Ep. 7, 8. Gleiches gilt von dem sinnverwandten οὕτως ἦν πόρρω τοῦ ἐξαμαρτεῖν, ὥστε 12, 77, und dem noch häufigeren τοσούτου δέω ἐπιθυμεῖν, ὥστε 3, 31. 4, 134, 168. 5, 100. 7, 48. 9, 21. 10, 36. 11, 5. 12, 16, 26, 194. 14, 5, 17, was unpersönlich nur da erscheint, wo der Infinitiv eines unpersönlichen Verbums daneben steht: 19, 3 αὐτῇ τοσούτου δεῖ μεταμέλειν, ὥστε — πειρᾶται.

32, 2. τῶν οἴκων, für die mächtigen Familien sich interessierten. Über diese Bedeutung von οἶκος s. Held ad Plut. Timol. p. 334. cf. 4, 103. — 32, 4. τὰς οὐσίας ἔχοντες. Ebenso mit dem Artikel bei οὐσία 20, 20 ἐν τῇ ψήφῳ πλέον νέμειν τοῖς τὰς οὐσίας ἔχουσιν, und ähnlich 6, 67 (coll. 8, 128) οἱ μὲν κεκτημένοι τὰς οὐσίας —, οἱ δὲ καταδεέστερον πράττοντες, und überall, wo die Gesamtheit der im Besitz des im Staate vorhandenen Vermögens Befindlichen den Armen entgegengesetzt wird, nicht aber wo einzelne Reiche erwähnt werden. Vergl. J. G. Strange in Jahns Jahrb. Suppl. III (1834) p. 606. — οὐχ ὅπως, elliptisch für οὐκ ἐρῶ, ὅπως —, und bald: nicht nur zu übersetzen, wenn aus dem Zusammenhange erhellt, dafs das damit Angedeutete bejaht wird, bald durch: nicht nur nicht wiederzugeben, wenn wie hier das Angedeutete verneint werden soll. Ebenso 14, 27, und (ἀλλὰ καί) 8, 45. 11, 5. 15, 288 (den Unterschied zwischen οὐχ ὅπως — ἀλλά u. οὐχ ὅπως ἀλλὰ καί giebt Schoemann ad Isae. p. 334 an „recte omittitur particula, ubi non tum maius aliquid additur, quam contrarium opponitur"), und (ἀλλ᾽ οὐδέ) 11, 41. 12, 270. 14, 5. Ep. 4, 6. Ähnlich οὐχ ὅτι —, ἀλλά 18, 17. Vergl. Sluiter Lect. Andocid. p. 280 (═ 181 ed. Lips.), Hermann nd Viger.¹ p. 788, Frohberger Anh. zu Lys. 30, 26. — καταδ. πράττοντας. S. zu § 3.

εἶναι τὴν τῶν πολιτῶν ἀπορίαν ἐπήμυνον ταῖς ἐνδείαις, τοῖς
μὲν γεωργίας ἐπὶ μετρίαις μισθώσεσι παραδιδόντες, τοὺς δὲ d
κατ᾽ ἐμπορίαν ἐκπέμποντες, τοῖς δ᾽ εἰς τὰς ἄλλας ἐργασίας
33 ἀφορμὴν παρέχοντες. οὐ γὰρ ἐδέδισαν μὴ δυοῖν θάτερον πά-
θοιεν, ἢ πάντων στερηθεῖεν, ἢ πολλὰ πράγματα σχόντες μέρος
τι κομίσαιντο τῶν προεθέντων· ἀλλ᾽ ὁμοίως ἐθάρρουν περὶ τῶν
ἔξω δεδομένων ὥσπερ περὶ τῶν ἔνδον κειμένων. ἑώρων γὰρ
τοὺς περὶ τῶν συμβολαίων κρίνοντας οὐ ταῖς ἐπιεικείαις χρω-
34 μένους ἀλλὰ τοῖς νόμοις πειθομένους, οὐδ᾽ ἐν τοῖς τῶν ἄλλων e
ἀγῶσιν αὐτοῖς ἀδικεῖν ἐξουσίαν παρασκευάζοντας, ἀλλὰ μᾶλλον
ὀργιζομένους τοῖς ἀποστεροῦσιν αὐτῶν τῶν ἀδικουμένων, καὶ
νομίζοντας διὰ τοὺς ἄπιστα τὰ συμβόλαια ποιοῦντας μείζω
βλάπτεσθαι τοὺς πένητας τῶν πολλὰ κεκτημένων· τοὺς μὲν

— 32, 7. γεωργίας, Ackerland,
wie Lukian. Prometh. 14 τὴν γῆν
— πόλεσι καὶ γεωργίαις καὶ φυτοῖς
ἡμέροις διακεκοσμημένην, also an-
ders wie § 44. Bekannt ist das epische
ἔργα in diesem Sinne, wie Il. 2,
751 οἵ τ᾽ ἀμφ᾽ ἱμερτὸν Τιταρήσιον
ἔργ᾽ ἐνέμοντο. — 32, 9. ἀφορμήν,
Mittel. Ähnlich 5, 63. 14, 40.
19, 6. S. Frohberger zu Lys. 24, 24.

33, 1. ἐδέδισαν. Der sorgfäl-
tigere Attikismus stiefs in der
Flexion von δέδια und ἐδεδίειν den
Bindevokal aus und sagte δέδιμεν,
δέδιτε, ἐδέδισαν, nach Phrynich.
Eklog. p. 180 mit Lobecks Note u.
desselben Element. Pathol. I p. 407
not. [cf. Krit. Anh.] — δυοῖν
θάτερον πάθοιεν, ἢ — ἤ. Ge-
wöhnlich steht δυοῖν θάτερον (oder
θάτερα cf. Schoemann ad Isae.
p. 191) ohne Verbum, wie 6, 89
τοὺς ἐν ἀξιώμασι τηλικούτοις βεβιω-
κότας δυοῖν δεῖ θάτερον, ἢ πρω-
τεύειν ἐν τοῖς Ἕλλησιν ἢ παντά-
πασιν ἀνῃρῆσθαι. 15, 197 ἐξ ὧν
δυοῖν θάτερον ἢ μεταστήσομεν τὰς
γνώμας αὐτῶν ἢ τὰς βλασφημίας
ἐξελέγξομεν. Vergl. noch 5, 86.
14, 34. Wo dagegen ein Verbum
hinzutritt, pflegt ein neuer Satz
mit ἢ γὰρ — ἤ zu folgen. Vergl.
Weber ad Demosth. Aristocrat.
p. 500, Rehdantz Demosth. Ind.ᶻ

ε. Akkus. 4. Doch sagt auch An-
dokid. 2, 7 ἀνάγκη μοι δυοῖν κακοῖν
θάτερον ἑλέσθαι, ἤ — ἤ, und Lys.
12, 34 δεῖ γὰρ Ἐρατοσθένην δυοῖν
θάτερον ἀποδεῖξαι, ἢ ὡς — ἢ ὡς.
[cf. Krit. Anh.] — 33, 3. τῶν
προεθέντων, des Fortgegebenen,
Verborgten, wie § 34. — 33, 4.
ἔξω δεδομένων, ihrer Aufsen-
stände. — ἔνδον, daheim d. h.
in der Kasse, wie z. B. Demosth. 27,10
κατέλιπεν — ἀργυρίου ἔνδον ὀγδο-
ήκοντα μνᾶς u. s. Frohberger zu Lys.
19, 22. — 33, 5. συμβολαίων,
Schuldforderungen, ausge-
liehenes Geld, wie 12, 243 und
21, 17. (Anders in deu zu 4, 78
angegebenen Stellen.) Ebenso συμ-
βάλλειν, Geld ausleihen, § 35
u. 21, 13, 15. Der Artikel dient
zur Bezeichnung der ganzen Gat-
tung im Gegensatz zu anderen
Gattungen streitiger Objekte.

34, 2. αὐτοῖς, indem sie be-
trügerische Schuldner frei sprachen,
in der Erwartung, auch selbst an
ihnen nachsichtige Richter zu finden,
wenn diese einmal unter den He-
liasten sein und über sie zu richten
haben sollten (s. zu § 54). Vergl.
15, 142 τοῖς μὲν ἀδικοῦσι συναγω-
νίζονται — σώζοντες τοὺς ὁμοίους
σφίσιν αὐτοῖς βοηθεῖν νομίζουσιν.
— Über ἀδικεῖν ἐξουσίαν s. zu

γάρ, ἢν παύσωνται προϊέμενοι, μικρῶν προσόδων ἀποστερή-
σεσθαι, τοὺς δ᾽, ἢν ἀπορήσωσι τῶν ἐπαρκούντων, εἰς τὴν ἐσχά- d
35 την ἔνδειαν καταστήσεσθαι. καὶ γάρ τοι διὰ τὴν γνώμην ταύ-
την οὐδεὶς οὔτ᾽ ἀπεκρύπτετο τὴν οὐσίαν οὔτ᾽ ὤκνει συμβάλλειν,
ἀλλ᾽ ἥδιον ἑώρων τοὺς δανειζομένους ἢ τοὺς ἀποδιδόντας.
ἀμφότερα γὰρ αὐτοῖς συνέβαινεν, ἅπερ ἂν βουληθεῖεν ἄνθρω-
ποι νοῦν ἔχοντες· ἅμα γὰρ τούς τε πολίτας ὠφέλουν καὶ τὰ
σφέτερ᾽ αὐτῶν ἐνεργὰ καθίστασαν. κεφάλαιον δὲ τοῦ καλῶς
ἀλλήλοις ὁμιλεῖν· αἱ μὲν γὰρ κτήσεις ἀσφαλεῖς ἦσαν οἷσπερ
κατὰ τὸ δίκαιον ὑπῆρχον, αἱ δὲ χρήσεις κοιναὶ πᾶσι τοῖς δε- e
ομένοις τῶν πολιτῶν.
36   (ιγ΄.) Ἴσως ἂν οὖν τις ἐπιτιμήσειε τοῖς εἰρημένοις, ὅτι τὰς
μὲν πράξεις ἐπαινῶ τὰς ἐν ἐκείνοις τοῖς χρόνοις γιγνομένας,
τὰς δ᾽ αἰτίας οὐ φράζω, δι᾽ ἃς οὕτω καλῶς καὶ τὰ πρὸς σφᾶς 147
αὐτοὺς εἶχον καὶ τὴν πόλιν διῴκουν. ἐγὼ δ᾽ οἶμαι μὲν εἰρηκέ-

§ 20. — 34, 6. ἀποστερήσεσθαι.
Diese Futurform ist für den pas-
siven Sinn nicht allein bei Isokr.
(vergl. 6, 28 und 16, 50), sondern
auch sonst die herrschende. Vergl.
Voemel ad Demosth. Concion.
p. 104 seq. Janson in Jahns Jahrb.
XIX (1854.) p. 506—522. Franke in
Philolog. Suppl. I (1860) p. 460 f.

35, 1. καὶ γάρ τοι. S. zu § 30.
35, 3. ἑώρων nach οὐδείς s. zu
4, 84. — 35, 5. πολίτας, ihre
Mitbürger. συμπολίτης ist ebenso
wenig atti·ch wie συμφυλέτης, was
früher 12, 145 gelesen wurde. Vergl.
Lobeck. ad Phyrn. p. 172. Isokr.
sagt in diesem Sinne entweder
πολίτης (auch mit einem possessiven
Genetiv wie 19, 13 υἱόν μ᾽ ἐποιή-
σατο πολίτην αὐτοῦ καὶ φίλον ὄντα)
oder συμπολιτευόμενος wie 5, 20.
8, 143. 10, 32, 35. 15, 132, 153,
161, 218, 278. Ep. 8, 3, 6 u. öfter.
— 35, 6. ἐνεργὰ καθίστασαν,
ließen ihr Geld arbeiten.
Vergl. Demo·th. 27, 7 τά τ᾽ ἐνεργὰ
τῶν χρημάτων καὶ ὅσα ἦν ἀργά.
Daher eben dort § 10 τὸ ἔργον
αὐτῶν (τῶν χρημάτων) πεντήκοντα
μναῖ τοῦ ἐνιαυτοῦ. — κεφάλαιον
- γάρ, das Resultat — war,
dafs. S. zu § 69. — 35, 7. κτή-
σεις — χρήσεις. S. zu 1, 28.

§ 36—55. Der Grund zu dieser
Tüchtigkeit des öffentlichen und des
Privatlebens lag vor allem (36) in
der Beaufsichtigung der Bürger
durch den Areopag, der, aus den
Edelsten im Volke zusammengesetzt
(37) und dadurch ein Ansehn ge-
winnend, das noch auf die jetzigen
Mitglieder dieses Rates veredelnd
wirkt (38), — nicht in der Auf-
stellung einer Menge von Gesetzen
(39—41), sondern in der Erziehung
der Bürger zur Sittlichkeit seine
Aufgabe fand (42), indem er seine
Sorgfalt allen Bürgern zuwandte
(43), besonders aber der Jugend
(44—49), wodurch er Verhältnisse
im Staate hervorrief, die gegen die
jetzigen traurigen sehr abstechen
(50—55).

36, 1. τὰς μὲν πράξεις κ. τ. λ.,
die Zustände (s. § 78), wie sie
— waren, nämlich im Staats- wie
im Privatleben; dafs beides ver-
standen werde, lehrt das folgende
δι᾽ ἃς καλῶς καὶ — καί — 36, 3.
τὰ πρὸς σφ. αὐ. εἶχον, in
ihrem Verhältnis zu einander
waren. S. zu § 31. Das Subjekt
ergiebt sich leicht aus ἐν ἐκείνοις
τοῖς χρόνοις, nämlich οἱ ἐν ἐκείνοις
τοῖς χρόνοις, oder kurz ἐκεῖνοι,
wie es § 37 wirklich heifst. —

ναι τι καὶ τοιοῦτον, οὐ μὴν ἀλλ᾽ ἔτι πλείω καὶ σαφέστερον
37 πειράσομαι διαλεχθῆναι περὶ αὐτῶν. (ιδ᾽.) Ἐκεῖνοι γὰρ οὐκ ἐν
μὲν ταῖς παιδείαις πολλοὺς τοὺς ἐπιστατοῦντας εἶχον, ἐπειδὴ
δ᾽ εἰς ἄνδρας δοκιμασθεῖεν, ἐξῆν αὐτοῖς ποιεῖν ὅ τι βου-
ληθεῖεν, ἀλλ᾽ ἐν αὐταῖς ταῖς ἀκμαῖς πλείονος ἐπιμελείας ἐτύγ- b
χανον ἢ παῖδες ὄντες. οὕτω γὰρ ἡμῶν οἱ πρόγονοι σφόδρα
περὶ τὴν σωφροσύνην ἐσπούδαζον, ὥστε τὴν ἐξ Ἀρείου πάγου
βουλὴν ἐπέστησαν ἐπιμελεῖσθαι τῆς εὐκοσμίας, ἧς οὐχ οἷόν τ᾽
ἦν μετασχεῖν πλὴν τοῖς καλῶς γεγονόσι καὶ πολλὴν ἀρετὴν ἐν
τῷ βίῳ καὶ σωφροσύνην ἐνδεδειγμένοις, ὥστ᾽ εἰκότως αὐτὴν
38 διενεγκεῖν τῶν ἐν τοῖς Ἕλλησι συνεδρίων. (ιε᾽.) Σημείοις δ᾽ ἂν c

---

36, 5. τι καὶ τοιοῦτον, etwas
auch darauf Bezügliches, wie
z. B. §24 ausdrücklich ein solches αἴ-
τιον angeführt wird; auch manche im
Vorhergehenden (z. B. §§ 30, 32, 33)
besprochene Überzeugung der alten
Athener war die αἰτία für ihre
Handlungsweise. — οὐ μὴν ἀλλά
= οὐ μὴν τοῦτο μόνον εἰρήσθω
μοι, ἀλλά. S. zu 1, 9. — πλείω
καὶ σαφέστερον. S. zu 9, 37.

37, 2. παιδείαις, beim Ju-
gendunterrichte (Xenoph.
Mem. 2, 1, 27 τὴν φύσιν τὴν σὴν
ἐν τῇ παιδείᾳ καταμαθοῦσα), nicht
„in der Jugend", wie man wegen
des Gegensatzes εἰς ἄνδρας δοκιμ.
erwarten könnte. Denn παιδεία im
Sinne von pueritia ist unattisch und
nur dichterische Nebenform für
παιδία, das bei den Attikern auch
nur selten ist; vergl. C Schneider
ad Plat. Civ. vol. II p. 339. —
πολλοὺς τοὺς ἐπ. S. zu § 83.
Isokr. versteht vor allen die παι-
δαγωγοί, die beständigen Begleiter
der Knaben, sodann die Lehrer in
den einzelnen Unterrichtsgegen-
ständen und verschiedene Aufsicht
führende Behörden (s. Hermanns
Privataltertümer, § 34 n. 6). —
37, 3. εἰς ἄν. δοκιμασθεῖεν,
nach vorangegangener Prüfung
ihrer Tüchtigkeit zum Kriegsdienste
und zur Führung eines eigenen
Hausstandes (s. Schoemann Anti-
quit. iur. publ. Graec. p. 198 n. 13)
unter die Männer aufgenommen

waren, d. h. mündig gesprochen
waren, was in Athen mit dem
18. Jahre geschah. Derselbe Aus-
druck 12, 28; dagegen δοκιμασθείς
(ohne εἰς ἄνδρας) 16, 29. Vergl.
Harpokrat. p. 62, 21 Bekk. δοκι-
μασθεὶς ἀντὶ τοῦ εἰς ἄνδρας ἐγγρα-
φείς. Der Optativ bezeichnet den
wiederholt vorgekommenen Fall.
— 37, 4. ἀκμαῖς i. e. τῆς ἀνδρείας,
in diesem blühendsten Alter.
Vergl. 15, 289 ἐν ταύταις μὲν ταῖς
ἀκμαῖς ὄντες ὑπερεῖδον τὰς ἡδονάς.
— πλείονος s. Krit. Anh. — 37, 5.
οὕτω — σφόδρα. S. zu 9, 39. —
37, 6. τὴν ἐξ Ἀ. π. βουλήν. Dies
der gewöhnliche Name dieser Be-
hörde, häufiger als ἡ ἐν Ἀρείῳ πάγῳ
βουλή (oder ἡ ἄνω βουλή cf. Gilbert
Staatsaltert. I, S. 265 Anm. 1); bei
jenem Ausdruck steht ἐξ wie in ἐκ
δεξιᾶς, ἐξ ἀριστερᾶς und ähnlichem
(καθήμεθ᾽ ἄκρων ἐκ πάγων Sophokl.
Antig. v. 411 Dind.), wobei an ein
Wirken oder Schauen von einem
Punkte her mitgedacht wird. —
37, 7. ἐπέστησαν ἐπιμελεῖσθαι
wie Antiph. 6, 13 κατέστησα δὲ
ἐπιμελεῖσθαι. — ἧς scil. βουλῆς.
S. zu § 39. — 37, 8. τοῖς καλῶς
γεγονόσι, Leuten von guter
Herkunft. Die Mitglieder wurden
aus den Archonten gewählt, für
deren Würde aber war wieder der
höchste Census und die Abstam-
mung von attischen Bürgern im
dritten Grade (ἐκ τριγονίας) not-
wendig. Das war Gegenstand der
nachher erwähnten δοκιμασία.

τις χρήσαιτο περὶ τῶν τότε καθεστώτων καὶ τοῖς ἐν τῷ παρόντι
γιγνομένοις· ἔτι γὰρ καὶ νῦν ἁπάντων τῶν περὶ τὴν αἵρεσιν
καὶ τὴν δοκιμασίαν κατημελημένων ἴδοιμεν ἂν τοὺς ἐν τοῖς
ἄλλοις πράγμασιν οὐκ ἀνεκτοὺς ὄντας, ἐπειδὰν εἰς Ἄρειον
πάγον ἀναβῶσιν, ὀκνοῦντας τῇ φύσει χρῆσθαι καὶ μᾶλλον τοῖς
ἐκεῖ νομίμοις ἢ ταῖς αὐτῶν κακίαις ἐμμένοντας. τοσοῦτον
φόβον ἐκεῖνοι τοῖς πονηροῖς ἐνειργάσαντο καὶ τοιοῦτον μνη- d
μεῖον ἐν τῷ τόπῳ τῆς αὐτῶν ἀρετῆς καὶ σωφροσύνης ἐγκατέλιπον.

39 (ιϛ'.) Τὴν δὴ τοιαύτην, ὥσπερ εἶπον, κυρίαν ἐποίησαν
ἐπιμελεῖσθαι τῆς εὐταξίας, ἢ τοὺς μὲν οἰομένους ἐνταῦθα βελ-
τίστους ἄνδρας γίγνεσθαι, παρ' οἷς οἱ νόμοι μετὰ πλείστης
ἀκριβείας κείμενοι τυγχάνουσιν, ἀγνοεῖν ἐνόμιζεν· οὐδὲν γὰρ
ἂν κωλύειν ὁμοίους ἅπαντας εἶναι τοὺς Ἕλληνας ἕνεκά γε τοῦ
40 ῥᾴδιον εἶναι τὰ γράμματα λαβεῖν παρ' ἀλλήλων. ἀλλὰ γὰρ οὐκ
ἐκ τούτων τὴν ἐπίδοσιν εἶναι τῆς ἀρετῆς ἀλλ' ἐκ τῶν καθ'
ἑκάστην τὴν ἡμέραν ἐπιτηδευμάτων· τοὺς γὰρ πολλοὺς ὁμοίους e
τοῖς ἤθεσιν ἀποβαίνειν, ἐν οἷς ἂν ἕκαστοι παιδευθῶσιν. ἔπειτα

38, 2. τῶν τότε καθ., für die
damaligen Verhältnisse, näm-
lich des Areopag. — 38, 5. εἰς Ἀ.
π. ἀναβῶσιν, d. h. wenn sie Mit-
glieder des Areopag (s. zu § 37 die
Bezeichnung ἡ ἄνω βουλή u. § 46
ἀνάγειν εἰς τὴν βουλήν) werden,
also gesagt wie unser: „in die
Schule gehen" — „Schüler sein".
In demselben Sinne 12, 154 und
Plut. Perikl. 9, 3 αὗται αἱ ἀρχαὶ
κληρωταί τε ἦσαν καὶ δι' αὐτῶν
δοκιμασθέντες ἀνέβαινον εἰς Ἄρειον
πάγον, Hypercid. ap. Athenae. XIII
p. 566 (= fr. 141 Bl.) ἀνιέναι εἰς
Ἄρειον πάγον. Ähnlich steht bei
Lys. 14, 10 ἐπὶ τοὺς ἵππους ἀνα-
βαίνειν, „Reiterdienste thun", und
bei (Demosth.) 42, 24 καταβαίνειν
ἀπὸ τῶν ἵππων, das Reiten auf-
geben und bei Isokr. 4, 152 οἱ
καταβαίνοντες ἐπὶ θάλατταν, οὓς
καλοῦσιν σατράπας. — 38, 6. τῇ
φύσει χρ., ihren Neigungen
zu folgen. — 38, 8. τοιοῦτον
μνημεῖον cf. Krit. Anh.

39, 2. ἥ, auf τοιαύτην (βουλήν)
zu beziehen, nicht auf das näher
stehende εὐταξίας. Ebenso § 37 u.

15, 126, 289. 18, 49 und öfter. —
39, 4. κείμενοι = τεθειμένοι. S.
zu 1, 36. — ἀγνοεῖν, absolut ge-
braucht, ist: ohne Einsicht sein;
ebenso 8, 110 περὶ τῆς ἀρχῆς τῆς
κατὰ θάλατταν ἀγνοοῦσιν. — οὐδὲν
γὰρ ἂν κ. τ. λ. denn dann würde
ja nichts im Wege stehen,
dafs alle H. gleich gut wären.
— 39, 6. τὰ γράμματα, Geschrie-
benes, hier die geschriebenen Ge-
setze, wie § 41 u. 4, 78.

40, 1. ἀλλὰ γάρ i. e. ἀλλὰ τοῦτο
οὐκ ἂν εἴη, οὐ γάρ ..., kurz: aber
— ja. Dieselbe Ellipse § 77 u. 2,
41. 4, 140 (s. zu d. St.), 175. 6, 80
u. öfter bei Isokr. und anderen. —
40, 2. ἐκ τούτων κ. τ. λ. nicht
dadurch (durch die Menge der
Gesetze) werde die Tugend ge-
fördert. Über ἐπίδοσις vgl. zu
9, 7. — ἐκ τῶν καθ' ἑ. τ. ἡμ.
Vergl. zu 9, 43. — 40, 4. τοῖς
ἤθεσιν, den Charakteren, d. h.
Menschen mit dem Charakter. Eben-
so 16, 28 ἡγοῦμαι γὰρ καὶ τοῦτ'
εἶναι τῶν καλῶν, ἐκ τοιούτων γενό-
μενον ὑπὸ τοιούτοις ἤθεσιν τρα-
φῆναι καὶ παιδευθῆναι. Ähnlich

τά γε πλήθη καὶ τὰς ἀκριβείας τῶν νόμων σημεῖον εἶναι τοῦ
κακῶς οἰκεῖσθαι τὴν πόλιν ταύτην· ἐμφράγματα γὰρ αὐτοὺς 148
ποιουμένους τῶν ἁμαρτημάτων πολλοὺς τίθεσθαι τοὺς νόμους
41 ἀναγκάζεσθαι. δεῖν δὲ τοὺς ὀρθῶς πολιτευομένους οὐ τὰς
στοὰς ἐμπιμπλάναι γραμμάτων, ἀλλ᾽ ἐν ταῖς ψυχαῖς ἔχειν τὸ
δίκαιον· οὐ γὰρ τοῖς ψηφίσμασιν ἀλλὰ τοῖς ἤθεσιν καλῶς οἰκεῖ-
σθαι τὰς πόλεις, καὶ τοὺς μὲν κακῶς τεθραμμένους καὶ τοὺς
ἀκριβῶς τῶν νόμων ἀναγεγραμμένους τολμήσειν παραβαίνειν,
τοὺς δὲ καλῶς πεπαιδευμένους καὶ τοῖς ἁπλῶς κειμένοις ἐθε- b
42 λήσειν ἐμμένειν. Ταῦτα διανοηθέντες οὐ τοῦτο πρῶτον ἐσκόπουν,
δι᾽ ὧν κολάσουσι τοὺς ἀκοσμοῦντας, ἀλλ᾽ ἐξ ὧν παρασκευά-
σουσι μηδὲν αὐτοὺς ἄξιον ζημίας ἐξαμαρτάνειν. ἡγοῦντο γὰρ

4, 113 (coll. 20, 11) τοιαῦται φύσεις,
„solche Naturen". — ἀποβαίνειν,
wie evadere vom Übergange aus
einem Zustande in einen anderen
= werden, auch § 78 u. Plut. Mor.
p. 225 F ἐν τῇ τοῦ βίου ἀγωγῇ
παρὰ πολὺ ἀλλήλων διάφοροι ἀπέ-
βησαν. Plat. Symp. p. 181 A ὃ
ποιοῦμεν — ἐν τῇ πράξει ὡς ἂν
πραχθῇ τοιοῦτο ἀπέβη. Antonin.
Liberal. Metam. 10 ἀπέβησαν ἐκ-
τόπως φιλεργοί, und öfter. — ἐν
οἷς, in deren Mitte. — ἔπειτα
τά γε. cf. Krit. Anh. — 40, 5.
τοῦ κακῶς οἰκεῖσθαι, dafs das
Leben in dem Staate kein
gutes sei, indem man nämlich
dort nicht die Quelle des Übels
verstopft und so es unmöglich
macht, in der Weise, wie es § 45
von der alten attischen Demokratie
gezeigt wird, zu leben. — 40, 6.
ταύτην, die Stadt, in der es eben
diese πλήθη τῶν νόμων giebt. —
αὐτούς i. e. τοὺς πολίτας, was in
πόλιν mit angedeutet ist; s. zu 1,
21. — 40, 7. ποιουμένους, nicht
ποιησομένους, also: sie würden
gezwungen, einen Damm
gegen . . . . zu errichten und
(darum) . . . . aufzustellen.

41, 1. πολιτευομένους. S. zu
§ 15 und zu 1, 36. — τὰς στοάς.
In στοαί wurden die Gesetze auf-
gestellt, so z. B. in Athen in der
βασίλειος στοά; in dieser befand
sich auch das μητρῷον, in dem

das Archiv war. (Vergl. Leake
Topograph. v. Athen, S. 96 Anm. 3
ed. Hal.) — 41, 2. ἐμπιμπλάναι
cf. Krit. Anh. — 41, 6. Dem κα-
κῶς τεθραμμένους ist entgegen-
gesetzt καλῶς πεπαιδευμέ-
νους [cf. Krit. Anh.]; öfter ver-
bunden παιδεύειν καὶ τρέφειν z. B.
6, 102. 8, 92. 12, 198. 16, 28. 19, 13
und so oft παιδεία καὶ τροφή. s.
Stallbaum ad Plat. Phileb. p. 55 D
— τοῖς ἁπλῶς κειμένοις, scil.
νόμοις, einfachen Satzungen.
— ἐθελήσειν, würden den
festen Willen haben. Denn
ἐθέλειν geht auf den Entschlufs
des Geistes, βούλεσθαι aber auf
den Wunsch der Seele (vergl.
Doederlein, Homerisches Gloss. II,
S. 345. Ähnlich auch Schmidt
Synonymik III S. 610 ἐθέλειν —
Entschlufs, βούλεσθαι — Wille, ἐπι-
θυμεῖν — Wunsch, Begierde. Anders
Rehdantz Demosth. Ind.² s. v. ἐ-
θέλειν), daher beide Verba mit
wechselndem Sinne in einem Satze
verbunden sein können. Vergl. 4,
185 πολὺ γὰρ οἶμαι σπανιωτέρους
ἔσεσθαι τοὺς μένειν ἐθελήσοντας
τῶν συνακολουθεῖν ἐπιθυμησάν-
των. τίς γὰρ οὕτως ἢ νέος ἢ
παλαιὸς ῥᾴθυμός ἐστιν, ὅστις οὐ
μετασχεῖν βουλήσεται ταύτης τῆς
στρατιᾶς; (s. Weber ad Demosth.
Aristocrat. p. 302).

42, 2. κολάσουσι. Das Futur.
im relativen Satze nach ἐσκόπουν

τοῦτο μὲν αὐτῶν ἔργον εἶναι, τὸ δὲ περὶ τὰς τιμωρίας σπου-
δάζειν τοῖς ἐχθροῖς προσήκειν.

43 (ιζ´.) Ἁπάντων μὲν οὖν ἐφρόντιζον τῶν πολιτῶν, μάλιστα
δὲ τῶν νεωτέρων. ἑώρων γὰρ τοὺς τηλικούτους ταραχωδέστατα c
διακειμένους καὶ πλείστων γέμοντας ἐπιθυμιῶν, καὶ τὰς ψυχὰς
αὐτῶν μάλιστα δαμασθῆναι δεομένας ἐπιμελείαις καλῶν ἐπι-
τηδευμάτων καὶ πόνοις ἡδονὰς ἐχουσιν· ἐν μόνοις γὰρ ἂν τού-
τοις ἐμμεῖναι τοὺς ἐλευθερίως τεθραμμένους καὶ μέγα φρονεῖν
44 εἰθισμένους. ἅπαντας μὲν οὖν ἐπὶ τὰς αὐτὰς ἄγειν διατριβὰς
οὐχ οἷόν τ᾽ ἦν ἀνωμάλως τὰ περὶ τὸν βίον ἔχοντας· ὡς δὲ d
πρὸς τὴν οὐσίαν ἥρμοττεν, οὕτως ἑκάστοις προσέταττον· τοὺς
μὲν γὰρ ὑποδεέστερον πράττοντας ἐπὶ τὰς γεωργίας καὶ τὰς
ἐμπορίας ἔτρεπον, εἰδότες τὰς ἀπορίας μὲν διὰ τὰς ἀργίας
45 γιγνομένας, τὰς δὲ κακουργίας διὰ τὰς ἀπορίας· ἀναιροῦντες
οὖν τὴν ἀρχὴν τῶν κακῶν ἀπαλλάξειν ᾤοντο καὶ τῶν ἄλλων

wie in ähnlichen Fällen bei ὅπως.
S. zu 9, 25. — 42, 5 τοῖς ἐχ-
θροῖς, scil. τῶν ἀκοσμούντων.
Denn in Kriminalfällen stand jedem
Bürger die Klage zu.

43,2. ταραχωδέστατα, am erreg-
barsten, leidenschaftlichsten.
Vergl. 12, 15 οἱ πολλοὶ περὶ ἡμῶν
ὑπειλήφασι ταραχωδῶς καὶ παντά-
πασιν ἀλογίστως. — 43, 3. γέμον-
τας ἐπιθ., voll — Begierden
seien, wie 8, 39 ψυχαῖς γεμούσαις
πονηρῶν ἐπιθυμιῶν. Auch sonst
liebt Isokr. diesen bildlichen Aus-
druck, bald im guten, bald im
tadelnden Sinne: 5, 109. 12, 2, 246.
15, 171, — 7, 51. 12, 29. Ep. 9, 8.
— 43, 4. δαμασθῆναι [cf. Krit.
Anh.], ein poetischer Ausdruck,
dergleichen sich Isokr. selten ge-
stattet (doch cf. zu 4, 96.) Vergl.
Sappho fr. 90 πόθῳ δαμεῖσα παῖδος
coll. Archiloch. fr. 85 (Poet. Lyr.⁴
Bergk) und Aristoph. Pax. v. 584
Dind.; ferner Hom. Il. 6, 74 ἀναλ-
κείῃσι δαμέντες, u. s. w. — ἐπιμε-
λείαις cf.Krit. Anh. — 43,5. ἔχου-
σιν, in ihrem Gefolge haben.
S. zu 1,34. — 43, 6. Der Nachdruck
liegt auf ἐμμεῖναι [cf. Krit. Anh.],
nicht auf τοὺς — τεθραμμένους,

was von jedem Freien, im Gegen-
satz zum Sklaven, zu verstehen ist.
Isokr. will zeigen, weshalb gerade
καλὰ ἐπιτηδεύματα und πόνοι ἡδο-
νὰς ἔχοντες zu wählen seien,
nicht überhaupt ἐπιτηδεύματα und
πόνοι. Nur bei jenen verharrt
der Freie auch nach beendigter Er-
ziehung, während er andere ἐπιτη-
δεύματα und πόνοι, zu denen er
während der Erziehungszeit ange-
halten wurde, nach derselben auf-
giebt. — ἐλευθερίως und μέγα
φρονεῖν cf. Krit. Anh.

44, 2. τὰ περὶ τὸν β. S. zu 1,
13. — ἔχοντας ist kausal zu
fassen. — 44, 4. ὑποδ. πράττ. S.
zu § 3. — 44, 6. τὰς ἀπορίας
μέν — τὰς δὲ κακουργίας. Die
gewöhnlichere Stellung würde sein
τὰς μὲν ἀπορίας; doch s. 4, 115 ἐν
ταῖς πολιτείαις μέν — ἐν δὲ ταῖς
συνθήκαις. 8, 121 ἐν τῷ παρόντι
μέν — τοῦ δὲ μέλλοντος χρόνου.
2, 16 οἱ βέλτιστοι μέν — οἱ δ᾽ ἄλ-
λοι, 1, 40 τῷ σώματι μὲν — τῇ δὲ
ψυχῇ und öfter, auch bei andern,
z. B. bei Xenoph. Mem. 1, 1, 12.

45, 2. τῶν κακῶν i. e. τῶν
ἀποριῶν καὶ τῶν κακουργιῶν. Zu

ἁμαρτημάτων τῶν μετ' ἐκείνην γιγνομένων. τοὺς δὲ βίον ἱκα-
νὸν κεκτημένους περὶ τὴν ἱππικὴν καὶ τὰ γυμνάσια καὶ τὰ e
κυνηγέσια καὶ τὴν φιλοσοφίαν ἠνάγκασαν διατρίβειν, ὁρῶντες
ἐκ τούτων τοὺς μὲν διαφέροντας γιγνομένους, τοὺς δὲ τῶν
46 πλείστων κακῶν ἀπεχομένους. (ιη'.) Καὶ ταῦτα νομοθετήσαντες
οὐδὲ τὸν λοιπὸν χρόνον ὠλιγώρουν, ἀλλὰ διελόμενοι τὴν μὲν 149
πόλιν κατὰ κώμας, τὴν δὲ χώραν κατὰ δήμους, ἐθεώρουν τὸν
βίον τὸν ἑκάστου. καὶ τοὺς ἀκοσμοῦντας ἀνῆγον εἰς τὴν βουλήν.
ἡ δὲ τοὺς μὲν ἐνουθέτει, τοῖς δ' ἠπείλει, τοὺς δ' ὡς προσῆκεν
ἐκόλαζεν. ἠπίσταντο γάρ, ὅτι δύο τρόποι τυγχάνουσιν ὄντες οἱ
καὶ προτρέποντες ἐπὶ τὰς ἀδικίας καὶ παύοντες τῶν πονηριῶν.
47 παρ' οἷς μὲν γὰρ μήτε φυλακὴ μηδεμία τῶν τοιούτων καθέστηκε b

ἀπαλλάξειν ist τοὺς νεωτέρους
als Objekt zu supplieren. — 45, 4.
γυμνάσια, gymnastische
Übungen. S. zu 1, 14. — 45, 5.
φιλοσοφίαν, Wissenschaften.
S. zu 1, 3 u. zu 9, 8. — 45, 6. ἐκ
τούτων, mit deren Hülfe, wie
1, 52 μόλις γὰρ ἄν τις ἐκ ταύτης
τῆς ἐπιμελείας τὰς ἁμαρτίας ἐπι-
κρατήσειεν. 11, 1 ἐκ φιλοσοφίας
χρηματίζεσθαι ζητοῦσιν, und öfter.
— διαφέροντας γιγνομένους,
vor andern ausgezeichnet
würden, wie denn γίγνεσθαι mit
dem Particip nie eine blofse Um-
schreibung eines einfachen Verbums
giebt nach Art von εἶναι, wie Ep.
9, 13 τὸ μὲν οὖν ἐμὸν οὕτως ἔχον
ἐστίν (vergl. Stallbaum ad Plat.
Symp. p. 216 E, Franke ad Demosth.
orat. Phil. 2, 26) oder προσῆκον
εἶναι 8, 36. cf. Sauppe ad Demosth.
orat. select I. p. 102 und Beispiele
über γίγνεσθαι mit dem Particip
bei Ast ad Plat. de legg. p. 130
und Lobeck. ad Sophocl. Aiac.
v. 588.

46, 2. ὠλιγώρουν, scil. οἱ πα-
λαιοί, was auch im vorhergehenden
als Subjekt zu denken ist. Über
den absoluten Gebrauch von ὠλι-
γωρεῖν vgl. zu § 51. — 46, 3.
κώμας. Nach Sauppes (de Demis
urban. p. 23 seq.) sehr wahrschein-
licher Vermutung sind die auch
sonst erwähnten (Sauppe l. l. p. 11)

städtischen κῶμαι Unterabtei-
lungen der städtischen δῆμοι, die
wegen der grofsen Kopfzahl in
ihnen in kleinere Bezirke (Re-
viere) geteilt werden mufsten,
während dies in den ländlichen
Demen nicht notwendig war. Übri-
gens kann und will Isokr. nicht
sagen, dafs die ursprünglichen 100,
nachherigen 174 δῆμοι von Attika
nur zu dem Zweck der Beauf-
sichtigung durch den Areopag ge-
schaffen seien; er meint nur, dafs
die Vorfahren die Aufsicht nach
Komen und Demen, die sie früher
auch geschaffen, geübt hätten. —
ἐθεώρουν, nämlich durch be-
sondere dazu gewählte und dem
Areopag untergeordnete Männer
wie die σωφρονισταί mit ihren
ὑποσωφρονισταί, und die γυναικο-
νόμοι, neben denen in späterer Zeit
noch andere erscheinen; vergl. Her-
manns Staatsaltert. § 150, n. 4 u.
5 und Privataltert. § 34 n. 6. —
46, 6. δύο τρόποι κ. τ. λ., dafs
die Wege, welche einerseits
—, anderseits —, doppelte
seien. τρόποι οἱ πρ. ist Subjekt,
δύο Praedikat. S. zu § 83.

47, 1. παρ' οἷς μέν. Auch der
Nachsatz hat μέν, und ebenso
steht auch in dem gleichfalls zwei-
gliedrigen Gegensatze nicht allein
im Vordersatze (ὅπου δέ), sondern
auch im Nachsatze (ἐνταῦθα δέ)

μήθ' αἱ κρίσεις ἀκριβεῖς εἰσίν, παρὰ τούτοις μὲν διαφθείρεσθαι
καὶ τὰς ἐπιεικεῖς τῶν φύσεων, ὅπου δὲ μήτε λαθεῖν τοῖς ἀδι-
κοῦσι ῥάδιόν ἐστι μήτε φανεροῖς γενομένοις συγγνώμης τυχεῖν,
ἐνταῦθα δ' ἐξιτήλους γίγνεσθαι τὰς κακοηθείας. ἅπερ ἐκεῖνοι
γιγνώσκοντες ἀμφοτέροις κατεῖχον τοὺς πολίτας, καὶ ταῖς
τιμωρίαις καὶ ταῖς ἐπιμελείαις· τοσούτου γὰρ ἔδεον αὐτοὺς
λανθάνειν οἱ κακόν τι δεδρακότες, ὥστε καὶ τοὺς ἐπιδόξους c
48 ἁμαρτήσεσθαί τι προῃσθάνοντο. Τοιγαροῦν οὐκ ἐν τοῖς σκιρα-
φείοις οἱ νεώτεροι διέτριβον, οὐδ' ἐν ταῖς αὐλητρίσιν, οὐδ' ἐν

das adversative δέ, um je beide
Glieder als im Gegensatze stehend
zu bezeichnen. Ebenso 8, 55. οἷς
μὲν — τούτους μὲν — οἷς δ' —
τούτους δ' 11, 24. ὅσοι μὲν —
οὗτοι μὲν — ὅσοι δὲ — οἱ δὲ 12,
132 seq. ὅσοι μὲν — τούτους μὲν
— τοὺς δὲ — τοὺς δὲ, während 4,
176 ein μέν fehlt, dagegen 9, 25
seq. ein δέ, und 13, 5 ein μέν
und ein δέ. Wo der erste Teil
des Gegensatzes eingliedrig ist, hat
wenigstens der andere zweigliedrige
Teil desselben doppeltes δέ: 4, 97
seq., 7, 63. 8, 125. 11, 2. 18, 58;
(ein δέ fehlt 12, 262). Vergl. aufser
Buttmann Excurs. XII ad Demosth.
Midian., noch Maetzner ad Antiph.
p. 187 seq. Anderer Art sind 4, 1
und die dort angeführten Stellen.
— 47, 3. ἐπιεικεῖς s. zu 9, 42.
— 47, 4. φανεροῖς γενομένοις
scil. ἀδικοῦσιν. Denn statt der un-
persönlichen Konstruktion (φανερὸν
ἐγένετο αὐτοὺς ἀδικεῖν) ist die per-
sönliche φανεροὶ ἐγένοντο ἀδι-
κοῦντες gewählt wie 14, 9 φανεροὶ
γεγένασιν οὐ τοῦτο διαπράξασθαι
βουληθέντες u. öfter, wobei dann
bei der Participialkonstruktion auch
ἀδικοῦντες in den Dativ treten
mulste. S. zu 9, 75. — 47, 5.
ἐξιτήλους γίγνεσθαι wie Herod.
5, 39, 2 Plat. Kriti. p. 121 A
vergl. 5, 60 ὥστε μηδέπω νῦν ἐξ-
ιτήλους εἶναι τὰς συμφοράς. —
47, 7. ἔδεον S. zu § 31. — 47, 8.
ἐπιδόξους, der mustergültige Aus-
druck für das unattische ἐπισήμους
(cf. Phrynich. Eklog. p. 132) ist
wie hier mit dem Inf. Futur. auch
20, 12 u. Ep. 4, 6 verbunden, da-

gegen mit dem Inf. Aorist. 6, 8.
Andere haben auch den Inf. Praes.
cf. Maetzner ad Antiph. p. 152. Reh-
dantz, Anh. zu Lykurg. Leokr. § 9.

48, 1. τοιγαροῦν (auch 4, 136
und 152) ist nicht wesentlich ver-
schieden von καὶ γάρ τοι und τοι-
γάρτοι. S. zu § 30. — σκιρα-
φείοις. Vergl. 15, 287 (wo eine
ähnliche Klage über die Sitten-
verderbnis der athenischen Jugend)
ἐν τοῖς σκιραφείοις κυβεύουσι. Vgl.
Becker Charikl. I S. 488. — 48, 2.
ἐν ταῖς αὐλητρίσιν, unter d.
F., oder ἐν τοῖς τῶν αὐλητρίδων
διδασκαλείοις, wie es 15, 287 heifst.
— ἐν τοῖς τοιούτοις i. e. ἐν
ἄλλοις τοιούτοις (cf. § 54), wie
§ 53 u. 4, 49 ἐκ μὲν ἀνδρείας καὶ
πλούτου καὶ τῶν τοιούτων ἀγαθῶν,
und Lys. 16, 11 ὅσοι περὶ κύβους
ἢ πότους ἢ περὶ τὰς τοιαύτας ἀκο-
λασίας τυγχάνουσι τὰς διατριβὰς
ποιούμενοι (vergl. zu 9, 56). Das
τοιοῦτος bekommt also seinen In-
halt durch die Verbindung mit
σκιραφεῖα und αὐλητρίδες, nicht
durch den folgenden Relativsatz,
in welchem sonst οἷος, nicht ὅς,
stehen müßte. So ist, wo auf τοι-
οῦτος ein ὅς folgt, zu dem ersteren
ein seinen Inhalt feststellender Satz
mit οἷος zu ergänzen, während das
folgende ὅς auf den durch τοιοῦτος
schon modificierten Begriff geht,
z. B. 14, 60 τοιοῦτον (scil. οἷον
ἴστε, einen so gewaltigen) ὑπέστητε
κίνδυνον, ὃς τοὺς Ἕλληνας ἠλευ-
θέρωσεν. Vgl. § 54 (bis) u. § 55.
2, 54. 3, 10. 4, 76, 89, 115, 124,
160, 180. 6, 58, 109. 7, 54, 59. 8,

τοῖς τοιούτοις συλλόγοις, ἐν οἷς νῦν διημερεύουσιν, ἀλλ' ἐν
τοῖς ἐπιτηδεύμασιν ἔμενον, ἐν οἷς ἐτάχθησαν, θαυμάζοντες καὶ
ζηλοῦντες τοὺς ἐν τούτοις πρωτεύοντας. οὕτω δ' ἔφευγον τὴν
ἀγοράν, ὥστ' εἰ καί ποτε διελθεῖν ἀναγκασθεῖεν, μετὰ πολλῆς
49 αἰδοῦς καὶ σωφροσύνης ἐφαίνοντο τοῦτο ποιοῦντες. ἀντειπεῖν
δὲ τοῖς πρεσβυτέροις ἢ λοιδορήσασθαι δεινότερον ἐνόμιζον ἢ
νῦν περὶ τοὺς γονέας ἐξαμαρτεῖν. ἐν καπηλείῳ δὲ φαγεῖν ἢ d
πιεῖν οὐδεὶς οὐδ' ἂν οἰκέτης ἐπιεικὴς ἐτόλμησεν· σεμνύνεσθαι
γὰρ ἐμελέτων ἀλλ' οὐ βωμολοχεύεσθαι. καὶ τοὺς εὐτραπέλους
δὲ καὶ τοὺς σκώπτειν δυναμένους, οὓς νῦν εὐφυεῖς προσαγο-
ρεύουσιν, ἐκεῖνοι δυστυχεῖς ἐνόμιζον.

77. 9, 80. 10, 14. 12, 71, 90, 96,
105. 14, 44, 60. 15, 3, 10, 52, 56,
211, 253, 257. 17, 2. 19, 21, 22, 23.
Ep. 2, 10 (bis). 5, 1. 9, 7. Ebenso
bei andern, z. B. Lys. 12, 92 πολεμεῖν
τοιοῦτον (einen so unnatürlichen)
πόλεμον, ἐν ᾧ ἡττηθέντες μὲν τοῖς
νικήσασι τὸ ἴσον ἔχετε, νικήσαντες
δ' ἐν τούτοις ἐδουλεύετε. — 48, 4.
ἐν οἷς scil. μένειν. — 48, 5. ἔφευ-
γον τὴν ἀγοράν, wo bei
dem Zusammenströmen vieler Er-
wachsener die Jugend viel Un-
gehöriges hörte und sah. Vergl.
Becker Charikl. I p. 64. — 48, 7.
ἐφαίνοντο τ. ποιοῦντες, es
sichtlich — thaten. S. zu 9, 65.

49, 2. ἢ νῦν scil. νομίζεται, was
aus ἐνόμιζον zu ergänzen. Vergl. 4,
77 μᾶλλον ᾐσχύνοντ' ἐπὶ τοῖς κοι-
νοῖς ἁμαρτήμασιν ἢ νῦν ἐπὶ τοῖς
ἰδίοις. 4, 81 πιστοτέροις τοῖς λό-
γοις ἢ νῦν τοῖς ὅρκοις χρώμενοι.
Auch sonst ist aus dem Verbum
eines vorhergehenden Satzes eine
passende Verbalform zu ergänzen,
wie 19, 44 πολλοῦ ἂν δεήσειεν
ἀχθεσθῆναι —, ἀλλὰ πολὺ ἂν μᾶλ-
λον, scil. ἀχθεσθείη. 5, 95, 137.
17, 25. — 49, 3. ἐν καπηλείῳ
κ. τ. λ. Das macht Isokr. der
Jugend seiner Zeit 15, 287 zum
Vorwurf, und auch aus anderen
Zeugnissen erhellt, wie unanständig
es früher galt, an solchem Orte
etwas zu geniefsen. Vergl. Casau-
bon. ad Theophrast. Charact. c. VI.
und Becker Charikl. I. S. 258. —

— 49, 4. οἰκέτης. Vergl. 15, 286
πεποιήκατε — τοὺς χείρω τὴν
φύσιν ἔχοντας ἐν τοιαύταις ἀκο-
λασίαις ἡμερεύειν, ἐν αἷς πρότερον
οὐδ' ἂν οἰκέτης ἐπιεικὴς οὐδεὶς
ἐτόλμησεν. — σεμνύνεσθαι
γὰρ ἐμελέτων ἀλλ' οὐ βωμο-
λοχεύεσθαι, eines ehrbaren
Benehmens, aber nicht der
Gemeinheit befleifsigten sie
sich. Das Verbum βωμολοχεύεσθαι
steht hier, wie der vorangehende
Satz lehrt, nicht in dem speziellen
Sinne „gemeine Späfse machen"
(wie Isokr. 15, 284), sondern in
der angegebenen allgemeineren Be-
deutung. Vergl. über die βωμολόγοι
und die Menschen ähnlichen Schlags,
die δράξοντες, καψικίδαλοι oder
ἐγκαψικίδαλοι (— κήδαλοι? Schmidt
de Didymo p. 58), σπερμολόγοι, αὐ-
τολήκυθοι, τριβαλλοί, aufser den
Lexicis Lobecks Aglaopham. p.
1031 sqq. — σεμνύνεσθαι ist
sonst = stolz sein z. B. 2, 34. 10, 11
u. ἐπί τινι auf etwas 16, 19. — 49,
5. εὐτραπ. κ. σκώπτειν δ., die
Witzbolde und Spafsvögel. —
49, 6. εὐφυεῖς — δυστυχεῖς,
geistreiche Menschen — arm-
selige Narren. Über εὐφυής in
diesem Sinne vergl. Isokr. 15, 284
τοὺς βωμολοχευομένους καὶ σκώ-
πτειν καὶ μιμεῖσθαι δυναμένους
εὐφυεῖς καλοῦσιν, und die Nach-
weisungen bei Held ad Plut. Timol.
p. 402 und Schmidt Synonymik IV
S. 64, über δυστυχής Isokr. 2, 12
μηδὲ καταγνῷς τῶν ἀνθρώπων

50 (ιθ΄) Καὶ μηδεὶς οἰέσθω με δυσκόλως διακεῖσθαι πρὸς τοὺς θ
ταύτην ἔχοντας τὴν ἡλικίαν. οὔτε γὰρ ἡγοῦμαι τούτους αἰτίους
εἶναι τῶν γιγνομένων, σύνοιδά τε τοῖς πλείστοις αὐτῶν ἥκιστα
χαίρουσι ταύτῃ τῇ καταστάσει, δι᾿ ἣν ἔξεστιν αὐτοῖς ἐν ταῖς
ἀκολασίαις ταύταις διατρίβειν· ὥστ᾿ οὐκ ἂν εἰκότως τούτοις
ἐπιτιμῴην ἀλλὰ πολὺ δικαιότερον τοῖς ὀλίγῳ πρὸ ἡμῶν τὴν 150
51 πόλιν διοικήσασιν. ἐκεῖνοι γὰρ ἦσαν οἱ προτρέψαντες ἐπὶ ταύτας
τὰς ὀλιγωρίας καὶ καταλύσαντες τὴν τῆς βουλῆς δύναμιν. (κ΄.)
Ἧς ἐπιστατούσης οὐ δικῶν οὐδ᾿ ἐγκλημάτων οὐδ᾿ εἰσφορῶν
οὐδὲ πενίας οὐδὲ πολέμων ἡ πόλις ἔγεμεν, ἀλλὰ καὶ πρὸς
ἀλλήλους ἡσυχίαν εἶχον καὶ πρὸς τοὺς ἄλλους ἅπαντας εἰρήνην
ἦγον. παρεῖχον γὰρ σφᾶς αὐτοὺς τοῖς μὲν Ἕλλησι πιστούς, b
52 τοῖς δὲ βαρβάροις φοβερούς· τοὺς μὲν γὰρ σεσωκότες ἦσαν,

τοσαύτην δυστυχίαν (stoliditatem),
ὡς περὶ μὲν τὰ θηρία τέχνας
εὑρήκαμεν —, ἡμᾶς δ᾿ αὐτοὺς
οὐδὲν ἂν πρὸς ἀρετὴν ὠφελήσαιμεν,
und Jacobs ad Anthol. Palat.
p. 492 seq.

50, 1. δυσκόλως διακεῖσθαι
(wie δ. ἔχειν 3, 1 u. 4, 129), dafs
ich gram bin. — 50, 3. σύνοιδα
τοῖς πλ. . . . χαίρουσι, ich
weifs von den meisten, dafs
sie . ., wie 6, 83 συνειδότες Ἀθη-
ναίοις ἐκλιπούσι τὴν αὐτῶν χώραν,
dagegen in anderer Konstruktion
8, 4 συνειδότες πολλοὺς καὶ μεγά-
λους οἴκους ἀναστάτους γεγενημέ-
νους (cf. 8, 113. 15, 48), und
wechselnd 15, 120 συνίσασι γὰρ
αὐτῷ — εἰς ἐνδείας καθισταμένον.
Vergl. Buttmann ad Demosth. Mi-
dian. p. 186. — 50, 4. ταύτῃ τῇ
κατ., über die jetzige Ein-
richtung. — 50, 6. ὀλίγῳ πρὸ
ἡμῶν, um 460 v. Cbr., wo durch
Perikles und Ephialtes die Macht
des Areopag geschwächt wurde.
Vergl. Plut. Kim. 15 συγχέαντις
τὸν καθεστῶτα τῆς πολιτείας κό-
σμον τά τε πάτρια νόμιμα, οἷς
ἐχρῶντο πρότερον, Ἐφιάλτου προε-
στῶτος ἀφείλοντο τῆς ἐξ Ἀρείου
πάγου βουλῆς τὰς κρίσεις πλὴν ὀλί-
γων ἁπάσας — εἰς ἄκρατον δημο-
κρατίαν ἐνέβαλον τὴν πόλιν. id.
Perikl 9 ὥστε τὴν μὲν (βουλήν)

ἀφαιρεθῆναι τὰς πλείστας κρίσεις
παρ᾿ Ἐφιάλτου u. Gilbert, Staats-
altert. I S. 148. Er verlor damals
alles anſer der Blutgerichtsbar-
keit (δίκαι φονικαί); nach dem
Sturze der 30 Tyrannen erhielt er
zwar sein Aufsichtsrecht wieder,
konnte aber bei der nun herrschen-
den absoluten Demokratie nicht in
der alten Weise wirken. (Gilbert
a. a. O. S. 267.)
51, 1. προτρέψαντες scil. τοὺς
νεωτέρους. Über d. Partic. Aorist.
s. zu 4, 75. — 51, 2. ὀλιγωρίας, zu
diesem (rücksichtslosen) leicht-
sinnigen Wandel, absolut wie
12, 111 παραβάλλοντες τἀκεῖ καθε-
στῶτα τοῖς ἐνθάδε καὶ μάλιστα τὴν
σωφροσύνην καὶ πειθαρχίαν πρὸς
τὰς παρ᾿ ἡμῖν ὀλιγωρίας. Dagegen
8, 96 τοὺς ἰδιώτας ἐνέπλησεν —
ὀλιγωρίας τῶν ὅρκων καὶ τῶν συν-
θηκῶν. Ebenso absolut ὀλιγώρως
12, 232, und ὀλιγωρεῖν 7, 46. 9, 41.
— τῆς βουλῆς i. e. τῆς ἐξ Ἀρείου
πάγου β. — 51, 3. δικῶν. Als
Grund für diese und die folgenden
Übelstände denkt Isokr. nur den
Wegfall der Aufsicht des Areopag,
die er als Grund der entgegen-
gesetzten Zustände oben bezeich-
net hatte. Vergl. § 31 u. flgd. —
51, 4. ἔγεμεν. S. zu § 43. —
51, 6. Ἕλλησι πιστούς s. zu
4, 142.
52, 1. τοὺς μὲν γὰρ -- παρὰ

παρὰ δὲ τῶν δίκην τηλικαύτην εἰληφότες, ὥστ᾽ ἀγαπᾶν ἐκείνους,
εἰ μηδὲν ἔτι κακὸν πάσχοιεν. τοιγάρτοι διὰ ταῦτα μετὰ τοσαύτης
ἀσφαλείας διῆγον, ὥστε καλλίους εἶναι καὶ πολυτελεστέρας τὰς
οἰκήσεις καὶ τὰς κατασκευὰς τὰς ἐπὶ τῶν ἀγρῶν ἢ τὰς ἐντὸς
τείχους, καὶ πολλοὺς τῶν πολιτῶν μηδ᾽ εἰς τὰς ἑορτὰς εἰς
ἄστυ καταβαίνειν, ἀλλ᾽ αἱρεῖσθαι ᾽μένειν ἐπὶ τοῖς ἰδίοις ἀγα- c
53 θοῖς μᾶλλον ἢ τῶν κοινῶν ἀπολαύειν. οὐδὲ γὰρ τὰ περὶ τὰς
θεωρίας, ὧν ἕνεκ᾽ ἄν τις ἦλθεν, ἀσελγῶς οὐδ᾽ ὑπερηφάνως
ἀλλὰ νοῦν ἐχόντως ἐποίουν. οὐ γὰρ ἐκ τῶν πομπῶν οὐδ᾽ ἐκ
τῶν περὶ τὰς χορηγίας φιλονικιῶν οὐδ᾽ ἐκ τῶν τοιούτων ἀλα-
ζονειῶν τὴν εὐδαιμονίαν ἐδοκίμαζον, ἀλλ᾽ ἐκ τοῦ σωφρόνως

δὲ τῶν, jene —, von diesen.
S. zu 1, 15. Auf τῶν geht auch
ἐκείνους, das sich also hier auf
das zunächst Vorhergehende be-
zieht im Sinne von αὐτούς. Vergl.
Maetzner ad Antiph. p. 138 und
s. zu 1, 25. — σεσωκότες, in den
Perserkriegen. Vergl. 4, 91 und
flgd. — 52, 2. ἀγαπᾶν — εἰ. S.
zu 9, 81. — 52, 3. τοιγάρτοι. S.
zu § 30. — 52, 4. καλλίους, weil
sie auf dauernden Aufenthalt auf
dem Lande hoffen konnten und
nicht wie später befürchten mufsten,
durch Kriege in die Stadt getrieben
zu werden. Über die Neigung der
älteren Athener auf dem Lande zu
leben und die damit zusammen-
hängende Vernachlässigung der
Stadthäuser vergl. Becker Charikl.
I S. 187. — 52, 5. ἐντὸς τείχους,
ohne Artikel, wie oft, wenn die
Stadt schon genannt ist, weil dann
τεῖχος, als schon durch den Zu-
sammenhang individualisiert, des
individualisierenden Artikels nicht
mehr bedarf. Vergl. Thukyd. 8,
69, 1 ἦσαν δ᾽ Ἀθηναῖοι πάντες ἀεί,
οἱ μὲν ἐπὶ τείχει, οἱ δ᾽ ἐν τάξει,
Isokr. 4, 116 und öfter, s. gleich
unten ἄστυ, auch ἀκρόπολις Isokr.
17, 18. 20. 34 und anderen, s.
Maetzner ad Lycurg. p. 279 und
Elmsley ad Aristoph. Acharn. v.
179. — 52, 6. μηδ᾽ εἰς τὰς ἑορ-
τάς, also noch weit weniger δικῶν
καὶ ἐγκλημάτων ἕνεκα. — 52, 7.
ἄστυ, der gewöhnliche Ausdruck
von Athen, auch bei Lateinern

(Interpr. ad Cornel. Nep. 2, 4, 1),
und fast zum nomen proprium ge-
worden, daher ohne Artikel. —
καταβαίνειν, nicht βαίνειν, weil
für die Mehrzahl der Bewohner
Attikas Athen nach dem Meere
zu, also tiefer, lag. — ἀγαθοῖς,
Hab und Gut, wie bona. — 52,
8. τῶν κοινῶν, vom Staats-
gute, insofern die Kosten der
ἑορταί aus dem Staatsschatze be-
stritten wurden.

53, 2. θεωρίας, Schaustel-
lungen, πομπάς, χορηγίας καὶ
τοιαῦτα, wie es nachher heifst. —
ἦλθεν, hätte kommen können,
was nach § 52 aber nicht der Fall
war. — 53, 3. νοῦν ἐχόντως, in
verständiger Weise, wie 5,
7. 8, 18. 12, 218. 15, 128. Ep. 5, 2.
6, 9. 9, 6, u. λόγον ἐχόντως 7, 60.
Die Grammatiker verlangen νουνε-
χόντως zu schreiben (vergl. Lobeck.
ad Phrynich. p. 604 u. Element. Path.
I p. 558), wogegen nicht spricht,
dafs Plato de legg. III. p. 686 E
sagt: εὖ καὶ ἐχόντως νοῦν, auch
nicht, dafs 12, 109, 235. 15, 23, 80,
149 mit Recht οἱ νοῦν ἔχοντες ge-
schrieben wird. — 53, 4. φιλονι-
κιῶν, nicht φιλονεικιῶν. S. Krit.
Anh. zu 4, 19. — τῶν τοιούτων
i. e. ἄλλων τοιούτων. S. zu § 48.
— 53, 5. σωφρόνως οἰκεῖν, scil.
τὴν πόλιν (s. § 21), nach der
vernünftigen Art der Staats-
verwaltung. — 53, 7. ὡς ἀλη-
θῶς, vollkommen wahr, wie

οἰκεῖν καὶ τοῦ βίου τοῦ καθ᾽ ἡμέραν καὶ τοῦ μηδένα τῶν πολιτῶν ἀπορεῖν τῶν ἐπιτηδείων. ἐξ ὧνπερ χρὴ κρίνειν τοὺς ὡς d
54 ἀληθῶς εὖ πράττοντας καὶ μὴ φορτικῶς πολιτευομένους· ἐπεὶ νῦν γε τίς οὐκ ἂν ἐπὶ τοῖς γιγνομένοις τῶν εὖ φρονούντων ἀλγήσειεν, ὅταν ἴδῃ πολλοὺς τῶν πολιτῶν αὐτοὺς μὲν περὶ τῶν ἀναγκαίων, 'εἶθ᾽ ἕξουσιν εἴτε μή, πρὸ τῶν δικαστηρίων κληρουμένους, τῶν δ᾽ Ἑλλήνων τοὺς ἐλαύνειν τὰς ναῦς βουλομένους τρέφειν ἀξιοῦντας, καὶ χορεύοντας μὲν ἐν χρυσοῖς e
ἱματίοις, χειμάζοντας δ᾽ ἐν τοιούτοις, ἐν οἷς οὐ βούλομαι λέγειν, καὶ τοιαύτας ἄλλας ἐναντιώσεις περὶ τὴν διοίκησιν γιγνομένας,

6, 28. 8, 21. 12, 263. 15, 275 und bei anderen; vergl. Franke ad Demosth. Phil. 6, 10. Der Ausdruck ist elliptisch und so zu ergänzen: τοὺς οὕτως εὖ πράττοντας, ὡς ἀληθῶς εὖ πράττει τις. Neuerdings hat Schanz im Hermes XXI (1887). S. 443 die Stellen aus Plato gesammelt und ὡς wie ähnlich schon andere (— Adverb des Artikels cf. Rehdantz Demosth. Ind.² s. ὡς) als den Ablativ des Artikels erklärt, sodaſs ὡς ἀληθῶς nichts anderes wäre als τῇ ἀληθείᾳ.—53,8. μ ὴ φ ο ρ τ ι κ ῶ ς π ο λ., nicht wie gemeines Gesindel ihre staatsbürgerliche Thätigkeit üben, mit Rücksicht auf jene ἀλαζονεῖαι in § 53 gesagt.

54, 1. ἐπεὶ führt hier einen koordinierten (— γάρ), nicht einen subordinierten Kausalsatz ein wie oft ὡς (s. zu 9, 80 u. ὥστε s. zu 4, 65); ebenso § 62. 2, 42 4, 131, 139. 6, 47. Hier ist zugleich, wie so häufig bei γάρ, der zu begründende Gedanke weggelassen: „wie es jetzt hier geschieht". — 54, 2. τ ῶ ν ε ὖ φ ρ ο ν ο ύ ν τ ω ν ist mit τις zu verbinden, eine Trennung, welche Isokr. liebt Vergl. 6, 6 εἴ τίς τι δύναται περὶ τῶν παρόντων πραγμάτων εἰπεῖν ἀγαθόν, und mehr bei Bremi zu dieser Stelle. — 54, 8. π ε ρ ὶ τ ῶ ν ἀ ν α γ κ α ί ω ν. Für die Ärmeren war der Richtersold, drei Obolen für die Sitzung, ein wesentliches Subsistenzmittel; vgl. Aristoph. Vesp. v. 304 Dind. ἄγε νυν ὦ πάτερ, ἤν μὴ τὸ δικα-

στήριον ἄρχων | καθίσῃ νῦν, πόθεν ὠνησόμεθ᾽ ἄριστον; und Isokr. 8, 130 οἱ ἀπὸ τῶν δικαστηρίων ζῶντες. (Boeckh, Staatshaushalt. der Ath.³ I S. 274 flg.) Daher mufsten sie wünschen unter den an jedem Gerichtstage für einen der 10 Gerichtshöfe (δικαστήρια) ausgelosten zu sein. Zur ἡλιαία gehörten übrigens alle Bürger, die das 30. Lebensjahr vollendet und die sich im Beginne jedes Jahres durch den ὅρκος δικαστικός zur Übernahme einer Heliastenstelle verpflichtet hatten s. Fränkel, Die attisch. Geschworenenger. (Berl. 1877) S. 1 ff. — 54, 5. τ ῶ ν δ᾽ Ἑ λ λ ή ν ω ν i. e. τῶν ἄλλων Ἑλλήνων. S. zu 9, 56. Zur Sache vergl. 8, 79 (συνήγαγον) ἐξ ἁπάσης τῆς Ἑλλάδος τοὺς ἀργοτάτους καὶ τοὺς ἁπασῶν τῶν πονηριῶν μετέχοντας, πληροῦντες τούτων τὰς τριήρεις. — 54, 6. ἐ ν χ ρ υ σ ο ῖ ς ἱ μ α τ ί ο ι ς. Denn diese zu liefern war Sache der χορηγοί, nicht der die Chöre Bildenden (οἱ χορευταί). Vgl. Antiphan. comic. Meinek. p. 116 — fr. 204 ed. Kock. (von Reinhardt angeführt) ἢ χορηγὸς αἱρεθείς | ἱ μ ά τ ι α χ ρ υ σ ᾶ π α ρ α σ χ ὼ ν τῷ χορῷ ῥάκος φορεῖ. — 54, 7. ἐ ν τ ο ι ο ύ τ ο ι ς, scil. οἷα ἴστε, in so jämmerlichen, s. zu § 48. Vgl. (Xenoph.) de republ. Athen. 1, 10 ἐσθῆτα οὐδὲν βελτίω ἔχει ὁ δῆμος αὐτόθι ἢ οἱ δοῦλοι καὶ οἱ μέτοικοι. — ἐ ν ο ἷ ς κ τ. λ. von denen ich nicht reden mag, eigentlich — ἐν οἷς χειμάζοντας οὐ βούλομαι λέγειν. — 54, 8. περὶ

55 αἵ μεγάλην αἰσχύνην τῇ πόλει ποιοῦσιν. (κα'.) Ὧν οὐδὲν ἦν
ἐπ' ἐκείνης τῆς βουλῆς· ἀπήλλαξε γὰρ τοὺς μὲν πένητας τῶν
ἀποριῶν ταῖς ἐργασίαις καὶ ταῖς παρὰ τῶν ἐχόντων ὠφελίαις, 151
τοὺς δὲ νεωτέρους τῶν ἀκολασιῶν τοῖς ἐπιτηδεύμασι καὶ ταῖς
αὐτῶν ἐπιμελείαις, τοὺς δὲ πολιτευομένους τῶν πλεονεξιῶν
ταῖς τιμωρίαις καὶ τῷ μὴ λανθάνειν τοὺς ἀδικοῦντας, τοὺς δὲ
πρεσβυτέρους τῶν ἀθυμιῶν ταῖς τιμαῖς ταῖς πολιτικαῖς καὶ ταῖς
παρὰ τῶν νεωτέρων θεραπείαις. καίτοι πῶς ἂν γένοιτο ταύτης
πλείονος ἀξία πολιτεία, τῆς οὕτω καλῶς ἁπάντων τῶν πραγμά-
των ἐπιμεληθείσης;

56 (κβ'.) Περὶ μὲν οὖν τῶν ποτε καθεστώτων τὰ μὲν πλεῖστα b
διεληλύθαμεν· ὅσα δὲ παραλελοίπαμεν, ἐκ τῶν εἰρημένων, ὅτι
κἀκεῖνα τὸν αὐτὸν τρόπον εἶχε τούτοις, ῥᾴδιόν ἐστι καταμαθεῖν.

τὴν διοίκησιν, in ihrem Ver-
halten, wie Ep. 9, 4 ἡ ἐν ταῖς
συμφοραῖς διοίκησις.

55, 2. ἐπ' ἐκείνης, zur Zeit
jenes R. – 55, 3. ἐργασίαις.
S. § 32 und 44. — τῶν ἐχόν-
των, der Wohlhabenden, wie
§ 83 u. 6, 67; ebenso bei anderen,
vergl. Ast ad Plat. de legg. p. 251
und Schoemann ad Plut. Agin 5, 3.
— ὠφελίαις s. Krit. Anh. zu 4, 29.
— 55, 4. ταῖς αὐτῶν ἐπ. cf.
Krit. Anh. — 55, 5. τοὺς πολι-
τευομένους, die bei der Verwal-
tung des Staates Beteiligten; über
deren πλεονεξία zu seiner Zeit gab
Isokr. § 25 Andeutungen. — 55, 7.
ταῖς τιμαῖς τ. π., Verleihung von
Kränzen, Befreiung vom Tribut und
den Liturgien, Speisung im Pryta-
neion, Ehrensitz im Theater und
sonstigen öffentlichen Versammlun-
gen, Errichtung von Bildsäulen
u. s. w. cf. Westermann de publ.
Athen. honoribus et praemiis, (Lips.
1830). — 55, 8. καίτοι πῶς. S. zu
9, 65. — ταύτης s. zu 1, 45.

§ 56—70. Widerlegung von Ein-
würfen, zunächst diesem, dafs, abge-
sehen von der voraussichtlichen Er-
folglosigkeit des Vorschlages, dieser
den Redner dem Verdachte aussetzen
werde, als wünsche er Rückkehr zur
Oligarchie (57). Dagegen beruft sich

Isokr. auf die Natur des von ihm
Empfohlenen (58, 59) und auf die in
seinen übrigen Reden hervortretende
Vorliebe für die Demokratie (60), zu
welcher er gelangt sei durch die Be-
trachtung der Zustände demokrati-
scher Staaten (61, 62) und durch
die Vergleichung selbst der jetzigen
ausgearteten athenischen Demokratie
mit der Oligarchie der 30 Männer
(62—70).
56, 1. τῶν ποτε καθεστώτων,
der einstigen (ehemaligen)
Verhältnisse, nämlich in der Zeit
ὀλίγῳ πρὸ ἡμῶν, nach § 50; ähn-
lich Andokid. 3, 22 Ἀργείους ἀγα-
γόντες εἰς τήν ποτε φιλίαν. In sol-
chen Fällen wird ποτέ bestimmt
durch den Gegensatz νῦν, τότε da-
gegen, was auch stehen könnte
[cf. Krit. Anh.] durch einen an-
deren Punkt der Vergangenheit
(hier: ὅτε ἦν ἡ ἐξ Ἀρείου πάγου
βουλή). — 56, 3. κἀκεῖνα τὸν αὐ-
τὸν τ. Man erwartet entweder
κἀκεῖνα τούτου τὸν τ., oder ἐκεῖνα
τὸν αὐτὸν τ. Ähnlich Herod. 1, 95
μετὰ δὲ τούτους καὶ τὰ ἄλλα ἔθνεα
ἐποίεε τωὐτὸ τοῖσι Μήδοισι. Xenoph.
Hell. 1, 7, 13 τούτους τῇ αὐτῇ
ψήφῳ κρίνεσθαι ᾗπερ καὶ τοὺς
στρατηγούς. id. Anab. 2, 1, 22 ἀπαγ-
γελλε ὅτι καὶ ἡμῖν ταὐτὰ δοκεῖ
ἅπερ καὶ βασιλεῖ. idem Symp. 2,
25 δοκεῖ μοι καὶ τὰ τῶν ἀνδρῶν
συμπόσια ταὐτὰ πάσχειν, ἅπερ καὶ

(κγ'.) Ἤδη δέ τινες ἀκούσαντές μου ταῦτα διεξιόντος ἐπῄνεσαν
μὲν ὡς οἷόν τε μάλιστα καὶ τοὺς προγόνους ἐμακάρισαν, ὅτι
57 τὸν τρόπον τοῦτον τὴν πόλιν διῴκουν, οὐ μὴν ὑμᾶς γ' ᾤοντο
πεισθήσεσθαι χρῆσθαι τούτοις, ἀλλ' αἱρήσεσθαι διὰ τὴν συν- c
ήθειαν ἐν τοῖς καθεστῶσι πράγμασι κακοπαθεῖν μᾶλλον ἢ
μετὰ πολιτείας ἀκριβεστέρας ἄμεινον τὸν βίον διάγειν. εἶναι δ'
ἔφασαν ἐμοὶ καὶ κίνδυνον, μὴ τὰ βέλτιστα συμβουλεύων μισό-
δημος εἶναι δόξω καὶ τὴν πόλιν ζητεῖν εἰς ὀλιγαρχίαν ἐμβαλεῖν.
58 (κδ'.) Ἐγὼ δ' εἰ μὲν περὶ πραγμάτων ἀγνοουμένων καὶ μὴ
κοινῶν τοὺς λόγους ἐποιούμην καὶ περὶ τούτων ἐκέλευον ὑμᾶς
ἑλέσθαι συνέδρους ἢ συγγραφέας, δι' ὧν ὁ δῆμος κατελύθη τὸ d
πρότερον, εἰκότως ἄν εἶχον ταύτην τὴν αἰτίαν· νῦν δ' οὐδὲν

κ. τ. λ. Ahnlich auch Plut. Tit. Flam.
7, 2 ἦν δὲ καὶ τοῦ Φιλίππου τὸ
στράτευμα τῷ πλήθει παραπλήσιον.
— 56, 4. διεξιόντος. im Privat-
gespräch, um das Urteil anderer
zu hören In ähnlicher Weise führt
I-okr. öfter das Urteil anderer an,
denen er die gerade vorliegende
Rede mitgeteilt habe, vergl. 4,
100 seq. 12, 233 seq. 15, 241 seq.
— ἐπῄνεσαν, nämlich μέ, was aus
μοῦ zu ergänzen, wie 12, 201. Da-
gegen wirklich absolut οἱ ἐπαινοῦν-
τες, „die Lobredner" 5, 11 u. 11, 33.

57, 3 μᾶλλον ist mit αἱρήσε-
σθαι zu verbinden, von dem es ge-
wöhnlich getrennt wird, um vor dem
ἢ eine hervorragendere Stellung ein-
zunehmen; vergl. 3, 34. 4, 53. 5, 47.
7, 52. 8, 93. 18, 48. Ep. 7, 1. u.
12, 214. Seltener ist eine Stellung
wie 4, 147 μᾶλλον εἵλετο περὶ τοὺς
θεοὺς ἐξαμαρτεῖν ἢ πρὸς ἐκείνους
ἐκ τοῦ φανεροῦ διαγωνίσασθαι.

58, 2. κοινῶν, allbekannte,
genauer: „was nicht im Besitz eines
einzelnen (als Geheimnis) ist".
Ähnlich Plut Mor. p. 976 C μέγα
δήλωμα τὸ κοινόν ἐστι, und Lu-
kian. Somn. 3 ἐπειπὼν τὸ κοινόν
„ἀρχὴ δέ τοι ἥμισυ παντός". — 58,
3 συνέδρους ἢ συγγραφέας.
Der erste Ausdruck ist allgemein
gehalten und ohne Rücksicht auf
ein historisches Faktum gewählt;

es mußte schon Verdacht erregen,
wenn vorgeschlagen wurde, die
Sache der Volksversammlung zu
entziehen und sie einem Komité
zu übergeben. Noch größer aber
mußte der Verdacht werden, wenn
vorgeschlagen wurde, die Sache an
συγγραφεῖς zu überweisen, weil
dieser Name an ein historisches
Faktum erinnerte, das bei dem
δῆμος nicht in gutem Andenken
stand; συγγραφεῖς hießen nämlich
(s. die Stellen bei Krueger hinter
Dionys. historiograph. p. 375) die
10 Männer, welche im J. 411 mit
unbedingter Vollmacht erwählt
wurden, um Anträge auf Besserung
der Verfassung zu stellen, infolge-
dessen dann die Oligarchie der 400
eintrat. Vergl. Thukyd. 8, 67 seqq.
— ὁ δῆμος κατελύθη i. e. ἡ δη-
μοκρατία, wie 12, 148. 16, 16, 37, auch
Thuk. 3, 81. 4. 5, 76, 2. Xenoph.
Hell. 1, 7, 28. Andokid. 3, 4. 6. 10.
Lys. 16, 5. 20, 13. Hypereid. 3, XXII,
20 Bl. Demosth. 13, 14. Plut. Ti.
Gracch. 16, 3 und öfter vergl Wolf
ad Demosth. Leptin. ed. II (Bremi)
p. 282. Anders §16. — 58, 4. εἶχον
τ. τὴν αἰτίαν, es träfe mich
dieser Vorwurf. So steht αἰτίαν
ἔχειν immer im passiven Sinne von
accusari (vergl. 2, 27. 5, 7. (s. zu
d. St.) 10, 15. 15, 55), daher oft
mit ὑπό verbunden (Hermann ad
Lucian. de conscrib. hist. p. 235).
Beachtenswert ist 8, 138 τούτων

εἴρηκα τοιοῦτον, ἀλλὰ διείλεγμαι περὶ διοικήσεως οὐκ ἀπο-
59 κεκρυμμένης ἀλλὰ πᾶσι φανερᾶς, ἣν πάντες ἴστε καὶ πατρίαν
ἡμῖν οὖσαν καὶ πλείστων ἀγαθῶν καὶ τῇ πόλει καὶ τοῖς ἄλλοις
Ἕλλησιν αἰτίαν γεγενημένην, πρὸς δὲ τούτοις ὑπὸ τοιούτων
ἀνδρῶν νομοθετηθεῖσαν καὶ κατασταθεῖσαν, οὓς οὐδεὶς ὅστις d
οὐκ ἂν ὁμολογήσειε δημοτικωτάτους γεγενῆσθαι τῶν πολιτῶν.
ὥστε πάντων ἄν μοι συμβαίη δεινότατον, εἰ τοιαύτην πολιτείαν
εἰσηγούμενος νεωτέρων δόξαιμι πραγμάτων ἐπιθυμεῖν.

60   Ἔπειτα κἀκεῖθεν ῥάδιον γνῶναι τὴν ἐμὴν διάνοιαν· ἐν γὰρ 152
τοῖς πλείστοις τῶν λόγων τῶν εἰρημένων ὑπ᾽ ἐμοῦ φανήσομαι
ταῖς μὲν ὀλιγαρχίαις καὶ ταῖς πλεονεξίαις ἐπιτιμῶν, τὰς δ᾽
ἰσότητας καὶ τὰς δημοκρατίας ἐπαινῶν, οὐ πάσας ἀλλὰ τὰς
καλῶς καθεστηκυίας, οὐδ᾽ ὡς ἔτυχον, ἀλλὰ δικαίως καὶ λόγον
61 ἐχόντως. οἶδα γὰρ τούς τε προγόνους τοὺς ἡμετέρους ἐν ταύ-
τῃ τῇ καταστάσει πολὺ τῶν ἄλλων διενεγκόντας, καὶ Λακεδαι-
μονίους διὰ τοῦτο κάλλιστα πολιτευομένους, ὅτι μάλιστα δημο-
κρατούμενοι τυγχάνουσιν. ἐν γὰρ τῇ τῶν ἀρχῶν αἱρέσει καὶ b
τῷ βίῳ τῷ καθ᾽ ἡμέραν καὶ τοῖς ἄλλοις ἐπιτηδεύμασιν ἴδοιμεν
ἂν παρ᾽ αὐτοῖς τὰς ἰσότητας καὶ τὰς ὁμοιότητας μᾶλλον ἢ παρὰ
τοῖς ἄλλοις ἰσχυούσας· οἷς αἱ μὲν ὀλιγαρχίαι πολεμοῦσιν, οἱ

τῶν ἀγαθῶν τὴν αἰτίαν ἔξομεν coll.
Hermann l. l. p. 344.

59, 3. τοιούτων, scil. οἷοι ἦσαν
Σόλων καὶ Κλεισθένης (§ 16). Vgl.
zu § 48. — 59, 5. δημοτικωτά-
τους. S. zu 9, 46. — 59, 7. εἰση-
γούμενος, vorschlage, wie 4,
170 (περὶ τοῦ πολέμου). 5, 13 (τί).
Ep. 1, 7 (absolut). — νεωτέρων
— πραγμάτων, im praegnanten
Sinne (denn etwas neues erstrebte er
jedenfalls) vom Umsturz der be-
stehenden Verfassung (= novis re-
bus studere). Ähnlich Xenoph.
Hell. 5, 2, 9 νεωτέρων τινὲς ἐπι-
θυμοῦντες πραγμάτων, und öfter
νεώτερόν τι ποιεῖν s. Krueger zu
Herod. 8, 142, 1.

60, 1. κἀκεῖθεν. S. zu 9, 11.
— 60, 3. πλεονεξίαις, Vor-
rechte (wie § 70), dem ἰσότητας
(gleiche Berechtigung aller),
per chiasmum gegenübergestellt s.

zu 4, 17. — 60, 5. ὡς ἔτυχον. S.
zu § 29. — λόγον ἐχόντως. S.
zu § 53.

61, 3. κάλλιστα πολ. S. zu
§ 15. — μάλιστα δημοκρ.,
die ausgedehnteste Demokra-
tie haben, wie gleich nachher
καλῶς δημοκρατούμενοι. Vergl. 8,
95. 20, 20. — 61, 5. τῷ καθ᾽
ἡμέραν. S. zu 9, 43. Isokr. denkt
hierbei wohl vorzugsweise an die
gemeinschaftlichen Mahlzeiten, die
φειδίτια. — 61, 6. τὰς ἰσότ. καὶ
τὰς ὁμοιότ., die Gleichbe-
rechtigung und Gleichstel-
lung. Beide Wörter sind ohne
wesentlichen Unterschied nur zur
Hervorhebung der vollständigen
politischen Gleichheit verbunden,
wie so oft ἴσος καὶ ὅμοιος (cf. Lo-
beck. Paralip. p. 61), auch in ne-
gativen Sätzen, wie 14, 55 οὐκ ἴσον
κακὸν οὐδ᾽ ὅμοιον. S. zu § 78. —
61, 7. οἷς, Dinge, welche . . . .

62 δὲ καλῶς δημοκρατούμενοι χρώμενοι διατελοῦσιν. (κε'.) Τῶν
τοίνυν ἄλλων πόλεων ταῖς ἐπιφανεστάταις καὶ μεγίσταις, ἢν c
ἐξετάζειν βουληθῶμεν, εὑρήσομεν τὰς δημοκρατίας μᾶλλον ἢ
τὰς ὀλιγαρχίας συμφερούσας· ἐπεὶ καὶ τὴν ἡμετέραν πολιτείαν,
ᾗ πάντες ἐπιτιμῶσιν, ἢν παραβάλωμεν αὐτὴν μὴ πρὸς τὴν ὑπ'
ἐμοῦ ῥηθεῖσαν ἀλλὰ πρὸς τὴν ὑπὸ τῶν τριάκοντα καταστᾶσαν,
63 οὐδεὶς ὅστις οὐκ ἂν θεοποίητον εἶναι νομίσειεν. (κϛ'.) Βού-
λομαι δ' εἰ καί τινές με φήσουσιν ἔξω τῆς ὑποθέσεως λέγειν,
δηλῶσαι καὶ διελθεῖν, ὅσον αὕτη τῆς τότε διήνεγκεν, ἵνα μη-
δεὶς οἴηταί με τὰ μὲν ἁμαρτήματα τοῦ δήμου λίαν ἀκριβῶς d
ἐξετάζειν, εἰ δέ τι καλὸν ἢ σεμνὸν διαπέπρακται, ταῦτα δὲ

Das Neutrum geht auf die Feminina
ἰσότητας καὶ ὁμοιότητας, als Dinge,
an und für sich, ohne Rücksicht auf
ihre grammatische Form. S. zu 1,
38. — 61, 8. *δημοκρατούμενοι*
χρώμενοι. Gleichklang der beiden
letzten Silben zweier auf einander
folgender Wörter gilt dem Isokr.
nicht als Kakophonie. Vergl. 2, 51
φαίνεσθαι βουλεύεσθαι. 5, 45 *συμ-*
φέροντος πείθοντος (dagegen in *φεύ-*
γοντες κατελθόντες § 65 mildert
der Akkent den Gleichklang). Weit
häufiger und oft kaum zu vermeiden
ist die Übereinstimmung der letzten
Silbe, ja, sie scheint von Isokr. oft
erstrebt, wie in *δοκεῖν ἀδικεῖν* 15,
18 (vergl. 15, 160. 19, 27. Ep. 7, 2)
oder in *δεῖν ὑπενεγκεῖν* 6, 55 (coll.
9, 41. 11, 44). Eine Seltenheit ist
6, 94 *ἐπιτάττειν ἐθέλειν ἀποθνή-*
σκειν, 15, 108 *πολλὰς ὑμᾶς εἰσφο-*
ρὰς ἀναγκάσας. Dagegen vermied
Isokr. sorgfältig einen Zusammen-
stoß wie *εἰποῦσα σαφῆ, ἡλίκα καλά*,
ἔνθα Θαλῆς (vergl. Maxim. Planud.
ad Hermogen. V p. 469), wogegen
Fälle wie das öfter vorkommende
ταύτην τὴν oder Ep. 6, 3 *συμφέ-*
ροντος ὄντος nicht streiten. Vergl.
Lobeck. Paralip. p. 53 seqq.

62, 2. *τοίνυν*, ferner. S. zu
9, 41. — *ταῖς* ist von *συμφε-*
ρούσας abhängig. — 62, 4. *ἐπεί*.
S zu § 54. — 62, 5. *ἐπιτιμῶσιν*.
Vergl. § 15 *λέγομεν, ὡς οὐδέποτ'*
ἐν δημοκρατίᾳ κάκιον ἐπολιτεύθη-
μεν. — *αὐτήν* könnte fehlen, wird

aber öfter so ohne allen Nachdruck
gebraucht (wie nach Relativsätzen,
s. zu 1, 33), um nach einem Zwi-
schengedanken einen Begriff wieder
aufzunehmen; vergl. 9, 12 *περὶ τῆς*
φύσεως — δοκεῖ μοι πρέπειν —
διελθεῖν περὶ αὐτῶν. 12, 109 *τῶν*
ἀποδεχομένων ἁπάσας τῶν Λακε-
δαιμονίων πράξεις, τοὺς μὲν βελτί-
στους αὐτῶν ἡγοῦμαι — τὴν μὲν
Σπαρτιατῶν πολιτείαν ἐπαινέσε-
σθαι, und ebenso zur Wiederauf-
nahme eines Particips auch 14, 32
(n. Xenoph. Hell. 1, 6, 35 *ταῦτα*
δὲ βουλομένους ποιεῖν ἄνεμος καὶ
χειμὼν αὐτοὺς διεκώλυσε u. Ari-
stoph. Ran. v. 763 Dind. *νόμος — ἐστί,*
τὸν ἄριστον ὄντα — σίτησιν αὐτὸν
ἐν πρυτανείῳ λαμβάνειν). Vergl.
Stallbaum ad Plat. Symp. p. 195 A,
Ast ad Plat. de legg. p. 10, Froh-
berger zu Lys. 13, 69, auch im
Anh. — 62, 6. *καταστᾶσαν* i. e.
κατασταθεῖσαν (cf. 4, 106), daher
ὑπὸ τῶν τρ.

63, 2. *ἔξω τῆς ὑποθέσεως*,
wie 12, 74 u. 161. Dagegen *πόρρω*
τῆς ὑποθέσεως ἀποπλανᾶσθαι oder
γεγονέναι 7, 77 u. 12, 88, u. *λέγειν*
ἔξω τῆς γραφῆς 15, 104. Häufiger
ist bei den Rednern *ἔξω τοῦ πρά-*
γματος λέγειν, worüber Maetzner
ad Lycurg. p. 94 u. Rehdantz Anh.
zu § 11. — 63, 8. *αὕτη*, die jetzige
demokratische. - 63, 5. *ταῦτα δέ*.
Der Plural, auf *καλόν τι ἢ σεμνόν*
bezüglich, erklärt sich durch die
Kollektivbedeutung des *εἴ τις*.

παραλείπειν. ἔσται δ᾽ ὁ λόγος οὔτε μακρὸς οὔτ᾽ ἀνωφελὴς
τοῖς ἀκούουσιν.

64 (κξ΄.) Ἐπειδὴ γὰρ τὰς ναῦς τὰς περὶ Ἑλλήσποντον ἀπω-
λέσαμεν καὶ ταῖς συμφοραῖς ἐκείναις ἡ πόλις περιέπεσεν, τίς
οὐκ οἶδε τῶν πρεσβυτέρων, τοὺς μὲν δημοτικοὺς καλουμένους
ἑτοίμους ὄντας ὁτιοῦν πάσχειν ὑπὲρ τοῦ μὴ ποιεῖν τὸ προστατ- e
τόμενον, καὶ δεινὸν ἡγουμένους, εἴ τις ὄψεται τὴν πόλιν τὴν
τῶν Ἑλλήνων ἄρξασαν, ταύτην ὑφ᾽ ἑτέροις οὖσαν, τοὺς δὲ
τῆς ὀλιγαρχίας ἐπιθυμήσαντας ἑτοίμως καὶ τὰ τείχη καθαιροῦν-
65 τας καὶ τὴν δουλείαν ὑπομένοντας; καὶ τότε μέν, ὅτε τὸ πλῆ-
θος ἦν κύριον τῶν πραγμάτων, ἡμᾶς τὰς τῶν ἄλλων ἀκροπόλεις 153
φρουροῦντας, ἐπειδὴ δ᾽ οἱ τριάκοντα παρέλαβον τὴν πολιτείαν,
τοὺς πολεμίους τὴν ἡμετέραν ἔχοντας; καὶ κατὰ μὲν ἐκεῖνον
τὸν χρόνον δεσπότας ἡμῶν ὄντας Λακεδαιμονίους, ἐπειδὴ δ᾽

Vergl. 5, 27 u. 37. 8, 44 (coll. 8,
93 u. 139) ὁπόταν τις διδῷ πλείω
μισθόν, μετ᾽ ἐκείνων ἐφ᾽ ἡμᾶς
ἀκολουθοῦσιν. Ebenso bei ὅς ἄν
mit dem Konjunktiv Ep. 9, 9 und
bei ὅστις mit dem Optativ 12, 204.
Vergl. Stallbaum ad Plat. Protag.
p. 345 D, ad Phileb. p. 45 C., Ameis-
Hentze zu Hom. Od. 3, 355. Über
δέ — δέ vergl. zu § 47.

64, 1. ἀπωλέσαμεν, in der
Schlacht bei Aigospotamoi im J.
405 v. Ch., wo 200 Schiffe verloren
gingen (cf. 8, 86) u. nur 9 (Xenoph.
Hell. 2, 1, 28) oder 12 (Lys. 21, 11)
sich retteten. — 64, 2. ταῖς συμ-
φοραῖς ἐκείναις, die Einnahme
Athens durch Lysandros und ihre
Folgen. Die Redner bezeichnen
dies für Athen so demütigende
Ereignis nicht gern genauer, son-
dern begnügen sich mit einem all-
gemeinen Ausdruck, wie ἡ συμφορά
z. B. hier und [Lys.] 2, 58. Lys.
12, 43. 16, 4, oder wie ἡ ἀτυχία
Isokr. 4, 119 und 12, 99. — 64, 3.
πρεσβυτέρων. Das Ereignis war
vor mehr denn 50 Jahren geschehen.
— 64, 4. ὁτιοῦν i. e. ὁτιοῦν ἦν.
Aber nach Weglassung der Kopula
ist Attraktion eingetreten und ὁτιοῦν
von πάσχειν abhängig gemacht,
wie sehr gewöhnlich bei ὁστισοῦν

(Krueger Synt. § 51, 15, 2), seltener
bei dem einfachen ὅστις, z. B. Thuk.
8, 87, 6 ἐς τὴν Ἄσπενδον ᾗτινι
δὴ γνώμῃ ὁ Τισσαφέρνης ἀφικνεῖ-
ται (cf. Lobeck. ad Sophocl. Aiac.
v. 178). — ὑπὲρ τοῦ, um nur
nicht, also im Sinne eines Ab-
sichtssatzes, wie 6, 94 ὥστε τοὺς
μὲν ὑπὲρ τοῦ τοῖς ἄλλοις ἐπιτάτ-
τειν ἐθέλειν ἀποθνήσκειν, 6, 55
und öfter. — τὸ προσταττόμε-
νον, die Friedensbedingungen des
Lysandros, worüber Xenoph. Hell.
2, 2,͘20; darunter das nachher Er-
wähnte, die Niederreißung der
Mauern und die Heeresfolge.— 64, 6.
ταύτην. S. zu 1, 45. — ἑτέροις.
S. zu 1, 11.

65, 2. ἡμᾶς, noch von οἶδε § 64
abhängig. Zur Sache vergl. 8, 92
ἀντὶ τοῦ φρουρεῖν τὰς τῶν ἄλλων
ἀκροπόλεις τῆς αὐτῶν ἐπεῖδον τοὺς
πολεμίους κυρίους γενομένους. —
65, 3. οἱ τριάκοντα, im J. 404
unter dem Einfluß der Spartaner
erwählt zu dem Zweck, τοὺς πα-
τρίους νόμους ξυγγράφειν, καθ᾽
οὓς πολιτεύσουσι Xenoph. Hell.
2, 3, 2), aber sofort nur im oligar-
chischen Sinne thätig. — τὴν πο-
λιτείαν, die Verwaltung des
Staates. S. zu 9, 46. — 65, 4.
τοὺς πολεμίους, Spartaner unter

οἱ φεύγοντες κατελθόντες πολεμεῖν ὑπὲρ τῆς ἐλευθερίας ἐτόλ-
μησαν καὶ Κόνων ναυμαχῶν ἐνίκησεν, πρέσβεις ἐλθόντας παρ'
αὐτῶν καὶ διδόντας τῇ πόλει τὴν ἀρχὴν τὴν τῆς θαλάττης;
66 Καὶ μὲν δὴ καὶ τάδε τίς οὐ μνημονεύει τῶν ἡλικιωτῶν τῶν b
ἐμῶν, τὴν μὲν δημοκρατίαν οὕτω κοσμήσασαν τὴν πόλιν καὶ
τοῖς ἱεροῖς καὶ τοῖς ὁσίοις, ὥστ' ἔτι καὶ νῦν τοὺς ἀφικνουμένους
νομίζειν αὐτὴν ἀξίαν εἶναι μὴ μόνον τῶν Ἑλλήνων ἄρχειν ἀλλὰ
καὶ τῶν ἄλλων ἁπάντων, τοὺς δὲ τριάκοντα τῶν μὲν ἀμελή-
σαντας, τὰ δὲ συλήσαντας, τοὺς δὲ νεωσοίκους ἐπὶ καθαιρέσει
τριῶν ταλάντων ἀποδομένους, εἰς οὓς ἡ πόλις ἀνήλωσεν οὐκ
67 ἐλάττω χιλίων ταλάντων; ἀλλὰ μὴν οὐδὲ τὴν πραότητα δικαίως c
ἄν τις ἐπαινέσειε τὴν ἐκείνων μᾶλλον ἢ τὴν τοῦ δήμου. οἱ μὲν
γὰρ ψηφίσματι παραλαβόντες τὴν πόλιν πεντακοσίους μὲν καὶ

Kallibios. Xenoph. Hell. 2, 3,
13 seq. — 65, 6. οἱ φεύγοντες,
die verbannten Demokraten unter
Thrasybulos. Xenoph. Hell. 2, 4,
10 seqq. — 65, 7. ἐνίκησεν, bei
Knidos, i. J. 394 v. Chr. Dieser
Sieg und Thrasybuls Rückkehr bil-
den die Endpunkte des Kampfes
der Athener gegen die Spartanische
Hegemonie; die Zusammenstellung
dieser zehn Jahre auseinander lie-
genden Ereignisse hat somit nichts
Befremdliches. — 65, 8. διδόντας,
anboten. Die Sache wird auch
9, 68 erwähnt.

66, 1. καὶ μὲν δὴ καί, ferner
aber auch, wie 3, 36. 4, 40. 8, 24.
11, 21, 36, 39. 15, 191. 17, 29. 21,
20. Vergl zu 9, 36. — 66, 2. τὴν
μέν, dafs, während ... S. zu
1, 12. — κοσμήσασαν, verschö-
nerte, besonders unter des Perikles
Verwaltung. cf. Plut. Perikl. 13
u. Isokr. 15, 234. — 66, 3. τοῖς
ἱεροῖς καὶ τοῖς ὁ. Mit der häu-
figen Zusammenstellung ἱερά καὶ
ὅσια oder ὅσια καὶ ἱερά bezeichneten
die Griechen alles Geheiligte, und
zwar speciell mit ἱερά das durch
göttliches Gesetz und für die Götter
Geheiligte, mit ὅσια das durch
menschliche Satzung und für Men-
schen Geheiligte; daher ist f. καὶ
ὁ. bald Tempel und Staatsge-
bäude, wie hier, bald Tempel-

schatz und Staatsschatz (auch wohl
Privateigentum, weil auch dies
jedem Fremden heilig sein soll),
bald göttliches und menschliches
Recht. S. Stellen bei Sluiter Lect.
Andocid. p. 272 (= 176 ed. Lips.),
Stallbaum ad Plat. de republ. I p.
344 A., Rehdantz Anh. zu Lykurg.
Leokr. § 78. — τοὺς ἀφικνου-
μένους, die Athen besuchenden
Fremden, wie 4, 45 (cf. § 133).
Vergl. auch 15, 227. — 66, 5. τῶν
μέν, die öffentlichen Gebäude, für
deren Erhaltung sie nichts thaten;
τὰ δέ, die Tempel, deren Plünde-
rung durch die Dreißig auch von
Lys. 12, 99 erwähnt wird. — 66, 6.
νεωσοίκους ἐπ. κ. — ἀποδ.,
die Schiffshäuser auf den Ab-
bruch verkauften. Vergl. Lys.
13, 46 (coll. 12, 99) τὰ νεώρια κα-
θῃρέθη, wo νεώρια von νεώσοικοι
wohl nicht verschieden ist, wie
auch sonst mitunter (cf. Boeckh,
Urkunden über das Seewesen S.
64), während gewöhnlich die νεώρια
aufser den νεώσοικοι auch noch die
σκευοθήκη, die ναυπήγια und an-
dere Räumlichkeiten mit umfassen
(Boeckh l. l. S. 66 u. Frohberger
zu Lys. 12, 99).

67, 2. δήμου. οἱ [cf. Krit. Anh.].
Der Hiatus ist durch die Pause ent-
schuldigt s. zu 4, 74. — 67, 3. ψηφί-
σματι, also nicht mit Gewalt, wo-

χιλίους τῶν πολιτῶν ἀκρίτους ἀπέκτειναν, εἰς δὲ τὸν Πειραιᾶ
φυγεῖν πλείους ἢ πεντακισχιλίους ἠνάγκασαν· οἱ δὲ κρατήσαντες
καὶ μεθ᾽ ὅπλων κατιόντες, αὐτοὺς τοὺς αἰτιωτάτους τῶν κακῶν d
ἀνελόντες, οὕτω τὰ πρὸς τοὺς ἄλλους καλῶς καὶ νομίμως
διῴκησαν, ὥστε μηδὲν ἔλαττον ἔχειν τοὺς ἐκβαλόντας τῶν
68 κατελθόντων. (κη΄.) Ὁ δὲ πάντων κάλλιστον καὶ μέγιστον τε-
κμήριον τῆς ἐπιεικείας τοῦ δήμου· δανεισαμένων γὰρ τῶν ἐν
ἄστει μεινάντων ἑκατὸν τάλαντα παρὰ Λακεδαιμονίων εἰς τὴν
πολιορκίαν τῶν τὸν Πειραιᾶ κατασχόντων, ἐκκλησίας γενομένης
περὶ ἀποδόσεως τῶν χρημάτων, καὶ λεγόντων πολλῶν, ὡς e
δίκαιόν ἐστι διαλύειν τὰ πρὸς Λακεδαιμονίους μὴ τοὺς πολιορ-

durch ihre Grausamkeit eher ge-
rechtfertigt gewesen wäre. Über
dies ψήφισμα vergl. Xenoph. Hell.
2. 3, 2 ἔδοξε τῷ δήμῳ τριάκοντα
ἄνδρας ἑλέσθαι κ. τ. λ. — παρα-
λαβόντες τὴν πόλιν. παραλαμ-
βάνειν ist das eigentl. Wort von
der gesetzlichen Übernahme von
Staatsämtern vergl. Lys. 26, 9 τῆς
πόλεως, ἣν πρότερον παραλαβόντες.
Plat. de legg. III p. 698 E παρει-
ληφέναι τὴν ἀρχήν. Herod. 2, 120,
3 ἔμελλε αὐτὴν (βασιληίην) παρα-
λάμψεσθαι. Plut. Alkib. 26 παρέ-
λαβον τὰ πράγματα οἱ πεντακισ-
χίλιοι λεγόμενοι. Aristoph. Ekkles.
v. 466 Dind. παραλαβοῦσαι τῆς πό-
λεως τὰς ἡνίας u. öfter vergl. Froh-
berger zu Lys. 12, 57. — πεντακ.
καὶ χιλίους. Dieselbe Zahl nennt
Isokr. 20, 11. — 67, 5. οἱ δέ, auf
τοῦ δήμου bezogen. — 67, 6. αὐ-
τοὺς τοὺς αἰτ., nur die Schul-
digsten, wie 4, 183 αὐτὸ τὸ δί-
καιον σκοποῦντας oder (was Strange
in Jahns Jahrb. Suppl. III (1834)
p. 572 not. vergleicht) Demosth. 18,
126 αὐτὰ τἀναγκαιότατα εἰπεῖν
und Dionys. de comp. verb. p. 86, 6
αὐτὰ τὰ ἀναγκαιότατα, ibid. p.
294, 3 αὐτὰ τὰ φανερώτατα. In
demselben Sinne steht oft αὐτὸς
μόνος s. (Lys.) 2, 50 ἠξίουν αὐτοὶ
μόνοι (ganz allein) τὸν κίνδυνον
ποιήσασθαι. Lys. 16, 9 περὶ αὐτῶν
μόνων τῶν κατηγορημένων προσή-
κειν ἀπολογεῖσθαι, und Ast ad
Plat. de legg. p. 27 seq. — 67, 7.
οὕτω, mit καλῶς zu verbinden;

vergl. zu 9, 39. — τὰ πρὸς τοὺς
ἄλλ., ihr Verhältnis zu den
andern ordneten sie ... — 67,
8. μηδὲν ἔλαττον ἔχειν, sich
nicht schlechter standen, wie
4, 99 u. Ep. 4, 6. Vergl. ἐλαττοῦ-
σθαι 15, 281. 12, 293 (Lys.) 2, 64
und πλέον ἔχειν ζητεῖν Isokr. 21, 15.
(Xenoph.) de republ. Athen. 2, 18.

68, 1. ὃ δὲ — τεκμήριον, mit
folgendem γάρ, welches in der
Übersetzung wegfällt, auch 17, 31.
21, 11. Ebenso ὃ δὲ πάντων δει-
νότατον, ὅταν γὰρ 5, 52, s. auch
9, 64. 17, 14, und ὃ δὲ πάντων
σχετλιώτατον, οὓς γάρ 8, 53, während
in diesen Wendungen mit dem
Relativum statt γάρ ein ὅτι (s. zu
4, 126 und 4, 176. 6, 79. 8, 14, 122.
11, 8. 13, 5. 14, 49. 15, 23, 213,
250) oder εἰ (6, 56. 14, 45. 18, 18,
25) häufiger ist. — 68, 2. δανεισ-
σαμένων, durch Pheidon, einen der
Dreißig, s. Lys. 12, 59, vergl. dens.
auch 30, 22. Die Sache erwähnen
auch Xenoph. Hell. 2, 4, 28, De-
mosth. 20, 11, Plut. Lysandr. 21.
cf. Scheibe, die oligarch. Umwälz.
p. 121. — 68, 5. ὡς δίκαιόν ἐστι,
für ὡς δ. εἴη, zu erklären wie ἔσχεν
πρόνοιαν ὅπως λήψεται 9, 25. Vgl.
5, 23 ἔλεγον ὡς ἐλπίζουσιν, u. öfter.
— 68, 6. τὰ πρὸς Λ., die gegen
d. L. eingegangenen Verbind-
lichkeiten. — τοὺς πολιορκου-
μένους. Man erwartet πολιορκη-
θέντας, zumal neben dem Aorist
δανεισαμένους. Allein jenes steht

κουμένους ἀλλὰ τοὺς δανεισαμένους, ἔδοξε τῷ δήμῳ κοινὴν
69 ποιήσασθαι τὴν ἀπόδοσιν. καὶ γὰρ τοι διὰ ταύτην τὴν γνώμην
εἰς τοιαύτην ἡμᾶς ὁμόνοιαν κατέστησαν καὶ τοσοῦτον ἐπιδοῦναι
τὴν πόλιν ἐποίησαν, ὥστε Λακεδαιμονίους, τοὺς ἐπὶ τῆς ὀλι-154
γαρχίας ὀλίγου δεῖν καθ᾽ ἑκάστην τὴν ἡμέραν προστάττοντας
ἡμῖν, ἐλθεῖν ἐπὶ τῆς δημοκρατίας ἱκετεύσοντας καὶ δεησομένους
μὴ περιιδεῖν αὐτοὺς ἀναστάτους γενομένους. τὸ δ᾽ οὖν κε-
φάλαιον τῆς ἑκατέρων διανοίας τοιοῦτον ἦν· οἱ μὲν γὰρ ἠξίουν
τῶν μὲν πολιτῶν ἄρχειν, τοῖς δὲ πολεμίοις δουλεύειν, οἱ δὲ
70 τῶν μὲν ἄλλων ἄρχειν, τοῖς δὲ πολίταις ἴσον ἔχειν. (κθ᾽.) b
Ταῦτα δὲ διῆλθον δυοῖν ἕνεκα, πρῶτον μὲν ἐμαυτὸν ἐπιδεῖξαι

wie oft (vergl. Schoemann ad Plut.
Agin 17, 1) als Particip des Im-
perfekts allgemein zur Bezeichnung
eines Ereignisses der Vergangen-
heit und ohne Beziehung auf ein
anderes Ereignis, vor dessen Ein-
tritt jenes abgeschlossen war. —
68, 7. κοινὴν π. τὴν ἀ., die
Rückzahlung auf öffentliche
Kosten zu leisten. S. Demosth.
20, 12.

69, 1. καὶ γάρ τοι. S. zu § 30.
— 69, 4. ὀλίγου δεῖν. S. zu 9,
58. — 69, 5. ἐλθεῖν, nach der
Schlacht bei Leuktra (im J. 371
v. Chr.). Vergl. Xenoph. Hell.
6, 5, 33 sq. und andere bei Schaefer,
Demosth. und s. Zeit, I p. 73 flgd.
— ἐπὶ τῆς δ., zur Zeit der D.,
s. zu 9, 5. — 69, 6. περιιδεῖν s.
zu 4, 142. — ἀναστάτους γενο-
μένους, dafs sie um ihre Hei-
mat kämen, von den Feinden
vertrieben oder in Sklaverei ge-
führt, wie 3, 23, 55. 4, 37, 108.
5, 74. 6, 66, 89. 8, 88. 14, 1, 57, 61,
einmal (12, 50. vergl. 4. 98. 6, 43.
7, 6) auch vom freiwilligen Ver-
lassen der Heimat. Jenes ist der
ursprüngliche Gebrauch des Wortes,
erst der zweite, wenn auch häufigere,
der, wo es von Lokalitäten ge-
braucht wird, die durch Entfernung
der Bewohner verödet sind, wie 4,
98, 117, 126, 144, 161, 169, 181.
5, 20, 44, 146 und öfter. Vergl.
Held ad Plut. Timol. p. 304. Ben-
seler ad Areopagit. p. 116. — γε-
νομένους. Es war das noch nicht

geschehen, so dafs man γιγνομένους
oder das Part. Fut. erwartet; aber
um die Bitte eindringlicher zu
machen, lassen die Lakedaimonier
die Athener den Fall als schon ein-
getreten denken. Ähnlich 14, 56 μὴ
περιιδεῖν ἔτι πλείω κακὰ τῶν εἰρη-
μένων παθόντας, und so bei dem
nämlichen Verbum auch 2, 37. 6,
2, 87, 108. 19, 29. Ep. 2, 6. —
69, 7. τοιοῦτον. Die Regel ist,
dafs τὸ δὲ κεφάλαιον, τὸ δὲ ση-
μεῖον, τὸ δὲ τεκμήριον, τὸ δὲ μέ-
γιστον, τὸ δ᾽ ἐχόμενον (12, 81) mit
darauf folgendem (seltener fehlen-
dem, s. zu § 83) explikativen γάρ
oder (seltener) ὅτι so stehen, dafs
das im Deutschen eintretende De-
monstrativpronomen wegfällt; vgl.
4, 143. 7, 35. 15, 127. — 4, 86,
107. 9, 8. 12, 148, 160. — 7, 17.
8, 95, 131. 9, 51, 56. 12, 52. 15,
313. 19, 51. — 3, 21. 5, 50. 10,
60 u. 4, 124. 5, 136. 9, 72. Eben-
so bei ὃ δὲ πάντων δεινότατον, —
γάρ (oder ὅτι) s. zu § 68. Doch
vergl. Herod. 8, 120 μέγα δὲ καὶ
τόδε μαρτύριον. Xenoph. Anab.
1, 9, 29 τεκμήριον δὲ τούτου καὶ
τόδε, und öfter. — 69, 8. τῶν μὲν
πολιτῶν ἄρχειν, τοῖς δὲ πολε-
μίοις δουλεύειν vergl. 16, 42
ὅς(Χαρικλῆς, auch einer der Dreifsig)
τοῖς μὲν πολεμίοις δουλεύειν ἐπε-
θύμει, τῶν δὲ πολιτῶν ἄρχειν ἠξίου.
20, 10 τοῖς μὲν πολεμίοις δουλεύειν,
τοὺς δὲ πολίτας ὑβρίζειν. 69, 9.
ἴσον ἔχειν. S. zu 1, 36.

70, 2. ἐμαυτόν. S. zu 9, 6. —

βουλόμενος οὐκ ὀλιγαρχιῶν οὐδὲ πλεονεξιῶν ἀλλὰ δικαίας καὶ
κοσμίας ἐπιθυμοῦντα πολιτείας, ἔπειτα τὰς δημοκρατίας τάς
τε κακῶς καθεστηκυίας ἐλαττόνων συμφορῶν αἰτίας γιγνομένας,
τάς τε καλῶς πολιτευομένας προεχούσας τῷ δικαιοτέρας εἶναι
καὶ κοινοτέρας καὶ τοῖς χρωμένοις ἡδίους.

71   (λ'.) Τάχ' οὖν ἄν τις θαυμάσειεν, τί βουλόμενος ἀντὶ τῆς
πολιτείας τῆς οὕτω πολλὰ καὶ καλὰ διαπεπραγμένης ἑτέραν
ὑμᾶς πείθω μεταλαβεῖν, καὶ τίνος ἕνεκα νῦν μὲν οὕτω καλῶς
ἐγκεκωμίακα τὴν δημοκρατίαν, ὅταν δὲ τύχω, πάλιν μεταβαλὼν
72 ἐπιτιμῶ καὶ κατηγορῶ τῶν καθεστώτων. (λα'.) Ἐγὼ δὲ καὶ
τῶν ἰδιωτῶν τοὺς ὀλίγα μὲν κατορθοῦντας, πολλὰ δ' ἐξαμαρ-
τάνοντας μέμφομαι καὶ νομίζω φαυλοτέρους εἶναι τοῦ δέοντος, d
καὶ πρός γε τούτοις τοὺς γεγονότας ἐκ καλῶν κἀγαθῶν ἀνδρῶν,
καὶ μικρῷ μὲν ὄντας ἐπιεικεστέρους τῶν ὑπερβαλλόντων ταῖς

70, 3. πλεονεξιῶν. S. zu § 60. —
70, 4. ἔπειτα, ohne δέ. S. zu 9,
42. — 70, 6. πολιτευομένας. S.
zu § 15. — 70, 7. κοινοτέρας.
S. zu § 20.

§ 71—77. Auch der Vorwurf der
Inkonsequenz, dafs er die Verfas-
sung, welche er eben gelobt habe, als
tadelnswert abgeschafft wissen wolle
(71), dürfe ihm nicht gemacht wer-
den, da er immer der Ansicht ge-
wesen sei, dafs wie der einzelne
(72), so der Staat ganz tüchtig sein
müsse und hinter den Vorfahren
nicht zurückbleiben dürfe (73). Das
gelte besonders für die von der
Natur so begünstigten Athener (74),
eine Begünstigung, die sich zeige in
der ruhmvollen Geschichte des älteren
Athen (75), die aber für die gegen-
wärtige Generation wie ein Vorwurf
klinge (76); ausführlicher darüber
zu reden, würde jedoch zu weit vom
Thema abführen (77).
71, 1. τί βουλόμενος κ. τ. λ.,
was ich denn wolle, dafs ich...
S. zu § 1. — 71, 2. πολιτείας,
der jetzigen Demokratie. — ἑτέ-
ραν, die Solonisch-Kleisthenische
Demokratie. — 71, 3. μεταλαβεῖν,
eintauschen, wie 12, 114 πολι-
τείαν ἀναγκασθέντες μετελάβομεν.
15, 43 ἑτέραν μεταλαβεῖν διανοιαν.
Auch wird noch ἀντί (wogegen)

hinzugefügt z. B. 12, 118 μετέλαβον
τὴν πολιτείαν τὴν ὑπό τινων ψε-
γομένην ἀντὶ τῆς ὑπὸ πάντων
ἐπαινουμένης. Thuk. 1, 120, 3 τὸν
πόλεμον ἀντ' εἰρήνης μεταλαμβάνειν.
Vergl. Stallbaum ad Plat. Phaedr.
p. 241 A, Held ad Plut. Timol. p.
303. — 71, 4. τύχω, scil. ἐπιτι-
μῶν, wenn sichs trifft. S. zu
§ 29. — μεταβαλών, umgekehrt,
eigentlich „umschlagend", „meine
Ansicht ändernd", wie μεταβάλλειν
oft scheinbar intransitiv steht, in-
dem das Objekt, weil leicht zu
ergänzen, ausgelassen wird. Vergl.
4, 125 νῦν τοσοῦτον μεταβεβλή-
κασιν.

72, 1. καὶ τῶν ἰδιωτῶν, schon
unter den einzelnen, welche
den κοινά, Gesamtheiten (den
Staaten) § 73 entgegengesetzt wer-
den, wie 8, 96 τοὺς μὲν ἰδιώτας
ἐνέπλησεν ἀδικίας — τὸ δὲ κοινὸν
τῆς πόλεως ὑπερωψίας, u. 8, 119.
Noch häufiger stehen ἰδιώτης und
πόλις im Gegensatze, wie 5, 117. 8,
120. 15, 85 u. sonst. Vergl. Stall-
baum ad Plat. Gorg. p. 507 D. —
72, 2. κατορθοῦντας, es recht
machen (s. zu 9, 52), im Gegen-
satz zu ἐξαμαρτάνοντας, wie zu
διαμαρτἀνι. 5, 68. 6, 5. 9, 28. —
72, 3. τοῦ δέοντος. S. zu § 7. —
72, 5. ὑπερβαλλόντων. S. zu 1, 27.

πονηρίαις, πολὺ δὲ χείρους τῶν πατέρων, λοιδορῶ καὶ συμβου-
73 λεύσαιμ᾽ ἂν αὐτοῖς παύσασθαι τοιούτοις οὖσιν. τὴν αὐτὴν οὖν
γνώμην ἔχω καὶ περὶ τῶν κοινῶν· ἡγοῦμαι γὰρ δεῖν ἡμᾶς οὐ μέγα
φρονεῖν, οὐδ᾽ ἀγαπᾶν, εἰ κακοδαιμονησάντων καὶ μανέντων
ἀνθρώπων νομιμώτεροι γεγόναμεν, ἀλλὰ πολὺ μᾶλλον ἀγανα-
κτεῖν καὶ βαρέως φέρειν, εἰ χείρους τῶν προγόνων τυγχάνοιμεν e
ὄντες· πρὸς γὰρ τὴν ἐκείνων ἀρετὴν ἀλλ᾽ οὐ πρὸς τὴν τῶν
τριάκοντα πονηρίαν ἁμιλλητέον ἡμῖν ἐστίν, ἄλλως τε καὶ προσῆ-
74 κον ἡμῖν βελτίστοις ἁπάντων ἀνθρώπων εἶναι. (λβ΄.) Καὶ 155
τοῦτον εἴρηκα τὸν λόγον οὐ νῦν πρῶτον ἀλλὰ πολλάκις ἤδη
καὶ πρὸς πολλούς. ἐπίσταμαι γὰρ ἐν μὲν τοῖς ἄλλοις τόποις
φύσεις ἐγγιγνομένας καρπῶν καὶ δένδρων καὶ ζῴων ἰδίας ἐν
ἑκάστοις καὶ πολὺ τῶν ἄλλων διαφερούσας, τὴν δ᾽ ἡμετέραν

73, 3. ἀγαπᾶν, εἰ s. zu § 52.
— κακοδαιμονησάντων, von
κακοδαιμονᾶν, nicht von κακοδαι-
μονεῖν; zwar bedeutet beides „un-
glücklich sein", aber jenes ist das
stärkere und bezeichnet zugleich
die krankhafte Stimmung der
Seele, das Aufsersichsein infolge
des Unglücks, wie denn die Grie-
chen zur Bezeichnung krankhafter
Affektionen des Körpers oder der
Seele gern Verba auf ιᾶν oder ᾶν
gebrauchen (Lobeck. ad Phrynich. p.
79 seq.). Hier entscheidet der Bei-
satz μανέντων (vergl. Plut. Markell.
20 δαιμονᾶν καὶ παραφρονεῖν); da-
gegen ist wohl auch Demosth. 8,
16 κακοδαιμονοῦσι γὰρ ἄνθρωποι
καὶ ὑπερβάλλουσιν ἀνοίᾳ richtig,
indem dort κακοδαιμονᾶν zu stark
für ἄνοια sein würde, wogegen
κακοδαιμονεῖν mit ἄνοια synonym
ist ˈvergl. zu δυστυχεῖς § 49). Übri-
gens denkt Isokr. an die Dreifsig-
männer, ohne sie indes schon hier
als deutlich ihm vorschwebend zu
bezeichnen, wie es nachher ge-
schieht; denn sonst müfste auch
hier der Artikel hinzutreten (über-
setze: als Leute, die besessen
waren). — 73, 7. ἄλλως τε καί.
S. zu 4, 66.

74, 2. λόγον, Gedanken, von
einem einzelnen Punkt in einer Rede,
wie 10, 69 πολλοῖς καὶ καινοῖς λό-
γοις ἐντεύξονται περὶ Ἑλένης. 12,
111 ἐπὶ τὸν λόγον οἶμαι τρέψεσθαι
τὸν περὶ τῶν πολιτειῶν. — πολ-
λάκις z. B. 8, 49 προσῆκον ἡμᾶς
ἅπασιν εἶναι παράδειγμα τοῦ κα-
λῶς καὶ τεταγμένως πολιτεύεσθαι.
Zu πολλάκις καὶ πρὸς πολλοὺς vgl.
19, 39 ἐκεῖνον πολλάκις καὶ πρὸς
πολλοὺς εἰπεῖν, und die bei andern
häufige Zusammenstellung πολλοὶ
(oder πολλὰ) πολλάκις, worüber zu
1, 19. — 74, 4. φύσεις — καρπῶν
κ. τ. λ. Früchte, die ihrem
Wesen nach .... eigentüm-
lich sind. Denn φύσις mit dem
Genetiv giebt nie, wie vielfach ge-
lehrt wird (vergl. Ast ad Plat. de
legg. p. 311, Stallbaum ad Sympos.
p. 191 A, Jacobs ad Aelian. p. 204),
eine blofse Umschreibung des im
Genetiv ausgesprochenen Gegen-
standes, sondern bezeichnet diesen
nach seinem innern Wesen, im
Gegensatz zu dem, was von aufsen
her gestaltend auf ihn eingewirkt
hat. — ἐν ἑκάστοις ist parti-
tive Apposition zu ἐν τοῖς ἄλλοις
τόποις, dessen Praeposition der
Deutlichkeit wegen hier wieder-
holt ist. Ähnlich 5, 106 ὁ πατήρ
σου πρὸς τὰς πόλεις ταύτας, αἷς
σοι παραινῶ προσέχειν τὸν νοῦν,
πρὸς ἁπάσας οἰκείως εἶχεν, u. 4,
42. — 74, 5. ἡμετέραν χώραν.
Vergl. 8, 94 ῥᾴδιόν ἐστι καταμα-
θεῖν τὴν χώραν ἡμῶν, ὅτι δύναται

χώραν ἄνδρας φέρειν καὶ τρέφειν δυναμένην οὐ μόνον πρὸς
τὰς τέχνας καὶ τὰς πράξεις καὶ τοὺς λόγους εὐφυεστάτους, ἀλλὰ
75 καὶ πρὸς ἀνδρείαν καὶ πρὸς ἀρετὴν πολὺ διαφέροντας. τεκμαί- b
ρεσθαι δὲ δίκαιόν ἐστι τοῖς τε παλαιοῖς ἀγῶσιν, οὓς ἐποιήσαντο
πρὸς Ἀμαζόνας καὶ Θρᾷκας καὶ Πελοποννησίους ἅπαντας, καὶ
τοῖς κινδύνοις τοῖς περὶ τὰ Περσικὰ γενομένοις, ἐν οἷς καὶ μόνοι
καὶ μετὰ Πελοποννησίων, καὶ πεζομαχοῦντες καὶ ναυμαχοῦντες,
νικήσαντες τοὺς βαρβάρους ἀριστείων ἠξιώθησαν· ὧν οὐδὲν
76 ἂν ἔπραξαν, εἰ μὴ πολὺ τὴν φύσιν διήνεγκαν. (λγ'.) Καὶ μη-
δεὶς οἰέσθω ταύτην τὴν εὐλογίαν ἡμῖν προσήκειν τοῖς νῦν
πολιτευομένοις, ἀλλὰ πολὺ τοὐναντίον. εἰσὶ γὰρ οἱ τοιοῦτοι c
τῶν λόγων ἔπαινος μὲν τῶν ἀξίους σφᾶς αὐτοὺς τῆς τῶν προ-
γόνων ἀρετῆς παρεχόντων, κατηγορία δὲ τῶν τὰς εὐγενείας
ταῖς αὑτῶν ῥᾳθυμίαις καὶ κακίαις καταισχυνόντων. ὅπερ ἡμεῖς
ποιοῦμεν· εἰρήσεται γὰρ τἀληθές. τοιαύτης γὰρ ἡμῖν τῆς φύ-
σεως ὑπαρχούσης, οὐ διεφυλάξαμεν αὐτὴν ἀλλ' ἐμπεπτώκαμεν

τρέφειν ἄνδρας ἀμείνους τῶν ἄλ-
λων, und zu dem folgenden: 4, 33
τοὺς Ἀθηναίους πρὸς τὰς τέχνας
εὐφυεστάτους ὄντας.

75, 3. Ἀμαζόνας καὶ Θρᾷ-
κας. Über beide Kriege vergl. 4,
68 seq. 6, 42. 12, 193. — Πε-
λοποννησίους, unter Eurystheus
gegen die die Herakliden schützen-
den Athener. Vergl. 4, 56, 58. 5, 34.
6, 42. 12, 194. — 75, 5. πεζομ. καὶ
ναυμ. νικήσαντες, im Kampfe
zu Lande und zur See sieg-
reich; denn πεζ. καὶ ναυμ. ge-
hören, wie die Verschiedenheit der
Tempora zeigt, als Attribute zu
νικήσαντες. Mit πεζομαχοῦντες καὶ
ναυμ., dem gewöhnlichen Ausdruck,
vergl. 8, 43 καὶ μαχόμενοι καὶ ναυ-
μαχοῦντες τοὺς βαρβάρους ἐνίκη-
σαν. Vergl. auch die Nachahmung
der ganzen Stelle bei (Lys.) 2, 47
ἐν ἅπασι δὲ τοῖς κινδύνοις δόντες
ἔλεγχον τῆς ἑαυτῶν ἀρετῆς, καὶ μό-
νοι καὶ μεθ' ἑτέρων καὶ πεζομα-
χοῦντες καὶ ναυμαχοῦντες, καὶ πρὸς
τοὺς βαρβάρους καὶ πρὸς τοὺς Ἕλ-
ληνας, ὑπὸ πάντων ἠξιώθησαν.
Über die derartige Verbindung
zweier Participien vergl. Sauppe

ad Lycurg. § 70 und Rehdantz im
Anh. — 75, 6 ἀριστείων ἠξιώθησαν
s. zu 4, 72.

76, 3. πολὺ τοὐναντίον, scil.
ἕκαστος οἰέσθω ἡμῖν προσήκειν, so
dafs πολὺ τοὐν. Subjekt zum Infinitiv
ist. Ähnlich 10, 15 ἔστι δ' οὐ περὶ
τῶν αὐτῶν [ἔργων] ὁ λόγος, ἀλλὰ
πᾶν τοὐναντίον, u. 12, 162 οἳ τότε
τὴν πόλιν οἰκοῦντες οὐδὲν τούτων
ἔπραττον, ἀλλὰ πᾶν τοὐναντίον.
Lukian. Phalar. Π § 4 ὁ δὲ πολὺ τοὐ-
ναντίον διαπεραιωθῆναι παρέσχεν
αὐτοῖς. Anderwärts schwebt der
allgemeine Begriff ποιεῖν oder πά-
σχειν dem Redenden vor, wie unten
§ 82 und bei Plat. Gorg. p. 515 E
ἀλλὰ τόδε μοι εἰπέ, εἰ λέγονται
Ἀθηναῖοι διὰ Περικλέα βελτίους
γεγονέναι ἢ πᾶν τοὐναντίον δια-
φθαρῆναι ὑπ' ἐκείνου. Vergl.
Weber ad Demosth. p. 388 seq. —
76, 8. ὑπαρχούσης. Statt des
Genetiv. absolut. erwartet man den
Akkusativ mit Beseitigung von αὐ-
τήν. Doch steht der absolute Ge-
netiv oft so statt des konstruierten
Particips, wenn der Inhalt des
Satzes als eine selbständige Vor-
stellung hervorgehoben werden soll,

εἰς ἄνοιαν καὶ ταραχὴν καὶ πονηρῶν πραγμάτων ἐπιθυμίαν.
77 Ἀλλὰ γὰρ ἦν ἐπακολουθῶ τοῖς ἐνοῦσιν ἐπιτιμῆσαι καὶ κατη- d
γορῆσαι τῶν ἐνεστώτων πραγμάτων, δέδοικα, μὴ πόρρω λίαν
τῆς ὑποθέσεως ἀποπλανηθῶ. (λδ΄).

Περὶ μὲν οὖν τούτων καὶ
πρότερον εἰρήκαμεν καὶ πάλιν ἐροῦμεν, ἢν μὴ πείσωμεν ὑμᾶς
παύσασθαι τοιαῦτ᾽ ἐξαμαρτάνοντας· περὶ δ᾽ ὧν ἐξ ἀρχῆς τὸν
λόγον κατεστησάμην, βραχέα διαλεχθεὶς παραχωρῶ τοῖς βουλο-
μένοις ἔτι συμβουλεύειν περὶ τούτων.						e

78		(λε΄.) Ἡμεῖς γὰρ ἦν μὲν οὕτως οἰκῶμεν τὴν πόλιν ὥσπερ
νῦν, οὐκ ἔστιν ὅπως οὐ καὶ βουλευσόμεθα καὶ πολεμήσομεν
καὶ βιωσόμεθα καὶ σχεδὸν ἅπαντα καὶ πεισόμεθα καὶ πράξομεν,
ἅπερ ἔν τε τῷ παρόντι καιρῷ καὶ τοῖς παρελθοῦσι χρόνοις· ἦν 156

während sie beim konstruierten
Particip einer anderen untergeord-
net erscheint. Vergl. 9, 29 μέλ-
λοντος πλεῖν — οὔτ᾽ ἐκεῖνος ἠθύ-
μησεν οὔτε — οὐδεὶς ἀποστῆναι
ἠξίωσεν. 12, 166 πολλῶν δὲ γιγνο-
μένων τῶν ταῦτα βουλομένων, στρα-
τόπεδα συνιστάντες ἐξ αὑτῶν —
τοὺς μάλιστα βίου δεομένους τῶν
Ἑλλήνων κατῴκιζον, und besonders
auffällige Beispiele bei Meineke
Vindic. Strabon. p. 19. — 76, 9.
ταραχήν. S. zu § 9.

77, 1. ἀλλὰ γάρ i. e. ἀλλὰ τοῦτ᾽
ἐῶ, ἦν γάρ. S. zu § 40. — ἐπα-
κολουθῶ, nachgehe, d. h. es
aufsuche und durchgehe. — τοῖς
ἐνοῦσιν ἐπιτ., dem, was zu
tadeln ist; vergl. 5, 110 (16, 39)
τὸ πλῆθος τῶν ἐνόντων εἰπεῖν, u.
15, 320 διωσάμενος τὸν ὄχλον τῶν
ἐνόντων εἰπεῖν. Daneben 11, 44
(11, 63) πολλῶν ὄντων εἰπεῖν. —
77, 2. πόρρω λίαν. S. zu § 63 u.
zu 9, 48. — 77, 4. πρότερον, z. B.
in der Rede vom Frieden, besonders
dort § 49 sqq. — 77, 5. τὸν λό-
γον κατέστ, redete, wie 4, 66.
— βραχέα i. e. ὀλίγα, wie διὰ
βραχέων δηλῶσαι 11, 9 u. διὰ βρα-
χέων ποιεῖσθαι τοὺς λόγους 14, 3
und sonst oft bei den Rednern (cf.
Weber ad Demosth. Aristocrat.
p. 167 sq.) u. anderen (vergl. Plut.
Gorg. p. 449 A u. E, Euthyphr.
p. 11 B u. Lukian. Toxar. 56), wie

denn auch sonst vielfach die Aus-
drücke für Gröfse und Zahl, Quali-
tät und Quantität, Mafs und Ge-
wicht einander vertreten; vergl.
Lobeck ad Sophocl. Aiac. v. 130.
— 77, 6. παραχωρῶ, nämlich
τοῦ βήματος, wie es bei Aischin.
3, 165 heifst παραχωρῶ σοι τοῦ βή-
ματος, ἕως ἂν εἴπῃς. Doch vergl.
auch Andokid. 1, 26 καὶ σιωπῶ καὶ
παραχωρῶ, εἴ τις ἀναβαίνειν βού-
λεται.

§ 78—84. *Schlufs. Um die Athener
für die Besserung ihrer gegenwärti-
gen Lage durch Wiedereinführung
der Solonisch-Kleisthenischen Ver-
fassung zu vermögen (§ 78), ver-
gleicht der Redner noch einmal kurz
die jetzige Lage Athens mit der zur
Zeit jener Verfassung, und zwar
in Bezug auf die Verhältnisse nach
aufsen (§ 79—81) und im Innern
(§§ 82, 83), und fordert dann zur
Beschlufsnahme über diesen Gegen-
stand auf, über den seine Ansicht
fest stehe (§ 84).*

78, 3. ἅπαντα καὶ π. καὶ π.,
überall so daran sein und
handeln werden (vergl. 8, 115
οὔτε τοῖς πάθεσιν οὔτε ταῖς πρά-
ξεσι τῶν μοναρχιῶν διαφέρουσαν),
denn πράξομεν steht nicht etwa in
neutraler Bedeutung, wie schon
das doppelte καί zeigt. — 78, 4.
ἔν τε τῷ παρόντι καιρῷ. Isokr.

8*

δὲ μεταβάλωμεν τὴν πολιτείαν, δῆλον, ὅτι κατὰ τὸν αὐτὸν
λόγον, οἷά περ ἦν τοῖς προγόνοις τὰ πράγματα, τοιαῦτ᾽ ἔσται
καὶ περὶ ἡμᾶς· ἀνάγκη γὰρ ἐκ τῶν αὐτῶν πολιτευμάτων καὶ
79 τὰς πράξεις ὁμοίας ἀεὶ καὶ παραπλησίας ἀποβαίνειν. (λϛ΄.) Δεῖ
δὲ τὰς μεγίστας αὐτῶν παρ᾽ ἀλλήλας θέντας βουλεύσασθαι,
ποτέρας ἡμῖν αἱρετέον ἐστίν. καὶ πρῶτον μὲν σκεψώμεθα τοὺς
Ἕλληνας καὶ τοὺς βαρβάρους, πῶς πρὸς ἐκείνην τὴν πολιτείαν
διέκειντο καὶ πῶς νῦν ἔχουσι πρὸς ἡμᾶς. οὐ γὰρ ἐλάχιστον b
μέρος τὰ γένη ταῦτα συμβάλλεται πρὸς εὐδαιμονίαν, ὅταν ἔχῃ
κατὰ τρόπον ἡμῖν.

80   (λζ΄.) Οἱ μὲν τοίνυν Ἕλληνες οὕτως ἐπίστευον τοῖς κατ᾽
ἐκεῖνον τὸν χρόνον πολιτευομένοις, ὥστε τοὺς πλείστους αὐτῶν
ἑκόντας ἐγχειρίσαι τῇ πόλει σφᾶς αὐτούς· οἱ δὲ βάρβαροι
τοσοῦτον ἀπεῖχον τοῦ πολυπραγμονεῖν περὶ τῶν Ἑλληνικῶν
πραγμάτων, ὥστ᾽ οὔτε μακροῖς πλοίοις ἐπὶ τάδε Φασήλιδος c

pflegt sonst ἐν τῷ παρόντι zu
sagen (vergl. 4, 187. 6, 15, 104. 8,
18, 142. 12, 4, 7, 61, 262. 15, 55,
164, 231, 266. 16, 39. 17, 9. Ep. 7,
10), selbst in Fällen wie 9, 80 ἐν
τῷ παρόντι καὶ τὸν λοιπὸν χρόνον
8, 121 ἐν τῷ παρόντι μέν, τοῦ δὲ
μέλλοντος χρόνου 12,128 εἰς ἅπαντα
τὸν χρόνον — ἐν τῷ παρόντι. [cf. Krit.
Anh.]. — τοῖς παρελθοῦσι χρόν.
in den Zeiten seit der Schwächung
des Areopag. — 78, 5. κατὰ τ. αὐ.
λόγον, in demselben Verhältnis,
eben so gut. — 78, 6. τὰ πρά-
γματα, die Lage der Dinge,
die Verhältnisse, Zustände (s. zu
9, 42), in welchem Sinne auch
nachher τὰς πράξεις (s. § 36) zu
fassen ist. — 78, 8. ὁμοίας ἀ. καὶ
παραπλ. Dieselbe Verbindung 15,
192 οὔτε γὰρ ὁμοίαν οὔτε παρα-
πλησίαν ἔχει τούτοις τὴν δύναμιν,
und sonst (wie Demosth. 3, 27. 19,
196) vergl. Sauppe ad Demosth.
orat. select. I p. 134 und Lobeck.
Paralip. p. 62 not. 69. Ebenso
par similisque (cf. Kritz ad Sallust.
Cat. 14, 4) u. par atque idem (Caes.
b. Gall. 5, 15, 3). Vergl. auch zu
§ 61. — ἀποβαίνειν. S. zu § 40.

79, 2. βουλεύσασθαι, nämlich
ἡμᾶς. Vergl. zu 9, 81. — 79, 3.

ποτέρας — αἱρετέον. Das un-
persönlich gebrauchte Adjektivum
verbale ist mit dem Kasus seines
Verbums konstruiert, wie 2, 9 τὰ
ἄλλα πρακτέον ἐστίν. 2, 49 τὰ
τοιαῦτα λεκτέον. 4, 8, 160. Ep. 9,
18 u. öfter. — τοὺς Ἕλληνας i.
e. τοὺς ἄλλους Ἕ. S. zu 9, 56. —
79, 6. ὅταν ἔχῃ κατὰ τρ., wenn
sie in der rechten Weise zu
uns stehen (s. zu § 11). — 79, 7.
ἡμῖν gehört dem Sinne nach auch
zu συμβάλλεται πρὸς εὐδ.

80, 1. τοίνυν leitet hier den
Beweis ein, s. zu 4, 28. — 80, 3.
ἐγχειρίσαι. Vergl. 8. 76 (τὸν
δῆμον εὑρήσετε) οὕτω πιστευόμενον
ὥστε τὰς πλείστας αὐτῷ τῶν πόλεων
ἑκούσας ἐγχειρίσαι σφᾶς αὐτάς, d. h.
nach dem Perserkriege ihnen die
Hegemonie antrugen. S. § 6. § 17
u. öfter. — 80, 4. τοσοῦτον ἀπεῖ-
χον. S. zu § 31. — πολυπραγμ.
περὶ ... sich zu mischen.
Ungewöhnlich ist hier περί, indem
das Verbum sonst mit dem Akku-
sativ verbunden zu werden pflegt.
Doch vergl. Plat. Theait. p. 184 E
ἐμὲ ὑπὲρ σοῦ πολυπραγμονεῖν. Den
blofsen Dativ hat Plut. Eumen. 3
πολυπραγμονεῖν ταῖς τῶν Μακεδό-
νων διαφοραῖς. — 80, 5. ὥστε κ.

ἔπλεον οὔτε στρατοπέδοις ἐντὸς Ἅλυος ποταμοῦ κατέβαινον,
81 ἀλλὰ πολλὴν ἡσυχίαν ἦγον. νῦν δ' εἰς τοῦτο τὰ πράγματα
περιέστηκεν, ὥσθ' οἱ μὲν μισοῦσιν τὴν πόλιν, οἱ δὲ καταφρο-
νοῦσιν ἡμῶν. καὶ περὶ μὲν τοῦ μίσους τῶν Ἑλλήνων αὐτῶν
ἀκηκόατε τῶν στρατηγῶν· ὡς δὲ βασιλεὺς ἔχει πρὸς ἡμᾶς, ἐκ
τῶν ἐπιστολῶν ὧν ἔπεμψεν ἐδήλωσεν.

82   (λη'.) Ἔτι δὲ πρὸς τούτοις ὑπὸ μὲν ἐκείνης τῆς εὐταξίας d
οὕτως ἐπαιδεύθησαν οἱ πολῖται πρὸς ἀρετήν, ὥστε σφᾶς μὲν
αὐτοὺς μὴ λυπεῖν, τοὺς δ' εἰς τὴν χώραν εἰσβάλλοντας ἅπαν-
τας μαχόμενοι νικᾶν. ἡμεῖς δὲ τοὐναντίον· ἀλλήλοις μὲν γὰρ
κακὰ παρέχοντες οὐδεμίαν ἡμέραν διαλείπομεν, τῶν δὲ περὶ
τὸν πόλεμον οὕτω κατημελήκαμεν, ὥστ' οὐδ' εἰς ἐξετάσεις
83 ἰέναι τολμῶμεν, ἢν μὴ λαμβάνωμεν ἀργύριον. τὸ δὲ μέγιστον·

τ. λ. Der nämliche Gedanke in
derselben Form auch 12, 59, zum
Teil auch 4, 118. — ἐπὶ τάδε (s.
zu 9, 6) gleichbedeutend mit dem
folgenden ἐντός. Phaselis war die
Grenzstadt zwischen Lykien und
Pamphylien; der Halys ist der be-
kannte Grenzfluß des lydischen
Reiches. Vergl. zu 4, 118.

81, 1. εἰς τοῦτο τὰ πρ. περ.,
änderten sich die Verhält-
nisse so sehr, wie 5, 55 und 8,
59; ebenso 6, 47 εἰς τοῦθ' ἡ τύχη
τὰ πράγματ' αὐτῶν περιέστησεν,
und 15, 120. Vergl. Maetzner ad
Lycurg. p. 78. — 81, 3. αὐτῶν,
im Gegensatze zu dem folgenden
ἐπιστολῶν, also: aus dem eigenen
Munde der Strategen. Über die
Sache s. § 8. — 81, 5. ἐπιστο-
λῶν ὧν ἔπεμψεν, wohl infolge
jenes Sieges des Chares über die
persischen Truppen, worüber zu
§ 8. — ἐδήλωσεν, ward klar.
S. zu 9, 33.
82, 1. Ἔτι δὲ πρὸς τούτοις.
S. zu 9, 67. — ὑπὸ — εὐταξίας,
unter dem Einflusse jener
wohlgeordneten Verhältnisse
(zur Zeit der älteren Demokratie),
also ὑπό ursächlich, nicht etwa
zeitlich. - 82, 2. σφᾶς μὲν αὐ-
τούς — ἀλλήλους. S. zu 9, 53. —
82, 4. μαχόμενοι. Das Attribut
ist auf das Subjekt des Haupt-

satzes bezogen, das, weil es auch
als Subjekt des Nebensatzes zu
denken ist, in diesem wegfallen
konnte; es gilt hier dasselbe, was
über die Form des Praedikats-
wortes beim Infin. zu 9, 75 be-
merkt ist. Vergl. 5, 66 Κῦρος εἰς
τοσαύτην ἦλθεν μεταβολήν, ὥστε
ἁπάσης τῆς Ἀσίας γενέσθαι δεσπό-
της. Doch findet sich auch der
Akkus., wie 5, 121 λήσουσιν ἡμᾶς
τοσοῦτοι γενόμενοι τὸ πλῆθος, ὥστε
μηδὲν ἧττον αὐτοὺς εἶναι φοβεροὺς
τοῖς Ἕλλησιν ἢ τοῖς βαρβάροις.
Vergl. Lobeck. ad Phrynich. p. 750
not. — τοὐναντίον, scil. ποι-
οῦμεν. S. zu § 76. — 82, 6. εἰς
ἐξετάσεις, zur Musterung in den
Tagen vor dem Ausmarsche und
dem Beginne eines Krieges, denn in
Friedenszeiten ward mit Ausnahme
einer Anzahl Reiter, die mehr zur
Parade bei den Festen dienten, ein
Heer nicht gehalten. — 82, 7. τολ-
μῶμεν, es über uns gewinnen
s. zu 4, 57. — λαμβάνωμεν ἀργ.,
wie ja das für die Teilnahme an
den Gerichten und an den Volks-
versammlungen geschah, was zu
gleichen Anforderungen für den
hier erwähnten Fall geführt haben
mag, freilich ohne Erfolg, denn
von einer solchen Geldentschä-
digung lesen wir sonst nichts.

83, 1. τὸ δὲ μέγιστον, hier

118 (III) ΙΣΟΚΡΑΤΟΥΣ ΑΡΕΟΠΑΓΙΤΙΚΟΣ (7).

τότε μὲν οὐδεὶς ἦν τῶν πολιτῶν ἐνδεὴς τῶν ἀναγκαίων, οὐδὲ e
προσαιτῶν τοὺς ἐντυγχάνοντας τὴν πόλιν κατήσχυνεν, νῦν δὲ
πλείους εἰσὶν οἱ σπανίζοντες τῶν ἐχόντων· οἷς ἄξιόν ἐστι πολ-
λὴν συγγνώμην ἔχειν, εἰ μηδὲν τῶν κοινῶν φροντίζουσιν, ἀλλὰ
τοῦτο σκοποῦσιν, ὁπόθεν τὴν ἀεὶ παροῦσαν ἡμέραν διάξουσιν. 157
84   (λθ'.) Ἐγὼ μὲν οὖν ἡγούμενος, ἢν μιμησώμεθα τοὺς προ-
γόνους, καὶ τῶν κακῶν ἡμᾶς τούτων ἀπαλλαγήσεσθαι καὶ σω-
τῆρας οὐ μόνον τῆς πόλεως ἀλλὰ καὶ τῶν Ἑλλήνων ἁπάντων
γενήσεσθαι, τήν τε πρόσοδον ἐποιησάμην καὶ τοὺς λόγους εἴρηκα
τούτους· ὑμεῖς δὲ πάντα λογισάμενοι ταῦτα χειροτονεῖθ' ὅ τι
ἂν ὑμῖν δοκῇ μάλιστα συμφέρειν τῇ πόλει.

ohne folgendes γάρ oder ὅτι (s. zu
§ 69), wie 5, 95 u. 8, 21, und et-
was anders 15, 319 (Held ad Plut.
Timol. p. 384). Ebenso fehlt die
Partikel nach κεφάλαιον δέ 3, 62,
und anderwärts hinter σημεῖον δέ
(Demosth. 21, 35), τεκμήριον δέ
Demosth. 23, 207 Isai. 11, 40 s.
Krueger zu Thuk. 2, 50), αἴτιον δέ
(Krueger l. l. 3, 93, 2). — 83, 4.
οἱ σπανίζοντες, der Bedürftigen,
während im Griechischen (wie im
Lateinischen) neben Zahlbegriffen
der Genetiv nicht zulässig ist, so-
bald der Zahlbegriff das Praedikat
im Satze bildet. Vgl. 12, 132 φημὶ
τὰς μὲν ἰδέας τῶν πολιτειῶν τρεῖς
εἶναι. 4, 185 σπανιωτέρους ἔσεσθαι
τοὺς μένειν ἐθελήσοντας. Ep. 8, 3

τοὺς μὲν φεύγοντας ὀλίγους ποιεῖν,
τοὺς δὲ συμπολιτευομένους πολλούς,
und so besonders neben substanti-
vierten Participien, wie hier u. 1,
48. 2, 2. 4, 112. 160. 6, 62, 68. 7,
2, 37. 8, 139. 12, 81. 15, 160, 293,
302. Ep. 2, 14. 6, 12. — τῶν
ἐχόντων. S. zu § 55. — οἷς geht
auf σπανίζοντες zurück, also auf
das entferntere Wort. — πολλὴν
συγγν. ἔχ. S. zu 9, 8.

84, 2. κακῶν ἡμᾶς τούτων.
Über die Trennung des Demonstra-
tivs von seinem Nomen hier und
in τοὺς λόγους εἴρηκα τούτους s. zu
9, 74. — 84, 4. τὴν πρόσοδον
ἐποιη. S. zu § 1.

f

KRITISCHER ANHANG.*

Nicht an den einzelnen Stellen ist Erwähnung gethan:

1. des *ν ἐφελκυστικόν* vor Konsonanten, das der Herausgeber nach dem in Rede IV und V im Anschlufs an cod. *Γ.* befolgten und von Br. Keil „Analecta Isocratea" p. 123 entwickelten Grundsatze in Rede [I.] IX. VII, namentlich also am Ende eines Kolon, wie z. B. [I], 4. 5. 12. 24. 26 etc. IX, 38 eingesetzt hat, wodurch vielfach erst die von Isokr. so beliebte Paromoiosis vollständig hergestellt ist, wie z. B. [I], 1. 17. 45. IX, 38. 66. VII, 16. 30. 81.

2. des Hiatus, der sich manchmal in *Γ.* findet und seit Benseler beseitigt ist.

[I.]

§ 1, 3 *πολὺ δὲ μεγίστην [τὴν] διαφοράν] τὴν*, das in allen Handschr. fehlt, aber nach *μεγίστην* leicht ausfallen konnte, conjicierte O Schn. „der Artikel ist notwendig, weil der Begriff *διαφορά* hier nicht zuerst auftritt, sondern in *πολὺ διεστώσας* schon angedeutet ist, was = *πολλὴν διαφορὰν ἐχούσας*." Die Conjectur billigt auch Rauchenstein in Fleckeisen. Jahrb. LXXXI (1860) S. 738.

§ 2, 5 *ὑμᾶς* cod. Ambr. Kor. Tur. Bens.[1] Bl. O Schn. Sand. | *ἡμᾶς Γ.* Bekk. u. J. G. Strange in Jahrb. Suppl. II (1833) S. 77, der aber Suppl. IV (1836) S. 339 *ὑμᾶς* vorzieht.

§ 3, 6 *ἔργον ἐπιχειροῦσιν*] Kor. fügte mit einer Handschr. nach *ἐπιχειροῦσιν* d. Inf. *ποιεῖν* hinzu, um den ungewöhnlichen Akk. zu beseitigen, ebenso Bait. Paneg. praef. p. XV, doch cf. zu uns. Stelle u. Strange l. c. II. S. 78 u. IV. S. 341. *ἔργῳ* ist wegen des entstehenden Hiatus nicht möglich.

---

* Leider sind wir bei Rede [I.] IX. VII. noch auf die Kollation des besten cod. *Γ.* (s. Krit. Anh. zum II. Bändchen S. 158) von J. Bekker angewiesen.

Abkürzungen: (Aufser den a. a. O. angegebenen und hier in Betracht kommenden Ausgaben) Bens.* = Isocratis Euagoras, in usum scholarum edidit et commentariis illustravit G. E. Benseler. Lips. 1834. Bens.¹ = Isocratis Areopagiticus cum priorum annotationibus edidit suasque notas adiecit G. E. Benseler. Lips. 1832.

§ 4, 5 λόγον [μόνον]. In *Γ.* fehlt μόνον u. so schrieben Bekk.
Tur. | λόγον μόνον Vulg. Bens.[1] Bl. OSchn. Sand.
    § 5, 3 τίνων ἔργων]. ἔργων will Bl. (coll. 2, 2. 8, 62) streichen,
doch ist es in 2, 2 schon durch den Parallelismus gefordert, vergl.
Jacob Jahresber. d. Phil. Ver. IV (1878) S. 49.
    § 6, 1 ἀνήλωσεν *Γ.* Die Herausgg. seit Bekk. für ἀνάλωσεν. Vergl.
Bens. ad Areopag. p. 133 seqq., Meisterhans Gr. d. gr. Inschr. S. 78,
v. Bamberg Jahresber. d. Phil. Ver. XII (1886) S. 46. — 5. ἔβλαψεν
Γ. Stobai. Flor. 53, 10. Bekk. Bens.[1] Bl. Keil Anal. Isocr. p. 14 |
in *Γ.* am Rande ἐλυμήνατο, das geringere Handschr. bieten u. Tur.
OSchn. Sand. schrieben und auch Bait. l. c. p. XV wollte.
    § 7, 5 θαρσαλέως] „Isokr. hat an 16 Stellen θαρρεῖν θαρρα-
λέος mit Plato und den neueren Attikern, nicht θαρσεῖν, θαρσα-
λέος mit den älteren Attikern, wie Thukyd., wenngleich wenigstens
15, 121 die beste Handschrift für θαρσήσουσι ist. Das könnte es
rechtfertigen, wenn auch hier θαρραλέως korrigiert' würde." OSchn.
Vergl. Meisterhans l. c. S. 41, der θαρρέω wegen des Eigennamens
Θαρρίας schon den älteren Attikern zuweist; s. v. Bamberg l. c.
XII, S. 18.
    § 9, 5 κινδύνους ὑπέμενεν *Γ.* u. Grammatiker bei Keil p. 15
u. so Kor. Bekk. Bens.[1] Bl. | κινδύνους ὑφίστατο am Rande von *Γ.*,
wofür OSchn. anführte: Thuk. 4, 59, 2. Plut. Mor. p. 32 D. und
so lesen aufser ihm Tur. Sand. und will auch Dind. praef. V.
    § 10, 2 τὸν αὑτοῦ βίον Tur. Bl. OSchn. Sand. Bait. praef. l. c. |
τὸν ἑαυτοῦ βίον *Γ.* Bekk. Bens.[1] cf. Keil l. c. p. 104 ff. — 4. γένει
cod. Scaph. Bait. Tur. OSchn. Sand. Bl. | τῷ γένει *Γ.* Bekk. Bens.[1]
    § 11, 7 γιγνόμενον Tur. Sand. Bl. | γινόμενον Bens.[1] OSchn. |
γενόμενον Bekk. | τινόμενον *Γ.* — 8. ζῴων mit ι subscriptum s.
Krit. Anh. zu 4, 48.
    § 12, 2 ἐνάμιλλος conjicierte OSchn. und nahm Bl. auf, da
Isokr. ἐφάμιλλος (das sonst hier und vor Bekk. 5, 68. 10, 23 ge-
lesen wurde) nicht kennt, vergl. noch 12, 7. 263. — 4. οὐ δυνα-
τόν] οὐ fehlt in *Γ.* | ἀδυνατόν Bekk. — 6. αὔξεσθαι] Fuhr Rhein.
Mus. XXXIII (1878) S. 335 αὐξάνεσθαι. Vergl. Krit. Anh. zu 5, 38.
— 7. δοκεῖς conjic. Bekk., dem Tur. OSchn. Sand. Bl. folgen für
das handschriftliche δοκοίης, das Bens.[1] beibehielt.
    § 13, 6 τοῖς ὅρκοις ἐμμένειν *Γ.* Bekk. Tur. Bens.[1] OSchn. Sand. |
τοῖς νόμοις Bl.
    § 14, 2 τοὺς ἑαυτοῦ Stobai. Flor. 79, 36, Bens.[1] OSchn. Sand.
Keil l. c. p. 104 | τοὺς σεαυτοῦ Bekk. Tur. Bl.
    § 15, 7 κρατεῖσθαι] Bekk. Tur. Bens.[1] OSchn. Sand. | J. G.
Strange Rhein. Mus. V (1847) S. 158 schreibt κατακοσμεῖσθαι und
verbindet nicht τούτοις mit ἅπασι, sondern ergänzt ἀνθρώποις. |
κοσμεῖσθαι Bl. mit Tilgung des vorausgehenden κόσμον, wogegen
Jacob Jahresber. d. Phil. Ver. VI (1881) S. 188, cf. auch Keil. l. l.
p. 123 seq.

§ 16, 2 συνειδήσεις Γ. Stobai. 24, 9 Tur. Bens.[1] O Schn. Sand.
Bl. | γε συνειδήσεις Vulg. Bekk.

§ 18, 2 ταῦτα διαφύλαττε Γ. und alle Herausgg. aufser Bekk.,
der mit d. Vulg. ταῦτα wegläfst. — 3. ἐπιστήμαις] „Wyttenbach
ad Julian p. 174, der, weil ταῖς μελέταις instrumentaler Dativ ist,
auch zu προςλαμβάνειν einen solchen verlangte, wollte προςλάμ-
βανε ταῖς ἐπιμελείαις schreiben; mit Unrecht. Dafs [Isokr.] als
Mittel zu dem προςλαμβάνειν sich die λόγοι (Vorträge) anderer
denkt, erhellt aus der engen Verbindung dieses Satzes mit dem
Folgenden." O Schn.

§ 19, 4 χρημάτων ἀθάνατον Γ. Bens.[1] O Schn. | κτημάτων Bekk.
Tur. Sand. Bl.

§ 20, 1 τῷ λίγῳ δ' εὖ] so schrieb Bl. (cf. auch dessen Attisch.
Bereds. II, S. 257) mit Recht, s. Keil l. l. p. 17 | τῷ δὲ λόγῳ εὖ
mit Hiatus alle anderen.

§ 21, 5 ἀπεχθὴς ἔσει] ἀπεχθήσει mit Cobet Var. lection.[2] p. 515
Bl. — 6. πρὸς αὑτόν Keil l. l. p. 112 adn. 3 (coll. 2, 24. 5, 149) |
πρὸς ἑαυτόν Γ. Tur. Bens.[1] O Schn. Sand. Bl. | πρὸς σεαυτόν Bekk. —
9. πονηροῖς Γ. Tur. Bens.[1] Bl. O Schn. Sand. Bait. | λυπηροῖς Sto-
bai. 5, 55. Vulg. Bekk. — 10. καὶ αὐτόν Γ. Tur. Bens.[1] O Schn.
Sand. | καὶ σεαυτόν Bl. mit Vulg. | καὶ σαυτόν mit Stobai. l. c. Bekk.

§ 22, 6 σιωπᾶσθαι Gasda in Ztschrift f. Gymnasialwes. XXXII
(1878) S. 777 conj. μὴ σιωπᾶσθαι, doch cf. Bl. in Bursian. Jahres-
ber. VIII (1888) S. 187.

§ 24, 1 πρὶν ἄν] πρὶν ἐάν in Γ. verschrieben. — 2. γενέσθαι
codd. und Herausgg.] γενήσεσθαι Kor. Cobet Var. lection.[2] p. 515
Hirschig Annotat. critic. in comic. etc. p. 38 und Madvig advers.
crit. I p. 181 u. 454, doch s. zu uns. Stelle. — 7. δεόμενος τὸ
δεῖσθαι codd. Tur. Bens.[1] O Schn. Bl. | δεόμενος τοῦ δεῖσθαι Kor.
Bekk., doch s. zu uns. Stelle.

§ 25, 1 περὶ τῶν ῥητῶν ὡς ἀπορρήτων ἀνακοινοῦ will Th. Bergk
ad Theogn. v. 73 in Poet. lyr.[4] II, p. 126 nach ἐπιστήσει stellen.

§ 26, 5 ἀτυχοῦσι μὲν cod. Ambr. u. Scaph. Bens.[1] O Schn. Sand.
Bl. Keil. l. c. p. 20 | ἀτυχ. μὲν τοῖς φίλοις scheint Γ. zu haben und
schrieben mit Vulg. Bekk. Tur.

§ 28, 1. 2 Bl. in praef. p. IX schlügt vor: καὶ μὴ κτήματα
und dann κτᾶσθαι (κεκτῆσθαι Stobai. Flor. 94, 19) μόνον δυνα-
μένοις, wogegen Jacob Berlin. Jahresber. VI (1880) S. 188 und
Keil Anal. Isocr. p. 124, der die Lesart des Stobai. κεκτῆσθαι ver-
teidigt.   /

§ 29, 1 τὰ βελτίω Γ. Stobai. Flor. 94, 20 Bekk. Tur. Keil.
l. c. p. 21 | τὰ βέλτιστα gering. Handschr. Bens.[1] O Schn. Sand. Bl. —
3. ἀόρατον] Cobet Var. lection.[2] p. 515 schreibt ἀόριστον, gegen
den Fuhr die Lesart der Handschr. in Animadvers. in orat. Attic.
p. 47 und im Rhein. Mus. XXXIII (1878) S. 574 not. verteidigt. —
5. τοὺς κακούς Vulg. Bekk. Bens.[1] O Schn. Sand. | κακούς Γ. Tur. Bl.

§ 31, 2 πρὸς πάντα Vulg. Bens.[1] Bl. u. Keil l. l. p. 82 | πρὸς πάντας Γ. Bekk. Tur. O Schn. Sand. — 3. φιλόνικος] „So der Ur-binas u. statt des von den übrigen Handschriften gebotenen φιλό-νεικος, was wenigstens unattisch ist. Von νεῖκος abgeleitet, müfste das Wort φιλονεικής lauten, indem die Attiker von Neutris auf ος der dritten Deklination nur abgeleitete Adjektiva auf ης kennen, wogegen Fälle wie φιλόσμηνος, πολύσμηνος, φιλόμισος, πολύανθος, πολύγλευκος, πολυστέλεχος, ἄθαμβος, κακόπαθος und andere (s. Lobeck Paralip. p. 243 seq.) den Dichtern oder der späteren Prosa ange-hören und zum Teil wie δύσριγος (cf. Phrynich. p. 418 Lobeck) von den Atticisten verworfen werden. Aufserdem sprechen für die Ableitung von νίκη, also für φιλόνικος, Stellen wie Xenoph. Mem. 3, 4, 3 φιλόνικός ἐστιν — οὐχ ὁρᾷς ὅτι — νενίκηκεν. Plat. de re-publ. IX p. 582 E. τιμῇ τε καὶ νίκῃ. — ὁ φιλότιμος καὶ φιλόνικος. Aristotel. Rhet. 1, 11 τὸ νικᾶν ἡδὺ οὐ μόνον τοῖς φιλονίκοις, ἀλλὰ πᾶσι und andere (cf. Stallbaum ad Plat. de republ. VIII p. 545 A. und Baiter ad Isocr. Panegyr. § 19), obwohl sich auch hier meist φιλόνεικος geschrieben findet. Um so weniger dürfen Stellen wie Plut. Philop. 17 u. Moral. p. 80 B., wo wie sonst hier δύσερις und φιλόνει-κος verbunden sind, gegen φιλόνικος geltend gemacht werden." O Schn. Cf. auch Krit. Anh. zu 4, 19, 85. — 6. παρὰ τὰ γελοῖα — παρὰ τὰ σπου-δαῖα codd. Tur. u. folg. | περὶ τὰ γελ. — περὶ τὰ σπ. Bekk. — 9. ποιοῦντες μὲν] Victor. (cf. Baiter praef. Panegyr. p. XIV) wollte εὖ einschieben.

§ 33, 7 ἀπαγγέλλοντας codd. Bekk. Tur. Bens.[1] O Schn. Sand. ἀπαγγελοῦντας Kor. Cobet, Variae lection.[2] p. 515, Hirschig annot. crit. in comicos etc. p. 38, Bl., doch s. zu uns. Stelle.

§ 34, 7 ἀλλοτρίου του πράγματος] „Man las bisher ἀλλοτρίου τοῦ πράγ., was man erklärte: περὶ τοῦ πράγματος ὡς περὶ ἀλλο-τρίου (s. zu § 25). Aber τοῦ πράγματος stimmt auch so nicht zu περὶ ὧν. Isokr. braucht freilich sonst die Formen του und τῳ des pronom. indefinit. nur ohne Substantivum, indes vergl. Ando-kid. 2, 1 εἰ μὲν ἐν ἑτέρῳ τῳ πράγματι οἱ παριόντες μὴ τὴν αὐτὴν γνώμην ἔχοντες πάντες ἐφαίνοντο." O Schn. Diese Conjectur billigt Rauchenstein in Fleckeisen. Jahrb. LXXXI (1860) S. 738. | τοῦ πράγμ. alle anderen Herausgg. | — 8. διάνοιαν schrieben mit Pris-cian. XVIII § 158. § 185 (Gr. Lat. vol. III ed. Hertz.) Bens.[1] Bl. O Schn. Sand. | γνῶσιν Γ. Bekk. Tur. | γνώμην Vulg. | Für eins der beiden letzteren entscheidet sich Keil Analect. Isocr. p. 23 adn., doch vergl. Bens. ad Euagor. § 69.

§ 35, 1 ὑπὲρ τῶν σεαυτοῦ cod. Scaph. Bens.[1] Sand. Bl. Keil. l. c. p. 23 | ὑπὲρ σεαυτοῦ Γ. Bekk. Tur. O Schn. — 4. οὕτω δ' ἄν] Bl. schlägt praef. p. X οὕτως ἄν vor (coll. § 25), das Keil. l. l. p. 24 zu billigen scheint, doch ist kein Grund zur Änderung vor-handen cf. auch Jacob Berl. Jahresber. VI (1880) S. 188.

§ 36, 4 βεβαιοτέραν Γ. u. alle Herausgg. | Cobet Var. lection.[2] p. 155 setzt das Adverbium βεβαιότερον ein, doch s. zu uns. Stelle.

§ 37, 3 τῶν κοινῶν ἐπιμελειῶν] Bl. praef. p. X schlägt τῆς τῶν κοινῶν ἐπιμελείας vor (coll. 7, 25), wogegen Jacob l. c. p. 188. — 7. καὶ αὐτός] Naber, Mnemosyne N. F. VII (1879) p. 49 conjiciert κἂν αὐτός. — οἷά περ ἂν Vulg. Bekk. Tur. Bl. Vergl. die Lesart 5, 115. | οἷα ἂν Γ. Bens.¹ | οἷ᾽ ἂν OSchn. Sand. § 38, 1 δύνασθαι Γ. Kor. Bekk. Tur. Bens.¹ Sand. u. OSchn., der es so verteidigt: „Bens. riet früher zur Beseitigung des Hiatus, der jedoch hier durch die Interpunktion entschuldigt ist [cf. zu § 3], aus älteren Ausgaben [Vulg. vor Kor.] δυνάμενον aufzunehmen. Das würde aber eine ganz ungewöhnliche Konstruktion geben, indem παρασκευάζειν ἑαυτόν oder παρασκευάζεσθαι wie alle Verba, welche die Aneignung einer Befähigung bezeichnen, ausschliefslich mit dem Infinitiv, nicht mit dem Particip, als Stellvertreter eines Objektsatzes verbunden wird cf. Isokr. 18, 58 οὕτω παρεσκεύασται πολιτεύεσθαι. Ganz anderer Art ist Xenoph. Kyrop. 1, 6, 18 τὸν στρατηγὸν ἀναδέχομαι στρατιώτας τὰ σώματα ἄριστα ἔχοντας παρασκευάζειν. ebenso Plut. Koriol. 35 οὕτω διανοοῦ καὶ παρασκεύαζε σεαυτόν, ὡς τῇ πατρίδι μὴ προςμῖξαι δυνάμενος, und die zahlreichen Stellen, wo παρ. ein Particip des Futur. mit oder ohne ὡς an Stelle eines Absichtssatzes neben sich hat, worüber Jacobs ad Achill. Tat. p. 413 seq." | δυνάμενον Bl. — 2. τὸ ἴσον Γ. u. alle Herausg. | ἴσον will Bl. praef. X nach dem zu uns. Stelle Angeführten. — 5. τὸ δὲ OSchn. Bl. nach Γ₁ τὸ δὲ oder τὰ δὲ | ἡ δὲ Vulg. Bekk. Tur. Bens.¹ Sand. — 6. μὲν τοῖς φαύλοις Γ. u. alle Herausgg. aufser Bl., der καὶ τοῖς φαύλοις mit Kor. (coll. 2, 32) schreibt. — 7. τούτου Γ. Tur. Bens.¹ OSchn. Sand. Bl. | ταύτης Vulg. Bekk.

§ 40, 3 τῷ σώματι μὲν εἶναι Bl. mit Berufung auf die von OSchn. zu 7, 44 angeführten Stellen für das handschriftliche τῷ μὲν σώματι εἶναι (so alle Herausgg.) mit Hiatus. Fuhr Animadvers. in orat. Attic. p. 49 not. will diesen durch Nachstellung des εἶναι hinter φιλόποινος vermeiden, wie schon Bens. ad Areopagit. p. 396 es that. Sandys vergleicht wegen des durch ι im Dativ der dritten Deklination bewirkten Hiatus § 49 παντὶ ἐλαττουμένους.

§ 42, 1 νόμιζε — περίλυπος hat Γ. schon nach διανοίας in § 41.

§ 43, 7 σπουδαίοις ἀπένειμεν Γ. Tur. Bens.¹ OSchn. Sand. | σπουδαίοις ἡ φύσις ἀπένειμεν Vulg. Bekk. Bl.

§ 44, 6 συμβουλεύοντα] συμβουλεύσοντα will Cobet Var. lection.² p. 515, doch s. zu uns. Stelle.

§ 45, 7 ἄλλην παιδείαν Γ. Tur. OSchn. Bens.¹ Sand. Bl. | ἄλλην σου παιδείαν Vulg. Bekk.

§ 46, 2 παροξυνθείης] παροξυνθείη Γ. — ὀρέγεσθαι hat Γ. am Rande von der ersten Hand in Uncialen, im Texte dagegen ὀρεχθῆναι (Vulg. Bekk. Stobai. Flor. 5, 5). Buermann „Die handschriftl. Überlieferung des Isokrat." II (1886) S. 5 führt noch eine ganze Reihe von solchen in Uncialen von der ersten Hand selbst mit

der Tinte des Textes gemachten Randbemerkungen an. — 3. *γνη-
σίως*] *γνησίας* Kor.

§ 47, 2 *ἐλυπήθησαν* Γ. Bens.[1] Bl. OSchn. Sand. | *ἐλυπήθημεν*
Vulg. Bekk. 'Tur. — 5. *διὰ τὰ πράγματα* Γ. Tur. Bens.[1] OSchn.
Sand. | *δι' αὐτὰ τὰ πράγματα* Vulg. Bekk. Bl. — 6. *ἕνεκα* Vulg.
Bens.[1] OSchn. Sand. | *ἕνεκεν* Bekk. Tur. Bl. | *ἕνεκα* ist das ältere
(cf. Meisterhans Gr. d. gr. Inschr. S. 103 f.) und auch in d. Hand-
schriften des Isokr. das gewöhnliche (cf. Benseler ad Areopagitic.
p. 351; § 28 *ἕνεκεν* am Schlufs eines Kolons) vergl. auch Voemel
Demosth. Concion. praef. p. 135 seqq.

§ 48, 4 *ἀμελεῖν διὰ τὸ πολλούς* Γ. Bekk. Tur. Bens.[1] OSchn.
Sand. | *ἀμελεῖν ἢ πολλούς* Vulg. Bl. und Jacob Berl. Jahresb. l. c.
S. 188, der mit J. G. Strange (oratio ad Demonicum [Köln 1831]
p. 39) Isokr. 19, 27 *οἷόν τ' ἦν ἢ δοκεῖν ἀμελεῖν* anführt. — *φή-
σαντας* codd. Tur. Bens.[1] Bl. OSchn. Sand. | *φάσκοντας* Vulg. Bekk.

§ 49, 3 *ἐλαττουμένους*] Naber Mnemosyne N. F. VII (1879) p. 49
πλαττουμένους (coll. 9, 21). — *οὐ φαύλους*] Das *οὐ* will Bait. in
ed. Tur. (coll. 4, 138. 8, 24. 15, 33. 70. Ep. 2, 15) tilgen; mit
ihm Bl. — *φήσωμεν* Γ. Bens.[1] OSchn. Sand. | *φήσομεν* Bekk. Tur. Bl.

§ 51, 2 *χρωμένους* Bekk. Tur. Sand. Keil l. c. p. 82 und OSchn.
„Für *χρωμένους* giebt Γ. [so Bens.[1]] *χρωμένοις* eine Konstruktion,
die zwar bei anderen nachweisbar ist (Maetzner ad Dinarch. p. 169,
Schoemann ad Isae. p. 380), aber nicht bei Isokr., der nur *δεῖ
με ποιεῖν τι* sagt. Hier ist der Dativ schon des vorhergehenden *οἷς*
wegen kaum zulässig." | *χρώμενον σ' ὀρέγεσθαι* Bl.

§ 52, 5 *μόλις*] Dafür schlägt J. Winter in Symb. philolog.
(Jubiläumsschrift für Spengel) München 1877 p. 12 seq. *μάλιστα*
vor, von Bl. in Bursian. Jahresber. IX (1877) S. 268 gebilligt.

IX.

§ 1, 3 *μουσικῇ*] „Morus, der *μουσικῆς* (nämlich *ἀγῶσιν*) lesen
wollte, mufste konsequent auch *χορῶν* schreiben. Am einfachsten
wäre es freilich *μουσικοῖς* zu vermuten; doch dem widerspräche
Pollux Onomasticon III, 142 *οἱ Ἀττικοὶ οὐ ῥαδίως λέγουσιν ἀγῶνας
μουσικοὺς ἀλλὰ μουσικῆς* cf. Meineke Vindic. Aristophan. p. 225."
OSchn.

§ 3, 3 *εὐκόλως* mit Γ. Bekk. Tur. Bens.[1] Bens.* OSchn., wie 12, 31
224 | *εὐκλεῶς* Vulg. Stobai. Flor. 51, 29 Bl. — 4. *αἱρουμένους*]
αἱρομένους Γ. — 5. *πάντα ποιοῦντας*] Naber Mnemosyne N. F. VII
(1879) p. 68 conjic. *πᾶν ποιοῦντας*.

§ 5, 6 *ὧν ἄν*] *ὧν* tilgt Naber l. c. p. 68.

§ 6, 4 *ὑπερβάλλῃ* Γ₁. Bekk. Tur. Bens.[1] Bens.* Bl. OSchn. | *ὑπερ-
βάλῃ* Bl. in praef. p. XLVII | *ὑπερβάλληται* Γ. von späterer Hand. |
ὑπερβάληται Vulg. — 9. *ἢ τούτους* Γ. Bens.[1] Bens.* OSchn. | *ἢ τούτων*
mit geringeren Handschriften Tur. Bl. u. Kayser in Fleckeisen. Jahrb.

LXXIII (1856) S. 374. | ἦ [τούτους] Bekk. | ἦ τοὺς Cobet Nov. lection. p. 309 und Naber l. c. p. 79 | ἤ τι τούτων Vulg. mit Zusatz von ἀποδέχεσθαι nach τυγχάνουσιν.

§ 7, 2 τοὺς νοῦν] So Γ. und d. Herausg. aufser Bens.*, der mit Vulg. τούς γε νοῦν schreibt. Fuhr Rhein. Mus. XXXIII (1878) S. 346 hat als Gebrauch bei Isokr. beobachtet, dafs er nie nach οὐ μὴν noch γε setzt, wenn nicht μέν vorherging, ausgenommen wenn οὐδὲ folgt (wie 12, 183. 15, 78 Ep. 8, 7), oder wenn das dritte Wort ein Verbum ist wie 5, 61. 12, 198. — 4. περὶ ὧν Bekk. folgg., aufser Bens.*, der mit Γ. καὶ περὶ ὧν schreibt.

§ 14, 5 ὑπερέβαλλεν Γ. Bekk. folgg. | ὑπερέβαλεν Vulg. und J. Wrobel Zeitschrift für Österr. Gymn. XXVI (1875) S. 635.

§ 15, 1 τυχόντες Γ. im Texte u. alle Herausgg., am Rande in Uncialen (cf. Buermann II. S. 5) ἁπάντων. — 4. ἐκεῖνόν τε τὸν χρόνον — ἐπειδὴ δὲ Γ. Tur. Bens.¹ Bens.* OSchn. und Sauppe Jahns Jahrb. VII (1832) S. 77 | ἐκεῖνον μὲν τὸν χρόνον — ἐπειδὴ δὲ Bekk. | ἐκεῖνόν τε τὸν χρ. — ἐπειδή τε Bl., der auch in der an unserer Stelle angeführten Parallele 12, 212 statt δ' εἰς korrigiert τ' εἰς. | Fuhr Rhein. Mus. l. c. S. 347: „Wenn man 9, 15 bessern mufs — und vielleicht ist dies nötig, da die Rede zu den älteren ungefähr um 370 gehört — so ziehe ich vor τε mit cod. Δ [Vatic.] wegzulassen vergl. 12, 16 ἐν ἐκείνοις τε τοῖς χρόνοις — νῦν τε Vulg., ἐν ἐκείνοις τοῖς χρόνοις — νῦν δὲ Γ., nicht δὲ in τε zu ändern.‟

§ 16, 5 ἀθανάτῃ Γ₁ Bekk. Tur. Bl. OSchn. u. Rauchenstein in Fleckeisen. Jahrb. LXXXI (1860) S. 739 | ἀθανάτῳ Bens.¹ u. Bens.*

§ 17, 1 τούτοιν in Γ. korrigiert; alle Herausgg. | τούτων Γ₁. — ἑκατέρου Γ₁. Bekk. folgg. | ἑκατέροιν Vulg. mit geringeren Handschr. — 6. ἑκατέρων Bens.¹ Bens.* Bl. OSchn. | ἑκατέρωθεν Vulg. Bekk. Tur.

§ 20, 4 κατασκευάσασθαι τὰ περὶ so mit cod. Ambrosianus. Bekk. u. die folg. | κατασκευάσασθαι περὶ Γ. | καταθέσθαι τὰ περὶ Vulg., was schon Kor. ändern zu müssen meinte.

§ 21, 1 οὕτω δὲ τῶν cod. Scaphus. Vulg. Sauppe in ed. Tur. Bens.¹ Bl. OSchn. | οὕτω δὲ καὶ τῶν Γ. Bekk. Tur. Bens.*

§ 22, 5 ῥώμης τοὺς ἀγῶνας Bekk. folgg. aufser Bl., der τοὺς θεασαμένους τοὺς ἀγῶνας conjiciert. | ῥώμης ἅπαντας τοὺς ἀγ. Γ. ἅπαντας, welches aus der vorigen Zeile fälschlich wiederholt scheint, ist aber auch sonst von den Schreibern zur Ausschmückung der Rede hinzugefügt vergl. Bens. ad Areopagit. p. 244.

§ 23, 2 ἀνδρεία für ἀνδρία (das alle Herausgg. schrieben) s. Krit. Anh. zu 4, 49. — 3. ὥσπερ ἑτέροις τισίν Tur. Bens.¹ Bl. OSchn. | ὥσπερ ἄλλοις τισίν Aristeid. Rhet. vol. I. p. 102, 8 doch s. zu uns. Stelle. | ὥσπερ ἑτέροις Γ. Bekk. Bens.* | ὥσπερ ἐν ἑτέροις τισίν Vulg.

§ 24, 1 ὁπότε μὲν] μὲν fehlt in Γ.

§ 28, 6 λέγοντες Γ. Bekk. folgg., in Γ. am Rande in Uncialen (cf Buermann l. c.) λέγουσιν — Vulg.

§ 29, 3 μέλλοντος γὰρ *Γ*. Bens.¹ Bl. OSchn. Sauppe in Jahns Jahrb. VI (1832) S. 68 u. Fuhr Rhein. Mus. XXXIII (1878) S. 348 | μέλλων τε mit Vulg. Bekk. Tur. Bens.* — 4. πόλιν *Γ*. Bekk. Tur. Bens.* Kayser in Fleckeis. Jahrb. LXXIII (1856) S. 371. | πρᾶξιν Vulg. Bens.¹ Bl. OSchn.

§ 30, 2 ὀχυρόν *Γ*. Bekk. Tur. Bens.* OSchn. | ἐχυρὸν Bens.¹ in praef. p. XXV. not. 3 (coll. 6, 74). Bl. — 3. ἐν ἀσφαλείᾳ *Γ*. Bekk. folgg. | ἐπ' ἀσφαλείᾳ Vulg. | ἐν ἀσφαλεῖ wollte Cobet Nov. lection. p. 555. — 4. εὐθὺς sah Kor. fälschlich (cf. zu uns. St.) als Interpretamentum von ὥσπερ εἶχε an. — 6. προςέβαλε Bekk. Tur. OSchn. Kayser in Fleckeis. Jahrb. l. c. S. 375 | προςέβαλλεν *Γ*. | προσέβαλλε Bens.¹ Bens.* Bl.

§ 32, 3 πρὸς ἅπαντας [τοὺς ἐχθροὺς]. „τοὺς ἐχθροὺς ist wohl aus der folgenden Zeile hier irrtümlich wiederholt, wenigstens stört es hier die Konformität der Glieder und ist, weil sich von selbst verstehend, ganz entbehrlich.“ OSchn. Ebenso auch 'Sauppe in orat. Attic. Bens.¹ Bl. und Kayser l. c. S. 366, der καὶ μετ' ὀλίγων ἅπαντας τοὺς ἐχθροὺς und καὶ vor τοὺς im folgenden tilgen will. — 4. ἑλὼν *Γ*. Bekk. Tur. Bens.* OSchn. Kays. l. c. | ἑλεῖν Bens.¹ Bl. — καὶ τοὺς ἐχθροὺς Bekk. Tur. Bens.* OSchn. | καὶ τούς τ' ἐχθροὺς Bens.¹ Bl. | Sauppe in Epist. crit. ad Godofr. Hermannum p. 124 schreibt: καὶ μόνος πρὸς πολλοὺς καὶ μετ' ὀλίγων πρὸς ἅπαντας, πρὶν ἑλεῖν τὸ βασίλειον καὶ τούς τ' ἐχθροὺς ἐτιμωρήσατο καὶ τοῖς φίλοις ἐβοήθησεν. „priusquam regiam cepit atque cum inimicos ultus est, tum amicis subvenit.“

§ 33, 2 καταλείποιμι *Γ*. Bekk. Tur. Bens.¹ OSchn. | καταλίποιμι Vulg. Bens.* Bl. und Cobet Nov. lection. p. 526. — 4. τῶν ἐκείνῳ πεπραγμένων] ἐκείνῳ läfst *Γ*₁ weg und so Bl. — 5. τούτων ἐκ] τούτων γ' ἐκ Naber l. c. p. 68.

§ 34, 7 ἐπὶ τούτων] Kor. wollte περὶ τούτων mit Unrecht s. zu uns. St.

§ 36, 8 περιγεγενημένοι *Γ*. Bens.¹ OSchn. | περιγενόμενοι Bekk. Tur. Bens.* Bl. Kayser. Fleckeis. l. c. S. 373.

§ 37, 2 τὸν Μῆδων Vulg. Tur. folgg. [In *Γ*. ist die letzte Silbe korrigiert.] | Μήδους Bekk., wogegen Sauppe in Jahns Jahrb. l. c. S. 65 not., der aufser § 64 vergleicht 10, 68 u. 12, 106. — 3. καὶ πλεῖστοι *Γ*. Bekk. Tur. Bens.¹ Bl. OSchn. | οἱ πλεῖστοι Vulg. Bens.* „certe articulum ante πλεῖστοι desidero (ut sententia sit: plurimi vel maxime, admirantur); qui si legitur καὶ propter hiatum melius abest.“

§ 38, 1 στρατηγίας] In *Γ*. korrigiert; Tur. Bens.¹ Bens.* Bl. OSchn. | στρατηας *Γ*₁. | στρατείας Vulg. Bekk.

§ 40, 6 ῥήτωρ ἢ ποιητὴς ἢ λόγων ποιητής] ῥήτωρ wollte Kor. u. Dobree streichen, da es dasselbe wie λόγων εὑρετής sei, doch vergl. zu uns. Stelle. Auch Bl. läfst es fort.

§ 41, 1 ὑπερβαλλόμενος *Γ*. Bekk. Tur. Bens.¹ OSchn. | ὑπερβαλόμενος Bens.* Bl. wegen des folgenden γενόμενος. — 6. εἰ καλῶς —

καλῶς Γ. Vulg. Bekk. Tur. Bens.[1] Bens.* O Schn. | εἰ καλῶς —
ὁμοίως Bl. (in 2 codd. findet sich vor dem zweiten καλῶς ein ὁμοίως)
und so schon Tur. in adnot. | αὐτῷ hat Bens. (coll. ad Areopagit.
p. 220) korrigiert. | αὐτῷ Vulg. Bekk.

§ 42, 2 εἶχεν] „ἔχειν videtur habere Γ.“ Bekk. — τῶν ὄντων]
τῶν παρόντων Bl. in praef. p. XLVIII. — 4. καὶ καρτερίαις sind
in Γ. von erster Hand weggelassen und schlofs Bekk. (auch Dind.)
in Klammern ein, Bens.[1] läfst sie aus (cf. denselben ad Areopagit.
p. 365) und auch Kayser in Fleckeisen. l. l. p. 360, doch behält Bens.*
sie bei, ebenso Tur. Bl. O Schn. | καὶ ταῖς καρτερίαις Vulg. — 5. παρέ-
λιπεν Bekk. Tur. Bens.[1] O Schn. | παρέλειπεν Kor. Bens.* Bl.

§ 43, 5 ὑπ’ ἐκείνου] Kor. wollte ὑπ’ ἐκείνῳ, doch s. zu uns. St.

§ 44, 4 προσώπου] Cobet Nov. lection. p. 615 wollte μετώ-
που lesen, doch s. zu uns. St.

§ 45, 2 τυχήν] Nach diesem Worte fügt Br. Keil Analect.
Isocr. p. 54 ad. 3 aus Aristot. Rhet. I, 9 ὑπάρχουσιν hinzu, doch
fehlt dies in Γ. u. den übrigen Mss. u. bei Stobai. Flor. 48, 48.

§ 46, 3 ἐξειλεγμένος Γ. Herausgg. | ἐκλεγόμενος Vulg. Stobai.
l. c. Keil. l. c. adnot. 7. — 4. τῆς πόλεως ὅλης Γ. Bekk. Tur. Bens.[1]
Bl. O Schn. | τῆς πόλεως Stobai. l. c. Vulg. Bens.* und ad Areo-
pagit. p. 109. Keil. l. c. adn. 8. — 5. μεγαλόφρων Γ. Bekk. Tur.
O Schn. | τυραννικός Vulg. Bens.[1] Bens.* Bl. nach Stobai. Flor. 48, 57
und Kayser Fleckeisen. l. c. p. 360.

§ 47, 2 τὴν Φοινίκων Bens.[1] O Schn. cf. Bremi Excurs. IV
τὴν τῶν Φοινίκων Kor. Bekk. Tur. Bens.* Bl. — 3. χρωμένην] Am
Rande von Γ. findet sich die Interpretation (die im cod. Vatic. steht)
διὰ τὸ μὴ ἐμπορεύεσθαί τινας παρ’ αὐτῶν διὰ τὴν ὠμότητα αὐτῶν.
εἰ δέ τις οὖν εἴποι καί. — 7. μηδεμιᾶς „ist vielleicht in μηδὲ μιᾶς
zu verwandeln. Denn μηδεμία πόλις ist keine Stadt, was hier un-
denkbar ist, dagegen μηδὲ μία πόλις keine (keine einzige) Stadt,
ebenso οὐδείς keiner, οὐδὲ εἷς kein einziger (cf. Stallbaum ad
Plat. Symp. p. 214 D.); daher μηδ’ ἐν μιᾷ (2, 19. 15, 238). μηδ’
ἐξ ἑνός 5, 3. μηδὲ περὶ ἕν 6, 76. 9, 43. 15, 164. μηδὲ περὶ ἑνός
6, 4, 25. 9, 52. 12, 160, 213. οὐδὲ πρὸς ἕν 3, 51. 5, 35. 9, 44.
11, 16. 12, 111. οὐδ’ ὑφ’ ἑνός 3, 32. 12, 127. 15, 110. οὐδ’ ἂν
εἷς 15, 223. 21, 20; vergl. μηδ’ ἐν ἑτέροις 1, 42.“ O Schn. [Bei-
spiele aus anderen giebt Rehdantz Demosth. Ind.[2] s. v.] Dagegen
Rauchenstein l. c. S. 742.

§ 48, 4 οὐ δέδοικα, μή] Naber l. l. p. 68 οὐ δ., μὴ οὐ.

§ 49, 3 [τὴν νῆσον]. Dieses strichen Orelli in Antidos. p. 251
und Hirschig annotat. critic. p. 44 und Jacob Berl. Jahresb. II
(1876) S. 9: „(behält man τὴν νῆσον bei), so mufs man fragen,
was denn mit Umgegend von Kypros gemeint sein soll, da Nachbar-
inseln nicht vorhanden sind und von einem civilisatorischen Ein-
flufs des Euagoras auf Kilikien und Syrien, selbst wenn diese
Länder mit τόπος περιέχων bezeichnet werden könnten, doch nicht

die Rede sein kann." | τὴν νῆσον alle Herausgg. — πραότητα] Über
das ι subscript. s. Krit. Anh. zu 4, 102. — 4. πρὶν μέν γε] Nach
dem zu uns. St. Angeführten ist die Conjectur von Lüth „de par-
ticula πρίν apud orat. Atticos" p. 21 πρὶν μὲν γὰρ, was übrigens
schon H. Wolf und wieder Naber Mnemosyne l. c. p. 69 conjicierten,
nicht nötig. — 6. οἵτινες Γ. Bekk. Tur. Bens.¹ Bl. OSchn. | οἵ-
τινες ἄν Bens.*

§ 50, 6 καὶ τῶν περὶ τὴν ἄλλην παίδευσιν Vulg. Bens.¹ Bens.*
Bl. OSchn. | τῶν lassen mit Γ. Bekk. Tur. weg.

§ 51, 4 κουφοτέραν καὶ νομιμωτέραν Γ. Bekk. u. alle folgg.;
in Γ. am Rande in Uncialen: κοινοτέρ(αν) | κοινοτέραν καὶ νομιμω-
τέραν Vulg., wofür (mit Bens. ad Areopagit. p. 182) Bl. in praef.
p. XLVIII. Isokr. 10, 36. 7, 70 anführt, dann selbst noch vermutet:
κουφοτέραν καὶ κοινοτέραν.

§ 52, 2 δυστυχήσας so nach Aristot. Rhet. II, 23 coll. 5, 62.
Bens.¹ (cf. praef. p. XXXIX adn. 9) OSchn. Keil.´ p. 55 adn. 1. |
δυστυχήσας τῆς πόλεως Γ. | δυστυχησάσης τῆς πόλεως Vulg. Bekk.
Tur. Bens.* u. Kayser Fleckeis. Jahrb. l. c. S. 371 (coll. 16, 40).

§ 53, 3 ἔφθασαν Bekk. u. alle folgg. (cf. Keil. l. c. p. 16) s.
Krit. Anh. zu 4, 86.

§ 55, 2 ὅ τι χρήσωνται τοῖς πράγμασιν Bekk. Tur. Bens.¹ Bl.
OSchn. | ὅ τι χρήσονται τοῖς παροῦσιν Bens.* — 4. τὸν πόλεμον τὸν
πρὸς τοὺς Λακεδαιμονίους] τὸν πρ. τ. Λακ. möchte Bl. praef. p. XLIX
streichen. — 5. καταστήσαιντο στρατόπεδον Γ. Bekk. Tur. Bens.*
OSchn. | στρατόπεδον καταστήσαιντο Vulg. Bens.¹ Bl. u. Kayser l. c.
p. 360. — 6. τὴν ἤπειρον μόνον Γ. Bekk. Tur. Bens.¹ Bl. OSchn. |
τὴν ἤπειρον μόνην Vulg. Bens.*, doch s. zu uns. St. — 7. κρα-
τήσειαν Bekk. Bens.¹ Bens.* Bl., wie wir auch 4, 84 gegen Γ. korri-
giert haben (cf. daselbst Krit. Anh. und noch Baiter in Bremis
Ausg. p. 204).

§ 56, 4 τῆς τε παλαιᾶς] τε fehlt in Γ₁. — 6. αὐτόν τε παρα-
σχόντος Bekk. Tur. Bens.* OSchn. Kayser Fleckeis. Jahrb. l. c.
S. 358. | τοῦτο παρασχόντος Γ. Bens.¹ | τοῦτο τε παρασχόντος Bl.

§ 57, 7 πλείονος Bens.¹ Bens.* Bl. OSchn. | πλέονος Γ. Bekk.
Tur. u. ebenso § 73. Vergl. Krit. Anh. zu 7, 37.

§ 59, 2 ἐκ — πραγμάτων] Nach dem zu uns. Stelle Ange-
führten ergiebt sich, dafs die Conjectur von H. Wolf, der ὁρμη-
θέντας hinzusetzen wollte nach Analogie von 8, 116 τὼ πόλει τούτω
ἐκ ταπεινῶν πραγμάτων ἑκατέραν ὁρμηθεῖσαν ἄρξαι τῶν Ἑλλήνων,
oder von 7, 7 ἐκ φαύλων καὶ ταπεινῶν πόλεων ὁρμηθέντες.

§ 62, 6 τὰς αὐτῶν] τὰς läfst Γ₁. weg.

§ 64, 5 ἤν] läfst Γ₁. weg.

§ 66, 2 σκοποῖμεν Γ. und schon Kor., dann Bekk. Tur. Bens.¹ Bl.
OSchn. | σκοπῶμεν Vulg. Bens.* | σκοποῦμεν Naber l. c. p. 50. —
4. ὅς] fehlt in Γ. und will Sauppe Jahns Jahrb. VI (1832) S. 75
streichen.

§ 67, 2 πρᾳύτερον mit ι subscript. s. Krit. Anh. zu 4, 102 u. 5, 116.

§ 69, 6 ἀπορίαν ἄν alle Herausgg.] ἄν fehlt in Γ. | ἄν ἀπορίαν will J. G. Strange in Jahns Jabrb. Supplem. III (1834) S. 610. — ἀεὶ γὰρ Γ. Bekk. folgg., in Γ. am Rande in Uncialen τουτο γαρ. — 7. διάνοιαν Bens.[1] Bens.* Bl. OSchn. u. Kayser l. c. S. 368 und am Rande von Γ. in Uncialen cf. Buermann II, S. 5. | γνώμην Γ. Bekk. Tur. cf. Krit. Anh. zu 1, 34.

§ 70, 1 προγεγενημένων] γεγενημένων Γ₁. — 5. εὑρήσομεν ταῖς] εὑρήσομεν ημειν ταῖς Γ. — 7. μακαριστότατος mit cod. Vatic. Vulg. Bens.[1] Bens.* (coll. 8, 143) Bl., das besser zu dem folgenden τί γὰρ ἀπέλιπεν εὐδαιμονίας zu passen scheint. | μακαριώτατος Γ. Bekk. Tur. OSchn.

§ 71, 3 πλὴν εἰ — γέγονεν will Naber l. c. p. 76 tilgen. — 7. διετέλεσε τὸν βίον Γ. Bekk. Tur. Bens.* OSchn. | τὸν βίον διετέλεσεν cod. Vatic. Vulg. Bens.[1] Bl. Kayser in Fleckeis. Jahrb. l. c. S. 360.

§ 72, 4 γεγονότων Γ. Bekk. folgg. | in Γ. am Rande in Uncialen γενομένων = Vulg. — 5. οὐδένα Bekk. Tur. Bens.* OSchn. Kayser l. c. S. 374 | οὐδὲν Γ. Bens.[1] (cf. praef. p. XLVIII not. 6: „scil. τέκνον“) Bl. — 7. περί τινος] περί τινας Γ. u. so Bens.* — προγεγενημένων mit cod. Vatic. u. Vulg. Bens.[1] Bens.* Bl. Kayser l. c. S. 372 u. Naber l. c. p. 69 vergl. § 70. | γεγενημένων Γ. Bekk. OSchn. — 9. δαίμων θνητός Γ. Bekk. Tur. Bens.[1] Bl. OSchn. | δαίμων, ἀλλ' οἱ θνητός Vulg. Bens.*

§ 73, 5 ἡγοῦμαι καλὰ μὲν εἶναι Γ. Bekk. Tur. Bens.* Kayser l. c. S. 366 u. Keil, Anal. Isocrat. p. 55 adn. 7. | ἡγοῦμαι μὲν καλὰ μὲν εἶναι nach der Conjectur in der Aldina Bens.[1] Bl. (coll. Stobai. Flor. 81, 10 ἡγοῦμαι μὲν εἶναι καλὰ μνημεῖα) OSchn., der für ἡγοῦμαι μὲν in προκρίνω δὲ den Gegensatz fand, doch s. zu uns. St. — 6. πλείονος cf. Krit. Anh. zu § 57.

§ 74, 6 ἐξενεχθῆναι θ' οἷόν τε conjicierte Kayser in Fleckeisen. l. c. S. 358, dem auch Bl. folgte. | ἐξενεχθῆναι οἷόν τε mit Hiatus Bekk. Tur. OSchn., der sich gegen Bens., welcher in beiden Ausgaben ἐξενεχθῆναι streicht, wendet: „Benselers Heilmittel, ἐξενεχθῆναι zu streichen, ist wegen καί (διαδοθέντας), was unmöglich 'auch' sein kann, unzulässig. Vielleicht aber ist ein zu τοὺς λόγους gehöriges τούτους (d. h. τοὺς τεχνικῶς ἔχοντας s. § 73 extr.) vor οἷον ausgefallen, wie denn Isokr. öfter durch solche Verstellung des οὗτος dem Hiatus begegnet. Vergl. 15, 151 τὸν βίον ἡδίω νομίσας εἶναι τοῦτον ἢ τὸν κ. τ. λ. 15, 304 τῆς μὲν ταραχῆς παύσεσθε ταύτης οὐχ οὕτω κ. τ. λ. 7, 84 τοὺς λόγους εἴρηκα τούτους. ὑμεῖς δέ, obwohl dieselbe Stellung auch ohne diesen Grund vorkommt, wie 6, 77 τῶν λόγων μόνον ῥηθέντων τούτων. 5, 136 τὴν στρατείαν ποιεῖσθαι ταύτην. 12, 271 τὸν λόγον ἀποδεχομένους τοῦτον u. öfter cf. J. G. Strange in Jahns Jahrb. Supplement. II (1833) S. 240." Die Conjectur von OSchn. τούτους vor οἷον billigt Rauchenstein a. a. O.

S. 738. | *ἐξενεχϑέντας* conjicierte endlich Jacob in Fleckeisen. Jahrb. CIX (1874) S. 159.

§ 75, 2 *καὶ γεγραμμένοις Γ.* und alle Herausgg. aufser Bl., der die Lesart der Vulg. *καὶ τοῖς γεγραμμένοις* einsetzt. — 3. *τῶν ἄλλων* hat O Schn. mit A. Auger (Isocratis opera omnia Paris 1782) und Kor. geschrieben: „Im gewöhnlichen Verkehr freilich übt der eine auf den anderen einen Einfluſs durch seine Reden; wo aber einer die den Charakter eines anderen zur Darstellung bringende Rede eines Redners liebt oder hört, da ist der Einfluſs kein wechselseitiger, also das Pronomen reciprocum [*τῶν ἀλλήλων*, das alle anderen Herausgg. haben] hier unzulässig.“ O Schn. — *φύσιν Γ.* Bekk. folgg., in *Γ.* am Rande in Uncialen: *ῥωμην.* — 4. *μιμεῖσϑαι Γ.* (am Rande in Uncialen vergl. Buermann l. c. S. 5: *τεκμερε(σϑαι)* und *αι* über *μερ* von zweiter Hand hinzugefügt). Vulg. Bekk. Tur. Bens.* Bl. | *τεκμαίρεσϑαι* Bens.[1] O Schn., wogegen auch Kayser l. c. S. 370 | *ἐκμάττεσϑαι* oder *ἀπομάττεσϑαι* Dobree; das erstere billigt Jacob in Berlin. Jahresber. II (1876) S. 9.

§ 76, 4 *ταύτην τὴν παράκλησιν Γ.* Vulg. Bens.[1] Bens.* O Schn. | *ταύτην παράκλησιν* mit cod. Vatic. Kor. Bekk. Tur. Bl. — 6. *συνδιατρίβειν*] Naber l. c. p. 79 will *ἐνδιατρίβειν.* Doch cf. Krit. Anh. zu 4, 158.

§ 79, 4 *ἁμιλλωμένοις Γ.* Bekk. folgg. | *ἀγωνιζομένοις Γ.* in Uncialen am Rande ⹀ Vulg.

§ 80, 2 *τοιαῦτα λέγειν Γ.* Bekk. Tur. Bens.[1] O Schn. | *τοιαῦτα καὶ λέγειν* Vulg. Bens.* (coll. 8, 145) Bl.

§ 81, 3 *ἐκ Διός Γ.* Bekk. Tur. Bens.[1] Bens.* O Schn. u. J. G. Strange Krit. Beiträge zu Isokr. (Köln 1831) S. 55. | *ἀπὸ Διός* Vulg. Bl. Jacob in Berl. Jahresb. l. c. S. 9 f. — 6. *ἂν γὰρ Γ.* Tur. Bens.[1] Bens.* Bl. O Schn. | *ἐὰν* Bekk. cf. Krit. Anh. zu 4, 163.

VII.

§ 1, 4 *καϑεστώτων* mit Dionys. de compos. verb. c. 23 p. 182 R. (bei dem sich §§ 1—5 citiert findet), vergl. auch §§ 15, 38, 56 [57], 71, 77 und 9, 21 von Bens.[1] Bens.[+] eingesetzt und von Fuhr, Rhein. Mus. XXXIII (1878) S. 351 empfohlen. | *κατεσϑηκότων Γ.* u. alle übrigen Herausgg.

§ 2, 2 *ἑτοίμως Γ.* Dionys. und so verlangte schon H. Wolf u. schreiben alle Herausgg. u. Fuhr l. c. S. 351. | *ἑτοίμους* codd. cet. — 6. *περὶ τῆς αὐτῶν σωτηρίας Γ.* Bekk. Tur. Bens.[1] Bl. O Schn. Mehl. R.[5] | *περὶ σωτηρίας* mit Dionys. Bens.[+], wofür auch Fuhr a. a. O. S. 352 eintritt.

§ 3, 3 *κατασχήσειν*] in *Γ.* verschrieben *καταστήσειν.*

§ 4, 6 *πολλὴ μετριότης Γ.* Dionys. und alle Herausgg. aufser Bekk., der *πολλὴ* wegläfst; vergl. auch J. G. Strange Krit. Beiträge S. 44 ff., doch cf. 12, 138 *ἐν ἀρετῇ καὶ πολλῇ σωφροσύνῃ.*

§ 6, 2 ἰδίων *Γ.* Bens.[1] Bens.[+] Bl. OSchn. Mehl. R.[5] | ἰδιωτι-
κῶν (was noch **9, 72** steht) Bekk. Tur. Kayser in Heidelberger
Jahrb. XLVIII (1855) S. 620 und derselbe in Fleckeisen. Jahrb.
LXXIII (1856) S. 372. — πυκνοτάτας] πυκνοτέρας Naber in Mne-
mosyne N. S. VII (1879) p. 65.

§ 8, 4 τῆς μὲν πόλεως] μὲν fehlt in *Γ.*

§ 9, 1 ὑμῖν] fehlt in *Γ.* — 5. πλείω δ᾽ ἤ] Cobet Var. lection.[2]
p. 237, Mehl. praef. p. X: πλεῖν ἤ. Voemel Demosthen. Aristo-
cratea p. 60 führt die Grammatiker (wozu noch Schol. Aristoph.
Nub. v. 1040 kommt) und die Stellen aus Aristophan. an. Usener
in Fleckeisen. Jahrb. CV (1872) S. 741 citiert als einzige sichere
Prosastelle Demosth. 19, 230 πλεῖν ἤ μυρίους. Auf attischen In-
schriften findet es sich nicht.

§ 10, 3 τοιαύταις cod. Ambros. H. Wolf. Tur. Bens.[1] Bl. OSchn.
Mehl. R.[5] | τοσαύταις *Γ.* Vulg. Bekk. Bens.[+]

§ 12, 3 ἀλλὰ ταχέως *Γ.* alle Herausgg. | ἀλλ᾽ εὐθέως Hirschig
annotationes criticae p. 44 coll. 14, 29. — 5. διεσκαριφησάμεθα
καὶ διελύσαμεν αὐτάς *Γ.* Bekk. Tur. Bens.[1] Bens.[+] Bl. OSchn. R.[5]
u. Keil, Analecta Isocrat. p. 45 adn. 1. | καὶ διελύσαμεν wollten Kor.
Cobet in Var. lection.[2] p. 375 (cf. Nov. lection. praef. XXXIII) u.
Mehler streichen, dagegen Naber l. l. p. 65. | καὶ διελύσαμεν αὐτάς
tilgt Kayser in Heidelberg. Jahrb. l. c. S. 620 und Rauchenstein,
letzterer mit Berufung auf Bekker Anekdot. p. 239, 20 u. Suidas,
die διεσκαριφησάμεθα erklären ἀντὶ τοῦ διελύσαμεν, ebenso neuer-
dings wieder Bock „de codicis Isocratei Urbinatis auctoritate“ diss.
Heidelberg. 1883 p. 27, wogegen E. Albrecht Berlin. Jahresber. XI
(1885) S. 73. Vergl. zu uns. St. — 6. ἄν τοῖς πράγμασιν] ἄν τοῖς
läfst *Γ.* weg. — ζητοῦμεν *Γ.* alle Herausgg. | ζηλοῦμεν conj. Mehl.

§ 14, 2 ὅσην περ] in *Γ.* fehlt περ, — 7. οἵαν περ] in *Γ.*
fehlt περ. cf. Krit. Anh. zu **1, 37.**

§ 15, 2 ἐπανορθώσομεν] ἐπανορθώσωμεν *Γ.*

§ 16, 3 κακῶν] in *Γ.* aus d. vorhergehenden Zeile fälschlich
κινδύνων wiederholt.

§ 17, 7 τοῦ μή] Hertlein Conjecturen zu griech. Prosaikern
II, 20 will entweder τὸ μὴ schreiben oder μή streichen.

§ 18, 3 ἕκαστον τὸν ἐνιαυτόν Bekk. Tur. Bens.[+] Bl. OSchn.
Mehl. R.[5] u. Kayser Fleckeis. l. c. S. 374. | ἕκαστον τὸν μὲν ἐνιαυ-
τόν *Γ.* Bens.[1] — 4. δεδιέναι μή] Naber l. c. p. 68 δεδιέναι μὴ οὔ.
τοιαύτης ἐπιδόσεως *Γ.* Tur. Bens.[1] Bens.[+] Bl. OSchn. Mehl. Sauppe in
Jahns Jahrb. VI (1837) S. 64. | τοσαύτης ἐπιδόσεως Bekk. u. Bock
l. c. p. 16 (coll. 8, 127. 140. 10, 68. **4, 10. 9, 48**).

§ 20, 2 τῷ κοινοτάτῳ καὶ πρᾳοτάτῳ] In *Γ.* steht τῷ πρᾳοτάτῳ
καὶ ὀνομαστάτῳ mit Hiatus, woraus Bl. in praef. p. XXXVIII nach
15, 300 schreiben will: πρᾳοτάτῳ καὶ κοινοτάτῳ. Über das ι sub-
script. in πρᾳοτάτῳ s. auch § 67 (wie **4, 102. 5, 116** und **9, 49**)
u. krit. Anh. zu **4, 102.** — 7. ἰσονομίαν] Bl. vermutet nach der

zu uns. St. citierten 8, 97 *ἰσηγορίαν.* — *ἀλλ' ἢ μισοῦσα* conjicierte
Kayser Fleckeis. l. c. S. 376 (vergl. Rauchenstein in Fleckeis. Jahrb.
LXXXI (1860) S. 738) und schrieben OSchn. Mehl. | *ἀλλὰ μισοῦσα*
Γ. Bekk. | *ἀλλὰ καὶ μισ.* Vulg. Bens.¹ Bens.† Bl.
§ 22, 2 *καὶ κολάζουσαν* klammert Bl. ein coll. 3, 14. — 3. *κλη-
ροῦντες*] in Γ. verschrieben *πληροῦντες.*
§ 23, 3 *βραβεύσειν*] Naber l. c. p. 65 *βραβεύειν.* — 6. *κατε-
σθῶσαν* Γ. und alle aufser Bens.¹, der *κατεστηκυίαν* schreibt.
§ 24, 6 *εἴ ποτε* Γ. Tur. Bens.¹ OSchn. Mehl. R.⁵ | *ὁπότε* Vulg.
Bekk. Bens.† — *δεήσειε*] in Γ. *δεήσει.* — 8. *αὐτοῖς* Tur. nach
Sauppes Conjectur, Mehl. Bl. R.⁵ | *αὐτοῖς* Bekk. Bens.¹ Bens.† OSchn.
§ 28, 2 *τὰ καθ' ἡμέραν* Bekk. Tur. OSchn. Mehl. R.⁵ | *τὰ
κατὰ τὴν ἡμέραν* Dindorf ad Panegyric. § 29 Bens.¹ Bl. | [*τὴν*]
Bens.† | *τὰ* fehlt in Γ.
§ 30, 2 *καταλύσουσιν*] *καταλύουσι* Γ. — 4. *κινεῖν*] in Γ. *ποιεῖν.*
§ 33, 1 *ἐδέδισαν* conjicierte Cobet Nov. lection. p. 466 und
nahm OSchn. Bl. Mehl. R.⁵ (auch Rauchenstein l. c. S. 738) auf. |
ἐδεδίεσαν Bekk. Tur. Bens.¹ Bens.† — *πάθοιεν*] Mehl. Bl. setzen dies
Verbum in Klammern, doch s. zu uns. St. — 4. *ἔνδον*] alle Her-
ausgg. | *οἴκοι* in Γ. — *κειμένων* Γ. Bekk. Tur. Bens.¹ Bens.† OSchn.
Mehl. R.⁵ | *ἀποκειμένων* Vulg. Bl., der vergleicht (Demosth.) 42, 6.
§ 34, 6 *ἀποστερήσεσθαι* Vulg. Bens.¹ Bens.† Bl. OSchn. Mehl.
R.⁵ und Kayser in Fleckeis. Jahrb. l. c. S. 368. | *ἀποστερηθήσεσθαι*
Γ. Bekk. Tur.
§ 36, 2 *γιγνομένας* Γ. Bens.¹ OSchn. R.⁵ | *γενομένας* Bens.†
γεγενημένας Vulg. Bekk. Tur. Mehl. vergl. Fuhr, Rhein. Mus. XXXIII
(1878) S. 568 ff.
§ 37, 4 *αὐταῖς* Bekk. Tur. Mehl. R.⁵ Kayser in Heidelberg.
Jahrb. a. a. O. S. 620 u. in Fleckeisen. l. c. S. 373 und Rauchen-
stein Fleckeis. l. c. S. 738. | *ταύταις* Γ. Bens.¹ Bens.† OSchn. —
πλείονος Bens.¹ Bens.† OSchn. Mehl. R.⁵, durch Dionys. iudic. de
Isocr. c. 7 bestätigt cf. Fuhr l. c. S. 353 und Bens. ad Areopagit.
p. 238—243 | *πλέονος* Bekk. Tur.
§ 38, 3 *ἔτι γὰρ*] *ἔτι δέ* Γ. — 8. *τοιοῦτον μνημεῖον* Bens.¹ Bens.†
Bl. OSchn. *τοιοῦτον μνημεῖον* hat auch Γ. 4, 89 nach Martin u.
Buermann vergl. auch 4, 50. | *τοιοῦτο* Γ. Bekk. Tur. Mehl. R.⁵ |
τοσοῦτον Vulg.
§ 39, 2 *ἐπιμελεῖσθαι τῆς εὐταξίας, ἢ* Vulg. Bens.¹ Bens.† Bl.
OSchn. Mehl. R.⁵ | *τῆς εὐταξίας ἐπιμελεῖσθαι, ἢ* Γ. Bekk. Tur. mit
Hiatus.
§ 40, 4 *ἔπειτα τά γε*] „Man las bisher *ἐπεὶ τά γε,* allein damit
könnte nur ein Grund zu dem unmittelbar vorhergehenden gegeben
werden, wozu aber dieser Satz nicht angethan ist. Vielmehr will
Isokr. hier eine fernere Begründung für die § 39 behauptete *ἄγνοια*
geben und darum ist *ἔπειτα* notwendig." OSchn., dessen Conjectur
Rauchenstein a. a. O. S. 738 lobt. | *ἐπεὶ τά γε* alle anderen Herausgg.

§ 41, 2 ἐμπιμπλάναι s. Krit. Anh. zu 4, 96. — 3 ff. καλῶς οἰ-
κεῖσθαι — τοὺς δὲ καλῶς — ἁπλῶς κειμένοις Γ. Bekk. Tur. Bl. OSchn.
Mehl. R.[5] | καλῶς οἰκεῖσθαι — τοὺς δ᾽ ἀσφαλῶς — ἁπλῶς κειμένοις
Bens.[1] u. Bens.[†] wegen des vorhergehenden καλῶς, der ad Areopagit.
p. 255 Isokr. 4, 11 citiert; siehe dort aber den Krit. Anh. | ἀσφαλῶς
οἰκεῖσθαι — τοὺς δὲ καλῶς — καλῶς κειμένοις Vulg. — 6. πεπαι-
δευμένους Bekk. Tur. Mehl. R.[5] und Kayser in Fleckeis. l. c. S. 364 |
παιδευμένους Γ. Bens.[1] Bens.[†] OSchn.

§ 42, 1 ταῦτα διανοηθέντες Bekk. Tur. Bens.[1] Bens.[†] OSchn.
R.[5] | ταῦτα δὲ διανοηθέντες Vulg. | ταῦτα δὴ διανοηθ. nach Cobet
Mehl. — 2. δι᾽ ὧν κολάσ.] ἐξ ὧν κολάσ. Mehl.

§ 43 μάλιστα δαμασθῆναι] So las Sauppe in Jahns Jahrb. VI
(1832) S. 73 not. nach Bekkers Angabe der Lesart in Γ.: „prima et
secunda syllaba verbi correctis, cum haec μασ fuisset, illa aut λυ aut
δα" und so schreiben Tur. Bens.[1] OSchn. Mehl. R.[5] | μάλιστα παι-
δευθῆναι Bekk. Bl. nach Vulg. παιδευθῆναι μάλιστα | Bekk. conji-
cierte in den Addendis μάλιστα γυμνασθῆναι, wofür Jacob in Berlin.
Jahresber. VI (1880) S. 190 f. eintritt mit Berufung auf 12, 229.
13, 14. 17. 15, 187. — ἐπιμελείας nach Bekkers Conjectur (coll.
§ 55) Tur. Bens.[1] Bens.[†] Mehl. R.[5] und Jacob l. c. S. 191 | ἐπι-
θυμίαις Γ. Bekk. OSchn. | παραμυθίαις Kayser Heidelberg. Jahrb.
a. a. O. S. 621 | γυμνασίαις Bl. — 5. ἐν μόνοις] Das ἐν scheint
Fuhr nach seinen Untersuchungen in animadvers. in orat. Atticos
p. 51. 53 (cf. Rhein. Mus. l. c. S. 574 not.) streichen zu wollen,
da ἐμμένειν in übertragener Bedeutung immer den blofsen Dativ
habe, dagegen ist auch Jacob Jahresber. IV (1878) S. 49. — 6. ἐλευ-
θερίως conj. Mehl., dem mit Recht Bl. R.[5] folgte (s. die Stellen zu
4, 49) für das handschriftliche ἐλευθέρως (Bekk. Tur. Bens.[1] Bens.[†]
OSchn.) — μέγα φρονεῖν conj. Cobet Nov. lection. p. 269 u. 643
und nahm OSchn. Mehl. Bl. R.[5] auf (auch Rauchenstein l. c. S. 738
billigte es) für das handschriftliche μεγαλοφρονεῖν. Denn Isokr. sagt
immer μέγα φρονεῖν, was auch andere vorziehen (cf. Lobeck ad So-
phocl. Aiac. v. 1120), vergl. 2, 30. 3, 35, 39. 4, 81, 90, 170. 5, 122.
7, 73. 8. 50. 9, 45. 10, 1, 35. 11, 10. 12, 252. 15, 290, 317.
16, 29. Ep. 9, 16.

§ 44, 4 τὰς ἀπορίας μὲν Γ. Tur. Bens.[1] Bl. OSchn. R.[5] | τὰς
μὲν ἀπορίας (Vulg. Bekk. Bens.[†] Mehl.) verlangte Cobet Nov. lection.
p. 351, das die gewöhnlichere Stellung ist und durch τὰς δὲ κα-
κουργίας empfohlen scheint, doch s. zu uns. St.

§ 45, 4 περὶ τὴν ἱππικήν Γ. Bekk. Tur. Bens.[1] Bens.[†] OSchn.
Mehl. R.[5] | περί τε τὴν ἱππικήν Bl. | περί τε ἱππικήν Vulg.

§ 46, 7 ἐπὶ τὰς ἀδικίας Gasda in Zeitschrift f. d. Gymnasialw.
XXXII (1878) S. 777 wollte ἐπὶ τὰς ἐπιεικείας lesen (eine Con-
jectur, die auch Blass in Bursian. Jahresber. XXI (1880) S. 187
für verkehrt hält), wogegen R.[5] mit Recht geltend macht, dafs
dem προτρέποντες ἐπὶ τὰς ἀδικίας entspricht διαφθείρεσθαι καί

τὰς ἐπιεικεῖς, dem παύοντες τῶν πονηρῶν das ἐξιτήλους γίγνεσθαι τὰς κακοηθείας.

§ 47, 1 μηδεμία nach Bekkers Conjectur Tur. u. die folgg. | μήτε μία Γ. | μήτε ζημία Vulg. Bekk. — 7. τοσούτου] τοσοῦτον Γ.

§ 48, 4 ἔμενον] ἐνέμενον Naber l. c. p. 65. — 5. ζηλοῦντες Γ. Bekk. folg. | ὁμιλοῦντες Vulg. | ὑμνοῦντες Ruhnken. | τιμῶντες C. Segaar „observat. crit. in Isocr." (acta societ. Rheno-Traiectin. I. 1793) p. 93.

§ 49, 7 δυστυχεῖς ἐνόμιζον] Mehl. will δυστυχ. ὠνόμαζον.

§ 51, 3 δικῶν] δικαίων Γ. — 5. ἡσυχίαν — ἄλλους läfst Γ₁. aus.

§ 52, 3 κακόν] Mehl. praef. X schlägt ganz überflüssiger Weise κάκιον vor.

§ 53, 4 φιλονικιῶν Bens.[1] Bl. R.[5] | φιλονεικιῶν Γ. Bekk. Tur. Bens.[†] OSchn. Mehl. cf. Krit. Anh. zu 4, 19. — 7. ὡς ἀληθῶς] ὡς fehlt in Γ.

§ 54, 7 ἐν τοιούτοις] will Mehl. praef. X streichen. — 9. ποιοῦσιν Bekk. Tur. Bl. OSchn. Mehl. | περιποιοῦσιν Vulg. Bens.[1] Bens.[†], das Kays. Heidelberg. Jahrb. l. c. S. 620 u. Fleckeisen. l. c. S. 369 verwirft. | περιάπτουσιν conj. Cobet.

§ 55, 4 αὐτῶν conjicierte OSchn. „Man las bisher ταῖς αὐτῶν ἐπιμελείαις (Bekk. Tur. Bens.[1] Bens.[†]), was schon von Seiten des Sinnes befremdlich ist, indem ja die ἐπιμέλεια des Areopag nicht den νεωτέροις allein gewidmet war (vgl. § 37 u. 43); aufserdem steht regelrecht nur das reflexive αὐτοῦ im possessiven Sinne zwischen Artikel u. Substantiv, αὐτοῦ dagegen vor oder nach beiden. Durch Herstellung von αὐτῶν werden die νεώτεροι selbst zu ἐπιμελούμενοι: sie wurden angehalten, ihre ἐπιμέλειαι ganz sich selber zuzuwenden." OSchn. Dieser Conjectur folgen Bl. Mehl. R.[5] und auch Rauchenstein a. a. O. S. 738.

§ 56, 1 ποτε Γ. Tur. Bl. OSchn. R.[5] | ποτέ Bekk. | τότε Vulg. Bens.[1] Bens.[†], wogegen Kayser in Fleckeis. Jahrb. a. a. O. S. 370.

§ 57, 3 καθεστῶσι mit Bens.[1] Bens.[†] verg. Krit. Anh. zu § 1.

§ 58, 6 πᾶσι φανερᾶς Γ. Bekk. Tur. OSchn. R.[5] | φανερᾶς Vulg. Bens.[1] Bens.[†] Bl. doch cf. Kayser in Fleckeisen l. c. S. 364 u. Fuhr, Rhein. Mus. XXXIII S. 329.

§ 59, 5 τῶν πολιτῶν schrieb Bekk. nach Vulg., dem alle Herausgg. folgen u. Sauppe in Jahns Jahrb. a. a. O. S. 566 f., nach der Lesart von Γ., der drei Buchstaben bietet, deren letzter ν ist. J. G. Strange Krit. Bemerkungen S. 46 macht auf den von Isokr. sehr geliebten Satzschlufs aufmerksam 16, 28 γενέσθαι τῶν πολιτῶν, 15, 235 εἶναι τῶν πολιτῶν 4, 157. 5, 81. 16, 24. 25. 40 etc.

§ 60, 5 λόγον ἐχόντως Tur. Bens.[1] folgg. | λογονεχόντως Bekk. Bens.[†] λογονεχόντων Γ. | νουνεχόντως Vulg.

§ 61, 3 μάλιστα δημοκρατ.] κάλλιστα δημοκρ. Dobree. — 4. ἀρχῶν] ἀρχόντων Γ. — 5. τοῖς ἄλλοις ἐπιτηδεύμασιν Γ. Bekk. u. folg., aufser Bens.[†], der die Vulg. τοῖς ἄλλοις τοῖς ἐπιτηδεύμασιν aufnimmt.

§ 66, 7 ἀποδομένους] in Γ. verschrieben ἀπολομένους.

§ 67, 2 πραότητα] cf. Krit. Anh. zu § 20. — 3. μᾶλλον ἢ τὴν τοῦ δήμου] hält Kays. Heidelberg. Jahrb. a. a. O. S. 620 für hinzugeschrieben, wogegen R.⁵ | τοῦ δήμου Γ. Bekk. Tur. OSchn. Mehl. R.⁵ | τῆς δημοκρατίας Vulg. Bens.¹ Bens.⁺ Bl., wogegen Kayser in Fleckeisen S. 358: „Kann man aber der Demokratie sogut wie dem Demos πραότης beilegen?" — 5. πλείους ἢ Γ. Bekk. Tur. Bens.¹ Bens.⁺ Bl. OSchn. | πλεῖν ἢ Mit Cobet Var. lection.² p. 237 Mehl. R.⁵ vergl. Krit. Anh. zu § 9. | πλείονας ἢ Vulg.

§ 68, 1 ὁ δὲ] Mehl. τὸ δὲ, wie er auch 4, 128 u. 176 änderte. — 7. κοινήν] κοινῇ Mehl. R.⁵

§ 69, 6 αἰτούς Bens.¹ Bl. OSchn. R.⁵ | αὐτούς Bekk. Tur. Bens.⁺ Mehl. | σφᾶς αὐτούς Vulg. | σφᾶς Naber Mnemosyne VII p. 67.

§ 70, 5 f. τὰς — καθεστηκυίας — τὰς — πολιτευομένας] in Γ. τῶν — καθεστηκότων — τῶν — πολιτευομένων.

§ 71, 3 ὑμᾶς] ἡμᾶς Γ.

§ 73, 3 μανέντων ἀνθρώπων Bekk. Tur. Bens.⁺ Mehl. R.⁵ | μανέντων Γ. Bens.¹ OSchn. — 5. τυγχάνοιμεν Γ. Bekk. u. d. folg. | τυγχάνομεν Vulg. u. Naber Mnemosyne l. c. p. 51.

§ 74, 3 ἐν μὲν] μὲν fehlt in Γ. — 4. ζῴων Mehl. R.⁵ mit ι subscriptum cf. Krit. Anh. zu 4, 48. — ἐν ἑκάστοις will Hirschig l. c. p. 44 tilgen. — 6. οὐ μόνον] οὐ δὲ Γ. — 8. ἀνδρείαν cf. Krit. Anh. zu 4, 49.

§ 75, 5 καὶ ναυμαχοῦντες läfst Γ₁. weg.

§ 77, 8 ἔτι] τι Γ.

§ 78, 4 ἐν τε τῷ παρόντι καιρῷ Bens.¹ Bl. Mehl. OSchn. und Kayser in Fleckeisen a. a. O. S. 363 u. Rauchenstein l. c. S. 738 ἐν τῷ παρόντι καιρῷ Bekk. Tur. | ἐν τῷ παρόντι Bens.⁺ | τε steht im cod. Ambros. und καιρῷ in Γ.

§ 80, 6 Ἅλυος ποταμοῦ] ποταμοῦ streicht Mehl., da es auch 4, 144. 12, 59 fehle.

§ 82, 1 ἔτι δὲ Vulg. Bens.¹ Bens.⁺ Bl. OSchn. R.⁵ u. Kayser in Fleckeisen S. 363 | ἔτι Γ. Bekk. Tur. Mehl. — 3. εἰσβάλλοντας] ἐμβάλλοντας Γ.

INDEX.

www.ingramcontent.com/pod-product-compliance
Lightning Source LLC
Chambersburg PA
CBHW021116270326
41929CB00009B/899